Moriz Winternitz

Geschichte der indischen Literatur

Zweiter Band

Verlag
der
Wissenschaften

Moriz Winternitz

Geschichte der indischen Literatur

Zweiter Band

ISBN/EAN: 9783957006981

Auflage: 1

Erscheinungsjahr: 2016

Erscheinungsort: Norderstedt, Deutschland

Hergestellt in Europa, USA, Kanada, Australien, Japan
Verlag der Wissenschaften in Hansebooks GmbH, Norderstedt

Geschichte

der

Indischen Litteratur.

Von

Dr. M. Winternitz,
ord. Professor an der Deutschen Universität in Prag.

Zweiter Band.

Die buddhistische Litteratur und die
heiligen Texte der Jainas.

Leipzig.
C. F. Amelangs Verlag.
1920.

Vorwort zur ersten Hälfte des zweiten Bandes.

Als ich gerade vor fünf Jahren das Vorwort zum ersten Bande dieser »Geschichte der indischen Litteratur« schrieb, hatte ich gehofft, daß der vollständige zweite Band mindestens zwei Jahre später werde erscheinen können. Doch bot die erstmalige Bearbeitung der buddhistischen Litteratur viel größere Schwierigkeiten, als ich vorausgesehen hatte. Es erscheint daher auch jetzt wieder nur die erste Hälfte des zweiten Bandes. Doch hoffe ich, daß die zweite Hälfte — der Schluß des Werkes — noch im Laufe des nächsten Jahres folgen werde.

Nur allzu sehr bin ich mir bewußt, daß eine Darstellung der buddhistischen Litteratur, die den Inhalt dieses Halbbandes bildet, bei dem heutigen Stande unseres Wissens ein kühnes Wagnis ist. Ist doch ein großer Teil dieser Litteratur kaum erst erschlossen worden, während ein größerer Teil — namentlich der buddhistischen Sanskritlitteratur, aber auch manche wichtige Pālitexte — noch der Übersetzer und Bearbeiter, ja selbst der Herausgeber harrt. Dazu kommt, daß bei der geringen Zahl der Arbeiter auf dem Gebiete der Sinologie das Licht, das die chinesischen Übersetzungen auf die Geschichte der buddhistischen Litteratur werfen, kaum erst zu leuchten begonnen hat. Hier dürfen wir wohl von französischen und japanischen Gelehrten bald Hilfe und Besserung erhoffen. Auch von der Durchforschung der zentralasiatischen Funde — der reichen Handschriftenschätze, die M. A. S t e i n aus Khotan, A. G r ü n w e d e l und A. v. L e C o q aus Turfan mitgebracht haben — dürfen wir in nächster Zeit manche Bereicherung unserer Kenntnis der buddhistischen Litteratur und ihrer Geschichte erwarten. Immerhin wird es Jahrzehnte dauern, bevor alle Ergebnisse dieser Forschungen vorliegen werden. Und doch — so sehr auch der amerikanische Kollege recht hat, der mir vor einiger Zeit schrieb: 'I can easily understand that your History of Buddhist Literature is the devil's own job to write' — mußte der Versuch einer Darstellung der buddhistischen Litteratur jetzt gewagt werden. Denn eine Geschichte der indischen Litteratur zu schreiben, ohne der b u d - d h i s t i s c h e n Litteratur gerecht zu werden, geht heutzutage einfach nicht mehr an. Das für die Weltgeschichte wichtigste Erzeugnis des indischen Geistes ist und bleibt doch der Buddhismus. Und wie will man den Buddhismus verstehen, ohne dessen Litteratur zu kennen? So wie in einer indischen Religionsgeschichte die Religion des Buddha einen großen Raum einnehmen müßte, so wie es eine indische Kunstgeschichte ohne die buddhistische Kunst gar nicht gäbe, so würde auch die Geschichte der indischen Litteratur eine klaffende Lücke aufweisen, wenn in ihr die buddhistische Litteratur nicht zur Darstellung käme. Denn wenn auch diese Litteratur heute mehr in Ceylon und in Birma, in Nepal und in Tibet zu Hause ist, als im eigentlichen Indien, so ist sie doch auf indischem Boden erwachsen, sie trägt alle Merkmale eines echt indischen Geisteserzeugnisses, sie hat durch weit mehr als ein Jahrtausend das indische Geistesleben beeinflußt und hängt naturgemäß mit der gesamten übrigen indischen Litteratur aufs innigste zusammen. So mangelhaft aber auch eine Darstellung der buddhistischen Litteratur heute noch sein muß, so dürfte sie doch auch für den Fortschritt der Wissenschaft nicht ohne Nutzen sein. Man muß den Mut haben zu irren. Über unsere Irrtümer wird die künftige Wissenschaft zu neuen Wahrheiten fortschreiten.

Über die Werke, aus denen ich geschöpft, und die Gelehrten, denen ich zu Danke verpflichtet bin, geben die Litteraturnachweise in den Anmerkungen genügenden Aufschluß. Doch möchte ich es nicht unterlassen, auch hier dem verehrten Kollegen Professor Louis de La Vallée Poussin in Brüssel und meinem lieben Freunde und ehemaligen Schüler, Professor Jyun Takakusu in Tokio, für manche wertvolle Zusendungen und briefliche Mitteilungen meinen herzlichen Dank auszusprechen.

Prag-Smichow, 17. Oktober 1912.

M. Winternitz.

Vorwort zur zweiten Hälfte des zweiten Bandes.

Die zweite Hälfte des zweiten Bandes (S. 289 ff.) ist der Litteratur der Jainas gewidmet, die ebenso wie die buddhistische Litteratur hier zum erstenmal im Zusammenhang dargestellt erscheint.

Seit dem Erscheinen der ersten Hälfte dieses Bandes sind sieben Jahre verflossen. Es ist in dieser Zeit manches auf dem Gebiete der buddhistischen Litteratur geleistet worden. Von allem Wichtigen, soweit ich davon Kenntnis erhielt[1], habe ich in den »Nachträgen und Verbesserungen« Gebrauch gemacht, ebenso wie von den wertvollen Besprechungen, die einzelne Forscher — J. Charpentier (WZKM 27. 1913, S. 85—96), H. Haas (Zeitschrift für Missionskunde und Religionswissenschaft 28, 1913, S. 111—123), P. E. Pavolini (GSAI 25, 1912, pp. 323—325), T. W. Rhys Davids (JRAS 1913, 479—483) und H. Kern (Ostasiatische Zeitschrift II, 1913/14, S. 471—481) — meinem Buche gewidmet haben. Etwas eingehender mußte ich mich (S. 357 ff.) mit den neuesten Arbeiten von R. O. Franke und mit der Kritik befassen, die derselbe Gelehrte meinem Buch gewidmet hat, da diese den Kern meiner Darstellung betreffen. Daß Franke mit seinen Anschauungen über die Person des Buddha und die historische Bedeutung des buddhistischen Schrifttums unter den zuständigen Forschern so ziemlich allein steht, wäre allerdings kein Grund, daß er nicht doch recht haben könnte. Aber ich hoffe gezeigt zu haben, daß weder der weitgehende Skeptizismus Frankes noch seine von der landläufigen Auffassung

---

[1] Leider dürfte mir manches entgangen sein. Der furchtbare Weltkrieg, der zwischen dem Erscheinen der ersten und der zweiten Hälfte dieses Bandes liegt, hat auch unsere Wissenschaft stark betroffen und die Benützung der wissenschaftlichen Arbeiten der englischen, amerikanischen, indischen, französischen und italienischen Fachgenossen sehr erschwert und oft unmöglich gemacht.

so sehr abweichende Betrachtung der Nikāyas so überzeugend
sind, daß ich an dem, was ich über den Pālikanon gesagt habe,
etwas Wesentliches zu ändern hätte.

Nichts Neues fand ich in der nur für indische Leser be-
rechneten Kompilation von G. K. Nariman, »Literary History
of Sanskrit Buddhism (From Winternitz, Silvain Levi, Huber)«,
Bombay 1920. Außer einigen eigenen Bemerkungen des Autors
über das Divyāvadāna (p. 293 ff.) enthält das Buch nur Übersetzungen und Auszüge aus meiner »Geschichte der indischen
Litteratur« und aus verschiedenen Abhandlungen von S. Lévi,
Ed. Huber, H. Lüders, J. Jolly und E. Burnouf.

Die »Nachträge und Verbesserungen« beziehen sich nur auf
den vorliegenden zweiten Band, in welchem ich alles auf die
buddhistische und jinistische Litteratur Bezügliche vereinigen
wollte. Die Nachträge und Verbesserungen zum ersten Band
sollen am Ende des dritten Bandes gegeben werden.

Der dritte Band, der die Kunstdichtung (Kunstepos, Lyrik,
Spruchdichtung, Drama und Erzählungslitteratur) und die wissenschaftliche Litteratur behandelt, ist bereits im Druck und wird
hoffentlich bald erscheinen können. Für diese über den ursprünglichen Plan weit hinausgehende Erweiterung des Werkes auf drei
Bände bin ich dem Verlag außerordentlich dankbar. Denn nur
so war es möglich, dem Umfang und der Bedeutung der indischen
Litteratur wirklich gerecht zu werden.

Meinem Schüler Dr. Otto Stein bin ich für die bei der
Korrektur der zweiten Hälfte dieses Bandes und bei der Revision
des Index geleistete Hilfe zu Dank verpflichtet.

In der Zeit, die seit dem Erscheinen des ersten Teiles dieses
Bandes verflossen ist, hat der Tod tiefe Lücken in die Reihen
der Forscher gerissen, deren Arbeiten manche der wertvollsten
Bausteine zu diesem Werke lieferten. Heinrich Kern, der Alt-
meister unter den Buddhaforschern, Ernst Windisch, dem wir
einige der wertvollsten Untersuchungen zur buddhistischen Litteratur verdanken, Paul Deussen, der begeisterte Erforscher der
altindischen Philosophie, und Hermann Oldenberg, der geist-

volle Darsteller und tiefgründige Kenner sowohl der buddhistischen wie der vedischen Litteratur und Religion, der kaum ein Gebiet der Wissenschaft von Indien unbebaut gelassen hat, sind kurz nacheinander dahingegangen. Und auch mein lieber Freund Leopold von Schroeder, der es vor mehr als dreißig Jahren unternommen hat, eine Geschichte der indischen Litteratur und Kultur zu schreiben, dem ich dieses Werk als Zeichen dankbarer Verehrung widmen durfte, und der dessen Fortgang stets mit liebevollem Interesse verfolgt hat, weilt nicht mehr unter den Lebenden. In der Geschichte unserer Wissenschaft wird das Andenken dieser Männer unvergessen bleiben, — na hi karma kṣīyate, »denn die Tat geht nicht verloren«

Prag, 29. Juli 1920.

M. Winternitz.

Inhalt.

In den Anmerkungen gebrauchte Abkürzungen.

ABA = Abhandlungen der Berliner Akademie der Wissenschaften,
Philol. und histor. Klasse.

ABayA = Abhandlungen der Bayerischen Akademie der Wissenschaften,
Phil. Kl.

AGGW = Abhandlungen der K. Gesellschaft der Wissenschaften zu
Göttingen, Philol.-histor. Klasse.

AKM = Abhandlungen für die Kunde des Morgenlandes, herausg. von
der Deutschen Morgenländischen Gesellschaft.

AR = Archiv für Religionsgeschichte.

BEFEO = Bulletin de l'école française d'Extrême Orient.

Bhandarkar, Report 1883/84 = Report on Search for Sanskrit Manuscripts in the Bombay Presidency during the year 1883—84, by
R. G. Bhandarkar, Bombay 1887.

Bhandarkar, Report 1884/87 = Report on the Search for Sanskrit
Manuscripts in the Bombay Presidency during the years 1884—85,
1885—86, and 1886—87, by R. G. Bhandarkar, Bombay 1894.

Bibl. Ind. = Bibliotheca Indica.

BSGW = Berichte über die Verhandlungen der Königl. Sächsischen
Gesellschaft der Wissenschaften zu Leipzig, Philol.-histor. Klasse.

Bühler, Hemachandra = G. Bühler, Über das Leben des Jaina-Mönches
Hemachandra: Denkschriften der K. Akademie der Wissenschaften
in Wien 1889.

Duff = C. Mabel Duff, The Chronology of India, Westminster 1899.

Ep. Ind. = Epigraphia Indica.

ERE = Encyclopaedia of Religion and Ethics, edited by James Hastings,
Edinburgh.

GGA = Göttinger Gelehrte Anzeigen.

Grundriß = Grundriß der indo-arischen Philologie und Altertumskunde,
begründet von G. Bühler, fortgesetzt von F. Kielhorn, herausgegeben von H. Lüders und J. Wackernagel. Straßburg, Trübner

GSAI = Giornale della società Asiatica Italiana.

Guérinot = A. Guérinot, Essai de bibliographie Jaina (Annales du Musée Guimet), Paris 1906.

Ind. Ant. = Indian Antiquary (Bombay).

Ind. Stud. = Indische Studien, herausgegeben von A. Weber.

JA = Journal asiatique.

JAOS = Journal of the American Oriental Society.

JASB = Journal of the Asiatic Society of Bengal.

JBRAS = Journal of the Bombay Branch of the Royal Asiatic Society.

JPTS = Journal of the Pali Text Society.

JRAS = Journal of the Royal Asiatic Society of Great Britain and Ireland.

Km. = Kâvyamâlâ, A Collection of Old and Rare Sanskrit Kâvyas, Nâṭakas, Champûs, Bhâṇâs, Prahasanas, Chhandas, Alankâras, & c. (Bombay).

NGGW = Nachrichten von der K. Gesellschaft der Wissenschaften zu Göttingen, Philolog.-histor. Klasse.

OC = Orientalistenkongresse (Verhandlungen, Transactions, Actes).

OTF = Oriental Translation Fund.

Peterson, Report II = A Second Report of Operations in Search of Sanskrit MSS. in the Bombay Circle, 1883—84. By P. Peterson. (Extra Number of JBRAS, Vol. XVII.) Bombay 1884.

Peterson, Report IV = A Fourth Report on the Search for Sanskrit MSS. in the Bombay Circle, 1886—92. By P. Peterson. (Extra Number of JBRAS, Vol. XVIII.) Bombay 1894.

Peterson, Report V = A Fifth Report of Operations in Search of Sanskrit MSS. in the Bombay Circle. April 1892—March 1895. By P. Peterson. Bombay 1896.

Peterson 3 Reports = Three Reports on a Search for Sanskrit MSS. with an Index of Books. By P. Peterson. (Extra Number of JBRAS, Vol. XVIII.) Bombay 1887.

PTS = Pali Text Society.

RHR = Revue de l'histoire des Religions, Paris.

RSO = Rivista degli studi orientali, Rom.

SBA = Sitzungsberichte der Berliner Akademie der Wissenschaften.

SBE = Sacred Books of the East, edited by F. Max Müller, Oxford.

SIFI = Studi Italiani di Filologia Indo-Iranica.

Smith, Early History = Vincent A. Smith, The Early History of India, Third Edition, Oxford 1914. (Diese Auflage zitiert von S. 289 an.)

SWA = Sitzungsberichte der Wiener Akademie der Wissenschaften.

Weber, HSS. Verz. = Verzeichnis der Sanskrit- und Prakrit-Handschriften der K. Bibliothek zu Berlin. Von Albrecht Weber. II. Berlin 1888—91.

WZKM = Wiener Zeitschrift für die Kunde des Morgenlandes.

ZDMG = Zeitschrift der Deutschen Morgenländischen Gesellschaft.

ZVV = Zeitschrift des Vereins für Volkskunde in Berlin.

III. Abschnitt.

Die buddhistische Litteratur und die heiligen Texte der Jainas.

Der Pālikanon oder das Tipitaka [1]).

In geradezu »vorgeschichtliche« Zeiten führte uns die vedische Litteratur. Und auch für die Anfänge der epischen Dichtung mußten wir auf alle sicheren Zeitangaben verzichten. Erst mit

---

[1]) Über die Geschichte des Pālikanons, seine Datierung und seine Zuverlässigkeit, hat zuerst eingehend H. Oldenberg in der Einleitung zu seiner Ausgabe des Vinayapiṭaka, Vol. 1, London 1879, gehandelt. Dazu vgl. H. Jacobi und H. Oldenberg ZDMG 34, 1880, 184 ff., 751 ff.; H. Oldenberg und T. W. Rhys Davids in SBE, vol. XIII Introduction; H. Oldenberg, Buddhistische Studien in ZDMG 52, 1898, S. 613 ff.; T. W. Rhys Davids, Dialogues of the Buddha Part I (Sacred Books of the Buddhists, Vol. II), London 1899, Preface; Buddhist India, London 1903, 167 ff. Gegen Oldenberg haben Stellung genommen I. P. Minayeff, Recherches sur le Bouddhisme, traduit du Russe par R. H. A. de Pompignan, Paris 1894 (Annales du Musée Guimet, Bibliothèque d'études, t. 4); A. Barth in RHR t. 5, 1882, 237 ff.; t. 28, 1893, 241, 277 ff.; t. 42, 1900, 74 ff.; Louis de La Vallée Poussin, Bouddhisme, Études et Matériaux (Mémoires.. publié par l'Académie roy. des sciences... de Belgique, t. LV), Bruxelles 1897, pp. 1 ff.; Conciles Bouddhiques I, Le Muséon 1905, S. 213 ff.; the Buddhist Councils, Ind. Ant. 37, 1908, 1 ff., 81 ff.; Bouddhisme, Paris 1909, pp. 29 bis 53, 155, 166 ff., 231 und ERE IV, p. 179 ff. (Gegen La Vallée Poussin vgl. E. J. Rapson in JRAS 1898, 909 ff.) Äußerst skeptisch verhält sich auch R. Otto Franke, The Buddhist Councils at Rājagaha and Vesāli in JPTS 1908, pp. 1—80 (vgl. A. B. Keith in JRAS 1909, p. 577 note und 1910, p. 216). Eine eigenartige Stellung nimmt K. E. Neumann in den Vorreden zu seinen »Reden Gotamo Buddhos« I—IV, Leipzig 1896—1905, ein. Ferner vergleiche man die auf die Litteratur be-

der buddhistischen Litteratur treten wir in das helle Tages-
licht der Geschichte ein, und wir haben gesehen, daß auch das
Dunkel der Geschichte der vedischen und der epischen Litteratur
erst durch dieses Licht einigermaßen erhellt wird. Das Zeitalter
des Buddha läßt sich bestimmen, und damit ist ein Anfangspunkt
gegeben, von dem ab wir das Entstehen einer buddhistischen
Litteratur berechnen können. Um 480 v. Chr. ist Gotama
Buddha gestorben[1]), und eine gut verbürgte Überlieferung läßt
ihn 80 Jahre alt werden. Als junger Mann von 29 Jahren soll
er das Leben eines Wanderasketen ergriffen und damit begonnen
haben, den Weg zum Heile zu suchen. Nach schweren inneren
Kämpfen begann er als gereifter Mann die von ihm gefundene
Lehre zu verkünden. In die Zeit von 525—480 v. Chr. dürfte
also das Wirken des Buddha fallen: die Begründung und Ausbreitung jener indischen Religion, welche bestimmt sein sollte, eine
der drei großen Weltreligionen zu werden. Das Gangesland im
nordöstlichen Indien war die Stätte seiner Wirksamkeit. Hier
— in den Reichen Magadha (Bihar) und Kosala (Oude) —

züglichen Abschnitte in den Hauptwerken über den Buddhismus, und
zwar H. Oldenberg, Buddha, sein Leben, seine Lehre und seine Ge-
meinde. 5. Aufl., Berlin 1906, S. 86 ff.; T. W. Rhys Davids, History
of Indian Buddhism (Hibbert Lectures 1881), 3rd Ed. London 1897;
Buddhism, its History and Literature (American Lectures), 2nd Ed.
New York-London 1904, p. 44 ff.: Der Buddhismus, ins Deutsche
übertragen von A. Pfungst. Leipzig, Reclam Un.-Bibl.; R. S. Copleston,
Buddhism, 2nd Ed., London 1908, pp. 45 f., 167 ff.; H. Kern, Der
Buddhismus und seine Geschichte in Indien, übers. von H. Jacobi,
Leipzig 1882—1884. Bd. II, 281 ff. und Manual of Indian Buddhism
(Grundriß III, 8), Straßburg 1896, S. 1 ff., 101 ff.; R. Pischel, Leben
und Lehre des Buddha, 2. Aufl., Leipzig 1910, S. 5 ff., 99 ff.
[1]) Max Müller, General A. Cunningham und G. Bühler
haben das Todesjahr des Buddha auf 477 v. Chr. berechnet (s. besonders
Bühler im Ind. Ant. VI. 1877, p. 149). Auf verschiedenen Wegen sind
H. Oldenberg, A. Barth, J. F. Fleet und V. A. Smith zu den Daten
480 bzw. 482 und 480—470 v. Chr. gelangt. Abweichende Ansichten
vertreten T. W. Rhys Davids (412 v. Chr.), H. Kern (388 v. Chr.)
und V. Gopala Aiyer (Ind. Ant. 1908, 341 ff.), der als Todesjahr
487 v. Chr. annehmen will. Vgl. auch E. Hultzsch und Fleet im
JRAS 1909, p. 27 und 981 ff. Wenn auch leider keine Einstimmigkeit
in bezug auf das genaue Datum besteht, so spricht doch weitaus die
größte Wahrscheinlichkeit für ein Datum, das nicht weit von 480 v. Chr.
entfernt sein kann.

wanderte er von Ort zu Ort, seine Lehre predigend und immer mehr Anhänger um sich scharend.

Gehört zu diesem Jahrzehnte langen Wirken auch eine schriftstellerische Tätigkeit? Gewiß nicht. Wohl werden in dem Tipíṭaka, dem Pālikanon der Buddhisten, die meisten Reden und Sprüche dem Buddha selbst in den Mund gelegt; es wird sogar genau und umständlich erzählt, wo und bei welcher Gelegenheit der Meister eine Rede gehalten oder einen Ausspruch getan hat. Was davon wirklich auf Buddha zurückgeht, wird sich wohl kaum je entscheiden lassen. Denn Geschriebenes hat Gotama Buddha so wenig hinterlassen, wie Yājñavalkya, Śāṇḍilya oder Śaunaka. Aber sowie von den Reden und Aussprüchen dieser Weisen gewiß Vieles in den Upaniṣads wirklich überliefert ist, so sind auch ohne Zweifel manche Reden und Aussprüche des Buddha von seinen Jüngern getreu im Gedächtnis bewahrt und der Nachwelt überliefert worden. Reden wie die berühmte Predigt von Benares über die »vier edlen Wahrheiten« und den »edlen achtteiligen Pfad«, die nicht nur an vielen Stellen des Pālikanons, sondern auch in buddhistischen Sanskrittexten immer in demselben Wortlaut wiederkehrt, manche der im Mahāparinibbāna-sutta überlieferten Abschiedsreden, die der Meister vor seinem Hinscheiden an die Jünger gerichtet haben soll, manche der im Dhammapada, im Udāna, im Itivuttaka und mehr oder weniger gleichlautend auch in Sanskrittexten von Nepal, sowie in tibetischen und chinesischen Übersetzungen als »Worte des Buddha« überlieferten Verse und kurzen Aussprüche dürfen wir wohl ohne uns der Leichtgläubigkeit schuldig zu machen, als von Buddha selbst herrührend gelten lassen. Gotama Buddha hat aber nicht nur seine neue Lehre vom Leiden und dem Ende des Leidens gepredigt, sondern auch einen förmlichen Orden gegründet; er hat eine Gemeinde von Jüngern um sich gesammelt, die nach strengen Vorschriften ein heiliges Leben im Sinne des Meisters führten, um das Ende des Leidens — das gepriesene Nirvāṇa — zu erreichen. Und so werden auch manche der Regeln und Satzungen für diese Mönchsgemeinde, so vor allem »die zehn Gebote für die Bettelmönche« (dasasīlam), vielleicht auch die Bekenntnislitanei (pātimokkha) auf Buddha selbst zurückgehen.

Aus der Zeit des Buddha kann also zwar keines der Werke

stammen, welche zur buddhistischen Litteratur gehören; aber einzelne in diesen Werken enthaltene Texte können wohl mit Recht als Worte des Buddha gelten. Auch unter den ersten Jüngern des Buddha hat es gewiß einzelne hervorragende Geister gegeben, und manche der in unseren Sammlungen enthaltenen Reden, Sprüche und Gedichte[1]) dürften auch unter diesen Jüngern des Buddha ihre Verfasser haben.

Fast die ganze älteste Litteratur der Buddhisten besteht ja aus Sammlungen — Sammlungen von Reden oder Gesprächen, von Sprüchen, von Liedern, von Erzählungen und von Ordensregeln. Und das Tipiṭaka ist nichts anderes als eine große Sammlung solcher Sammlungen. Es ist klar, daß solche Sammlungen erst den Abschluß einer längeren vorausgehenden litterarischen Tätigkeit bilden können und daß ihre Bestandteile verschiedenen Zeiten angehören müssen.

Nach buddhistischer Überlieferung hätte nun ein solcher Abschluß schon sehr frühe stattgefunden. Es wird nämlich berichtet, daß wenige Wochen nach dem Tode des Buddha in der Stadt Rājagaha (dem heutigen Rajgir) eine von den unmittelbaren Jüngern des Buddha veranstaltete Versammlung der Mönche — das sogenannte erste buddhistische Konzil — stattgefunden habe, um einen Kanon der Religion (Dhamma) und der Ordenszucht (Vinaya)[2]) festzustellen. Gegen die Glaubwürdigkeit dieser Nachricht gerade in ihrer ältesten Form, wie sie uns im Tipiṭaka selbst[3]) überliefert wird, spricht schon der Umstand, daß sie uns zu viel zu glauben zumutet; nämlich daß die beiden großen über die Lehre und die Ordenszucht handelnden Teile des Tipiṭaka — Suttapiṭaka und Vinayapiṭaka — im wesentlichen so, wie wir sie in unserem Pālikanon finden, schon kurz nach dem

---

[1]) Auf ein hohes Alter gerade der Sprüche in Versen (gāthā) deutet auch die Metrik hin. Die Versmasse der Pāligāthās sind nach Oldenberg (Gurupūjākaumudī S. 9 ff.) altertümlicher als die des Rāmāyaṇa. Vgl. aber auch R. Simon in ZDMG 44, 1890. 83—97 über den Śloka im Pāli, und Oldenberg »Zur Geschichte des Śloka« (Nachrichten der K. Ges. d. Wiss. zu Göttingen, phil.-hist. Kl. 1909. S. 244).

[2]) Pāli Dhamma (d. i. Sanskrit Dharma) ist der technische Ausdruck für die Religion des Buddha, Vinaya für die »Ordenszucht«, d. h. die Regeln und Vorschriften für den Orden der Bettelmönche.

[3]) Cullavagga XI.

Tode des Buddha bestanden hätten, was schlechterdings unmöglich ist [1]). Daß diese Überlieferung ganz aus der Luft gegriffen ist, brauchen wir darum nicht anzunehmen. Es wird in ihr wohl eine Erinnerung an die gewiß nicht unwahrscheinliche Tatsache erhalten sein, daß die Ältesten der Gemeinde sich unmittelbar nach dem Tode des Meisters versammelten, um sich über die Hauptpunkte der Lehre und der Ordenszucht zu einigen [2]). Für die Zusammenstellung eines Kanons heiliger Texte von der Art unseres Tipiṭaka war aber unmittelbar nach dem Tode des Buddha gewiß noch zu kurze Zeit verflossen.

Glaubhafter ist die Überlieferung von dem z w e i t e n K o n z i l, das hundert Jahre nach dem Tode des Buddha zu Vesāli stattgefunden haben soll. Nach dem älteren Bericht [3]) hatte aber diese Versammlung nur den Zweck, zehn die Ordenszucht betreffende Irrlehren zu beseitigen. Erst die späteren Berichte [4]) wollen auch wissen, daß gleichzeitig in einer acht Monate währenden Tagung eine Revision der Lehre stattgefunden habe. Halten wir uns an den älteren Bericht, so dürfen wir es als geschichtliche Tatsache hinnehmen [5]), daß ungefähr hundert Jahre nach dem Hingange des Buddha ein Schisma stattgefunden hat, das soviel Staub aufwirbelte, daß eine große Versammlung von Mönchen einberufen werden mußte, um darüber zu entscheiden, was in bezug auf die strittigen Punkte als das Richtige zu gelten habe. Dies setzt aber voraus. daß es damals irgendeine Richtschnur für die Entscheidung solcher Fragen gegeben hat, und das kann nur ein Kanon von Vorschriften für das Leben der Mönche gewesen sein von der Art, wie er in unserem Vinaya-

---

[1]) Andere Gründe gegen die Glaubwürdigkeit der Überlieferung vom ersten Konzil hat Oldenberg (Vinayapiṭaka, Introd. p. XXV ff., ZDMG Bd. 52, 625 f.) vorgebracht.

[2]) Vgl. H. K e r n, Manual of Indian Buddhism, p. 103; R. P i s c h e l, Leben und Lehre des Buddha, S. 5, 99 f.; E. W i n d i s c h in OC XIV, I, 284 f.; L. de La V a l l é e P o u s s i n, Ind. Ant. 37, 1908, 2 ff.

[3]) Cullavagga XX, s. SBE, vol. XX, p. 409 ff.

[4]) So Dīpavaṃsa V, 27 ff., Mahāvaṃsa IV.

[5]) Sehr richtig hat C o p l e s t o n (Buddhism, p. 174 f.) bemerkt, daß die Tradition über die Konzilien nicht entstanden sein würde, wenn nicht wenigstens e i n Konzil historisch wäre. Daß die Inder sich a l l e s aus den Fingern gesogen hätten, wie R. Otto F r a n k e meint, ist schlechterdings nicht anzunehmen.

piṭaka vorliegt. Es muß sich also im Laufe des ersten Jahrhunderts nach Buddha, wenn nicht ein Kanon, so doch mindestens ein Grundstock von Texten f ü r einen solchen gebildet haben.

Ein wirklicher Kanon heiliger Texte wurde wahrscheinlich erst auf dem d r i t t e n K o n z i l zusammengestellt, das nach dem mit Legenden ausgeschmückten, aber in der Hauptsache durchaus glaubwürdigen Bericht der Chronisten von Ceylon zur Zeit des berühmten Königs A š o k a stattfand. Daß, wie diese Chronisten berichten, damals die buddhistische Gemeinde bereits in zahlreiche Sekten zersplittert war und sich das Bedürfnis herausgestellt hatte, einen Kanon von Texten für die Strenggläubigen — d. h. für diejenigen, welche als Anhänger der ursprünglichen Lehre des Buddha gelten wollten — zusammenzustellen, ist von vornherein wahrscheinlich genug. Nicht minder wahrscheinlich ist es, daß eine solche Zusammenstellung gerade in der Regierungszeit des Königs Ašoka, des großen Gönners und Anhängers der Buddhistengemeinde, stattfand. Ašoka selbst wandte sich ja in einigen seiner Edikte gegen die Schismatiker[1]). Es mußte ihm also daran liegen, daß festgestellt werde, was die wahre Religion des Buddha sei. Andrerseits war er aber so unparteiisch — Duldung gegenüber Andersgläubigen schärft er ja in seinen Edikten ganz besonders ein —, daß er sich nicht selbst zum Einberufer einer Versammlung zur Festsetzung des Kanons aufwarf, sondern dies der Geistlichkeit überließ[2]). So ist es denn auch nach der Überlieferung nicht der König, sondern der gelehrte und hochangesehene Mönch T i s s a M o g g a l i p u t t a, der 236 Jahre nach dem Tode des Buddha eine Versammlung von tausend Mönchen nach der Stadt Pāṭaliputra (dem heutigen Patna) einberief, um einen Kanon von Texten der wahren Religion zusammenzustellen. Die »wahre Religion« war aber für ihn die des T h e r a v ā d a, d. h. der »Lehre der Ältesten«, der unmittelbaren Jünger des Buddha, einer Schule, zu der sich die Sekte der V i b h a j j a v ā d i n

---

[1]) V. A. S m i t h, Asoka, 2nd Ed., Oxford 1909, S. 195 ff.

[2]) Ašoka hatte daher auch keinen Anlaß, des Konzils in seinen Edikten Erwähnung zu tun. (Vgl. F l e e t im JRAS 1908, p. 493.) Aber vielleicht hat V. A. S m i t h recht, wenn er annimmt, daß das dritte Konzil erst zwischen 242 und 231 v. Chr. stattfand, n a c h d e m der König die sieben Säulenedikte herausgegeben hatte, und daß dies der Grund der Nichterwähnung des Konzils in den Edikten sei. (ERE II. p. 126.)

bekannte. Tissa, der den Vorsitz auf dem Konzil führte, war selbst ein Anhänger dieser Sekte, und ihr Kanon ist es, der in der neun Monate während Tagung des Konzils von Pāṭaliputra zusammengestellt wurde. Glaubhaft ist auch die Überlieferung, daß derselbe Tissa das Werk Kathāvatthu, in dem alle ketzerischen Lehren der damaligen Zeit zurückgewiesen wurden, verfaßt und dem Kanon einverleibt habe.

Tissa war es auch — wenigstens wenn wir den Chronisten von Ceylon glauben dürfen —, der zuerst Missionäre nach Norden und Süden ausgesandt und die Verbreitung des Buddhismus in fremden Ländern angebahnt hat. Und ein Schüler des Tissa war M a h i n d a, der jüngere Bruder (nach einer anderen Überlieferung der Sohn) des Ašoka, der den Buddhismus und die buddhistischen Texte nach Ceylon gebracht haben soll. Es ist begreiflich, dass sich die Legende dieses Apostels von Ceylon bemächtigte. Aber wenn wir dem Chronisten auch nicht glauben werden, daß Mahinda und die ihn begleitenden Mönche Flamingos gleich durch die Lüfte nach Ceylon geflogen kamen, so brauchen wir doch nicht die ganze Überlieferung zu verwerfen [1]), sondern dürfen annehmen, daß den vielen Legenden die e i n e geschichtliche Tatsache zu Grunde liege, daß Mahinda wirklich den Buddhismus in Ceylon eingeführt und die Texte des Kanons mitgebracht hat. Diese Texte sollen — was wieder durchaus glaubwürdig klingt [2]) — zunächst mündlich überliefert worden sein, bis sie erst unter dem singhalesischen König Vaṭṭagāmani im ersten Jahrhundert v. Chr. schriftlich aufgezeichnet wurden.

Nach der Ansicht der Buddhisten von Ceylon ist nun jener Kanon, welcher auf dem dritten Konzil zusammengestellt, von Mahinda nach Ceylon gebracht und unter Vaṭṭagāmani aufgezeichnet wurde, derselbe wie unser Pālikanon oder das Tipiṭaka, wie wir es noch heute besitzen. Dieses T i p i ṭ a k a — das Wort

---

[1] Wie es O l d e n b e r g, Vinayapiṭaka, Introd. p. LI ff., tut. Vgl. dagegen K e r n, Manual p. 116 f. Wenn die Chronisten berichten, daß Mahinda nach Ceylon und Majjhima nach dem Himavat geschickt wurde (Dīpavaṃsa VIII, 10) und wir in dem Sānchi-Stūpa einen Reliquienschrein mit der Inschrift finden: »(Reliquien) von Majjhima, Lehrer des Himavat«, so spricht das sehr für die Glaubwürdigkeit der Chroniken von Ceylon. (C o p l e s t o n, Buddhism. p. 173 f.)

[2]) S. oben Bd. I, S. 30.

bedeutet »Dreikorb« — besteht aus drei sogenannten Piṭakas oder »Körben« [1]), nämlich:

1. Vinayapiṭaka, »Korb der Ordenszucht«. Diese Abteilung enthält alles, was sich auf die Mönchsgemeinde (Saṅgha) bezieht, die Regeln der Ordenszucht, Vorschriften für das tägliche Leben der Mönche und Nonnen, usw.

2. Suttapiṭaka, »Korb der Suttas«. Das Pāliwort Sutta entspricht dem Sanskrit Sūtra, hat aber die alte Bedeutung »kurzer Lehrsatz« [2]) bei den Buddhisten verloren und bedeutet hier soviel wie »Lehrtext«, »Lehrvortrag«. Jede größere oder kleinere Auseinandersetzung, häufig in Form eines Dialogs, über einen oder mehrere Punkte der Religion (Dhamma) wird als Sutta bezeichnet. Das Suttapiṭaka besteht aus fünf Nikāyas d. h. großen Sammlungen solcher Suttas.

3. Abhidhammapiṭaka, »Korb der Scholastik«. Die in dieser Abteilung enthaltenen Texte behandeln, ebenso wie die des Suttapiṭaka, die Religion (Dhamma). Sie tun dies aber in mehr scholastischer Weise, in der Form von trockenen Aufzählungen und schematischen Einteilungen, die sich hauptsächlich auf die psychologischen Grundlagen der buddhistischen Ethik beziehen [3]).

---

[1]) Nach V. Trenckner (JPTS 1908, p. 119 f.), dem T. W. Rhys Davids (Hibbert Lectures pp. 49 und 252; SBE, vol. 35, p. 28 note; Buddhism, American Lectures, p. 52 f.) folgt, bedeutet das Wort Piṭaka nicht »Behältnis«, sondern vielmehr »Überlieferung«. Bei Ausgrabungen bediente man sich nämlich in alter Zeit der Körbe, die in einer Reihe von Arbeitern von Hand zu Hand gingen, um die ausgegrabene Erde von der Ausgrabungsstelle weiter zu befördern: so wurde in den »Piṭakas« der Schatz der Lehre durch eine lange Reihe von Lehrern und Schülern von alten Zeiten bis auf den heutigen Tag weiter überliefert. Im Majjhima-Nikāya (II, p. 169 ed. Trenckner) wird von einer »korbartigen Überlieferung« (piṭakasampradāya) der alten vedischen Mantras gesprochen. Ist es aber nicht einfacher, an Behältnisse zu denken, in denen man Kleinodien, Familienschätze, von Geschlecht zu Geschlecht aufbewahrte?

[2]) S. oben Bd. I, S. 229 ff. Die buddhistischen »Sūtras« sind meist sehr weitschweifig. Trenckner will auch Sutta durch »Faden der Überlieferung« erklären (JPTS 1908, p. 121), was aber unwahrscheinlich ist.

[3]) Neben der Einteilung der heiligen Texte in drei Piṭakas gibt es noch eine ältere, schon im Pālikanon selbst (z. B. Majjhima-Nikāya 22, Aṅguttara-Nikāya IV 6) erwähnte Einteilung in 9 Aṅgas oder

Das von der Überlieferung dem Tissa zugeschriebene Kathā-vatthu findet sich in unserem Pālikanon als ein Teil des Abhidhammapiṭaka. Letzteres ist aber nachweislich der jüngste Bestandteil unseres Tipiṭaka. Denn es setzt die Texte des Suttapiṭaka vielfach geradezu als bekannt voraus. Auch sprechen die älteren Texte, z. B. in den Nachrichten über das Konzil von Rājagaha, immer nur von Dhamma und Vinaya, niemals von einem Abhidhamma [1]). Es wäre daher an und für sich ganz gut denkbar, daß die Mitglieder des dritten Konzils, als sie die vorhandenen Texte zusammenstellten, die Bücher des Abhidhamma als die zuletzt entstandenen ans Ende stellten und zu ihnen noch als Abschluß das Werk des Tissa selbst hinzufügten.

Dennoch können wir den gläubigen Buddhisten von Ceylon nicht ohne weiteres zugeben, daß der auf dem dritten Konzil zusammengestellte Kanon genau derselbe ist, wie derjenige, welcher uns in dem Pāli Tipiṭaka vorliegt.

»Glieder«, und zwar: 1. Sutta, Lehrvorträge in Prosa, 2. Geyya, Vorträge in einer Mischung von Versen und Prosa, 3. Veyyākaraṇa, Erläuterungen nach Art des Abhidhamma (?), 4. Gāthā, Strophen, 5. Udāna, begeisterte Aussprüche, 6. Itivuttaka, kurze Reden, die alle mit den Worten beginnen: »So hat der Buddha gesprochen«, 7. Jātaka, Geschichten aus früheren Geburten des Buddha, 8. Abbhutadhamma, Erörterungen über wunderbare Zustände, und 9. Vedalla, Belehrungen in Form von Fragen und Antworten (?). Diese Einteilung, die auch in der buddhistischen Sanskritlitteratur vorkommt (wo statt der 9 Aṅgas auch manchmal 12 Dharmapravacanas erwähnt werden), bezieht sich nicht auf einen abgeschlossenen Kanon und nicht auf bestimmte Bücher, sondern will nur die verschiedenen Arten von Texten nach Form und Inhalt klassifizieren. Vgl. Milindapañha IV, 7; Sumaṅgalavilāsinī I, p. 23 ff.; Gandhavaṃsa im JPTS 1886, p. 57; T. W. Rhys Davids, Buddhist Birth Stories, London 1880, p. LXII; E. Hardy, ZDMG 53, 1899, S. 28 Anm.; H. Kern, Manual, p. 7; E. Senart JA 1901, s. 9, t. XVII, p. 407 f. Für die Zwecke der Rezitation als religiöser Übung sind die umfangreicheren Texte des Kanons auch in Bhāṇavāras oder »Lektionen« eingeteilt. Vgl. SBE, vol. 20, p. 415 ff.

[1]) Wohl aber ist neben Dhamma und Vinaya auch von Mātikās die Rede (nämlich in der stehenden Wendung »Einer, der die Āgamas studiert hat, der Dhamma, Vinaya und Mātikās kennt,« Vinayapiṭaka, Mahāvagga II, 21. 2; X, 1, 2; Cullavagga I. 11, 1; XII, 1, 9 f.) und diese Mātikās sind wohl die »Listen« oder »Aufzählungen«, welche im Abhidhammapiṭaka weiter ausgearbeitet wurden. In buddhistischen Sanskrittexten wird das Wort mātṛkā (= Pāli mātikā) für »Abhidharmapiṭaka« gebraucht. Vgl. Kern, Manual, p. 3 und 104.

Zunächst ist die Sprache unseres Tipiṭaka schwerlich dieselbe, wie die des Kanons des dritten Jahrhunderts v. Chr. Letztere kann nur Māgadhī, der Dialekt der Provinz Magadha (des heutigen Bihar), gewesen sein. Dies war der Heimatsdialekt des Buddha, der ohne Zweifel in dieser Sprache zuerst gepredigt hat. Auch die Mönche, welche den Kanon in Pāṭaliputra, der Hauptstadt von Magadha, zusammenstellten, werden sich der Māgadhī bedient haben. Spuren des Māgadhīkanons lassen sich noch im Pālikanon nachweisen. Das Pāli[1]) aber, die Kirchensprache der Buddhisten von Ceylon, Birma und Siam[2]), wird zwar von diesen selbst als »Māgadhī« bezeichnet, weicht aber von diesem uns anderweitig — durch Inschriften, Litteraturwerke und Grammatiker — bekannten Dialekt wesentlich ab. Allerdings stimmt es ebenso wenig mit irgendeinem anderen Dialekt überein. Das Pāli ist eben eine Litteratursprache, die als solche ausschließlich nur von den Buddhisten verwendet worden ist, und ist wie jede Litteratursprache mehr oder weniger aus einer Mischung von Dialekten hervorgegangen. Freilich muß eine solche Litteratursprache, wenn sie auch eine Art Kompromiß zwischen verschiedenen Mundarten darstellt, doch immer von einem bestimmten Dialekt ausgegangen sein. Und dieser kann sehr wohl Māgadhī gewesen sein[3]), so daß die Überlieferung'

---

[1]) Das Wort Pāli bedeutet eigentlich »Reihe«, dann »Reihe von heiligen Texten« (nach V. Trenckner JPTS 1908, p. 120 f. »Reihe von Lehrern«, durch welche die Texte überliefert werden), dann erst die Sprache der Texte im Gegensatz zur Sprache der sie begleitenden Kommentare, nämlich dem Singhalesischen.

[2]) In unseren Handschriften wird das Pāli in vier Alphabeten geschrieben: singhalesisch, birmanisch, siamesisch und kambodschanisch. In den europäischen Ausgaben ist allgemein die lateinische Umschrift für die Pālitexte eingeführt.

[3]) Das hat E. Windisch (»Über den sprachlichen Charakter des Pāli« in OC XIV, 1906, p. 252 ff.) sehr wahrscheinlich gemacht. (Danach ist das oben, Bd. I, S. 43 gesagte zu berichtigen.) Daß im Pāli noch eine Reihe phonetischer Eigentümlichkeiten des Magadhadialektes erhalten sind, haben R. Pischel, SBA 1904, XXV, p. 807 und Windisch a. a. O. p. 280 ff. nachgewiesen. Vgl. auch schon E. Kuhn, Beiträge zur Pali-Grammatik, Berlin 1875, S. 9 und E. Müller, Grammar of the Pali Language, London 1884, p. 44. Sten Konow (ZDMG 64, 1910, 103 f., 114 f., 118) sucht aber wieder die Heimat des dem Pāli zugrunde liegenden Dialektes in der Gegend von Ujjein.

welche Pāli mit Māgadhī gleichsetzt, zwar nicht wörtlich zu
nehmen ist, aber doch auf einem geschichtlichen Hintergrunde
ruht.

In der ersten Zeit des Buddhismus wurde aber auf die sprachliche Form der Texte wenig Gewicht gelegt. Es wird uns ein
Wort des Buddha überliefert, daß es ihm nur auf den Sinn und
nicht auf den Wortlaut ankomme, und im Vinayapiṭaka will
Buddha nichts davon wissen, daß seine Worte in eine einheitliche
heilige Sprache wie das Sanskrit übertragen werden, sondern er
hält es für richtig, daß jeder sie in einer seiner eigenen Sprache
angemessenen Erklärung lerne [1]). Die Litteratursprache, das Pāli,
kann sich daher nur allmählich entwickelt haben und ist vielleicht
erst bei der Niederschrift auf Ceylon unter Vaṭṭagāmani fixiert
worden. Die Mönche von Ceylon haben dann allerdings Gewicht
darauf gelegt, die Texte in ihrer einmal fixierten Sprache zu erhalten und weiter zu überliefern. Und wie in sprachlicher Beziehung, so haben diese Mönche uns die Texte des in der Pālisprache aufgezeichneten Tipiṭaka wohl auch inhaltlich während
der letzten zwei Jahrtausende mit seltener Treue aufbewahrt und
überliefert. Aber bevor sie in Pāli fixiert und nach Ceylon
gelangt waren, werden sie wohl auch inhaltlich manche Ver-
änderungen erfahren haben.

Sprachlich und inhaltlich wird also unser Pāli Tipiṭaka dem
unter Aśoka zusammengestellten Kanon zwar sehr nahe kommen,
aber doch nicht mit ihm identisch sein. Denn wir müssen zugeben, daß in der Zeit vom 3. bis zum 1. Jahrhundert vor Christi,
wo die Niederschrift stattgefunden hat, und vielleicht auch noch
später die Texte manche Umgestaltungen erlitten haben, daß
namentlich manches dazu gekommen ist, daß vielfach Kommentare
in die Texte eingedrungen sind und sich mit ihnen vermischt
haben. Sowohl die Sammlungen als auch die einzelnen in ihnen
enthaltenen Texte werden an Umfang gewachsen sein. Die Jahrhunderte sind gewiß nicht spurlos an ihnen vorübergegangen [2]).

---

[1]) Cullavagga V, 33; SBE, vol. 20, p. 150 f.

[2]) Ein Vergleich mit der wortgetreuen Überlieferung der Hymnen
des Rigveda (s. oben Bd. I, S. 34 und 242) wäre unangebracht. Die
vedischen Hymnen waren durch ihre alte vom Sanskrit so stark abweichende Sprache geschützt. Einschübe wären sofort als solche erkannt worden. Das Pāli hingegen blieb stets die Sprache der Mönche,

Nur so erklären sich die zahlreichen Widersprüche innerhalb des Kanons[1], das vielfache Nebeneinander von alten und jungen Überlieferungen und das häufige Vorkommen derselben Texte in verschiedenen Sammlungen[2].

Mit diesen Vorbehalten und Einschränkungen können wir aber immerhin sagen, daß die Hauptmasse unseres Pāli Tipiṭaka im großen und ganzen von dem Māgadhikanon des dritten Jahrhunderts v. Chr. nicht allzu sehr verschieden sein dürfte. Dafür bürgen uns vor allem die Inschriften des Königs Aśoka. Nicht nur atmen diese Edikte denselben Geist wie gerade die ältesten Suttas in unserem Pālikanon, sondern es finden sich in ihnen auch sprachliche Anklänge an Texte unseres Kanons und Zitate, die sich nur wenig abweichend auch in unseren Texten nachweisen lassen[3]. Aber noch mehr. In dem Edikt von Bairāt (oder Bhabra) aus dem Jahre 249 v. Chr. sagt der König zu den Mönchen von Magadha: »Alles, was Buddha der Herr gesprochen

die sich ihrer noch heute bedienen. Es war für die Epigonen verhältnismäßig leicht, zu den alten Pālitexten Zusätze in der ihnen geläufigen Sprache zu machen.

[1] Solche Widersprüche hat z. B. R. Otto Franke (WZKM 24, 1900. 1 ff.) nachgewiesen. Vgl. auch Minayeff, Recherches etc. p. 62 ff.

[2] Aus solchen Wiederholungen und dabei vorkommenden Widersprüchen darf man aber nicht, wie dies Franke (ZDMG 63, 1909, 8 ff.) tut, sofort auf die »Nichtauthentizität und Nichtoriginalität« des Kanons überhaupt schließen. Denn wenn in dem einen Text ein Vers dem Buddha und in dem anderen dem Sāriputta zugeschrieben wird, oder wenn ein Ausspruch nach dem einen Text in Rājagaha, nach dem anderen in Benares getan worden sein soll, so beweist das nur, daß diese legendenhaften Ausschmückungen nicht authentisch sind, es beweist aber nichts gegen die Annahme, daß die Verse und Aussprüche selbst »authentisch« sind, d. h. die alte Lehre des Buddha getreu wiedergeben. Die Argumente Frankes und anderer Kritiker sind vernichtend für den Glauben des orthodoxen Buddhisten, daß jedes Wort des Kanons echt sei und auf Buddha selbst zurückgehe, aber sie beweisen nichts gegen die Annahme der europäischen Gelehrten, die dem Kanon eine gewisse, wenn auch beschränkte Echtheit und Zuverlässigkeit zuerkennen.

[3] Vgl. G. Bühler, ZDMG 48. S. 57 ff.; F. W. Thomas. JRAS 1903, p. 831 ff.; K. E. Neumann, WZKM 11, 1897, S. 156 ff. Wenn aber der letztere (Reden Gotamo Buddhos, III, S. 41 Anm.) von Aśoka als »an unseren Texten herangebildet« spricht, so ist das mehr gesagt, als sich beweisen läßt.

hat, ist gut gesprochen«, nennt aber die Titel von sieben Texten, deren Studium er ihnen ganz besonders empfiehlt. Diese Texte lassen sich zum Teil mit denselben, zum Teil mit ähnlichen Titeln auch in unserem Suttapiṭaka nachweisen[1]).

Aus dem zweiten Jahrhundert v. Chr. und zum Teil noch aus der Zeit des Ašoka selbst stammen ferner die berühmten Stūpas oder Topen von Bharhut und Sānchi, deren Steinzäune mit wertvollen Reliefs und Inschriften bedeckt sind. Auf den Reliefs finden wir Darstellungen von buddhistischen Fabeln und Erzählungen, denen meist auch ein Titel als Überschrift beigegeben ist; und diese Titel lassen keine Zweifel übrig, daß die Reliefs Illustrationen zu den Jātakas, d. h. den »Geschichten aus früheren Geburten des Buddha« enthalten, die einen Bestandteil des Tipiṭaka bilden. Auf den Denkmälern von Sānchi finden wir aber auch Widmungsinschriften, in denen Mönchen die Titel pacanekāyika, Kenner (oder Lehrer) der fünf Nikāyas«, petaki, »Kenner (oder Lehrer) der Piṭakas« und dhammakathika, »Prediger der Religion« beigelegt werden und eine Nonne den Titel sutātikinī, »Kennerin (oder Lehrerin) der Suttas« erhält[2]). Es folgt aber

---

[1]) Vgl. Senart, JA 1884, s. 8, t. III. p. 478 ff., 1885, t. V, p. 391 ff. und 1887, s. 8, t. IX, p. 498 ff. mit einem ausgezeichneten Facsimile der Inschrift; H. Oldenberg, Vinayapiṭaka Ed., vol. I, p. XL note; K. E. Neumann, Reden Gotamo Buddhos. I. S. 135, 324, 567 und WZKM 11, 1897, S. 159 f.; T. W. Rhys Davids JPTS 1896, p. 93 ff.; JRAS 1898. p. 639 f.; Buddhist India, p. 169 f.; S. Lévi. JA 1896, s. 9, t. VII. p. 475 ff.; E. Hardy, JRAS 1901, p. 311 ff. und Ašoka S. 58 ff.; V A. Smith JRAS 1901. p. 574. Die Hyperkritik von Minayeff, Recherches p. 84 ff. ist von Oldenberg ZDMG 52, 1898, S. 634 ff. zurückgewiesen worden. Nach T. Bloch, ZDMG 63, 1909, 325 ff. hätte die Inschrift von Bairāt den Zweck gehabt, die öffentliche Vorlesung der genannten Texte anzuordnen und hierfür eine Stiftung zu machen. Leider steht in der Inschrift davon nichts.

[2] Der Stūpa von Bharhut (es wird auch Bharahut, Bharaut und Barāhat geschrieben) wurde vom General A. Cunningham im Jahre 1874 entdeckt und in dem Werk »The Stūpa of Bharhut, a Buddhist Monument ornamented with numerous Sculptures illustrative of Buddhist Legend and History in the Third Century B. C..« London 1879 genau beschrieben. Die Inschriften hat E. Hultzsch. ZDMG 40. 1886, S. 58 ff. und Ind. Ant. 21, 1892, p. 225 ff. herausgegeben und übersetzt. Nach Cunningham stammen die Inschriften aus der Zeit zwischen 250 und 150 v. Chr., nach Hultzsch aus dem 2. oder 1. Jahrh. v. Chr. Die Schrift ist dieselbe wie die der Ašoka-Edikte. Vgl. auch Mina-

daraus, daß es um die Mitte des dritten Jahrhunderts v. Chr.
eine Sammlung von buddhistischen Texten gegeben hat, die als
»Piṭakas« bezeichnet wurde und in fünf »Nikāyas« eingeteilt war,
daß es »Suttas« gegeben hat, in denen der »Dhamma«, die
Religion des Buddha, gepredigt wurde, daß manche dieser Suttas
mit den in unserem Tipiṭaka enthaltenen übereinstimmten, daß
auch schon »Jātakas« genau von der Art, wie sie in dem Tipiṭaka
enthalten sind, zum Bestand der buddhistischen Litteratur gehörten
— kurz, daß es zur Zeit des Königs Aśoka einen buddhistischen
Kanon gegeben haben muß, der, wenigstens was das Suttapiṭaka
anbelangt, unserem Pālikanon nicht unähnlich gewesen sein kann.

Das älteste litterarische Zeugnis von dem Bestehen des
»Dreikorbs« oder einer Dreiheit von Piṭakas (piṭakattayaṃ) und
von Nikāyas findet sich freilich erst im Milindapañha[1]), einem
Werk, dessen echter Teil vermutlich dem Anfang des ersten
Jahrhunderts nach Christi angehört. Aber die ganze übrige
buddhistische Litteratur, die es außer dem Pālikanon noch gibt,
beweist, daß die in dem letzteren enthaltenen Texte in ein hohes,
von dem Zeitalter des Buddha selbst nicht allzu entferntes Zeitalter zurückreichen und jedenfalls als die treuesten Zeugnisse von
der ursprünglichen Lehre des Buddha und dem Buddhismus der
ersten zwei Jahrhunderte nach Buddhas Tode gelten können.

Das beweist zunächst die nichtkanonische Pālilitteratur,
zu der die Dialoge des Milindapañha, die Chroniken von Ceylon
Dīpavaṃsa und Mahāvaṃsa und eine reiche an das Tipiṭaka sich
anschließende Kommentarenlitteratur gehören. Alle diese Werke

---

yeff. Recherches, p. 134 ff. und dazu H. Oldenberg ZDMG 52,
640 ff. Die Bildwerke des Sānchi-Stūpa hat F. C. Maisey, Sanchi
and its Remains. London 1892, beschrieben. (Nur die Tafeln in diesem
Werke sind wertvoll.) Die Votivinschriften des Stūpa von Sānchi
stammen nach Bühler (s. Ep. Ind. II. 1894, pp. 88 f., 93 und On the
Origin of the Indian Brāhma Alphabet, 2nd Ed.. Straßburg 1898, p. 16 f.),
aus der ersten Hälfte des 2. Jahrh. v. Chr., nur einige wenige vielleicht
erst aus dem 1. Jahrh. n. Chr. Die Steinzäune von Sānchi sind nach
Cunningham von Aśoka errichtet worden. In einer Inschrift des Königs
Kaniṣka kommt auch trepiṭaka »Kenner der drei Piṭakas« vor (Ep. Ind.
VIII. 176).

[1]) Ed. Trenckner, p. 22. wo von München die Rede ist. die
tepiṭakā, d. h. »Kenner der drei Piṭakas«, und solchen, die pañcane-
kāyikā und catunekāyikā »Kenner der fünf Nikāyas« und »Kenner der
vier Nikāyas« sind.

setzen das Bestehen des Tipiṭaka wenigstens für die ersten nach-christlichen Jahrhunderte voraus[1])

Aber auch die buddhistische Sanskritlitteratur[2]) bezeugt das Alter und die Treue der Pāliüberlieferung. Zu dieser teils in gutem Sanskrit, teils in »gemischtem Sanskrit«[3]) abgefaßten Litteratur gehören Werke der verschiedensten Art und der ver-schiedensten Sekten. Eine dieser Sekten hatte auch einen eigenen Kanon in Sanskrit, von dem erst in jüngster Zeit Bruchstücke bekannt geworden sind. Es zeigte sich, daß dieser Kanon zwar nicht aus dem Pāli übersetzt ist, aber doch die Treue der Pāli-überlieferung aufs glänzendste beweist. Denn trotz zahlreicher Abweichungen im Wortlaut und in der Anordnung finden sich doch auch so viele wörtliche Übereinstimmungen zwischen dem Sanskritkanon und dem Pālikanon, daß man annehmen muß, daß den beiden Sammlungen eine einheitliche Überlieferung zugrunde liegt. Aber auch in den Sanskrittexten der Buddhisten von Nepal sowie in den nur aus tibetischen und chinesischen Übersetzungen bekannten Werken der verschiedenen buddhistischen Sekten[4])

---

[1]) Die ganze Pālilitteratur, sowohl die kanonische als die nicht-kanonische, wird oft als »südbuddhistisch« bezeichnet, weil sie gegen-wärtig bei den Buddhisten von Ceylon, Birma und Siam erhalten und verbreitet ist. Gegen diese Bezeichnung spricht aber der Umstand, daß die Texte des Pālikanons und der Milindapañha keinerlei Beziehungen zum Süden enthalten, ja nicht einmal eine Kenntnis Südindiens und Ceylons verraten, sondern aller Wahrscheinlichkeit nach im nördlichen Indien entstanden sind. Daß in irgendeinem Manuskript einmal der Ausdruck tāmraparṇīyanikāya vorkommt, berechtigt noch nicht, vom »singhalesischen Kanon« zu sprechen, wie es La Vallée Poussin (JA s. 9, t. XX, 1902 p. 237) tut. Vgl. Rhys Davids in JRAS 1896, 378 f.

[2]) Noch unzutreffender als der Ausdruck »südbuddhistisch« für die Pālilitteratur ist die Bezeichnung der buddhistischen Sanskritlitteratur sowie der auf ihr beruhenden buddhistischen Litteraturen von Tibet, China und Japan als »nordbuddhistisch«. Denn durch diese Bezeichnung werden Texte ganz verschiedener Sekten, solcher des Hīnayāna und des Mahāyāna, in einen Topf geworfen.

[3]) S. oben Bd. I, S. 44.

[4]) Um die Vergleichung der Pālitexte mit den buddhistischen Sanskrittexten hat sich besonders E. Windisch, Māra und Buddha (XV Bd. der Abhandlungen d. phil.-hist. Cl. der K. Sächs. Ges. d. Wiss. Nr. IV), Leipzig 1895, und Buddhas Geburt (XXVI. Bd. derselben Ab-handlungen. Nr. II), Leipzig 1908, verdient gemacht. Vgl. auch

läßt sich ein Grundstock nicht nur von Lehren, sondern auch von Texten feststellen, der mit der Überlieferung des Pālikanons in allem wesentlichen übereinstimmt. Je mehr uns diese buddhistische Sanskritlitteratur erschlossen und je eingehender sie mit dem Pālikanon verglichen wird, desto mehr erweist es sich, daß Oldenberg recht hat, wenn er sagt: »Das Pāliexemplar, natürlich nicht von unfehlbarer Korrektheit, muß doch als hervorragend gut beurteilt werden« [1]). Es ist ja auch kein Kanon und kein buddhistischer Text aus so alter Zeit erhalten, wie der im ersten Jahrhundert v. Chr. aufgezeichnete Pālikanon, in dem der große buddhistische König Aśoka noch mit keinem Worte erwähnt wird [2]). In Sprache, Stil und Inhalt schließen sich die Pālitexte aufs engste an die Upaniṣads an, während uns die buddhistische Sanskritlitteratur weit mehr an die Purāṇas erinnert. Daß endlich in diesen in Ceylon aufgezeichneten und überlieferten Texten sich keinerlei Anspielungen auf Ceylon finden, bestätigt wieder, daß wir in ihnen nicht einen Kanon der Buddhisten von Ceylon«, sondern einen Kanon derjenigen buddhistischen Sekte Indiens zu sehen haben, die in der Tat am meisten von dem alten Buddhismus bewahrt hat und ihre Lehre mit einigem Recht als »Theravāda«, als die Lehre der ersten Jünger des Buddha, bezeichnen durfte.

Aber nicht nur als Quelle für unsere Kenntnis des Buddhismus, sondern auch — was uns hier in erster Linie angeht — vom rein litterarischen Standpunkte überragen die Pālitexte

---

Oldenberg, ZDMG 52, 654 ff., 662 ff.; Barth, RHR t. 41, 1900, p. 166 ff.; La Vallée Poussin und T. W. Rhys Davids, JRAS 1903, p. 359 ff., 362; und M. Anesaki, Le Muséon, N. S., VI, 1905, p. 23 ff.; VII, 1906, p. 33 ff. Auch die Mahāyānatexte setzen einen dem Tipiṭaka ähnlichen Kanon voraus, der sich zu ihnen verhält wie das Alte zum Neuen Testament. (Kern, Manual, p. 3 n. 4.)

[1]) ZDMG 52, S. 673. Selbst A. Barth RHR 1900, t. 42 p. 57, vgl. Journal des savants 1899, p. 631 und RHR 1900, t. 41 p. 170) gesteht zu, daß die Pāliüberlieferung doch durch ganz andere Garantien gestützt wird als die unzusammenhängende Masse der Schriften des Nordens.

[2]) So sorgfältig gefälscht haben die Inder nie, daß sie, wenn Aśoka erwähnt gewesen wäre, die Anspielungen ausgemerzt hätten, um den Schein der Altertümlichkeit zu erwecken. Vgl. Rhys Davids, Buddhist India, p. 174.

alle anderen Erzeugnisse der buddhistischen Litteratur. Das dürfte die folgende Übersicht über diese Litteratur zeigen [1]).

Das Vinayapiṭaka des Pālikanons.

Die Buddhisten selbst stellen das Vinayapiṭaka [2]) an die Spitze des Kanons, und wir können ihnen folgen, ohne damit etwa der Meinung Ausdruck zu geben, daß dieses älter sei als das Suttapiṭaka [3]). Zum Vinayapiṭaka gehören die folgenden Texte:

I. Das Suttavibhaṅga, bestehend aus 1. Pārājika und 2. Pācittiya.
II. Die Khandhakās, bestehend aus 1. Mahāvagga und 2. Cullavagga.
III. Der Parivāra oder Parivārapāṭha.

---

[1]) Eine Gesamtausgabe der heiligen Schriften des Tipiṭaka in 39 Bänden (in siamesischen Typen) hat der König Culālaṅkaraṇa von Siam zur Feier seines fünfundzwanzigjährigen Regierungsjubiläums im Jahre 1894 in Bangkok drucken lassen und mit bewundernswerter Freigebigkeit an europäische und amerikanische Bibliotheken verteilt. Vgl. R. Chalmers, JRAS 1898, p. 1 ff. und Ch. Lanman, JAOS, vol. XVI, 1895, Proceedings CCXLIV ff. Die meisten Texte sind auch durch die Pāli Text Society herausgegeben worden. Auszüge aus dem Tipiṭaka sind übersetzt von K. E. Neumann, Buddhistische Anthologie, Leiden 1892; Henry Clarke Warren, Buddhism in Translations, Cambridge, Mass. 1896 (Harvard Oriental Series, vol. 3); Julius Dutoit, Das Leben des Buddha, Leipzig 1906; M. Winternitz, Buddhismus, in A. Bertholet, Religionsgeschichtliches Lesebuch, Tübingen 1908, Einzelausgabe 1911; Karl Seidenstücker, Pāli-Buddhismus in Übersetzungen, Breslau 1911.

[2]) Der Text des Vinayapiṭaka ist vollständig herausgegeben von H. Oldenberg, London 1879—1883 in fünf Bänden.

[3]) Kern, Manual, p. 2 und La Vallée Poussin, Bouddhisme, Études et Matériaux, p. 27 halten das Vinayapiṭaka für älter. Nach R. Otto Franke (JPTS 1908, pp. 8 ff., 68 ff., 74) wären Mahāvagga und Cullavagga des Vinayapiṭaka jünger als Dīghanikāya. K. E. Neumann (Vorreden zu Bd. I und III der »Reden Gotamo Buddhos«) glaubt, daß aus dem Suttapiṭaka »allmählich Vinayapiṭaka und später Abhidhammapiṭaka teils ausgeschieden, teils weitergebildet« worden sei. Dafür spricht, daß tatsächlich manche von den Sūtras über Vinaya handeln und manche ebenso scholastisch sind, wie die Abhidhammatexte. Aber es ist ja auch möglich, daß die Zusammenstellung von Suttapiṭaka und Vinayapiṭaka gleichzeitig erfolgte.

Suttavibhaṅga bedeutet »Erklärung der Suttas«, und zwar sind unter »Sutta« [1]) hier die einzelnen Sätze oder Artikel des Pātimokkha zu verstehen. Dies ist ein aus 227 Artikeln bestehendes Sündenregister, welches an den Neu- und Vollmondstagen in feierlicher Versammlung der Mönche, beziehungsweise der Nonnen, vorgetragen wurde, wobei der Leiter der Zeremonie nach jedem Satze die Anwesenden fragte, ob irgend jemand sich der genannten Sünde schuldig gemacht habe. War dies der Fall, so mußte der Sünder seine Schuld bekennen. Die Einführung dieser sogenannten Uposathafeier [2]) geht wahrscheinlich auf Buddha selbst zurück, und das Pātimokkha gehört gewiß zum ältesten Bestand der buddhistischen Litteratur. Der Text dieses Sündenregisters, obwohl in Handschriften als selbständiges Werk überliefert [3]), gehört als solcher nicht zum Kanon, ist aber im Suttavibhaṅga tatsächlich eingeschlossen. Denn dieses ist nichts anderes als ein alter, zu kanonischem Ansehen gelangter Kommentar zum Pātimokkha. Und zwar wird hier jedes Sutta, d. h. jeder einzelne Artikel, Wort für Wort erklärt, und außerdem einem jeden irgendeine Erzählung vorausgeschickt, in der berichtet wird, wo und bei welcher Gelegenheit der Buddha selbst die betreffende Ver-

---

[1]) Mehr im Sinne der alten Bedeutung des Wortes »Sūtra«, oben Bd. I, S. 229.

[2]) Das Pāliwort Uposatha ist das Sanskrit Upavasatha, welches »Fasten« bedeutet. Durch Opfer, Gebete und Fasten feierten nämlich die brahmanischen Inder die Neu- und Vollmondstage; und die buddhistische Uposathafeier mit der Beichtzeremonie ist nur ein Überlebsel des alten brahmanischen Brauches. Eine schöne Schilderung der Uposathafeier nach dem Vinayapiṭaka gibt Oldenberg, Buddha, S. 421 ff. Vgl. Pischel, Leben und Lehre des Buddha, S. 87. 116 f Die Feier, wie sie noch heutigen Tages von den Mönchen in Ceylon begangen wird, beschreibt J. F. Dickson im JRAS 1875 (abgedruckt in Warren, Buddhism in Translations, S. 405 ff.).

[3]) Der Text ist herausgegeben und übersetzt von J. F. Dickson im JRAS 1876, S. 62 ff., und noch einmal übersetzt von Rhys Davids und Oldenberg in SBE XIII, p. 1 ff. Er ist auch in einer tibetischen und vier chinesischen Versionen vorhanden, ein Beweis, daß er zum Gemeinbesitz aller Buddhisten gehört. Vgl. Oldenberg ZDMG Bd. 52, S. 645 f.; Kern, Manual, S. 74 ff., 85 ff. Das Wort Pātimokkha (Sanskrit Prātimokṣa) ist nicht befriedigend erklärt. Ich halte (trotz Kern, Manual 74 Anm. und Oldenberg, Buddha 428 Anm. 2) die alte Erklärung »Freisprechung, Absolution« (SBE XIII, p. XXVII f.) für wahrscheinlich.

ordnung erlassen hat [1]). Nach den beiden Hauptklassen von Sünden, den Pārājikās, welche Ausstoßung aus dem Orden zur Folge haben, und den Pācittiyās, für welche Sühnen vorgeschrieben sind, benennen sich die beiden Bücher des Suttavibhaṅga.

Eine Art Fortsetzung und Ergänzung zum Suttavibhaṅga bilden die Khandhakās, d. h. »Abschnitte« [2]), welche die Vorschriften für die verschiedenen Einrichtungen des Ordens (Saṅgha) geben und das ganze Verhalten der Mönche und Nonnen in ihrem täglichen Leben regeln. Und zwar enthalten die zehn Abschnitte des Mahāvagga, d. h. der »großen Abteilung«, die besonderen Vorschriften für die Aufnahme in den Orden, für die Uposathafeier, für das Leben während der Regenzeit und für die am Ende der Regenzeit stattfindende Pavāraṇāfeier, ferner die Regeln für die Beschuhung, die Sitz- und Fahrgelegenheiten, die Arzneimittel und die Bekleidung der Mönche, endlich die Regelung der Rechtsverhältnisse und des rechtlichen Verfahrens im Orden, namentlich in dem Falle von Schismen. Der Cullavagga, d. h. »die kleinere Abteilung«, handelt in den neun ersten Abschnitten über das Disziplinarverfahren in geringfügigeren Angelegenheiten, über verschiedene Sühnen und Bußen, über die Beilegung von Streitigkeiten, über das tägliche Leben der Mönche, über Wohnungen und Wohnungseinrichtungen, über die Pflichten der Mönche gegeneinander und über die Ausschließung von der Pātimokkhazeremonie. Mit den Pflichten der Nonnen beschäftigt sich der zehnte Abschnitt des Cullavagga. Sowie das Pātimokkha dem Suttavibhaṅga zugrunde liegt, so hat es auch für die in den Khandhakās vorgeschriebenen Akte und Zeremonien alte Formulare, die sogenannten Kammavācā, d. h. »Worte für die Handlungen«, gegeben. Diese bilden ebenso wenig wie das Pātimokkha einen Bestandteil des Tipiṭaka [3]), sondern sind nur in den Khandhakās

---

[1]) Daß das Pātimokkha den Kern des Suttavibhaṅga bildet, daß Kommentar und einleitende Geschichten erst nach und nach hinzugekommen sind, und daß überhaupt das ganze Vinayapiṭaka allmählich aus dem Pātimokkha herausgewachsen ist, hat Oldenberg (Vinayapiṭaka, Introd. p. XV ff.) sehr wahrscheinlich gemacht. Das Pātimokkha wird in Dhammapada 185 erwähnt.

[2]) Ins Englische übersetzt von Rhys Davids und Oldenberg in Vol. XIII, XVII und XX der SBE.

[3]) Upasampadā-Kammavācā, Formulare für die Aufnahme in den Orden, hat zuerst F. Spiegel (Kammavakya, liber de officiis sacer-

eingeschlossen, ähnlich wie die Mantras oder Gebete in den vedischen Brāhmaṇas und Sūtras. Eine Art Anhang zum Culla-vagga bilden die — jedenfalls erst später hinzugefügten — Abschnitte XI und XII, in denen die Geschichte der beiden ersten Konzilien von Rājagaha und Vaisālī [1]) erzählt wird. Da sich auch dieser Anhang nur mit der Geschichte des Ordens befaßt, können wir sagen, daß der eine und einzige Gegenstand der Bücher des Vinayapiṭaka die Mönchsgemeinde oder der Orden (Saṅgha) ist.

Aber ganz so wie im Suttavibhaṅga werden auch in den Khandhakās die Regeln und Vorschriften durch Erzählungen eingeleitet [2]), in denen darüber berichtet wird, wann und bei welcher Gelegenheit sie vom Buddha verkündet wurden. Diese Erzählungen sind natürlich erfunden und haben keinerlei geschichtlichen Wert; zumeist sind sie ganz schablonenhaft und auch vom litterarischen Standpunkt wertlos. Aber glücklicherweise nicht alle. Gleich die ersten Kapitel des Mahāvagga [3]) enthalten eines der ältesten Bruchstücke einer Buddhalegende. In schöner, altertümlicher Sprache wird hier erzählt, wie Gotama Buddha die Erleuchtung (Bodhi) erlangte, wie er sich entschloß, seine Lehre zu verkünden, und wie er seine ersten Jünger gewann. Hier wird z. B. die Legende von dem edlen Jüngling Yasa erzählt, der in einem Leben voll Üppigkeit aufwächst, die Nächte

---

dotum Buddhicorum, Bonnæ ad. Rh. 1841), mit lateinischer Übersetzung, dann J. F. Dickson (JRAS 1875, S. 1 ff.) mit englischer Übersetzung herausgegeben. Der letztere schildert auch die Aufnahme-Zeremonie, wie sie heute noch in Ceylon stattfindet. Andere Kammavācā wurden herausgegeben, bzw. übersetzt von O. Frankfurter, Handbook of Pāli, London 1883, Herbert Baynes (JRAS 1892, p. 53 ff.; vgl. auch p. 380), Šarat Candra Dās im JASB 63, part 1, 1894, p. 20 ff. und G. L. M. Clauson (JPTS 1906—1907, pp. 1—7).

[1]) S. oben S. 4 ff.

[2]) In bezug auf den Stil stimmen die Erzählungen in den Khandhakās mit denen im Suttavibhaṅga so überein, daß man annehmen muß, daß sie derselben Zeit angehören. Wenn in den Khandhakās dieselbe Vorschrift behandelt wird, wie im Suttavibhaṅga, so ist auch die Einleitungsgeschichte dieselbe. Oldenberg, Vinayapiṭaka, Introd. p. XXII f.

[3]) I, 1—24, ins Deutsche übersetzt von Dutoit. Das Leben des Buddha, S. 66—136.

unter einer Schar von Sängerinnen und Tänzerinnen zubringt, einmal aber mitten in der Nacht aufwacht und die schönen Frauen in verschiedenen häßlichen Stellungen erblickt, bei welchem Anblick ihn Ekel und Überdruß an den Freuden dieser Welt erfaßt; er entflieht dem Leben der Wollust, eilt zum Buddha und wird Mönch. Die spätere Buddhalegende erzählt diese Geschichte von dem Prinzen Siddhārtha, dem nachmaligen Buddha, selbst. Ein eigenartiges Kulturbild entrollt die Geschichte von der Bekehrung einer Schar junger Männer, die mit ihren Weibern ausziehen, um sich zu vergnügen; einer von ihnen, der kein Weib hat, nimmt eine Dirne mit; diese stiehlt den Männern ihre Sachen und läuft davon. Während die jungen Leute sie verfolgen, stoßen sie auf den Buddha und fragen ihn, ob er nicht ein Weib gesehen habe. Der Buddha fragt, ob sie nicht besser täten, sich selbst zu suchen, anstatt ein Weib, und benutzt den Anlaß, ihnen die Lehre zu predigen, worauf sie alle Mönche werden. Auch an Wundergeschichten, in denen Schlangenkönige und Götter eine Rolle spielen, fehlt es nicht. Die schönste aller dieser Bekehrungsgeschichten ist aber die von der Bekehrung der beiden Freunde Sāriputta und Moggallāna, die nachher zu den Lieblingsjüngern des Buddha gehörten[1]). Auch die ersten Predigten des Buddha — so die »Predigt von Benares« und die »Feuerpredigt«[2]) — sind in diesem alten Berichte eingeschlossen.

In einem späteren Abschnitt des Mahāvagga[3]) wird die Geschichte erzählt, wie der Buddha seine Vaterstadt besucht und seinen Sohn Rāhula in den Orden aufnimmt. Im Cullavagga finden wir dann die Erzählungen von dem reichen Kaufmann Anāthapiṇḍaka, der seinen Park dem Orden schenkt; von Devadatta, dem Feind und Nebenbuhler des Buddha, der das erste Schisma in der Gemeinde veranlaßt; von der Gründung des Nonnenordens, zu der Buddha nur ungerne auf Bitten und Drängen

---

[1]) Mahāvagga I, 7 f.; 14; 15 ff.; 23 f. Dutoit a. a. O., S. 88 ff., 101 ff., 129 ff. Alle diese Geschichten enden damit, daß die Bekehrten in den Orden aufgenommen werden. Sie bilden daher eine ganz natürliche Einleitung zu dem Abschnitt über die Aufnahme in den Orden.

[2]) Sie sind oft übersetzt, so von Dutoit a. a. O. S. 81 ff., 119 ff.; Oldenberg, Buddha, 147 ff., 211 f.; Pischel, Leben und Lehre des Buddha 28 f., 30 f.

[3]) I, 54. Dutoit a. a. O. 137 ff.

seiner Ziehmutter Mahāpajāpatī, die in dem Jünger Ānanda einen edlen Fürsprecher findet, seine Zustimmung gibt, u. a. m. [1]).

Auch unter denjenigen einleitenden Geschichten, die vermutlich bloß ad hoc erfunden sind und sonst weder geschichtlichen noch sagengeschichtlichen Wert haben, findet sich manches schöne und wertvolle Stück. Eine in ihrer Schlichtheit rührende Erzählung dieser Art ist die folgende:

Zu jener Zeit hatte einmal einer der Mönche einen schweren Anfall von Kolik und lag in seinem eigenen Unrat da. Damals machte gerade der Herr mit seinem Begleiter Ehrwürden Ānanda die Runde durch die Schlafstätten und kam zu dem Gemach, wo jener Mönch weilte. Da sah der Herr diesen Mönch in seinem eigenen Unrate daliegen, und nachdem er ihn gesehen, trat er an sein Lager heran und sprach zu ihm: »Was fehlt dir, Mönch?« »»Ich habe Kolik, Herr.«« »Hast du einen Mönch zur Pflege?« »»Nein, Herr.«« »Warum pflegen dich die Mönche nicht?« »»Ich bin den Mönchen zu nichts nütze, darum, Herr. pflegen sie mich nicht.«« Da sprach der Herr zu Ehrwürden Ānanda: »Geh, Ānanda, hole Wasser und laß uns diesen Mönch hier baden.« »»Jawohl, Herr,«« sagte Ehrwürden Ānanda, dem Meister zustimmend, und holte Wasser. Und der Herr goß das Wasser über den Mönch, und Ehrwürden Ānanda wusch ihn ab; der Herr faßte ihn beim Kopf und Ehrwürden Ānanda bei den Füßen, und sie hoben ihn auf und legten ihn auf ein Bett. Da nun, aus diesem Anlaß und bei dieser Gelegenheit. berief der Herr eine Versammlung der Mönchsgemeinde und richtete an die Mönche die Frage: »Ist, ihr Mönche, in dem und dem Gemach ein Mönch krank?« »»Jawohl, Herr.«« »Was fehlt jenem Mönch, ihr Mönche?« »»Er hat Kolik, Herr.«« »Hat er, ihr Mönche, jemand zur Pflege?« »»Nein, Herr.«« »Warum pflegen ihn die Mönche nicht?« »»Dieser Mönch, Herr, ist ihnen zu nichts nütze, darum pflegen ihn die Mönche nicht.«« »Ihr habet, Mönche, weder Mutter noch Vater, die euch pflegen könnten. Wenn ihr, o Mönche, einander nicht pfleget, wer soll euch dann pflegen? Wer. o Mönche, mich pflegen würde, der soll den Kranken pflegen«[2]).

Andere dieser Geschichten sind uns dadurch wertvoll, daß sie uns einen Einblick in das Alltagsleben der alten Inder gewähren[3]). So wenn z. B. erzählt wird, wie die Eltern des Knaben

---

[1]) Cullavagga VI, 4, 9; VII, 2—4, X, 1 f.; Dutoit a. a. O. 137 bis 198.

[2]) So sehr diese Stelle (Mahāvagga VIII, 26) uns an Matth. 25, 40 (»Was ihr einem dieser meiner geringsten Brüder getan habt, das habt ihr mir getan«) erinnert, so ist doch die Situation eine ganz andere und die Ähnlichkeit gewiß nur eine zufällige.

[3]) In dieser Beziehung bildet das Vinayapiṭaka eine wertvolle Ergänzung zu den brahmanischen Gṛhyasūtras. S. oben Bd. I, S. 234 f.

Upāli darüber ratschlagen, was sie den Jungen werden lassen
sollen, wie sie erwägen, daß er vom Schreiben wunde Finger,
vom Rechnen Brustschmerzen bekommen und beim Malen sich
die Augen verderben könnte, und daher beschließen, ihn Mönch
werden zu lassen, weil dies der bequemste Broterwerb sei[1]).
Nicht nur kulturgeschichtlich überaus interessant, sondern auch
voll köstlichen Humors sind die Geschichten vom Arzt Jīvaka[2]),
von denen hier wenigstens ein ganz kurzer Auszug gegeben sei:

Die Stadt Rājagaha wetteifert mit der großen Stadt Vesālī an
Ruhm und Glanz. Zur Herrlichkeit der letzteren trägt nicht wenig die
berühmte Hetäre Ambapālī bei, die für eine Nacht fünfzig Gulden be-
gehrt. Um auch Rājagaha in die Höhe zu bringen, wird dort auf Befehl des Königs die schöne und gebildete Sālavatī als Hetäre eingesetzt,
und sie verlangt hundert Gulden für eine Nacht. Diese wird schwanger,
verheimlicht aber — mit Rücksicht auf ihren Beruf — ihre Schwanger-
schaft, und nachdem sie ein Kind geboren hat, läßt sie es in einem
Körbchen aussetzen. Das Kind wird von Prinz Abhaya gefunden, der
es aufziehen läßt und ihm den Namen Jīvaka gibt.

Als Jīvaka aufgewachsen ist, begibt er sich zu einem berühmten
Arzt in Takkasilā (Taxila) in die Lehre. Nach siebenjährigem Unterricht legt er sein »Examen« ab. Dieses besteht darin, daß sein Lehrer
ihm einen Spaten gibt und ihn beauftragt, ihm aus der Umgebung von
Takkasilā alle Pflanzen zu bringen, die nicht als Heilkräuter verwendbar
sind. Jīvaka kommt zurück und erklärt, weit und breit keine derartige
Pflanze gefunden zu haben. Damit ist der Lehrer zufrieden, gibt ihm
einiges Reisegeld und läßt ihn ziehen.

Das Geld ist bald alle, und um etwas zu verdienen, meldet er sich
in einer Stadt, wo er hört, daß die Frau eines reichen Kaufherrn
schwerkrank ist, als Arzt. Jīvaka gibt ihr etwas Butterschmalz in die
Nase, dieses kommt ihr in den Mund und sie spuckt es aus, worauf sie
die Magd auffordert, das Schmalz aufzubewahren. Schon ist Jīvaka
um sein Honorar besorgt, da er die Frau für geizig hält. Diese beruhigt ihn aber; sie ist nur eine tüchtige Hausfrau, — das Schmalz
könne von den Dienstboten noch als Schmiere oder für die Lampe
benützt werden. Sie wird gesund und belohnt den Arzt mit 4000 Gulden;
auch ihr Sohn, ihre Schwiegertochter und ihr Gemahl geben ihm je

Auch für unsere Kenntnis von Recht und Sitte im alten Indien sind
manche Abschnitte (so die sehr detaillierten Aufzählungen von Dieb-
stählen, sexuellen Vergehungen und Verbrechen aller Art) nicht unwichtig.

[1]) Mahāvagga I, 49.

[2]) Mahāvagga VIII, 1. Die Geschichten enden damit, daß Jīvaka
dem Buddha ein Geschenk von Kleidern macht, und bilden daher die
Einleitung zu dem Abschnitt über die Bekleidung der Mönche.

4000 Gulden, letzterer noch einen Sklaven, eine Sklavin und einen Wagen mit Gespann.

So kehrt er nach Rājagaha zurück, wo er dem Prinzen Abhaya das erworbene Geld als Entschädigung dafür, daß er ihn aufgezogen, überreicht. Dieser nimmt es nicht an, wünscht aber, daß Jīvaka in Rājagaha seinen Wohnsitz aufschlage. Nachdem er den alten König Bimbisāra von einem unangenehmen Leiden befreit hat, wird er königlicher Leibarzt und vollzieht mancherlei merkwürdige Kuren. Einmal wird ein großer Kaufherr in Rājagaha schwer krank. Alle Ärzte haben ihn schon aufgegeben. Da gibt der König die Erlaubnis, daß sein Leibarzt den Kaufherrn behandle. Jīvaka bedingt sich zuerst ein Honorar von hunderttausend Gulden für sich und ebensoviel für den König aus, dann fragt er ihn, ob er imstande sein werde, auf der einen Seite, dann auf der andern Seite und schließlich auf dem Rücken je sieben Monate ruhig zu liegen. Der Kranke bejaht die Fragen, worauf ihn der Arzt ans Bett bindet, ihm die Kopfhaut auseinander schneidet, zwei Würmer herauszieht — diese waren es, die des Kaufherrn Leben bedroht hatten — und die Wunde wieder zunäht. Der Kranke ist aber nicht imstande, je sieben Monate auf einer Seite zu liegen, sondern hält es immer nur sieben Tage aus. Nach dreimal sieben Tagen ist er aber gesund. Jīvaka erklärt nun, er habe nur deshalb von sieben Monaten gesprochen, weil der Patient es sonst nicht einmal sieben Tage ausgehalten hätte, ruhig zu liegen.

Noch manche andere Geschichten werden von der Schlauheit und Geschicklichkeit des Arztes Jīvaka erzählt[1]), der übrigens auch den Buddha ärztlich behandelte und ein großer Freund des Ordens war.

Dies ist nicht das einzige Beispiel, welches zeigt, daß die Verfasser oder Zusammensteller des Vinayapiṭaka des trockenen Tons manchmal satt wurden und die Aufzählung von Verboten und Verordnungen durch leichtere Erzählungen unterbrachen. So erzählt auch z. B. der Buddha als Einleitung zu den Regeln über den Vorrang des Alters unter den Mönchen folgende Fabel[2]):

»Es stand einmal, ihr Mönche, an einem Abhang des Himālaya ein großer Feigenbaum. Unter diesem hatten drei Freunde, ein Rebhuhn, ein Affe und ein Elefant, ihren Wohnsitz aufgeschlagen. Sie lebten aber da, ohne daß einer dem andern Ehrfurcht oder Gehorsam bezeigte und ohne Regelung ihres gemeinsamen Lebens. Da kam einst diesen Freunden der Gedanke: »Wir wollen doch einmal sehen, wer von uns der Ältere von Geburt ist, dem wollen wir dann Ehre erweisen,

---

[1]) Er galt als Autorität in der Kinderheilkunde und hieß der »Kinderarzt«. Vgl. Jolly. Medicin (im Grundriß III, 10), S. 68. In der medizinischen Wissenschaft haben sich die Buddhisten auch später vielfach betätigt. (Jolly a. a. O. S. 8 u. 15 f.)

[2]) Cullavagga VI, 6, 3.

Ehrfurcht bezeigen, den wollen wir hochachten und verehren und seinen Ermahnungen folgen«. Da fragten denn das Rebhuhn und der Affe den Elefanten: »Wie weit, Freund, kannst du dich zurückerinnern?«

»Als ich jung war, ihr Freunde, da schritt ich, diesen Feigenbaum zwischen den Beinen, über den Baum dahin, und das höchste Zweiglein reichte mir gerade bis zum Bauch. So weit, ihr Freunde, kann ich mich zurückerinnern.«

Dann fragten das Rebhuhn und der Elefant den Affen: »Wie weit, Freund, kannst du dich zurückerinnern?«

»Als ich jung war, ihr Freunde, da setzte ich mich auf die Erde nieder und fraß das höchste Zweiglein dieses Feigenbaumes. So weit, ihr Freunde, kann ich mich zurückerinnern.«

Dann fragten der Affe und der Elefant das Rebhuhn: »Wie weit, Freund, kannst du dich zurückerinnern?«

»Dort, ihr Freunde, in jener Lichtung stand ein großer Feigenbaum, von dem aß ich eine Frucht und entleerte den Kot auf diesem Platze hier, und daraus ist der Feigenbaum da entstanden. So bin denn ich, ihr Freunde, der Älteste von Geburt.«

Da sprachen der Affe und der Elefant zum Rebhuhn: »Ja, Freund, du bist unter uns der Älteste von Geburt, darum wollen wir dir Ehre erweisen, Ehrfurcht bezeigen, dich wollen wir hochachten und verehren und deinen Ermahnungen folgen«.

Aber auch ernste Erzählungen von reinster, echt buddhistischer Moral sind gelegentlich eingefügt; so die rührende Geschichte von dem Prinzen Lebelang, der alles aufbietet, um die Ermordung seiner Eltern zu rächen, in dem Augenblicke aber, wo der Mörder, der König Brahmadatta, ganz in seine Hand gegeben ist, das schon gezückte Schwert wieder in die Scheide steckt und auf die Rache verzichtet [1]). Endlich fehlen auch die Gleichnisse, die in den Predigten und Sprüchen eine große Rolle spielen, im Vinayapiṭaka nicht. So werden z. B. im Cullavagga (IX, 1, 3 f.) in einem sorgfältig ausgeführten Gleichnis acht Eigenschaften des Ozeans mit acht Eigentümlichkeiten der buddhistischen Lehre und Ordenszucht verglichen. Her begegnet uns der oft zitierte Satz:

»Gleichwie, ihr Mönche, der große Ozean nur einen Geschmack hat, den Geschmack des Salzes, also, ihr Mönche, hat diese Religion und Ordenszucht nur einen Geschmack, den Geschmack der Erlösung.«

---

[1]) Im Auszug wiedergegeben von Oldenberg, Buddha, S. 345 ff. Daß die Legende, wie Copleston, Buddhism p. 103 note, vermutet, durch die biblische Erzählung von David und Saul (I Sam. 24) beeinflußt sei, halte ich für wenig wahrscheinlich.

Eine gewisse Ähnlichkeit zeigen die Vinayapiṭakatexte mit den vedischen Brāhmaṇas. Hier wie dort finden wir »Regel« (vidhi) und »Sinneserklärung« (arthavāda) nebeneinander, und zu letzterer gehören hier wie dort erzählende Dichtungen, die sich wie Oasen in der Wüstenei der religiösen Technik ausnehmen [1]).

Ein unbedeutendes und viel jüngeres Erzeugnis, vielleicht erst das Werk eines singhalesischen Mönches [2]), ist der P a r i v ā r a, das letzte Buch des Vinayapiṭaka. Es sind dies neunzehn kleinere Texte, Katechismen, Indices, Appendices, Listen u. dgl., ganz von der Art der den Veda- und Vedāṅgatexten angehängten Anukramaṇīs und Pariśiṣṭas. Mit den wohl auch aus derselben Zeit stammenden Texten des Abhidhammapiṭaka haben sie die Form von Fragen und Antworten gemein.

Das Suttapiṭaka des Pālikanons.
I. Die Reden und Dialoge.

Wie das Vinayapiṭaka unsere beste Quelle für den S a ṅ g h a, d. h. die Einrichtungen des altbuddhistischen Ordens und das Leben der Mönche ist, so ist das Suttapiṭaka unsere zuverlässigste Quelle für den D h a m m a, d. h. die Religion des Buddha und seiner frühesten Jünger. Im Suttapiṭaka finden wir aber auch — was für uns hier das Wichtigste ist — in der Prosa der Dialoge und Erzählungen sowie in Sprüchen und Liedern die bedeutendsten Litteraturwerke, die der Buddhismus hervorgebracht hat.

Das Suttapiṭaka besteht aus fünf N i k ā y a s oder »Sammlungen« [3]), und zwar: I. Dīghanikāya, II. Majjhimanikāya, III. Saṃyuttanikāya, IV. Aṅguttaranikāya und V. Khuddakanikāya. Zu letzterem gehören die folgenden Texte: 1. Khuddakapāṭha, 2. Dhammapada, 3. Udāna, 4. Itivuttaka, 5. Suttanipāta, 6. Vimānavatthu, 7. Petavatthu, 8. Theragāthā, 9. Therīgāthā, 10. Jātaka, 11. Niddesa, 12. Paṭisambhidāmagga, 13. Apadāna, 14. Buddhavaṃsa und 15. Cariyāpiṭaka.

---

[1]) Vgl. oben I, S. 175 und 181.

[2]) SBE XIII, p. XXIV

[3]) Nach Buddhaghosa (Sumaṅgalavilāsinī, p. 22 f.) wird aber das g a n z e Tipiṭaka (nicht das Suttapiṭaka) in 5 Nikāyas eingeteilt und er rechnet Vinayapiṭaka und Abhidhammapiṭaka zum Khuddakanikāya. Ebenso Gandhavaṃsa (JPTS 1886, p. 57).

Den Inhalt der vier ersten Nikāyas oder »Sammlungen«
bilden Suttas [1]) oder »Lehrvorträge«. Dies sind entweder Reden
des Buddha (zuweilen auch eines seiner Jünger), denen bloß eine
kurze Einleitung vorausgeht, in der erzählt wird, wo und bei
welcher Gelegenheit der Buddha die Rede gehalten hat [2]); oder
es sind Dialoge mit Rahmenerzählungen (Itihāsa - saṃvāda,
Itihāsa-Dialoge) von der Art, wie wir sie schon in den Upaniṣads
und im Mahābhārata kennen gelernt haben. Doch ist die Form
der Suttas in der Regel die prosaische. Nur hier und da wird
in manchen Suttas die Prosa durch Verse (Gāthās) unterbrochen,
die zum Teil Zitate, zum Teil Verseinlagen sind, wie solche in
der indischen Litteratur zur Hebung der Prosa an besonders
markanten Stellen allzeit beliebt waren [3]).

I. Der Dīghanikāya, »die Sammlung der langen Lehrvorträge« [4]), besteht aus 34 längeren Suttas, von denen jedes
einzelne irgendeinen oder mehrere Punkte der Lehre eingehend
behandelt und ebensogut als selbständiges Werk gelten könnte.
Gleich das erste Stück, das Brahmajālasutta, der »Vortrag
über das Brahman-Netz«, ist von größter religionsgeschichtlicher

---

[1]) Für Sutta wird oft auch der Ausdruck Suttanta gebraucht.

[2]) Daher der typische Anfang eines jeden Sutta mit den Worten:
»Also habe ich gehört (evaṃ me sutam); einst weilte der Herr usw.
(z. B. in Sāvatthi im Garten des Anāthapiṇḍaka).«

[3]) Wenn z. B. Strophen mit den Worten: »Hier wird folgendes
gesagt« (tatth' etaṃ vuccati) eingeleitet werden, so geben sie sich selbst
als Zitate zu erkennen (z. B. in Dīghanikāya 30). Wenn hingegen
bedeutsame Worte in Versform dem Buddha in den Mund gelegt und
diese Verse mit Sätzen wie »Dies sprach der Meister« oder »Der Herr
redete ihn mit folgenden Versen an« eingeleitet werden (z. B. Dīghanikāya 31; Majjhimanikāya 7, vol. I, p. 39; 34, vol. I, p. 34), so sind das
Verseinlagen, die dem Verfasser des Sutta selbst angehören werden,
wenigstens im allgemeinen, denn einen scharfen Unterschied zwischen
eigenem und fremdem Litteraturgut hat man im alten Indien nie
gemacht.

[4]) Herausgegeben von T. W Rhys Davids und J. E. Car-
penter, London PTS, vol. I, 1890, vol. II, 1903, vol. III, 1911. Die
Suttas 1—23 sind übersetzt von T. W. Rhys Davids, Dialogues of
the Buddha I, II (= Sacred Books of the Buddhists, vols. II, III), London
1899 und 1910; die Suttas 1—13 von K. E. Neumann, Die Reden
Gotamo Buddhos aus der längeren Sammlung Dīghanikāyo des Pāli-
Kanons, I. Bd., München 1907. Die Suttas 13, 16 und 17 hat Rhys
Davids auch schon in SBE, vol. XI. p. 158 ff., 1 ff., 235 ff. übersetzt.

Bedeutung nicht nur für den Buddhismus, sondern für das ganze religiöse Leben und Denken im alten Indien[1]). Anknüpfend an die Regeln für das sittliche Verhalten seiner Jünger, zählt hier der Buddha in langen Listen alle Arten von Beschäftigungen, Unterhaltungen, Lebens- und Denkweisen der Brahmanen und Asketen auf, von denen der buddhistische Mönch sich fernhalten soll. Da gibt es Brahmanen und Asketen, die Reichtümer anhäufen, solche, die sich an Tänzen, Musikaufführungen, Schaustellungen und Spielen aller Art ergötzen — der Kulturforscher findet hier eine interessante Aufzählung von Volksbelustigungen —; andere, die sich allen möglichen Luxus gestatten, wieder andere, die sich durch Opfer, Wahrsagung und Zauberei — wir finden hier ein für die indische Volkskunde höchst lehrreiches Verzeichnis — ihren Lebensunterhalt verdienen, und endlich viele, die sich allen denkbaren Spekulationen über Sein und Nichtsein, über Anfang und Ende der Welt, über die Seele, ihr Wesen und ihre Geschichte — nicht weniger als 62 verschiedene philosophische Anschauungen werden hier aufgezählt — hingeben. Von allen diesen Dingen soll der Jünger des Buddha sich ferne halten. Gleichwie ein geschickter Fischer, wenn er in einem Teich ein feinmaschiges Netz auswirft, alle Fische, groß und klein, einfängt, so weiß der Buddha in dem »Brahman-Netz« alle Sophisten und Philosophen »einzufangen«, ihre Lehren und Spekulationen als wertlos und dem wahren Heil hinderlich zu erweisen. Auch das zweite Sutta, das Sāmaññaphalasutta, »der Vortrag über den Lohn der Asketenschaft«, ist ein wertvolles Zeugnis für altindisches Leben und Denken zur Zeit des Buddha; denn wir lernen hier die Anschauungen einer ganzen Reihe hervorragender nichtbuddhistischer Lehrer und Sektengründer kennen. Für die Geschichte des indischen Kastensystems und die Stellungnahme des Buddha zum Problem der Kaste ist das Ambaṭṭhasutta (Nr. 3) von ganz hervorragender Wichtigkeit. Durch Anspielungen auf die Geschichte des Sakyastammes und auf den Ṛṣi Kṛṣṇa (Kaṇha) hat das Sutta auch ein sagengeschichtliches, vielleicht sogar geschichtliches Interesse. Überaus lehrreich für das Verhältnis zwischen dem alten und dem neuen Glauben,

---

[1]) Es handeln darüber Rhys Davids, Buddhism, American Lectures, p. 30 ff. und F. O. Schrader, Über den Stand der indischen Philosophie zur Zeit Mahāvīras und Buddhas, Straßburg 1902, S. 8 ff.

dem Brahmanismus und dem Buddhismus, sind die Suttas Nr. 5, Kūṭadantasutta, »der Vortrag über (den Brahmanen) Scharfzahn« und Nr. 13, Tevijjasutta, »der Vortrag über die Kenner der drei Vedas«, in denen mit feiner, aber durchaus nicht verletzender Ironie der brahmanische Kult mit seinen blutigen Opfern und das Streben der Vedakenner nach Vereinigung mit dem Brahman lächerlich gemacht und ihnen buddhistische »Opfer« und Lebensideale gegenübergestellt werden. Die grundlegende Lehre der buddhistischen Philosophie von der Verkettung der Ursachen wird in Nr. 15, dem Mahānidānasutta, »dem großen Lehrvortrag über die Ursachen« behandelt, und für die buddhistische Ethik nach ihrer volkstümlichen Seite hin ist Nr. 29, das Sigālovādasutta, »der Lehrvortrag: die Ermahnung des Sigāla«, in dem die gesamten Pflichten des buddhistischen Laienanhängers ausführlich dargestellt werden, einer der wichtigsten Texte in dem Pālikanon [1]).

Aber das in jeder Beziehung bedeutendste Sutta des Dīghanikāya ist Nr. 16, das Mahāparinibbānasutta, »der große Vortrag über das völlige Nirvāṇa (des Buddha)«[2]), das sich in Form und Inhalt nicht unwesentlich von allen anderen Suttas unterscheidet. Es ist weder ein Dialog noch eine Rede über irgend einen oder mehrere Hauptpunkte der Lehre, sondern ein fortlaufender Bericht über die letzte Lebenszeit, die letzten Reden und Aussprüche und den Tod des Buddha. Die ältesten Bestandteile dieses umfangreichen Berichtes gehören sicherlich zu dem ältesten Bestande des Tipiṭaka und zu den frühesten Ansätzen zu einer dichterischen Behandlung des Lebens des Buddha. Es ist nämlich bemerkenswert, daß in dem Pālikanon keine Buddhabiographie enthalten ist; wohl aber finden sich die Anfänge einer

---

[1]) Vgl. R. C. Childers, The Whole Duty of the Buddhist Layman, Ind. Ant. 12, 1883, p. 23 ff.; Rhys Davids, Der Buddhismus (Reclam), S. 151 ff.

[2]) Ins Englische übersetzt von T. W. Rhys Davids in SBE. vol. XI und Dialogues of the Buddha, II, 78 ff., ins Deutsche von Dutoit, Leben des Buddha, S. 221 ff., und von K. E. Neumann, Die letzten Tage Gotamo Buddho's, München 1911. Im Auszug wiedergegeben von Oldenberg, Buddha, S. 227 ff. Nach Rhys Davids wäre der Titel zu übersetzen: »Das Buch von dem großen Dahinscheiden«, nach Neumann: »Das große Verhör über die Erlöschung«, aber Sutta hat mit »Verhör« nichts zu tun.

solchen teils im Vinayapiṭaka [1]), teils im Suttapiṭaka. Daß sich den Jüngern des Buddha gerade die Erinnerung an die letzte Lebenszeit des Meisters und an seine letzten Reden besonders fest einprägte, und daß diese mit liebevoller Treue bewahrt und überliefert worden sind, ist durchaus begreiflich. Und ich stehe nicht an, in den ältesten Teilen dieses Sutta die ersten Ansätze zu einer Buddhabiographie zu sehen. Aber es sind nur wenige Stücke in dem Mahāparinibbānasutta, die als wirklich alt und ursprünglich gelten können. Denn das Sutta ist durchaus kein einheitliches Werk, sondern aus Stücken zusammengesetzt, die verschiedenen Zeitaltern angehören. Es muß schon in sehr alter Zeit — wahrscheinlich bald nach dem Tode des Buddha — ein kürzeres »Sutta vom völligen Nirvāṇa (des Buddha)« gegeben haben, welches im Laufe der Zeit durch Einschiebungen und Zusätze immer mehr anschwoll, bis es zu dem »großen Sutta vom völligen Nirvāṇa« geworden ist, das wir jetzt in unserem Pālikanon finden. Alt und ursprünglich sind gewiß solche Stellen, wie die im zweiten Abschnitt, wo die Geschichte von des Buddha erster Krankheit erzählt wird, die ihn zu Beḷuva befiel, und die er durch die Kraft seines Willens niederkämpfte, wo er dem Ānanda versichert, daß er nicht zu jenen Lehrern »mit der geschlossenen Faust« gehöre, die etwas für sich behalten, sondern die ganze Wahrheit verkündet habe, und wo er den Gedanken zurückweist, daß er sich je zu einem Führer der Gemeinde aufwerfen wollte. Der Orden sei nie von ihm abhängig gewesen und werde daher auch nach seinem Hingange nicht »ohne Führer« sein, wenn er sich nur von der ihm verkündeten Religion leiten lasse. »Darum, Ānanda, seid euch selbst Leuchten! Seid eure eigene Zuflucht! Haltet fest an der Religion als eurer Leuchte, fest an der Religion als eurer Zuflucht!« Und ebenso alt und ursprünglich ist gewiß auch die Stelle des fünften Abschnittes, wo wir lesen, wie Ānanda sich in seinem Schmerze über den bevorstehenden Hingang des Meisters nicht länger zurückhalten kann, hinausgeht und weinend an den Türpfosten gelehnt stehenbleibt, worauf ihn der Buddha zurückrufen läßt und grundgütige Worte des Trostes und der Anerkennung seiner liebevollen Anhänglichkeit an ihn richtet. Den Stempel höchster Altertümlichkeit tragen

---

[1]) Siehe oben S. 20 f.

auch die in dem Sutta verstreuten Verse an sich. Sie enthalten teils bedeutsame Aussprüche des Buddha und seiner Jünger, teils heben sie die markantesten Momente der Erzählung eindrucksvoll hervor[1]. Während an allen diesen Stellen der Buddha ganz und gar als Mensch zum Menschen spricht, sehen wir ihn an anderen Stellen desselben Textes wie einen Halbgott oder Zaubermeister Wunder wirken; ja, er prahlt mit seiner Wunderkraft, vermöge deren er, wenn er nur wollte, sein Leben bis zum Ende eines Weltzeitalters verlängern könnte, und er macht dem Ānanda Vorwürfe darüber, daß er zur gegebenen Zeit nicht den Wink verstanden und ihn gebeten habe, weiter zu leben (III, 34—47). Des Buddha Entschluß, zu sterben, ist die Ursache eines Erdbebens, und er benutzt die Gelegenheit, um die acht Ursachen eines Erdbebens aufzuzählen und daran gleich noch die Aufzählung von anderen Dingen anzuschließen. deren es ebenfalls acht gibt (III, 11—33). Wir haben es hier mit Zusätzen und Einschüben von Epigonen zu tun, die von dem Geist, der die Verfasser des alten Berichtes beseelte, keinen Hauch mehr verspürten. In den meisten Fällen ist es auch nicht schwer, die Quellen nachzuweisen, aus denen die Zusätze geflossen sind. Denn große Stücke des Sutta — sie machen zusammen fast das ganze Sutta aus — finden sich in anderen Texten des Tipiṭaka wieder und stammen offenbar daher[2]. Nichtsdestoweniger haben alle Einschiebungen und Erweiterungen nicht vermocht, den Charakter dieses Textes zu verwischen, der mehr als irgendein anderer Text des Tipiṭaka an unsere Evangelien erinnert[3].

---

[1] Copleston (Buddhism, pp. 46. 53) meint. daß ein älteres episches Gedicht, dem diese Strophen entnommen seien, unserem Sutta zugrunde liege. Ich möchte in diesen Versen eher den ersten Ansatz zu einer dichterischen Bearbeitung des Lebens des Buddha (und zwar in der Form von geistlichen Balladen) sehen.

[2] In manchen Fällen ist aber auch das Mahāparinibbānasutta die Quelle. aus der Stellen in andere Texte übergegangen sind. Die Paralleltexte sind zusammengestellt von Rhys Davids, Dialogues of the Buddha II. p. 72. Erst eine genaue Vergleichung des Pālitextes mit den Sanskrittexten, die uns Reste eines Parinirvāṇasūtra erhalten haben, und mit den tibetischen und chinesischen Übersetzungen dürfte zeigen, was von dem Sutta alt und echt ist. Vgl. Windisch, Māra und Buddha, S. 33 ff., Oldenberg. ZDMG 52, 1898. S. 628, J. S. Speyer, ZDMG 53, 1899, S. 121 ff.. J. Edkins JRAS 1881. p. 66 ff.

[3] Vgl. Oldenberg, Literatur des alten Indien. S. 94 f.

Die endgültige Redaktion des Mahāparinibbānasutta kann immerhin erst in eine verhältnismäßig späte Zeit fallen. Ist doch an einer Stelle von der Überlieferung und Autorität der Suttas und der Vinayatexte die Rede[1]). Und in dem Schlußabschnitt des Sutta werden sogar schon Buddhareliquien und die Errichtung von Stūpas erwähnt, d. h. derselbe Buddha, der uns in dem schönen Dialog mit Ānanda noch als einfacher Mensch und Lehrer entgegentrat, erscheint hier bereits als Gegenstand des Kultes, wie er durch die Denkmäler erst für die Zeit des Aśoka bezeugt ist.

Einer sehr späten Zeit gehört auch Nr. 14, das Mahāpadānasutta, »der große Vortrag über die Wundertaten (des Buddha),« an, in welchem bereits das Dogma von den sechs Buddhas, welche Vorläufer des Gotama Buddha waren, und die ganze mit zahlreichen Wundern, insbesondere den Wundern der Empfängnis und der Geburt, ausgestattete Buddhalegende vorausgesetzt wird. Mehrere Suttas sind mythologisch (Nr. 17—21). Sie führen uns in die Welt der Götter ein und sollen beweisen, daß auch die Götter alle ihre himmlische Herrlichkeit nur dem Umstande verdanken, daß sie in einem früheren Dasein gute Buddhisten gewesen sind. Am interessantesten ist Nr. 21, das Sakkapañhasutta, »das Sutta, das die Fragen des Sakka enthält«. Sakka ist der donnerkeilbewaffnete Indra, der König der Götter. Es muß für die alten Buddhisten ebenso erbaulich gewesen sein, wie es uns grotesk erscheint, zu sehen, wie der Götterkönig es kaum wagt, sich dem erhabenen Buddha zu nähern, wie er zuerst einen seiner Gandharvas, der himmlischen Musiker, vorausschickt, den Weisen günstig zu stimmen — was dieser merkwürdigerweise durch ein Liebeslied tut[2]) —, wie der Gott von Buddha sehr freundlich, aber auch sehr herablassend empfangen wird und nun aus dem Munde des Erhabenen die große Wahrheit lernt, daß die höchsten Ziele nur durch die Religion des Buddha erreicht werden können, und wie endlich der Götterkönig, nachdem ihm

---

[1]) IV, 7—11, Dīgha vol. II, p. 123 ff.; vgl. Aṅguttara-Nikāya, IV, 180 (vol. II, 167 ff.) und Copleston, Buddhism. p. 45. In IV, 10 f. (vol. II, p. 125) werden auch die Kenner der Mātikās (oben S. 9 A. 1) erwähnt.

[2]) Es scheint hier ein Bruchstück einer alten nichtbuddhistischen Dichtung in das Sutta verarbeitet zu sein.

der Meister alle seine Fragen beantwortet, in einen begeisterten Lobgesang auf den Erhabenen ausbricht. Einer der besten Dialoge im Dīghanikāya ist Nr. 23, das **Pāyāsisutta**, der Dialog zwischen dem ungläubigen, Seele und Jenseits leugnenden Häuptling Pāyāsi und dem Mönch Kumāra Kassapa. Während sonst in den »Dialogen« des Suttapiṭaka der Mitunterredner den Hauptredner, der gewöhnlich der Buddha selbst ist, zumeist nur mit Worten der Zustimmung unterbricht, haben wir hier ein wirkliches, lebendig geführtes Zwiegespräch vor uns, das manchmal an die Platonischen Dialoge erinnert. Aber auch dieses Sutta ist nicht ursprünglich, sondern ein nicht zu seinem Vorteil erweiterter Itihāsadialog, der von einer anderen Sekte, vermutlich von den Jainas, entlehnt ist[1]). Auf einen späten Abschluß der Redaktion des Dīghanikāya weisen auch Suttas hin, wie Nr. 32, das nur eine Art Abwehrzauber gegen Schlangen und Dämonen ist, Nr. 26, in welchem der künftige Buddha Mettyya, der buddhistische Messias, erwähnt wird, und die beiden letzten Suttas (Saṅgīti- und Dasuttara-Suttanta) die im Stile des Aṅguttaranikāya abgefaßt sind und Ausdrücke enthalten, die erst im Abhidhammapiṭaka geläufig sind[2]).

II. Der **Majjhimanikāya**, »die Sammlung der mittelgroßen Lehrvorträge«[3]), besteht aus 152 Reden und Dialogen, die sich von denen des Dīghanikāya nur dadurch unterscheiden, daß sie im allgemeinen kürzer sind. Aber auch in dieser Sammlung bildet jedes Sutta ein Ganzes für sich, und sie sind ebenso verschiedenartig wie verschiedenwertig. Schon die große Zahl der Suttas bringt es aber mit sich, daß ihr Inhalt viel mannigfaltiger ist als der des Dīghanikāya. Wir finden hier Erörterungen über fast alle Punkte der Religion des Buddha, über die vier edlen

---

[1]) Kumāra Kassapa will dem Pāyāsi beweisen, daß es eine Seele gibt, trotzdem gerade die Buddhisten selbst das Dasein einer Seele leugnen. Vgl. E. Leumann in OC VI, Leiden, 1883, III, 2, 467 ff.

[2]) K. E. Neumann (Reden Gotamo Buddho's des Suttanipāto, IV, p. X) bezeichnet den Dīghanikāya geradezu als eine »im ganzen verhältnismäßig späte und oft apokryphe« Sammlung.

[3]) Herausgegeben von V. Trenckner und R. Chalmers. London PTS 1888—1902, 3 Vols. Vollständig ins Deutsche übersetzt von K. E. Neumann, Die Reden Gotamo Buddho's aus der mittleren Sammlung Majjhimanikāyo des Pālikanons. 3 Bde. Leipzig 1896—1902.

Wahrheiten, über das Karman, über die Nichtigkeit der Begierden, über die Verwerflichkeit des Seelenglaubens, über das Nirvāṇa, über die verschiedenen Arten der Meditation usw. Diese Erörterungen sind oft nur langweilige Predigten, oft aber haben sie auch die so beliebte und anmutige Form von Dialogen mit einer längeren oder kürzeren Einleitung, bzw. Rahmenerzählung (Itihāsadialoge). Allgemein beliebt ist die Belehrung durch Gleichnisse, sei es daß ein Gleichnis durch eine ganze Rede hindurch ausgesponnen wird, oder daß eine ganze Kette von Gleichnissen sich durch eine Rede hindurchzieht, um eine und dieselbe Lehre immer wieder einzuschärfen. Aber auch Mythen und Legenden werden erzählt, um daran irgendeine Lehre zu knüpfen, wie in Nr. 37, wo der Besuch des Moggallāna, des berühmten Jüngers des Buddha, im Himmel des Indra geschildert wird. Der Mönch Moggallāna bringt hier mit seiner großen Zehe den ganzen Himmelspalast ins Wanken [1] — ein Zug, der ganz an die Heiligen der brahmanischen Legenden des Mahābhārata und der Purāṇas erinnert. Manche der Rahmenerzählungen machen den Eindruck wirklicher Ereignisse, wie etwa die Geschichte von Pukkusāti, der in den Orden aufgenommen werden will und, während er hingeht, um sich Mantel und Almosenschale zu holen, von einer Kuh getötet wird (Nr. 140), woran Buddha die Belehrung knüpft, daß dieser Mann das Nirvāṇa erreicht hat, trotzdem er nicht Mönch war. Oder die Geschichte von dem schwer erkrankten Mönch Channa (Nr. 144), der sich durch Öffnen der Adern selbst den Tod gibt, was Buddha billigt: Selbstmord sei tadelhaft, wenn man dadurch nur einen anderen Körper (in einer neuen Wiedergeburt) erlangen will, aber nicht, wenn man ins Nirvāṇa eingeht. Wie dem wirklichen Leben der Zeit des Buddha entnommen mutet uns auch das prächtige Assalāyanasutta (Nr. 93) an. Muß es doch den stolzen Brahmanen gewiß sehr unbequem gewesen sein, daß Gotama die »Reinheit aller vier Kasten« lehrte. Da mögen denn solche Zwiegespräche über die Berechtigung des Kastensystems, wie das zwischen dem jungen Brahmanen Assalāyana und Gotama Buddha, nicht selten wirklich stattgefunden haben. Und vortrefflich ist die Argumentation gegen die Kastenansprüche der Brahmanen. Assalāyana spricht da zu Buddha:

---

[1] Ein Kunststück, auf welches auch in Nr. 50 wieder angespielt wird.

»Die Brahmanen, Herr Gotama, reden also: Die Brahmanen allein sind die beste Kaste, niedrig ist jede andere Kaste; die Brahmanen allein sind weiße Kaste, schwarz ist jede andere Kaste; nur die Brahmanen werden rein, nicht die Nichtbrahmanen; nur die Brahmanen sind leibliche Söhne des Gottes Brahman, aus dessen Mund entstanden, von Brahman gezeugt, von Brahman gebildet, Erben des Brahman. Was sagt Herr Gotama dazu?«

Darauf richtet Buddha eine Reihe von Fragen an Assalāyana, die dieser alle bejahen und damit zugeben muß, daß die Behauptungen der Brahmanen hinfällig sind. Er sagt z. B.:

»Was meinst du wohl, Assalāyana? Gesetzt den Fall, ein gesalbter König aus dem Kriegerstamm lasse hundert Männer aus verschiedenen Kasten zusammenrufen: Es sollen herbeikommen Herren aus den Familien der Krieger, der Brahmanen, der Adeligen, und sie sollen ein oberes Reibholz vom Sālbaum oder Salalabaum oder Sandelbaum oder Padmakabaum ¹) nehmen, ein Feuer durch Herumdrehen (in dem unteren Reibholz) erzeugen und eine Flamme hervorbringen. Und es sollen herbeikommen Herren aus den Familien von Caṇḍālas, Jägern, Korbflechtern, Wagenbauern, Pukkusas ²), und sie sollen ein oberes Reibholz von einem Hundetrog, einem Schweinetrog, einem Wäschertrog oder von Rizinusholz nehmen, ein Feuer durch Herumdrehen erzeugen und eine Flamme hervorbringen. Wird ³) nun das Feuer, das die Krieger, Brahmanen usw. mit edlem Holz erzeugt haben, Flamme, Glanz und Licht haben, und wird man dieses Feuer zu allen Feuerzwecken verwenden können? Wird hingegen das Feuer, das die Caṇḍālas, Jäger usw. mit Holz vom Hundetrog usw. erzeugt haben, keine Flamme, keinen Glanz und kein Licht haben, und wird man dieses Feuer nicht zu allen Feuerzwecken verwenden können?« Assalāyana muß natürlich antworten, daß zwischen den zwei Arten von Feuern kein Unterschied besteht, und Gotama schließt, daß es sich mit den Kasten ebenso verhält ⁴).

Manche der Suttas sind aber weder Dialoge noch Predigten, sondern einfach Erzählungen. So ist Nr. 86 ein regelrechtes altes Ākhyāna, in welchem in Prosa und Versen von dem schrecklichen Räuber Aṅgulimāla erzählt wird, der Mönch wurde und es bis zum Arhat (dem Heiligen, der des Nirvāṇa gewiß ist) brachte — ein wertvolles Stück altbuddhistischer Dichtung. Ein

---

¹) Verschiedene Arten von Edelhölzern.

²) Sanskrit Pukkašas, eine sehr niedrige Kaste.

³) Von hier an abgekürzt.

⁴) Majjhimanikāya vol. II, p. 151 ff. Eine Erörterung über das Kastenproblem enthält auch das 84. Sutta. Vgl. R. Chalmers, JRAS 1894, p. 341 ff.

anderes Sutta (Nr. 83) erzählt die (auch in den Jātakas wiederkehrende) Legende von dem König Makhadeva, der beim Erscheinen des ersten grauen Haares die Herrschaft niederlegt und
Mönch wird. Eines der prachtvollsten Stücke dieser Art ist das
Raṭṭhapālasutta (Nr. 82). In schönem altem Balladenstil
wird hier folgendes — ich gebe nur einen kurzen Auszug —
erzählt:

Der junge Fürstensohn Raṭṭhapāla will Mönch werden. Seine
Eltern wollen es durchaus nicht zugeben, aber dadurch, daß er keine
Nahrung zu sich nimmt, erzwingt er ihre Erlaubnis. Nach Jahren
kommt er als Mönch in seine Vaterstadt und bettelt vor der Türe des
Elternhauses. Der Vater erkennt ihn nicht und jagt ihn mit Schimpf
von der Schwelle. »Von diesen kahlgeschorenen Mönchen«, ruft er,
»ist unser einziger herzensgeliebter Sohn zur Weltentsagung verleitet
worden.« Unterdessen tritt die Amme heraus, um Speisereste weg-
zuwerfen. Der Bettelmönch erbittet sich diese Reste zu seinem Mahl.
Da erkennt ihn die Magd als Sohn des Hauses und meldet es ihrem
Herrn. Dieser kommt herbei und ladet den Sohn ein, ins Haus zu
kommen. Dieser lehnt es höflich ab mit den Worten: »Nicht doch, ich
habe heute schon gespeist.« Für den nächsten Tag nimmt er aber
eine Einladung an. Da bereitet sein Vater nicht nur ein Mahl vor,
sondern häuft in dem Speisesaal Gold und Schmuck auf und heißt die
früheren Gemahlinnen des Raṭṭhapāla sich schmücken. Am nächsten
Tag wird er festlich empfangen, und der Vater bietet ihm alle Schätze
und Kostbarkeiten an. Aber Raṭṭhapāla sagt nur: »Wenn du meinen
Rat befolgen willst, Vater, so lade all das Gold und Geschmeide auf
einen Wagen und wirf es in den Ganges, wo er am tiefsten ist. Und
warum? Weil nur Schmerz und Jammer, Elend und Herzeleid daraus
entstehen wird.« Auch von den Frauen, die sich ihm schmeichelnd zu
Füßen werfen, will er nichts wissen. Nachdem er sein Mahl beendet,
geht er seines Weges. Darauf trifft er mit dem König des Kurulandes
zusammen. Dieser sagt, er begreife, daß jemand, wenn er alt oder
krank oder arm geworden oder seine Verwandten verloren hat, Mönch
werde, aber nicht, daß einer, der jung, froh und gesund ist, der Welt
entsage. Raṭṭhapāla antwortet ihm mit einer Rede über die Nichtigkeit
des Daseins und die Unersättlichkeit der Gier und überzeugt den
Kurukönig in einem sokratisch geführten Dialog von der Wahrheit der
Buddhalehre.

Neben solchen großartigen Dichtungen stehen die trockensten
Predigten, in denen im Katechismenstil eine Reihe technischer
Ausdrücke oder irgendeine Grundlehre erklärt wird, z. B. Nr. 43
und 44[1]). Manche dieser Suttas (so z. B. Nr. 127, 137, 140,

---

[1]) Diese beiden Suttas, die als »großes« und »kleines« Vedallasutta
bezeichnet werden, haben nichts miteinander gemein, als die Form von

148, 151) bewegen sich ganz im Stil der Aufzählungen des Aṅguttaranikāya und der Definitionen und Klassifikationen des Abhidhammapiṭaka. Und sehr verschieden von den eben erwähnten Ākhyānas, in denen die Erzählung in der Mischung von Prosa und Vers lebendig fortschreitet, sind Suttas wie Nr. 116, wo eine dürre Liste von Paccekabuddhas (Einsiedler-Buddhas, welche die Erleuchtung erlangt haben, ohne sie der Welt zu verkünden) zuerst in Prosa und unmittelbar nachher in Versen gegeben wird. Diese Mischung von Prosa und Vers gehört einem viel jüngeren Typus an, dem wir in der buddhistischen Sanskritlitteratur wieder begegnen werden.

Aber abgesehen davon, daß uns die Suttas des Majjhimanikāya die beste Vorstellung von der alten buddhistischen Religion und der Lehrweise des Buddha und seiner ersten Jünger geben, sind sie uns auch darum von Wichtigkeit, weil sie uns manche interessante Einblicke in das Leben und Treiben jener alten Zeit gestatten, nicht nur in das Leben der Mönche selbst (wie in Nr. 5, 21, 22 u. a.), sondern auch in das der anderen Volkskreise. So gibt uns Nr. 51 eine gute Übersicht über das brahmanische Opferwesen und wertvolle Andeutungen über den Zusammenhang zwischen blutigen Opfern und Herrscher- und Priestertum. Wiederholt begegnen uns Aufzählungen verschiedener Arten von asketischen Übungen, die im alten Indien beliebt waren. Eine wahre Musterkarte von asketischen Scheußlichkeiten finden wir in Nr. 12 und 14, und auch in den Suttas Nr. 40, 45, 51 und 60 lernen wir allerlei wunderliche Heilige verschiedener Sekten kennen. Es hat damals z. B. »Hunde-Asketen« und »Rindvieh-Asketen« gegeben, deren Askese darin bestand, daß sie ganz nach Art der Hunde bzw. Rinder sich nährten und lebten. Auf die Frage, was aus diesen Asketen im künftigen Dasein werde, antwortet der Buddha, daß der »Hunde-Asket« im besten Fall als Hund, der »Rindvieh-Asket« im besten Fall als Ochs wiedergeboren werden dürfte, daß sie aber möglicher Weise auch beide in die Hölle gelangen könnten. Geschichtlich bedeutsam für das Verhältnis des Buddha zur Sekte der Jainas sind mehrere Suttas,

Fragen und Antworten. Es scheint, daß sich der unerklärte Ausdruck »vedalla« eben auf diese Form bezieht. Vgl. oben S. 9 Anm. und C. A. Foley (Mrs. Rhys Davids), JRAS 1894, p. 321 ff.

insbesondere das Upālisutta (Nr. 56)[1]), aber auch Nr. 57, 101 und 104. Auch auf allerlei Aberglauben, auf soziale und rechtliche Verhältnisse wird gelegentlich Bezug genommen. So finden wir in Nr. 13 eine Aufzählung grausamer Strafen; von allerlei seltsamen Vorstellungen über Geburt und Erziehung der Kinder berichtet das 38. Sutta; das Verhältnis von Schwiegertochter und Schwiegervater wird durch Nr. 28 und Nr. 37 beleuchtet, usw.

Zeitlich stehen die einzelnen Suttas oft weit voneinander ab. Während in manchen Suttas des Majjhimanikāya, ebenso wie in den alten Stücken des Mahāparinibbānasutta, der Buddha ganz und gar als Mensch und Lehrer auftritt und von sich nur als einem gewöhnlichen Sterblichen spricht, dem eine gewisse Erkenntnis zuteil geworden, und der sich darauf freut, ins völlige Nirvāṇa einzugehen, während er z. B. im 26. und 36. Sutta[2]) in schlichten Worten ein von allen Wundern freies Stück Selbstbiographie erzählt, werden in anderen Suttas (z. B. Nr. 12) dem Buddha alle möglichen Wunderkräfte und durchaus göttliche Eigenschaften zugeschrieben. In dem »Sutta von den erstaunlichen Ereignissen und Wundern« (Nr. 123) wird die Empfängnis und Geburt des Bodhisatta mit all den Wundern geschildert, wie sie die Buddhalegende der späteren nichtkanonischen Werke (Nidānakathā, Lalitavistara u. a.) kennt, wie wir sie aber auch schon im Mahāpadānasutta des Dīghanikāya[3]) gefunden haben. Daß der Buddha oder auch ein Heiliger wie Moggallāna, »gleichwie ein starker Mann seinen eingezogenen Arm ausstreckt oder seinen ausgestreckten Arm einzieht«, verschwindet, um plötzlich in der Götterwelt oder in Brahmans Himmel zu erscheinen, ist

---

[1]) Über dieses handelt eingehend Léon Feer in OC VI, Leiden 1883 t. III, 67 ff., RHR t. 13. 1886, 74 ff. und JA 1887, s. 8, t. IX, 309 ff.; 1888. s. 8, t. XI, 113 ff., 123 ff. und t. XII. 209 ff. Vgl. auch R. Chalmers im JRAS 1895, p. 665 f.

[2]) Ebenso Aṅguttaranikāya III, 38, s. Dutoit, Leben des Buddha, S. 14 ff.

[3]) Oben S. 32. Nach Windisch, Buddhas Geburt. S. 104 ist Majjh. 123 nur eine kürzere Fassung des Mahāpadānasutta. In der Tat ist die Übereinstimmung eine sehr genaue, nur daß im Dīghanikāya 14 von der Geburt des Buddha Vipassi berichtet wird. Über die Bedeutung des Sutta Majjh. 123 für die Entwicklung der Buddhalegende in den späteren Texten, vgl. Windisch a. a. O.. S. 107 ff.

in den Suttas nichts Seltenes (so Nr. 37, 49, und sonst). Ein Sutta (Nr. 49) will geradezu beweisen, daß der Buddha hochmächtig über alle Götter, selbst den höchsten Brahman, erhaben ist. Und wenn auch in den meisten Reden der Buddha als Sprecher auftritt, so sind doch in manchen auch Jünger des Buddha die Hauptredner (z. B. Nr. 15, 43, 44). Nicht selten beantwortet einer der Jünger eine Frage, läßt sich aber dann die Richtigkeit der Antwort durch den Buddha bestätigen (z. B. Nr. 126). Es wird aber auch nicht immer die Fiktion aufrecht erhalten, daß alle Suttas zur Lebenszeit des Buddha entstanden seien. So erhält in Nr. 84 und 94 ein Jünger auf die Frage, wo denn der Buddha jetzt weile, die Antwort: »Er hat völliges Nirvāṇa erreicht.« Das Sutta Nr. 108 knüpft unmittelbar an den Tod des Buddha an, indem Ānanda gefragt wird, ob denn der Buddha nicht vor seinem Tode irgendeinen Mönch zum Oberhaupt über die Mönchsgemeinde bestimmt habe. Ānanda verneint die Frage, erklärt aber, daß die Gemeinde deshalb doch nicht »ohne Zuflucht« sei, denn die Religion (Dhamma) sei ihre Zuflucht[1]), und zwar werde die Ordnung in der Gemeinde durch die von dem Meister eingesetzte Pātimokkhafeier[2]) aufrecht erhalten. Dies ist, nebenbei bemerkt, ein Sutta, das sich mehr auf die Ordenszucht (vinaya) als auf die Religion (dhamma) bezieht, was auch sonst zuweilen der Fall ist (z. B. 103, 104, 142)[3]).

Ob man aus den verschiedenen Arten und Weisen, wie einzelne Punkte der Lehre in den Suttas behandelt werden, auf deren frühere oder spätere Abfassung schließen darf[4]), muß dahingestellt bleiben. Wenn z. B. in den Suttas Nr. 129 f. und Nr. 135 f. die Lehre vom Karman in grob sinnlicher Weise dargestellt wird und die Höllenqualen mit einer Ausführlichkeit geschildert werden, die in den Höllenschilderungen der Purāṇas ihr Seitenstück findet, so kann das auf eine spätere Abfassungszeit hin-

---

[1]) Offenbar eine Anspielung auf die bekannte Stelle im Mahāparinibbānasutta, s. oben S. 30. Vgl. auch C. A. F. Rhys Davids im JRAS 1902, p. 476 f.

[2]) S. oben S. 18.

[3]) K. E. Neumann, Reden Gotamo Buddha's III, Vorrede, stützt darauf seine Ansicht, daß ursprünglich der Vinaya im Suttapiṭaka enthalten gewesen und erst später zu einem selbständigen Vinayapiṭaka ausgestaltet worden sei.

[4]) Vgl. C. A. F. Rhys Davids im JRAS 1902, 474 f.

weisen. Es kann aber auch schon in älterer Zeit neben der rein philosophischen eine mehr volkstümliche Auffassung der Karmanlehre bestanden haben. Darauf, daß der Orden bereits eine gewisse Geschichte hinter sich hatte, als der Majjhimanikāya zusammengestellt wurde, deutet eine Stelle in Nr. 65 hin, wo gesagt wird, daß es »früher« weniger Vorschriften und mehr Mönche gegeben habe, während es »jetzt« mehr Vorschriften und weniger Mönche gebe. Die Erwähnung der Yona-Kambojas im Assalāyanasutta (Nr. 93) weist auf das Bestehen des griechisch-baktrischen Reiches, also auf die Zeit kurz vor Ašoka hin.

Für die Art und Weise, wie die Sammlung entstanden ist, dürften die Suttas Nr. 41 und 42 bezeichnend sein. Letzteres ist nämlich bis auf die kurze Einleitung wörtlich dasselbe wie Nr. 41. Auch sonst kehren dieselben Predigten oder Dialoge nur in verschiedener Einrahmung wieder. So sind z. B. Nr. 132—134 nur verschiedene Versionen einer und derselben Predigt. Es sind das wohl Predigten, die von den Mönchen wirklich gehalten worden sind[1]; fiel einem Mönch nichts Besseres ein, so wiederholte er eine schon vorhandene Predigt mit unwesentlichen Abänderungen. Die Sammler haben dann alles gesammelt, dessen sie nur — aus dem Munde irgendeines Predigers — habhaft werden konnten.

III. Die dritte große Sammlung ist der Saṃyuttanikāya[2], »die Sammlung der in Gruppen eingeteilten Lehrvorträge«. Sie besteht aus 56 Gruppen (saṃyutta) von Suttas, deren jede, an irgendeinen bestimmten Namen oder Gegenstand anknüpfend, verschiedene Punkte der Lehre behandelt. Es ist dies also keine sachliche Einteilung, wie wir sie etwa treffen würden, sondern nur ein schwacher Anlauf zu einer solchen. So enthält das Devatāsaṃyutta (I) Aussprüche von Gottheiten (devatā), aber die Aussprüche beziehen sich auf die verschiedensten Gegenstände.

---

[1] Daß diese Predigten bestimmte Titel (und oft dieselbe Predigt auch mehrere Titel) hatten, erfahren wir in dem 115. Sutta. Auf solche Titel einzelner Predigten weist ja auch Ašoka in seinem Bhabra-Edikt hin. S. oben S. 12 f.

[2] Edited by Léon Feer, London PTS 1884—1898 in 5 Vols., dazu als Vol. VI, Indexes by Mrs. Rhys Davids, 1904. Ins Deutsche übersetzt ist das Mārasaṃyutta (IV) und das Bhikkhunīsaṃyutta (V) von E. Windisch, Māra und Buddha, S. 87 ff., 132 ff. Das Bhikkhunīsaṃyutta ist auch ins Englische übersetzt von Mrs. Rhys Davids, Psalms of the Sisters, London PTS 1909, pp. 180—191.

Das Mārasaṃyutta (IV) besteht aus 25 Suttas, deren jedes eine Legende erzählt, in welcher Māra, der Versucher, auftritt, um den Buddha selbst oder einen seiner Jünger von der Heilslehre abwendig zu machen, was ihm stets mißlingt. Zehn Legenden von Nonnen (bhikkhunī), die Māra vergebens abtrünnig zu machen sucht, enthält das Bhikkhunīsaṃyutta (V). Das Nidānasaṃyutta (XII) besteht aus 92 Reden und Gesprächen, die alle das Thema der zwölf Nidānas oder der Verkettung von Ursachen und Wirkungen (paṭiccasamuppāda)[1] in endlosen Wiederholungen behandeln. Das Anamataggasaṃyutta (XV) enthält 20 Reden, die alle mit den Worten beginnen: »Endlos und anfanglos (anamataggo) ist dieser Saṃsāra, ihr Mönche« und diesen Satz erläutern, indem sie in immer neuen Gleichnissen und Bildern die Endlosigkeit der Leiden in dem ewigen Kreislauf der Wanderungen von Dasein zu Dasein dartun. Hingegen sind die 13 Suttas des Kassapasaṃyutta (XVI) nur deshalb zu einer Gruppe vereinigt, weil in ihnen allen der Jünger Kassapa als Sprecher auftritt; ebenso wie das Sāriputtasaṃyutta (XXVIII) zehn Reden des Sāriputta enthält. Mit den Schlangendämonen (Nāgas) beschäftigen sich die 50 Suttas des Nāgasaṃyutta (XXIX), indem die verschiedenen Arten von Schlangen aufgezählt und die Taten genannt werden, durch die man in dieser oder jener Schlangengestalt wiedergeboren wird. Über die Versenkungen oder Meditationen (jhāna, samādhi) handeln die 55 Suttas des Jhāna- oder Samādhisaṃyutta (XXXIV). Mit den Stärken und Schwächen, Tugenden und Lastern der Frauen (mātugāma) und den Geschicken, die ihnen im nächsten Leben bevorstehen, beschäftigen sich die 34 Suttas des Mātugāmasaṃyutta (XXXVII). Legenden von dem großen Moggallāna und einige seiner Reden enthalten die 11 Suttas des Moggallānasaṃyutta (XL). Der Held des Sakkasaṃyutta (XI) ist Sakka, der Gott Indra, der auch hier[2] als frommer Buddhist erscheint. Welch ein Abstand zwischen Veda und Tipiṭaka angenommen werden muß, lehrt eine Vergleichung des wilden, zornentbrannten Indra, des Vṛtratöters, der vedischen Hymnen mit dem milden Sakka des Sakkasaṃyutta, der sich rühmt, daß er niemals zornig werden kann, und der den Dämon, der sich auf seinen Thron gesetzt hat, nur mit den höflichen Worten verscheucht: »Ich bin

---

[1] Auch »Kausalitätsformel« genannt, s. Oldenberg, Buddha 257 ff.
[2] Vgl. oben S. 32.

Indra, der Götterfürst, mein lieber Freund[1])«. Das letzte Samyutta ist das Saccasamyutta (LVI), das in 131 Suttas über die vier edlen Wahrheiten (sacca) vom Leiden, vom Entstehen des Leidens, von der Aufhebung des Leidens und von dem Weg zur Aufhebung des Leidens handelt. Hier findet sich auch (LVI, 11) das berühmte Dhammacakkappavattanasutta, die »Predigt von Benares«, durch welche der Buddha das Rad der Religion (dhammacakka) in Bewegung setzte[2]).

Man sieht, es sind zum mindesten drei verschiedene Prinzipien, nach denen die Suttas in Gruppen zusammengefaßt werden. Die Suttas einer Gruppe behandeln entweder 1. irgendeinen Hauptpunkt oder irgendein Hauptgebiet des buddhistischen Lehrsystems, oder 2. sie beziehen sich auf irgendwelche Götter-, Dämonen- oder Menschenklassen, oder 3. es tritt in ihnen irgendeine hervorragende Persönlichkeit als Held oder Sprecher auf. Diese 56 Samyuttas oder »Gruppen« werden auch in 5 Vaggas oder »Abteilungen« eingeteilt und die Gesamtzahl der Suttas beträgt 2889. In der Regel sind dies viel kürzere Suttas als die des Majjhima- oder gar des Dīghanikāya. Die große Zahl der Suttas kommt wesentlich dadurch zustande, daß nach irgendeiner Schablone ein Gegenstand nach allen Seiten hin — mit beständiger Wiederholung derselben Redewendungen — bis zur völligen Erschöpfung des Gegenstandes und des Lesers behandelt und abgewandelt wird. So sind z. B. in dem Saḷāyatanasamyutta (XXXV) nicht weniger als 207 Suttas, Reden und Dialoge über die sechs Sinne, vereinigt. Mit unermüdlicher Eintönigkeit wird hier dargetan, daß das Gesicht, das Gehör, der Geruch, der Geschmack, der Tastsinn und das Denkorgan vergänglich und leidvoll sind und mit dem Ich nichts zu tun haben, daß die den sechs Sinnesorganen entsprechenden Sinnesempfindungen vergänglich und leidvoll sind und mit dem Ich nichts zu tun haben, und daß die den sechs Sinnesorganen entsprechenden Sinnesgegenstände vergänglich und leidvoll sind und mit dem Ich nichts zu tun haben.

---

[1]) XI, 3, 2, übersetzt von Warren. Buddhism in Translations. 426 f.

[2]) Vgl. oben S. 21 A. Oft übersetzt, so von Feer im JA 1870, s. 6, t. X, 345 ff. Oldenberg, Buddha, 149 ff., 243 f. Pischel, Leben und Lehre des Buddha. 28 f. Dutoit, Leben des Buddha 81 ff. Winternitz. Religionsgeschichtliches Lesebuch, S. 219 f.

Doch wird von jedem einzelnen Sinnesorgan, jeder einzelnen Sinnesempfindung, jedem einzelnen Sinnesgegenstand die ganze Reihe der Aussagen wörtlich wiederholt, und jede Aussage bildet ein Sutta für sich. Daß dies für uns von tödlicher Langeweile ist, braucht nicht erst gesagt zu werden. Dennoch finden wir auch in dieser Sammlung viel litterarisch Wertvolles.

Dies ist insbesondere in dem ersten Vagga der Fall. Er umfaßt die Saṃyuttas I—XI und heißt Sagāthavagga, d. i. »die Abteilung mit den Gesangstrophen« (gāthā). Solche Gāthās oder Strophen kommen zwar in allen Abteilungen — ebenso wie in den anderen Nikāyas — vereinzelt vor, aber sie sind in dem ersten Vagga so zahlreich, daß viele der Suttas ganz aus Versen bestehen und andere — so besonders die des Mārasaṃyutta und des Bhikkhunīsaṃyutta [1]) — die uns bekannte Form der Ākhyānas zeigen, in denen die Prosa mit Versen gemischt ist. Schon um dieser ihrer Form willen, aber auch nach ihrer altertümlichen Sprache [2]), gehören sie zur ältesten buddhistischen Poesie, und manche von den kurzen Balladen über Māra und die Nonnen gehören zu den schönsten Erzeugnissen altindischer Dichtkunst. Als Probe sei hier das Sutta (V, 3) von der Nonne Kisā-Gotamī (»Gotamī die Schlanke«) übersetzt:

Also habe ich gehört. Einst weilte der Herr zu Sāvatthi im Jetahaine im Garten des Anāthapiṇḍika. Da ging die Nonne Kisā-Gotamī am Vormittag, nachdem sie sich angekleidet, mit der Almosenschale unter dem Gewande in die Stadt Sāvatthi hinein, um Essen zu betteln. Und nachdem sie in Sāvatthi betteln gegangen und mit dem erbettelten Essen zurückgekehrt war, begab sie sich nach der Mahlzeit in den dunkeln Wald, um den Tag dort zu verbringen. Als sie sich dann tief in den dunkeln Wald zurückgezogen hatte, setzte sie sich am Fuße eines Baumes nieder, um über Tag dort zu verweilen.

Da begab sich Māra der Böse, da er der Nonne Kisā-Gotamī Furcht, Schrecken und Entsetzen einjagen und sie aus ihrem tiefen Sinnen aufstören wollte, dahin, wo die Nonne Kisā-Gotamī weilte. Und nachdem er sich hinbegeben, redete er die Nonne Kisā-Gotamī mit der Strophe an:

------

[1]) Vgl. außer Windisch a. a. O. (oben S. 40 Anm. 2) auch Feer im JA 1883, s. 8, t. I, 410 ff.

[2]) Die in den Nikāyas vorkommenden Strophen (gāthās) erweisen sich — wenigstens in ihrer Mehrzahl — auch durch die Sprache als zum ältesten Bestand der Tipiṭakalitteratur gehörig. Vgl. Rhys Davids und Carpenter, Dīgha Nikāya edited, vol. II, Preface p. VIII und oben S. 4 A. 1.

»Was sitzest du wie eine Mutter, die den Sohn verloren, einsam da,
Verweinten Angesichts? Im tiefen Wald allein, — suchst du wohl einen Mann?«

Da dachte die Nonne Kisā-Gotamī bei sich: »Wer ist es, Mensch oder Nichtmensch, der da eine Strophe gesprochen?« Und es fiel der Nonne Kisā-Gotamī ein: »Māra der Böse ist es, der, um mir Furcht, Schrecken und Entsetzen einzujagen und mich aus meiner Meditation aufzustören, die Strophe gesprochen.« Als aber die Nonne Kisā-Gotamī erkannt hatte, daß es Māra der Böse sei, redete sie Māra den Bösen mit folgenden Strophen an:

»Gar sehr bin eine sohnberaubte Mutter ich;
Doch brauch ich Männer — die ja nah sind — nicht zu suchen.
Ich traure nicht und weine nicht, noch fürcht ich dich, mein Lieber.
Die Wollust ist vernichtet ganz, die dichte Finsternis zerrissen;
Besiegt hab ich des Todes Heer und lebe frei von allen Übeln.«

Da wußte Māra der Böse, daß die Nonne Kisā-Gotamī ihn erkannt habe, und unglücklich und mißmutig verschwand er von der Stelle.

Schwerlich wird man in diesen Dichtungen etwas anderes als geistliche Balladen, Gegenstücke zu jenen Ākhyānas, aus denen die epische Dichtung der Inder hervorgegangen ist[1]), sehen dürfen. Wollte man sie mit J. Charpentier[2]) als »kleine Dramen« auffassen, so wären das künstlerische Schöpfungen von einer Raffiniertheit, die wir den buddhistischen Mönchen kaum zutrauen können; um so weniger, als wir in dem ganzen Tipiṭaka auch nicht die leiseste Spur davon finden, daß derartige geistliche Dramen aufgeführt worden wären. Im Gegenteil, den Mönchen — und nur Mönche können die Verfasser der in Rede stehenden Dichtungen sein — wird in den buddhistischen Texten oft untersagt, an Schauspielen und dergleichen Aufführungen teilzunehmen. Hätte es dennoch schon ein geistliches Drama gegeben, so würden unsere Texte wohl eine Ausnahme zugunsten solcher religiöser Aufführungen gemacht haben. Wir werden diesen geistlichen Balladen noch oft begegnen und überall dasselbe stark dramatische

---

[1]) Vgl. oben Bd. I, S. 259, 261, 400, 433 f. Die technische Bezeichnung für diese aus Prosa und Versen gemischten Dichtungen scheint aber nicht ākhyāna, sondern geyya gewesen zu sein. Siehe oben S. 9 Anm.

[2]) WZKM XXIII, 1909, 33 ff. Daß es später, wie wir sehen werden, ein buddhistisches Drama gegeben hat, beweist für jene alte Zeit ebenso wenig, wie die dramatischen Aufführungen in den tibetanischen Klöstern.

Element in ihnen finden. Die weltlichen und geistlichen Balladen dieser Art haben gewiß zur Entstehung des Dramas viel beigetragen, aber diese Dichtungen selbst können ebenso wenig als »Dramen« wie als »Epen« bezeichnet werden, trotzdem beides aus ihnen hervorgegangen sein wird. Zweifelhaft kann man nur darüber sein, ob die Prosa dieser Dichtungen für ebenso alt gelten darf wie die Verse.

IV. Die vierte große Sammlung ist der Aṅguttaranikāya[1]), »die Sammlung der nach aufsteigender Zahlenfolge geordneten Lehrvorträge«[2]). Die Suttas — es sind deren mindestens 2308[3]) — sind hier in elf Abschnitten (nipāta) derart angeordnet, daß in dem ersten Abschnitt die Dinge bchandelt werden, von denen es nur eines gibt, in dem zweiten die Dinge, deren es zwei, in dem dritten die Dinge, deren es drei gibt usw. bis zum elften Abschnitt, in dem von den Dingen die Rede ist, deren cs elf gibt. So gibt es z. B. in dem »Zweier-Abschnitt« Suttas über die zwei Dinge, die man vermeiden muß, über zwei dunkle und zwei helle Dinge, über zwei Gründe für das Leben im Walde, über zwei Arten von Buddhas usw.; in dem »Dreier-Abschnitt« Suttas über die Dreiheit Taten, Worte und Gedanken, über drei Arten von Mönchen (solche, die gar kcine Begierden haben, solche, die einige haben, und solche, die von allen Begierden frei sind), über die drei Götterboten (Alter, Krankheit und Tod), über drei Gründe, weshalb der Tod die Welt beherrscht, über drei Arten des Schweigens, über drei Dinge, wegen deren Frauen in die Hölle fahren usw.; in dem »Vierer-Abschnitt« Suttas über die

---

[1]) Herausgegeben von R. Morris und E. Hardy, London PTS 1885—1900, 5 vols, dazu als vol. VI, Indexes by Mabel Hunt. Eine Analyse des Inhalts gibt E. Hardy in vol. V, p. 371 ff. Ins Deutsche übersetzt von Bhikkhu Nāṇatiloka (Nyānatiloka) I, Leipzig, Buddhist. Verlag o. J., II, Breslau 1911. Vgl. auch E. Leumann in GGA 1899, S. 586 ff.

[2]) Wörtlich: »Die Noch-ein-Glied-mehr-Sammlung«. Im Sanskritkanon entspricht dem Aṅguttaranikāya ein Ekottarāgama (vgl. Milindapañha VII, 3, 48: Ekuttaranikāya). Ekottara heißt »noch eins mehr«, ist also gleichbedeutend mit aṅguttara. Der Titel Dasuttara-Suttanta (Dīgha 34) bedeutet das »Bis-Zehn-Suttanta«. d. h. der Lehrvortrag, in dem die Dhammas (Religionsbegriffe) von eins bis zehn aufgezählt sind.

[3]) Es ist in manchen Fällen nicht klar. ob man ein oder mehrere Suttas annehmen soll. Man kann daher auch 2363 Suttas herausbringen.

vier Dinge, die zur Erlösung vom Dasein führen (Tugend, Meditation, Einsicht und Befreiung), über vier Dinge, durch die der Mensch in die Hölle, und vier Dinge, durch die er in den Himmel kommt, über die vier Ursachen (nämlich gute und böse Taten in einem früheren Dasein), derentwegen manche Frauen häßlich und arm, andere häßlich und reich, andere schön und arm und wieder andere schön und reich sind usw.; in dem »Siebener-Abschnitt« Suttas über sieben Erfordernisse für die Meditation, über sieben Wunder, über sieben Arten von Ehefrauen usw.; in dem »Achter-Abschnitt« Suttas über acht Dinge, durch die das Weib den Mann und der Mann das Weib fesselt, über acht Arten von Almosen, über acht Eigenschaften, welche Frauen haben müssen, um als Engel wiedergeboren zu werden, über acht Ursachen eines Erdbebens usw.; in dem »Zehner-Abschnitt« Suttas über die zehn Kräfte eines Buddha, über die zehn Grundfragen (eine Zusammenfassung der ganzen Lehre des Buddha), über zehn Gründe für die Einrichtung des Pātimokkha, über zehn Arten von reichen Leuten usw. usf.

Jeder dieser elf Abschnitte zerfällt wieder in mehrere Abteilungen (Vagga); und in diesem sind manchmal (aber keineswegs immer) Suttas zusammengefaßt, die einen und denselben Gegenstand behandeln. So beschäftigen sich die zehn Suttas der ersten Abteilung des »Einer-Abschnittes« (Ekanipata) mit dem Verhältnis von Mann und Weib; den Inhalt von I, Vagga 14 bilden 80 Suttas, in denen die Namen der hervorragendsten Jünger und Jüngerinnen und deren Tugenden aufgezählt werden; I, Vagga 20 enthält 262 Suttas über die verschiedenen Arten der Meditation, die zum Nirvāṇa führen; V, Vagga 18 beschäftigt sich in zehn Suttas mit den Laienjüngern (upāsaka) usw. Wie im Saṃyuttanikāya sind die Suttas auch in dieser Sammlung meist kurze Reden oder Dialoge. Aber auch längere Reden kommen vor, und wie in allen Nikāyas sind auch hier die Reden öfters durch Strophen (gāthās) unterbrochen. Sehr zahlreich sind die Suttas und Gāthās, welche der Aṅguttaranikāya mit anderen Texten des Kanons gemein hat, und diese werden manchmal geradezu als Zitate angeführt [1]).

---

[1]) Diese Parallelstellen und Zitate sind verzeichnet von E. Hardy, vol. V. p. VIII f. Keineswegs folgt aus dieser Synopsis, daß das Aṅg. eine jüngere Sammlung sei. So ist z. B. der Bericht über die Auf-

Ein paar Suttas seien hier als Proben dieser Sammlung übersetzt. Wir lesen im »Zweier-Abschnitt« (II, 4, 1—2):

»Ich will euch, ihr Mönche, erklären, was einen schlechten Menschen
ausmacht, und was einen guten Menschen ausmacht. So höret denn,
merket gut auf, ich will sprechen.«

».Ja wohl. Ehrwürden'«, sagten die Mönche und horchten auf den
Herrn. Und der Herr sprach also:

»Und was ist es, ihr Mönche, was einen schlechten Menschen ausmacht? Ein schlechter Mensch, ihr Mönche, ist undankbar, er kennt
keinen Dank. Das ist es nämlich, was man eben bei den Schlechten
findet: die Undankbarkeit, den Undank. Die Summe alles dessen, was
einen schlechten Menschen ausmacht, ist dies: die Undankbarkeit, der
Undank. Ein guter Mensch aber ist dankbar, er kennt den Dank. Das
ist es nämlich, was man bei den Guten findet: die Dankbarkeit, den
Dank. Die Summe alles dessen, was einen guten Menschen ausmacht,
ist die Dankbarkeit, der Dank.

Zwei Wesen will ich euch nennen, ihr Mönche, denen man das
Gute nicht vergelten kann. Welche zwei? Mutter und Vater. Wenn
einer, ihr Mönche, seine Mutter auf die eine Schulter und seinen Vater
auf die andere nähme und so hundert Jahre alt würde, hundert Jahre
lebte; und wenn er sie auch mit Einreibung, Massieren, Baden und
Abreiben bediente, und wenn sie sogar auf ihm ihre Notdurft ver-
richteten — so würde er damit noch immer nicht den Eltern Dank bezeigt und ihnen ihre Wohltaten vergolten haben. Und wenn er, ihr
Mönche, seine Eltern in die Herrschaft, die Oberherrlichkeit, die
Regierung über diese ganze große, mit allen Arten von Schätzen voll-
gefüllte Erde einsetzte, — so würde er damit noch immer nicht den
Eltern Dank bezeigt und ihnen ihre Wohltaten vergolten haben. Und
warum das? Viel Gutes, ihr Mönche, erweisen die Eltern ihren Kindern
als Erzeuger, als Ernährer und als Erklärer dieser Welt.

Wenn aber einer, ihr Mönche, seine Eltern, wenn sie ungläubig
sind, zum vollkommenen Glauben bringt, anregt und darin befestigt,
sie, wenn sie böse sind, zur vollkommenen Tugend bringt, anregt und
darin befestigt, sie, wenn sie geizig sind, zur vollkommenen Opferwilligkeit bringt, anregt und darin befestigt, sie, wenn sie einsichtslos
sind, zur vollkommenen Einsicht bringt, anregt und darin befestigt, —
dann, ihr Mönche, hat er den Eltern Gutes getan und den Eltern ihre
Wohltaten vergolten, ja mehr als vergolten.«

———————

nahme von Frauen in den Orden bzw. die Gründung eines Nonnenordens im Aṅg. VIII, 51 ebenso am Platze, wie im Cullavagga X, 1
des Vinayapiṭaka. Hingegen ist die Aufzählung der acht Ursachen
eines Erdbebens und der acht Arten von Versammlungen im Aṅgutt.
(VIII, 70) durchaus am Platze, während die Parallelstelle im Mahāparinibbānasutta gar nicht in den Zusammenhang paßt (s. oben S. 31).

Manche der Suttas des Aṅguttaranikāya haben den seltenen Vorzug der Kürze. So finden wir im »Dreier-Abschnitt« (III, 129) die Rede des Buddha, die allen denen, die an den Schwindel einer buddhistischen »Geheimlehre« glauben, warm empfohlen sei:

»Drei Dinge, ihr Mönche, betätigen sich heimlich und nicht offen. Welche drei? Weibervolk, ihr Mönche, betätigt sich heimlich und nicht offen. Die Zauberformeln der Brahmanen betätigen sich heimlich und nicht offen. Falsche Lehre betätigt sich heimlich und nicht offen. Dies, ihr Mönche, sind die drei Dinge, die sich heimlich betätigen und nicht offen.

Drei Dinge, ihr Mönche, leuchten offen und nicht heimlich. Welche drei? Die Mondscheibe, ihr Mönche, leuchtet offen und nicht heimlich. Die Sonnenscheibe leuchtet offen und nicht heimlich. Die von Buddha verkündete Religion und Ordenszucht leuchtet offen und nicht heimlich. Dies, ihr Mönche, sind die drei Dinge, die offen leuchten und nicht heimlich.«

Sehr viele Suttas beschäftigen sich mit den Frauen, denen die buddhistischen Mönche ebenso wenig Gutes nachzusagen wissen, wie die Priester und Heiligen aller anderen Religionen. Nur Ānanda, der Lieblingsjünger des Buddha, war stets ein warmer Anwalt der Frauen. Er war es, auf dessen Fürbitte der Meister nach langem Widerstreben und nur ungern die Gründung eines Nonnenordens gestattete — eine Parteinahme, für die er nach der Überlieferung[1]) noch auf dem Konzil von Rājagaha zur Rechenschaft gezogen wurde. Einst — so wird im »Vierer-Abschnitt« (IV, 80) erzählt — fragte Ānanda wie ein moderner Anhänger der Frauenemanzipation den Herrn:

»Was ist der Grund, Ehrwürden, was ist die Ursache, weshalb die Frauen keinen Sitz in öffentlicher Versammlung haben, kein Geschäft betreiben und nicht durch einen (selbständigen) Beruf ihren Lebensunterhalt erwerben?«

(Buddha antwortet darauf:) »Jähzornig, Ānanda, sind die Frauen; eifersüchtig, Ānanda, sind die Frauen; neidisch, Ānanda, sind die Frauen; dumm, Ānanda, sind die Frauen. Das, Ānanda, ist der Grund, das ist die Ursache, weshalb die Frauen keinen Sitz in öffentlicher Versammlung haben, kein Geschäft betreiben und nicht durch einen (selbständigen) Beruf ihren Lebensunterhalt erwerben.«

Eine der schönsten Reden im »Dreier-Abschnitt« (III, 35)

---

[1]) Vinayapiṭaka, Cullavagga XI, I, 10. Vgl. Oldenberg, Buddha, S. 190.

ist die von den drei Götterboten[1]), nach denen König Yama in der Unterwelt den Missetäter fragt — Alter, Krankheit, Tod —, worauf er ihn den Höllenwächtern zur Bestrafung übergibt: Höllenvorstellungen, die wohl älter sein dürften als der Buddhismus. Groß ist aber die Zahl der litterarisch wertvollen Stücke im Aṅguttaranikāya nicht. Es gibt hier zahlreiche eintönige und unendlich langweilige Predigten, die durch den trockenen Ton der Aufzählung keineswegs gewinnen. So wird man in dem ganzen »Einer-Abschnitt« kaum etwas Schönes und Erhebendes finden. Auffallend ist, daß sich neben den vielen Suttas, die sich auf alle Gebiete der buddhistischen Ethik und Psychologie und mitunter auch der Ordenszucht (vinaya) beziehen, auch manche Suttas finden, die mit der Religion des Buddha nichts zu tun haben und nur dem Zahlenprinzip zu Liebe eingefügt sind. Doch entbehren solche Stücke manchmal nicht eines gewissen Humors, der dadurch hervorgerufen wird, daß sehr verschiedenartige Dinge in einer Reihe aufgezählt werden. So heißt es z. B. im »Achter-Abschnitt« (VIII, 27):

»Es gibt hier, ihr Mönche, acht Mächte! Welche sind es? Weinen ist die Macht des Kindes, Zürnen ist die Macht der Weiber, Waffen sind die Macht der Räuber, Herrschaft ist die Macht der Könige, Hochmut ist die Macht der Toren, Demut die Macht der Weisen, Überlegung die Macht der Gelehrten, Sanftmut die Macht der Asketen und Brahmanen.«

Ähnliches kommt zuweilen in der indischen Spruchdichtung vor. Die Idee derartiger Aufzählungen ist gewiß alt und volkstümlich und ist nur im Aṅguttaranikāya mit echt indischer Pedanterie zum Anordnungsprinzip eines ganzen großen Werkes geworden[2]).

---

[1]) Ähnlich im Majjhimanikāya Nr. 130, wo es aber fünf Götterboten sind. Vgl. Oldenberg, Buddha 269; Scherman, Visionsliteratur S. 60 f. Parallelen aus den europäischen Litteraturen (z. B. das Grimmsche Märchen 177 »Die Boten des Todes«, das schon im 13. Jahrhundert bekannt war, und Lafontaines Fabel VIII, 1 »La Mort et le Mourant«) hat R. Morris im JPTS 1885, pp. 62—75 angeführt. Vgl. auch Grimm, Kinder- und Hausmärchen, III³, Göttingen 1856, S. 249.

[2]) Ganz nach demselben Zahlenprinzip ist ein dem Vidura in den Mund gelegter Abschnitt über Lebensklugheit (Nīti) im Mahābhārata V, 33, 56—106 angeordnet. Aber noch altertümlicher ist das brahmanische Rätselspiel (Mahābh. III, 134), in welchem Aṣṭāvakra den

Daß der Aṅguttaranikāya in einer Zeit zusammengestellt wurde, wo der Buddha bereits ein allwissender Halbgott, wenn nicht Gott, geworden war, auf den allein alle Wahrheit zurückgeführt werden könne, zeigt jene Stelle, wo der Gott Indra einige predigende Mönche fragt, woher sie so vortreffliche Dinge gelernt haben, ob von Buddha oder durch eigene Einsicht, und diese antworten: Wenn man Leute in der Nähe einer großen Kornkammer Korn tragen sieht, die einen in einem Korb, die anderen in ihrem Gewand, wieder andere in ihren Händen, so verschlägt es wirklich nichts, woher dann das Korn genommen wird — es stammt ja doch alles aus jener großen Kornkammer. Genau so ist alles, was gut gesprochen ist, von Buddha dem Herrn gesprochen. Das ist ein viel größerer Dogmatismus, als wenn Aśoka in seinem Bhabra-Edikt sagt: »Alles, was Buddha gesagt hat, ist gut gesagt,« ja selbst als das Wort eines jüngeren Sanskritwerkes, des Divyāvadāna: »Die Himmel werden fallen mit dem Mond und den Sternen, die Erde mit ihren Gebirgen und Wäldern wird vergehen, die Ozeane werden austrocknen — aber die Buddhas werden nie Falsches sprechen [1].«

Mit diesem Dogmatismus ist der Aṅguttaranikāya nur ein Vorläufer des Abhidhammapiṭaka, für dessen Texte es wahrscheinlich die Grundlage gebildet hat [2].

Die große Zahl der Suttas ist im Aṅguttaranikāya auf dieselbe Weise zustande gekommen wie im Saṃyuttanikāya [3].

Sophisten Vandin besiegt, der bei der Aufzählung der Dinge, deren es eins, zwei, drei usw. gibt, zwar Bescheid weiß, aber bei dreizehn stecken bleibt, während Aṣṭāvakra auch alle Dinge aufzählt, deren es dreizehn gibt. Zahlenrätsel und Zahlenlitaneien derselben Art finden sich aber auch in den Litteraturen anderer Völker. Am bekanntesten ist die sog. »katholische Vesper«, in der christliche Dogmen nach den Zahlen eins bis zwölf aufgezählt werden: »Guter Freund, ich frage dich | Guter Freund, was fragst du mich? | Sag mir, was ist Eines? | Eins und Eins ist Gott der Herr« usw. (K. Simrock, Die deutschen Volkslieder, Frankfurt a. M. 1851, S. 520 ff.). An Aṣṭāvakra erinnert ein griechisches Märchen bei J. G. v. Hahn, Griechische und albanesische Märchen (Leipzig 1864) II, S. 210 f.

[1] Aṅgutt. vol. IV, p. 163 f. Vgl. La Vallée Poussin, Transactions of the Third Internat. Congress for the History of Religions, Vol. II, p. 36.

[2] Vgl. Hardy in Vol. V der Ausgabe. Preface p. IX f.

[3] S. oben S. 42.

Was nun das Verhältnis dieser vier Nikāyas oder Sammlungen von Suttas zueinander betrifft — der Khuddakanikāya hat einen ganz anderen Charakter —, so ist nur so viel sicher, daß eine ganze Reihe von Suttas nicht bloß in einer, sondern in mehreren dieser Sammlungen vorkommt, und daß in bezug auf die vorgetragenen Lehren durchaus kein Unterschied zwischen den vier Nikāyas besteht. Ob ein Sutta ursprünglich in dem einen oder dem anderen Nikāya seinen Platz hatte, wird sich in den meisten Fällen schwer entscheiden lassen. Wenn z. B. das Sutta über die drei Eigenschaften, durch welche Frauen in die Hölle kommen, sich sowohl im Samyutta-, als auch im Anguttaranikāya findet, so paßt es ebenso gut in die erstere Sammlung in den »Abschnitt über die Frauen«, wie in die letztere Sammlung in den »Dreier-Abschnitt«. Hingegen nehmen sich manche Abschnitte des Samyuttanikāya wie Erweiterungen des oder Erläuterungen zum Anguttaranikāya aus [1]). Die Suttas des Dīghanikāya machen oft den Eindruck, als ob sie durch Erweiterungen kürzerer Texte entstanden wären. So erscheint z. B. das zehnte Sutta des Majjhimanikāya (Satipaṭṭhānasutta) im Dīghanikāya Nr. 22 wörtlich wieder (als Mahā-Satipaṭṭhānasutta), nur mit einigen Zusätzen nach Art eines Kommentars. Daß das Mahāparinibbānasutta seinen großen Umfang wahrscheinlich durch Zusätze erhalten hat, wurde schon ausgeführt. Und manche Stellen des Dīghanikāya passen gewiß besser in den Anguttaranikāya [2]). Daß sich die große Zahl der Suttas in den beiden letzten Nikāyas zum großen Teil aus den Abwandlungen eines und desselben Motivs mit unendlichen Wiederholungen erklärt, wurde schon erwähnt, ebenso daß dies auch manchmal im Majjhimanikāya der Fall ist.[3]). Aber auch der große Umfang vieler Reden in dem Majjhima- und Dīghanikāya erklärt sich aus den fortwährenden Wiederholungen. Man kann sich bei allen diesen Sammlungen des Eindrucks nicht erwehren, daß sie praktischen Bedürfnissen ihren Ursprung verdanken, indem sie zum Gebrauch der Mönche für religiöse Übungen — Predigten, öffentliche Rezitationen, Stunden der Andacht und der Erbauung — zusammengestellt

---

[1]) Vgl. Samy. XXXVII, 4 mit Angutt. III, 127 und Samy. XXXVII, 5—9, resp. 14—24 mit Angutt. V, 230 resp. 115—120.

[2]) S. oben S. 31.

[3]) S. oben S. 40 u. 42.

wurden. Daß sie ursprünglich nur für den mündlichen Vortrag bestimmt waren, beweist eben die schon erwähnte, für uns so unangenehme Eigentümlichkeit fast aller dieser Suttas, — die bis zum Überdruß angehäuften **Wiederholungen**.

Diese fortwährenden Wiederholungen derselben Worte, Sätze und ganzen Absätze hatten den doppelten Zweck, die Reden dem Gedächtnisse besser einzuprägen und sie rhetorisch wirksamer zu machen. Für geschriebene und zum Lesen bestimmte Texte wären sie den Indern gewiß ebenso langweilig, ja widerlich gewesen, wie sie es uns sind. Es ist fast unmöglich, diese Suttas wörtlich, mit **allen** Wiederholungen zu übersetzen. Selbst K. E. **Neumann**, der mit bewunderungswürdiger Geduld diese Wiederholungen in seinen Übersetzungen der »Reden Gotamo Buddho's« in der Regel beibehält, und dadurch daß er dem deutschen Leser nichts schenkt, allerdings eine gute Vorstellung von dem Original gibt, sieht sich manchmal doch auch genötigt, von einer oder der anderen Wiederholung abzusehen. Denn es ist in der Tat nicht nur, wie **Oldenberg**[1]) sagt, als ob diese buddhistischen Mönche das Zauberwort »und« noch nicht gefunden, sondern auch als ob sie keine Pronomina gekannt hätten. Wie kräftig und schwungvoll ist z. B. die folgende Rede aus dem Saṃyutta-nikāya (XV, 3), wenn wir — die Wiederholungen weglassen:

. Also sprach der Herr: »Endlos und anfangslos, ihr Mönche, ist dieser Saṃsāra; man kennt nicht den Anfang, von dem an die Wesen, mit dem Schleier der Unwissenheit und der Fessel der Gier behaftet, umherirren und wandern. Denn was glaubt ihr wohl, ihr Mönche, was ist mehr: die Tränenflut, die ihr vergossen, während ihr auf diesem langen Wege umherirrtet und wandertet und ob der Vereinigung mit Unliebem und der Trennung von Liebem jammertet und weintet, — oder das Wasser in den vier großen Meeren?«

»,Wie wir, Ehrwürden, die von dem Herrn verkündete Lehre verstehen, ist diese Tränenflut, Ehrwürden, welche wir vergossen, während wir auf diesem langen Wege umherirrten und wanderten und ob der Vereinigung mit Unliebem und der Trennung von Liebem jammerten und weinten, mehr als das Wasser in den vier großen Meeren.'«

»Gut, gut, ihr Mönche, sehr gut habt ihr, o Mönche, die von mir verkündete Lehre also verstanden. Ja, ihr Mönche, diese Tränenflut, die ihr vergossen, während ihr auf diesem langen Wege umherirrtet

---

[1]) Buddha, S. 211. Vgl. auch **Windisch**, Māra und Buddha S. 38 f.

und wandertet und ob der Vereinigung mit Unliebem und der Trennung von Liebem jammertet und weintet, ist mehr als das Wasser in den vier großen Meeren. Lange habt ihr, o Mönche, der Mutter Tod erfahren, der Söhne Tod erfahren, der Töchter Tod erfahren, Verlust der Verwandten erfahren, Verlust der Güter erfahren, lange habt ihr, o Mönche, Verlust durch Krankheit erfahren, und indem ihr so [der Mutter Tod erfahren, der Söhne Tod erfahren, der Töchter Tod erfahren, Verlust der Verwandten erfahren, Verlust der Güter erfahren[1])] und Verlust durch Krankheit erfahren, ist die Tränenflut, die ihr vergossen, während ihr ob der Vereinigung mit Unliebem und der Trennung von Liebem jammertet und weintet, mehr als das Wasser in den vier großen Meeren. Und was ist der Grund davon? Endlos und anfangslos, ihr Mönche, ist dieser Saṃsāra: man kennt nicht den Anfang, von dem an die Wesen, mit dem Schleier der Unwissenheit und der Fessel der Gier behaftet, umherirren und wandern. Und so gibt es denn, ihr Mönche, Grund genug, vor den Dingen dieser Welt Ekel zu empfinden, Grund genug, sie zu verabscheuen, Grund genug, sich von ihnen zu befreien.«

Die Wiederholungen sind aber hier noch lange nicht so übermäßig, wie in zahlreichen anderen Suttas. Um so erfreulicher sind die kurzen und knappen Reden, in denen ein Gedanke mit aller Schärfe und Klarheit hingeworfen und ohne ein überflüssiges Wort ausgeführt wird. Wir finden einzelne solche Dialoge in allen vier Nikāyas. Und wenn wir — wohl mit Grund — annehmen dürfen, daß die kürzeren, weniger überladenen und nicht durch allzuviele Wiederholungen entstellten Suttas zu den ältesten des Kanons gehören, so haben wir keinen Grund zur Annahme, daß eine oder die andere der vier Sammlungen viel früher entstanden ist als die übrigen. Jedenfalls gibt es in a l l e n vier Nikāyas sehr alte neben jüngeren Elementen.

Daß sich alle vier Sammlungen aus wesentlich denselben Elementen zusammensetzen, das zeigen auch die den Suttas aller Sammlungen gemeinsamen Vorzüge. In ihnen allen finden wir einzelne Dialoge, in denen der Buddha, wenn er mit einem Gegner, sei es mit einem Brahmanen oder einem Anhänger einer anderen Sekte eine Diskussion führt, dies in der gleich feinen, gewandten und dabei stets höflichen und liebenswürdigen Weise tut. Er stellt sich da zunächst scheinbar ganz auf den Standpunkt des Gegners, geht von denselben Gesichtspunkten aus wie er, bedient

---

[1]) Diese Worte fehlen auch in den Handschriften, sind aber zu ergänzen.

sich derselben Redewendungen, oft auch derselben Kunstausdrücke und — unvermerkt führt er den Gegner zu seinem entgegengesetzten Standpunkt hinüber. Wir dürfen mit R h y s D a v i d s[1]) vermuten, daß die Verfasser derartiger Dialoge noch eine gewisse Erinnerung an die Art der Gespräche, die Buddha tatsächlich geführt, gehabt haben müssen. Sie geben uns zum mindesten eine ebenso gute Vorstellung von der Lehrweise des Buddha, wie die Platonischen Dialoge von der des Sokrates.

Zur Lehrweise des Gotama Buddha gehörte es gewiß auch, seine Zuhörer durch G l e i c h n i s s e zu fesseln und zu überzeugen. Ein Gleichnis ist gewiß kein Beweisgrund; aber auf das Gemüt und selbst den Geist des Zuhörers wirkt oft ein Gleichnis mehr als tausend Beweisgründe. Dessen war sich Buddha sehr wohl bewußt, gerne schmückte er seine Reden mit Gleichnissen, und seine Jünger folgten ihm hierin. So finden wir denn in den Suttas aller vier Sammlungen eine wahre Flut von Gleichnissen, und sie sind es nicht zum wenigsten, die diesen Reden ein litterarisches Gepräge und künstlerischen Wert verleihen.

Ein schönes Beispiel von einem überzeugenden Gleichnis bietet der Dialog des Buddha mit dem Sohn der Māluṅkyā[2]), wo der Buddha dem wißbegierigen Jünger, der über Sein und Nichtsein u. dgl. metaphysische Fragen Aufschluß haben will, sagt, daß eine Beantwortung aller dieser Fragen keine Zeit ließe, den Weg zum Heile, zur Befreiung vom Leiden zu finden, was er durch folgendes Gleichnis veranschaulicht:

Ein Mann wird von einem vergifteten Pfeile getroffen. Die Freunde eilen zum Arzt. Der will ihm den Pfeil aus der Wunde ziehen. Der Kranke aber ruft: Halt! Ich will mir den Pfeil nicht herausziehen lassen, bis ich weiß, wer ihn geschleudert hat, ob ein Krieger oder ein Brahmane, ein Vaiśya oder ein Śūdra, von welcher Familie er stammte, ob er groß oder klein war, von welcher Art und Gattung der Pfeil gewesen usw. Was würde geschehen? Der Mann würde sterben, ehe man ihm alle diese Fragen beantwortet hätte. So würde auch der Jünger, der alle Fragen nach dem Jenseits u. dgl. beantwortet haben wollte, sterben, ehe er die Wahrheit von dem Leiden, der Entstehung des Leidens, der Aufhebung des Leidens und dem Wege zur Aufhebung des Leidens erkannt hätte.

---

[1]) Dialogues of the Buddha, I. 206 f.
[2]) Majjh. Nr. 63; O l d e n b e r g, Buddha, S. 324 ff.; W a r r e n p. 117 ff.

Nicht minder treffend sind die Gleichnisse des Tevijjasutta (Dīghanikāya XIII, 15 ff.), in denen Buddha zeigen will. wie töricht es von den Brahmanen sei, daß sie den Weg zum Heil in der Vereinigung mit Brahman suchen, trotzdem sie zugeben müssen, daß weder sie selbst, noch ihre Lehrer, noch die Lehrer ihrer Lehrer, noch die alten Ṛṣis der Vorzeit diesen Brahman gesehen haben. Das komme ihm, sagt Buddha, gerade so vor wie eine Kette von Blinden, von denen der vordere nicht sieht, der mittlere nicht sieht und der hintere nicht sieht. Und dieses Sehnen nach dem unbekannten Gott scheint ihm ähnlich, wie wenn ein Mann sagen würde, er liebe eine wunderschöne Maid, aber auf die Frage, wer denn diese Schöne sei, nicht zu sagen wüßte, welcher Kaste, welchem Geschlecht sie angehöre, wie sie heiße, ob sie groß oder klein, dunkel oder hell von Angesicht sei, und wo sie wohne; oder wie wenn einer auf einem Kreuzweg eine Treppe zum Söller eines Palastes errichten wollte, ohne zu wissen, ob dieser Söller im Osten oder im Süden, im Westen oder im Norden gelegen, ob er hoch oder niedrig oder von mittlerer Höhe sei. In einer ganzen Reihe schöner Gleichnisse vergleicht Buddha im »Sutta vom Lohn der Asketenschaft« (Dīghanikāya II, 69 ff., 78 ff.) das Glück des von den irdischen Fesseln befreiten Mönches mit dem Wohlgefühl des Schuldners, dem es gelungen ist, durch glückliche Unternehmungen nicht nur seine Schuld zu tilgen, sondern auch noch einen Überschuß zur Erhaltung einer Familie zu verdienen; — des Kranken, der nach schwerem Leiden wieder seine Gesundheit erlangt; — des in Kerkerhaft Schmachtenden, dem endlich die Freiheit wiedergegeben wird; — des Sklaven, den sein Herr freigibt; — des Reisenden, der auf gefährlicher Straße durch eine Wildnis wandert und endlich in ein von Menschen bewohntes Dorf gelangt. Und wie ein See, der sein Wasser durch eine Quelle erhält, in den von keiner Seite Wasser zufließt, auf den es nie regnet, so daß er all sein Wasser nur von der kühlen Quelle erhält und er durch und durch nur mit kühlem Wasser gefüllt ist, — so ist der Mönch ganz und gar von seliger Ruhe durchtränkt und durchdrungen.

Zahlreich sind auch die Gleichnisse, durch welche die Nichtigkeit der Genüsse dargetan werden soll. Um zu zeigen, wie voller Qual und Leiden die Sinnengenüsse sind, werden

im 54. Sutta des Majjhimanikāya[1]) sieben wuchtige Bilder hingeworfen:

Einem von Hunger gequälten Hund wirft der Fleischer einen
kahlen, fleischlosen Knochen hin, an dem er seinen Hunger nicht stillen
kann — solch kahlem Knochen gleich sind die qual- und leidvollen
Sinnengenüsse, aus denen nur Übel entstehen. Wie ein Raubvogel
sich auf ein Stück Fleisch stürzt und andere Vögel über ihn herfallen
und ihn übel zurichten, — so entsteht nur Leid und Übel aus den
Sinnengenüssen. Wie vor einer mit glühenden Kohlen gefüllten Grube
schreckt der Weise zurück vor den Sinnengenüssen. Wie ein schönes
Traumbild, das beim Erwachen verschwindet, — wie ein geliehener
Schatz, um den man von denen, die nicht wissen, daß er nur geliehen
ist, beneidet wird, — sind die Sinnengenüsse. Ein Mann kommt in
einen Wald, sieht einen mit Früchten beladenen Baum und steigt
hinauf, um sich satt zu essen; da kommt ein zweiter Mann herbei,
sieht denselben Baum, und um sich der Früchte zu bemächtigen, geht
er daran, den Baum zu fällen: schlecht wird es dem Manne auf dem
Baume oben ergehen; — so entspringen nur Leid und Qual und alle
Arten von Übeln aus der Befriedigung der Sinnengenüsse.

Zuweilen knüpfen die Gleichnisse in recht ansprechender und
gemütvoller Weise an die gegebene Situation an, z. B. im 58. Sutta
des Majjhimanikāya. Da kommt Prinz Abhaya, von Nigaṇṭha
Nātaputta, dem Gegner des Buddha, angestachelt, zu dem Herrn,
um ihn durch eine recht schwierige Frage in die Enge zu treiben.
Er fragt ihn nämlich, ob der Buddha niemals ein unfreundliches
Wort spreche. Da dieser zugibt, daß er manchmal auch unfreundliche Worte sprechen müsse, so erwidert Abhaya, dann sei
ja gar kein Unterschied zwischen ihm und einem gemeinen
Mann, der auch unfreundliche Reden führt.

Damals nun (so erzählt das Sutta weiter) hatte der Prinz Abhaya
einen kleinen Knaben, ein zartes Kindlein, auf dem Schoße sitzen. Da
sprach der Herr zum Prinzen Abhaya: »Was meinst du wohl, Prinz?
Wenn dieser Knabe da durch deine oder der Amme Nachlässigkeit
ein Holzstück oder ein Steinchen in den Mund nähme, was würdest
du mit ihm machen?« »Herausnehmen würde ich es ihm, Ehrwürden.
Und wenn ich es nicht gleich auf den ersten Griff nehmen könnte,
würde ich den Knaben mit der Linken beim Kopfe packen und mit
der Rechten, den Finger krümmend, es herausnehmen, sei es auch
blutig. Und warum das? Weil ich, Ehrwürden, mit dem Knaben Mitleid hätte.« »Ebenso, Prinz, spricht der Tathāgata zwar kein Wort,

---

[1]) Im 22. Sutta des Majjh. wird auf diese sieben Gleichnisse als
auf etwas Bekanntes hingewiesen.

von dem er weiß, daß es unwahr, unrichtig, unheilvoll und dabei den anderen unlieb und unangenehm ist; er spricht auch kein Wort, von dem er weiß, daß es wahr, richtig, unheilvoll und dabei den anderen unlieb und unangenehm ist; — wenn aber der Tathāgata weiß, daß ein Wort wahr, richtig, heilbringend und dabei den anderen unlieb und unangenehm ist, — dann weiß der Tathāgata, daß es zeitgemäß ist, auch ein solches Wort zu sprechen   Und warum das? Weil der Tathāgata mit den Wesen Mitleid hat.«

Ein sehr beliebtes und öfter angewendetes Gleichnis ist das von der Öllampe, z. B.:

»Wie wenn, o Mönche, vermittels des Öls und des Dochtes eine Öllampe brennte und ein Mensch da von Zeit zu Zeit Öl aufgösse und den Docht erneuerte, diese Öllampe, also gespeist und also mit Brennstoff versehen, lange, lange Zeit weiter brennen würde, — so, ihr Mönche, wächst die Gier dessen, der an den Dingen dieser Welt, die nur Fesseln sind, Geschmack findet« [1]).

Auf die Frage eines Dorfältesten, warum der Buddha, obgleich es heiße, daß er gegen alle Wesen wohlwollend und mitleidig sei, doch manchen seine Religion gründlich und anderen weniger gründlich predige, antwortet er mit dem Gleichnis: Wie der Landmann zuerst das gute, dann das mittelgute und zuletzt das schlechte Feld bebaut, so predigt der Buddha seine Lehre zuerst den Mönchen und Nonnen, dann den Laienanhängern und erst zuletzt auch Nichtanhängern [2]).

Auch der Humor fehlt in den Gleichnissen nicht, wenn es z. B. Majjh. 126 heißt: Wenn man einen Trog mit Sand und Wasser füllt und noch so viel quirlt und herumrührt, wird man kein Sesamöl gewinnen; wenn man noch so eifrig eine Kuh beim Horn zu melken sucht, wird man keine Milch bekommen usw.; ebenso wird ein Mönch niemals das Ziel erreichen, wenn er sich nicht in der rechten Weise bemüht.

Manche Gleichnisse gehören förmlich zum Sprachschatz der buddhistischen Texte und wahrscheinlich des Buddha und seiner Jünger selbst. Wenn sie von der Gier sprechen, die der Ursprung alles Leidens ist, so bezeichnen sie diese als den »Durst«, der von Dasein zu Dasein führt. Und diese Wanderung von

---

[1]) Saṃyuttanikāya XII, 53.

[2]) Saṃyuttanikāya XLII, 7, 1—8, übersetzt von Winternitz im Religionsgeschichtl. Lesebuch S. 313 f. R. Otto Franke hat damit Matth. 13, 12 ff., Mark. 4, 12 und Luk. 8, 10 verglichen (Deutsche Litteraturzeitung 1901, Sp. 2759).

Dasein zu Dasein, der Saṃsāra, ist der »Ozean«, an dessen »jenseitigem Ufer« das Nirvāṇa winkt. Begierde und Sünde, das ganze irdische Treiben ist eine »Flut« und »aus der Flut gerettet« ist derjenige, der Nirvāṇa erreicht hat. Der Lohn der guten und bösen Taten, das Karman, ist die »Frucht«, und das Gleichnis von Same und Frucht schwebt den Rednern immer vor, wenn vom Karman die Rede ist. Wenn der Buddha predigt, so »stößt er ein Löwengebrüll aus«[1]), usw.

Ein beliebtes Gleichnis[2]), das auch außerhalb der Nikāyas vorkommt, ist das folgende:

»Gleichwie wenn, ihr Mönche, ein Mann ein einlochiges Joch ins Meer würfe und der Ostwind dieses nach Westen, der Westwind nach Osten, der Nordwind nach Süden und der Südwind nach Norden herumwürfe; und es wäre da eine einäugige Schildkröte, die einmal in hundert Jahren emportauchte; — was meint ihr wohl, ihr Mönche, würde die einäugige Schildkröte ihren Hals in jenes einlochige Joch hineinstecken?« »Kaum, höchstens vielleicht einmal in langer Zeit.« »Aber eher noch könnte die einäugige Schildkröte mit ihrem Hals in jenes einlochige Joch geraten, als daß der Tor, der einmal in die niedrigen Daseinsformen geraten ist, wieder als Mensch geboren wird. Warum? Weil es in den niedrigen Daseinsformen nur gegenseitiges Morden und kein gutes Handeln gibt.«

Diese Gleichnisse sind auch von größter kulturgeschichtlicher Wichtigkeit. Denn sie führen uns oft mitten in das tägliche Leben der alten Inder, der Handwerker, Ackerbauer und Kaufleute ein, von denen uns die brahmanische Litteratur, die sich fast ganz in den Kreisen der Priester und Krieger bewegt, so wenig zu sagen weiß[3]). Wir finden da Gleichnisse vom Wagen-

---

[1]) In einer Höhle in der Nähe von Turfan hat A. Grünwedel (Bericht über archäolog. Arbeiten in Idikutschari, Abh. der k. bayr. Akad. d. Wiss. 24. Bd., 1. Abt., München 1906, S. 125) ein Bild gefunden, das einen Mönch darstellt, der predigt, was dadurch ausgedrückt ist, daß vor seinem Gesicht eine kleine Wolke erscheint, auf welcher ein kleiner Löwe steht.

[2]) Majjhimanikāya 129, wozu K. E. Neumann (Reden Gotamo Buddho's III, 334 Anm.), De Lorenzo folgend, das Gleichnis vom Kamel und dem Nadelöhr vergleicht. Er hält das buddhistische Gleichnis für die Quelle der schwierigen Stelle im Neuen Testament. Das Gleichnis von dem Joch und der Schildkröte kommt auch in buddhistischen Sanskritwerken und in dem Yoga-Vāsiṣṭha vor (G. A. Jacob, JRAS 1909, p. 1120 f.).

[3]) Vgl. Mrs. Rhys Davids »Buddhist Parables and Similes« (The Open Court, Chicago, Vol. XXII, 522 ff.), die mit Recht bemerkt,

und Rosselenker, vom Würfelspieler, von der Bereitung des Sesamöls usw. In einem Gleichnis (Majjh. 140) wird die ganze Arbeit des Goldschmiedes geschildert, in einem andern (Majjh. 125) der ganze Vorgang bei der Elefantenzähmung, und wieder in einem anderen (Majjh. 101) der ganze Heilungsprozeß bei einem von einem vergifteten Pfeile verwundeten Menschen[1]).

Schließlich sind die Gleichnisse, so wenig sie auch als wirklich beweisend gelten können, immer noch die beste Art der Argumentation, die wir in den Suttas finden. Denn im übrigen finden wir, wo es gilt irgendeine Lehre zu beweisen, nichts als Anhäufungen von Synonymen und dogmatische Einteilungen und Aufzählungen, die ja für den Aṅguttaranikāya ganz besonders charakteristisch sind, aber in allen Nikāyas vorkommen.

Auf keinen Fall kann man die Art der Beweisführung in unseren Suttas mit der bei Platon vergleichen. Und nicht allzu groß ist die Zahl derjenigen Suttas, die als Dialoge den Vergleich mit den platonischen Dialogen aushalten. Wohl hat Karl Fries[2]) auf eine Anzahl merkwürdiger Parallelen zwischen den indischen und den griechischen Dialogen hingewiesen. Aber gerade in den wesentlichsten Punkten versagen die Parallelen. Und gewiß sind sie nicht auffallend genug, daß wir an irgendeine gegenseitige Beeinflussung zu denken genötigt wären. Die Mehrzahl der Suttas sind ja keine »Dialoge« im eigentlichen Sinne des Wortes, sondern vielmehr Reden eines Hauptredners, gewöhnlich des Buddha, die von den anderen Rednern gewöhnlich nur durch ein Ja oder Nein oder durch Zustimmungs- oder

---

daß in diesen Gleichnissen Stoff genug für ein großes Buch zu finden ist, das geschrieben werden müßte. Eine verdienstliche Vorarbeit zu einem solchen Buche ist der Index der Gleichnisse (»Similes in the Nikāyas, a Classified Index» im JPTS 1907 und 1908) von Mrs. Rhys Davids.

[1]) Die Gleichnisse vom Wundarzt sind besonders beliebt, wie denn Buddha in der ganzen buddhistischen Litteratur oft als »der Arzt« bezeichnet wird. Vgl. oben S. 24 Anm. 1.

[2]) Das philosophische Gespräch von Hiob bis Platon, Tübingen 1904, S. 65, 76 ff. Auch wenn K. E. Neumann, Reden Gotamo Buddho's III, p. 85, in Platons Menon »ein ganz erstaunliches, bis in die feineren Einzelheiten deutlich erkennbares Spiegelbild« von Majjhimanikāya 107 sieht, will es mir nicht gelingen, von diesem »Spiegelbild« etwas zu sehen.

Beifallskundgebungen unterbrochen werden. Aber auch die besten wirklichen Dialoge in den Nikāyas werden uns selten an die Dialoge Platons, hingegen immer wieder an jene Itihāsadialoge [1]) erinnern, die wir im Mahābhārata kennen gelernt haben.

II. Erzählungen, Lieder und Sprüche.

Der Khuddakanikāya oder »die Sammlung der kleineren Stücke«, gewöhnlich als fünfter Nikāya zum Suttapiṭaka gerechnet, von manchen aber auch zum Abhidhammapiṭaka gestellt, sollte richtiger »Sammlung der Miszellania« heißen. Denn wir finden in dieser Sammlung neben mehreren kleineren Werken auch einige der umfangreichsten Bücher des Pālikanons. Aber in bezug auf Inhalt und Charakter sind die hier vereinigten Texte sehr verschiedener Art. In einem sehr merkwürdigen Sutta, das mehrmals vorkommt [2]), lesen wir eine Prophezeiung über die Gefahren, die der Religion des Buddha in der Zukunft drohen. Eine dieser Gefahren sei die, daß die Mönche nicht mehr »die vom Tathāgata verkündeten, tiefen, tiefsinnigen, über diese Welt hinausgehenden, auf das Nichts bezüglichen Suttantas« werden hören und lernen wollen, sondern nur mehr den »von Dichtern gemachten poetischen, mit schönen Worten, schönen Silben aus- gestatteten, ketzerischen, von Schülern verkündeten Suttantas« ihr Ohr leihen werden. Man möchte danach glauben, daß die poetischen Stücke zunächst nicht allgemein anerkannt worden sind, daß ihre Berechtigung als heilige Texte strittig war und sie erst nach- träglich auch zu einem Nikāya vereinigt wurden, — eben dem Khuddakanikāya. Diese Vermutung gründet sich auf die Tat- sache, daß den Hauptinhalt dieser Sammlung Werke der Dicht- kunst — Spruchsammlungen, Lieder, Gedichte, Märchen und Fabeln — bilden. Nachträglich mag man auch einige nicht- poetische, aber gleichfalls in ihrer Echtheit nicht allgemein an- erkannte Texte in diese wahrscheinlich erst spät abgeschlossene

---

[1]) S. oben Bd. I, S. 357 ff.

[2]) Saṃyuttanik. XX, 7; Aṅgutt. IV, 160; V, 79, 5. Vgl. Rhys Davids, Buddhist India 110 f.; La Vallée Poussin, Bouddhisme, p. 149. Die Stelle ist auch sehr bezeichnend für die mündliche Über- lieferung der buddhistischen Texte. Wurden sie nicht mehr gehört und rezitiert, so verschwanden sie.

Sammlung aufgenommen haben[1]). Unzweifelhaft ist es, daß die hier vereinigten Werke zu sehr verschiedenen Zeiten entstanden sind und ursprünglich nicht als Teile e i n e r Sammlung gedacht waren[2]). Und wenn auch die Sammlung als solche zu den spätesten Kompilationen des Kanons gehört, so enthält sie doch neben verhältnismäßig jungen Machwerken auch viele der ä l t e s t e n buddhistischen Dichtungen. Sie enthält in der Tat gerade alle diejenigen Werke der buddhistischen Litteratur, welche zu den bedeutendsten Schöpfungen der indischen Dichtkunst gehören. Wir wollen aber im folgenden die Texte des Khuddakanikāya nicht nach ihrem vermutlichen Alter oder ihrer Wichtigkeit, sondern in der Reihenfolge besprechen, wie sie uns die Buddhisten von Ceylon in ihren Handschriften überliefern.

1. An der Spitze dieser Sammlung steht der K h u d d a - k a p ā ṭ h a[3]) »die Rezitation der kleinen Stücke» oder »das kleine Lesebuch«, wie man vielleicht etwas freier übersetzen könnte. Es ist dies eine Zusammenstellung von neun kurzen Texten, die der angehende Mönch vor allen anderen kennen muß und die im buddhistischen Kult als eine Art Mantras oder »Gebete« verwendet werden. Ob die Zusammenstellung als ein Handbüchlein für den Novizen oder als ein »Gebetbuch« gedacht ist, muß aber dahingestellt bleiben. Die ersten vier Stücke sind ganz kurz.

---

[1]) Für den wenig festen Charakter des Khuddakanikāya als kanonischer Sammlung ist es bezeichnend, daß die Buddhisten von Birma vier Texte, die in Ceylon nicht als kanonisch gelten — Milindapañha, Suttasaṃgaha (eine Anthologie aus dem Suttapiṭaka), Peṭakopadesa und Netti — auch zum Khuddakanikāya rechnen. (Mabel H. B o d e, Pali Literature of Burma, London 1909, p. 4 f.). Daß in der siamesischen Ausgabe des Pālikanons (oben S. 17 Anm. 1) sieben Texte des Khuddakanikāya fehlen (Vimānavatthu, Petavatthu, Theragāthā, Therīgāthā, Jātaka, Buddhavaṃsa und Cariyāpiṭaka), ist vielleicht doch nicht bloßer Zufall.

[2]) Sonst wäre es nicht denkbar, daß in dem kleinen Khuddakapāṭha drei Suttas (Maṅgalasutta, Ratanasutta und Mettasutta) vorkommen, die wörtlich auch im Suttanipāta stehen; oder daß dieselben Geschichten im Cariyāpiṭaka nach ganz anderen Gesichtspunkten erzählt werden als im Jātaka.

[3]) Herausgegeben und übersetzt von R. C. C h i l d e r s im JRAS 1870, pp. 309—339. Ins Deutsche übersetzt von Karl S e i d e n s t ü c k e r, Breslau 1910, die meisten Stücke auch von M. W i n t e r n i t z im Religionsgeschichtl. Lesebuch, S. 259 f., 261 f., 270 f., 295—300.

Nr. 1 ist das buddhistische Glaubensbekenntnis, Nr. 2 eine Aufzählung der zehn Gebote für die Mönche, Nr. 3 ein Verzeichnis
der 32 Körperteile zum Zwecke der Meditation über die Ekel-
haftigkeit und Nichtigkeit des menschlichen Körpers, und Nr. 4
enthält die »Fragen des Novizen«. Hier werden in 10 Fragen
(«Was ist eins? Was ist zwei?« usw.) und Antworten — nach
Art des Aṅguttaranikāya — die wichtigsten buddhistischen Termini
erklärt. Die fünf übrigen Stücke sind kurze Suttas, die sowohl
durch ihren Inhalt, als auch durch formelhafte Wendungen und
Refrains sich als liturgischen Zwecken dienend verraten. Von
jeher hat man in Indien viel auf Maṅgalas gegeben, d. h. auf
alle möglichen Dinge und Zeremonien, die als gute Omina gelten
oder Glück bringen sollen. Solche Maṅgalas, wie Glückwünsche,
Segensprüche, Speisung von Brahmanen, Blumenkränze, Musik,
Gesang usw. durften bei keinem Opferfest, keiner Hochzeitsfeier
oder Geburtszeremonie u. dgl. fehlen. In dem Maṅgalasutta[1]
(Nr. 5) lehrt Buddha, was e r für die besten Maṅgalas hält. Es
heißt da z. B.:

»Das Ehren der Eltern, die liebevolle Sorge für Weib und Kind
und eine ruhige Beschäftigung: das ist das beste Maṅgala.

Freigebigkeit, frommer Wandel, liebevolle Sorge für Anverwandte
und tadellose Werke: das ist das beste Maṅgala.

Das Aufgeben und Vermeiden des Bösen, die Enthaltung vom
Trinken berauschender Getränke und Aufmerksamkeit gegenüber den
Geboten der Religion: das ist das beste Maṅgala.«

Von demselben Geist einer höheren Ethik sind auch die
übrigen Suttas durchdrungen. So das Ratanasutta (Nr. 6), mit
welchem nach alter Weise die Bhūtas, Erd- und Luftgeister,
zusammen mit den drei Ratanas oder »Edelsteinen«[2] verehrt
werden. So auch das dem Totenkult gewidmete 7. Sutta, von
dem noch heute einige Verse bei den Leichenverbrennungen in
Ceylon und Siam rezitiert werden. Auf noch höherer Warte

---

[1] Copleston, Buddhism, p. 140, sagt von diesem Sutta: »Es
wird heutzutage von den Mönchen in Ceylon fort und fort wiederholt
und es ist schade, daß — keiner es versteht«. In Birma wird das Sutta
zur Zeit einer Epidemie von weißgekleideten älteren Männern und
Frauen auf Kreuzwegen vor Buddhabildern gesungen. Ind. Ant. 8,
1879, pp. 82 und 329.

[2] Diese sind: Buddha, Dhamma (die Religion) und Saṅgha (die
Mönchsgemeinde).

stehen das 8. Sutta vom »verborgenen Schatz«, in dem ausgeführt
wird, daß ein Schatz von guten Werken der beste Schatz sei,
den der Buddhist ansammeln möge und vor allem das prächtige,
Mettasutta (Nr. 9), in dem das Wohlwollen (metta) für alle
Wesen als der wahre buddhistische Kult gepriesen wird.

Sieben von diesen neun Texten werden noch heutzutage bei
der buddhistischen Parittāzeremonie oder dem »Pirit«, wie es die
Buddhisten von Ceylon nennen, verwendet. Das Wort Parittā
bedeutet »Schutz, Abwehr« und wird schon im Tipiṭaka in dem
Sinne von »Pirit« oder »Beschwörungsformel, Segensspruch« gebraucht. »Heute versteht man in Ceylon unter Parittā (singhal.
Pirit) die von Bhikkhus vorgenommene Rezitation (resp. Verlesung)
von einigen dreißig, dem Kanon angehörenden Texten, um den Einfluß böser Mächte zu vertreiben. Die Parittāzeremonie wird bei allen
möglichen Anlässen ausgeübt, z. B. beim Bau eines neuen Hauses,
bei Todesfällen, Krankheiten u. dgl. [1]« Ich kann K. Seidenstücker nur Recht geben, wenn er in den Suttas 5—9 alte Be-
schwörungslieder sieht, und ich halte es, da auch die ersten vier
Stücke formelhaft gehalten sind, für nicht unwahrscheinlich, daß
der Khuddakapāṭha für ähnliche Zwecke zusammengestellt worden
ist, wie das in Ceylon heute gebrauchte Parittātextbuch.

2. Das Dhammapada [2] (»Worte der Religion«) [3] ist das

---

[1] Seidenstücker a. a. O. S. 3. Vgl. M. Grimblot und Léon
Feer, Extraits du Paritta im JA 1871, s. 6, t. XVIII, 225 ff. Auch
in Birma gibt es eine kleine Sammlung von Texten aus dem Suttapiṭaka, Paritta oder Mahāparitta genannt, die zu Beschwörungen
verwendet wird und im Volke besser bekannt ist als irgendein anderes
Pālibuch (M. H. Bode a. a. O. S. 3 f.).

[2] Dhammapadam, Palice edidit, latine vertit V. Fausböll, Hauniae
1855. The Dhammapada being a Collection of Moral Verses in Pāli,
edited a second time with a literal Latin Translation by V. Fausböll,
London 1900. Ins Deutsche übersetzt von A. Weber (ZDMG 14,
1860 und Indische Streifen, Bd. I, 1868), von L. v. Schroeder (»Worte
der Wahrheit«, Leipzig 1892) und von K. E. Neumann (»Der Wahr-
heitspfad«, Leipzig 1893); ins Englische von F. Max Müller (Introduction to Buddhaghosha's Parables, translated by T. Rogers, London
1870, und SBE, vol. X, part 1, aus dieser englischen Übersetzung ins
Deutsche übertragen von Th. Schultze, 2. Aufl., Leipzig 1906). Ins
Französische ist das Werk von Fernando Hû (Paris 1878), ins Italienische von P. E. Pavolini (Mailand 1908) übersetzt worden.

[3] Der Titel bedeutet gewiß nur eine »Sammlung von Worten
(Texten, Sentenzen) über die Religion«. So schon R. C. Childers,

am besten und am längsten bekannte Werk der buddhistischen Litteratur, das auch wiederholt in europäische Sprachen übersetzt, in allen Werken über den Buddhismus viel zitiert und wegen seines tiefen sittlichen Gehaltes stets hochgeschätzt worden ist. Es ist eine Blumenlese von Sprüchen, die sich hauptsächlich auf die ethischen Lehren des Buddhismus beziehen. Von den 423 Strophen sind je 10—20 in einem Abschnitt (Vagga) zusammengefaßt, indem sie denselben Gegenstand behandeln, oder indem ein Gleichnis (z. B. von der Blume im 4. Vagga, dem »Blumenabschnitt«), zuweilen auch ein Refrain sich durch die Verse eines solchen Abschnittes hindurchzieht. Die Zusammenfassung und Anordnung in Vaggas ist wohl das Werk des Kompilators. Aber vielfach bilden mehrere Verse zusammen tatsächlich ein kleines Gedicht, wie etwa die Verse 197—200:

Ach, wie leben wir so glücklich, haßlos unter Haßerfüllten!
Unter haßerfüllten Menschen weilen wir doch ohne Haß.

Ach, wie leben wir so glücklich, unter Siechen frei von Siechtum!
Unter siechen Menschen weilen wir allein von Siechtum frei.

Ach, wie leben wir so glücklich, gierlos unter Giererfüllten!
Unter giererfüllten Menschen weilen wir doch ohne Gier.

Ach, wie leben wir so glücklich, die wir eignes nicht besitzen!
Selig nähr'n wir uns von Freude, wie die Götter im Strahlenglanz.

Besonders beliebt sind Verspaare, die zusammen ein Ganzes bilden, z. B. die Verse 335 f.:

Wen sie bezwingt, die wilde Gier, die Sinnenlust,
Des Sorge wächst, wie wildes Unkraut jäh emporschießt.

Wer sie bezwingt, die wilde Gier, die schwer besiegbar,
Des Sorge schwindet wie vom Lotusblatt der Tropfen.

Viele der allerberühmtesten buddhistischen Sprüche stehen im Dhammapada. So die schönen Verse (153 f.), die Buddha gesprochen haben soll, nachdem er die Erleuchtung erlangt hatte:

»Vieler Geburten Kreislauf hab ich rastlos durchlaufen,
Suchend den Hauserbauer. Leidvoll ist ew'ge Wiedergeburt.
Hauserbauer, du bist erschaut! Wirst nimmer das Haus mehr bauen.
Deine Balken sind gebrochen, des Hauses First zerstört.
Frei ist mein Herz, hat aller Begierde Vernichtung erreicht.«

Ein einfaches und doch großartiges Bild: Die Gier, die
Weltlust ist der »Hauserbauer«, der immer wieder ein neues
Haus, d. h. einen neuen Körper in einer neuen Wiedergeburt
aufbaut. Solche schlichte, aber eindrucksvolle Bilder und Gleichnisse begegnen uns in den Sprüchen immer wieder. So wird
der Gleichmut des Weisen mit einem tiefen, spiegelglatten See
oder mit einem unerschütterlichen Fels verglichen (81 f.). Oder
es heißt: So wie der Löffel nichts vom Geschmack der Suppe
hat, so hat der Tor nichts vom Verkehr mit dem Weisen; nur
der Weise gewinnt durch den Umgang mit Weisen, wie nur die
Zunge den Geschmack der Suppe genießt (65 f.). Wer mit un-
reinem Geiste spricht oder handelt, dem folgt das Leiden nach,
wie das Rad dem Fuße des Zugtieres; wer mit reinem Geiste
spricht oder handelt, dem folgt die Freude nach wie sein eigener
Schatten (1 f.). Oder: »Nicht schnell, wie die Milch gerinnt, löst
sich die böse Tat, die man getan, in ihre Folgen auf; brennend
folgt sie dem Toren wie Feuer, das von der Asche bedeckt ist«
(71). Solchen Bildern begegnen wir auf Schritt und Tritt, und
auch sie erscheinen gerne paarweise. Es fehlt aber auch nicht
an mehr gekünstelten Sprüchen mit jenen Wortspielen (z. B. 344),
für welche die Inder von jeher eine Vorliebe hatten.

Mehr als die Hälfte aller Verse des Dhammapada ist auch
in anderen Texten des Pālikanons nachgewiesen, und es ist kaum
zweifelhaft, daß der Kompilator unserer Anthologie sie in der
Regel daher genommen hat, wo wir sie heute noch finden [1]. In
die Sammlung sind aber auch Sprüche aufgenommen worden, die
ursprünglich gar nicht buddhistisch sind, sondern aus jenem unerschöpflichen Born allgemein indischer Spruchweisheit geschöpft
sind, von dem aus sie auch ihren Weg in Manu's Gesetzbuch,
in das Mahābhārata, in die Texte der Jainas und in Erzählungswerke wie Pañcatantra usw. gefunden haben. Zu entscheiden,
wo derartige Sprüche zuerst ihren Platz hatten, ist im allgemeinen
unmöglich [2].

3. Während das Dhammapada bloß eine Sammlung von

---

[1] Vgl. Rhys Davids im JRAS 1900, 559 f.

[2] Zuweilen mag an brahmanische Quellen zu denken sein. So
ist Vers 109 wahrscheinlich nur ein Zitat aus einem brahmanischen
Text, das nur gegeben ist, um als Anknüpfung für die folgenden Verse
(110—115) zu dienen.

Versen ist und erst in späterer Zeit in Form eines nicht mehr
zum Kanon gehörigen Kommentars Erzählungen hinzukamen, in
denen berichtet wird, bei welcher Gelegenheit die einzelnen Verse
gesprochen wurden, besteht das Udāna[1]), die Sammlung der
»begeisterten Aussprüche«, aus Versen und Erzählungen. Das
Werk ist in 8 Vaggas oder »Abschnitte« eingeteilt, deren jeder
10 Suttas enthält. Diese Suttas sind ganz kurze Erzählungen,
die irgendein Erlebnis aus der Zeit des Buddha berichten und
mit einem Ausspruch enden, den der Buddha, durch dieses Erlebnis angeregt, »ausgehaucht«, d. h. in der Begeisterung von
sich gegeben haben soll. Ein solcher begeisterter Ausspruch
heißt eben Udāna, d. i. wörtlich »Aushauch«, und es ist gewöhnlich ein Vers (Śloka, Triṣṭubh oder Jāgatī), seltener ein
Prosaspruch. Diese »begeisterten Aussprüche« dienen zumeist
der Verherrlichung des buddhistischen Lebensideals, der tiefen,
wonnigen Gemütsruhe des von allem Irdischen losgerissenen
Heiligen (Arhat), der unendlichen Seligkeit des Nirvāṇa.

Die Erzählungen aber machen durchaus nicht den Eindruck,
als ob sie den oder dieselben Verfasser hätten wie die Verse.
Sie sind zum Teil recht banale, mitunter sogar einfältige Erfindungen, die zu dem Pathos der Verse schlecht passen. Der
Buddha sieht z. B., wie der ehrwürdige Sāriputta einen anderen
Mönch durch einen Vortrag belehrt. Das genügt, um ihn den
»begeisterten Ausspruch« (VII, 5) tun zu lassen:

<blockquote>
Da er aller Wünsche ledig, ist das Rad[2]) gebrochen;
Ausgetrocknet ist der Strom[2]) und fließt nicht mehr;
        nicht weiter
Rollt das gebrochne Rad, — des Leidens Ende ist erreicht.
</blockquote>

Oder es wird von Sāriputta und Moggallāna, den beiden
großen Jüngern des Buddha, die folgende erbauliche Geschichte
erzählt:

Der ehrwürdige Sāriputta sitzt in einer Mondscheinnacht mit frisch-
geschorenem Haupte im Freien, der Meditation ergeben. Da macht
sich ein Yakṣa, ein Riesendämon, den Spaß, ihm einen Schlag auf den

---

[1]) Edited by Paul Steinthal, London PTS 1885. Ins Englische
übersetzt von D. M. Strong, London 1902.

[2]) Das »Rad« ist das Rad der aufeinander folgenden Wiedergeburten; der »Strom« sind die sinnlichen Begierden. Den Buddhisten
sind diese Gleichnisse so geläufig, daß sie förmlich zum Sprachgebrauch
gehören. Vgl. oben S. 57 f.

Kopf zu versetzen. »Mit einem solchen Schlag aber könnte man einen
sieben oder achthalb Ellen hohen Elefanten niederschlagen oder einen
großen Berggipfel zerschmettern.« Kaum hat er den Schlag getan, so
sinkt er mit dem Rufe »Ich brenne, ich brenne« in die Hölle hinab.
Das alles sieht der ehrwürdige Moggallāna mit seinem übermenschlichen Auge und eilt zu Sāriputta, um sich nach dessen Befinden zu
erkundigen. »Geht es dir erträglich, Freund, befindest du dich wohl,
hast du keine Schmerzen?« fragt er, und Sāriputta antwortet, es gehe
ihm ganz gut, nur habe er ein wenig Kopfschmerzen. Darüber drückt
der Freund sein bewunderndes Erstaunen aus, worauf Sāriputta seiner-
seits seiner Verwunderung darüber Ausdruck gibt, daß Moggallāna
vermöge seiner Wunderkraft den Riesendämon gesehen habe, während
er selbst nicht einmal einen »Staubkörnchengeist« gesehen. Dieses
wundervolle Gespräch hört der Buddha mit seinem übermenschlichen
Gehör und gibt den »begeisterten Ausspruch« von sich (IV, 4):

> Dessen Sinn wie ein Felsen fest ist und nicht wankt,
> Frei von Lust bei allem, was immer Lust erregt,
> Wer nicht zürnt, was immer auch Zorn erregen mag, —
> Dem, der solchen Sinns, kann Leid nie widerfahren.

Wenn in dieser Erzählung ein gewisser Humor steckt, so
ist es wohl ein unfreiwilliger. Eine andere Legende erzählt von
einem Heiligen, der völliges Nirvāṇa erreicht, indem er in die
Lüfte emporfliegt und dort so verbrennt, daß von ihm weder
Kohle noch Ruß übrigbleibt, was den »begeisterten Ausspruch«
des Buddha veranlaßt (VIII, 10):

> Keiner weiß, wohin das Feuer gegangen,
> Wenn vom niedersausenden Eisenhammer
> Weg der Funke sprüht und langsam verlischt, —
> So vom Völligbefreiten, der den Fesseln der Sinne,
> Der der Lüste Flut entronnen, der des Nirvāṇa
> Wonne erreicht, — weiß keiner, wohin er gegangen.

Wie schlecht stimmt die kindische Legende zu dem schönen
und tiefsinnigen Buddhawort! Es kommen aber auch Fälle vor,
wo der Vers mit der Erzählung gar nicht in Einklang steht,
z. B. V, 5 und VII, 10. Ich glaube daher, daß nur die Udāna-
Ve r s e zur echten altbuddhistischen Poesie gehören, während die
Prosaerzählungen von einem oder mehreren Kommentatoren teils
dazu erfunden, teils aus anderen Texten herübergenommen worden
sind. Einige von den Erzählungen sind nämlich Bruchstücke der
Buddhabiographie, die mit Stücken des Mahāparinibbānasutta und
des Vinayapiṭaka identisch sind [1]). Daß sie in den Kanon auf-

---

[1]) So I, 4; II, 1; VI, 1; VII, 9; VIII, 5 und 6.

genommen wurden, mag darin seinen Grund haben, daß sie vielleicht älter sind, als die Erzählungen des Dhammapadakommentars;
vielleicht aber auch nur darin, daß diese kurzen Aussprüche
mehr einer Ergänzung durch einleitende Erzählungen zu bedürfen
schienen.

4. Gleich dem Udāna besteht auch das Itivuttaka[1])
(»Also sprach Buddha«[2])) aus Prosa und Versen. Doch ist hier
das Verhältnis zwischen den beiden ein wesentlich anderes. Die
Prosa ist keine erzählende, sondern es wird derselbe Gedanke,
sei es eine Lehre oder eine Ermahnung, teils in Prosa, teils in
Versen vorgetragen. Und zwar ist in vielen Fällen — in etwa
50 von den 112 kurzen Stücken, aus denen das Werk besteht —
irgendein Gedanke zuerst in Prosa kurz ausgesprochen und dann
nochmals in Versen — nur so weit abweichend, als es die
metrische Form[3]) erfordert — wiederholt. In einigen Fällen hat
nur ein Vers ein Gegenstück in der Prosa, während noch mehrere
Verse nachfolgen, denen in der Prosa nichts entspricht. Und daran
schließen sich die zahlreichen Fälle, in denen Prosa und Verse
einander ergänzen, sei es, daß die Prosa nur eine ganz kurze
Einleitung zu den in Versen ausgesprochenen Gedanken bildet,
oder daß ein Gedanke in der Prosa von einer Seite und in den
Versen von einer anderen Seite behandelt wird. In allen diesen
Fällen ist im großen und ganzen der Geist der Verse und
der Prosa derselbe, und nicht selten ist ein Gedanke in der
Prosa schärfer und pointierter, wohl auch schöner ausgedrückt
als in den Versen. Trotzdem es an formelhaften Wendungen
und den für die buddhistischen Suttas so charakteristischen
Wiederholungen auch hier nicht fehlt, ist doch der Stil im allgemeinen frei von übermäßiger Weitschweifigkeit. Es sind fast
durchwegs kurze Stücke. Die Sprache ist sowohl in der Prosa
wie in den Versen schlicht, ungekünstelt und nicht allzu bilder-

---

[1]) Edited by E. Windisch, London PTS 1889. Ins Englische
übersetzt (Sayings of Buddha, with an Introduction and Notes) von
J. H. Moore, New York 1908.

[2]) Der Titel bedeutet wörtlich: »Die mit den Worten ‚so wurde
(von dem Herrn) gesprochen' beginnenden Reden«. Jedes Stück beginnt
nämlich mit den Worten: »Dieses wurde von dem Herrn gesprochen«.

[3]) Über die Metrik des Itivuttaka handelt J. H. Moore im JAOS,
vol. 28. 317—330.

reich. Ausgearbeitete Gleichnisse fehlen. Jedoch kommen einzelne schöne Bilder vor. So wird der Freigebige, der den frommen Bettlern reichlich spendet, mit der Regenwolke verglichen, die ihre Wasser über Berg und Tal ausgießt (Nr. 75). Schlechte Gesellschaft meidet der Weise, da vom vergifteten Pfeil auch der reine Köcher verunreinigt wird (Nr. 76). Die Sinne sind die Tore, die wohl bewacht werden müssen (Nr. 28 und 29). Buddha nennt sich selbst den unvergleichlichen Heiler und Wundarzt und die Mönche seine Kinder und Erben (Nr. 100). Zu dem erhabensten Schwunge aber erhebt sich die Sprache der Prosa in dem Stücke (Nr. 40) von dem Wohlwollen für alle Wesen (mettā):

»Alle durch das Dasein bedingten Handlungen, durch die man Verdienst erwirbt, ihr Mönche, sie alle sind nicht wert den sechzehnten Teil des Wohlwollens (mettā), das den Geist befreit; sondern das Wohlwollen strahlt, glänzt und leuchtet, indem es als Geistesbefreiung jene übertrifft. Gleichwie, ihr Mönche, alle Lichter der Sterne nicht den sechzehnten Teil des Mondlichtes wert sind, sondern das Mondlicht, sie alle übertreffend, strahlt, glänzt und leuchtet, — gerade so, ihr Mönche, sind alle durch das Dasein bedingten Handlungen, durch die man Verdienst erwirbt, nicht wert den sechzehnten Teil des Wohlwollens, das den Geist befreit; sondern das Wohlwollen strahlt, glänzt und leuchtet, indem es als Geistesbefreiung jene übertrifft. Gleichwie, ihr Mönche, wenn im letzten Monat der Regenzeit, im Herbste der Himmel klar und wolkenlos ist, die Sonne sich über den Himmel erhebt und alles den Luftraum erfüllende Dunkel hinwegscheuchend strahlt, glänzt und leuchtet, — gerade so, ihr Mönche, sind alle usw. . . übertrifft. Und gleichwie, ihr Mönche, in der Morgenfrühe, wenn die Nacht vorüber ist, der Morgenstern strahlt, glänzt und leuchtet, gerade so, ihr Mönche, sind alle usw übertrifft«[1].

Manchmal hat die Prosa eine persönliche Note, die in den Versen fehlt. So sagt der Buddha in Nr. 30 f., daß ihm zwei Dinge Schmerz bereiten, nämlich wenn ein Mensch nichts Gutes getan, und wenn ein Mensch Böses getan; und daß ihm zwei Dinge Freude bereiten, nämlich wenn ein Mensch nichts Böses getan, und wenn ein Mensch Gutes getan. Die Verse aber besagen nur, daß derjenige, welcher in Taten, Worten und Gedanken Böses getan, nach dem Tode in die Hölle sinke, während der Tugendhafte, der in Taten, Worten und Gedanken Gutes tue, nach dem Tode in den Himmel gelangen werde. Sehr hübsch sagt Buddha in der Prosa von Nr. 92: Selbst wenn ein Mönch

---

[1] Vgl. Pischel, Leben und Lehre des Buddha, S. 76 f.

den Saum meines Kleides aufhebt und mir Schritt für Schritt
nachfolgt, dabei aber habgierig, leidenschaftlich, boshaft usw. ist,
so ist er doch weit von mir und ich weit von ihm. Wenn aber
ein Mönch hundert Meilen weit von mir wohnt und nicht habgierig, nicht leidenschaftlich, nicht boshaft usw. ist, so ist er mir
doch nahe und ich bin ihm nahe. Daran schließen sich die ganz
matten, allgemein gehaltenen Verse, in denen gesagt ist, daß
der Habgierige, der Bösewicht, der Unzufriedene weit entfernt
ist von dem Weisen, der zur Ruhe gelangt ist; während der
Gute, der Ruhige, der Selbstlose dem Guten, dem Ruhigen, dem
Selbstlosen sehr nahe ist. Es scheint fast, als ob hier ein Kompilator zwei Texte, den einen in Prosa, den anderen in Versen,
zusammengeschweißt hätte, obgleich sie nichts miteinander gemein haben, als daß in beiden die Worte »nahe« und »fern« vorkommen.

In der Tat sind die Fälle nicht selten, wo die Prosa ein
selbständiges Sutta darstellt und die Verse, die nachfolgen, nur
eine entfernte, manchmal nur durch Wortanklänge hergestellte
Beziehung zur Prosa haben. Ja, einige Stücke gibt es, wo Prosa
und Verse gar nichts miteinander zu tun haben oder sogar einander widersprechen. In allen diesen Fällen haben wir wohl
spätere Zusätze vor uns. Daß man einen Gedanken erst in
Prosa ausdrückte und ihn dann in Verse kleidete, oder daß man
eine Lehre in Prosa vorzutragen begann und dann in Versen
fortfuhr, — das scheint eine alte Form der buddhistischen
Dichtung zu sein. Als man dann die Texte, welche diese Form
zeigten, in dem Itivuttaka zusammenstellte, wurden — vielleicht
gleich von dem ersten Kompilator, vielleicht aber erst später —
auch Prosatexte und Verse, die man anders woher nahm, nach
demselben Muster vereinigt und der Sammlung eingefügt. Tatsache ist es, daß in der von Hiuen-Tsiang gemachten chinesischen
Übersetzung der Itivuttakas viele der letzten Stücke unserer
Sammlung fehlen [1]), und daß einige dieser letzten Stücke sich
im Aṅguttaranikāya wiederfinden. Es ist sehr wahrscheinlich,
daß sie daher genommen sind. Nimmt man noch hinzu, daß eine
Anzahl von Versen, mit verschiedenen Prosen verbunden, zwei-

---

[1]) Vgl. Watanabe, Chinese Collection of Itivuttakas, im JPTS
1907, p. 44 ff. Vgl. A. J. Edmunds, Buddhist and Christian Gospels.
I. 209 ff.

mal vorkommen, so steht wohl außer Zweifel, daß auch in dieser so kleinen Sammlung Älteres und Jüngeres vereinigt ist. Zu den Zusätzen gehören auch einige Stücke, wo die Prosa nur wie eine Art Kommentar zu den Versen aussieht. In den alten und echten Stücken aber [1]) steht die Prosa den Versen weder an Wert noch an Alter nach. Und auch in den späteren Zusätzen kann es vorkommen, daß ein altes Prosastück mit jüngeren Versen vereinigt worden ist.

5. Wenn in allen bisher erwähnten Büchern des Khuddakanikāya sich vermutlich manche Stücke ältester buddhistischer Dichtung erhalten haben, so kann dies mit viel größerer Bestimmtheit vom Suttanipāta [2]) (der »kleinen Sammlung von Lehrvorträgen« [3])) behauptet werden. Denn wenn auch nicht die Sammlung als solche, so gehören doch einzelne ihrer wesentlichen Bestandteile nachweislich zu dem Ältesten, was wir von altbuddhistischer Poesie besitzen. Der Suttanipāta ist eine Sammlung von poetischen Suttas in 5 Abschnitten. Die ersten 4 Abschnitte (Uragavagga, Cūlavagga, Mahāvagga, Aṭṭhakavagga) enthalten 54 kürzere Gedichte, während der 5. Abschnitt (Pārāyaṇa) eine selbständige längere, aus 16 kürzeren Teilen bestehende Dichtung ist. Von diesen 5 Abschnitten werden zwei, Aṭṭhaka-

---

[1]) Darin weiche ich von Moore ab. der die Prosa überhaupt für eine spätere Zutat hält. Daß in den ältesten Stücken des Itivuttaka manches auf Buddha selbst zurückgeht, ist wahrscheinlich. Viel zu optimistisch ist aber A. J. Edmunds, wenn er sagt: »If the Itivuttaka be not the words of Buddha, nothing is« (Buddhist and Christian Gospels, I, p. 83).

[2]) Edited by V Fausböll, London PTS 1885 and 1893. und von demselben ins Englische übersetzt in SBE, vol. X, part 2, 1881. aus dieser englischen Übersetzung ins Deutsche von A. Pfungst, Straßburg 1889. Aus dem Pāli ins Deutsche übersetzt von K. E. Neumann (»Die Reden Gotamo Buddho's aus der Sammlung der Bruchstücke Suttanipāto des Pāli-Kanons«, Leipzig 1905, 2. Aufl. 1911, als Bd. IV der »Reden Gotamo Buddho's«). Vgl. auch A. Pfungst, Aus der indischen Kulturwelt, Stuttgart 1904, S. 62—85; H. Oldenberg, Aus dem alten Indien, Berlin 1910, S. 25—64.

[3]) Nipāta ist ein kleiner Abschnitt einer größeren Sammlung; so heißen die Abschnitte des Aṅguttaranikāya Nipātas. Daher übersetze ich es durch »kleine Sammlung«. Neumann übersetzt es durch »Bruchstücke«, Oldenberg (a. a. O. S. 25) »etwa die vereinzelten, gelegentlichen Reden«.

vagga und Pārāyaṇa, sowohl in anderen Texten des Pālikanons als auch in buddhistischen Sanskrittexten mit ihren Titeln erwähnt oder zitiert [1]). Zu denselben zwei Abschnitten gibt es einen alten Kommentar, der unter dem Titel Niddesa in den Kanon (als 11. Buch des Khuddakanikāya) aufgenommen worden ist. Auch einzelne Suttas und zahlreiche Gāthās, und zwar aus allen 5 Abschnitten, lassen sich in anderen Texten des Kanons nachweisen [2]). Unter den Texten, die König Ašoka im Bhabra-Edikt besonders zum Studium empfiehlt, befinden sich drei, die wahrscheinlich dem Suttanipāta angehören [3]). Auch sprachliche und sachliche Gründe sprechen dafür, daß manche dieser Suttas bis in die Zeit der Anfänge des Buddhismus zurückreichen und viele zum mindesten in den Kreisen der ersten Jünger des Buddha — nicht lange nach dessen Tode — entstanden sein dürften.

Ebenso allgemein anerkannt wie das hohe Alter dieser Dichtungen ist auch ihre Bedeutung für die Kenntnis der alten Lehre des Buddha, und nebst dem Dhammapada ist wohl der Suttanipāta in allen Werken über den Buddhismus der am häufigsten zitierte Text. Allgemein ist endlich auch die Hochschätzung, deren sich die Suttas dieser Sammlung als Werke der Dichtkunst erfreuen.

Wir haben hier bald kürzere, bald längere Versgruppen, die durch denselben Gedanken, oft auch durch denselben Kehrreim, zu einem Gedicht vereinigt sind. Dann finden wir die von Alters her beliebten Formen des reinen Dialogs, des Ākhyāna oder der Ballade, in der Dialogstrophen mit erzählenden Strophen abwechseln, und endlich des aus Prosa und Versen gemischten Ākhyāna [4]) — Formen, die wir alle bereits in der alten brahmanischen und epischen Dichtung kennen gelernt haben. Vielfach wird auch noch an brahmanische Ideen angeknüpft oder auf

---

[1]) Dieselben beiden Texte sind auch im chinesischen Tripiṭaka vorhanden, während der Suttanipāta als Ganzes nicht ins Chinesische übersetzt worden ist. So nach M. Anesaki im JPTS 1906/7, p. 50 f.

[2]) Vgl. R. Otto Franke in ZDMG 63, 1909, S. 1 ff., 23 ff., 255 ff., 551 ff. und 64, 1910, 1 ff., 760 ff.

[3]) Vgl. Neumann, Reden Gotamo Buddho's I, 567; IV, 71 f., 226 und Dharmananda Kosambi, Ind. Ant. 41, 1912, p. 37 ff.

[4]) Ich sehe keinen Grund, warum wir den Ausdruck »Ākhyāna« nur auf die letztere Form der erzählenden Dichtung anwenden sollen und nicht auch auf die Ballade überhaupt.

sie Bezug genommen. Das Brāhmaṇadhammikasutta (19), das »Gedicht von den Frommen unter den Brahmanen«, könnte ebenso gut in einem alten Purāṇa stehen. Es schildert, wie die Ṛṣis der alten Zeit, die »wahre Brahmanen« gewesen sind, in jeder Beziehung enthaltsam lebten; wie sie dann, durch den Reichtum und das üppige Leben der Könige angelockt, nach ebensolchen Genüssen trachteten, sich von König Ikṣvāku schöne Weiber und Reichtümer schenken ließen, und wie damit die blutigen Tieropfer aufkamen, bei denen selbst die unschuldige Kuh getötet wurde. Kastenvermischung und Sittenverfall waren die Folge davon. Hier wird also der Buddhismus gleichsam als eine Rückkehr zum alten wahren »Brahmanentum« dargestellt. Auch im Selasutta (33), das von der Bekehrung des Brahmanen Sela erzählt, kommen Stellen vor, die ganz an Verse der Bhagavadgītā und der Anugītā anklingen[1]). So wird auch in mehreren Gedichten als der »wahre Muni«[2]) der buddhistische Mönch hingestellt, der seinem Gelübde treu ist. Der Gedanke, der uns schon in einem alten Stück des Mahābhārata begegnete[3]), daß wahre Brahmanenschaft nicht in der Geburt, sondern in einem guten Lebenswandel bestehe, wird im Vāsetthasutta (35) in 63 Versen mit dem Refrain »Den nenne ich einen wahren Brahmanen« schön ausgeführt. Wieder in anderen Dichtungen wird aber in feiner Polemik das buddhistische Lebensideal dem brahmanischen als das höhere gegenübergestellt. So im Āmagandhasutta (14)[4]), wo einem Brahmanen, dem die Beobachtung der Speisegebote für das höchste Sittengebot und der Genuß von verbotenem Fleisch für verwerflichste Unreinheit gilt, vom Buddha gesagt wird, daß wahre Unreinheit nicht im Genuß von Fleisch besteht, sondern:

> »Lebewesen quälen, Morden, Töten, Knechten,
> Diebstahl, Lug und Trug, Verkehr mit des Nächsten Weibe —
> Das ist Unreinheit und nicht der Genuß des Fleisches.«

---

[1]) Vgl. Suttanipāta 568 f. mit Bhagavadg. IX, 18; X, 30 und Anug. 28, 2; 29, 1.

[2]) Muni, eigentlich »der Schweigsame«, der Asket, der das Gelübde des Schweigens auf sich genommen, ist zunächst Bezeichnung für einen brahmanischen Asketen.

[3]) S. oben Bd. I, S. 297.

[4]) Übersetzt von Neumann, Reden Gotamo Buddho's IV, 82 ff.; Winternitz, Religionsgeschichtl. Lesebuch S. 294 f.

»Grausam sein und hart, Verleumden, Verraten,
Ohn' Erbarmen, stolz und geizig sein, nichts geben —
Das ist Unreinheit und nicht der Genuß des Fleisches.«

In die Frühzeit des Buddhismus, wo der Mönch wohl noch manchmal vom arbeitenden Volk, von Ackerbauern und Hirten, als Müßiggänger schel angesehen wurde, fühlen wir uns auch versetzt durch eine Dichtung wie das Kasibharadvājasutta (4). Hier weist der brahmanische Ackerbauer Bharadvāja den bettelnden Buddha höhnisch zurück, indem er ihm zu verstehen gibt, daß, wer nichts arbeitet, auch nichts essen solle. Darauf zeigt ihm der Buddha, daß auch e r arbeite, und worin s e i n »Pflügen« bestehe. Und in einem der schönsten dieser alten Gedichte, dem Dhaniyasutta (2), wird das behagliche Glück des reichen Herdenbesitzers, der sich seines Wohlstandes und glücklichen Familienlebens freut, in Gegensatz gebracht zu dem stillen Glück des besitzlosen, heimatlosen, aber von allen irdischen Banden freien Buddha. In einem prächtigen Dialog spricht abwechselnd der reiche Dhaniya und der Buddha je einen Vers mit demselben Kehrreim »Regne, Himmel, wenn du willst«.

Immer neue Weisen finden diese Dichter, um das alte Lied zu singen, daß nur der weltferne Mönch, der von Weib und Kind, von Leid und Freud dieser Welt nichts weiß und nichts wissen will, wahrhaft glückselig ist. Was im Dhaniyasutta in Form eines lebendigen Dialoges gesagt ist, das finden wir im Khaggavisānasutta (3), dem »Nashorn-Gedicht«, in 41 kräftigen Strophen mit dem Kehrreim »Der wandre einsam, wie das Nashorn« mit einem Ernst und Pathos ausgesprochen, dessen Eindruck sich auch der nicht entziehen kann, der dieser mönchischen Lebensauffassung völlig ferne steht.

Die Dialogform verbindet sich zuweilen — im Ālavakasutta (10) und Sūcilomasutta (17) — mit der alten Form der Rätseldichtung, der wir schon im Veda und im Epos begegneten. Gerade so wie im Mahābhārata[1]) tritt auch hier ein Yakṣa als Fragesteller auf und ein Weiser beantwortet die Fragen, indem er die ethischen Lehren des Buddhismus vorträgt.

Aber der Suttanipāta enthält nicht nur lehrhafte, sondern auch einzelne erzählende Dialoge. Von diesen sind drei — Nālaka-

---

[1]) S. oben Bd. I, S. 296 ff.

sutta (37), Pabbajjāsutta (27) und Padhānasutta (28) — für uns
von besonderer Wichtigkeit. Denn sie sind kostbare Reste jener
alten geistlichen Balladendichtung, aus welcher die spätere epische
Bearbeitung des Lebens des Buddha ebenso hervorgegangen ist,
wie das Heldenepos aus weltlichen Balladen oder Ākhyānas[1]).
Die Haupteigentümlichkeit dieser Balladen ist die Gesprächsform.
Rede und Gegenrede genügten wohl meistens, um dem Hörer
den Gang einer Erzählung vor Augen zu führen. Wo das nicht
der Fall war, wurden aber auch oft knappe Prosaformeln, eine
kurze Einleitung oder ein paar kurze Sätze in Prosa eingefügt.
Eine weitere Stufe der Entwicklung war es, daß man zwischen
die Gesprächsstrophen auch erzählende Strophen einschob. Diese
letzte Stufe in der Entwicklung des altindischen Ākhyāna, die
eigentliche Vorstufe des Epos, sehen wir in den drei erwähnten,
Szenen aus der Jugendgeschichte des Buddha behandelnden
Balladen des Suttanipāta. Die Hauptzüge der späteren Buddhalegende sehen wir hier bereits vorbereitet. Das Nālakasutta
spielt unmittelbar nach der Geburt des Buddhakindes:

Die Götter im Himmel sind in freudiger Erregung. Der himmlische Seher Asita nimmt ihre Jubelausbrüche wahr und erfährt auf
seine Frage, daß eben in der Stadt der Sakyas im Lumbinīhain zum
Heile der Welt der Buddha geboren worden ist. Da begibt sich der
Weise vom Himmel herab zum Palaste des Suddhodana und verlangt
den neugeborenen Knaben zu sehen. Und wie er den Knaben sieht,
der »wie ein Feuer, wie der hellste der Sterne, wie die herbstliche
Sonne am wolkenlosen Himmel« strahlt, während göttliche Wesen ihm
Kühlung zufächeln, da nimmt er das Kind in die Arme und ruft aus:
»Dies ist der Unvergleichliche, der Höchste der Menschen.« In demselben Augenblick aber denkt er an sein eigenes bevorstehendes Ende
und bricht in Tränen aus. Bestürzt fragen die Sakyas, ob dem Knaben
irgendein Unheil drohe. Der Weise beruhigt sie. Der Knabe werde
den Gipfel vollkommener Erleuchtung erlangen. Er selbst aber werde
es nicht erleben, die Predigt des Erhabenen zu hören; darum sei er
betrübt. Bevor er scheidet, ermahnt er noch seinen Neffen Nālaka,
dem Buddha zu folgen, sobald dessen Ruf erschallen werde[2]).

---

[1]) S. oben S. 31 A. 1, 44 und Bd. I, S. 261. Vgl. auch Windisch,
Māra und Buddha, S. 3 ff., 222 f., 245 ff. und Oldenberg, Aus dem
alten Indien 45 ff.

[2]) Man hat diese Legende oft mit der von Simeon im Lukas 2. 25 ff.
verglichen, und es ist in der Tat eine der auffälligsten buddhistischen
Parallelen zu den Evangelien. Vgl. besonders Pischel, Leben und
Lehre des Buddha S. 17 ff.

Das zweite dieser Gedichte, das Pabbajjāsutta, schildert das »Fortziehen« (pabbajjā) des jugendlichen Gotama aus der Heimat, und die Begegnung, die er als bettelnder Asket herumwandernd mit dem König von Rājagaha hatte. Eine noch spätere Episode — wie Māra, der Böse, nachdem er dem Gotama sieben Jahre auf Schritt und Tritt gefolgt ist, noch einmal den Kampf aufnimmt und den um die Erkenntnis Ringenden wieder zum Weltleben zurückbringen will, und wie Māra in diesem Kampf schmählich unterliegt — schildert die dritte Ballade, das Padhānasutta[1]). Trotzdem, wie man sieht, auch diese Balladen schon reich an legendenhaften Zügen und mythischem Beiwerk sind, darf man sie doch noch einfach und nüchtern nennen im Vergleich zu den Übertreibungen der späteren Buddhabiographien.

Immerhin können diese Legenden auch in der Form, wie sie in den Balladen des Suttanipāta stehen, nicht zur ältesten Schicht buddhistischer Überlieferung gehören. Sie setzen bereits eine längere Geschichte der Buddhalegende voraus. Einer noch jüngeren Schicht gehört wohl der Pārāyaṇavagga, der letzte Abschnitt des Suttanipāta, an — wenigstens in der Form, in der er uns überliefert ist. Dieser Abschnitt beginnt mit einer Rahmenerzählung in Versen: Zu dem Brahmanen Bāvarī, der in seiner Freigebigkeit alles weggegeben hat, so daß er nichts mehr besitzt, kommt ein anderer Brahmane und verlangt 500 Goldstücke. Da er sie nicht bekommt, spricht er über Bāvarī den Fluch aus, daß nach sieben Tagen sein Kopf in sieben Stücke gespalten werden solle. Bāvarī ist in großer Angst, aber eine Gottheit rät ihm, sich an die Buddhas zu wenden. Hier folgt ein Hymnus auf Buddha, in dem auch seine 32 Körpermerkmale (zu denen u. a. auch die lange Zunge, mit der er sein ganzes Gesicht bedecken kann, und das von einer Hülle umgebene Glied gehören) gepriesen werden. Darauf sendet Bāvarī seine 16 Schüler, lauter gelehrte und berühmte Brahmanen, zum Buddha, und jeder richtet an ihn eine Frage, die dieser beantwortet. Die 16 Fragen und Antworten bilden den eigentlichen Kern der Dichtung. Auf die letzte Frage folgt ein Stück Prosa über die Wichtigkeit dieser Fragen und Antworten, was — ganz nach der Art und Weise ge-

---

[1]) Auch hier ist oft die christliche Versuchungslegende verglichen worden.

wisser buddhistischer Sanskrittexte — in Gāthās wiederholt wird. Ein zweiter Hymnus auf Buddha beschließt die Dichtung, ohne daß die Rahmenerzählung eigentlich abgeschlossen wird. Da gerade das Pārāyaṇa, wie oben (S. 72) erwähnt wurde, als alt bezeugt ist, wird wohl anzunehmen sein, daß uns die Rahmenerzählung nicht in ihrer ursprünglichen Form, sondern durch Zusätze entstellt, überliefert ist.

Und dasselbe gilt wohl von manchen der Prosaumrahmungen in den aus Prosa und Versen gemischten Stücken. Fausböll[1] hat sämtliche Prosen für spätere Zusätze erklärt. Das ist wohl kaum richtig. Wenn aber K. E. Neumann in seiner Übersetzung manche der Prosastücke einfach ausläßt, indem er sie, wie er einmal etwas kräftig sagt, für »kommentariellen Pfaffenquark« hält, so glaube ich, daß er in den meisten Fällen Recht hat. Wenn z. B. in der Prosa des Selasutta der Buddha als Cakravartin verherrlicht wird und auch hier seine 32 Körpermerkmale umständlich aufgezählt werden[2]), oder wenn im Sabhiyasutta (32) vom Sektenwesen die Rede ist, oder wenn oft in ganz überflüssiger und höchst ungeschickter Weise ein Yakṣa oder eine Gottheit auftritt, um einen Dialog einzuleiten, so wird man dergleichen wohl mit Recht als kommentarielle Zusätze bezeichnen dürfen.

6. 7. Zur jüngsten Schicht der im Pālikanon vereinigten Litteratur gehören gewiß die beiden höchst unerfreulichen, glücklicherweise wenig umfangreichen Werke Vimānavatthu und Petavatthu[3]), die »Götterpalastgeschichten« und die »Gespenstergeschichten«. Die wahrhaft große und tiefe Lehre vom Karman, die sowohl in brahmanischen wie in buddhistischen Texten in so vielen schönen Sprüchen und Legenden Ausdruck gefunden hat[4]),

----

[1]) Preface p. VII zu seiner Textausgabe.

[2]) La Vallée Poussin, Bouddhisme p. 246 ff., vergleicht zum Selasutta das Saddharmapuṇḍarīka der Mahāyānalitteratur. Buddhaverehrung setzen allerdings auch die Verse des Selasutta voraus. Das Vorhandensein religiöser Texte und Religionsunterricht bezeugen die Verse 314 ff., 324.

[3]) The Vimānavatthu, edited by E. R. Gooneratne, London PTS 1886. Petavatthu, ed. by J. Minayeff, London PTS 1888. Vgl. L. Scherman, Visionslitteratur, S. 56 ff.; L. Feer im JA s. 8. t. III, 1884, pp. 109 ff., 138 ff.; Oldenberg, Buddha 354 Anm.

[4]) Vgl. oben Bd. I, 220 f., 354 ff., 376 f., 470 f.

wird in diesen kleinen Geschichten, an denen die metrische Form
das einzige Poetische ist, in der plumpsten Weise durch Beispiele
erläutert. Die Geschichten sind alle nach einer Schablone gemacht. Im Vimānavatthu wird irgendein göttliches Wesen von
Moggallāna gefragt, wie es zu diesem oder jenem Götterpalast
(vimāna) mit all seinen Herrlichkeiten gekommen sei. Als Antwort berichtet die Gottheit kurz die gute Tat, die sie in irgendeinem früheren Dasein vollbracht, infolge deren ihr dies Himmels-
glück zuteil geworden. Im Petavatthu tritt irgendein Peta (Sanskrit
Preta, Geist eines Verstorbenen, der als Gespenst ruhelos und
gequält in der Nähe der Erdenwelt umherirrt) auf und wird von
Nārada gefragt, welcher bösen Tat er sein Unglückslos zuzuschreiben habe, worauf er in kurzen Worten von dieser berichtet.
Ein Beispiel (Petavatthu I, 2) wird genügen:

(Der weise Nārada spricht zu einem Gespenst:)

Ganz golden ist dein Körper, strahlend weithin durch die ganze Welt,
Doch ist dein Mund der eines Schweins: Was ist die Tat, die du getan?

(Darauf antwortet das Gespenst:)

Gezügelt war ich wohl in Taten, ungezügelt nur in Worten,
Das ist's, warum du, Nārada, in solcher Mißgestalt mich siehst.
Drum sag ich dir, o Nārada, da du es selbst ja hast gesehen,
Nichts böses tue mit dem Mund, daß du ein Schweinsmaul nicht
bekommst.

Daß im Petavatthu (IV, 3) ein König Piṅgalaka vorkommt,
der nach dem Kommentar des Dhammapāla 200 Jahre nach
Buddha in Surat geherrscht haben soll, beweist, daß selbst die
Kommentatoren einer späteren Zeit diese Texte in ziemliche Ent-
fernung von der Lebenszeit des Buddha rücken. Selbst wenn
man zugibt, daß die Himmels- und Höllenvorstellungen schon
im alten Buddhismus neben dem Arhat- und Nirvāṇa-Ideal bestanden haben, wird man diesen »Dichtungen« kein hohes Alter
zuschreiben können [1]).

---

[1]) Nach E. Hardy ZDMG 53, 1899, 25 ff. hätten Petavatthu und
Vimānavatthu aus anderen Werken des Khuddakanikāya, wie den
Jātakas, für ihre Zwecke Brauchbares entlehnt. Vgl. auch E. Hardy
in der Vorrede zur Ausgabe des Vimānavatthu-Kommentars, London
PTS 1901, p. XI. Das Umgekehrte, daß das Jātakabuch aus dem Petavatthu und dem Vimānavatthu entlehnt hat, ist aber ebenso gut möglich, und im Jātaka Nr. 243 wird das Vimānavatthu geradezu zitiert.

8. 9. Wie bunt zusammengewürfelt die Texte des Khudda-kanikāya sind, das zeigt der Umstand, daß unmittelbar nach den beiden eben erwähnten Texten, die zu den ödesten und geist-losesten Erzeugnissen der Mönchspoesie gehören, die Theragāthā und Therīgāthā[1]), die »Mönchs- und Nonnenlieder«[2]), folgen, — geistliche Dichtungen, die sich an Kraft und Schönheit den besten Erzeugnissen indischer Lyrik, von den Hymnen des Rigveda bis zu den lyrischen Gedichten Kālidāsas und Amarus, würdig an die Seite stellen.

Die Thera- und Therīgāthā sind zwei Sammlungen, von denen die erste 107 Gedichte mit 1279 Strophen (gāthā) und die zweite 73 Gedichte mit 522 Strophen enthält, die von der Überlieferung bestimmten mit Namen genannten Theras und Therīs zugeschrieben werden. Diese Überlieferung ist uns außer durch die Hand-schriften durch den wahrscheinlich im 5. Jahrhundert n. Chr. ver-faßten Kommentar des Dhammapāla verbürgt, der auch Er-zählungen enthält, in denen von jedem dieser Theras und Therīs eine Art Lebensgeschichte erzählt wird. Die Erzählungen sind aber zum Teil aus den Versen herausgeklügelt, zum Teil wohl auch rein erfunden oder aus verschiedenen Erzählungswerken entlehnt. Irgendeine Glaubwürdigkeit kommt ihnen nicht zu. Auch die Überlieferung der Namen der Theras und Therīs als der Verfasser der Verse verdient im allgemeinen keinen Glauben[3]).

---

[1]) Herausgegeben von H. Oldenberg und R. Pischel, London PTS 1883. Übersetzt von K. E. Neumann (»Die Lieder der Mönche und Nonnen Gotamo Buddho's«), Berlin 1899. Die Therīgāthā ins Englische übersetzt von Mrs. Rhys Davids (Psalms of the Early Buddhists, I. Psalms of the Sisters) London PTS 1909. Vgl. Olden-berg, Literatur des alten Indien, S. 100—102.

[2]) Die Übersetzung stimmt allerdings nicht ganz genau, weil unter den Theras und Therīs, denen diese Lieder zugeschrieben werden, nicht »Mönche« und »Nonnen« überhaupt, sondern zunächst die ersten und hervorragendsten Jünger und Jüngerinnen des Buddha selbst, dann besonders alte (das Wort thera, fem. therī, entspricht dem Sanskrit sthavira und bedeutet eigentlich »alt«) und ehrwürdige Mönche und Nonnen gemeint sind. »Thera« und »Therī« sind aber nur Ehrentitel, mit denen sich kein Ehrenamt verbindet. (Vgl. Pischel. Leben und Lehre des Buddha, S. 99).

[3]) Wenn unter den dem Ānanda zugeschriebenen Versen (Therag. 1018—1050) sich auch auf Ānanda bezügliche Verse, unter anderen Lobverse auf Ānanda, finden, oder wenn in die dem Moggallāna zu-

Jedoch hat die Überlieferung darin recht, daß sie für diese Dichtungen nicht e i n e n, sondern viele Verfasser annimmt, und gewiß auch darin, daß sie die Lieder zum Teil von Mönchen und zum Teil von Nonnen verfaßt sein läßt. Es mögen manche Lieder, die verschiedenen Verfassern zugeschrieben werden, in Wirklichkeit nur e i n e m Dichter angehören und umgekehrt manche von verschiedenen Verfassern herrührende Strophen einem und demselben Dichter zugeschrieben sein, es mögen auch unter den »Nonnenliedern« einige von Mönchen verfaßte und vielleicht auch unter den »Mönchsliedern« ein paar von Nonnen verfaßte Lieder stehen[1]), — aber keinesfalls können diese Dichtungen e i n e m Kopf entsprungen sein. Wenn dieselben Redensarten öfters wiederkehren und der Ton der Gedichte in vielen Beziehungen derselbe ist, so beweist das nur, daß sie alle den Stempel des buddhistischen Geistes tragen, nicht aber, wie K. E. N e u m a n n[2]) meint, daß »ein Mann dem Ganzen seinen Geistesstempel aufgeprägt hat«.

Keinem Zweifel kann es unterliegen, daß die große Mehrzahl der »Nonnenlieder« von F r a u e n gedichtet worden ist. Vor allem hätten die Mönche nie soviel Sympathie für die weiblichen Mitglieder der Gemeinde aufgebracht, daß wir ihnen zutrauen könnten, sie hätten diese aus den Herzen von Frauen gesungenen Lieder verfaßt. Man erinnere sich nur an die Schwierigkeiten, die nach der Überlieferung Gotama seiner Ziehmutter

geschriebenen Verse (1146—1208) auch die im Majjhimanikāya 50 erzählten Legenden von Moggallāna hineingearbeitet sind u. dgl. m., so sieht man, daß die Mönche, welche diese Verse diesen oder jenen Theras oder Therīs zuschrieben, von den wirklichen Verfassern der Lieder genau so wenig wußten, wie die Zusammensteller der Anukramaṇīs von den Verfassern der Rigvedahymnen (vgl. oben Bd. I, S. 52 f.).

[1]) Die Redaktion ist durchaus keine sorgfältige und geschickte. Wir finden oft Verse getrennt, die entschieden zu einem Gedicht zusammengehören, und umgekehrt Verse, die nicht zusammengehören, zu einem Gedichte vereinigt. Wir finden des öfteren auch dieselben Verse an verschiedenen Stellen wörtlich wieder. Und einige Gedichte hat man zerrissen und nach rein äußerlichen Indizien einige Verse in die Theragāthā und einige in die Therīgāthā aufgenommen.

[2]) In der Vorrede zu seiner Übersetzung der »Lieder der Mönche und Nonnen«, S. VII. Auch was R. O. F r a n k e in WZKM 24, 1910, S. 15 f. sagt, beweist nur, daß einzelne Partien einheitliche Dichtunge sind, aber nicht, daß das ganze Werk einen einzigen Verfasser hat.

machte, als diese den Nonnenorden gründen wollte, und an die
Vorwürfe, welche dem Ānanda wegen seiner frauenfreundlichen
Haltung an mehreren Stellen des Kanons gemacht werden. Aus
demselben Grunde wäre es auch den Mönchen nie eingefallen,
den Frauen Lieder zuzuschreiben, wenn nicht eine unanfechtbare
Überlieferung in diese Richtung gewiesen hätte. Auf die Verschiedenheit in Sprache, Gefühl und Ton zwischen den Mönchs-
und den Nonnenliedern hat Mrs. R h y s D a v i d s[1]) hingewiesen.
Man braucht nur die beiden Sammlungen hintereinander zu lesen,
um zu der Überzeugung zu kommen, daß in den Nonnenliedern
gar oft eine persönliche Note angeschlagen wird, die den Mönchsliedern fremd ist; daß wir in den letzteren mehr von dem inneren
Erleben, in den Liedern der Nonnen häufiger von äußeren Erlebnissen hören, daß in den Mönchsliedern Naturschilderungen,
in den Nonnenliedern Lebensbilder überwiegen[2]).

Beiden Sammlungen gemeinsam sind die religiösen Ideale,
welche hochgehalten, und die Sittenlehren, die verkündet werden.
Nichts Höheres kennen alle diese Mönche und Nonnen, als jene
tiefe Seelenruhe, um welche die Götter selbst den Heiligen be-
neiden, die gewonnen wird durch das Erlöschen der Leidenschaft,
des Hasses, der Verblendung und durch die Lossagung von allen
sinnlichen Trieben und Neigungen, und die einen Vorschmack
gibt von jener höchsten Seligkeit, dem Nirvāṇa, dem Ende aller
Leiden in dem Bewußtsein des Nichtwiedergeborenwerdens. Selig
der Mönch, der gegen Freud und Leid gleich unempfindlich ist,
nicht Hunger, nicht Kälte spürt. Selig die Nonne, die von sich
sagen kann (Therīg. 76):

Alles Trachten, sei's nach Erden- oder Himmelsfreuden,
Ist vernichtet, — weggeworfen hab ich Wahn und Weltlust, —
Habe Ruh gefunden, höchste Seligkeit: Nirvāṇa.

Diese Ideale, ebenso wie die ethischen Lehren — der edle
vierfache Pfad, die Milde und Güte gegen alle Wesen (mettā),

—————

[1]) Psalms of the Sisters, p. XXIII ff.

[2]) O l d e n b e r g, Literatur des alten Indien, S. 101 Anm., dürfte
recht haben, wenn er das Überwiegen der Naturschilderungen in den
Mönchsliedern damit erklärt, daß die Natur, von der in den Liedern
die Rede ist, die Waldnatur ist, und das Einsiedlerleben im Walde
bei den Mönchen naturgemäß eine größere Rolle spielte als bei den
Nonnen. Aber auch das spricht wieder nur dafür, daß die Nonnenlieder eben von den Nonnen selbst gedichtet wurden.

das Nichtverletzen (ahiṃsā), die Selbstbeherrschung usw. — sind
in diesen Liedern dieselben wie in den Sprüchen des Dhammapada und den Gedichten des Suttanipāta. Nur unterscheiden sich
die Mönchs- und Nonnenlieder dadurch, daß sie Selbstbekennt-
nisse sind oder Selbsterlebnisse schildern. Stolz erzählt da ein
Mönch, wie Gattin und Kind vergebens sich bemühten, seine
Ruhe zu stören — »die Fesseln hab' ich gebrochen« (Therag.
299 ff.). Glückselig preist sich ein anderer, daß er sich endlich
von der Gattin losgemacht, wenn auch langsam, »wie die Knospe
sich vom Stengel loslöst« (Therag. 72). Und wieder ein anderer
gedenkt der Buhlerin, deren Versuchungen er widerstanden
(Therag. 459 ff.). Zahlreich sind in den Mönchsliedern die Aus-
fälle gegen das Weib, die Versucherin — diese Schlinge, diese
Fessel — die den Mönch immer wieder von seinem heiligen
Wandel abzulenken droht[1]). Mögen auch noch so viele Weiber
kommen, rühmt sich ein Mönch, mich sollen sie nicht verlocken
(Therag. 1211). Ursache alles Leidens ist das Weib, nur wer
sich standhaft von ihm fern hält, kann zum wahren Helden
werden (Therag. 738 ff.). Ein Mönch schildert in geradezu grauen-
voller Weise, wie er durch den Anblick des verwesenden Leich-
nams eines Weibes zur Wahrheit geführt wird (Therag. 315 ff.,
393 ff.). Diesen häßlichen Bildern stehen aber manche schönere
gegenüber. Da hören wir von einem Mönch, den seine eigene
Mutter zur Wahrheit geführt, wofür er ihr in schönen Worten
Dank weiß[2]). In einem anderen Lied tröstet ein Mönch seine
Mutter, daß er ja nicht gestorben sei (Therag. 44). Ein anderer
erzählt, wie er als armer Teufel vom Auflesen welker Blumen
gelebt, zum Buddha kam und Erlösung fand (Therag. 620 ff.).
Wieder ein anderer erzählt, wie er als der Sohn eines Hofpriesters
in Reichtum und Hochmut dahin lebte, bis er den Buddha sah
und bekehrt wurde (Therag. 423 ff.). Ein König, der Mönch
geworden, vergleicht sein jetziges Bettlerleben mit dem einstigen
prunkvollen Hofleben (Therag. 842 ff.). Auch Räuber, die Mönche
geworden und ihres ehemaligen Räuberdaseins gedenken, kommen

---

[1]) Vgl. Therag. 267 ff., 279 ff., 453 ff., 459 ff., 1150 ff·

[2]) Therīg. 204—212, wo der Thera Vaddha von seiner Mutter angeregt wird, Mönch zu werden, und Therag. 335—339, wo Vaddha
seiner Mutter dankt, gehören offenbar zu einem Gedicht. Vgl. oben
S. 80 Anm. 1.

vor (Therag. 705 ff., 866 ff.). Doch sind in den Mönchsliedern solche Hinweise auf äußere Erlebnisse verhältnismäßig selten. Sie schildern in der Regel nur das innere Erleben der Mönche, meist in kurzen Gedichten von wenigen Versen. Doch haben wir in den dem Thera Talaputa zugeschriebenen Versen [1] auch ein prächtiges langes Gedicht, das Selbstgespräch eines nach Heiligkeit ringenden Mönches.

Viel zahlreicher als in den Mönchsliedern sind, wie schon oben bemerkt, die Bilder aus dem wirklichen Leben in den Nonnenliedern. Wahnsinnig vor Schmerz über den Verlust eines Kindes irrt eine Mutter herum, bis sie, von Gotama Buddha selbst getröstet und belehrt, in den Orden aufgenommen wird. Und mehr als einmal kehrt der Fall wieder, daß Frauen durch den Verlust von Kindern dem Nonnenorden zugeführt werden [2]. In einem Lied hören wir von einer armen Witwe, die (unfreiwillig) von Haus zu Haus betteln geht und zufällig zu den Nonnen kommt, wo sie mitleidig aufgenommen, belehrt und zu einer (freiwilligen) Bettlerin wird, die durch ihre freundliche Lehrerin Paṭācārā bald auch den Weg zum Nirvāṇa findet. Wir hören wiederholt von ehemaligen Hetären, die Nonnen wurden, und der Kontrast zwischen dem Leben und Treiben der Buhlerin und der ruhigen Abgeklärtheit der Nonne ist von großer künstlerischer Wirkung. Mitten in Jubel und Festlichkeit, im Festesschmuck kommt eine Schöne zu einem Kloster und wird vom Buddha belehrt und bekehrt. Auch hier ist der Gegensatz zwischen der tollen Festesfreude und der Ruhe des Nirvāṇa sehr wirkungsvoll [3]. Wir hören aber auch von jungen Mädchen aus edlem Geschlecht, von Matronen in vorgerücktem Alter, von einer Mutter von zehn Kindern, die — sei es durch den Buddha selbst oder durch irgendeine ehrwürdige Nonne belehrt — den Weg zum Nirvāṇa suchen und finden. Oft hören wir auch, wie Verwandte vergebens sich bemühen, ihre Tochter von ihrem Entschluß, Nonne zu werden, abzubringen. Um die schöne Tochter eines reichen Mannes bemühen sich die Söhne der Reichen, ja Prinzen, von denen einer dem Vater Botschaft sendet: Achtmal

------

[1] Therag. 1091—1145, s. Oldenberg, Literatur des alten Indien, S. 101 f.
[2] Therīg. 133—138, 51—53, 127—132, 312—337.
[3] Therīg. 122—126, 25, 72—76, 145—150.

so viel, als sie wiegt, will ich in Gold für sie geben und Schätze
von Edelsteinen noch dazu. Aber sie hat den Buddha gehört
und zieht das Leben einer Bettelnonne vor. Auch an Tragödien
fehlt es nicht. Während Kisā-Gotamī in Wehen auf der Straße
liegt, stirbt ihr der Mann, der Sohn und die Tochter, auch Mutter,
Vater und Bruder — das braucht keine Übertreibung zu sein,
wenn wir an die in Indien so häufigen Zeiten von Pest und
Hungersnot denken —, sie aber verzweifelt nicht, sondern wird
durch Erkenntnis erlöst [1]. Nach der Tragödie ein Lustspiel:
Die Frau, die sich freut, durch ihre Bekehrung vom Reisdreschen
und vom ungeliebten Gatten befreit zu sein, was sie nicht ohne
Humor dadurch ausdrückt, daß sie sagt, sie sei nun »drei krumme
Dinge« los, Mörser und Stössel und den buckligen Gatten [2].

Welche Bedeutung diese Lebensbilder für unsere Kenntnis
der sozialen Verhältnisse, insbesondere der sozialen Stellung der
Frau, im alten Indien haben, leuchtet von selbst ein. Es braucht
aber kaum erst erwähnt zu werden, wie sehr solche Bilder auch
zur Belebung dieser in ihrem eigentlichen Gedankengehalte so
eintönigen Gedichte beitragen. In den Mönchsliedern allerdings
wird die Eintönigkeit oft auch durch anmutige Naturschilderungen
unterbrochen. Die Freude an der Natur, die wir schon im
Rāmāyaṇa als einen hervorstechenden Zug indischer Dichtung
kennen lernten, die wir noch im Kunstepos und in der Liebes-
lyrik, ja selbst in der lehrhaften Spruchdichtung bewundern
werden, war auch diesen Mönchen trotz aller ihrer Weltabgekehrt-
heit nicht fremd. Mit Behagen verweilen sie, mehr Dichter als
Mönche, bei der Schilderung der Wald- und Berglandschaften,
in deren Mitte der Weise einsam seinen Meditationen nachgeht.
Wenn der Donner rollt und aus finstrer Wolke der Regen her-
niederprasselt, sitzt der erlöste Mönch selig in seiner Felsenhöhle.
Und auch der gegen Lust und Leid gleichgültige Heilige versagt es sich nicht, — den Frühling zu schildern [3].

---

[1] Therīg. 151—156, 16 f., 69, 102 ff., 338—365, 213—223.

[2] Therīg. 11, vielleicht ein Gegenstück zu Therag. 43, wo ein
Mönch sich darüber freut, daß er von »drei krummen Dingen« (Sichel,
Pflug und Spaten) befreit ist.

[3] Therag. 537 ff., 1062 ff., 1135 ff., 189 ff., 522 ff., 307 ff., 527 ff.
Vgl. C. A. F. Rhys Davids, The Love of Nature in Buddhist Poems:
The Quest Review, April 1910.

Die Freude an der Natur kommt auch in manchen schönen Gleichnissen zur Geltung. Der Weise wird mit einem Fels, der nicht wankt, oder mit einem Elefanten verglichen. Dem Affen im Löwenfell gleicht der Mönch, der auf sein Mönchsgewand stolz ist. Wie der Löwe in seiner Höhle, sitzt der selbstbezähmte Mönch da[1]). Eine kunstvolle Anhäufung von Gleichnissen finden wir in einem der Nonnenlieder (Therīg. 112ff.): Wie der Landmann das Feld pflügt, den Samen sät und erntet, so will die Nonne Nirvāṇa gewinnen; beim Fußwaschen sieht sie das Wasser den Fels hinabsickern und, durch diesen Anblick zum Nachdenken angeregt, zähmt sie ihr Herz, wie man ein edles Pferd bändigt; dann geht sie ins Kloster, nimmt die Lampe und zieht mit einer Nadel den Docht hinunter, und wie das Licht der Lampe erlischt, so erreicht sie Nirvāṇa. Diese kunstvolle Verschlingung von Gleichnissen erinnert bereits an die Schmuckmittel (Alaṃkāras) der Kunstpoesie, wie denn auch gelegentlich schon recht gekünstelte Wortspiele vorkommen. Kunstvoll aufgebaut ist auch ein schönes der Ambapālī, der ehemaligen Hetäre, zugeschriebenes Lied (Therīg. 252ff.). Hier schildert die Dichterin in den zwei ersten Zeilen einer jeden Strophe die Schönheit ihres Körpers, in der dritten Zeile, was aus dem jugendschönen Leib im Alter geworden ist, worauf der Kehrreim folgt: »Des Wahrheitskünders Wort wird nicht zur Lüge.«

Sehr beliebt ist auch in diesen Liedern die Dialogform. So ist eines der Nonnenlieder (Therīg. 271 ff.) ein Gespräch zwischen Tochter und Vater, in dem die Tochter die Vorzüge des Mönchslebens auseinandersetzt und den Vater bekehrt. Ein anderes dieser Lieder (Therīg. 291 ff.) führt uns einen Mann — er war erst Mönch, wurde dann Jäger, zeugte einen Sohn und will nun wieder Mönch werden — im Gespräch mit seiner Gattin vor, die ihn von seinem Entschluß abzubringen sucht; sie droht, das Kind zu töten, wenn er von ihr ginge; er aber bleibt hart:

»Und würfest du das Kind Schakalen gleich und Hunden hin
zum Fraß. —
Mich wirst du auch ums Kind zurück nicht wieder bringen,
elend Weib!«

Dies ist bereits eine Art Ballade. Und wir finden in den Mönchs- und Nonnenliedern, insbesondere in den letzteren, eine ganze An-

---

[1]) Therag. 692 ff., 1000, 1080, 1081.

zahl wirklicher Balladen sowohl mit als auch ohne Erzählungs-
strophen. Eine der längsten dieser Balladen, die zugleich ungemein dramatisch ist, findet sich unter den Nonnenliedern (Therīg.
312—337). Verwundert fragt ein Brahmane seine Frau, wie es
komme, daß sie nicht weine, trotzdem sie ihre sieben Kinder verloren, nachdem sie früher um die Verstorbenen Tag und Nacht
geweint. Sie antwortet, daß sie von Buddha gelernt habe, wie
man der Geburt und dem Tode entrinne. Da begibt sich der
Brahmane zum Buddha und wird Mönch. Er schickt seinen
Wagenlenker zurück und läßt der Gattin melden, daß er Mönch
geworden. Die Frau will dem Wagenlenker zum Lohn für die
frohe Botschaft Roß und Wagen und noch tausend Goldstücke
schenken. Er aber sagt: Behalte Roß und Wagen und Geld,
ich werde auch Mönch. Auch die Tochter, welche die Frau zur
Erbin der großen Schätze des Hauses einsetzen will, verzichtet
und erklärt, Nonne werden zu wollen. Vielleicht die schönste
von diesen Balladen ist die von der Nonne Subhā, die im Walde
von einem Schelm mit Liebeserklärungen verfolgt wird. In
glühenden Worten preist er ihre Schönheit, malt ihr die Schrecken
des Waldes aus und sucht sie zur Liebeslust zu verleiten. Sie
weist ihn zurück:

> »Wo kein Weg und Steg, da willst du gehn,
> Willst den Mond zum Spielzeug haben,
> Springen über den Götterberg, —
> Der nach Buddhas Tochter du begehrst.«

Alle Weltlust, erklärt sie, habe sie von sich geworfen wie glühende
Kohlen, wie Gift. Sie beschreibt die Nichtigkeit und Häßlichkeit
des Leibes, auch das Auge sei nur ein ekliger Fleischball. Mit
diesen Worten reißt sie sich das Auge aus [1]) und reicht es dem
Manne hin. Dieser ist zerknirscht und bittet um Verzeihung.
Die Nonne aber begibt sich zum Buddha, und sobald er sie erblickt, erglänzt ihr Auge wie zuvor (Therīg. 366—399).

---

[1]) Wenn sich in christlichen Legenden die heilige Lucie und die
heilige Brigitta beide Augen ausreißen, weil die jungen Leute sich
wegen ihrer Schönheit in sie verliebten, so kann dies sehr wohl eine
zufällige Übereinstimmung sein. Man braucht nur an Matth. 18, 9 zu
denken, um zu sehen, daß eine buddhistische Beeinflussung kaum anzunehmen ist, wie E. Müller (Archiv für Religionsw. III, 1900, S. 233)
meint.

Einige dieser Balladen — Dialoge zwischen Māra und den Nonnen[1]) — sind teils Seitenstücke, teils andere Versionen von denen, die wir im Bhikkhunīsaṃyutta des Saṃyuttanikāya gefunden haben. Auch die Ballade vom Räuber Aṅgulimāla, der wir im Majjhimanikāya[2]) begegneten, kehrt in den Theragāthā (866 ff.) wörtlich wieder. Und auch eine Anzahl anderer Lieder und Verse unserer Sammlung lassen sich in den vier Nikāyas, im Dhammapada und im Suttanipāta nachweisen. An einer Stelle (Therag. 445) werden sogar Gleichnisse der Nikāyas als bekannt vorausgesetzt, also geradezu zitiert. Aber selbst wenn wir in allen diesen Fällen Zitate oder Entlehnungen annehmen wollten, so würde das kaum die spätere Entstehung der beiden Sammlungen als solcher beweisen; denn die betreffenden Stücke könnten auch später eingefügt worden sein.

Sicher ist, daß es in den beiden Sammlungen auch eine beträchtliche Anzahl von Gedichten gibt, die späteren Ursprungs sein müssen. Wenn z. B. ein Mönch erzählt, daß er bloß deshalb, weil er eine einzige Blume dargebracht, in 80 Hundertmillionen von Jahren die Himmel durchwandert und endlich Nirvāṇa erreicht hat, so setzt das einen Buddhakult voraus, wie wir ihn erst in den späteren Mahāyānatexten voll entwickelt sehen. Auch wenn ein siebenjähriger Heiliger Wunder wirkt, wenn ein Mönch sich tausendmal vervielfältigt und durch die Lüfte fliegt, wenn die Götter im Himmel den Sāriputta empfangen und ihm Verehrung darbringen[3]), und was dergleichen Wunder mehr sind — so gehören solche Stücke schwerlich zur ältesten Schicht buddhistischen Dichtens und Denkens. Und erst Jahrhunderte nach der Gründung des Ordens und, wie ich glauben möchte, nach der Zeit des Ašoka können die beiden Gedichte[4]) entstanden sein, in denen von dem Verfall der Religion die Rede ist. In dem ersten Gedicht wird dem einfachen und frommen Leben der Mönche von einst das »jetzige« Mönchsleben gegenübergestellt. »Sie, die einst Reichtum, Weib und Kind verlassen haben, tun jetzt Böses um eines Löffels Reis willen«, essen, was

---

ihnen beliebt, führen unheilige Gespräche, erwarten für Nichtig-
keiten, die sie dem Volke anbieten, reiche Geschenke, sammeln
Kräuter wie Ärzte, putzen sich wie Hetären, sind verschlagen,
listig, heuchlerisch usw. Und in dem zweiten Gedicht entwirft
Phussa auf die Frage, wie die Mönche der Zukunft sein werden,
ein Bild, von dem man glauben möchte, daß es auf die Mönche
von Tibet am besten passen würde. Die Mönche, heißt es da,
werden von Zorn und Haß, Eifersucht und Eigensinn erfüllt
sein, von der Wahrheit nichts wissen, das Wort des Herrn ent-
stellen, Gold und Silber annehmen, sie werden die tugendhaften,
wahren Mönche verachten, Mönche und Nonnen werden zuchtlos
leben usw. — ein merkwürdiges Bild, das unmöglich aus alter
Zeit stammen kann. Derselben Zeit des Verfalls scheint auch
das Lied der Isidāsī in den Nonnenliedern (Therīg. 400—447)
anzugehören. Hier wird es geradezu als selbstverständlich angenommen, daß ein Mädchen nur infolge irgendeines Unglücks
Nonne wird. Und daß einer Mönch wird, das Mönchsgewand ab-
legt, um zu heiraten, und nach vierzehn Tagen wieder zum
Mönchsleben zurückkehrt — das scheint zwar aus dem Leben
gegriffen zu sein, aber doch wohl aus dem Leben einer Zeit, wo
der Buddhismus schon manche Krisen durchgemacht hatte. Auch
das letzte Nonnenlied (Therīg. 448—521) ist entweder ein später
Zusatz oder ein durch spätere Zusätze stark entstelltes und mit
Zitaten überladenes Gedicht[1]).

Wenn daher K. E. Neumann von unseren Liedern sagt,
daß sie »schon bei Lebzeiten Gotamo's gesammelt und sorgfältig
aufbewahrt und bald nach seinem Tode nüchtern fixiert wurden,«
so ist das nicht nur eine unbeweisbare Behauptung, sondern für
einen Teil der Lieder ganz unmöglich, für einen anderen Teil
unwahrscheinlich. Jedoch ist es wohl möglich, daß manche der
Lieder schon von den allerersten Jüngern des Buddha gedichtet
worden sind. So mag die in den Mönchsliedern so oft wiederkehrende Zeile: »Ich freue mich des Sterbens nicht, ich freue
mich des Lebens nicht«, sehr wohl von einem der ersten Jünger
gesprochen sein. Es ist möglich, daß Mahāpajāpatī, Gotamas
Ziehmutter, wirklich das ihr zugeschriebene Loblied auf den
Buddha gesungen hat. Und die Verse (Therag. 981—994), in

---

[1]) Auch Mrs. Rhys Davids (Psalms of the Sisters, p. XVIII ff.)
hält die beiden letzten Nonnenlieder für Produkte späterer Kunstdichtung.

denen das Ideal des Mönchslebens so ausführlich geschildert wird, können wohl von Sāriputta gedichtet sein. Die schönen Worte:

>Streben nach Vollkommenheit sei eure
Stete Sorge: dies ist meine Mahnung.
Nun wohlan: Ich geh dahin, verschwinde, —
Ganz befreit bin ich, befreit von allem«,

könnten in Wirklichkeit als Vermächtnis des Sāriputta, seine letzte Mahnung an die Jünger überliefert sein. Und die berühmten Zeilen, die an mehreren Stellen des Pālikanons wiederkehren und in unserer Sammlung dem großen Moggallāna zugeschrieben werden:

>Ach, vergänglich sind die Dinge alle,
Wie sie werden, müssen sie vergehen,
Kaum entstanden, werden sie zunichte,
Ihrer ledig sein — ist Seligkeit« [1],

sind gewiß so alt, daß sie Moggallāna oder ein anderer der ersten Jünger des Buddha gedichtet haben kann. Es ist eben auch hier, wie in allen Sammlungen des Tipiṭaka, Altes und Junges vereinigt und die Forschung wird auch hier das Alter eines jeden Stückes für sich bestimmen müssen.

10. Dies gilt auch ganz besonders für die im Khuddakanikāya eingeschlossene Sammlung der Jātakas, »Geschichten aus früheren Geburten (des Buddha) [2]« oder »Bodhisatta - Geschichten«, wie wir sie kürzer nennen könnten. Ein »Bodhisatta« ist in der buddhistischen Dogmatik ein Wesen (Pāli satta, Sanskrit sattva), welches bestimmt ist, Erleuchtung (bodhi) zu erlangen, d. h. ein Buddha zu werden. Gotama der Buddha (d. h. der »Erleuchtete«) heißt »Bodhisatta« bis zu dem Zeitpunkte, wo er die Erleuchtung erlangte, aber nicht nur in seinem letzten Erden-

---

[1] Therīg. 1159. Im Mahāparinibbānasutta VI, 10 werden die Worte dem Gott Sakka in den Mund gelegt. Im Jātaka vol. I, p. 392, Samyutta-Nikāya vol. II, 193; I, 6, 158 und 200 kehren sie wieder. »Dieser berühmte Spruch ist so populär, daß er mir in Kolombo von einem Diener in reinem Pāli rezitiert und, was in diesem Falle wohl mehr heißen will, volkstümlich vortrefflich interpretiert wurde.« K. E. Neumann, Lieder der Mönche und Nonnen, S. 243.

[2] Dies ist die gewöhnliche und wahrscheinlich richtige Erklärung des Wortes »Jātaka«, das von jāta »Geburt« abgeleitet wird. H. Kern, Der Buddhismus, I, 328 übersetzt Jātaka durch »Geschichtchen«. Ihm stimmt Speyer, Jātakamālā, p. XXII zu. Dagegen Oldenberg in Deutsche Litz. 1896, Sp. 261.

dasein, sondern in all den zahllosen Existenzen, die er — als
Mensch, als Tier oder als Gott — durchlaufen, bevor er zum
letzten Mal als Sohn des Sakyafürsten wiedergeboren wurde. Ein
»Jātaka« ist nun eine Geschichte, in welcher der Bodhisatta in
einer seiner früheren Existenzen eine Rolle spielt, sei es als der
Held der Geschichte oder als Nebenperson oder auch nur als
Zuschauer. Jedes Jātaka beginnt daher mit den Worten: »Zu
der und der Zeit (z. B. zur Zeit als Brahmadatta die Regierung
führte) wurde der Bodhisatta im Schoße dieses oder jenes Wesens
(z. B. der Königin oder eines Elefantenweibchens) wiedergeboren«
— und dann folgt die Geschichte. Auf diese Weise war es möglich, jede beliebige Geschichte, die sich das Volk erzählte oder
die man aus der weltlichen Litteratur kannte, in ein Jātaka zu
verwandeln. Man brauchte nur irgendein menschliches, tierisches
oder göttliches Wesen, das in der Geschichte vorkam, zum
Bodhisatta zu machen. Und so konnte jede noch so weltliche,
dem buddhistischen Ideenkreise noch so ferne stehende Geschichte
zu einer »buddhistischen« werden. Die buddhistischen Mönche
aber wären keine Inder gewesen, wenn sie nicht dem tief in der
indischen Volksseele wurzelnden Bedürfnisse nach Geschichten-
hören und Geschichtenerzählen Rechnung getragen und dieses Bedürfnis dazu benutzt hätten, ihrer Religion Anhänger zu gewinnen.
In der Tat haben nicht nur die buddhistischen Mönche, sondern
die Prediger aller Sekten in Indien stets dasselbe getan, was
Jahrhunderte später die christlichen Mönche des Abendlandes
taten. Diesen hatte schon Gregor der Große die Verwendung
des »Exempels«, der zum Zwecke des Beweises dienenden Erzählung, empfohlen, »quia nonnunquam mentes audientium plus
exempla fidelium quam docentium verba convertunt« [1]). An diesen
Grundsatz hielten sich auch die Mönche in Indien. Und ebenso
wie später die christlichen Prediger, so haben auch die buddhistischen Mönche alle möglichen Geschichten, Märchen, Fabeln,
Anekdoten usw. ihren Zwecken dienstbar gemacht. Bücher, wie
die »Gesta Romanorum« oder Wesselskis »Mönchslatein«, in
denen die Geschichten aus den Predigten der Geistlichen verschiedener Jahrhunderte zusammengetragen sind, mit ihrem bunten
Inhalt, dem Nebeneinander von frommen Legenden und oft sehr

---

[1]) Alb. Wesselski, Mönchslatein, Leipzig 1909, p. IX.

weltlichen Geschichten, geben daher eine gute Vorstellung von unserer Jātakasammlung. Die strengen buddhistischen Theras der alten Zeit mögen sich wohl eine Zeitlang dagegen gesträubt haben, dieses Geschichtenerzählen der Mönche gutzuheißen. An mehreren Stellen des Kanons[1]) wird es noch den Mönchen geradezu verboten, Geschichten von Königen, Räubern, Ministern, Waffen, Kriegen, Frauen, Göttern und Geistern, Seeabenteuern usw. zu erzählen. Aber bald hat man nachgegeben, und schon in einem der älteren buddhistischen Sanskrittexte[2]) lesen wir, daß der Buddha durch Sūtras, Gāthās, Legenden und Jātakas lehre, und daß der Buddha viele angenehme und lehrreiche Geschichten erzähle, durch welche die Menschen nicht nur in diesem Leben an der Religion Gefallen finden, sondern auch nach ihrem Tode Seligkeit erlangen.

In der alten Zeit hat man es noch nicht für nötig gefunden, den Geschichten die Form von »Jātakas« zu geben. Da finden wir noch einzelne Geschichten, z. B. die von Dīghāvu (»Prinz Lebelang«) im Vinayapiṭaka[3]), erzählt, ohne daß der Held mit dem Bodhisatta identifiziert wird. Erst später hat man ein Jātaka daraus gemacht. Doch finden sich auch schon einzelne wirkliche Jātakas in den Sammlungen der Suttas[4]) und sie beweisen, daß die buddhistischen Mönche, ebenso wie ihre christlichen Kollegen im Mittelalter, diese Geschichten in ihren Predigten erzählt oder als Predigten verwendet haben.

Aber nicht allen Jātakas hat man Aufnahme in den Kanon gewährt, als man daran ging, sie in einem Buch zu vereinigen[5]). Auch kommt ihnen kanonisches Ansehen nur zum Teile zu. Waren die Jātakas erzählende Dichtungen in Versen (gāthās),

---

[1]) Vinayapiṭaka, Mahāvagga V, 6. 3; Dīghanikāya I. 17; IX. 3; XIII. 2, 7.

[2]) Saddharmapuṇḍarīka II, 44 und V (SBE XXI, pp. 45, 120).

[3]) S. oben S. 25, vgl. Jātaka Nr. 371 und 428. Ebenso ist die oben S. 24 f. zitierte Fabel noch kein Jātaka, während im Jātaka Nr. 37 in derselben Geschichte der Bodhisatta das Rebhuhn ist. Vgl. Rhys Davids, Buddhist India p. 195.

[4]) So sind Kūṭadantasutta und Mahāsudassanasutta im Dīgha- und das Makhādevasutta im Majjhimanikāya Jātakas.

[5]) Daher finden wir im Milindapañha und in buddhistischen Sanskritwerken manche Jātakas, die in unserer Sammlung fehlen. Vgl. auch L. Feer im JA s. 7, t. V, 417 ff., VI, 1875, 244 ff.

so wurden sie allerdings vollständig in die Sammlung aufgenommen. Aber wir haben schon des öfteren gesehen, wie beliebt im alten Indien die Form der Mischung von Prosa und Versen war. Dies war auch ganz besonders in der erzählenden Dichtung der Fall. Man liebte es, erzählende Prosa durch Verse zu beleben und erzählende Verse mit einer erklärenden Prosa einzuleiten oder zu umkleiden. Der Märchenerzähler fügte in seine Erzählung Märchenstrophen ein von der Art, wie wir sie aus den Grimmschen Märchen kennen. Der Fabeldichter gab in einem oder zwei Versen die Lehre oder die Pointe der Fabel. Die Balladendichter und die Sänger, welche in wechselnden Strophen von Rede und Gegenrede ihre Lieder vortrugen, schickten diesen wohl oft eine Prosaeinleitung voraus und fügten ab und zu, wenn nötig, Erklärungen in Prosa ein [1]). So bestanden denn auch die Erzählungen, die man in Jātakas verwandelte, zwar nicht durchwegs, aber doch zum großen Teile aus Prosa und Versen. Aber nur die Verse, die Gāthās, wurden in diesem Fall in den Kanon aufgenommen; nur sie bilden einen Teil des Khuddakanikāya. So besteht denn das Jātakabuch, soweit es zum Kanon gehört, nur aus Versen [2]), die zum Teil erzählende Gedichte sind, zum anderen Teile aber ohne eine Prosaerzählung ganz unverständlich bleiben. In letzterem Fall blieb es den Predigern überlassen, die Prosa nach Belieben zu ergänzen, bis man zu irgendeiner Zeit — jedenfalls schon nach Festlegung des Kanons — daran

---

[1]) »Verse mit einem Kommentar in Prosa zu versehen, war den Indern zu allen Zeiten eigentümlich. Die Gestalt des Dichters, der inmitten einer Prosaerzählung seinen Vers rezitiert, ist noch heute in allen Teilen Indiens eine vertraute Erscheinung und dürfte es schon in der ältesten Zeit gewesen sein« (F. W. Thomas im JRAS 1903, p. 412 f.).

[2]) Handschriften dieser Jātaka-Gāthās sind sehr selten, und wir besitzen noch keine Ausgabe derselben. Daß diese Gāthā-Handschriften nur einen Auszug aus einer älteren, Verse und Prosa enthaltenden Handschrift geben, und daß dieser Auszug nur »zur Grundlage einer Jātakaübersetzung in irgendeine Volkssprache dienen sollte«, ist von Joh. Hertel (ZDMG 64, 1910, S. 58 ff.; WZKM 24, 1910, S. 121 ff.) vermutet, aber nicht bewiesen worden. Daß der ursprüngliche kanonische Text nur eine Versesammlung war, geht aus der Anordnung in unserem Jātakabuch und aus der Art und Weise, wie die Verse angeführt werden, unzweifelhaft hervor. Vgl. Senart, JA 1901, s. 9, t. XVII, p. 385 ff.; Oldenberg, NGGW 1911, S. 447 f.

ging, auch diese Prosa in Form eines Kommentars festzuhalten, beziehungsweise zu ergänzen. In diesem Kommentar bestand jedes Jātaka aus folgenden Teilen: 1. Einer einleitenden Geschichte, Paccuppannavatthu, d. h. »Gegenwartsgeschichte« genannt, in der berichtet wurde, bei welcher Gelegenheit der Buddha den Mönchen das betreffende Jātaka erzählt habe; 2. einer Prosaerzählung [1]), Atītavatthu, d. h. »Geschichte aus der Vergangenheit«, die das eigentliche Jātaka enthielt; 3. den Gāthās oder Strophen, die in der Regel einen Bestandteil des Atītavatthu, manchmal aber auch der »Gegenwartsgeschichte« bildeten; 4. einem grammatischen und lexikographischen Kommentar (veyyākaraṇa) zu den Gāthās; und 5. der »Verknüpfung« (samodhāna), in welcher die Personen der »Gegenwartsgeschichte« mit denen der »Geschichte aus der Vergangenheit« identifiziert wurden. Dieser umfangreiche Jātakakommentar, die Jātakaṭṭhakathā, wurde — wir wissen wieder nicht wann — ins Singhalesische übersetzt, wobei aber die Gāthās unverändert in der Pālisprache blieben. Aus dem Singhalesischen wurde dieses Werk — vielleicht im 5. Jahrhundert n. Chr. [2]) — wieder ins Pāli zurückübersetzt unter dem Titel Jātakaṭṭhavaṇṇanā, »Beschreibung des Sinnes der Jātakas«. Und diese allein ist es, die durch die Ausgabe des hochverdienten dänischen Gelehrten V. Fausböll bekannt geworden und durch Übersetzungen auch weiteren Kreisen zugänglich gemacht worden ist [3]).

---

[1]) Eine solche Prosaerzählung wurde also auch dann hinzugefügt, wenn sie nicht nötig war, sondern die Gāthās allein die Erzählung enthielten.

[2]) Buddhaghosa, der im Gandhavaṃsa (JPTS 1886, p. 59) als Verfasser der Jātakaṭṭhavaṇṇanā genannt wird, lebte im 5. Jahrhundert n. Chr. Wenn aber auch Buddhaghosa nicht der Verfasser (eigentlich kann man ja nur von einem Übersetzer und Bearbeiter sprechen) sein sollte, gehört doch das Werk wahrscheinlich ungefähr derselben Zeit an, in der Buddhaghosas Kommentare entstanden sind.

[3] Grundlegende Ausgabe: The Jātaka together with its Commentary being Tales of the Anterior Births of Gotama Buddha edited by V. Fausböll, Vols. I—VII (vol. VII: Index by Dines Andersen), London 1877—1897. Übersetzungen: Buddhist Birth Stories, or Jātaka Tales, translated by T. W. Rhys Davids, London 1880 (enthält Nr. 1—40). The Jātaka or Stories of the Buddha's Former Births, translated from the Pāli by various Hands under the Editorship of E. B. Cowell, Vols I—VI, Cambridge 1895—1907 (Übersetzer sind:

Schon aus dieser Geschichte der Jātakaṭṭhavaṇṇanā ergibt sich, daß die Prosa der Jātakas nicht für so alt und ursprünglich gelten kann, wie die Gāthās. Sie wird nicht durch die Argumente, welche für das Alter des Kanons vorgebracht wurden, gedeckt. Während ferner die Gāthās unverändert in Pāli geblieben sind, ist die Prosa aus dem Pāli ins Singhalesische und aus diesem wieder ins Pāli übersetzt worden. Es kann keinem Zweifel unterliegen, daß sowohl die Übersetzung als auch die Rückübersetzung mannigfache Änderungen und Zusätze mit sich brachte, wenn nicht — was sehr wahrscheinlich ist — die eine oder die andere mit einer völligen Neuredaktion verbunden war. In vielen Fällen verrät sich die Prosa als ein sehr spätes Machwerk. Sie enthält Beziehungen auf Ceylon. Nicht selten steht sie mit den Gāthās geradezu in Widerspruch[1]). Auch die Sprache der Gāthās ist

R. Chalmers, W. H. D. Rouse, H. T. Francis, R. A. Neil und Cowell selbst). Eine größere Anzahl von Jātakas haben R. Morris im Folk-Lore Journal II—IV und Paul Steinthal, Zeitschrift für vergleichende Litteraturgeschichte, N. F. VI, 1893, S. 106 ff., VII, 1894, S. 296 ff., X. 1896, S. 75 ff., XI, 1897, S. 313 ff. und Studien zur vergleichenden Litteraturgeschichte I, 1901. S. 475 ff., II. 1902, S. 265 ff. übersetzt. A. Grünwedel, Buddhistische Studien I, Berlin 1897 gibt 55 Jātakas teils im Auszug, teils in Übersetzung. Poetische Übersetzungen einzelner Jātakas gibt J. J. Meyer, Kāvyasaṃgraha, Leipzig 1903, S. 28 ff. Eine vollständige deutsche Übersetzung von Julius Dutoit erscheint jetzt in Leipzig (sie reicht bereits bis Nr. 501). Über die Jātakas handeln: Léon Feer, JA 1875, s. 7, t. V, p. 357 ff., t. VI, p. 243 ff.; 1895. s. 9, t. V., pp. 31 ff., 189 ff.; 1897, s. 9, t. IX, p. 288 ff.; S. d'Oldenburg JRAS 1893, p. 301 ff.; R. O. Franke, Bezzenbergers Beiträge 22, 1897, S. 289 ff., WZKM 20, 1906, S. 317 ff.; T. W. Rhys Davids, Buddhist India, p. 189 ff.; Album Kern, Leide 1903, p. 13 ff.; Oldenberg. Literatur des alten Indien, S. 103 ff.

[1]) Lüders hat NGGW 1897, S. 40 ff. nachgewiesen, daß die Prosa des Dasarathajātaka mit den Gāthās nichts zu tun hat, und in ZDMG 58, 1904, 689 ff., daß die Kṛṣṇasage in der Prosa des Ghatajātaka »in verwildertem Zustand« erscheint, »wie eine so komplizierte Sage, losgelöst von der Heimat, allmählich werden mußte«. Auch Hertel in ZDMG 60, 1906, 399 ff. und Charpentier ZDMG 62, 1908, 725 ff. haben Widersprüche zwischen Prosa und Versen nachgewiesen. Aber solche Widersprüche finden sich auf Schritt und Tritt. In Nr. 128 erzählt die Prosa die Fabel von einem Schakal, während in dem Vers ebenso wie im Titel von einer Katze die Rede ist. Daß Jāt. Nr. 253 im Vinayapiṭaka mit denselben Gāthās, aber mit ver-

altertümlicher als die der Prosa, was sich allerdings auch damit erklären läßt, daß die Gāthās nicht übersetzt und rückübersetzt worden sind. Die Scheidung zwischen »Gegenwartsgeschichten« und »Geschichten aus der Vergangenheit« läßt sich nicht so strenge durchführen, wie es nach Fausbölls Ausgabe scheint, und beide sind das Werk eines und desselben Kommentators [1]. Dieser Kommentator muß aber gute und alte Materialien benutzt haben. Daher kommt es, daß wir namentlich in der Prosa der kürzeren Fabeln und Märchen sehr viele vortrefflich erzählte Geschichten finden, während in anderen Jātakas, besonders in denen, die keiner Prosa bedürfen, die Prosaerzählung höchst minderwertig und abgeschmackt ist und vielfach mit den Gāthās gar nicht in Einklang steht. Wir können nicht gut glauben, daß derselbe Kommentator einmal geschickt und witzig erzählt hat und das anderemal dumm, abgeschmackt und geistlos, sondern müssen annehmen, daß er dort, wo er gut erzählt, gute alte Vorlagen oder Überlieferungen benutzt hat. Daher kann auch in der Prosa sich viel Altes erhalten haben.

Daß dies tatsächlich der Fall ist, und daß m a n c h e der Jātakas, auch was den Inhalt der Prosa anbelangt, mindestens schon im 3. Jahrhundert v. Chr. der buddhistischen Überlieferung angehörten, beweisen uns die für die Geschichte der Jātakas so überaus wichtigen Reliefs auf den Steinzäunen der Stūpas von Bharhut und Sānchi [2]. Auf diesen kostbaren buddhistischen Denkmälern, die aus epigraphischen Gründen dem 3. oder 2. Jahrhundert v. Chr. zugeschrieben werden, finden wir Szenen aus den Jātakas dargestellt, darunter auch Szenen, die nur in der Prosa vorkommen, und in Bharhut sind sogar die Titel der Jātakas darüber geschrieben [3]. Diese Reliefs beweisen also, daß eine

___

schiedener Prosa vorkommt, beweist auch nur, daß die Prosa der Jātakas im allgemeinen keinen Anspruch auf Echtheit hat.

[1] Nur die grammatische und lexikographische Erklärung dürfte das Werk eines noch jüngeren Kommentators sein. Vgl. R. O. Franke in Bezzenbergers Beiträgen 22, 1897, 289 ff.; Senart JA 1901, s. 9, t. XVII, p. 406.

[2] S. oben S. 13, A. 2 und vgl. noch S. d'Oldenburg, JAOS XVIII, 1897, p. 183 ff. und E. Hultzsch, JRAS 1912, p. 399 ff.

[3] In unserem Jātakabuch hat jedes Jātaka einen Titel, der entweder nach dem Helden der Erzählung (gewöhnlich dem Bodhisatta) oder nach einer anderen Person, oder aus den Anfangsworten der ersten

Anzahl von Erzählungen, die auch in unserem Jātakabuch stehen, bereits am Ende des 3. Jahrhunderts v. Chr. mit dem technischen Ausdruck »Jātaka« bezeichnet wurden und als Bodhisattageschichten galten. Sie beweisen, daß damals bereits viele weltliche Erzählungen, die also von den buddhistischen Mönchen bereits vorgefunden wurden, »buddhisiert« waren, daß sie demnach schon lange vorher in Indien bekannt gewesen sein müssen und möglicherweise schon der vorbuddhistischen Zeit angehören.

Wenn daher einige hervorragende Forscher[1] angenommen haben, daß die Jātakas uns ein Bild von der Erzählungslitteratur und den Kulturverhältnissen zur Zeit des Buddha oder einer noch früheren Zeit darbieten, so gilt das nur in einem sehr beschränkten Sinne. Es mögen manche der Dichtungen und einige der Prosaerzählungen in ein so hohes Alter hinaufreichen. Es mögen manche Sprüche und Legenden der vorbuddhistischen Asketendichtung angehören. Aber für die große Masse der Verse läßt sich ein höheres Alter als das 3. Jahrhundert v. Chr. nicht mit gutem Gewissen vertreten, gewiß nicht beweisen, und von der Prosa gehört sicherlich vieles erst der nachchristlichen Zeit an. Unberührt von den Wechselfällen in den Geschicken des Jātakabuches sind aber gewiß auch die Gāthās nicht geblieben. Manchmal ist ihre Reihenfolge in Unordnung geraten und an späteren Zusätzen fehlt es gewiß auch nicht[2]. Unmöglich können

Strophe gebildet ist. Es kommen aber auch dieselben Jātakas unter verschiedenen Titeln vor. Vgl. Dines Andersen in Bd. VII, p. XV der Jātaka-Ausgabe. Auch auf dem Stūpa von Bharhut sind die Titel manchmal dieselben wie in unserem Jātakabuch, manchmal auch verschieden. Dadurch wird die Identifikation erschwert. Ein Verzeichnis der bisher identifizierten 27 bzw. 29 Jātakas des Stūpa von Bharhut geben Rhys Davids, Buddhist India, p. 209 und Hultzsch JRAS 1912, p. 406.

[1] So G. Bühler, On the Origin of the Indian Brāhma Alphabet, 2nd Ed., Straßburg 1898, S. 16 ff., R. Fick, Die soziale Gliederung im nordöstlichen Indien zu Buddhas Zeit, Kiel 1897, T. W. Rhys Davids, Buddhist India, 201 ff. und Mrs. Rhys Davids, Notes on Early Economic Conditions in Northern India, JRAS 1901, 859 ff.

[2] Jāt. Nr. 203 ist z. B. ein Schlangenzauber, in dem außer Buddha, Dhamma und Saṅgha auch die »sieben Buddhas« verehrt werden, trotzdem es ein Unsinn ist, daß im atītavatthu, also zur Zeit einer früheren Existenz des Gotama Buddha, dieser schon als siebenter Buddha verehrt worden sein soll. In manchen Jātakas (z. B. Nr. 159) finden wir

die Jātakagāthās »als Ganzes betrachtet ein persönliches Erzeugnis eines einzigen Autors« sein, der »sie nicht nur zusammengestellt, sondern vielfach selbst gedichtet und umgedichtet oder ausgeflickt und alles in allem ihrer Gesamtheit seinen persönlichen Stempel aufgedrückt« hat[1]). Man braucht nur einen Blick auf die Mannigfaltigkeit des Inhalts der Jātakas zu werfen, um zu begreifen, daß so Verschiedenartiges und Verschiedenwertiges nicht einem Kopfe entsprungen sein kann, zumal dieser Kopf zugleich der eines genialen Dichters und der eines geistlosen Mönchs gewesen sein müßte. Denn die geistlichen Dichtungen sind nicht immer die geistreichsten. Wir können gewiß nur von einem Kompilator und nicht einem Dichter der Jātakagāthās sprechen. Allerdings hat sich dieser Kompilator — gleich allen anderen Kompilatoren indischer Sammelwerke — nicht gescheut, manches hinzuzudichten und umzudichten.

Aus alledem geht nur hervor, daß es mit unserem Jātakabuch nicht anders sein wird als mit dem Mahābhārata[2]. Nicht

---

dieselbe rohe Auffassung des Karman, wie im Vimānavatthu und Petavatthu. Vgl. La Vallée Poussin, Bouddhisme, p. 367.

[1]) R. O. Franke, WZKM 20, 1906, S. 318; ähnlich ZDMG 63, 1909, S. 13.

[2]) Vgl. oben Bd. I, S. 399. Auch die mannigfachen Beziehungen zwischen den Jātakas und den Epen (vgl. Bd. I, S. 343 A., 345, 353 A., 358 A., 401, 402 A.. 433 f.) nützen für die Zeitbestimmung nichts, da die Zeit der Epen viel zu unsicher ist. Es nützt uns leider auch nichts, daß zahlreiche Jātakas im IV Buch des Milindapañha erwähnt und zitiert sind, und daß im V Buch desselben Werkes neben Dīgha- und Majjhima-Rezitatoren auch Jātaka-Rezitatoren genannt werden. Denn diese Bücher gehören zu den späteren, in der chinesischen Übersetzung fehlenden Teilen des Milindapañha, die also erst nach dem 4. Jahrhundert entstanden sind. Daß im Milindapañha IV selbst Märchenverse, die gar nichts Buddhistisches enthalten, als »Worte des Buddha« zitiert werden, beweist nur daß einige Jahrhunderte n. Chr. diese Verse kanonisch waren und jedes Wort des Kanons als Buddhawort galt. Daß aber selbst in diesen späten Büchern des Milindapañha Abweichungen von unserem Jātakabuch in den zitierten Jātakas vorkommen, zeigt die Unsicherheit der Überlieferung. Daß einige Jātakaverse in Patañjalis Mahābhāṣya vorkommen und die Sprache des letzteren Berührungspunkte mit der Sprache der Jātakas zeigt (F. Kielhorn JRAS 1898, 17ff. und R. G. Bhandarkar in OC IX, London 1892, I, 421 ff.), würde darauf hindeuten, daß manche Jātakas im 2. Jahrhundert v. Chr. entstanden.

nur jeder größere Abschnitt und jede einzelne Erzählung, sondern
oft auch jede einzelne Gāthā wird für sich selbst in bezug auf
ihr Alter geprüft werden müssen. Aber unsere Sammlung, so
wie sie uns in der Jātakaṭṭhavaṇṇanā vorliegt, kann als solche
nicht, wie oft behauptet worden ist, die »älteste« Sammlung
indischer Fabeln, Märchen und Erzählungen sein.

Doch können wir nur von dieser bis jetzt einzig bekannten
Jātakaṭṭhavaṇṇanā ausgehen, wenn wir im folgenden über den
Inhalt dieser nicht nur für die indische Litteraturgeschichte, sondern auch für die Geschichte der Weltlitteratur hochwichtigen
Sammlung buddhistischer Erzählungen berichten. Allerdings die
Gegenwartsgeschichten« können wir ruhig beiseite lassen. Sie
sind zum Teil nur Dubletten der »Geschichten aus der Vergangenheit«, zum Teil einfältige und ganz wertlose Erfindungen
und im besten Falle Erzählungen, die aus anderen Teilen des
Kanons — z. B. Vinayapiṭaka, Suttanipāta, Apadāna — oder
auch aus anderen Kommentaren entlehnt sind. Um so wertvoller
sind die eigentlichen Jātakas oder die »Geschichten aus der Vergangenheit«.

Unter den weit über 500 Jātakas[1] unserer Sammlung sind
alle Arten und Formen erzählender Dichtung vertreten. Was
zunächst die Form betrifft, so finden wir: 1. Erzählungen in
Prosa mit eingefügten Fabelversen, Märchenstrophen oder Sittensprüchen. Prosa und Verse fügen sich hier gut ineinander ein
und bilden zusammen ein so schönes Ganzes, daß wir annehmen
müssen, die Jātakaṭṭhavaṇṇanā habe in diesen Fällen auch für
die Prosa gute, alte Überlieferungen benutzt; 2. Balladen, a) in
Dialogform[2], b) in einer Mischung von Gesprächsversen und

---

[1] Die Zahl der Nummern in dem Jātakabuch ist 546. Da aber
in manchen von diesen Nummern mehrere Erzählungen zusammengefaßt sind, während andere nur Verweisungen auf spätere Jātakas
enthalten, und da manchmal auch dieselben Erzählungen in verschiedenen
Versionen wiederkehren, stimmt die Zahl 546 nicht genau zur wirklichen Anzahl der Jātakas.

[2] So dramatisch auch viele dieser Balladen sind — L. Feer (JA
1895, s. 9, t. V, p. 47 ff.) bezeichnet z. B. das Chaddantajātaka (Nr. 514)
als »un véritable drame«, und dasselbe könnte man von vielen anderen
Jātakas ebenso sagen —. so wird man sie doch schwerlich als »Dramen«
im eigentlichen Sinne des Wortes auffassen dürfen. Es gilt auch hier
das oben S. 44 Gesagte.

erzählenden Strophen [1]). Die Prosa, die wir in unserer Jātakaṭṭha-vaṇṇanā finden, ist in diesen Fällen in der Regel ein ganz überflüssiges und geschmackloses Kommentatorenmachwerk und steht nicht selten sogar mit den Versen in Widerspruch; 3. Erzählungen größeren Umfangs, die in Prosa beginnen und in Versen fortgesetzt werden, oder bei denen Prosaerzählung mit erzählenden und Gesprachs-Versen abwechselt. Hier ist eine Prosa unentbehrlich, aber die Prosa der Jātakaṭṭhavaṇṇanā ist nicht ein getreues Abbild der ursprünglichen Prosa, sondern vielfach durch kommentarielle Zusätze erweitert und entstellt [2]); 4. Spruchsammlungen über irgendein Thema und 5. förmliche Epen oder epische Fragmente. In den beiden letzteren Fällen ist die Prosa in unscrem Buch wieder nur ein überflüssiger und meist auch geistloser Kommentar.

Was den Inhalt anbelangt, so finden wir in den Jātakas: 1. Fabeln, von denen die meisten, wie die indische Fabel überhaupt, den Zweck haben, Nīti, d. h. Lebensklugheit, zu lehren. Nur einige derselben haben moralische Tendenz von der Art der Asketendichtung [3]), und nur ganz wenige sind echt buddhistisch; 2. Märchen, darunter viele Tiermärchen, zumeist ganz von dem Charakter der europäischen Volksmärchen und ohne jede Beziehung zum Buddhismus. Nur in einigen Fällen sind sie mit einer buddhistischen Tendenz ausgestattet, sozusagen »buddhisiert« worden, und einige wenige mögen auch rein buddhistische Er-

---

[1]) Der Kommentar bezeichnet in solchen Fällen die erzählenden Verse zum Unterschied von den Gesprächsversen als Abhisambuddhagāthās, d. h. »vom Buddha nach seiner Erleuchtung gesprochene Verse«, was nichts anderes heißen soll als »vom Erzähler gesprochene Verse«, denn der Erzähler des kanonischen (nur aus Versen bestehenden) Jātaka ist eben der Buddha selbst. Vgl. Senart, JA 1901, s. 9, t. XVII. p. 385 ff.

[2]) Es geht nicht an, den Typus der aus Prosa und Versen bestehenden Dichtung für die Jātakas zu leugnen, wie es A. B. Keith (JRAS 1911, 979 ff.; 1912, 435 ff.) tut; es geht aber auch nicht an, mit Oldenberg (NGGW 1911, S. 441 ff., doch vgl. S. 444, Anm. 3) von einem »nahezu allein herrschenden prosaisch-poetischen Typus« in den Jātakas zu sprechen, selbst wenn das »nahezu« betont wird. Und man kann auch nicht mit Charpentier (ZDMG 66, 1912, S. 41 f.) sagen, daß die Jātakaprosa »im allgemeinen« auf alter Tradition beruhe, sondern nur, daß dies manchmal der Fall ist.

[3]) S. oben Bd. I, S. 267 und 348 f.

findung sein; 3. kurze Anekdoten, witzige Erzählungen und
Schwänke, die gar nichts Buddhistisches an sich haben; 4. Novellen
und förmliche Romane mit vielen Abenteuern und manchmal mit
einer größeren oder kleineren Anzahl von eingeschachtelten Erzählungen. Auch an diesen ist nichts buddhistisch, als daß der
Held der Bodhisatta ist; 5. moralische Erzählungen; 6. Sprüche
und 7. fromme Legenden, die alle nur zum Teil buddhistischen
Ursprungs sind, während viele von ihnen zu dem Allgemeinbesitz der indischen Asketendichtung gehören. Wir werden denn
kaum fehlgehen, wenn wir sagen, daß weit mehr als die Hälfte
aller Jātakas, wenn wir vom Kommentar absehen, nicht buddhistischen Ursprungs ist. Die Erklärung dieser Tatsache liegt nahe
genug. Die buddhistischen Mönche rekrutierten sich ja aus allen
Ständen. Daher gab es viele unter ihnen, die mit den volkstümlichen Erzählungen und Anekdoten der Arbeiter, Handwerker
und namentlich der Kaufleute wohl vertraut waren, andere, welche
die alten Balladen und Heldenlieder der Krieger gut kannten,
und wieder andere, welche die frommen Legenden und Mythen
der Brahmanen und Waldeinsiedler oft gehört hatten. Als sie
Mönche wurden, haben sie diese Erinnerungen nach Möglichkeit
mit den mönchischen und rein religiösen Überlieferungen in Verbindung zu bringen gesucht. Gerade dadurch sind aber diese
Jātakas von um so größerer Wichtigkeit für die Geschichte der
indischen Litteratur. Wie in einen großen Sack haben die buddhistischen Predigermönche in das Jātakabuch alles hineingestopft,
was ihnen und ihren Zuhörern gefiel. Und wie in bezug auf
Inhalt und Form, so sind die Jātakas auch an Umfang sehr
verschieden [1]). Neben kleinen Geschichten, die kaum eine halbe
Druckseite einnehmen, gibt es umfangreiche Dichtungen von vielen,

---

[1]) In unserer Jātakaṭṭhavaṇṇanā sind die Jātakas rein äußerlich
nach der Zahl der in ihnen enthaltenen Strophen (Gāthās) angeordnet.
Das Buch besteht aus 22 Abschnitten (Nipātas), von denen der erste
150 Geschichten mit nur je einer Strophe, der zweite 100 Geschichten
mit je 2, der dritte 50 Geschichten mit je 3 Strophen enthält usw. In
jedem folgenden Nipāta nimmt die Zahl der Gāthās zu und die der
Geschichten ab, bis wir in den letzten Abschnitten ganze lange Gedichte mit Hunderten von Versen finden. Diese Einteilung bestand
schon in der kanonischen Jātaka-Strophensammlung und ist nicht ein
Werk des Kommentators. Vgl. Senart JA 1901, s. 9, t. XVII, p. 402 f.

vielen Seiten, von denen manche ebensogut als selbständige Bücher bezeichnet werden könnten.

In den ersten Abschnitten, welche die weniger umfangreichen Jātakas enthalten, finden wir die meisten Fabeln. Hier begegnen wir wieder dem heuchlerischen Kater, der die Mäuse auffrißt, indem er sich als frommen Asketen ausgibt[1]). Hier finden wir auch zahlreiche Fabeln, die in anderen indischen Erzählungswerken, Tantrākhyāyika, Pañcatantra usw. wiederkehren, und nicht wenige von jenen Fabeln der Weltlitteratur, deren Heimat so schwer zu bestimmen ist, weil sie im Osten wie im Westen gleich heimisch geworden sind. Wie Löwe und Stier, die beiden Freunde, durch den Schakal entzweit werden und einander töten, erzählt das Jātaka Nr. 349 in Übereinstimmung mit der Rahmenerzählung des I. Buches des Tantrākhyāyika. Von der köstlichen Geschichte vom Affen, der das Krokodil überlistet, der Rahmenerzählung des IV. Buches des Tantrākhyāyika, kennt das Jātakabuch mehrere Varianten[2]). Wie in der Äsopischen Fabel hat der Esel im Jātaka Nr. 189 eine Löwenhaut umgehängt, während ihm das Tantrākhyāyika ein Pantherfell, Pañcatantra und Hitopadeśa ein Tigerfell geben. Andere wohlbekannte Fabeln sind die vom Schakal, der die schöne Stimme der Krähe preist und dadurch zu einem guten Bissen kommt[3]); vom Ochsen, der das Schwein um sein gutes Futter beneidet, bis er erfährt, daß das Schwein nur gemästet wird, um geschlachtet zu werden[4]); vom schlauen Kranich oder Ibis, der die Fische in ein schönes Ge-

---

[1]) Jāt. Nr. 128. Die Strophe: »Wenn einer stets die Fahne der Religion hochhält, wie ein erhobenes Wirtshausbanner, heimlich aber Sünde begeht, so nennt man das ein Katzengelübde« stimmt wörtlich mit Mahābh. V, 160, 13 überein und ist auch in die Gesetzbücher (Manu IV. 195; Viṣṇu 93. 8) übergegangen. Vgl. oben Bd. I, S. 349 f.

[2]) Nr. 57, 208. Benfey, Pantschatantra 1, 420 ff. R. O. Franke hat die Fabel bei den Suahelis nachgewiesen (WZKM VII, 1893, 215 f., 384 f.). Auch die Rahmenerzählung des II. Buches des Tantrākhyāyika hat eine Parallele im Jāt. Nr. 206, wozu es ein sehr schönes Relief auf dem Stūpa von Bharhut (Cunningham Pl. 27, Fig. 9) gibt.

[3]) Jāt. Nr. 294. In Nr. 295 ist es umgekehrt die Krähe, die dem Schakal schmeichelt und dadurch einen Bissen von einem Ochsenaas bekommt. Bei Lafontaine, Fables, I, 2, preist der Fuchs des Raben schöne Stimme und bekommt dadurch den Käse.

[4]) Jāt. Nr. 30, Variante Nr. 286; Benfey, Pantschatantra I, 228 f.

wässer zu bringen vorgibt, sie aber alle auffrißt, bis er schließlich vom Krebs seine verdiente Strafe erhält[1]); vom Papagei,
der über die Keuschheit einer leichtsinnigen Ehefrau wachen
soll und von ihr wegen seiner Indiskretion getötet wird[2]). Alt
ist die Fabel vom tanzenden Pfau, der sich durch seinen unver-
schämten Tanz die Braut, die Tochter des Vogelkönigs, verscherzt[3]).
Da die Fabel bereits im 3. Jahrhundert v. Chr. auf einem Relief
des Stūpa von Bharhut dargestellt worden ist, muß sie damals
bereits ein Jātaka gewesen sein. Ein anderes Relief auf demselben Stūpa ist eine Illustration zu dem Jātaka Nr. 383, welches
in vier Versen erzählt, wie die Katze den Hahn dadurch in seine
Gewalt bekommen will, daß sie ihm schmeichelt und sagt, sie
wolle seine ergebene Gemahlin sein. Der Hahn aber durchschaut
ihre List und jagt sie davon. In drei Versen wird die Lehre
daraus gezogen, die echt buddhistisch ist: Wie die Katze, so
machen es auch schlaue Weiber, wenn sie Männer verführen
wollen, aber der Weise ist ihnen gewachsen, wie der Hahn der
Katze. Eine der wenigen Fabeln von entschieden buddhistischem
Ursprung ist Nr. 278. Hier ist der Bodhisatta als Büffel wiedergeboren und zeigt als solcher grenzenlose Geduld: Ein frecher
Affe steigt ihm auf den Rücken, besudelt ihn, faßt ihn bei den
Hörnern und treibt allerlei Unfug mit ihm. Dann aber macht
der Affe es ebenso mit einem anderen Büffel und wird von ihm

---

[1]) Jāt. Nr. 38. Benfey, Pantschatantra I, 174 ff.; Tantrākhyāyika
I, 5; Lafontaine, Fables, X, 4. Eine Zigeunerversion ZDMG 42, 122 f.

[2]) Jāt. Nr. 198; findet sich wieder in »Tausend und eine Nacht«,
in »Gesta Romanorum«, im »Sindbad« (Sindban oder die sieben weisen
Meister, syrisch und deutsch von F. Baethgen, Leipzig 1879, S. 15)
und bei Chaucer (Wife of Bath I, 231). Vgl. JRAS 1890, p. 504.

[3]) Jāt. Nr. 32. Die Fabel scheint schon sehr früh über Persien
nach Griechenland gewandert zu sein, wo sie Herodot (VI, 130) in die
Geschichte von Hippokleides verwoben hat. Denn daß, wie C. H. Tawney (Journal of Philology XII, 1883. p. 121) vermutet, die Geschichte
von den Griechen, als sie in Baktrien herrschten, nach Indien gebracht
worden sei, halte ich deshalb für unwahrscheinlich, weil es leichter
erklärlich ist, daß man eine Fabel auf menschliche Verhältnisse über-
trägt, als daß aus einer Anekdote eine Fabel gemacht wird. Auch ist
der Pfau, der, wenn er tanzt, sein Hinterteil entblößt, in Indien als
Muster der Unverschämtheit sprichwörtlich. Vgl. Böhtlingk, Indische
Sprüche² Nr. 5233; Benfey, Pantschatantra, I, 280; J. G. v. Hahn,
Sagwissenschaftliche Studien, Jena 1876. S. 69.

getötet. Auf diese Weise behält, wie der Prosakommentar ausdrücklich sagt, der Bodhisatta seine Tugend der Geduld, und der Affe wird doch bestraft[1]).

Der Fabel nahe verwandt ist das Tiermärchen, das im Jātakabuch durch einige schöne Beispiele vertreten ist. Ein köstlicher Humor steckt in der Geschichte von dem Schakal Allzahn (Sabbadāṭha):

Dieser benützt einen Zauberspruch, den er zufällig gehört hat, dazu, sich alle Vierfüßler untertan zu machen. In seinem Übermut beschließt er, gegen den König von Benares zu Felde zu ziehen. Auf den Rücken zweier Elefanten mußte sich ein Löwe stellen, und auf dessen Rücken setzte sich der Schakal mit dem Schakalweibchen, das er zur ersten Königin gemacht hatte, und so marschierte er mit großem Gepränge gegen die Stadt Benares. Frech fordert er den König zur Übergabe des Reiches heraus, alles ist in großer Angst, aber durch eine List des königlichen Hauspriesters (dieser ist der Bodhisatta) geht der Schakal mit seinem Tierheere zugrunde. Dann strömen die Leute von Benares zum Stadttor hinaus, um sich Fleisch zu holen — wozu sie der Bodhisatta in höchst unbuddhistischer Weise aufgefordert hat —, und was sie nicht essen können, das dörren sie. »Damals soll«, so schließt das Jātaka ganz in der Weise der echten Tiermärchen, »das Dörren des Fleisches aufgekommen sein«[2]).

Zahlreicher als die reinen Tiermärchen sind aber die Märchen von Tieren und Menschen, in denen in der Regel die Tiere besser abschneiden als die Menschen. So in dem Märchen von dem weisen Rebhuhn, das von einem berühmten Lehrer die Vedas gelernt hat. Viele Jünglinge kommen zu ihm, um zu lernen. Löwe und Tiger gehören zu seinen Freunden. Es wohnt in einem goldenen Käfig und wird von einer Eidechse bewacht. Eines Tages kommt ein böser Asket, der eine interessante Laufbahn hinter sich hat (er war früher Lastträger, Hausierer, Gaukler, Jäger, Stockkämpfer, Vogelsteller, Getreidemesser, Würfelspieler und Henkersknecht gewesen), tötet die Jungen der Eidechse und das Rebhuhn und wird zur Strafe vom Tiger zerrissen[3]). Hierher

---

[1]) Das Jātaka findet sich in einem Wandgemälde eines Höhlentempels von Ajantā abgebildet, s. John Griffiths, The Paintings in the Buddhist Cave-Temples of Ajantā, London 1896, I, 12 f., Fig. 27 p. 13.

[2]) Nr. 241. Übersetzt und besprochen von Alb. Grünwedel Buddhistische Kunst in Indien, 2. Aufl., Berlin 1900, S. 53 ff.

[3]) Nr. 438. Vgl. E. Windisch in Gurupūjākaumudī, pp. 64 ff. und Fick, Soziale Gliederung usw. S. 193.

gehören namentlich die in der Weltlitteratur so verbreiteten
Märchen von den dankbaren Tieren und dem undankbaren
Menschen, deren es mehrere in unserer Sammlung gibt. Eines
der hübschesten ist Nr. 73[1]):

Es war einmal ein König, der hatte einen bösen Sohn, Prinz Bösewicht genannt. Er war wie eine Giftschlange, sprach zu niemand ein
freundlich Wort und war den Menschen wie ein Staubkorn im Auge.
Da er einmal während eines großen Sturmes baden will, bringen ihn
die Leute in den Fluß hinaus, um ihn ertrinken zu lassen. Er rettet
sich aber zusammen mit einer Schlange, einer Ratte und einem Papagei
auf einen Baumstamm. Alle vier werden von einem Asketen aus dem
Wasser gezogen und nach Hause gebracht, wo der fromme Mann zuerst
die Tiere als die Schwächeren und dann erst den Prinzen pflegt. Darüber ist dieser erzürnt. Alle drei Tiere versprechen dem Asketen, sich
ihm dankbar zu erweisen; auch der Prinz, der ihm aber im Innern
Rache schwört. Nach einiger Zeit will der Asket die Geretteten auf
die Probe stellen. Die drei Tiere beweisen sofort ihre Dankbarkeit,
aber der Prinz, der mittlerweile König geworden ist, läßt den Asketen,
sobald er ihn erkennt, auspeitschen und will ihn hinrichten lassen. Bei
jeder Auspeitschung spricht dieser den Vers:

»Wahr ist das Sprichwort, das da sagt: Ein Holzklotz, vom Wasser
Angeschwemmt, ist besser oft als mancher Mensch.«

Von den Leuten gefragt, was er da spreche, erzählt er die Geschichte.
Darauf sammelt sich das ganze Volk, sie ergreifen den Tyrannen,
schlagen ihn tot und setzen den Asketen zum König ein.

Zu den Märchen der Weltlitteratur gehört auch das von der
undankbaren Gattin:

Ein Mann hat einmal seiner Frau das Leben gerettet, indem er ihr
sein eigenes Blut zu trinken gab. Sie aber verliebt sich in einen elenden
Krüppel. Um diesem ganz angehören zu können, stürzt sie ihren Gemahl von einer Berghöhe hinab. Dieser wird aber durch eine Eidechse
gerettet und wird auf merkwürdige Weise König, als welcher er Gelegenheit hat, die ungetreue Gattin mit ihrem krüppelhaften Galan
wiederzusehen und zu bestrafen[2]).

Weltweite Verbreitung hat auch das humorvoll erzählte
Märchen von dem König gefunden, der durch einen Zauberspruch
die Stimmen der Tiere versteht:

[1]) Vgl. auch Nr. 482 und 516. Benfey, Pantschatantra I, 193 ff.,
286, 603. Kathāsaritsāgara 65, 45 ff.

[2]) Jāt. Nr. 193. Vgl. Benfey, Pantschatantra I, 436 ff.; II, 303 ff.
und Gaston Paris in der Zeitschrift des Vereins für Volkskunde
XIII, 1903, der die Geschichte in der orientalischen und romanischen
Märchenlitteratur verfolgt; Chavannes, Cinq Cents Contes Nr. 12.

Er darf den Zauberspruch niemand verraten: sonst muß er sterben.
Eines Tages lacht der König über die komischen Gespräche von
Ameisen und Mücken. Die Königin fragt nach der Ursache seines
Lachens und bestürmt ihren Gemahl, ihr den Zauberspruch mitzuteilen.
trotzdem er ihr sagt, daß dies sein Tod wäre. Schon ist der König
nahe daran, dem Drängen der neugierigen Gattin nachzugeben. Da
erscheint der Götterkönig Sakka in Gestalt eines Ziegenbockes und
gibt dem König den Rat, seiner Gemahlin eine Tracht Prügel zu ver-
abreichen; dann werde sie auf den Zauberspruch verzichten. Der König
befolgt den Rat. und der Erfolg bleibt nicht aus[1]).

An unsere deutschen Märchen vom Tischleindeckdich u. dgl.
erinnert das Märchen von den drei Brüdern, von denen der erste
ein Zauberbeil hat, das er nur zu streichen braucht, um Feuer-
holz zu bekommen, der zweite eine Trommel, mit Hilfe deren er
alle Feinde besiegen kann, und der dritte einen Molkentopf, aus
dem, wenn man ihn dreht, ein großer Strom von Molken heraus-
kommt[2]). Ein ähnliches Märchen ist das von dem Jüngling, der
sein ganzes Vermögen verschwendet hat, und dem sein verstorbener,
als Gott Sakka wiedergeborener Vater einen alle Wünsche ge-
währenden Topf schenkt, den er aber wohl behüten müsse, denn
nur solange der Topf bestehe, werde es ihm an Geld nicht
mangeln. Einmal schleudert der Jüngling im Rausch den Topf
mehrmals in die Luft, um ihn wieder aufzufangen, der Topf aber
liegt bald zerschellt auf der Erde. Von dem Augenblicke an ist
es mit seinem Glücke zu Ende; er wird so arm, daß er schließlich
als ein in Lumpen gekleideter Bettler an der Mauer liegen bleibt
und stirbt[3]).

So viele Märchen auch ihren Weg von Indien nach dem
Westen gefunden haben mögen, so kann es doch kaum einem
Zweifel unterliegen, daß auch manches fremdländische Märchen-
gut nach Indien gewandert ist. Das dürfte z. B. bei den Seefahrermärchen der Fall sein, die von Schiffbrüchen und allerlei seltsamen Seeabenteuern erzählen. Die Unholdinnen (Yakkhinīs),

---

[1]) Jāt. Nr. 386. Ähnlich in Tausend und eine Nacht (vgl. Orient
und Okzident II, 133 ff.) und Gesta Romanorum (Grässe II, p. 190 ff.).
   [2]) Jāt. Nr. 186. Vgl. Grimm, Kinder- und Hausmärchen Nr. 36
und 54.
   [3]) M. Gaster, JRAS 1897, p. 379 f. und Alfred Forke, Die
indischen Märchen und ihre Bedeutung für die vergleichende Märchen-
forschung, Berlin 1911, S. 8 f. vergleichen damit Uhlands bekannte
Ballade »Das Glück von Edenhall«.

welche Schiffbrüchige an sich locken und mit ihrer Liebe beglücken, um sie dann zu töten und aufzufressen, erinnern unwillkürlich an die Sirenen und an Wesen wie Kirke und Kalypso [1]). Ein seltsames Gemisch von volkstümlichem Märchen und moralischer Erzählung ist das Jātaka von Mittavindaka, der wunderbare Abenteuer zur See erlebt, sich in herrlichen Palästen auf Inseln mitten im Ozean mit gespenstischen Frauen ergötzt und schließlich — wegen seiner unersättlichen Gier oder, nach einer zweiten Version, wegen Mißhandlung seiner Mutter — in eine Hölle kommt, wo ein Rad mit scharfen Messern sich unablässig auf seinem Haupte herumdreht [2]).

Auch in den Märchen von Menschenfressern mischen sich echt volkstümliche Märchenmotive mit moralischen Tendenzen. Diese Menschenfressermärchen knüpfen an den Namen des aus der brahmanischen Litteratur bekannten Königs Kalmāṣapāda an, der durch einen Fluch zum Menschenfresser geworden ist. Aber die eigentliche buddhistische Erzählung gipfelt darin, daß der fromme König Sutasoma von dem Menschenfresser gefangen und von diesem wieder freigelassen wird, um sein einem Brahmanen gegebenes Versprechen einzulösen, dann aber wieder seinem gegebenen Worte gemäß zu dem Ungeheuer zurückkehrt, um sich auffressen zu lassen, worauf der Menschenfresser, von so viel Wahrheitsliebe gerührt, bekehrt wird [3]).

---

[1]) Nr. 196. Andere Seefahrermärchen sind Nr. 463 (von dem klugen Suppāraka, der trotz seiner Blindheit zum ersten Steuermann gemacht wird und sich glänzend bewährt) und Nr. 360 (vom Garuḍa, der mit dem König Würfel spielt und dessen Frau entführt, mit welcher dann der königliche Sänger, nachdem er Schiffbruch gelitten und auf die Insel des Garuḍa verschlagen worden ist, sich vergnügt).

[2]) Nr. 439 mit den dazu gehörigen Varianten und Fragmenten Nr. 41, 82, 104 und 369. L. Feer (JA 1878, s. 7, t. XI, p. 360 ff.; 1892, s. 8, t. XX, p. 185 ff.) hat die verschiedenen Pāli- und Sanskritversionen des Märchens zusammenfassend behandelt.

[3]) Die zahlreichen buddhistischen Versionen dieses Jātaka in der Pāli-, Sanskrit-, chinesischen und tibetischen Litteratur und seine Vorläufer in der episch-purānischen Überlieferung hat K. Watanabe im JPTS 1909, p. 236 ff. eingehend behandelt. J. S. Speyer und nach ihm R. Garbe (Contributions of Buddhism to Christianity, Chicago 1911, p. 42 ff. und Deutsche Rundschau 149, 1911, S. 133 ff.) wollen die christliche Legende vom heiligen Christophorus mit diesem Jātaka in Zusammenhang bringen. Die beiden Legenden haben aber nichts

Übermenschliche Wesen aller Art, Schlangen- und Vogel-
gottheiten (Nāgas und Garuḍas), Yakkhas, Kinnaras [1] usw. spielen
in den Märchen eine große Rolle. Manche dieser Jātakas sind
zu umfangreichen Märchendichtungen ausgestaltet worden.
Jātakas wie Nr. 504 von dem Kinnarapärchen, das in tiefer
Trauer ist, weil es eine einzige Nacht getrennt war, oder Nr. 485
von der Kinnarafrau, die um ihren Geliebten, den ihr ein König
erschossen, so lange weint, bis er durch ein Lebenselixir wieder
lebendig wird, sind eigentlich lyrisch - dramatische Märchendichtungen, in denen das Lyrische überwiegt. Eine größere
Märchendichtung in Prosa und Versen mit eingeschachtelten Erzählungen ist das Jātaka Nr. 432, wo der Bodhisatta als der Sohn
einer pferdeköpfigen, menschenfressenden Yakkhafrau wiedergeboren ist. Eine große aus Prosa und Versen gemischte Dichtung aus der Welt der Nāgas und Garuḍas, ein seltsames Gemisch von volkstümlichen Märchenmotiven und buddhistischer
Dogmatik, ist das Jātaka Nr. 543, das sich schon durch die Einteilung in 8 Abschnitte (Khaṇḍas) als selbständiges Werk zu erkennen gibt. Und ein förmliches E p o s in 6 Abschnitten (Khaṇḍas)
ist das Vidhurapaṇḍitajātaka [2], dessen Held der weise Vidhura,
der Minister des Kurukönigs, ist. Dieser im Jātakabuch mehrmals wiederkehrende Vidhura ist niemand anderes als der uns
aus dem Mahābhārata bekannte V i d u r a , des Dhṛtarāṣṭra Halbbruder und weiser Berater, der auch schon im Epos als Kenner
von Fabeln, Parabeln und weisen Sprüchen auftritt [3]. Sowohl
durch diesen Namen als auch durch die lebhafte Schilderung
eines Würfelspiels steht dieses Jātaka zum Mahābhārata in einer
gewissen Beziehung und ist darum von besonderem Interesse.

---

gemeinsam als die Bekehrung eines menschenfressenden Riesen; von
dem eigentlichen Kern des buddhistischen Märchens ist in der christlichen Legende nichts zu bemerken.

[1] Kinnaras sind halbmenschliche Flügelwesen. Über ihre Darstellung in der buddhistischen bildenden Kunst vgl. G r ü n w e d e l ,
Buddhist. Kunst in Indien, S. 44 ff.

[2] Jātaka Nr. 545. Englische Übersetzung von Cowell und Rouse,
Vol. VI, pp. 126—156. Nach einer etwas abweichenden birmanischen
Version hat das Jātaka R. F. St. A n d r e w St. J o h n im JRAS 1896,
441—475 übersetzt.

[3] Vgl. oben Bd. I, S. 269, 350 ff., 365 und 401. Vidhura kommt
auch Theragāthā 1188 und Majjhimanikāya 50 vor.

Es ist aber auch an und für sich eine epische Märchendichtung von nicht geringem dichterischen Wert.

Noch weniger als die Fabeln und Märchen haben die zahlreichen kurzen, oft sehr witzigen Anekdoten des Jātakabuches ursprünglich etwas mit dem Buddhismus zu tun. Daß auch die alten Inder über verschiedene Narrenstreiche ebenso gerne gelacht haben wie wir über unsere »Schwabenstreiche«, bezeugen Erzählungen wie die von dem Sohn, der eine Mücke auf dem Kopf des schlafenden Vaters erschlagen will und dabei dem Vater den Schädel zerschmettert [1]); oder von den Affen, welche die Bäume begießen sollen und dies in der Weise tun, daß sie jeden Baum mit der Wurzel ausreißen, um zu sehen, welcher mehr und welcher weniger Wasser braucht [2]). Der Dumme ist nicht selten ein Priester oder Mönch. So kommt ein brahmanischer Bettelmönch gerade dazu, wie zwei Widder miteinander kämpfen. Da er den einen Widder zurückspringen sieht, bildet er sich ein, der Widder wisse, was sich schickt, und wolle ihm Ehre bezeigen. Ein Kaufmann warnt ihn, daß der Widder bloß zum Angriff einen Anlauf nehme; aber schon kommt das Tier herangerannt und stößt den Mönch zu Boden, der jammernd ruft: »Zu Hilfe, man bringt einen Heiligen um« [3]). Ein grimmiger Humor steckt in der Geschichte von dem bösen König Mahāpiṅgala (Nr. 240):

Dieser war ein arger Tyrann. Als er starb, freute sich ganz Benares — nur der Türsteher weint. Der Bodhisatta fragt ihn um den Grund, und er antwortet: »Ich weine nicht, weil Mahāpiṅgala gestorben ist, denn er hat mir jedesmal, wenn er vom Palast herunter stieg oder hinaufging, acht Schläge auf den Kopf gegeben, wie mit einem Schmiedehammer. Wenn er nun in der anderen Welt ist, wird er, fürchte ich, es dem Yama ebenso machen, und dieser wird ihn wieder auf die Erde zurückschicken, ich aber werde wieder meine acht Faustschläge bekommen, darum weine ich.« Der Bodhisatta tröstet ihn: Der Tote werde nicht wiederkommen, er sei ja gehörig verbrannt, der Scheiter-

---

[1]) Jāt. Nr. 44, dazu Variante Nr. 45. Vgl. Benfey, Pantschatantra I, 283, 292 f.; II, 154 ff.; Lafontaine, Fables VIII, 10.

[2]) Jāt. Nr. 46, auf dem Stūpa von Bharhut illustriert.

[3]) Jāt. Nr. 324. Ein derber Schwank, in dem die Habsucht der Brahmanen verspottet wird, ist Jātaka Nr. 113. Daß gute Ratschläge nicht für jedermann taugen, erfährt ein allzu kluger Asket zu seinem Schaden in Jāt. Nr. 376.

haufen mit Wasser gelöscht und die Erde ringsum gut zugegraben
worden.

Voll feiner Satire ist die Anekdote von dem Affen, der
längere Zeit im Palaste eines Königs geweilt hat und dann von
diesem freigelassen worden ist. Da er wieder zu seinen Genossen
kommt, umringen sie ihn und möchten gerne von ihm erfahren,
wie es in der Welt der Menschen, von deren Leben und Treiben
er ja viel gesehen haben müsse, zugeht. Der Affe aber schildert
das Treiben der Menschen in den zwei Versen:

> »Das Gold ist mein, die Habe mein, so schreien sie bei Tag
> und Nacht,
> Der Wahrheit Wort — sie kennen's nicht, das Menschenvolk
> in seinem Wahn.
> In jedem Hause sind zwei Herren, keinen Bart der eine hat,
> Doch Hängebrüste, lange Flechten, große Ringe in den Ohren,
> Gekauft wird er um vieles Geld, und dennoch plagt er alle
> Leut'.«

Da wollen die Affen nichts weiter hören, halten sich fest
die Ohren zu und rennen davon (Jāt. Nr. 219). Bemerkenswert
wegen ihrer Beziehung zur griechischen Litteratur ist die Anekdote
von der Frau, deren Gatte, Sohn und Bruder hingerichtet werden
sollen, und der vom König freigestellt wird, sich das Leben eines
der drei Verwandten zu wählen. Sie entscheidet sich für den
Bruder mit der Begründung, daß sie leicht einen Gatten und
einen Sohn, aber nie wieder einen Bruder bekommen könne.
Dieselbe Anekdote erzählt Herodot von der Frau des Intaphernes,
und Sophokles läßt Antigone in gleicher Weise argumentieren.
Derselbe Gedanke kehrt aber in Indien auch im Rāmāyaṇa wieder,
und zwar im Zusammenhang mit einem alten indischen Sprichwort, welches besagte, daß man alles in der Welt leichter haben
könne als einen leiblichen Bruder. Es ist daher die Anekdote
sowohl in Indien als auch in Griechenland sehr alt; sie hat aber
ebensowenig etwas charakteristisch Indisches als spezifisch
Griechisches an sich, so daß es kaum zu entscheiden sein wird,
wo ihre eigentliche Heimat zu suchen ist. Sicher scheint mir
nur, daß sie nicht zweimal entstanden sein kann[1]).

------

[1]) Jāt. Nr. 67. Vgl. Herodot III. 119. Sophokles. Antigone 909
bis 912. Pischel, im Hermes Bd. 28, 1893, 465 ff. glaubt an indischen,
Th. Noeldeke ebda. Bd. 29, 1894, 155 f. an persischen, und C. H.

Die eben erwähnte Anekdote gehört zu einer Klasse von Erzählungen, die in der Erzählungslitteratur aller Völker ebenso beliebt sind wie die von den Narrenstreichen, nämlich den Erzählungen von überaus großer Klugheit oder Geschicklichkeit, die sich in klugen Antworten, insbesondere Antworten auf Rätselfragen, oder in der geschickten Lösung von schweren Aufgaben, oder in weisen Richtersprüchen, oder in der Verfertigung wunderbarer Kunstwerke äußert. Zahlreiche Erzählungen dieser Art finden wir im Jātakabuch, und viele von ihnen gehören der Weltlitteratur an. Von der Art ist z. B. die Geschichte von dem weisen Richter, der allerlei witzige »salomonische« Urteile fällt, dadurch einem armen Teufel — der ohne sein Verschulden ein Pferd lahm macht, einer schwangeren Frau eine Frühgeburt verursacht, u. dgl. mehr — aus der Not hilft und zugleich verschiedene von Tieren und Menschen aufgegebene Rätselfragen beantwortet [1]). Ein Künstler, der in allen Sätteln gerecht ist, ist der Held des reizenden Kusajātaka (Nr. 531):

Kusa, der Sohn des Königs Okkāka, ist ebenso häßlich als klug und weise. Da er sich zu verheiraten wünscht, stellt er ein wunderschönes Frauenbildnis aus Gold her und erklärt, nur ein Mädchen heiraten zu wollen, das ebenso schön sei. Das Bild wird von Stadt zu Stadt herumgeführt, und endlich findet sich Pabhāvatī, die Tochter des Maddakönigs. die so schön ist wie das Bild. Sie wird dem Kusa als Gemahlin zugesagt. Wegen der Häßlichkeit des Prinzen macht aber die Königinmutter die Bedingung, daß die beiden Eheleute bis zur Empfängnis nur bei Nacht zusammenkommen dürfen. Aber sie können den Wunsch, einander zu sehen, nicht überwinden, und durch verschiedene Mittel gelingt es ihnen doch, einander zu sehen, was schließlich zur Folge hat. daß die Prinzessin wieder zu ihren Eltern zurückkehrt, weil sie einen so häßlichen Mann nicht vertragen kann. Kusa aber ist von Sehnsucht nach der Gemahlin erfüllt und entschließt sich, sie um jeden Preis wiederzugewinnen. Er macht sich auf die Reise nach Sāgala. wo die Prinzessin weilt. Dort lenkt er zuerst als Spielmann durch sein köstliches Lautenspiel, dann als Töpfer durch wunderbar geformte Figuren, hierauf als Korbflechter durch kostbare Fächer, so-

---

Tawney im Ind. Ant. X, 1881. 370 f. an griechischen Ursprung der Anekdote.

[1]) Jāt. Nr. 257, poetisch übersetzt von J. J. Meyer, Kāvyasaṃgraha, S. 46 ff. Dieselbe Geschichte nach dem tibetanischen Dsanglun wiedererzählt bei Benfey. Pantschatantra, I, 393 ff. und durch die Weltlitteratur bis zu Shakespeares »Kaufmann von Venedig« verfolgt. Vgl. auch Tawney im Journal of Philology XII. 1883, 112 ff.

dann als Gärtner durch einen herrlichen Kranz und endlich als Koch, dadurch, daß er einen Knochen so zubereitet, daß ein angenehmer Duft sich in der ganzen Stadt verbreitet, die Aufmerksamkeit des Königs auf sich, dringt in die Nähe der Prinzessin vor, wird aber jedesmal von ihr mit Spott und Hohn zurückgewiesen. Da sendet Sakka sieben Könige, die um Pabhāvatī freien, und König Madda ist in großer Verlegenheit. Denn wenn er einem der Könige seine Tochter zur Frau gäbe, würden die anderen ihn bekriegen. Daher erklärt er der Prinzessin, er werde sie in sieben Stücke zerschneiden lassen, um jedem der sieben Könige ein Stück von ihr zu geben. In ihrer Angst flüchtet sie zu dem als Koch im Palaste weilenden Kusa und wirft sich ihm auf dem schmutzigen Boden der Küche zu Füßen. Kusa, der Künstler, bewährt sich nun auch als großer Held. Im Nu besiegt er alle sieben Könige und nimmt sie gefangen. Da er aber ebenso gut als klug ist, veranlaßt er den König, ihnen seine sieben unverheirateten Töchter zu Frauen zu geben. Er selbst zieht mit seiner wiedergewonnenen Pabhāvatī heim[1]).

In einer kürzeren Erzählung ist der Bodhisatta ein Meister der Schmiedekunst und gewinnt die schöne Tochter eines Schmiedes dadurch zur Frau, daß er eine wunderbare Nadel, von so feinen Nadelhülsen umgeben, schmiedet, daß die Schmiede des Dorfes die Hülsen für die Nadeln halten[2]). Aber ein förmlicher Sammelpunkt solcher Geschichten von außerordentlicher Klugheit und Künstlerschaft ist das Mahā-Ummagga-Jātaka (Nr. 546). Dies ist ein ganzer Roman mit zahlreichen eingeschobenen Anekdoten, Rätseln und Erzählungen, ein förmliches Volksbuch von der Art, wie wir sie noch heute in Indien finden, welches dadurch besonders interessant ist, daß es Berührungspunkte mit den Geschichten vom weisen Ahiqār (Haikar oder Heykar) in »Tausend und eine Nacht« und mit dem »Leben des Äsop« von Planudes aufweist[3]).

Der Held dieses Jātaka ist Mahosadha, der schon als Knabe Proben wunderbarer Weisheit liefert und sich insbesondere als kluger Richter bewährt. So entscheidet er ähnlich wie König Salomo, welcher

---

[1]) Eine singhalesische Bearbeitung dieser Novelle hat Th. Steele, An Eastern Love Story. London 1871, ins Englische übersetzt.

[2]) Jāt. Nr. 387. In einer chinesischen Version der Erzählung verfertigt der Kunstschmied so feine Nadeln, daß sie auf dem Wasser schwimmen, ähnlich im Sanskrit Divyāvadāna. Vgl. A. Schiefner, Indische Künstleranekdoten, Mélanges asiatiques, VII (1875), p. 519 ff.

[3]) Vgl. Benfey, Kleine Schriften II, 192 ff. und B. Meißner, ZDMG 48, 174 ff.

von zwei streitenden Frauen das Kind gehört, indem er die Mutterliebe
entscheiden läßt. Er zieht eine Linie auf dem Erdboden und legt das
Kind in die Mitte, indem er anordnet, die eine Frau solle das Kind
bei den Händen, die andere bei den Füßen über die Linie hinüber-
ziehen, und derjenigen, welche es zu sich ziehe, solle es gehören. Sie
beginnen zu ziehen, und das Kind schreit. Da läßt die wirkliche Mutter
das Kind los, wodurch natürlich der Streit entschieden ist [1]. Was immer
für Rätsel und Rätselaufgaben der König gelöst haben will, Mahosadha
ist nie in Verlegenheit. Dadurch, daß er eine Stange ins Wasser legt
und sieht, wo das schwerere Ende ist, entscheidet er, wo die Wurzel
und wo der Wipfel des Baumes war, aus welchem die Stange hergestellt worden ist. Wie ein moderner Anthropolog unterscheidet er
durch Betrachtung der Nähte einen männlichen von einem weiblichen
Schädel. Auch männliche und weibliche Schlangen kennt er auseinander. Da der König verlangt, daß man ihm einen weißen Stier
mit Hörnern an den Beinen und einem Buckel auf dem Kopf sende,
der nach drei Noten seine Stimme erhebt, weiß niemand außer Mahosadha, daß der König einen weißen Hahn will. Der König gibt Befehl,
daß man ihm gekochten Reis unter folgenden Bedingungen bringe: er
müsse ohne Reis, ohne Wasser, ohne Topf, ohne Ofen, ohne Feuer und
ohne Brennholz gekocht sein und dürfe weder von einem Mann noch
von einer Frau über die Straße getragen werden. Mahosadha bringt
auch das fertig. Der König verlangt einen Strick von Sand für seine
Schaukel. Mahosadha erklärt sich bereit, einen solchen herzustellen;
nur bittet er sich eine Probe von dem alten Sandstrick aus, um ihn
gleich dick und lang machen zu können. Er kann auch die Gedanken
der Tiere, z. B. eines Chamäleons, erraten. Der weise Mahosadha, der
durch seine Klugheitsproben es dahin gebracht hat, daß er einer von
des Königs Räten wird, wählt sich auch nur eine kluge Maid [2], die
alle seine Rätselfragen versteht, zur Frau. Diese wird in überaus ge-

---

[1] Dieses »salomonische Urteil« bildet den Kern des chinesischen
Schauspiels «Hoei-lan-ki oder der Kreidekreis«. Daß diese Anekdote
und das salomonische Urteil von I. Kön. 3, 16—28 nicht unabhängig
voneinander entstanden sein können, kann wohl als sicher gelten.
A. Weber, Indische Streifen III, S. 60 hält es für ausgeschlossen,
daß die Juden sie von den Indern entlehnt hätten, ebenso Garbe,
Contributions of Buddhism to Christianity, Chicago 1911, p. 12 note 16.
Dagegen hat Hugo Greßmann (Deutsche Rundschau, Bd. 33, 1907,
S. 212 ff.) sehr gute Gründe für deren indischen Ursprung vorgebracht.
Vgl. auch Th. Benfey, Kleine Schriften II, 170 f.; R. Köhler, Kleinere
Schriften I, 531 ff.; H. Gaidoz, Mélusine, t. IV; R. Engelmann im
Hermes, Bd. 39, 1904, 148 f.; T. W. Rhys Davids, Buddh. Birth
Stories, XLIV ff.

[2] Vgl. Benfey, Kleine Schriften II, 156—223: »Die kluge Dirne,
die indischen Märchen von den klugen Rätsellösern und ihre Verbreitung
über Asien und Europa« und R. Köhler, Kleinere Schriften I, 445 ff.

scheiter Weise mit den ihr nachstellenden und auf Mahosadha eifersüchtigen Ministern fertig. Mahosadha bewährt sich aber auch als kluger politischer Berater im Kampfe gegen äußere Feinde und schließlich auch als ein großartiger Baumeister, der einen Tunnel baut. dessen Schilderung uns an die kunstvollsten indischen Höhlenbauten. wie die von Ajanta, erinnert[1].

Der merkwürdige Roman, der in der Tat ein selbständiges Buch darstellt[2], schließt mit einer Verherrlichung des Mahosadha, der natürlich der Bodhisatta ist. Und abgesehen davon, daß Mahosadha seine große Weisheit und Geschicklichkeit eben als Bodhisatta hat, ist an dem ganzen langen Roman nichts Buddhistisches.

Wenig Buddhistisches wird man auch in den Räubergeschichten und anderen Erzählungen des Jātakabuches finden, in denen Räuber, Landstreicher, Würfelspieler und Hetären die Hauptpersonen sind. Alle diese Erzählungen sind kulturgeschichtlich sehr interessant. Zweimal ist der Bodhisatta selber ein Straßenräuber[3]. Eine dieser Geschichten erzählt, wie ein Brahmane durch einen Zauberspruch einen Edelsteinregen herabströmen läßt, wie um den so gewonnenen Schatz zwei Räuberbanden zu kämpfen beginnen und alle einander erschlagen, so daß nur zwei übrigbleiben, und wie auch diese beiden, indem jeder sich allein in den Besitz des Schatzes setzen will, einander ums Leben bringen — genau so wie die Strolche in der »Erzählung des Ablaßkrämers« bei Chaucer[4]. Groß ist die Zahl der Erzählungen, die über das für die Inder so unerschöpfliche Thema von der Schlechtigkeit der Weiber handeln. Ein ganzer Zyklus derartiger Geschichten findet sich in den Jātakas Nr. 61—66, während in Nr. 536 eine ganze Sammlung von Erzählungen und Sprüchen

---

[1] Jedenfalls setzt die Schilderung voraus, daß der Erzähler wirklich großartige unterirdische Bauwerke gekannt hat.

[2] Eine tibetische, erweiterte und verschlechterte Version dieses Jātaka teilt A. Schiefner, Indische Erzählungen (Mélanges asiatiques, VII, 1876, 673 ff.) aus dem Kandschur mit.

[3] Jāt. Nr. 279 und 318, vgl. Nr. 419. 91, 193, 360. Vgl. R. Fick in Hardens »Zukunft« Bd. 27, 1899, 565 ff. (»Unehrliche Leute im alten Indien«).

[4] Jāt. Nr. 48. Chaucers Werke, übersetzt von A. v. Düring, III, S. 172 ff.; R. Morris in Contemporary Review, May 1881; C. H. Tawney im Journal of Philology, XII, 1883, 203 ff.

über denselben Gegenstand in einem Rahmen vereinigt ist. In unendlicher Abwechslung, durch immer neue, zum Teil außerordentlich raffinierte Geschichten soll der Beweis erbracht werden, daß jede Frau zum Ehebruch geneigt ist, wenn sich nur ein Verführer findet. Besonders raffiniert ist die Geschichte von dem Brahmanen, der, um ganz sicher zu gehen, ein Mädchen vom Augenblick der Geburt an in seinem Hause aufziehen und, nachdem sie erwachsen und seine Frau geworden, in einem von sieben Wällen umgebenen Turm strenge bewachen läßt, aber schließlich doch von ihr betrogen wird; sie aber leugnet ihre Untreue und unterzieht sich sogar einem Gottesurteil, das sie geschickt zu fälschen weiß¹). Derartige Geschichten, die in Indien zu allen Zeiten ungemein beliebt waren, konnten natürlich leicht mit einer »buddhistischen« Tendenz versehen und in buddhistische Predigten aufgenommen werden. War es doch nur Wasser auf die Mühlen der Mönche, wenn sie durch solche Erzählungen beweisen konnten, was für eine Schlinge und Gefahr jedes Weib für den Mann sei, und wie sehr man sich vor diesen Verführerinnen in acht zu nehmen habe.

So bilden diese oft sehr unmoralischen Erzählungen den Übergang zu den moralischen Erzählungen des Jātakabuches. Eine längere moralische Erzählung in Balladenform, die so ungemein dramatisch ist, daß man sie sich sehr gut auch als kleines Drama denken könnte, ist das Jātaka Nr. 527:

Ein Fürst erblickt die wunderschöne Frau seines Feldherrn Ahipāraka und verliebt sich leidenschaftlich in sie. Doch da er erfährt, daß sie einem anderen gehöre, ist sie ihm unerreichbar. In wehmütiger Liebesklage gibt er seinen Gefühlen Ausdruck. Ahipāraka, trotzdem er seine Frau innig liebt. ist bereit. sie dem König abzutreten. da er für dessen Gesundheit fürchtet. Aber der König weigert sich, eine Sünde zu begehen. In einem ganz vortrefflichen, ungemein dramatischen Dialog überbieten sich der König und sein Feldherr einander an Edelmut. Schließlich siegt die Tugend. und der König entsagt.

Manche der moralischen Erzählungen (ebenso wie manche der Fabeln) haben einen ausgesprochen pädagogischen Zweck und sehen aus, als ob sie für Kinder verfaßt worden wären. Von

---

¹) Jāt. Nr. 62, übersetzt und besprochen von Pischel in »Philolog. Abhandlungen Martin Hertz zum 70. Geburtstag«, Berlin 1888, S. 74 ff. Vgl. Chavannes, Contes bouddhiques I, Nr. 116.

der Art ist z. B. Nr. 484 von dem Bodhisatta als weisen Papagei, der nicht nur Reis vom Felde frißt, sondern auch im Schnabel fortträgt und auf die Frage, warum er dies tue, antwortet: »Eine Schuld bezahle ich, ein Darlehen gebe ich, einen Schatz lege ich nieder«, womit er sagen will, daß er seinen alten Eltern Futter bringe, seine Jungen ernähre und anderen schwachen Vögeln zu essen gebe.

Eine besondere Art der moralischen Erzählungen sind die »Trostgeschichten«, deren wir einige schon im Mahābhārata kennen gelernt haben[1]). Nur von zwei solchen Geschichten sei hier kurz der Inhalt angegeben:

Nr. 352: Ein Mann kann sich über den Tod seines Vaters nicht beruhigen. Da stellt sich der Sohn des Mannes vor eine tote Kuh hin und reicht ihr Gras und Wasser. Der Vater hält ihn natürlich für verrückt. Er aber sagt: »Hier sind wenigstens noch Kopf, Füße und Schwanz vorhanden, so daß die Kuh am Ende noch aufstehen könnte; aber vom Großvater ist weder Kopf noch Hand noch Fuß da, du scheinst also den Verstand verloren zu haben, da du am Grabmal fort und fort weinst.« Dadurch wird der Vater getröstet[2]).

Nr. 454: Kaṇha (der Kṛṣṇa der Sage) ist untröstlich über den Tod seines Sohnes. Da stellt sich sein Bruder Ghata wahnsinnig und rennt durch die Stadt, schreiend: »Gebt mir den Hasen!« Kaṇha fragt, was er eigentlich wolle. Ghata erwidert: »Den Hasen im Monde.« Kaṇha hält ihm das Unmögliche seines Verlangens vor, aber Ghata erklärt ihm, daß auch er Unmögliches begehre, wenn er um den längst verstorbenen Sohn traure und ihn zurück haben wolle. Durch diese Worte ist Kaṇha von seinem Vaterschmerz geheilt[3]).

Denselben Zweck wie diese Trostgeschichten — die Leidtragenden bei Todesfällen zu beruhigen — verfolgen auch die Trostsprüche des Rāma im Dasaratha-Jātaka (Nr. 461), die wahr-

---

S. oben Bd. I, S. 337 ff., 355 f.

[2]) Das ist ein Dialog zwischen Vater und Sohn in acht Versen, deren Sinn auch ohne die Prosa ganz klar ist. Auf dem Stūpa von Bharhut ist auf einem sehr schönen Relief zu sehen (Cunningham, Stūpa of Bharhut, Pl. 47, Fig. 3), wie der Jüngling der Kuh Gras zu fressen gibt und sein Vater hinter ihm steht.

[3]) Auch dies ist eine Ballade in Dialogform. Die Prosa, die eine verballhornte Form der Kṛṣṇasage enthält, ist nur Kommentar. Vgl. oben S. 94 A. 1 und Bd. I, S. 401. Eine Trostgeschichte ist auch Nr. 372.

scheinlich einer alten Rāmaballade entnommen worden sind[1]).
Und so wie dieses Jātaka, wenn wir von dem Prosakommentar
absehen, gar keine Erzählung, sondern nur belehrende Sprüche
enthält, so ist auch z. B. das Jātaka Nr. 512 nichts anderes als
eine Sammlung von Sprüchen. Die Prosa erzählt zwar eine
Sage von der Entstehung des Lasters der Trunksucht, aber diese
ist eine ziemlich einfältige Kommentatorenerfindung. Alt sind
nur die Sprüche, in denen zur Belehrung eines Königs in kräftigen
Worten die furchtbaren Folgen des Trinkens geistiger Getränke
geschildert werden, — Verse, an denen jeder Alkoholgegner seine
Freude haben kann. Der ironisch verwendete Refrain »Drum
kauft 'nen vollen Krug von diesem Trank« scheint aber einem
alten Trinklied entnommen zu sein. Zur Spruchdichtung gehört
auch der Dialog zwischen dem Kurukönig Yudhiṭṭhila (Yudhiṣṭhira)
und seinem weisen Rat Vidhūra (Vidura) über die Frage, wer
ein »wahrer Brahmane« sei, der ebensogut im Suttanipāta stehen
könnte[2]). Mit dem Maṅgalasutta bringt der Kommentator das
Mahāmaṅgala-Jātaka (Nr. 453) in Beziehung, aber in Wirklichkeit ist es eine Sammlung von Sprüchen, die nicht die Frage
»Was ist das beste Maṅgala?«, sondern die Frage »Was ist das
Glück?« beantworten[3]). Die Sprüche sind auch durchaus nicht
ganz buddhistisch, sondern entsprechen mehr dem brahmanischen
Lebensideal. So sind auch die Sprüche zur Beantwortung der
Frage, wie man einen wahren Freund erkennen könne, im Jātaka
Nr. 473 gar nicht buddhistisch, sondern vielmehr von der Art,
wie wir sie in der Sanskrit-Spruchdichtung finden[4]).

Den größten Umfang nehmen im Jātakabuch, insbesondere
in den letzten Büchern, die Legenden ein. Manche von diesen
sind genau so wie manche Dialoge der Upaniṣads und besonders

---

[1]) S. oben Bd. I, S. 433 f. und vgl. noch E. Senart, Essai sur la
légende du Buddha, 2. éd., Paris 1882, p. 317 f.

[2]) Jāt. Nr. 495, übersetzt von Fick, Soziale Gliederung usw.,
S. 140 ff., der auch schon das Vāseṭṭhasutta des Suttanipāta verglichen hat.

[3]) Im Kommentar wird das »Mahāmaṅgalasutta« erwähnt und
nicht Khuddakapāṭha oder Suttanipāta, in denen das Sutta vorkommt.
S. oben S. 61 A. 2 und 62.

[4]) Daß sich im Jātakabuch auch manche alte Dharmaśāstra-Sprüche
finden, hat Lüders, ZDMG 61. 1907, S. 641 ff. nachgewiesen.

die Itihāsadialoge des Mahābhārata[1]) bloß Einrahmungen für die Reden und Sprüche. Von der Art ist der äußerst interessante Dialog des Jātaka Nr. 544, das hier auszugsweise mitgeteilt sei:

Der König Aṅgati von Videha ruft seine drei Minister zusammen und läßt sich von ihnen beraten. Alāta, der Feldherr, rät zu einem frischen, fröhlichen Krieg. Sunāma erklärt, ein Krieg sei nicht nötig, besser sei es, Musik, Tanz und Vergnügungen zu genießen. Vijaya aber schlägt vor, einen frommen Asketen oder Brahmanen zu hören, und auf den Rat des Alāta läßt der König den nackten Asketen Guṇa Kassapa rufen. Dieser erscheint und verkündet grob materialistische Lehren wie die folgenden: Es gibt kein Karman, es gibt keine Ahnen, keine Eltern, keine Lehrer; alle Wesen sind gleich und haben ihr Schicksal im voraus bestimmt; Geschenke geben hat keinen Zweck, Strafe und Lohn im Jenseits keinen Sinn. Alāta erklärt sich mit diesen Lehren sehr einverstanden und sagt: »Ich erinnere mich meiner früheren Geburten: da war ich ein Kuhtöter, ein Jäger, habe viele Wesen ums Leben gebracht, und doch bin ich in angesehener Familie wiedergeboren, bin jetzt Feldherr.« Zustimmend seufzt der anwesende Sklave Bījaka: »Ich war in früherer Geburt gut und freigebig und bin trotzdem als Sohn einer Dirne wiedergeboren, bin jetzt ein Sklave. Ich verliere mein Spiel im Würfelspiele des Lebens, Alāta gewinnt wie ein geschickter Spieler.« König Aṅgata ist durch diese Reden überzeugt und beginnt ein Leben voller Wonne, denkt nur mehr an Vergnügungen und läßt die Regierung von anderen besorgen. Da erscheint seine gute und fromme Tochter Rujā und verkündet die wahre Lehre: Wer mit Schlechten umgeht, wird selbst schlecht. Wie das Schiff des Kauffahrers mit allzu schwerer Ladung untersinkt, so sinkt der Mann, der nach und nach eine allzu große Sündenlast auf sich geladen, in die Hölle. Dann erzählt sie von ihren früheren Geburten, in denen sie als junger Mann leichtsinnig Weiber verführte und nachher, viele Male in der Menschen-, Tier- und Höllenwelt wiedergeboren, schreckliche Qualen erduldete. Da kommt Nārada vom Himmel und lehrt wie Rujā, daß es ein Karman, ein Jenseits gebe. Der König aber sagt: »Wenn es ein Jenseits gibt, dann leihe mir hundert Gulden; ich werde dir in der nächsten Welt tausend geben.« Nārada erwidert: »Ich würde dir wohl die hundert Gulden leihen, aber wer bürgt mir dafür, daß du sie bezahlst, wenn du in der Hölle bist? Auch in dieser Welt borgt man nur einem Vertrauenswürdigen Geld.« Darauf entwirft er eine ausführliche Schilderung der Hölle mit ihren Qualen. Er schließt mit einem Gleichnis vom Wagen, mit dem der menschliche Körper verglichen wird[2]), und bekehrt schließlich den König.

---

[1]) S. oben Bd. I, 348 f., 357 f.

[2]) Zu diesem Gleichnis vgl. Ait. Ār. II, 3, 9; Švet. Up. II, 9; Kaṭh. Up. I, 3 ff.; Sanatsujātīya VI; Anugītā 36.

Ein ähnlicher Itihāsadialog, der sich aber mehr wie ein Stück aus einem alten Purāṇa liest, ist Jātaka Nr. 530. Hier meldet man dem König Brahmadatta, daß der Heilige Saṃkicca, sein ehemaliger Hauspriester, gekommen sei. Der König geht ihm entgegen und fragt ihn um das Los der Sünder im Jenseits. Saṃkicca antwortet mit einer Predigt, die eine ausführliche Höllenschilderung enthält. Auch in der Legende von den beiden Freunden, die nacheinander als Cāṇḍālas, Antilopen, Meeradler und schließlich als Citta, der Priestersohn, und Sambhūta, der Prinz, wiedergeboren werden (Nr. 498), sind die Reden die Hauptsache. In diesen Reden preist Citta, indem er des Todes und der früheren Wiedergeburten gedenkt, das Asketenleben und ermahnt den König, seinen alten Freund, wenn er schon nicht der Welt entsagen könne, wenigstens gerecht zu regieren, stets dessen eingedenk, daß er, der jetzt König sei, einst arm und niedrig gewesen [1]).

Fast alle diese Legenden haben die uns schon bekannte Form der geistlichen Balladen. Eine ganze Anzahl dieser Dichtungen erzählt von Königen, die durch irgendein geringfügiges Ereignis zum Nachdenken angeregt wurden, den Thron aufgaben, der Welt entsagten und als Einsiedler [2]) im Himālaja ein beschauliches Leben führten. Ein König sieht einen seiner Früchte beraubten Mangobaum, wird dadurch an die Vergänglichkeit alles Irdischen erinnert und entsagt der Welt. Ein anderer wird durch das Klirren zweier Armbänder an dem Arm eines Mädchens daran erinnert, daß nur der Einsame allein Ruhe findet; ein dritter lernt durch den Anblick von Geiern, die um ein Fleischstück kämpfen und einander zerfleischen, wie verächtlich die Gier ist; ein vierter sieht, wie ein rasender Stier auf eine Kuh zuläuft und von einem zweiten liebestollen Stier durchbohrt wird, und lernt

---

[1]) Dieses schöne Stück alter Asketendichtung hat E. Leumann (in WZKM V, 1891, 111 ff. und VI, 1892, 1 ff.) in anderen Versionen auch bei den Jainas nachgewiesen. Zur Asketendichtung gehört auch das Jātaka Nr. 497, zu dem Charpentier (ZDMG 63, 1909, 171 ff.) eine Jaina-Parallele nachgewiesen hat.

[2]) In der buddhistischen Dogmatik heißen sie Paccekabuddhas, d. h. »Erleuchtete, welche die Erleuchtung durch sich selbst (ohne einen Lehrer) und für sich selbst (nicht um als Lehrer aufzutreten) erlangt haben.«

die Liebeslust verachten. Das Resultat ist immer dasselbe [1]). Hierher gehört auch die Legende vom König Makhadeva (Nr. 9), der durch den Anblick seines ersten grauen Haares zur Weltentsagung veranlaßt wird. Die schönste dieser Dichtungen ist aber das Mahājanakajātaka (Nr. 539), dessen Held jener weise König Janaka von Videha ist, der uns schon in den Upaniṣads und im Mahābhārata wiederholt begegnet ist. Seinen berühmten Ausspruch: »Wenn ganz Mithilā verbrennt, mir verbrennt nichts [2])« soll er nach dem Jātaka getan haben, als die Königin ihm die in Flammen stehende Stadt zeigte, um ihn zur Rückkehr zu bewegen. Wie Janaka zu seinem Entschluß kommt, der Welt zu entsagen, wie er zuerst in tiefem Sinnen auf dem Söller des Palastes verharrt, bald aber einsieht, daß er fortziehen müsse in die Einsamkeit mit der irdenen Almosenschale statt der goldenen Krönungsschale, wie seine Frauen ihn zurückzuhalten suchen, wie er immer mehr in seinem Vorsatz bestärkt wird, wie er unerschütterlich bleibt und schließlich einsam seiner Wege geht — das alles wird mit einer so hinreißenden Kraft geschildert, wie sie nur tiefinnerste Überzeugung, mit nicht geringer dichterischer Begabung vereint, eingeben kann.

Alle diese Legenden gehören zu jenem Gemeinbesitz der altindischen Asketendichtung, aus welchem, wie wir gesehen haben [3]), so manche der schönsten Legendendichtungen im Mahābhārata und in den Purāṇas geschöpft sind. Daß sich auch die zu derselben Litteratur gehörige Dichtung von Ṛṣyaśṛṅga (er heißt Isisiṅga im Pāli) im Jātakabuch wiederfindet, und daß sich im Naḷinikājātaka (Nr. 526) noch die ältere Form der Legende erhalten hat, wurde schon erwähnt [4]). Eine Dublette

---

[1]) Nr. 408, 529, 539. Vgl. P. E. Pavolini, sulla leggenda dei quattro Pratyekabuddha, OC XII, Rom 1899, I, 129 ff. und J. Charpentier, Studien zur indischen Erzählungslitteratur, I. Paccekabuddha-Geschichten (Uppsala Universitets Årsskrift 1908, Filosofi, Språkvetenskap och hist. vet., 4) Upsala 1908 und ZDMG 66, 1912, S. 38 ff.

[2]) S. oben Bd. I, S. 357 f.

[3]) Vgl. oben Bd. I. S. 261, 352 f., 402.

[4]) Oben Bd. I. S. 342 ff., 402 A., 443. 454. J. Hertel, WZKM XVIII, 1904, 158 f. und L. v. Schroeder, Mysterium und Mimus im Rigveda, Leipzig 1908, S. 292 ff. haben versucht die Ṛṣyaśṛṅga-Dichtung als ein »kultliches Drama« zu erweisen. Ich kann in ihr, wie in den

derselben Legende ist im Jātaka Nr. 523 erhalten, wo die himmlische Nymphe Alambusā den jungen Heiligen Isisiṅga, der nie ein Weib gesehen, ebenso verführt wie Šāntā den Ṛṣyaśṛṅga in der älteren Dichtung. In der Prosaeinleitung zu diesem Jātaka wird erzählt, wie Isisiṅga von einer Antilope geboren wurde. Diese Einleitung muß alt sein, da bereits auf einem Relief von Bharhut die Szene dargestellt wird, wie ein von einer Antilope geborenes Knäblein von einem Asketen (dem Vater des Isisiṅga) aufgehoben wird[1].

Gerade unter den Legenden gibt es aber auch eine große Anzahl von solchen, deren echt buddhistischer Ursprung unverkennbar ist. Eine der schönsten dieser Legenden ist die Ballade von dem frommen Jüngling Sāma (Nr. 540), deren Inhalt kurz folgender ist:

Sāma ist ein frommer Einsiedlerknabe, der mit seinen blinden Eltern im Walde lebt und sich ganz deren Pflege widmet. Während er eines Tages für sie Wasser holt, wird er von einem vergifteten Pfeile getroffen, den der König Piliyakkha von Benares im tollen Übermute der Jagd auf ihn geschossen. Kein Fluch, kein böses Wort kommt von den Lippen des Jünglings, sondern nur wehmutsvolle Klage über das Schicksal der armen Eltern, die nun ihrer Stütze beraubt sind. Reuevoll tröstet ihn der König und verspricht, die Sorge für die Eltern zu übernehmen. Sāma gibt ihm die Richtung an, in der die Hütte seiner Eltern gelegen ist, und sinkt mit Dankesworten bewußtlos hin. Von bitterer Reue erfüllt, bricht der König in Klagen aus und wird von einer Waldgenie getröstet, die ihm sagt, er werde von seiner schweren Schuld befreit werden, wenn er zu Sāmas Eltern gehe, um sie wie ein Sohn zu pflegen. Wehklagend nimmt der König den Wasserkrug und begibt sich zur Hütte der Eltern. An den Schritten des nahenden Königs erkennt der greise Vater, daß dies nicht der erwartete Sohn ist. Piliyakkha sagt, wer er ist, und der blinde Greis begrüßt den König mit freundlicher Ehrfurcht und bietet ihm Wasser und Früchte als Gastgeschenke dar. Der König fragt, woher er Früchte habe, da er sie doch nicht suchen könne, und der Greis antwortet: Wir haben einen lieben Sohn, jung und schön, er ist es, der uns Wasser und Früchte bringt. Da verkündet der König die fürchterliche Botschaft: Euer treuer Sohn ist tot, ich habe ihn erschlagen. Milde, aber voll weher Klage sind die Worte des Vaters. Die Mutter aber bricht in laute Wehklage aus und kann die Sanftmut des Gatten nicht

---

vielen anderen dialogischen Dichtungen des Jātakabuches, nur eine Ballade sehen, in der allerdings ein starkes dramatisches Element steckt.

[1] Cunningham, Stūpa of Bharhut, Pl. 26, Fig. 7.

verstehen, der dem König nichts Böses wünscht. Der König tröstet das Elternpaar und bittet sie, ihn an Sohnes Statt anzunehmen; er wolle für sie sorgen, wie es Sāma getan. Die Eltern aber flehen ihn nur an, sie zur Leiche des Sohnes hinzuführen, was dieser, wenn auch widerstrebend, tut. Vor der Leiche brechen die blinden Eltern in ergreifende Klagen aus, die aber mit Beschwörungen[1]) enden. Die Mutter sagt: Wenn es wahr ist, daß Sāma immer tugendhaft gelebt hat, so soll das Gift verschwinden und er wieder gesund vor uns stehen. Der Vater widerholt die Beschwörung mit Berufung auf seine eigenen und seiner Frau Tugenden. Auch die Waldgenie spricht eine ähnliche Beschwörung aus. Da erhebt sich Sāma, steht gesund und frisch vor seinen Eltern da und heißt den erstaunten König willkommen. Er erklärt, er sei nur ohnmächtig gewesen; denn diejenigen, welche Vater und Mutter ehren, genießen schon in dieser Welt den Beistand der Götter und kommen nach dem Tode in den Himmel. Der König begibt sich in Sāmas Schutz, und dieser hält ihm einen Vortrag über die Tugenden, die ein König üben soll[2]).

Unendliche Milde und Sanftmut und eine die Grenzen des Natürlichen weit überschreitende Selbstaufopferung kennzeichnen diese Legenden rein buddhistischer Erfindung. Auf die Legende vom König Sivi (Sanskrit Šibi), der seine Augen wegschenkt, wurde schon hingewiesen[3]). Vom Prinzen Kaṇha, der alles, was er besitzt, wegschenkt, um als Einsiedler in den Himālaja zu gehen, erzählt Jātaka Nr. 440. Dem frommen Einsiedler stellt Sakka Wünsche frei, er wünscht sich aber nichts als Ruhe, Freiheit von Haß, Gier und Lust und die wahrhaft schönste aller Wunschgaben:

> »Wenn du mir eine Gnad' erweisen willst, Gott Indra, der
> Geschöpfe Herr,
> So mög' um meinetwillen nie und nirgendwo ein Wesen
> Schaden leiden
> An Seele oder Leib: das, Indra, ist der Gnaden beste, das
> mein Wunsch.«

---

[1]) Solche Beschwörungen oder Saccakiriyās (wörtlich »Wahrheitsbekräftigungen«), die darin bestehen, daß eine Person sich auf ihre Tugend beruft und dadurch ein Wunder bewirkt, sind in den buddhistischen Legenden nicht selten.

[2]) Die Legende findet sich bereits im 3. Jahrhundert v. Chr. in einem Relief auf dem Stūpa von Sānchi. Eine ganze Szenenreihe ist in den Gandhāraskulpturen von Jamālgarhi dargestellt. Vgl. A. Foucher, L'art gréco-bouddhique du Gandhāra I, 279 ff.

[3]) Oben Bd. I, S. 353.

Die Moral der Feindesliebe verkündet in naiver Weise die Legende (Nr. 151) von den beiden Königen, die einander in einem Hohlwege treffen. Sie sind beide gleich gerecht, gleich alt, gleich berühmt, gleich mächtig — und es fragt sich, wer ausweichen soll. Da der eine von beiden nicht nur Gutes mit Gutem, sondern auch Böses mit Gutem vergilt, wird ihm der Vorrang zugestanden. In nicht wenigen dieser Legenden — ich möchte sie als »Tierlegenden« bezeichnen — ist der Bodhisatta ein gutes und edles Tier. Hierher gehören Legenden wie die von dem aufopferungsvollen Gazellenbock, der um eines trächtigen Gazellenweibchens willen sein Leben zu opfern bereit ist und dann den gerührten König zu überreden weiß, daß er nicht nur die Gazellenherde verschont, sondern überhaupt die Jagd aufgibt[1]); von dem Hasen, der sich selbst ins Feuer stürzt, um sich dem Gast als Braten darzubieten (Nr. 316); von dem Affenhäuptling, der sich selbst zur Brücke über den Ganges macht, um sein Gefolge zu retten[2]); von dem Affen, der einen in eine Untiefe gefallenen Menschen vor dem Tode rettet, und den dieser nach Affenfleisch gierige Mann töten will, wegen welcher Untat ihn ein schwerer Aussatz befällt (Nr. 516); oder die Legende von dem Elefanten, der einem verirrten Wanderer den Weg aus dem Walde weist und ihm seine Zähne schenkt, worauf der Mann aus Habgier dem Elefanten auch die Zahnwurzeln herausschneidet und ihm qualvolle Schmerzen bereitet, alsbald aber von der Erde verschlungen wird und in die Hölle sinkt (Nr. 72)[3]).

---

[1]) Jāt. Nr. 12, schon auf dem Stūpa von Bharhut in einem Relief dargestellt. Von M. Gaster (JRAS 1894, 335 ff.) mit der Legende vom heiligen Placidus oder Eustachius verglichen, der durch einen Hirsch, auf dessen Stirn das Zeichen des Kreuzes erglänzt, bekehrt worden sein soll. Vgl. E. Kuhn in Beil. Allg. Zeitg. vom 9. November 1906 (der auch auf J. S. Speyer in Theolog. Tijdskrift Bd. 40, 427 ff. verweist) und R. Garbe, Contributions of Buddhism to Christianity, p. 30 ff. u. Deutsche Rundschau 149, 1911, S. 125 ff.

[2]) Jāt. Nr. 407, auf dem Stūpa von Bharhut (Cunningham, Pl. 33, Fig. 4) illustriert. H. Kern (Gurupūjākaumudī S. 93 f.) vergleicht die alte cymrische Sage aus dem Mabinogi, in welcher König Bran sich zu einer Brücke macht, über welche sein Heer ans Ufer eines Flusses gelangt. Hier scheint mir die gewiß auffällige Übereinstimmung doch nur eine zufällige zu sein.

[3]) Der Elefant ist in den Tierlegenden überhaupt sehr beliebt. Vgl. Feer im JA 1895, s. 9, t. V. 31 ff., 189 ff. und Foucher über das

Tierlegenden, wie die beiden letzteren, machen es sehr wahrscheinlich, daß die schon erwähnten Märchen von dankbaren Tieren und undankbaren Menschen alle buddhistischen Ursprungs sind.

Wohl die berühmteste und in der ganzen buddhistischen Welt beliebteste aller dieser Legenden ist die letzte unserer Jātakasammlung, das Vessantarajātaka (Nr. 547). Das ist in Wirklichkeit ein regelrechtes Epos, denn die Prosa ist hier nichts als Kommentar, und man kann förmlich mit Händen darauf hinweisen, wie der Kommentator in geist- und geschmackloser Weise die Geschichte nach Möglichkeit verwässert hat. Der Held dieses Epos ist allerdings kein Krieger und Eroberer, sondern ein Held der Freigebigkeit.

Der Prinz Vessantara hat das Gelübde getan, keinem etwas zu versagen, was immer man von ihm verlangen sollte:

»Mein Herz und Aug', mein Fleisch und Blut, den ganzen Leib —
Sollt' einer heischen sie von mir, ich geb sie hin.«

Da er ohne Rücksicht auf das Wohl des Landes einen wunderbaren Elefanten wegschenkt, wird er in die Verbannung geschickt. wohin ihm seine treue Gemahlin Maddī und seine beiden Kinderchen folgen. Alles haben sie vorher weggegeben. Auf einem Viergespann, ihrem letzten Besitz, ziehen sie fort. Aber bald begegnen sie einem bettelnden Brahmanen, dem Vessantara Rosse und Wagen schenkt. Zu Fuß wandern sie weiter. die Kinder tragend, und gelangen endlich zu einer Einsiedelei im Walde, wo sie ihre Wohnung aufschlagen. Da erscheint Sakka in Gestalt eines häßlichen bösen Brahmanen, der die Kinder zu Sklaven verlangt und auch diese erhält. Zuletzt verlangt er auch die Gemahlin, und erst nachdem Vessantara ihm auch diese nicht versagt, gibt sich Sakka zu erkennen, und es löst sich alles in Wohlgefallen auf.

Die Legende wird in 786 Strophen mit wahrhaft epischer Breite erzählt. Die Schilderung von dem Auszug des Vessantara in die Verbannung erinnert sehr an die des Rāma im Rāmāyaṇa. Auch die vielen und langen Naturschilderungen, so die Schilderung des Waldes und der Einsiedelei, erinnern an das Rāma-Epos. Mit besonderem Behagen verweilt der Dichter bei der Erzählung von der Hingabe der Kinder, die von dem bösen Brahmanen so grausam behandelt werden, bei den rührenden

---

Chaddantajātaka (Nr. 514) in Mélanges d'indianisme offerts à M. Sylvain Lévi, Paris 1911.

Klagen der Kleinen und der Schilderung des Jammers der Mutter, wie sie vergebens ihre Kinder sucht. Kein Wunder, daß diese Szenen bei der Rezitation oder Aufführung — denn in Tibet und Birma bildet die Vessantaralegende den Gegenstand dramatischer Aufführungen — noch heute den Zuhörern Tränenströme entlocken [1]).

Der Held des Vessantarajātaka, wie überhaupt der zuletzt besprochenen rein buddhistischen Legenden, ist der Bodhisatta der Dogmatik, dem eine bestimmte Anzahl von »Vollkommenheiten« — Pāramitās[2]), wie der technische Ausdruck lautet — zukommt, der auch bereits gewisse übermenschliche Gaben, so die Erinnerung an frühere Existenzen, außerordentliche Körperkräfte oder Geistesfähigkeiten u. dgl., besitzt. Es ist aber diese Auffassung des Bodhisatta als eines höheren Wesens, welche in den Texten der zum Hīnayāna gehörigen Theravādasekte, deren Kanon das Pāli-Tipiṭaka ist, sonst nur eine unwesentliche Rolle spielt, die aber bei den Mahāyānasekten zu um so größerer Entwicklung gelangt ist. Es ist daher kein Zufall, daß die Jātakas dem Mahāyāna ebensogut angehören wie dem Hīnayāna, und man könnte die Frage aufwerfen, ob nicht ihre eigentliche Pflanzstätte der Mahāyāna- und nicht der Hīnayāna-Buddhismus ist. In der Tat finden wir Jātakas in den Texten aller buddhistischen Sekten. Wahrscheinlich gehörten sie ursprünglich keiner Sekte an; sondern wie sie ein Hauptmittel der Propaganda waren und namentlich den volkstümlichen Buddhismus, in bezug auf welchen es wenig Verschiedenheit zwischen den Sekten gegeben haben wird, in weite Kreise getragen haben, so sind sie mit diesem Buddhismus tief ins Volk gedrungen. Kein Buch ist bis zu dem heutigen Tage bei den buddhistischen Völkern so beliebt wie das Jātaka. Die

---

[1]) Auch auf bildlichen Darstellungen begegnet uns die Legende von Vessantara. Vgl. Foucher, L'art gréco-bouddhique I, 283 ff. Der chinesische Reisende Song Yun erzählt, daß er in Shâhbâz-Garhi ein Bild gesehen habe, das die Vessantaralegende darstellte, und daß die Barbaren, wenn sie dieses Bild sahen, Tränen des Mitleids vergossen über den frommen Mann, der seine Kinder dem bösen Brahmanen weggeschenkt. Chavannes, Cinq Cents Contes et Apologues t. I, p. X.

[2]) Es sind nach der Dogmatik zehn, und zwar: Freigebigkeit, Tugend (d. h. Befolgung der Gebote), Weltentsagung, Weisheit, Tatkraft, Geduld, Wahrhaftigkeit, Entschlossenheit, Wohlwollen gegen alle Wesen und Gleichmut.

Singhalesen lauschen noch heute die ganze Nacht hindurch ohne
eine Spur von Ermüdung und mit ungeheucheltem Entzücken
der Rezitation der Jātakas. Auch in Birma sind und waren die
Jātakas seit Jahrhunderten das Entzücken von Gelehrten und
Ungelehrten, von Mönchen und Laien [1]). Und es ist dasselbe
überall, wohin der Buddhismus gedrungen ist. Von dem ungeheuren Reichtum der tibetischen Litteratur an buddhistischen
Erzählungen hat uns A. Schiefner [2]), von der Fülle von chinesisch-
buddhistischen Erzählungen Ed. Chavannes [3]) eine Vorstellung
gegeben. Mittelbar und unmittelbar haben die Jātakas aber auch
die Litteraturen vieler anderer Völker befruchtet und sind
daher für die Weltlitteratur von ungeheurer Bedeutung geworden. Wohl glauben wir heute nicht mehr mit Th. Benfey,
daß die ganze Märchenlitteratur der Welt buddhistischen Ursprungs
sei. Aber so sehr auch Brahmanen, Jainas und andere Sekten
zur indischen Erzählungslitteratur beigetragen haben mögen,
so ist doch der Buddhismus allein als Weltreligion weit über
die Grenzen Indiens hinausgedrungen und hat daher indisches
Kultur- und Litteraturgut weithin über alle Länder in Ost und
West verbreitet [4]). Der Buddhismus aber war es auch, der die
Inder mehr als je vorher mit anderen Völkern in Berührung
brachte; und es ist nicht wahrscheinlich, daß sie diesen Völkern

---

[1]) Vgl. R. Spence Hardy, Manual of Budhism, London 1860,
p. 101; M. H. Bode, Pali Literature of Burma, London 1909, p. 81.

[2]) Indische Erzählungen, Bulletin de l'Académie Impériale des Sc.
de St. Pétersbourg 1876 und 1877 (Mélanges asiatiques VII und VIII);
Mahâkâtjâjana und König Tschaṇḍa-Pradyota, ein Zyklus buddhistischer
Erzählungen (Mémoires de l'Académie imp. des Sc. de St. Pétersbourg,
1875). Vgl. auch W. R. S. Ralston, Tibetan Tales derived from
Indian Sources, London 1882, und W. W. Rockhill, Tibetan Buddhist
Birth-Stories, Extracts and Translations from the Kandjur, JAOS
XVIII, 1897, p. 1 ff.

[3]) Cinq cents contes et apologues extraits du Tripiṭaka Chinois et
traduit en français, t. I—III, Paris 1910—1911. Wenn wir aber hier
in Büchern, die im 5. Jahrhundert n. Chr. ins Chinesische übersetzt
worden sind, zahlreiche Jātakas finden, die auch in unserem Jātakabuch
vorkommen, so folgt daraus durchaus nicht, daß sie aus diesem bzw.
einer diesem entsprechenden Sanskritsammlung übersetzt sind.

[4]) Als »le plus vaste réceptacle de contes qu'il y ait eu au monde«
glaubt auch Chavannes, Cinq Cents Contes I, p. XVI den Buddhismus
noch immer bezeichnen zu dürfen.

immer nur Geschichten zutrugen; sie werden von ihnen — namentlich von geistig so hoch stehenden Völkern wie Griechen, Persern und Semiten — auch solche empfangen haben. Höchstwahrscheinlich haben die griechischen Künstler, welche nach Alexanders Feldzug in großen Mengen nach Indien kamen und so viele buddhistische Kunstdenkmäler bauen und ausschmücken halfen, auch manche griechische Erzählungen und Erzählungsmotive nach Indien gebracht. Dies ist um so wahrscheinlicher, als gerade die Jātakas auf den buddhistischen Denkmälern vielfach bildlich dargestellt wurden. Denn wie die Litteratur so wurde auch die indische und außerindische Kunst durch die Jātakas befruchtet. Sie gehören zu den ältesten Stoffen, die in Indien bildlich dargestellt wurden, und sie bilden noch heute beliebte Vorlagen für Skulptur und Malerei in allen buddhistischen Ländern. Wir finden sie im 3. und 2. Jahrhundert v. Chr. auf den Steinzäunen von Bharhut und Sānchi, im 2. Jahrhundert n. Chr. auf denen von Amarāvati und noch später in den Höhlen von Ajanta [1]). Als der chinesische Pilger Fa-hien im Jahre 412 n. Chr. in Ceylon reiste, sah er, wie bei einem großen Fest der König von Ceylon zu beiden Seiten der Straßen, durch welche der Festzug ging, die 500 Jātakas durch Figuren, die gemalt waren und lebenden Personen glichen, darstellen ließ. Und Hiuen-Tsiang erzählt von Stūpas, die er gesehen, und die zur Erinnerung an die in Jātakas berichteten Taten des Bodhisatta in verschiedenen Gegenden Indiens errichtet worden seien [2]). Viele Hunderte von Reliefs, welche Jātakadarstellungen enthalten, schmücken die Tempel von Boro-Budur auf Java (9. Jahrh.)[3]),

---

[1]) Vgl. außer den oben S. 13 Anm. 2 genannten Werken von Cunningham und Maisey noch A. Grünwedel, Buddhistische Kunst in Indien, 2. Aufl., Berlin 1900, S. 38 f., 59 und A. Foucher, L'art gréco-bouddhique du Gandhâra I, Paris 1905, p. 270 ff.

[2]) Vgl. L. Feer, Les Jātakas dans les mémoires de Hionen-Thsang, OC XI Paris 1897, I, p. 151 ff.

[3]) Eine Liste der in Bharhut. Ajanta und Boro-Budur dargestellten Jātakas gibt S. d'Oldenburg JRAS 1896, 623 ff. und JAOS XVIII, 1897, p. 183 ff. In den Reliefs von Boro-Budur glaubt d'Oldenburg (a. a. O., p. 196 ff., indem er sich auf C. Leemans, Bôrô-Boudour dans l'île de Java, Leide 1874 stützt) 34 Jātakas in der Reihenfolge der Sanskritdichtung Jātakamālā angeordnet zu finden. S. auch Foucher in BEFEO IX, 1909, p. 1 ff.

von Pagan in Birma (13. Jahrh.)[1]) und von Sukhodaya in Siam (14. Jahrh.)[2]).

Und so wie für Litteratur und Kunst, sind die Jātakas auch kulturgeschichtlich von unschätzbarem Wert. Wenn sie auch nicht für die Kulturverhältnisse zur Zeit des Buddha maßgebend sein können, sondern höchstens für die Zeit des 3. Jahrhunderts v. Chr. und zum großen Teil — namentlich in ihrer Prosa — erst für die nachchristliche Zeit, so ist doch in Indien so vieles durch die Jahrhunderte unverändert geblieben, daß das Kulturbild der Jātakas immerhin als sehr »alt« gelten kann. Auf alle Fälle aber gestatten uns die Erzählungen des Jātakabuches einen Einblick in das Leben indischer Volkskreise, von denen wir aus anderen Büchern der indischen Litteratur nur selten etwas erfahren[3]).

Diese außerordentliche Bedeutung des Jātakabuches in jeder Beziehung muß es rechtfertigen, daß wir bei diesem Werke so lange verweilten. Um so kürzer können wir uns bei den noch zu erwähnenden Büchern des Tipiṭaka fassen.

11. **Niddesa** oder **Mahāniddesa** ist der Titel des schon erwähnten Kommentars zu zwei Abschnitten des Suttanipāta[4]). Daß dieser Kommentar Aufnahme in den Kanon gefunden hat, ist doch wohl nur seinem hohen Alter gegenüber anderen Pālikommentaren zuzuschreiben.

12. Der **Paṭisambhidāmagga**[5]) ist ein zur Abhidhammalitteratur gehöriges Werk. Daraus, daß dieses Buch in den Khuddakanikāya eingeschlossen worden ist, wird es begreiflich,

---

[1]) Mehr als hundert Reliefs des Mangalatscheti-Tempels von Pagan besitzt das Berliner Museum für Völkerkunde. Sie sind von A. Grünwedel, Buddhistische Studien I (Veröffentlichungen aus dem K. Museum für Völkerkunde V, Berlin 1897) besprochen worden.

[2]) L. Fournereau, Le Siam ancien, 2ème partie, Annales du Musée Guimet, Paris 1908. Die Reihenfolge der Bilder ist die der Pāli-Jātaka-Sammlung.

[3]) Darum sind die kulturgeschichtlichen Darstellungen von R. Fick und Mrs. Rhys Davids in den oben S. 96 Anm. 1 genannten Schriften sehr wertvoll, wenn auch bei deren Beurteilung chronologisch ein anderer Gesichtspunkt einzunehmen sein wird.

[4]) S. oben S. 72.

[5]) Herausgegeben von Arnold C. Taylor, London PTS 1905 und 1907.

daß man zuweilen den Khuddakanikāya zum Abhidhammapiṭaka
anstatt zum Suttapiṭaka gerechnet hat. Warum aber das Werk
nicht in das Abhidhammapiṭaka, wohin es seinem ganzen Charakter
nach gehört, aufgenommen worden ist, läßt sich nicht entscheiden [1]).

13. So umfangreich und reichhaltig auch das Jātakabuch
ist, so enthält es doch keineswegs den ganzen Reichtum an
buddhistischen Erzählungen. Während die Jātakas angebliche
Geschichten vom Bodhisatta, also vom Buddha selbst in einer
seiner früheren Geburten, erzählen, gibt es im Khuddakanikāya
auch eine Sammlung von Erzählungen in Versen, Apadānas
genannt, in denen Geschichten von Jüngern und Jüngerinnen des
Buddha, die Heilige (Arhats) wurden, erzählt werden. Es sind
also Heiligenlegenden. Das Wort apadāna (Sanskrit avadāna)
bedeutet »Heldentat, Großtat«, auch im Sinne von Großtaten der
Aufopferung und Frömmigkeit[2]), und die Apadānas, ebenso wie
die ihnen in der buddhistischen Sanskritlitteratur entsprechenden
Avadānas, sind »Erzählungen von den Heldentaten«, d. h. den
(oft in sehr banalen Handlungen zur Verehrung eines Buddha
bestehenden) frommen Werken der Heiligen. Bekannt geworden
sind bisher[3]) nur Auszüge aus den Therī-Apadānas, den 40 Legenden
von weiblichen Heiligen, und einige Mitteilungen über die Thera-
Apadānas. Letztere Sammlung besteht aus 55 Abschnitten, deren
jeder 10 Apadānas enthält, also aus 550 Legenden von Theras.
Alle diese Legenden sind nach demselben Plane gemacht. Der
Thera oder die Therī erzählt zuerst von der Verehrung, welche
er (oder sie) einem der früheren Buddhas, einem der Vorgänger
des Gotama, dargebracht hat, berichtet dann die Prophezeiung,
welche der betreffende Buddha verkündete, daß er (oder sie) die

---

[1]) Über Archaismen in dem Werk vgl. Kosambi, Ind. Ant. 41,
1912, p. 38 n.

[2]) Für die Übersetzung von Apadānam durch »Offenbarung«
(Neumann, Lieder der Mönche und Nonnen, S. 309 Anm.) sehe ich
keine Berechtigung.

[3]) Auszüge aus den Therī-Apadānas hat Ed. Müller in seiner
Ausgabe des Kommentars zu den Therīgāthā (London PTS 1892) gegeben. Demselben Gelehrten verdanken wir Mitteilungen über die
Apadānas in OC X, Genève 1894, I, 165 ff. Die Buddha- und Pacceka-
buddha-Apadānas werden von Müller nur erwähnt. Vgl. auch L. Feer
im JA 1883, s. 8, t. I, 408, 433 ff. und T. W. Rhys Davids in ERE
I, 1908, p. 603.

Lehre des künftigen Gotama Buddha vernehmen werde, und erzählt schließlich, wie diese Prophezeiung in Erfüllung ging und er (oder sie) die Arhatschaft erlangte. Die Apadānas gehören sicher zu den jüngsten Erzeugnissen des Kanons. Nach Ed. Müller[1]) wären manche Apadānas jünger als die Avadānas der buddhistischen Sanskritlitteratur, und Sylvain Lévi[2]) glaubt, daß der Verfasser des von der Therī Gotamī Mahāpajāpatī handelnden Apadāna eine Dichtung von Ašvaghoṣa gekannt habe. Es dürfte aber wohl verfrüht sein, über das Werk und seine Zeit ein Urteil abzugeben, da es noch nicht einmal herausgegeben ist.

14. Eines der weniger umfangreichen Bücher des Khuddakanikāya ist der Buddhavaṃsa[3]). Das sind poetische Legenden von den 24 Buddhas, die in den letzten 12 Weltzeitaltern (Kalpas) dem Gotama Buddha vorausgegangen sein sollen. Nach einem einleitenden Kapitel wird jedem der 24 früheren Buddhas ein Kapitel gewidmet[4]). In ziemlich trockener Weise wird von jedem einzelnen Buddha erzählt, wie er das »Rad der Religion« in Bewegung setzte und wie — mit unwesentlichen Abweichungen — die Hauptereignisse im Leben des Gotama Buddha sich bei jedem einzelnen der früheren Buddhas abspielten. Die Erzählung wird dem Gotama Buddha selbst in den Mund gelegt, und er berichtet, in der ersten Person sprechend, wer er selbst unter jedem der vorhergehenden Buddhas gewesen[5]), wie er den Buddha verehrt

---

[1]) In Gurupūjākaumudī, S. 55 ff.

[2]) JA 1908, s. 10, t. XII, 167 ff. Die Beweisführung Lévis ist nicht überzeugend. Wenn eine kunstlose Erzählung im Apadāna und eine kunstvolle bei Ašvaghoṣa vorliegt, so ist es wahrscheinlicher, daß der letztere den Rohstoff aus dem Apadāna oder einer ihm entsprechenden Sanskritversion in der Avadānalitteratur benützt und aus demselben ein Kunstwerk geschaffen hat, als daß der Apadānaverfasser das Kunstwerk benützt und es verflacht habe.

[3]) Edited by R. Morris, London PTS 1882.

[4]) Über das Dogma von der Vielheit der Buddhas vgl. Oldenberg, Buddha, 383 ff. und Kern, Manual of Buddhism 62 ff. Schon Ašoka erwähnt in einem seiner Edikte, daß er einen Stūpa des Buddha Konākamana (d. i. Konāgamana, des 23. Buddha des Buddhavaṃsa) restaurieren ließ (Bühler, WZKM 9, 1895, p. 175 ff.).

[5]) Gewöhnlich war er ein Brahmane oder ein Krieger, aber einmal auch der Götterkönig Sakka, ein andermal ein Löwe, der König der Tiere, zweimal ein König der Nāgas, einmal ein Yakṣa und mehrmals ein Asket.

habe und wie seine eigene künftige Buddhaschaft von dem damaligen Buddha vorhergesagt worden sei. Etwas schwungvoller und poetischer ist nur das zweite Kapitel [1]), das von Dīpaṅkara, dem ersten Buddha, handelt:

Gotama Buddha war damals ein reicher Brahmane, namens Sumedha, und er erzählt in Versen (7—27), die an die Theragāthās erinnern, wie er eines Tages Ekel vor der Welt empfunden, wie er den elenden Körper, als wäre er Unrat, von sich geworfen und sich in eine Einsiedelei im Himālaya zurückgezogen habe. Damals hielt gerade der Buddha Dīpaṅkara seinen Eroberungszug durch die Welt, und Menschen und Götter brachten ihm Verehrung dar. Auch Sumedha, der Einsiedler, kommt herbei, löst an einer sumpfigen Stelle sein geflochtenes Haar auf, breitet es, ebenso wie sein Bastgewand und seinen Fellmantel, auf der schmutzigen Erde aus und legt sich mit dem Gesicht nach abwärts nieder [2]), von dem Wunsche beseelt, daß der erhabene Buddha Dīpaṅkara mit seiner Jüngerschar über ihn hinwegschreite, ohne daß ihre Füße von dem Schlamme benetzt werden. Auf dem Boden liegend, faßt er den Entschluß, dereinst ein Buddha zu werden und der Welt Erlösung zu bringen. Dīpaṅkara kommt heran und prophezeit die künftige Größe des Sumedha. Die Bewohner der zehntausend Welten erheben ein Jubelgeschrei und Zeichen und Wunder geschehen, wie das immer der Fall ist, wenn ein künftiger Buddha vorhergesagt wird. Sumedha aber faßt den Entschluß, alle zehn Vollkommenheiten (Pāramitās) in sich zu verwirklichen, um die Vorbedingungen für künftige Buddhaschaft zu erfüllen.

So ist dieses Stück eigentlich eine Art Vorgeschichte zur Selbstbiographie, welche dann Gotama Buddha im 26. Kapitel gibt, indem er die Hauptereignisse seines letzten Erdendaseins in 25 Versen kurz zusammenfaßt. Eine Liste der Buddhas bis auf Meteyya, den künftigen Buddha, und ein Bericht über die Verteilung der Buddhareliquien bilden den Schluß des Buches.

Der Kommentator des Buddhavaṃsa sagt, das Werk sei von Gotama Buddha selbst verkündet und vorgetragen, durch eine ununterbrochene Reihe von Theras bis zur Zeit des dritten Konzils und ebenso seit damals durch eine ununterbrochene Reihe von Lehrern und Schülern weiter überliefert worden. Da die älteren Texte nur 6 Vorgänger Gotamas kennen, werden wir dem

---

[1]) Übersetzt von Warren, Buddhism in Translations, pp. 5—31.

[2]) Die Szene wird auf buddhistischen Denkmälern oft dargestellt, s. Foucher, L'art gréco-bouddhique I, 273 ff.; A. Grünwedel, Bericht über archäolog. Arbeiten in Idikutšari (Abhandl. der 1. Kl. der k. bayer. Ak. der Wiss., 24. Bd., 1. Abt., München 1906) S. 90 f.

Kommentator das nicht glauben, sondern den Buddhavaṃsa mit zu den jüngsten Erzeugnissen der kanonischen Pālilitteratur rechnen müssen[1]. Er ist ja auch voll von jener Buddhaverehrung und Buddhavergöttlichung, die den ältesten Tipiṭakatexten fremd ist, aber in der buddhistischen Sanskritlitteratur, namentlich der des Mahāyāna, in voller Blüte steht.

15. Das letzte Buch des Khuddakanikāya ist das C a r i y ā - p i ṭ a k a[2]. Dies ist eine Sammlung von 35 Jātakas in Versen, die den ausgesprochenen Zweck verfolgt, zu zeigen, wie der Bodhisatta in verschiedenen seiner früheren Wiedergeburten die zehn Pāramitās oder »Vollkommenheiten[3], besessen hat. Jeder der beiden ersten Vollkommenheiten, der Freigebigkeit und der Tugend, ist ein ganzes, aus je zehn Geschichten bestehendes Kapitel gewidmet, während das dritte Kapitel 15 Geschichten als Beispiele für die übrigen Pāramitās enthält. Die Erzählungen werden dem Buddha selbst in den Mund gelegt. In kurzen dürren Worten berichtet er die Begebenheit, manchmal nur so knapp andeutend, daß man sieht, daß eine Vertrautheit mit der Erzählung bereits vorausgesetzt wird und an sie gewissermaßen nur erinnert werden soll. Die meisten der Erzählungen sind solche, die auch im Jātakabuch vorkommen. Es wird hier aber nur das erzählt, was für die Beleuchtung irgendeiner Pāramitā wesentlich ist. Jede Spur von Poesie ist hinweggewischt, jeder humoristische Zug wie absichtlich vermieden. Den Erzählungen wird auch vielfach Gewalt angetan, um sie zu Beispielen einer »Vollkommenheit« zu machen. Man vergleiche z. B. die Fabel vom Krokodil, das vom Affen angeführt wird[4]. Im Jātaka Nr. 208 wird (wie im Pañcatantra) witzig erzählt, wie das Krokodil, dessen Weibchen ein Gelüste nach einem Affenherzen hat, dem Affen auflauert, ihn an sich lockt, um ihn zu töten, und vom Affen dadurch überlistet wird, daß er sagt, er trage sein Herz nicht bei sich, sondern habe es auf einem Baum am Ufer hängen. Etwas weniger witzig ist die Version derselben Fabel im Jātaka Nr. 57. Aber jede Spur von Witz ist getilgt im Cariyāpiṭaka III, 7, wo der Buddha erzählt:

---

[1] So auch O l d e n b e r g, Buddha, S. 87 Anm.
[2] Edited by R. M o r r i s, London PTS 1882.
[3] S. oben S. 124.
[4] S. oben S. 101.

»Als ich ein Affe war, der am Ufer des Flusses in einer Höhle wohnte, da konnte ich einmal, von einem Krokodil bedroht, meinen gewöhnlichen Weg nicht einschlagen. Gerade an dem Platze, wo ich mich aufzustellen pflegte, um ans andere Ufer zu springen, saß der mörderische Feind, das Krokodil, schrecklich zu schauen. Es sprach zu mir: ‚Komme!‘ Ich sagte zu ihm: ‚Ich komme‘, und auf seinen Kopf mich aufstellend, erreichte ich das andere Ufer. Ich habe ihm keine Lüge gesagt, handelte meiner Rede gemäß. In der Wahrheitsliebe kommt mir keiner gleich. Derart war meine höchste Vollkommenheit der Wahrhaftigkeit.«

Die Fabel ist hier zu einem nichtssagenden Gerippe zusammengeschrumpft, und die Hauptsache ist die Moral, die hier (ebenso wie im Jātaka Nr. 57, wo wir sie auch schon finden) wie eine Faust auf ein Auge paßt. So erscheint auch das Vessantarajātaka — im Jātakabuch, wie wir sahen, ein Epos von 786 Versen — im Cariyāpiṭaka I, 9 in dürren 58 Versen zusammengepreßt, wobei aller Nachdruck auf die Wunder, wie das Erbeben der Erde u. dgl., gelegt wird. Nur fünf Verse des Vessantara-Epos finden sich wörtlich auch im Cariyāpiṭaka.

Es gibt zwei Möglichkeiten, wie wir uns das Verhältnis von Cariyāpiṭaka und Jātakabuch denken können. Es wäre möglich, daß die Jātakas zuerst nur den Zweck hatten, die »Vollkommenheiten« zu erläutern, und daß es anfangs nur eine kleine Sammlung von 34 oder 35 Geschichten gegeben hat[1]), die dann später so vermehrt wurde, daß allmählich das Jātakabuch mit seinen ungefähr 550 Geschichten entstand, in denen der ursprüngliche Zweck immer mehr vernachlässigt wurde. Dann wäre das Cariyāpiṭaka ein Resumé eines solchen älteren Jātakabuches. Es ist aber auch möglich, daß die Geschichten, wie wir sie in unserem Jātakabuch finden, einer Schule von ernsteren Mönchen doch zu weltlich vorkamen und daß diese sich bemühten, die Jātakas noch mehr mit buddhistischer Dogmatik in Zusammenhang zu bringen. Sie trafen daher eine Auswahl von Jātakas, die sie mit Rücksicht auf die zehn Pāramitās anordneten und ihrem Zwecke gemäß umgestalteten. Ich möchte die letztere Möglichkeit für wahrscheinlicher halten und glauben, daß unsere Jātakasammlung in ihrer gegenwärtigen Form bereits Spuren der Beeinflussung

---

[1]) Das scheint die Ansicht von Pischel (Leben und Lehre des Buddha, S. 58 f.) zu sein, wenn er sagt, daß es ein älteres Jātaka mit nur 34 Geschichten gegeben habe.

durch ein Cariyāpiṭaka zeigt[1]), daß sie aber ursprünglich mit der Pāramitātheorie nichts zu tun hatte. Denn in der Mehrzahl der Erzählungen des Jātakabuches, denen ja, wie wir gesehen haben, das buddhistische Gewand überhaupt nur sehr lose sitzt, ist von den »Vollkommenheiten« des Bodhisatta keine Rede.

Eine andere Frage ist es, ob uns das Cariyāpiṭaka in der Form vorliegt, wie es im 3. Jahrhundert v. Chr. dem Kanon einverleibt worden ist. Wir finden nämlich in der Einleitung zum Jātakabuch, der Nidānakathā, auf die wir noch zu sprechen kommen, ein Resumé eines Cariyāpiṭaka, das von unserem Texte wesentlich verschieden ist. Es besteht aus 34 Erzählungen, von denen nur 21 mit solchen unseres Cariyāpiṭaka übereinstimmen. Das zeigt, daß es verschiedene Redaktionen des Cariyāpiṭaka gegeben hat. Daß es aber durch Vergleichung der beiden Redaktionen und der nach demselben Prinzip der Pāramitās angeordneten Jātakamālā[2]) möglich sein sollte, eine Art »Ur-Cariyāpiṭaka« herzustellen, wie es Charpentier[3]) versucht hat, möchte ich bezweifeln. Derselbe Forscher hat auch zu beweisen gesucht, daß unser jetziges Cariyāpiṭaka »ein spätes, unvollständiges Machwerk« sei, »das — freilich mit Unterstützung des alten Werkes — nach dem jetzigen Jātakatexte zusammengestellt wurde, wahrscheinlich erst in der Zeit nach der Übersetzung ins Pāli, d. h. um 430 n. Chr.« Aber die Übereinstimmungen und Wortanklänge zwischen den Jātakas unserer Jātakasammlung und denen des Cariyāpiṭaka, auf welche sich diese Ansicht stützt, lassen sich auch ganz gut erklären, wenn man annimmt, daß es um die Zeit, als der Kanon abgeschlossen wurde, eine große Masse von Jātakas gegeben hat, aus welcher eine Schule von Mönchen mit etwas freieren Anschauungen die unserer Jātakaṭṭhavaṇṇanā zugrunde liegende Sammlung und eine andere strengere Schule das Cariyāpiṭaka zusammengestellt hat. Jedenfalls ist das Cariyāpiṭaka das Werk eines wackeren Mönchs, der alles, nur kein Dichter war, während es unter den Verfassern der Jātakas, wie sie in unserem Jātakabuch erscheinen, neben

---

[1]) S. oben S. 124.

[2]) Über diese s. das Kapitel über die buddhistische Sanskritlitteratur unten.

[3]) In seiner verdienstvollen Arbeit »Zur Geschichte des Cariyāpiṭaka« in WZKM 24, 1910, 351 ff.

manchen guten Mönchen und schlechten Dichtern auch einzelne
bedeutende Dichter gegeben hat.

So sehen wir denn immer wieder, daß im Khuddakanikāya
Bücher sehr verschiedenen Alters und gewiß auch verschiedener
Schulen und allerlei Bücher, deren kanonische Würde bezweifelt
wurde, vereinigt worden sind.

Das Abhidhammapiṭaka. Die buddhistische Scholastik.

Man hat früher das Wort Abhidhamma, da es »höhere
Religion« oder »die höheren Feinheiten der Religion« bezeichnet[1]),
zuweilen durch »Metaphysik« übersetzt. In Wirklichkeit hat der
Abhidhamma mit Metaphysik nichts zu schaffen und mit Philosophie nicht mehr und nicht weniger als der Dhamma, wie er
im Suttapiṭaka gelehrt wird. Und eine so vorzügliche Kennerin
und Schätzerin der buddhistischen Philosophie, wie Mrs. Rhys
Davids[2]), erklärt, daß unsere Kenntnis der buddhistischen
Philosophie unvermindert bleiben würde, wenn das ganze Abhidhammapiṭaka nicht vorhanden wäre. In der Tat unterscheiden
sich die Bücher des Abhidhammapiṭaka von denen des Suttapiṭaka nur dadurch, daß sie umständlicher, trockener, gelehrter,
mit einem Wort mehr scholastisch sind. Der Gegenstand, den
sie behandeln, ist derselbe. Originalität und Tiefe wird man in
ihnen vergebens suchen. Definitionen und Klassifikationen sind
ihre starke Seite. Aber die Definitionen, so wertvoll sie für das
Lexikon und für die Kenntnis der buddhistischen Terminologie
sind, enttäuschen dadurch, daß sie sich nur in einer endlosen
Aneinanderreihung von Synonymen bewegen. Und die Klassifikationen, so anerkennenswert auch der in ihnen gemachte Versuch einer psychologischen Grundlegung der Ethik ist, sind doch
selten tiefschürfende Analysen psychischer Vorgänge, viel häufiger
nur bis zum Übermaß fortgesetzte Aufzählungen willkürlich ge-
schaffener oder banaler Kategorien. Und in all dem finden
wir in der Regel nichts als Dogmatik, kaum je eine Spur von
irgendeiner wissenschaftlich zu nennenden Forschung. Die Form

---

[1]) Auch Buddhaghosa erklärt, daß sich das abhi (»höhere«) in dem
Worte »Abhidhamma« nicht auf den Inhalt, sondern nur auf die
detailliertere Art der Behandlung bezieht. Vgl. A. C. Taylor in JRAS
1894, p. 560 f. und Rhys Davids in SBE Vol. 36, p. 237 n.
[2]) In ERE I, 1908, p. 19 f.

dieser Werke ist zumeist die von Fragen und Antworten nach Art eines Katechismus.

Hervorgegangen sind die Abhidhammatexte gewiß aus dem Suttapiṭaka. Einzelne Suttas (z. B. Majjhimanikāya 137 und 140) sind ganz im Stile des Abhidhamma gehalten, und der Aṅguttaranikāya ist geradezu ein Vorläufer des Abhidhammapiṭaka. Die schon im Vinayapiṭaka erwähnten Mātikās oder »Listen« [1]), die zum Bestande der Abhidhammabücher gehören, dürften als die ersten Anfänge des Abhidhammapiṭaka anzusehen sein.

Das erste Buch des Abhidhammapiṭaka, Puggalapaññatti [2]) oder »Beschreibung der Individuen« genannt, berührt sich noch vielfach in Form und Inhalt mit den Texten des Suttapiṭaka. Es ist in der Form wenig verschieden von dem Saṅgītisutta des Dīghanikāya, und die Abschnitte 3—5 stehen größtenteils auch im Aṅguttaranikāya. Manche Kapitel lesen sich hier genau so wie Suttas in einem der Nikāyas, und diese stechen vorteilhaft von ihrer Umgebung ab. Wir finden da zuweilen auch hübsche Gleichnisse. Es werden z. B. (V, 3) fünf Arten von Mönchen in ihrem Verhältnis zum Weibe mit fünf Arten von Kämpfern verglichen, und der Vergleich wird, wie so oft im Majjhimanikāya, bis ins einzelne durchgeführt. Aber nur selten stoßen wir auf derartige Stücke, denen litterarischer Wert nicht abzusprechen ist. Im allgemeinen sind selbst die Gleichnisse von derselben Öde und Langeweile wie die übrigen Teile des Werkes, dessen Zweck die Klassifikation der Individuen nach ihren sittlichen Eigenschaften ist. Vom Geist und Stil des Werkes, von der Art der Definitionen und Klassifikationen in seinen echt abhidhammaartigen Teilen werden ein paar Beispiele eine genügende Vorstellung geben:

»Welcher Mensch gilt als ‚zornerfüllt‘, und was ist da ‚Zorn‘? Was da Zorn ist, Zürnen, Erzürntsein, Haß, Hassen, Gehässigkeit, Auffahren, Außersichgeraten, Aufgebrachtsein, Widerwille, Feindschaft, Heftigkeit, Erregtheit, Herzensverstimmung: das nennt man Zorn. Wer aber von diesem Zorne nicht frei ist, diesen Menschen nennt man zornerfüllt.«

---

[1]) S. oben S. 9 A.

[2]) Edited by R. Morris, London PTS 1883, ins Deutsche übersetzt von Bhikkhu Nyāṇatiloka, Puggala Paññatti, Das Buch der Charaktere, Breslau 1910.

»Welcher Mensch gilt als ‚falsch‘, und was ist da ‚Falschheit‘? Da ist ein Mensch falsch und listig. Was da nun in ihm Falschheit ist, falsches Wesen, falsche Gesinnung, Arglist, Bosheit, Tücke, Hinterlist: das nennt man ‚Falschheit‘. Wer aber von dieser Falschheit nicht frei ist, diesen Menschen nennt man ‚falsch‘«.

»Welcher Mensch gilt als ‚niedrig gesinnt‘? Da ist ein Mensch sittenlos, dem Bösen ergeben, und derselbe pflegt Verkehr, Umgang und Freundschaft mit einem andern Sittenlosen, dem Bösen Ergebenen. Diesen Menschen nennt man ‚niedrig gesinnt‘.«

»Welcher Mensch gilt als ‚edel gesinnt‘? Da ist ein Mensch sittenrein, dem Guten ergeben, und derselbe pflegt Verkehr, Umgang und Freundschaft mit einem andern Sittenreinen, dem Guten Ergebenen. Diesen Menschen nennt man ‚edel gesinnt‘«[1]).

Dhātukathā[2]), »Darlegung der Elemente«, ist der Titel des zweiten Buches des Abhidhammapiṭaka. Dies ist ein kleines Werk von 14 Kapiteln in Fragen und Antworten über die Elemente der psychischen Erscheinungen und ihre Wechselbeziehungen.

Als ein »Handbuch psychologischer Ethik« wird das dritte Buch, Dhammasaṅgaṇi[3]), »Aufzählung der Geisteszustände«, von der Übersetzerin Mrs. Rhys Davids[4]) bezeichnet. Das Werk beschäftigt sich mit der Klassifikation der Dhammas, d. h. der psychischen und moralischen Zustände, Vorstellungen und Erscheinungen. In einem geistvollen einleitenden Essay hat die englische Übersetzerin versucht, aus diesem schwer verständlichen Katechismus mit seinem dürren Gerüste von Aufzählungen eine großartige buddhistische Philosophie zu konstruieren, der sie eine bedeutende Stellung in der allgemeinen Geschichte der Philosophie zuweist. Jedenfalls hat das Werk in Ceylon großes Ansehen genossen[5]). Als Anhang zum Dhammasaṅgaṇi ist ein Kommentar zum dritten Buch des Werkes, der sich Atthuddhāra

---

[1]) §§ 51, 57, 94, 95 in der Übersetzung von Nyāṇatiloka.

[2]) Edited by E. R. Gooneratne, London PTS 1892.

[3]) Edited by Ed. Müller, London PTS 1885.

[4]) A Buddhist Manual of Psychological Ethics, being a Translation of the Dhamma-Sangaṇi (Compendium of States or Phenomena), London, Oriental Translation Fund, 1900.

[5]) So ließ ein König von Ceylon im 10. Jahrhundert ein Exemplar des Werkes auf edelsteinverzierten Goldplatten eingraben und dieses in feierlicher Prozession in ein von ihm erbautes Kloster bringen, wo Blumenspenden dargebracht wurden (Mrs. Rhys Davids a. a. O., p. XIX.)

nennt und dem Sāriputta zugeschrieben wird, auch in den Kanon aufgenommen worden [1]).

Als Fortsetzung dieses Handbuches ist der Vibhaṅga[2]) aufzufassen. Die Formeln und Kategorien des Dhammasaṅgaṇi werden hier vorausgesetzt, aber es kommen noch neue hinzu. Der erste Abschnitt handelt über die buddhistischen Grundbegriffe und Grundwahrheiten, der zweite über das Erkennen von den Sinneseindrücken bis zur höchsten Erkenntnis eines Buddha, der dritte über die Hindernisse der Erkenntnis. Der letzte Abschnitt enthält viel Mythologisches über verschiedene Zustände in menschlichen und anderen Existenzen.

Von dem Paṭṭhānapakaraṇa oder Mahāpakaraṇa ist bisher nur ein Teil, das Dukapaṭṭhāna, herausgegeben[3]). Auch von dem Yamaka, dem »Buch der Doppelfragen« (so genannt, weil alle Fragen in zweifacher Weise, positiv und negativ, aufgeworfen werden), ist bisher nur der erste Band erschienen[4]).

Für die Geschichte des Buddhismus von der größten Wichtigkeit ist das siebente Buch, das dem Tissa Moggaliputta zugeschriebene Kathāvatthu[5]). In 23 Abschnitten, deren jeder 8—12 Fragen und Antworten enthält, werden verschiedene ketzerische Anschauungen vorgetragen und verworfen. Wir finden da Fragen wie z. B. die folgenden: Gibt es eine Seele? Kann ein Arhat seine Arhatschaft verlieren? Gibt es zwei Arten des Nirvāṇa? Sind die zehn übermenschlichen Kräfte des Buddha auch seinen Hörern eigen? Kann ein Familienvater ein Arhat werden? Ist das Wissen vom Denken unabhängig? Hat jede Tat (Karman) eine Folge? usw. Alle diese Fragen werden mit »Nein« beantwortet und dadurch die gegenteilige Meinung als ketzerisch gekennzeichnet. Zur Widerlegung der Ketzereien werden

[1]) Mrs. Rhys Davids a. a. O., pp. XX, 360 ff.

[2]) Edited by Mrs. Rhys Davids, London PTS 1904.

[3]) Von Mrs. Rhys Davids, London PTS 1906. Das Werk ist so schwer verständlich, daß die Herausgeberin selbst gesteht: »I am far from pretending to solve any of its problems«.

[4]) Edited by Caroline Rhys Davids, assisted by Mary C. Foley and Mabel Hunt, Vol. I, London PTS 1911.

[5]) Edited by A. C. Taylor, London PTS 1894 and 1897. Eine Analyse des Werkes hat T. W. Rhys Davids im JRAS 1892 gegeben.

viele Stellen aus dem Suttapiṭaka zitiert[1]). Wenn die Überlieferung, welche das Werk dem Tissa Moggaliputta, dem Vorsitzenden des dritten Konzils, zuschreibt, völlig zuverlässig wäre, so würde dieses Werk von geradezu unschätzbarer Bedeutung sein, weil es uns über die geistigen Strömungen innerhalb der buddhistischen Gemeinde und auch über den Zustand des Suttapiṭaka zur Zeit des Aśoka zuverlässige Kunde gäbe. Ich glaube nun allerdings mit Oldenberg[2]), daß diese Überlieferung der singhalesischen Chronisten »ein geradezu außergewöhnliches authentisches Aussehen« hat, daß demnach das Kathāvatthu mit einiger Wahrscheinlichkeit als Zeuge für den Buddhismus des 3. Jahrhunderts gelten darf. Aber auch wenn man sich zu dieser Überlieferung skeptisch verhält[3]), bleibt das Werk von Wichtigkeit. Nur schweben dann die Angaben des Kathāvatthu chronologisch in der Luft, und es wird erst einer genauen Vergleichung mit den aus nepalesischen, chinesischen und tibetischen Quellen bekannten Schismen bedürfen[4]), ehe sie geschichtlich verwertet werden können.

Folgen wir aber der Überlieferung, so müssen wir auch annehmen, daß die sechs anderen Bücher des Abhidhammapiṭaka ebenso wie das Kathāvatthu schon im 3. Jahrhundert v. Chr. bestanden und dem Kanon der Theravādins einverleibt wurden. Jedoch muß bemerkt werden, daß sich die buddhistischen Sekten zum Abhidhamma verschieden verhalten. Die zum Hinayāna gehörigen Sautrāntikas leugnen die Echtheit der sieben Bücher des Abhidhammapiṭaka, und die Sarvāstivādins haben ein Abhidharmapiṭaka in Sanskrit, das auch aus sieben Büchern besteht, die aber von denen des Pāli Abhidhammapiṭaka verschieden sind[5]).

---

[1]) Ein Verzeichnis dieser Stellen findet sich in der Ausgabe p. 633 ff.

[2]) ZDMG 52, 633 f. Vgl. oben S. 7 u. 9.

[3]) Wie z. B. I. P. Minayeff, Recherches sur le Bouddhisme, p. 81 ff., 200 f. und Barth, in RHR, t. 42, 1900, p. 72 f. La Vallée Poussin ERE IV, p. 184 glaubt, daß das Werk in einer ursprünglicheren Gestalt sehr wohl von Tissa Moggaliputta stammen könne, daß es aber später durch viele Zusätze vermehrt worden sei.

[4]) Einen Anfang dazu hat La Vallée Poussin im JRAS 1910, 413 ff. gemacht.

[5]) Vgl. La Vallée Poussin, Bouddhisme, Études et Matériaux p. 55; Bouddhisme p. 166; Kern, Manual of Buddhism, p. 126.

Daraus sowie aus der Tatsache, daß im Konzilbericht des Vinayapiṭaka (Cullavagga) der Abhidhamma nicht erwähnt wird, und
daß auch an anderen Stellen[1]) nur Sutta und Vinaya und nicht
Abhidhamma als Autoritäten erwähnt werden, folgt immerhin,
daß die Abhidhammabücher im allgemeinen gewiß jünger sind
als die des Suttapiṭaka und des Vinayapiṭaka.

Bei denjenigen Sekten aber, welche das Abhidhammapiṭaka
als kanonisch anerkennen, steht es in hohem Ansehen. Im
Milindapañha wird es als großes Wunder erzählt, daß der junge
Nāgasena so klug war, daß er gleich in den sieben Büchern des
Abhidhamma unterrichtet werden konnte, ohne erst die Suttas
gelernt zu haben. In einer um 262 n. Chr. auf einem Felsen
in der Nähe des Tempels von Mihintala auf Ceylon eingegrabenen
Inschrift werden Anordnungen für die Mönche des Klosters getroffen, und es heißt da: Für die Erklärer des Abhidhammapiṭaka
sollen 12, für die Prediger des Suttapiṭaka 7 und für die Leser
des Vinayapiṭaka 5 Zellen angewiesen werden[2]).

Das Studium des Abhidhamma wird bis zum heutigen Tage
— namentlich in Birma — fortgesetzt, und zahlreiche Werke
sind im Laufe der Jahrhunderte darüber geschrieben worden.

Die nichtkanonische Pālilitteratur.

Die im Kanon eingeschlossenen Pālitexte sind — von späteren
Zusätzen abgesehen — im großen und ganzen in Indien entstanden und erst später nach Ceylon übertragen worden. Die
große Masse der nichtkanonischen Pālilitteratur jedoch ist das
Werk der Mönche von Ceylon. Nur ein Werk, und zwar das
bedeutendste von allen, bildet eine Ausnahme: das Milindapañha[3]), »die Fragen des Milinda«. Dieses Werk[4]) muß im

---

[1]) Aṅguttaranikāya IV, 180 = Mahāparinibbānasutta IV, 7—11.

[2]) R. Spence Hardy, Eastern Monachism, London 1860, p. 156.

[3]) Die Handschriften geben Milindapañham (neut.) oder Milinda-
pañhā (plur.), die Buddhisten von Ceylon sagen aber gewöhnlich Milindapañho (masc.). Trenckner Ed., p. VI.

[4]) Der Pālitext ist herausgegeben von V. Trenckner, London
1880, ins Englische übersetzt von T. W. Rhys Davids in SBE, vol. 35
und 36, zum Teil ins Deutsche (mit wichtiger Einleitung) von F. Otto
Schrader, Die Fragen des Königs Menandros, Berlin 1905. Eine
sehr wertvolle Abhandlung hat R. Garbe, Beiträge zur indischen

nordwestlichen Indien entstanden sein, wo allein die Erinnerung
an den großen und weisen Herrscher Milinda so lebendig gewesen
sein kann, daß er zum Helden einer Dichtung gemacht wurde.
Denn dieser Milinda ist niemand anderer als der Griechenkönig
Menandros, der hervorragendste unter den Herrschern des
griechisch-indischen Reiches, das sich im 2. Jahrhundert v. Chr.
von dem griechisch-baktrischen Reiche losgelöst hatte. Er regierte ungefähr zwischen 125 und 95 v. Chr. und beherrschte ein
großes Reich, das nicht nur das ganze Indusland nebst Gudscherat,
sondern auch das Gangesgebiet einschloß. Sei es, daß ein geschichtliches Ereignis — die Begegnung und Unterhaltung des
Griechenkönigs mit einem berühmten buddhistischen Lehrer —
zur Entstehung des Milindapañha den Anlaß gab, oder daß der
Verfasser des Dialogs nur dem Vorbilde so mancher Upaniṣad-
dialoge und Itihāsadialoge folgte, wenn er den großen König im
Gespräch mit einem Weisen vorführte: jedenfalls muß Milinda-
Menandros, wenn er nicht etwa selbst Buddhist war[1]), enge
Beziehungen zur buddhistischen Gemeinde unterhalten haben.
Als sicher können wir auch annehmen, daß der Verfasser des
Milindapañha, dessen Namen wir allerdings nicht kennen, zu einer
Zeit gelebt hat, wo die Erinnerung an den Griechenkönig noch
frisch war. Da es aber bald nach dem Tode des Menandros mit
der Griechenherrschaft in Indien zu Ende ging, ist kaum anzu-
nehmen, daß die Erinnerung an ihn sich mehr als höchstens ein
Jahrhundert lang erhalten habe. Die Abfassungszeit des Werkes
dürfte demnach ungefähr mit dem Beginn unserer Zeitrechnung
zusammenfallen[2]). Für ein so hohes Alter spricht auch die Tat-

---

Kulturgeschichte, Berlin 1903, S. 95 ff. dem Werk gewidmet. Vgl.
auch Barth in RHR 28, 1893, 257 ff.

[1]) Dafür spräche die merkwürdige Nachricht des Plutarch, daß
nach dem Tode des Menander mehrere indische Städte um seine Asche
stritten, die schließlich geteilt wurde, worauf jede Stadt ein Erinnerungs-
denkmal über ihrem Teile errichtete. Ganz dasselbe geschah nämlich
nach der Legende beim Tode des Buddha (Garbe a. a. O., S. 102
und 112 f.; Schrader a. a. O., S. XVI). Es ist aber auch möglich,
daß Menandros nur mit den Buddhisten sympathisierte und dem Orden
große Schenkungen machte. Allerdings zeigen auch Münzen des
Menandros das buddhistische Rad (s. Lévi in RHR 23, 1891, p. 43 f.).

[2]) Nach Garbe a. a. O. S. 106, der wohl Trenckner (in der
Vorrede zu seiner Ausgabe, p. VII) folgt, ist das Werk »wahrscheinlich
im zweiten Jahrhundert n. Chr. entstanden«.

sache, daß sich der Milindapañha-Dialog von den kanonischen Dialogen so wenig unterscheidet, daß es durchaus nicht auffallen würde, wenn er als ein Sutta im Suttapiṭaka stünde. Auch Buddhaghosa, der berühmte Kommentator des 5. Jahrhunderts, beruft sich auf das Milindapañha als eine hohe Autorität, wie er sie sonst nur den kanonischen Texten zugesteht. In litterarischer Beziehung aber kann man unseren Text nur mit den allerbesten Dialogen des Suttapiṭaka vergleichen. Ja, nur wenige der kanonischen Dialoge sind so frisch und lebendig geführt wie das Milindapañha, das den Vergleich mit den Platonischen Dialogen sehr wohl aushält [1]).

Allerdings gilt dieses Lob, ebenso wie die von mir angenommene Datierung, nicht für das ganze Werk, wie es uns im Pālitext vorliegt, sondern nur für das Werk in seiner ursprünglichen Gestalt. Denn es kann kein Zweifel darüber sein, daß von den sieben Büchern, aus denen unser Text besteht, nur ein kleiner Teil des ersten einleitenden Buches und das II. und III. Buch alt und echt sind. Auch in das III. Buch haben sich schon manche spätere Zusätze eingeschlichen. Weitaus der größte Teil des Werkes — mehr als fünf Sechstel — ist erst viel später auf Ceylon hinzugefügt worden. Der schlagendste Beweis für die Unechtheit der Bücher IV—VII ist deren Fehlen in der chinesischen Übersetzung, die zwischen 317 und 420 n. Chr. entstanden sein soll [2]). Aber auch inhaltlich unterscheiden sich

---

[1]) A. Weber, Die Griechen in Indien (SBA 1890, S. 927) hat die Frage aufgeworfen, ob nicht das Milindapañha mit den Platonischen Dialogen enger zusammenhänge, »nicht sozusagen ein absichtliches indisches Paroli ihnen gegenüber« darstelle. Das ist schon deshalb unwahrscheinlich, weil der Milindapañha-Dialog in den Dialogen der Upaniṣads, in der Asketendichtung des Mahābhārata und im Tipiṭaka so viele Vorbilder hat, daß an ein griechisches Vorbild zu denken kein Anlaß ist. Es findet sich ja auch keine Spur von Kenntnis griechischer Sprache oder griechischer Gedankenwelt im Milindapañha (vgl. Garbe a. a. O. S. 114).

[2]) Vgl. Ed. Specht et Sylvain Lévi, Deux traductions Chinoises du Milindapañho, OC IX London 1892, vol. I, 518 ff. Das Datum der chinesischen Übersetzung (nach Schrader a. a. O. S. 119 gibt es nur eine Übersetzung in zwei Ausgaben, nicht zwei verschiedene Übersetzungen) ist nicht ganz sicher, da der Name des Übersetzers nicht bekannt ist, und da in einem Katalog chinesischer Bücher aus dem Jahre 520 n. Chr. das Werk noch nicht erwähnt wird. Andrerseits

die Bücher IV—VII von den vorhergehenden ganz wesentlich. Während in dem alten und echten Dialog nur die allgemeinsten und wichtigsten Fragen der Religion erörtert werden, Grundfragen, die für jeden Laien von Interesse sind, beginnt mit dem IV. Buch eine buddhistische Apologetik, die nur für gründliche Kenner der kanonischen Texte ein Interesse haben konnte. Es werden in diesen späteren Büchern mit Vorliebe Dilemmata aufgeworfen, die dadurch entstehen, daß widersprechende Texte einander gegenübergestellt werden. Dabei wird jedes Wort des Kanons — selbst die nebensächlichste Bemerkung in den profansten Geschichten des Jātakabuches — als ein heiliges Buddhawort aufgefaßt, das unbedingt wahr und gut sein muß. Hat der Bodhisatta in irgendeiner seiner früheren Geburten, von denen die Jātakas berichten, Fehler und Untugenden gehabt, so bemüht sich der Verfasser des IV. Buches des Milindapañha, ihn reinzuwaschen. Denn für ihn ist der Bodhisatta ganz identisch mit dem vollkommenen Buddha. Von einer derartigen Auffassung ist in den echten Büchern (ebensowenig wie im Tipiṭaka) auch nicht eine Spur zu finden. Ebenso stechen die späteren Bücher in litterarischer Beziehung von den echten Teilen des Werkes stark ab. Wohl finden sich auch in diesen späteren Büchern noch hie und da hübsche Gleichnisse und geistreiche Bemerkungen, aber an die Schönheit und Originalität der ersten Bücher reichen sie nicht heran. Schließlich bildet auch das Ende des dritten Buches einen guten Abschluß des Werkes, das jeder für vollständig halten würde, wenn die Bücher IV—VII nicht folgten [1]).

spricht für das höhere Alter der chinesischen Übersetzung, daß in einem chinesisch-buddhistischen Avadānawerk vom Jahre 472 n. Chr. das einleitende Buch des Milindapañha, anekdotenhaft ausgeschmückt, als selbständige Geschichte erscheint, die wie ein später Nachklang des alten Dialogs aussieht (vgl. J. Takakusu im JRAS 1896, pp. 1—21 und Ed. Chavannes, Cinq cents contes du Tripiṭaka Chinois III, 120 ff., Nr. 418). Daß dieses chinesische Avadāna dem ursprünglichen Werke näher stehe, und daß ursprünglich nicht Milinda, sondern ein König Nanda von Magadha der Held des Buches gewesen sei, hat L. A. Waddell (im JRAS 1897, p. 227 ff.) auf Grund sehr zweifelhafter tibetischer Daten wahrscheinlich machen wollen. »Nanda« ist aber gewiß nur eine Sanskritisierung des griechischen Menandros.

[1]) Die äußeren und inneren Gründe für die Unechtheit der späteren Bücher hat schon Garbe a. a. O. 136 ff. angeführt. Weiter geht Schrader a. a. O. XXIII ff., der nicht weniger als sieben verschiedene

Das alte Gedicht begann wahrscheinlich mit der prächtigen Schilderung der Stadt Sāgala, der Residenz des Königs Milinda [1]). Dann wurde erzählt, wie der wohlunterrichtete und mächtige Griechenkönig eines Tages, nachdem er eine Heerschau gehalten, den Wunsch nach einem Redetournier äußerte. Der König war aber ein so gefürchteter Gegner in Redetournieren mit weisen Männern, daß es nicht leicht war, einen Brahmanen oder Asketen zu finden, der es gewagt hätte, mit ihm zu disputieren. Doch führten ihn seine Höflinge zu dem Mönch Āyupāla, der in einer Einsiedelei in der Nähe von Sāgala lebte. Aber auch dieser wird schon durch die erste Frage des Königs in Verlegenheit gebracht, so daß Milinda ausruft: »Ach, nichts ist es mit Indien! Ach, ganz Indien ist nur eitel Geschwätz! Es gibt da keinen Asketen oder Brahmanen, der imstande wäre, mit mir zu disputieren und meine Zweifel zu lösen!« Damals zog aber gerade der hochgelehrte und weise buddhistische Mönch Nāgasena bettelnd durch Dörfer und Städte. Er war weithin durch seine Weisheit berühmt, und im Redekampf konnte ihm niemand standhalten. Er war eben nach Sāgala gekommen und hatte sich in einer Einsiedelei niedergelassen. Zu ihm führten die Höflinge den König, der von der Persönlichkeit des Weisen sofort einen gewaltigen Eindruck erhält [2]).

An die gegebene Situation geschickt anknüpfend, führt uns gleich der erste Dialog in eine Hauptlehre des Buddhismus ein. König Milinda fragt den Weisen nach seinem Namen. Dieser sagt, er heiße Nāgasena, aber das sei ein bloßer Name, — ein

---

Fassungen bzw. Überarbeitungen des Werkes annimmt. Ich glaube, daß die Annahme von drei Fassungen genügt: 1. das ursprüngliche Werk; 2. ein etwas erweiterter Text, der die Grundlage der chinesischen Übersetzung bildete; 3. der durch Hinzufügung der Bücher IV—VII und Erweiterung der Einleitung vermehrte Pālitext. Keinen genügenden Grund sehe ich dafür, mit Garbe das ganze dritte Buch für unecht zu halten.

[1]) Das Pāliwerk beginnt mit einigen einleitenden Versen, und auch gegen Ende der Einleitung finden wir einige Verse. Schrader (S. XXVI, XXXII) will in diesen Versen Reste eines in Ceylon entstandenen Pāligedichtes sehen. Ich glaube, daß es nur Gāthās von der Art sind, wie sie auch in den Suttas des Tipiṭaka so oft vorkommen, und wie sie zur Verbrämung der Prosa in Indien allzeit beliebt waren. Vgl. oben S. 27, 31 und 92.

[2]) Für entschieden unecht halte ich im ersten Buch die §§ 3 (Inhaltsangabe, die sich auf das ganze Pāliwerk bezieht), 4—8 (Jātaka, das von den früheren Geburten des Milinda und des Nāgasena erzählt und mit einer Prophezeiung des Buddha endet), 11—14 (schon von Rhys Davids als plumpe Interpolation erkannt) und 16—36 (Empfängnis, Geburt, Jugend- und Lehrzeit des Nāgasena).

Ich, eine Person gebe es dabei nicht. Darüber entspinnt sich nun ein ganz vortrefflich geführtes Zwiegespräch zwischen dem Weisen und dem König, der schließlich zugestehen muß, daß es ein bleibendes Ich nicht gebe[1]).

Diese Grundlehre des Buddhismus, daß es kein Ich, keine Seele gebe, sondern nur einen beständigen Wechsel von physischen und psychischen Erscheinungen, läßt sich nur schwer mit dem Glauben an einen Kreislauf von Wiedergeburten, wie ihn auch Buddha annahm, und noch schwerer mit der für die gesamte Ethik des Buddhismus so wichtigen Lehre von den Folgen der Tat, der Karmanlehre, vereinigen. Mit der ersten dieser beiden Fragen beschäftigt sich das folgende Gespräch[2]), das ich hier mitteile, weil es zeigt, wie der Verfasser unseres Werkes in geistvoller Weise und durch treffliche Gleichnisse sich auch mit den schwierigsten Problemen auseinanderzusetzen weiß:

Der König sprach: »Herr Nāgasena, ist derjenige, welcher wiedergeboren wird, derselbe oder ist es ein anderer?« Der Thera sprach: »Weder derselbe noch ein anderer.« »Gib ein Gleichnis.« »Was meinst du, Großkönig, bist du jetzt als Erwachsener derselbe wie damals, als du ein zartes Knäblein, ein kleines Kind mit strampelnden Beinen warst?« »Nein, Herr, ein anderer war jenes zarte Knäblein, das kleine Kind mit strampelnden Beinen, und ein anderer bin ich jetzt als Erwachsener.« »Wenn dem so ist, Großkönig, dann hast du wohl keine Mutter, keinen Vater, keinen Lehrer, dann bist du nie unterrichtet worden, hast nie die Gebote gelernt, hast nie Weisheit erworben. Wie denn, Großkönig, ist die Mutter des Embryos in seinen vier Stadien jedesmal eine andere, ist die Mutter des kleinen Kindes eine andere und die Mutter des Erwachsenen eine andere? Ist es ein anderer, der Unterricht genießt, und ein anderer, der etwas erlernt hat? Ist es ein anderer, der ein Verbrechen begeht, und ein anderer, dem Hände und Füße abgeschnitten werden?« »Nein, Herr, aber was würdest du darauf erwidern?« Der Thera sprach: »Ich selbst, Großkönig, war das zarte Knäblein, das kleine Kind mit strampelnden Beinen, und ich selbst bin jetzt der Erwachsene. Durch einen und denselben Körper werden alle diese zu einer Einheit zusammengefaßt.« »Gib mir ein Gleichnis.« »Wenn da, Großkönig, ein Mensch eine Lampe anzündete, würde sie die ganze Nacht brennen?« »Jawohl, Herr, das würde sie.« »Wie nun, Großkönig, ist die Flamme in der ersten Nachtwache dieselbe wie die Flamme in der zweiten Nachtwache?« »Nein, Herr.« »Und ist die

---

[1]) Vgl. Oldenberg, Buddha, S. 299 ff.

[2]) II, 2, 1; Ausgabe Trenckner, p. 40. Vgl. Oldenberg, Buddha. S. 308.

Flamme in der zweiten Nachtwache dieselbe wie die Flamme in der letzten Nachtwache?« »Nein, Herr.« »Wie, Großkönig, war denn die Lampe in der ersten Nachtwache eine andere, in der zweiten Nachtwache eine andere und wieder eine andere in der letzten Nachtwache?« »Nein, Herr, durch einen und denselben (Brennstoff) leuchtete die Lampe die ganze Nacht.« »Genau so, Großkönig, kommt die Kontinuität der Erscheinungen[1] zustande: es ist ein anderer, der entsteht, und ein anderer, der vergeht, aber gleichzeitig ist doch etwas da, was sie vereinigt, und darum tritt ein Mensch weder als derselbe noch als ein anderer in seine letzte Vereinigung mit dem Bewußtsein[2] ein.«

Eine ganze Reihe von Gleichnissen soll erklären, warum der Mensch, trotzdem es kein bleibendes Ich gibt, doch für seine Taten verantwortlich ist. Eines dieser Gleichnisse ist das folgende[3]:

»Gesetzt den Fall, es hätte ein Mann einem anderen Mangofrüchte gestohlen, der Eigentümer des Mangobaumes ergriffe ihn, brächte ihn vor den König und sagte: ‚Majestät, der Mann hat mir meine Mangofrüchte gestohlen‘; wenn nun der Dieb sagte: ‚Ich, Majestät, habe diesem Mann doch nicht seine Mangofrüchte gestohlen, es waren ja andere Früchte, die er gepflanzt hat, und andere, die ich weggenommen habe, ich verdiene keine Bestrafung‘, würde dieser Mann seine Strafe bekommen, Großkönig?« »Ja, Herr, er würde seine Strafe bekommen.« »Und warum das?« »Was immer der Mann auch einwenden mag, er würde seine Strafe erhalten wegen der letzten Mangofrucht, die unleugbar ohne die frühere nicht da wäre.«

An trefflichen Gleichnissen dieser Art ist das II. Buch überreich. Auch in dem echten Teil des dritten Buches findet sich manches hübsche Gleichnis. Wenn z. B. Nāgasena dem König auf eine diesbezügliche Frage antwortet, daß das Ende des Leidens nicht nur durch die Entsagung in diesem Leben zustande komme, sondern daß hierzu auch schon Bemühungen in früheren Existenzen notwendig seien, so erläutert er dies dadurch, daß er den König fragt, ob er denn erst Brunnen graben lasse, wenn er Durst habe; oder ob er erst, wenn er hungrig sei, pflügen, säen und

---

[1] D. h. der Wesen, die aber in Wirklichkeit nur wechselnde Erscheinungen sind.

[2] D. h. in seine letzte Wiedergeburt, denn das »Bewußtsein« (viññāṇa) ist es, wodurch ein neues Individuum im Mutterleibe entsteht. Vgl. Oldenberg, Buddha, 261 ff.; Pischel, Leben und Lehre des Buddha, S. 67.

[3] II, 2, 6; Ausgabe Trenckner, p. 46.

ernten, oder erst, wenn der Feind vor den Toren stehe, Wälle graben, Mauern aufrichten und Festungen bauen lasse.

Diese Proben rechtfertigen es wohl zur Genüge, wenn wir das Milindapañha als ein wahres Meisterwerk indischer Prosa bezeichnen. Aber nur der erste, echte Teil kann als eine künstlerische Leistung bewertet werden. Der mit Buch IV beginnende unechte Teil des Werkes ist eine sehr weitschweifige, sehr gelehrte, sehr erbauliche theologisch-apologetische Mönchsarbeit, die aber auf den Namen eines Kunstwerkes keinen Anspruch erheben kann, trotzdem auch in diesem Teile die Darstellung oft durch Gleichnisse belebt wird. Der größte Teil des V. Buches ist sogar ein einziges, breit ausgeführtes Gleichnis, in dem der Buddha, der seine Religion geschaffen, mit einem Baumeister verglichen wird, der eine große Stadt aufbaut. Und das ganze VII. Buch ist ein förmliches Buch der Gleichnisse. Es werden da nicht weniger als 67 Gleichnisse[1] vorgeführt, welche dartun sollen, was für Eigenschaften ein Mönch haben muß, um die Arhatschaft zu erlangen.

Von großer Wichtigkeit wären die Bücher IV—VII für die Geschichte des Pālikanons, wenn wir irgendwelche Anhaltspunkte für deren Abfassungszeit hätten. Leider ist dies nicht der Fall. Und so nützt es uns wenig, wenn wir in ihnen zahlreiche Zitate aus dem Kanon finden[2]. Immerhin ist es bemerkenswert, daß diese Zitate nicht immer mit unseren Texten übereinstimmen, daß insbesondere in den vielen zitierten Jātakas sich manche Abweichungen von unserem Jātakakommentar finden[3].

So wie der unechte Teil des Milindapañha, so ist die ganze übrige nichtkanonische Pālilitteratur das Werk gelehrter Mönche. Diese beschäftigten sich in ihren Klöstern eifrigst mit dem Studium der kanonischen Texte, deren verhältnismäßig treue Überlieferung

---

[1] Das in VII. 1 enthaltene Verzeichnis der Gleichnisse enthält noch 38 mehr. Wahrscheinlich ist das ganze Buch erst noch später dem Milindapañha angefügt worden und unvollendet geblieben. Viele der Gleichnisse kommen schon in kanonischen Texten vor.

[2] Die echten Teile des Milinda enthalten nur solche Zitate, die auch aus anderen Gründen zum ältesten Bestand des Kanons zu rechnen sind. Die Aufzählung der sieben Abhidhammabücher (I, 26) erscheint in dem unechten Teile der Einleitung.

[3] Vgl. Rhys Davids, SBE Vol. 35, pp. XL ff., 196, 284 ff., 297 ff. und Vol. 36, pp. 43 ff., 143, 304.

wir ihnen verdanken. Sie begnügten sich aber nicht mit dem Lernen und Lehren dieser Texte, sondern bemühten sich von Anfang an auch um deren Erklärung. So entstand eine umfangreiche **Kommentarenlitteratur**, von der ja auch schon einiges in den Kanon selbst aufgenommen worden ist[1]. Und wenn wir den orthodoxen Buddhisten von Ceylon auch nicht glauben können, daß die **Aṭṭhakathās**, d. h. die »Sinneserklärungen« oder »Kommentare«, seit dem ersten Konzil mit den Texten des Tipiṭaka überliefert, von Mahinda ins Singhalesische übersetzt, unter Vaṭṭagāmani aufgezeichnet und von Buddhaghosa (5. Jahrh. n. Chr.) ins Pāli übertragen worden seien[2], so hat doch ohne Zweifel die exegetische und schriftstellerische Tätigkeit der Mönche unmittelbar nach der Zusammenstellung der Texte bereits in **Indien** begonnen, und zwar im Pāli, der Sprache des Kanons. Als aber die Theravāda-Schule in Indien selbst mehr und mehr durch andere buddhistische Sekten und Schulen verdrängt wurde, waren es die Klöster von Ceylon[3], in denen das Studium der Theravādatexte eine dauernde Pflegestätte fand. Was an Pālikommentaren vorhanden war, wurde ins Singhalesische übersetzt. Nur die Verse — teils Memorialverse, teils Verse von erzählenden Stücken — ließ man unverändert in Pāli. Die Mönche von Ceylon arbeiteten aber in dieser Richtung selbständig weiter, schrieben singhalesische Kommentare, versuchten sich auch im Pāli, namentlich in Pāliversen, und brachten es darin zu solcher Vollkommenheit, daß ein Buddhaghosa im 5. Jahrhundert bereits ein elegantes Pāli schreibt und daran geht, auch die singhalesischen Kommentare in die heilige Pālisprache zu übersetzen oder zurückzuübersetzen.

---

[1] S. oben S. 18, 67 f., 71, 77, 127, 136 f.

[2] **Kern.** Manual of Indian Buddhism, p. 8 f.; Th. **Foulkes** im Ind. Ant. XVII, 1888, 123 f.; Dīpavaṃsa 20, 20 f.; Mahāvaṃsa 33, 100 ff.

[3] Verschiedene Klöster hatten ihre eigenen Kommentare; es gab außer der Mūla- oder Mahā-Aṭṭhakathā des »großen Klosters« von Anurādhapura auch eine des »nördlichen Klosters« (Uttaravihāra) in derselben Stadt Ceylons, ferner eine Andha-Aṭṭhakathā in Kāñcīpura in Südindien u. a. Vgl. Mrs. **Rhys Davids**, Buddhist Manual of Psychological Ethics, p. XXII. In den späteren Kommentaren wird auf die Aṭṭhakathās auch häufig nur kurz mit dem Worte Porāṇā. d. h. »die Alten«, verwiesen.

Die exegetische und schriftstellerische Tätigkeit der Mönche erstreckte sich aber auf alle »drei Edelsteine«: den Buddha, die Religion (Dhamma) und die Mönchsgemeinde (Saṅgha). Die Buddhalegende wurde ausgestaltet; man begnügte sich nicht mit den Balladen und gelegentlichen Angaben des Tipiṭaka, sondern wollte eine Lebensbeschreibung des Meisters haben. Die Religionstexte wurden erläutert und erklärt, und zwar in derselben Weise, wie dies in Indien schon zur Zeit der Brāhmaṇas üblich war, nicht nur grammatisch und lexikalisch, sondern auch durch Erzählungen und Legenden [1]). Wie die Brahmanen in ihren vedischen Schulen, so waren auch die Mönche in ihren Klöstern darin echte Inder, daß sie eine ungezügelte Freude am Erzählen hatten. Die zahlreichen Erzählungen, die der Kanon enthielt, genügten ihnen nicht. Sie erweiterten und ergänzten, sie trugen nach, was ihnen aus mündlicher Überlieferung zuflog, sie fügten ein, was ihnen aus anderen Litteraturkreisen bekannt war, indem sie es in buddhistischem Sinne ummodelten, und sie dichteten wohl auch manches Neue in Nachahmung alter Muster hinzu. Sie sammelten auch die Legenden über die Entstehung und machten Aufzeichnungen über die Geschichte der Mönchsgemeinde, deren Ordnung sie in den Kommentaren zum Vinayapiṭaka behandelten, so daß die Aṭṭhakathās auch die Anfänge einer Kirchengeschichte enthielten.

Was zunächst die Buddhalegende anbelangt, so haben wir gesehen, daß im Kanon keine eigentliche Buddhabiographie enthalten war, sondern nur Ansätze zu einer solchen. Im Vinayapiṭaka, in einzelnen Reden des Suttapiṭaka und einigen altertümlichen Balladen des Suttanipāta fanden wir teils mehr oder weniger glaubwürdige Berichte von dem wirklichen Leben des Meisters, teils die ersten Anfänge einer Buddhalegende und eines Buddhaepos. Im Buddhavaṃsa fanden wir eine Art Vorgeschichte und in dessen 26. Kapitel einen kurzen Abriß einer Buddhabiographie. Auch Cariyāpiṭaka und Jātaka, indem sie von den früheren Existenzen des Buddha erzählen, enthalten — wenigstens für den gläubigen Buddhisten — Beiträge zur Geschichte des Lebens des Buddha. Aber eine zusammenhängende Lebens-

---

[1]) Die Aṭṭhakathās enthalten Jātakas und andere Erzählungen, wie der Arthavāda der Brāhmaṇas (vgl. oben Bd. I, S. 181) Itihāsas und Akhyānas.

geschichte des Buddha finden wir in der Pālilitteratur erst in der
Nidānakathā[1]), der »Erzählung von den Anfängen«[2]), welche
der Jātakaṭṭhavaṇṇanā, unserem Jātakakommentar, vorausgeht
und einen Teil dieses großen Kommentarwerkes bildet.

Diese Nidānakathā besteht aus drei Abschnitten: 1. der
Geschichte der »Anfänge in ferner Vergangenheit« (dūrenidāna),
welche von dem Dasein des späteren Buddha als Sumedha zur
Zeit des Buddha Dīpaṅkara bis zu dessen Wiedergeburt im Himmel
der Tusitagötter reicht; 2. der Geschichte von den »Anfängen
in nicht ganz ferner Vergangenheit« (avidūrenidāna), welche mit
der Herabkunft des Buddha aus dem Himmel der Tusitagötter
beginnt und mit der Erlangung der Bodhi, d. h. der Erleuchtung,
endet; und 3. der Geschichte »von den Anfängen in der nächsten
Vergangenheit« (santikenidāna), welche die Ereignisse von der
Erleuchtung des Buddha bis zu der Geschichte von der großartigen Schenkung des Kaufmanns Anāthapiṇḍika erzählt.

Der erste Abschnitt schließt sich unmittelbar an den Buddha-
vaṃsa und das Cariyāpiṭaka an und ist im wesentlichen nichts
anderes als ein Kommentar zu einem Auszug aus diesen beiden
Texten. Vollständig aufgenommen ist nur die Erzählung von
Sumedha aus dem II. Kapitel des Buddhavaṃsa. Wie der künftige
Buddha vor ungezählten Äonen als Sumedha dem damaligen
Buddha Dīpaṅkara huldigt und den Entschluß faßt, die zehn
»Vollkommenheiten« zu erreichen, um der Buddhaschaft würdig
zu werden, haben wir gesehen[3]). Nachdem er diesen Entschluß
gefaßt, strebte er in unzähligen Wiedergeburten immer wieder
nach Erfüllung dieser höchsten »Vollkommenheiten« — von ihnen
erzählt das Cariyāpiṭaka, das der Verfasser der Nidānakathā
hier zitiert[4]) —, bis er schließlich in seinem Dasein als Vessantara

---

[1]) Den Text findet man in Fausbölls Jātakaausgabe, Vol. I
pp. 1—94, übersetzt von T. W. Rhys Davids, Buddhist Birth Stories,
pp. 1—133; eine freie Wiedergabe des Inhalts der Nidānakathā bei
Kern, Der Buddhismus I, S. 24—140, eine Übersetzung des dūrenidāna
und avidūrenidāna bei Warren, Buddhism in Translations, pp. 5—83.
Zwei kleinere Stücke, übersetzt von J. Dutoit, Leben des Buddha,
S. 5 ff., 18 ff.

[2]) D. h. von den Anfängen der Laufbahn des Buddha. Nidāna
bedeutet »Ursache«, »Ursprung«, daher auch »Anfang«.

[3]) Oben S. 130.

[4]) Allerdings, wie schon oben S. 133 bemerkt wurde, in einer von
der unseren abweichenden Redaktion.

durch seine maßlose aufopferungsvolle Freigebigkeit den Gipfel-
punkt der Vollkommenheit erreicht hat und dann im Himmel
der Tusitagötter wiedergeboren wird.

Während im ersten Abschnitt die Prosa durch die Buddha-
vaṃsa- und Cariyāpiṭaka-Verse fortwährend unterbrochen wird,
enthalten die beiden folgenden Abschnitte nur einige gelegentliche
Verszitate. Der zweite Abschnitt beginnt mit dem »Buddha-
Aufruhr« im Himmel. Die Tusitagötter bestürmen den Bodhisatta,
er möge zum Heile der Welt auf der Erde wiedergeboren werden,
wozu er sich nach reiflicher Überlegung entschließt. Es folgen
dann die bekannten Legenden von der Empfängnis des Bodhisatta,
der als weißer Elefant in den Schoß der träumenden Königin
Māyā einzudringen scheint, von dessen wunderbarer Geburt im
Lumbinīhain[1]), von der Begrüßung des neugeborenen Kind-
leins und der Prophezeiung über seine künftige Größe durch den
Seher Asita, von den Wundern der Kindheit und des Knaben-
alters, von den vier Begegnungen des Prinzen, durch die er
Alter, Krankheit, Tod und Weltentsagung kennen lernt, von der
Nachtszene im Frauensaal, die in ihm den Entschluß zur Reife
bringt, der Welt zu entsagen, von der mit zahlreichen Wundern
und der Mithilfe der Götter vollzogenen Flucht aus dem Palaste
und dem Übertritt in den Stand des Bettelmönchs, von seiner
großen Askese, von dem unter zahlreichen Wundern zubereiteten
Milchreis der Sujātā, durch den der vom langen Fasten er-
schöpfte Bodhisatta neue Kräfte gewinnt, von der Meditation
unter dem Bodhibaum und den Angriffen des Māra und endlich
der Erlangung der Bodhi, der höchsten Erkenntnis, die von zahlreichen Wundererscheinungen begleitet ist.

Auch in dem dritten Abschnitt, der hauptsächlich von den
ersten Bekehrungen handelt und sich zur Einführung von Wundern
weniger eignet, fehlt es doch nicht an solchen. Eine Woche ver-
bringt der Buddha, in Meditation versunken, unter dem Bodhibaum,
und die Götter zweifeln, ob er denn wirklich die Erleuchtung
erreicht habe. Um ihre Zweifel zu zerstreuen, vollzieht er ein

---

[1]) In all dem hat die Nidānakathā nur die im Dīghanikāya 14 und
Majjhimanikāya 123 berichteten Wunder ein wenig ausgeschmückt.
Der »weiße Elefant« allerdings kommt im Pālikanon noch nicht vor;
er findet sich aber schon auf Skulpturen aus der Zeit des Aśoka.
Hardy, Asoka, S. 56. Windisch, Buddhas Geburt, S. 5 ff., 155 ff.

paar Wunder, erhebt sich in die Luft, stellt sich dann neben seinem »Thron« gegen Osten blickend hin und bleibt so eine ganze Woche, ohne mit den Augen zu blinzeln, stehen. Hier fügt die Nidānakathā die Bemerkung ein, daß an diesem Orte später das Animisacetiya, d. h. das »Nichtblinzeln-Heiligtum«, errichtet worden sei. Und noch an verschiedenen anderen Stellen werden Heiligtümer erwähnt, die an Ereignisse im Leben des Buddha erinnern sollen, und die auch wohl existiert haben werden. Die Bekehrung der beiden Kaufleute Tapussa und Bhallika zu Laienjüngern wird auch schon im Vinayapiṭaka (Mahāvagga I, 4) erzählt. Die Nidānakathā fügt aber hinzu, daß diese ersten Laienjünger vom Buddha auch einige Haare erhielten, über welche sie als Reliquien ein Heiligtum errichteten. Mit großer Umständlichkeit wird der Besuch des Buddha in seiner Vaterstadt Kapilavatthu berichtet, wobei es wieder nicht an Wundern fehlt. Einen breiten Raum nimmt auch die Erzählung von dem Großkaufmann Anāthapiṇḍika ein, der dem Mönchsorden den Jetavanahain zum Geschenk machte. Mit dieser Erzählung bricht die Nidānakathā ab, ohne daß recht ersichtlich ist, warum gerade hier ein Abschluß gemacht wird.

Daß die Nidānakathā nicht zufällig dem Jātakakommentar vorgesetzt ist, sondern einen wesentlichen Bestandteil desselben bildet, geht daraus hervor, daß in den »Gegenwartsgeschichten« (Paccutpannavatthu) zuweilen auf die Nidānakathā zurückverwiesen wird. Da aber der Verfasser der letzteren an einer Stelle[1]) ausdrücklich sagt, daß er von der Jātakaṭṭhakathā abweicht, und sich auf die »anderen Aṭṭhakathās« beruft, so folgt, daß er nicht einfach den singhalesischen Kommentar übersetzt, sondern diesen unter Benutzung anderer Kommentare frei bearbeitet hat. Leider fehlt uns jeder Anhaltspunkt für eine sichere Datierung des Jātakakommentars und damit auch der Nidānakathā. Eines aber ist sicher. Die großen Übereinstimmungen zwischen der Buddhalegende, wie sie in den Sanskritquellen erzählt wird, und der Nidānakathā beweist, daß die letztere auf derselben indischen Überlieferung beruht wie jene und daher wohl auch auf Kommentare zurückgeht, die aus Indien nach Ceylon gebracht wurden, und zwar zu einer Zeit, bevor noch

---

[1]) Jātaka, ed. Fausböll, p. 62.

die Mahāyānalitteratur in Indien entwickelt war. Denn die Nidānakathā stellt immerhin noch eine ältere Phase in der Entwicklung der Buddhalegende dar als Lalitavistara und ähnliche Sanskritwerke, selbst wenn die letzteren einer früheren Zeit zugeschrieben
werden müssen.

Nach dem Gandhavaṃsa, einer wahrscheinlich im 17. Jahr-
hundert in Birma verfaßten »Geschichte der Bücher«, soll
Buddhaghosa der Verfasser des Jātakakommentars sein. Wäre
dies richtig, so würde er dem 5. Jahrhundert n. Chr. angehören.
Denn so wenig wir auch von diesem in Ceylon wie in Birma so
berühmten Kommentator wissen [1]), so viel dürfen wir doch der
Tradition glauben, daß er unter der Regierung des Königs
Mahānāma von Ceylon, der 413 n. Chr. den Thron bestieg, gelebt hat. Zwar finden wir diese Nachricht erst in der um die
Mitte des 13. Jahrhunderts geschriebenen Fortsetzung des Mahāvaṃsa. Aber sie wird bestätigt durch die Tatsache, daß ein
Werk des Buddhaghosa bereits 489 n. Chr. ins Chinesische übersetzt wurde [2]). Und aus all dem Legendenhaften, das uns von
diesem gelehrten Mann berichtet wird, dürfte doch so viel als
geschichtliche Tatsache zu entnehmen sein, daß er in der ersten
Hälfte des 5. Jahrhunderts in dem »großen Kloster« von Anurādhapura in Ceylon die dort aufbewahrten Texte des Tipiṭaka und
die singhalesischen Aṭṭhakathās oder »Kommentare« eifrig studierte,
daß er dann als erste Frucht seiner Studien ein systematisches
Werk über die Buddhalehre, den Visuddhimagga, geschrieben [3])

---

[1]) Über Buddhaghosa vgl. Max Müller in SBE 10 (II), pp. XII
bis XXIV, Minayeff, Recherches, 189 ff., Thos. Foulkes in Ind.
Ant. 19, 1890, pp. 105—122 und T. W. Rhys Davids in ERE II,
885 ff. Ganz legendenhaft ist die von dem Mönch Mahāmaṅgala in
der Mitte des 16. Jahrhunderts in Birma verfaßte »Biographie«, bekannt
gemacht durch James Gray, Buddhaghosuppatti or the Historical
Romance of the Rise and Career of Buddhaghosa, London 1892.

[2]) Diese chinesische Übersetzung der Samantapāsādikā ist das
erste Werk, von dem nachgewiesen ist, daß es aus dem Pāli ins
Chinesische übersetzt wurde. Früher wußte man nur von chinesischen
Übersetzungen aus dem Sanskrit (J. Takakusu im JRAS 1896, 415 ff.)

[3]) Nach der Überlieferung hätte er, bevor er nach Ceylon kam,
in Indien ein (uns nicht erhaltenes) Werk Ñāṇodaya (»Erkenntnis-
aufgang«) und die Atthasālinī, den Kommentar zu dem Dhamma-
saṅgani des Abhidhammapiṭaka, verfaßt. Die Atthasālinī (heraus-

und nachher die Kommentare zu den Haupttexten des Tipiṭaka
in der Pālisprache überarbeitet hat. Nicht unmöglich ist es, daß
er, wie die Legende berichtet, einer Brahmanenfamilie in der
Nähe von Bō Gayā entstammte, schon in früher Jugend große
brahmanische Gelehrsamkeit erwarb, aber infolge einer Disputation
von dem Mönch Revata zum Buddhismus bekehrt und von seinem
Lehrer angeregt wurde, nach Ceylon zu gehen, um die singhalesischen Kommentare zu studieren. Gewiß hat er viele der ihm
zugeschriebenen Werke verfaßt, die seinen Namen so groß
machten, daß er für den Kommentator par excellence galt und
man ihm später auch Kommentare zuschrieb, die andere Verfasser
hatten, oder deren Verfasser unbekannt waren. Er selbst nennt
sich in Einleitungsversen als Verfasser des Visuddhimagga, der
Samantapāsādikā (Kommentar zum Vinayapiṭaka), der Sumangalavilāsinī (Kommentar zum Dīghanikāya)[1]), der Papañcasūdanī
(Kommentar zum Majjhimanikāya), der Sāratthapakāsinī (Kommentar zum Saṃyuttanikāya) und der Manorathapūranī (Kommentar
zum Anguttaranikāya). Im Gandhavaṃsa werden ihm außerdem die
Kommentare Kankhāvitaranī (zu den Pātimokkhas), Paramattha-
kathā (zu den sieben Büchern des Abhidhammapiṭaka) und die
zum Khuddakapāṭha, zum Dhammapada, zum Suttanipāta, zum
Jātaka und zum Apadāna zugeschrieben[2]).

Aber es ist nicht gerade wahrscheinlich[3]), daß Buddhaghosa
wirklich der Verfasser der Kommentare zum Jātaka und zum
Dhammapada gewesen sei. Eigentlich ist ja bei diesen beiden
Werken die Bezeichnung »Kommentar« ebenso wenig angebracht
wie der Ausdruck »Verfasser«. Denn in beiden Werken nimmt
der wirkliche Kommentar, d. h. die grammatisch - lexikalische
Erklärung der Verse, nur einen ganz geringen Raum ein, während
Erzählungen — genauer Predigten in Form von Er-

---

gegeben von Ed. Müller, London PTS 1897) setzt aber den Visuddhimagga voraus. Vgl. Mrs. Rhys Davids, Buddhist Manual of Psychological Ethics, p. XX ff.

[1]) Edited by T. W. Rhys Davids and J. Estlin Carpenter. I,
London PTS 1886.

[2]) Gandhavaṃsa, JPTS 1886, p. 59.

[3]) Vgl. Rhys Davids, Buddhist Birth Stories, p. LXIII ff.

zählungen[1]) — den Hauptbestandteil bilden. Und Buddhaghosa oder wer immer es war, dem wir die Jātakaṭṭhavaṇṇanā und den Dhammapadakommentar verdanken, könnte höchstens als Kompilator bezeichnet werden, der diese Predigten oder Erzählungen sammelte und redigierte.

Der Dhammapadakommentar[2]) bildet in der Tat eine wertvolle Ergänzung zum Jātakakommentar und enthält gleich diesem viele alte, volkstümliche Erzählungsstoffe, von denen manche auch weit über Indien hinaus in der Weltlitteratur bekannt sind. So finden wir hier die Geschichte von einem König von Benares, der wie Harun al Raschid nachts in der Stadt umhergeht, das Märchen vom »Doktor Allwissend« u. a. Hier begegnet uns auch die berühmte Erzählung von Kisā-Gotamī, der Mutter, die ihr totes Kind im Arm verzweifelt umherirrt und zum Buddha kommt, der ihr sagt, er könne ihr Kind wieder ins Leben zurückrufen, wenn sie ihm ein Senfkorn bringe; doch müsse dieses Senfkorn aus einem Hause kommen, in dem nie ein Mensch gestorben sei. Vergebens irrt die Mutter von Haus zu Haus, bis sie endlich erkennt, daß der Meister ihr nur die große Wahrheit von der Allgemeinheit des Sterbens beibringen wollte, und getröstet wird sie ein Mitglied der Gemeinde des Buddha. Die Legende erweist sich schon dadurch, daß sie zu dem uns wohlbekannten Typus der »Trostgeschichten« gehört, als echt indisch. Wenn wir daher einer ähnlichen Anekdote in der Alexandersage — in einigen Versionen des Pseudokallisthenes sowie in arabischen, jüdischen, persischen und koptischen Erzählungen von Alexander — begegnen, so ist es wahrschein-

---

[1]) Sowohl im Jātaka- als auch im Dhammapada-Kommentar werden die Erzählungen als dhammadesanā, d. h. »Religionsunterweisungen« oder »Predigten«, dem Buddha selbst in den Mund gelegt.

[2]) Bruchstücke aus demselben hat zuerst V. Fausböll in seiner Ausgabe des Dhammapada (Hauniae 1855) bekannt gemacht. Von einer vollständigen Ausgabe durch H. C. Norman ist der erste Band in zwei Teilen (London PTS 1906 und 1909) erschienen. Eine Auswahl von Erzählungen hat nach einer birmanischen Version T. Rogers (Buddhaghosha's Parables translated from Burmese, London 1870) übersetzt. Übersetzungen einzelner Erzählungen von Warren, Buddhism in Translations, pp. 221 ff., 264 ff., 380 ff., 430 ff., 451 ff. und L. de La Vallée Poussin und G. de Blonay, Contes Bouddhiques in RHR. t. 26, 1892, 180 ff. und t. 29, 1894, 195 ff., 329 ff.

licher, daß die buddhistische Legende die griechische Sage beeinflußt hat, als daß sie, wie Rohde gemeint hat, zuerst auf griechischem Boden entstanden ist [1]). Wenn wir aber in dem Roman von Udena und Vāsuladattā [2]) lesen, wie der König Pajjota, um den Udena in einen Hinterhalt zu locken und ihn in seine Gewalt zu bekommen, einen hölzernen Elefanten verfertigen ließ, in dem er sechzig Krieger verborgen hatte, so werden wir hierin eher einen Widerhall der nach Indien gedrungenen Sage vom trojanischen Pferd sehen.

Der Plan des Werkes ist folgender. Zu jedem Vers oder jeder Versgruppe des Dhammapada wird berichtet, daß der Meister diese Predigt« (dhammadesanā) — damit ist der Vers oder die Versgruppe samt der dazu gehörigen Erzählung gemeint — an dem und dem Orte und mit Bezug auf diese oder jene Person oder Personen oder Begebenheit gehalten habe. Hierauf folgt die Erzählung, welche mit dem Vers oder den Versen endet, die dann Wort für Wort erklärt werden. Alles das — Erzählung, Verse und Worterklärung — wird dem Buddha selbst in den Mund gelegt. Zum Schlusse heißt es dann gewöhnlich, daß nach dieser Predigt oder nach diesen Gāthās eine in der Geschichte vorkommende Person oder »viele« oder »hunderttausend« Personen (oder Mönche) in den Pfad der Heiligkeit eintraten oder eine höhere Stufe der Heiligkeit erreichten. Nicht selten werden auch regelrechte Jātakas eingeschoben oder angefügt, in denen von den Taten oder Schicksalen des Helden der Erzählung in einem früheren Dasein berichtet wird. Die Geschichten selbst sind sehr verschiedenartig. Neben langen, breitspurig erzählten förmlichen Novellen finden wir kurze, erbauliche Legenden, die in nüchterner und geistloser Weise nur zur Erläuterung eines Verses erfunden sind, andrerseits aber auch höchst interessante, aus der Volkslitteratur geschöpfte Märchen und Er-

---

[1]) Die Geschichte wird zu Dhammapada 114 erzählt. Vgl. E. Rohde in den Verhandlungen der 30. Versammlung deutscher Philologen und Schulmänner zu Rostock 1875, S. 68 f., J. H. Thießen, Die Legende von Kisāgotamī, Breslau 1880, und oben Bd. I, S. 337 ff., 355 f.; II, S. 115.

[2]) Udenavatthu zu Dhammapada 21—23 (ed. Norman pp. 161—231). Vgl. A. Weber, Indische Streifen I, 370 A. und III, 16, und Rhys Davids, Buddhist India, p. 4 ff.

zählungen. Die Hauptlehre, welche die Geschichten einschärfen wollen, ist die vom Karman. Bezeichnend ist die Geschichte vom Tode des Moggallāna, die auch dadurch interessant ist, daß sie, wie auch manche andere Erzählungen des Dhammapada-kommentars, auf eine sehr feindselige Stimmung gegen die »nackten Asketen«, d. i. die Jainamönche, hindeutet [1]).

Eine Spitze gegen die »nackten Asketen« enthält auch die in mehrfacher Beziehung interessante Geschichte von Visākhā [2]), deren Moral aber auch nur darin gipfelt, daß diese reiche und fromme Laienanhängerin deshalb mit ungeheuren Reichtümern gesegnet ist, weil sie in einem früheren Dasein dem damaligen Buddha große Ehren erwiesen, und daß sie auch in ihrem neuen Dasein ein gutes Karman dadurch erwirbt, daß sie ihren Reichtum zu großartigen Schenkungen an die buddhistische Mönchs-gemeinde benutzt. Manche der Erzählungen sind nur Versionen von solchen, die schon in Büchern des Tipiṭaka vorkommen. So ist z. B. die Geschichte von dem Heiligen Godhika [3]), der sich die Kehle abschneidet, um ins Nirvāṇa einzugehen, worauf Māra vergebens nach einer Spur von ihm sucht, nur eine wenig ab-weichende Form der im Saṃyuttanikāya [4]) erzählten Legende. Daß aber auch in dieser Sammlung, ebenso wie im Jātakabuch, zuweilen der Humor zu seinem Rechte kommt, beweist die in Form eines Jātaka erzählte Fabel vom widerspenstigen Esel [5]), deren Inhalt hier noch kurz mitgeteilt sei:

Ein Kaufmann geht mit einem Esel von Benares nach Taxila, um Töpferwaren zu verkaufen. Während der Mann seine Waren verkauft, weidet der Esel außerhalb der Stadt. Dort unterhält er sich mit einer Eselin, die ihn sehr bedauert, daß er so schwere Lasten viele Meilen weit schleppen müsse und nicht einmal jemand habe, der ihm, wenn er heimgekehrt, Beine und Rücken streicheln würde. Durch diese Reden wird der Esel störrisch und weigert sich, nach Benares zurück-zukehren. Auch die Drohung mit der Peitsche nützt nichts. Endlich bemerkt sein Herr die Eselin und errät, daß diese an der Wider-spenstigkeit des Esels schuld ist, und er beschließt, ihn durch das ewig Weibliche kirre zu machen. Er verspricht ihm eine schöne Eselin zur Frau zu geben. Hocherfreut trabt nun der Esel willig heim.

---

[1]) Zu Dhammapada 137. Übersetzt von W a r r e n a. a. O. 221 ff.

[2]) Zu Dhammapada 53, vgl. W a r r e n a. a. O. 451 ff.

[3]) Zu Dhammapada 57, vgl. W a r r e n a. a. O. 380 ff.

[4]) IV, 3, 3, übersetzt von W i n d i s c h, Māra und Buddha, S. 113 ff.

[5]) Zu Dhammapada 13 f. (Ed. N o r m a n I, p. 123 ff.).

Nach einigen Tagen erinnert er aber den Herrn an sein Versprechen. Dieser sagt: »Mein gegebenes Wort werde ich nicht brechen, ich will dir eine Gattin bringen, aber Futter kann ich dir nur für dich allein geben; ob dir das, wenn du zu zweit bist, genügen wird oder nicht, mußt du selbst wissen; durch euer beider Zusammenleben werden auch Kinder geboren werden; ob dir das, wenn ihr so viele seid, genügen wird oder nicht, mußt du selbst wissen.« Kaum hatte der Herr seine Rede beendet, da verging dem Esel alle Lust nach einer Ehehälfte.

Auch in denjenigen Kommentaren, als deren Verfasser sich Buddhaghosa selbst nennt, begegnen uns manche wertvolle Überlieferungen und Beiträge zur indischen Erzählungslitteratur[1]). So enthält die Sumangalavilāsinī im Kommentar zum Brahmajālasutta einen merkwürdigen Bericht über das tägliche Leben des Buddha. Hier erscheint der Buddha einerseits schon als eine Art Halbgott ähnlich wie in den Mahāyānasūtras — wenn er seinen Almosengang antritt, reinigen sanfte Winde den Boden vor ihm, Wolken löschen mit einem leichten Regenschauer den Staub und breiten sich dann als Baldachin über ihm aus, unebene Stellen werden eben, und Lotusblumen sprießen unter seinen Fußtritten hervor, sechsfarbige Strahlen gehen von seinem Körper aus, usw. —, aber andererseits führt er doch ganz das Leben eines Bettelmönchs[2]). In den Kommentar zum Sāmañña-phalasutta (I, p. 132 ff.) sind Geschichten von dem Arzt Jīvaka eingeflochten. Und im Kommentar zum Ambatthasutta (I, p. 259 ff.) findet sich die kulturgeschichtlich außerordentlich interessante Stammessage der Sakyas und Koliyas, aus der nur folgendes hervorgehoben sei:

Die Prinzen aus dem Geschlecht des Ikṣvāku (Pāli Okkāka), die Kapilavatthu erbaut hatten, sind so stolz, daß sie keine Fürstensöhne finden, die würdig wären, ihre Schwestern zu heiraten. Aus Furcht vor Erniedrigung ihres Geschlechts setzten sie daher ihre älteste Schwester als Mutter ein und wohnten den übrigen Schwestern bei. Da erkrankt die älteste Schwester am Aussatz, wird in den Wald gebracht und in eine tiefe Grube gesteckt. Zur selben Zeit wird auch Rāma, ein König von Benares, aussätzig und zieht in den Wald, nachdem er seinem ältesten Sohn das Reich überlassen. Im Wald macht

<hr>

[1]) Drei Erzählungen aus dem Kommentar zum Upāli-Suttam in der Papañcasūdanī hat L. Feer (RHR XIII, 1886, p. 77 ff. und JA 1887, s. 8, t. IX, p. 309 ff.) bekannt gemacht.

[2]) Sumangalavilāsinī I, p. 45 ff.; Warren, Buddhism in Translations, p. 91 ff.

er sich durch Heilkräuter wieder gesund und nimmt dann in einem
hohlen Baum Wohnung. Eines Tages kommt ein Tiger zur Grube, in
der die Königstochter lebt. Diese erhebt ein Angstgeschrei. König
Rāma hört es und begibt sich zur Grube. Er will sie herausziehen,
aber trotz ihrem Elend ist sie so stolz, daß sie sich erst von ihm retten
läßt, nachdem er ihr erklärt hat, daß er auch fürstlichen Blutes sei.
Darauf heilt er sie und macht sie zu seinem Weibe. Er kehrt aber
nicht in sein Land zurück, sondern baut sich im Walde eine Stadt.
Mit der Sakyaprinzessin erzeugt er viele Söhne. Als diese heran-
gewachsen waren, schickte sie ihre Mutter nach Kapilavatthu, damit sie
sich dort die Töchter ihrer mütterlichen Oheime zu Frauen nehmen.
Sie gehen hin und rauben die Königstöchter. Da die Sakyas hören,
daß die Räuber ihrer Töchter Verwandte seien, haben sie nichts dagegen. So entstand das Geschlecht der Koliyas[1]).

Buddhaghosas Kommentar zum Aṅguttaranikāya, die M a n o -
r a t h a p ū r a ṇ i, enthält gegen hundert Legenden. Unter diesen
finden wir z. B. dreizehn außerordentlich interessante Erzählungen
aus dem Leben der Therīs, der ersten Jüngerinnen des Buddha,
die uns als Ergänzungen zu den Therīgāthās überaus wertvoll
sind[2]). Der Legendenkranz, mit dem die buddhistischen Erzähler ihre weiblichen Heiligen umgeben haben, wirft doch auch
manches Streiflicht auf das wirkliche Leben und Fühlen jener
Frauen, welche der Welt entsagten, um dem Buddha zu folgen.
Der Abschnitt beginnt mit der schon im Vinayapiṭaka erzählten
Lebensgeschichte der Mahāpajāpatī Gotamī, der Tante und Ziehmutter des Buddha, welche die erste Nonne wurde. Auf diese
Geschichte, die ganz den Eindruck einer wirklichen Begebenheit
macht, folgt die wunderbare Legende von Khemā, der auf ihre
Schönheit stolzen Königin, die vom Buddha lange nichts wissen
will; eines Tages aber läßt Buddha in ihrer Gegenwart das
Phantom einer entzückend schönen Götterfrau erscheinen, die vor
ihren Augen immer älter und älter wird, bis sie als gebrochene
Greisin vor ihr steht und schließlich tot zusammensinkt; da wird
sie an das auch ihr bevorstehende Schicksal erinnert und bittet
den König um die Erlaubnis zum Eintritt in die Nonnengemeinde.

---

[1]) Dieselbe Sage wird auch in der P a r a m a t t h a j o t i k ā, dem
Kommentar zum Suttanipāta, erzählt, und aus diesem von F a u s -
b ö l l mitgeteilten Text hat sie A. W e b e r (Ind. Stud. V. 412—437;
Ind. Streifen I, 233—244) übersetzt.

[2]) Vgl. Mabel B o d e, Women Leaders of the Buddhist Reformation
in JRAS 1893, pp. 517—566.

Eine andere, Uppalavaṇṇā, ist so herrlich schön, daß die Prinzen von ganz Indien sich um sie bewerben und der Vater in größter Verlegenheit ist, aus der ihm die starke Tochter dadurch hilft, daß sie Nonne wird. Die Legende von Kisā-Gotamī und dem Senfkorn kehrt auch hier wieder. Am ergreifendsten ist die Geschichte der Paṭācārā, deren Inhalt hier kurz wiedergegeben sei:

Paṭācārā ist die Tochter eines reichen Großkaufmanns in Sāvatthi. Sie verliebt sich in einen im Hause bediensteten Arbeiter und läßt sich von ihm entführen. Nachdem sie schwanger geworden, möchte sie gerne zu den Eltern zurückkehren. Der Mann ist einverstanden, schiebt aber die Abreise von Tag zu Tag auf, bis sie endlich allein geht. Er folgt ihr nach und holt sie gerade in dem Augenblicke ein, wo sie, mitten auf der Straße von Wehen befallen, einem Kinde das Leben schenkt. Da kehren sie wieder zurück. Dasselbe wiederholt sich bei der Geburt des zweiten Kindes. Aber während die Frau wieder auf dem Wege entbunden wird, erhebt sich ein großer Sturm. Ihr Mann macht ihr ein Schirmdach aus Zweigen. Während er Gras schneidet, um es zu bedecken, wird er von einer Schlange gebissen und stirbt. Traurig zieht die Mutter mit ihren beiden Kindern weiter. Sie kommt zu einem Strom, über den sie nicht mit beiden Kindern gelangen kann. Da läßt sie den älteren Knaben am Ufer zurück und trägt den jüngeren hinüber, legt diesen nieder und kehrt zu dem älteren zurück. Während sie mitten im Strom ist, kommt ein Habicht auf das jüngere Kind zugeflogen. Sie erhebt die Hände, um den Vogel zu verscheuchen. Das sieht der ältere Knabe, glaubt, daß ihm die Mutter winke, zu ihr zu kommen, geht ins Wasser und wird fortgeschwemmt. Währenddessen hat auch schon der Habicht das jüngere Kind entführt[1]. Schmerzerfüllt setzt die Frau ihren Weg nach Sāvatthi fort. Dort angelangt, erfährt sie, daß ihr Elternhaus von einem Wirbelwind fortgerissen und ihre Eltern umgekommen seien. Eben werden sie auf dem Scheiterhaufen verbrannt. Da bricht die Unglückliche in Jammern und Wehklagen aus, reißt sich die Kleider vom Leib und irrt nun tagelang nackt und wahnsinnig umher. Endlich begegnet sie eines Tages dem Buddha, der gerade predigt. Und der Meister läßt sein Gefühl des Wohlwollens über sie ausströmen und sagt: »Schwester, komm wieder zu Verstand! Schwester, komm wieder zu Sinnen!« Sowie sie die Worte des Meisters hört, kommt Scham über sie. Ein Mann wirft ihr ein Kleidungsstück zu, und sie bedeckt sich. Durch einen Vers des Buddha wird sie völlig bekehrt, und sie ist später eine der angesehensten Nonnen in der Gemeinde geworden.

---

[1] Auf eine ähnliche Episode in einem altfranzösischen Gedicht von Guillaume d'Angleterre hat S. Singer in der Zeitschr. des Vereins für Volkskunde, IV, 1894, S. 73 hingewiesen.

In manchen dieser Erzählungen finden wir Märchenmotive, die zum Allgemeinbesitz der Weltlitteratur gehören, sei es, daß sie aus Indien weitergewandert oder von den Indern selbst aus der Fremde übernommen worden sind. So war Uppalavaṇṇā in einem früheren Dasein — die buddhistischen Erzähler begnügen sich ja nie damit, das Leben ihrer Heiligen nur in ihrem letzten Dasein zu verfolgen — die aus einer Lotusblüte geborene Maid Padumavati, unter deren Tritten Lotusblumen emporsprießen. Als bevorzugte Gemahlin des Königs von Benares erregt sie die Eifersucht der Nebenfrauen, wird von diesen, während der König in den Krieg gezogen ist, ihrer neugeborenen Kinder beraubt, an deren Stelle sie einen blutigen Holzklotz der Wöchnerin an die Seite legen. Dem heimgekehrten König wird erzählt, Padumavati sei eine Unholdin und habe einen Holzklotz geboren. Sie ·wird verstoßen, aber bald werden die in Holzkästchen ausgesetzten Kinder aufgefischt, und die Wahrheit kommt ans Licht. Ähnliche Erzählungen sind in der Märchenlitteratur des Ostens und des Westens verbreitet [1]. An einer anderen Stelle der Manorathapūraṇī begegnet uns die Geschichte vom Kaufmann Ghosaka, das ist die in Indien mehrfach wiederkehrende und weltweit verbreitete Geschichte von dem in niedrigen Verhältnissen, aber unter einem glücklichen Stern geborenen Knaben, der trotz aller gegen sein Leben gemachten Anschläge doch schließlich zu einer hohen Stellung gelangt, wozu ein junges Mädchen mithilft, das sich in ihn verliebt und einen Brief, der ihm den Tod bringen soll, gegen einen anderen vertauscht, in dem seine Heirat mit ebendiesem Mädchen angeordnet wird. Ein zweiter Anschlag auf das Leben des jungen Mannes wird in ähnlicher Weise wie in Schillers Ballade vom »Gang nach dem Eisenhammer« vereitelt, indem nach dem Sprichwort »Wer anderen eine Grube gräbt, fällt selbst hinein« der Anstifter des Mordes selbst oder dessen Sohn ums Leben kommt [2]. Die Mehrzahl der Geschichten

[1] Dieselbe Erzählung findet sich auch im Therīgāthā-Kommentar. Vgl. Ed. Müller im Archiv für Religionswissenschaft III, 1900, 217 ff. und S. Singer in der Zeitschr. d. Vereins für Volkskunde IV, 1894, 71 ff.

[2] Die Geschichte findet sich bei den Buddhisten auch im Dhammapadakommentar, s. E. Hardy im JRAS 1898, 741 ff.; bei den Jainas im Campakašreṣṭhikathānaka (A. Weber in SBA 1883, p. 567 ff.) und im Kathākoša (translated by C. H. Tawney, London 1895,

sind aber wohl nur erbauliche Legenden. Eine von diesen erzählt z. B. von einem Kaufmann, den Māra in der Gestalt des Buddha versucht, um ihm eine falsche Lehre beizubringen; aber der Kaufmann erkennt ihn als Māra, da Buddha so etwas nicht gelehrt haben könne [1]).

Einige der Legenden über die Therīs, die wir in der Manorathapūraṇī finden, kehren auch in dem Kommentar zu den Therīgāthās wieder. Dieser Kommentar bildet einen Teil der Paramatthadīpanī, des Kommentars zu den Texten Petavatthu, Vimānavatthu, Theragāthā und Therīgāthā, und ist von Dhammapāla verfaßt, der nicht lange nach Buddhaghosa in einem südindischen Kloster an der Ceylon benachbarten Küste gelebt haben dürfte [2]). Ein großer Zeitabstand kann zwischen Dhammapāla und Buddhaghosa nicht sein, denn sie haben durchwegs ähnliche Anschauungen, berufen sich auf dieselben Autoritäten und befolgen dieselbe Methode der Erklärung. Wahrscheinlich sind sie beide aus derselben Schule hervorgegangen und folgen im allgemeinen den im großen Kloster von Anurādhapura bewahrten Überlieferungen. Am Schlusse seines Kommentars zu den Therī-

---

p. 169 ff.); auch in dem brahmanischen Jaiminibhārata, s. Weber in den Monatsber. der Berliner Akademie 1869, S. 14 ff., der bereits auf die zahlreichen Parallelen in der Märchenlitteratur des Morgenlandes und des Abendlandes hingewiesen hat, wo allerdings häufig nur eines der beiden Motive, die hier vereinigt sind, vorkommt, entweder nur das vom Glückskind und dem vertauschten Uriasbrief (so in der Sage von der Geburt Heinrichs III. in Grimm, Deutsche Sagen II. Nr. 480 und Gesta Romanorum, Kap. 20 und in Grimms »Kinder- und Hausmärchen« 29) oder nur das Fridolinmotiv (»Gang nach dem Eisenhammer« und dessen französische Quelle). Auch im indischen Kathāsaritsāgara (XX, 194 ff.) findet sich nur das zweite Motiv. Vgl. auch Benfey, Pantschatantra I, 321; E. Kuhn in Byzantin. Zeitschr. IV. 242 ff. Die buddhistische Erzählung in chinesischer Version bei Chavannes, Cinq cents contes et apologues, t. I, Nr. 45.

[1]) E. Hardy (im JRAS 1902, 951 ff.) vergleicht damit eine christliche Legende, in der Satan die Gestalt Christi annimmt, um einem Mönch eine falsche Lehre beizubringen. Die Ähnlichkeit ist aber nicht sehr groß.

[2]) E. Hardy, ZDMG 51, 1897, S. 105 ff. T. W. Rhys Davids, ERE IV, 701 f. Nach dem Gandhavaṃsa (JPTS 1886, pp. 57 u. 60), ist Dhammapāla auch der Verfasser der Kommentare zu Itivuttaka, Udāna und Cariyāpiṭaka.

gāthā[1]) sagt uns Dhammapala selbst, daß er drei ältere Kommentare (Aṭṭhakathās) benutzt habe. Und darin liegt ja die Hauptbedeutung aller dieser Kommentare, ob sie nun von Buddhaghosa, Dhammapala oder von unbekannten und ungenannten Autoren verfaßt bzw. kompiliert worden sind, und ob sie dem 5. oder 6. Jahrhundert n. Chr. angehören — der Zeit nach sind sie wohl alle nicht weit voneinander entfernt —, daß sie Überlieferungen enthalten, die in eine viel ältere Zeit zurückreichen. Auch der Therīgāthā-Kommentar enthält gewiß viel Altes. An Verhältnisse, wie wir sie uns zur Zeit des Buddha und seiner ersten Jünger zu denken haben, wo die Anhänger verschiedener Sekten von Ort zu Ort herumzogen, um Gelehrte und Asketen zum philosophischen Wettstreit herauszufordern, erinnert z. B. die Legende von Bhaddā Kuṇḍalakesā:

Bhaddā ist die Tochter des königlichen Schatzmeisters. Eines Tages sieht sie einen Räuber, der zum Tode geführt wird, und verliebt sich in ihn. Dem Vater gelingt es, durch Bestechung den Räuber frei zu bekommen, um ihn mit seiner Tochter zu verheiraten. Aber dem Räuber ist es nur um des Mädchens Juwelen zu tun. Er führt sie an eine einsame Stelle, um sie zu berauben. Sie aber durchschaut seine Absicht und stürzt ihn, während sie vorgibt, ihn zu umarmen, über einen Felsen herab. Nach diesem Abenteuer will sie aber nicht mehr ins Vaterhaus zurückkehren, sondern wird Jaina-Asketin. Sie ist aber von den Lehren der Jainas nicht befriedigt und begibt sich daher in Orte, wo berühmte Gelehrte wohnen, um mit ihnen zu disputieren. Da sie aber keinen findet, der ihr im Redewettkampf gewachsen wäre, so zieht sie von Ort zu Ort und steckt am Eingang jedes Dorfes und jeder Stadt einen Rosenapfelzweig in einen Sandhaufen, indem sie zu den Dorfkindern sagt: »Wenn jemand sich mit mir in eine Debatte einlassen will, soll er den Zweig niedertreten.« Die Kinder sollten es ihr melden, wenn dies geschähe. Stand der Zweig nach einer Woche noch aufrecht, so zog sie mit ihm weiter. Auf diese Weise kommt sie auch nach Sāvatthi, wo der große Sāriputta sich mit ihr in eine Debatte einläßt und sie zum Buddhismus bekehrt. Der Buddha selbst weiht sie zur Nonne[2].

So schön aber auch m a n c h e dieser Erzählungen sind, und so wertvoll der Kommentar auch dadurch ist, daß er viele Stellen aus den Apadānas zitiert, sind doch die Erzählungen oft auch

---

[1]) Edited by E. M ü l l e r - H e ß, London PTS 1892.

[2]) Therīgāthā-Kommentar, p. 107 ff. Vgl. Mrs. R h y s D a v i d s, Psalms of the Sisters, p. 63 ff., wo auch viele andere Erzählungen aus dem Therīgāthā-Kommentar mitgeteilt sind.

sehr einfältig, nicht selten nur aus den Versen herausgeklügelt und manchmal so nüchtern und abgeschmackt, daß sie gegenüber den schönen Therīgāthā-Versen oft wie ein kalter Wasserguß wirken.

Die Kommentare zum Petavatthu und zum Vimānavatthu [1]) sind ähnlich wie der Jātaka-Kommentar und der Dhammapada-Kommentar [2]) angeordnet, indem sie die Verse durch umständliche Prosaerzählungen erläutern und erweitern. Manches Wertvolle wird sich auch unter diesen Erzählungen finden. Im allgemeinen freilich enthalten ja alle diese Kommentare mehr Erbauliches und Gelehrtes als litterarisch Wertvolles. Alle diese Mönche, Buddhaghosa nicht ausgenommen, zeichnen sich mehr durch Breite, Weitschweifigkeit und Kleinigkeitskrämerei als durch Tiefe und Originalität aus.

Darüber aber, daß wir den Kommentatoren, vor allem Buddhaghosa, für die treue Bewahrung alter Überlieferungen dankbar zu sein haben, sind wohl alle Gelehrten einig. Weniger Einigkeit herrscht darüber, ob sie uns auch als Erklärer der kanonischen Texte etwas zu sagen haben. Während K. E. Neumann meint: »Sobald die buddhistischen Patres ecclesiae und Doctores profundi daran gehen, dunkle, tiefe Stellen des Kanons aufhellen zu wollen, reden sie wie Blinde von der Farbe« [3]), stehen andere Gelehrte auf dem Standpunkt, daß wir den Kommentatoren zwar nie blindlings folgen dürfen, daß sie uns aber doch sehr oft über Schwierigkeiten hinweghelfen.

Was uns einiges Vertrauen in die Erklärungen der Kommentatoren einflößen kann, ist der Umstand, daß man schon sehr früh damit begann, die Lehre des Buddha auch systematisch darzustellen. In den Suttas waren ja immer nur einzelne Lehren behandelt worden und in den Abhidhammatexten waren Klassifikationen und Definitionen die Hauptsache. Das älteste Werk, welches die Lehre mehr im Zusammenhange behandelte, ist wohl die Netti, »die Richtschnur [4])«, ein im Stile der Abhidhamma-

---

[1]) Edited by E. Hardy, London PTS 1894 and 1901.

[2]) Dieser wird im Vimānavatthu-Kommentar, p. 165, zitiert, muß also jedenfalls älter sein.

[3]) Reden Gotamo Buddho's I, 1896, Vorrede. Dagegen Mrs. Rhys Davids, Buddhist Manual of Psychological Ethics, p. XXV f.

[4]) Netti-Pakaraṇa, with Extracts from Dhammapāla's Commentary ed. by E. Hardy, London PTS 1902.

texte abgefaßtes Werk, das in Ceylon ebenso großes Ansehen
genießt wie die Tipiṭakatexte und in Birma sogar als Teil des
Tipiṭaka angesehen wird[1]). Das Werk wird einem der ersten
Jünger des Buddha, Mahākaccāyana, zugeschrieben, soll aber
(nach Hardy) im ersten Jahrhundert n. Chr. verfaßt und im
5. Jahrhundert durch den Kommentator Dhammapāla in seine
gegenwärtige Form gebracht worden sein. Nicht viel jünger
scheint der Peṭakopadesa, »die Unterweisung der die Piṭakas
Studierenden«[2]), zu sein, der allerdings die Netti bereits voraussetzt. Aber auch dieser Text gilt in Birma als kanonisch und
wird gleichfalls dem Mahākaccāyana zugeschrieben.

Die erste umfassende systematische Darstellung und eingehende »philosophische« Behandlung der ganzen Lehre des
Buddha ist aber der Visuddhimagga, »der Weg zur Reinheit«, des Buddhaghosa. Nach dem, was bisher von diesem
umfangreichen Werk bekannt geworden ist[3]), scheint es allerdings ein durchaus dogmatisches, mehr theologisches als philosophisches Werk zu sein. Der Verfasser erklärt selbst in der
Einleitung, daß er »den Weg zur Reinheit« nach den Lehren des
Mahāvihāra, d. h. nach den in dem großen Kloster von Anurādhapura in Ceylon aufbewahrten und geltenden Überlieferungen,
darlegen wolle. Das scheint er denn mit großer Gewissenhaftig-
keit und frommer Strenggläubigkeit, aber mit wenig selbständigem
Denken getan zu haben. Sein eigenes Werk ist wohl nur die
übersichtliche Anordnung und Einteilung des Stoffes nach den
drei Gesichtspunkten Moral (Sīla), Meditation (Samādhi) und Erkenntnis (Paññā); im übrigen wird er sich begnügt haben, mit

---

[1]) S. oben S. 61 A. 1.

[2]) Rudolf Fuchs, Specimen des Peṭakopadesa, Berlin, Diss., 1908.
Nach Neumann, Reden Gotamo Buddho's I, p. XI soll der Titel
»Einführung in das Studium des Piṭakam« bedeuten und unter letzterem
nur Suttapiṭaka zu verstehen sein.

[3]) Eine ganz kurze Inhaltsangabe hat J. E. Carpenter im JPTS
1890, pp. 14—20 mitgeteilt. Eine ausführliche Inhaltsangabe und
größere Auszüge in englischer Übersetzung verdanken wir H. C.
Warren im JPTS 1891—1893, pp. 76—164 und in »Buddhism in
Translations«. Derselbe allzu früh verstorbene amerikanische Gelehrte
hat eine Ausgabe und eine Übersetzung des Werkes begonnen, die,
von C. R. Lanman fortgesetzt und vollendet, in der »Harvard Oriental
Series« erscheinen sollen.

emsigem Fleiß alles zusammenzutragen, was sich an Erklärungen
der Lehre und an legendarischen Überlieferungen im Laufe der
Jahrhunderte angehäuft hatte. Sein Stil ist klar und durchsichtig,
und er liebt es, in dem Visuddhimagga ebenso wie in seinen
Kommentaren, die trockenen Auseinandersetzungen hier und da
durch Gleichnisse und oft auch durch Mitteilung von Legenden
zu beleben. Die letzteren hat er gewiß nicht erfunden, sondern
aus älteren Quellen geschöpft. Manche dieser Legenden sind
ihrem Stil und Inhalt nach nicht anders erzählt, als wenn sie im
Tipiṭaka stünden[1]), und manche kommen tatsächlich auch in
kanonischen Texten vor. Die meisten Erzählungen stammen
allerdings aus einer jüngeren Zeit, wo die Buddhaverehrung im
Hīnayāna ebenso fortgeschritten war wie im Mahāyāna. Dem
Geiste des alten Arhat-Ideals, wie es z. B. in der Prosa des
Udāna durch manche Legenden erläutert wird, entsprechen Erzählungen wie die von dem Mönch, der sechzig Jahre in seiner
Einsiedelei lebt, ohne zu bemerken, daß die Wände mit Gemälden
bedeckt sind; oder von dem Mönch, der so weltabgewandt ist,
daß er drei Monate lang täglich im Hause seiner Mutter, die
sich nach seinem Anblick sehnt, aber ihn im Mönchsgewand
nicht mehr erkennt, seine Mahlzeiten erbettelt und einnimmt,
ohne auch nur ein einziges Mal zu sagen: »Ich bin dein Sohn,
und du bist meine Mutter«[2]). Hingegen finden wir insbesondere
im zweiten Teil manche Legenden, die von einer an die Kṛṣṇa-
Bhakti erinnernden Buddhaverehrung zeugen. Da hört z. B. ein
Frosch die Stimme des am Ufer des Flusses predigenden Buddha,
horcht auf und wird durch den Fußtritt eines Hirten buchstäblich
in ein besseres Jenseits befördert; denn er wird sofort im Himmel
der dreiunddreißig Götter in einem goldenen Palast als ein Gott
wiedergeboren[3]). Hier finden wir auch zahlreiche Wundergeschichten, die zeigen sollen, wie Heilige durch Meditation
Wunder- und Zauberkräfte erlangen. Ein Mönch errettet eine

---

[1]) Vgl. z. B. die von Warren, Buddhism in Translastions 297 f.
übersetzte Legende — in Prosa mit Versen — von dem Mönch Mahā-
Tissa, der durch den Anblick der Zähne einer schönen Frau an die
Unreinheit des menschlichen Körpers erinnert wird und durch diesen
Gedanken die höchste Stufe der Heiligkeit, der Arhatschaft, erlangt.

[2]) Warren a. a. O. 434 ff.

Warren a. a. O. 301 f.

vor einem Vogel fliehende Schlange dadurch, daß er rasch einen Berg erschafft, in dem die Schlange verschwindet. Der Mönch Bakkula wird von einem Fisch verschluckt, bleibt aber heil und gesund, da es ihm bestimmt ist, Arhat zu werden. Sañjiva war im Zustande der Versenkung, wurde für tot gehalten und auf den Scheiterhaufen gelegt, aber die Flammen vermochten ihn nicht zu verbrennen. Die in Meditation versunkene Nonne Uttarā wird selbst durch siedendes Öl nicht verletzt. Die Schlange Nandopananda hatte sich um den Berg Meru herumgeschlungen und streckte ihre Köpfe bis zum zweiten Himmel, da kam der Heilige Moggallāna, verwandelte sich in eine noch größere Schlange, ringelte sich um Nandopananda und erdrückte diese samt dem Berg Meru. Einen langen und umständlichen, an die Purāṇas erinnernden Bericht über die Weltzeitalter und die Zerstörung und Wiedererneuerung der Welten enthält das 13. Kapitel[1]) — Phantastereien, die gewiß auch nicht dem Gehirn Buddhaghosas entsprungen sind, sondern nur ältere Überlieferungen gläubig wiedergeben. Und wenn sich herausstellen sollte, daß uns Buddhaghosa in seinem großen Werke über die Lehre des Buddha wenig Neues und Wertvolles zu sagen habe, so müßten wir ihm doch für die Überlieferung alter Sagen- und Legendenstoffe dankbar sein.

Aber nicht nur auf die Sammlung von Legenden und auf die Erklärung und Erläuterung der kanonischen Texte erstreckte sich die Tätigkeit der Mönche in den Klöstern von Ceylon, sondern frühzeitig begannen sie auch die Hauptereignisse in der Geschichte der buddhistischen Mönchsgemeinde chronikartig aufzuzeichnen. Schon der Bericht über die Konzilien im Cullavagga des Vinayapiṭaka verrät ja ein geschichtliches Interesse, ebenso die Darstellung der Sekten und Schulen im Kathāvatthu. Und der Kommentar zu dem letzteren[2]) ist geradezu von hervorragender Wichtigkeit für die Geschichte der Sektenspaltung in der ältesten Buddhistengemeinde. Aber auch jene schon öfter erwähnten singhalesischen Aṭṭhakathās, welche von Buddhaghosa eifrig studiert und auch von Dhammapāla benutzt worden waren,

---

[1]) Warren a. a. O. 315—330.

[2]) Kathāvatthuppakaraṇa-Aṭṭhakathā, herausgegeben von Minayeff im JPTS 1889.

enthielten kirchengeschichtliche Abschnitte. Die letzteren bildeten vermutlich die Einleitung zu den Aṭṭhakathās, die sich mit dem Vinaya beschäftigten. Ihnen folgte und aus ihnen schöpfte Buddhaghosa, als er seiner Samantapāsādikā, dem Kommentar zum Vinayapiṭaka, eine historische Einleitung [1] vorausschickte. Sie bildeten aber auch die Grundlage für die geschichtlichen und epischen Pālidichtungen von Ceylon. Denn nicht als eigentliche Geschichtswerke, sondern nur als »geschichtliche Dichtungen« können wir die Pālichroniken von Ceylon, Dīpavaṃsa und Mahāvaṃsa [2], bezeichnen.

Einen Unterschied zwischen Sage, Legende und Geschichte haben ja die Inder nie gemacht, und Geschichtschreibung war in Indien immer nur eine Art der epischen Dichtung. So galten auch den Buddhisten alle Legenden über die Buddhas der Vorzeit und die früheren Geburten des Gotama Buddha im Buddhavaṃsa [3], im Cariyāpiṭaka und im Jātakabuch ebenso wie die ganze Buddha- legende als Geschichte. Nach dem Muster und Vorbild dieser Legendendichtung, und an sie anknüpfend, erzählten auch die Mönche von Ceylon in den geschichtlichen Abschnitten der

---

[1] Herausgegeben von Oldenberg in seiner Ausgabe des Vinaya- piṭaka, Vol. III, 281 ff.

[2] The Dīpavaṃsa, edited and translated by H. Oldenberg, London 1879. Der Mahāvaṃsa wurde zuerst herausgegeben und übersetzt von G. Turnour (Vol. 1, containing the first 38 chapters) im Jahre 1837 und die Übersetzung wieder abgedruckt in: The Mahāvaṃsa, Part II, translated by L. C. Wijesiṃha, Colombo 1889. Die erste kriti- sche Ausgabe verdanken wir Wilh. Geiger, London PTS 1908; von demselben ist jetzt auch eine englische Übersetzung des Mahāvaṃsa (London PTS 1912) erschienen. Vgl. H. Jacobi in GGA 1880, 851 ff.; W. Geiger, Dīpavaṃsa und Mahāvaṃsa und die geschichtliche Über- lieferung in Ceylon, Leipzig 1905 und ZDMG 63, 1909, 540 ff. gegen R. O. Franke, Lit. Zentralblatt 1906, Sp. 1272 ff.; WZKM 21, 1907, 203 ff., 317 ff. Vgl. auch Oldenberg, Aus dem alten Indien. Berlin 1910, 69 ff.

[3] Der Titel bedeutet »Geschichte der Buddhas«. Denn das Pāli- wort vaṃsa (Sanskrit vaṃśa) bedeutet »Stammbaum, Geschlechtsfolge«, daher auch die »Chronik« oder die »Geschichte« eines Geschlechts, einer Dynastie, einer Reihenfolge von Lehrern u. dgl., daher dann überhaupt eine bis auf die ersten Anfänge zurückgehende »Geschichte« in Titeln wie Buddhavaṃsa, Dīpavaṃsa, Mahāvaṃsa, Thūpavaṃsa, Dāṭhāvaṃsa usw., ebenso in den Sanskrittiteln Harivaṃśa, Raghu- vaṃśa usw.

Aṭṭhakathās die Geschichte von der Einführung des Buddhismus
auf der Insel. Sie erfanden Legenden, welche die Buddhistengemeinde Ceylons nicht nur mit der Indiens, sondern mit Buddha
selbst verknüpfen sollten — erbauliche Legenden, in denen erzählt wurde, wie der Erhabene die damals nur von Dämonen und
Schlangengottheiten bewohnte Insel besuchte, indem er, von Göttern
begleitet, hinüberflog, um das Licht seiner Lehre erstrahlen zu
lassen und die zukünftige Größe der Kirche Ceylons vorzubereiten.
An derartige fromme Legenden schlossen sich sagenhafte Berichte über die ersten Könige von Ceylon an und weiterhin halb-
geschichtliche Nachrichten über Ašoka, Mahinda, die Konzilien
und die Übertragung der heiligen Texte nach der Insel. Je mehr
sich diese Aufzeichnungen der geschichtlichen Zeit näherten,
desto mehr begannen dann wirklich geschichtliche Nachrichten
zu überwiegen, ohne daß die Legenden je ganz zurückgetreten
wären. Nur kamen zu den kirchlichen Überlieferungen auch
volkstümliche, weltliche Erzählungen und Anekdoten hinzu[1]).
So wurden die geschichtlichen Abschnitte der Aṭṭhakathās, die
ja verloren gegangen sind, deren hier geschilderter Inhalt aber
aus den erhaltenen Pālichroniken und Pālikommentaren zu erschließen ist, zu Sammelstätten sowohl für geistliche und weltliche Überlieferungen aller Art als auch für eigentlich geschichtliche Nachrichten.

Der erste, noch recht unvollkommene Versuch, die in den
singhalesischen Aṭṭhakathās aufgespeicherten Überlieferungen zu
einem Epos zu gestalten, liegt im Dīpavaṃsa, der »Geschichte
der Insel«, vor. Der Verfasser, dessen Name nicht überliefert
ist, der aber wahrscheinlich zwischen dem Anfang des 4.
und dem ersten Drittel des 5. Jahrhunderts n. Chr. sein Werk
geschrieben hat[2]), zeigt sich in der Handhabung von Sprache
und Metrum noch sehr unbeholfen. Zahlreich sind die Verstöße
gegen die Gesetze der Grammatik und des Versbaues. Man
sieht, daß es für den Singhalesen noch eine ungewohnte Sache
ist, Pāliverse zu schreiben. Er hält sich sklavisch an seine Vorlagen. Seine Verse schmiedet er nach Erinnerungen aus dem

---

[1]) Aus demselben Grunde, aus dem auch in die Jātakas und in
die Kommentare überhaupt so viele weltliche Erzählungen Eingang
fanden. S. oben S. 100.

[2]) Oldenberg, Dīpavaṃsa, Introd. p. 8 f.

Tipiṭaka, insbesondere aus Buddhavaṃsa, Cariyāpiṭaka und Jātaka[1]). Seine Hauptquelle für den Stoff war aber der geschichtliche Abschnitt der im »großen Kloster« von Anurādhapura aufbewahrten Aṭṭhakathā[2]), neben der er allerdings auch noch eine oder zwei andere Aṭṭhakathās benützt haben dürfte. Daher kommt es wohl, daß nicht selten derselbe Gegenstand zweimal, ja dreimal in verschiedenen Versionen behandelt wird. So folgt nach einem kürzeren, mehr skizzenhaften Bericht über die drei Konzilien unmittelbar ein vollkommenerer, mehr abgerundeter Bericht. An Interpolationen ist in solchen Fällen nicht zu denken, sondern der Verfasser hat verschiedene Versionen vorgefunden und, da er sie für gleichwertig hielt, weiter überliefert. Ein Dichter hätte das natürlich nicht getan. Aber auch sonst ist die Komposition ebenso mangelhaft wie Sprache und Versmaß. Unvermittelt springt der Erzähler von einem Gegenstand zum andern über. Oft ist auch die Darstellung lückenhaft. Einzelne Episoden sind balladenartig ausgeführt, während andere fast nur angedeutet sind. Ja in einzelnen Fällen finden wir nur Memorialverse, in denen die Hauptpunkte einer Erzählung oder Beschreibung in Schlagwörtern aufgezählt werden. Offenbar gab es solche Verse in den Aṭṭhakathās, wo es den Rezitatoren überlassen blieb, allbekannte Szenen selbst auszuführen. Vielfach sind auch ganz nach der Weise des primitiven Epos[3]) Rede und Gegenrede unvermittelt aneinandergereiht. In manchen Fällen ergibt sich, wie das so oft in den alten Balladen der Fall ist, aus dem Zusammenhang, wer der Redende ist. Aber zuweilen müssen wir annehmen, daß der Rezitator durch verbindende Prosaerzählungen

---

[1]) Das hat Franke WZKM 21, 1907, 203 ff. sehr hübsch nachgewiesen, allerdings nur für die Form. Den Stoff konnte er nur zum geringsten Teil aus dem Tipiṭaka entnehmen, da ja dieses nichts über Ceylon erzählt. Vgl. Geiger ZDMG 63, 1909, 543.

[2]) Dieser Abschnitt der Aṭṭhakathā, der auch eine Quelle des Mahāvaṃsa war, wird im Kommentar zu dem letzteren als Sīhalaṭṭhakathā-Mahāvaṃsa, d. h. »die zum singhalesischen Kommentar gehörige große Geschichte (der Insel Ceylon)« zitiert und im Proömion des Mahāvaṃsa selbst als »der von den Alten verfaßte (Mahāvaṃsa)« bezeichnet. Nach Geiger Dīp. und Mah. S. 71 war es ein selbständiges Chronikwerk, nach Oldenberg (Dīpavaṃsa, Introd., p. 4), mit dem ich übereinstimme, eine historische Einleitung zu einem theologischen Kommentar.

[3]) Vgl. oben Bd. I, 270.

den Zusammenhang zwischen den Reden herstellte. Der Verfasser folgte wohl auch hierin nur seinen Vorlagen, die dazu bestimmt waren, von Mönchen bei größeren Versammlungen vorgetragen zu werden [1].

Während so der Dīpavaṃsa sich auch in der Form enge an seine Quellen anschloß und nur einen schwachen Versuch, ein Epos zu schreiben, darstellt, ist der Mahāvaṃsa — wahrscheinlich das Werk eines Dichters Mahānāma, der im letzten Viertel des 5. Jahrhunderts n. Chr. gelebt hat [2] — bereits ein vollendetes Epos. Der Dichter wollte ein Kunstwerk, ein Kāvya, schaffen und bemerkt dies ausdrücklich in dem Proömion, das er seinem Werk vorausschickt. Das Geschichtswerk, das die Alten verfaßt haben [3]), sagt er, sei an manchen Stellen zu weitläufig, an anderen wieder zu kurz gefaßt und enthalte auch viele Wiederholungen. Diese Fehler habe er vermieden und sich bemüht, den überlieferten Stoff in leicht faßlicher Weise so darzustellen, daß er je an den geeigneten Orten die Gefühle der Freude beziehungsweise der Erschütterung auslöse. In der Tat werden im Mahāvaṃsa nicht nur Sprache und Metrum mit großer Gewandtheit gehandhabt — was wohl nicht nur in dem Talent des Dichters, sondern auch darin begründet ist, daß in die Zeit zwischen der Entstehung des Dīpavaṃsa und des Mahāvaṃsa die für die Pālilitteratur von Ceylon so bedeutsame litterarische Tätigkeit des Buddhaghosa fällt —, sondern auch die Darstellung läßt nichts zu wünschen übrig. Da finden wir keine störenden Lücken, keine Wiederholungen. Wo der Dīpavaṃsa zu kurz ist, hat Mahānāma erweitert und ergänzt, in anderen Fällen wieder den Gegenstand knapper gefaßt. Der Mahāvaṃsa ist, wie Geiger [4]) sagt, »ein Kunstwerk, geschaffen von einem Manne, der den Namen eines Dichters wohl verdient, und der den vielfach

---

[1]) An zwei Stellen, IV, 47 und XII, 30—33, finden wir auch die Mischung von Prosa und Versen, wie wir sie für die Aṭṭhakathā anzunehmen haben.

[2]) Das ergibt sich mit großer Wahrscheinlichkeit aus der Mahāvaṃsaṭīkā. Geiger, Dīp. und Mah. 44 ff. Vgl. V. A. Smith im Ind. Ant. 31, 1902, 192 ff.

[3]) Geiger nimmt jetzt (Mahāvaṃsa Transl. p. XI) an, daß damit der Dīpavaṃsa gemeint sei. Darnach wäre der Mahāvaṃsa nur eine Bearbeitung des Dīpavaṃsa.

[4]) Dīp. und Mah., S. 19.

sprödcn Stoff nicht mit Genialität, aber mit Geschmack und Geschick bemeisterte«.

Andererseits zeigen Dīpavaṃsa und Mahāvaṃsa in bezug auf den Stoff und dessen Anordnung eine weitgehende Übereinstimmung und haben sogar eine Anzahl von Versen gemeinsam. Beide Epen beginnen mit der Geschichte des Gotama Buddha, erzählen von seinen drei Besuchen auf der Insel Ceylon. die damals nur von Dämonen — Rākṣasas, Yakṣas, Piśācas und Schlangen — bewohnt war, und berichten, wie der Erhabene mit seinem »Buddhaauge« die ganze Welt überschaute und die schöne Insel erblickte, wie zwischen den Schlangenfürsten Großbauch und Kleinbauch ein schrecklicher Krieg ausbrach, der die Insel zu zerstören drohte, wie der Buddha in seiner unendlichen Güte Mitleid empfand, von Göttern begleitet nach Ceylon hinüberflog und das Licht seiner Lehre erstrahlen ließ, worauf sich Scharen von Schlangen- und anderen Dämonen zur reinen Lehre bekannten. Sodann wird der Stammbaum von Gotamas Vater Suddhodana bis auf einen mythischen König der Urzeit zurückverfolgt und die Geschichte des Buddhismus in Indien, insbesondere die der Konzilien, erzählt. Des längeren verweilen die beiden Epen bei Aśoka, dem großen Schirmherrn des Buddhismus. Mit dem Bericht über das dritte Konzil und die Sendung des Mahinda nach Ceylon wechselt der Schauplatz der Erzählung, der nunmehr ganz nach Ceylon verlegt wird. Aus der Verbindung einer indischen Prinzessin mit einem Löwen sind zwei Kinder hervorgegangen, Sīhabāhu und Sīvalī. Der Ehe zwischen dem Geschwisterpaar ist Vijaya entsprossen, mit dem die Geschichte der Könige von Ceylon beginnt. Dieser wilde Prinz wird aus seiner Heimat verbannt, begibt sich mit 700 Gefährten auf die See, landet nach mannigfachen Seeabenteuern auf Ceylon und wird dort König. Die Geschichte des Vijaya und seiner ersten Nachfolger wird im Dīpavaṃsa viel kürzer erzählt als im Mahāvaṃsa. Länger verweilen beide Werke bei dem König Devānaṃpiyatissa, der zur Zeit des Aśoka auf Ceylon herrschte, unter dem Mahinda (natürlich durch die Luft geflogen) nach Ceylon kam. dort die Religion des Buddha begründete und die ersten buddhistischen Kultstätten errichtete. Saṅghamittā, die Schwester des Mahinda, bringt einen Zweig des Bodhibaumes. dessen Verpflanzung nach Ceylon besonders ausführlich geschildert wird.

Dann wird die Geschichte der Könige von Ceylon — unter ihnen etwas eingehender Vaṭṭagāmani, der das Tipiṭaka mit den Kommentaren aufzeichnen ließ — bis auf Mahāsena verfolgt, mit dessen Tod (302 n. Chr.) die Erzählung abbricht [1]).

Wenn sich aber auch die Darstellung des Mahāvaṃsa innerhalb desselben Rahmens bewegt wie die des Dīpavaṃsa, so hat doch Mahanāma in diesen Rahmen auch sehr viel neuen Stoff eingefügt. Er hat vor allem die Geschichte von König Gāmani dem Bösen (Duṭṭhagāmani), dem im Dīpavaṃsa nur 13 Verse gewidmet sind, in elf Gesängen (22—32) zu einem selbständigen Heldengedicht — Geiger nennt es das »Duṭṭhagāmani-Epos« — ausgestaltet. In einem ersten Teil schildert er die Kriegstaten dieses mächtigen Königs und macht ihn erst im zweiten Teil zu einem Glaubenshelden, der für die Ströme Bluts, die er vergossen, dadurch sühnt, daß er fromme Bauwerke errichtet, insbesondere den Mahāthūpa, »den großen Stūpa«, von dessen Erbauung Wunder berichtet werden. Aber auch eine ganze Reihe von Märchen- und Novellenstoffen, von denen manche der Weltlitteratur angehören, hat Mahānāma in seine Dichtung verarbeitet. Während im Dīpavaṃsa nur berichtet wird, daß Vijaya mit seinen Gefährten nach Ceylon verschlagen wurde, dort Städte gründete und ein Königreich errichtete, werden uns im Mahāvaṃsa (7, 9 ff.) die höchst märchenhaften Abenteuer von Vijaya und der Zauberin Kuveṇi erzählt, die lebhaft an die Erlebnisse des Odysseus bei Kirke erinnern. Sehr interessant ist die Sage von dem König Eḷāra (21,15 ff.):

Dieser gerechte Fürst hatte an seinem Bette eine Glocke befestigt, deren Strang ins Freie ging, damit jedermann, dem Unrecht geschehen,

---

[1]) Auch im Mahāvaṃsa, denn mit 37, 50 endet das Werk des Mahānāma. Alles Folgende ist eine viel spätere Fortsetzung, die von einem Dichter Dhammakitti, der unter der Regierung des Königs Parākramabāhu (1240—1275) lebte, geschrieben sein soll (M. de Z. Wickremasinghe im JRAS 1896, 200 ff. Vgl. Geiger, Dīp. und Mah. S. 19). Daß beide Epen gerade mit Mahāsenas Tod abbrechen, kann nur darin seinen Grund haben, daß der Mahāsena der Aṭṭhakathā, die Quelle der beiden Epen, nach der unter Mahāvaṃsa erfolgten Zerstörung des »großen Klosters« von Anurādhapura nicht mehr fortgesetzt wurde, trotzdem Mahāsena das Kloster wieder aufbauen ließ. (Vgl. Mahāvaṃsa 37; Dīp. 22, 66 ff.; Geiger. Dīp. und Mah., S. 71.)

sie läuten könne [1]. Zuerst zerrt an dem Seile eine Kuh, deren Kalb vom Sohne des Königs überfahren wurde. Der König läßt seinen eigenen einzigen Sohn durch die Räder desselben Wagens zermalmen. Dann sucht ein Vogel beim König Hilfe, weil ihm eine Schlange das Junge getötet, und der König läßt die Schlange töten. Zum drittenmal läutet die Glocke, und eine alte Frau zieht am Strange. Sie hat Reis zum Trocknen ausgelegt, und ein zur Unzeit fallender Regen hat ihn verdorben. Der König sieht darin eine Strafe für eine Schuld, die er kurz vorher auf sich geladen. Er tut Buße durch Fasten, worauf Sakka den Regengott Pajjunna beauftragt, nur einmal in der Woche zu einer bestimmten Nachtzeit regnen zu lassen [2].

Es ist wohl anzunehmen, daß Mahānāma alle diese Stoffe, welche dem Dīpavaṃsa fehlen, den alten Aṭṭhakathās, vor allem dem Sīhalaṭṭhakathā-Mahāvaṃsa entnomman hat, der seine Hauptquelle war, wenn er auch daneben den Dīpavaṃsa gekannt und benützt hat. Daß beide Epen auf den geschichtlichen Abschnitten der alten Aṭṭhakathās fußen, spricht aber auch sehr dafür, daß ihnen eine gewisse Zuverlässigkeit als Geschichtsquellen nicht abzusprechen sein wird. Von wirklicher Geschichtschreibung kann weder im Dīpavaṃsa noch im Mahāvaṃsa die Rede sein. Es genügt, darauf hinzuweisen [3], daß keines der beiden Werke auch nur den Namen Alexanders des Großen nennt, daß sie von dem großen Aśoka nichts als Wunder über Wunder zu berichten wissen, und daß dieser mächtige Eroberer in ihrer Darstellung viel mehr ein geistlicher als ein weltlicher Held ist. Selbst Gāmani der Böse — der volkstümliche Beiname zeigt deutlich genug, daß er von Haus aus nichts weniger als ein frommes Tugendpüppchen war — wird im Mahāvaṃsa doch vor allem als Religionsheld verherrlicht. Beide Epen wollen in erster Linie der Erbauung dienen, und der Mahāvaṃsa will

---

[1] »Als Kaiser Karl zu Zürich . . wohnte, ließ er eine Säule mit einer Glocke daran errichten, damit sie jeder ziehen könne, der Handhabung des Rechtes fordere, so oft der Kaiser am Mittagmahl sitze«. Grimm, Deutsche Sagen II, Nr. 453. Hier, wie in der ähnlichen Sage von dem weisen Theodosius (Gesta Romanorum 105) ist es eine Schlange, die gegen eine Kröte ihr Recht sucht und findet. Vgl. Benfey, Pantschatantra I, 168 f.

[2] Viele andere für die Sagengeschichte wichtige Erzählungen des Mahāvaṃsa, zum Teil mit interessanten Parallelen, hat Geiger, Dīp. und Mah., S. 23—28 nachgewiesen.

[3] Vgl. Oldenberg, Aus dem alten Indien, 77 ff.

zugleich ein Kavya sein. Dennoch tut man diesen Werken unrecht, wenn man ihre Verfasser, wie es manche Kritiker mit
einer der Komik nicht ganz entbehrenden Entrüstung getan haben,
als bewußte Fälscher und Lügner hinstellt. Das waren sie gewiß nicht. Was sie erzählen, ist das, was s i e für wahre Geschichte hielten, was w i r allerdings vielfach für Sage, Legende
und Dichtung halten müssen. Da sie aber nicht absichtlich falsch
berichtet haben, dürfen wir ihnen auch vieles glauben, was sie
aus geschichtlicher und ihrer eigenen Lebenszeit nicht allzu
ferner Periode berichten. Sie haben uns doch zuerst von Candragupta, dem Großvater des Ašoka, Nachrichten gegeben, die mit
den Angaben der Griechen zwar nicht genau übereinstimmen,
sich aber mit ihnen so weit in Einklang bringen lassen, daß mit
ihrer Hilfe das Todesjahr des Buddha berechnet und damit das
wichtigste Datum der indischen Litteraturgeschichte gewonnen
werden konnte. Und Sylvain L é v i [1]) hat durch eine Vergleichung
der chinesischen Annalen mit unseren singhalesischen Chroniken
gefunden, daß die letzteren vom 4. Jahrhundert v. Chr. angefangen
als historische Quellen »solide, sinon impeccable« sind.

Vom Mahāvaṃsa gibt es auch eine sehr erweiterte Rezension
— in 5791 Versen gegenüber den 2915 Versen unseres Textes —,
die zwar als Kunstwerk ganz unbedeutend, aber litterarhistorisch
sehr lehrreich ist. Denn sie zeigt, wie man in Indien (die singhalesischen Schriftsteller folgten ja nur indischen Vorbildern)
Epen durch Einfügung immer neuer Stoffe erweiterte [2]). Wichtiger
ist die zwischen 1000 und 1250 n. Chr. verfaßte M a h ā v a ṃ s a-

---

[1]) Journal des savants, 1905, p. 539. Für die Vertrauenswürdigkeit
der Chroniken sind auch eingetreten Max M ü l l e r SBE, vol. 10 (I),
pp. XIII—XXV; R h y s D a v i d s, Buddhist India, p. 274 f.; H. C. N o r-
m a n, JRAS 1908, 1 ff. O l d e n b e r g hat sich in seinen Untersuchungen
über die Geschichte des Kanons (s. oben S. 1. A. 1) vielfach auf die
Angaben von Dīp. und Mah. berufen. F l e e t (JRAS 1909, pp. 987
und 1015) meint, daß der Dīpavaṃsa auf lokalen Aufzeichnungen aus
der Zeit des Ašoka fuße, und daß im Mahāvaṃsa 32 tatsächlich die
letzten Worte Duṭṭhagāmanis erhalten sind. Ganz gering denken von
der geschichtlichen Zuverlässigkeit der Chroniken V A. S m i t h (Ind.
Ant. 32, 1903, p. 365 f.) und R. O. F r a n k e JPTS 1908, p. 1 (gegen
Franke s. G e i g e r ZDMG 63, 1909, S. 550).

[2]) Der erweiterte Mahāvaṃsa ist von E. H a r d y (JPTS 1902—1903,
p. 61 ff) in einer Kambodscha-Handschrift entdeckt und von G e i g e r,
Dīp. und Mah. S. 28 ff., besprochen worden.

Tīkā, der Kommentar zu unserem Mahāvaṃsa. Dies ist nämlich nicht bloß ein exegetischer und dogmatischer Kommentar, sondern er enthält auch zahlreiche Sagen, Märchen und Legenden als Ergänzung zu dem Inhalt des Epos. Diese sind teils aus der mönchischen, teils aus der volkstümlichen Überlieferung geschöpft. Volkstümlich sind z. B. die besonders interessanten Sagen von Candragupta und Cāṇakya[1]), die der Kommentator, wie er selbst sagt, zum Teil der Aṭṭhakathā des »nördlichen Klosters« entnommen hat. Sonst hat auch er hauptsächlich aus der Aṭṭhakathā des »großen Klosters« geschöpft, daneben aber auch die Kommentare Sumaṅgalavilāsinī und Samantapāsādikā des Buddhaghosa und eine ganze Reihe von anderen Werken benutzt, unter denen eine mehrmals zitierte Sahassavatthaṭṭhakathā, »Kommentar der tausend Geschichten«, besonders bemerkenswert ist[2]).

Auf den Aṭṭhakathās beruhen in letzter Linie auch alle späteren kirchengeschichtlichen Werke von Ceylon. Aus ihnen schöpfte Buddhaghosa in der schon erwähnten geschichtlichen Einleitung zu seiner Samantapāsādikā[3]). Diese, die Nidānakathā und der Mahāvaṃsa bildeten wieder die Grundlage für die Geschichtswerke — wenn man sie so nennen kann, da sie mehr Legende als Geschichte enthalten — Bodhivaṃsa, Dāṭhāvaṃsa und Thūpavaṃsa, die in späteren Jahrhunderten nach singhalesischen Vorlagen ins Pāli übertragen oder umgedichtet wurden. Der Mahābodhivaṃsa oder Bodhivaṃsa[4]), »die Geschichte des Bodhibaumes«, ist ein Prosawerk — nur am Ende der Kapitel und gegen Ende des ganzen Werkes finden wir Gāthās —, das gegen Ende des 10. Jahrhunderts von einem Mönch Upatissa geschrieben wurde. Der Dāṭhāvaṃsa, »die Geschichte von Buddhas Zahn«[5]), ist ein Epos in fünf Gesängen, in sanskriti

---

[1]) Über diese und andere Erzählungen s. Geiger. Dīp. und Mah. S. 37—44, wo auch auf Analogien namentlich in der Kyrossage hingewiesen ist.

[2]) Vgl. Geiger, Dīp. und Mah. S. 52 ff.

[3]) Oben S. 167.

[4]) Edited by S. A. Strong, London PTS 1891. Vgl. Geiger, Dīp. und Mah., S. 84 ff.

[5]) Herausgegeben von Rhys Davids im Verein mit Coomara Svamy und R. Morris im JPTS 1884, p. 109 ff. Vgl. J. Gerson da Cunha, Memoir on the History of the Toothrelic of Ceylon, JBRAS XI, 1875, p. 115 ff. und Geiger, Dīp. und Mah., S. 88 ff. Der in der

sierendem Pāli (mit langen Kompositis) von dem Mönch Dhammakitti zu Anfang des 13. Jahrhunderts gedichtet. Gleichfalls ein Werk des 13. Jahrhunderts ist der Thūpavaṃsa [1]), »die Geschichte der Reliquienschreine«. Das Werk ist sowohl in singhalesischer als in der Pālisprache vorhanden. Als Verfasser nennt sich Vācissara. Alle diese Werke sind nach einer Schablone gemacht; sie beginnen mit der Geschichte des früheren Buddha Dīpaṅkara, dann des Gotama Buddha, der drei Konzilien usw., bis sie schließlich die Geschichte der von ihnen behandelten Kultstätten erzählen. Ähnliche Werke sind auch in Birma verfaßt worden, so der Chakesadhātuvaṃsa [2]), »die Geschichte der sechs Haarreliquienschreine«. Selbst ein ganz modernes Werk, der im Jahre 1861 in Birma geschriebene Sāsanavaṃsa, »die Geschichte der Lehre« [3]), von dem Mönch Paññasāmi folgt ganz der alten Schablone. Doch ist es interessant aus diesem Werk zu ersehen, wie die Pālilitteratur noch bis in unsere Tage hinein sich fortsetzt. Sowohl der Sāsanavaṃsa als auch der ebenfalls ganz moderne, in Birma von einem gewissen Nandapañña verfaßte Gandhavaṃsa, »die Geschichte der Bücher« [4]), sind für die Geschichte der Pālilitteratur sehr wertvoll. Der Gandhavaṃsa gibt in fünf Kapiteln eine Beschreibung des Kanons nach den drei Piṭakas und neun Aṅgas, die Titel und manchmal die Namen der Verfasser der jüngeren Pāliwerke, eine Be-

Fortsetzung des Mahāvaṃsa 37, 93 erwähnte Dāṭhādhātuvaṃsa ist wahrscheinlich (Geiger, S. 19) dasselbe Werk.

[1]) Zwei Ausgaben sind in Colombo erschienen. Vgl. Geiger, Dīp. und Mah., S. 92 ff.

[2]) Herausg. von Minayeff im JPTS 1885. Kirchengeschichtlichen Inhalts ist auch die Sīmāvivādavinicchayakathā, ed. by J. P. Minayeff, JPTS 1887, 17 ff.

[3]) Edited by Mabel H. Bode, London PTS 1897. Dieses Werk war die Hauptquelle für M. H. Bode, The Pali Literature of Burma, London 1909. Vgl. derselben Verfasserin »A Burmese Historian of Buddhism«, London 1898 und Geiger, Dīp. und Mah., S. 98 Anm.

[4]) Herausg. von Minayeff, Recherches, pp. 235 ff. und noch einmal im JPTS 1886, pp. 54—80. Dazu ein Index von Mabel Bode, JPTS 1896, p. 53 ff. Nach M. H. Bode (Pali Literature of Burma, p. X) ist es ein Werk des 17. Jahrhunderts. Das Werk nennt sich Cullagandhavaṃsa »Kleine Geschichte der Bücher«. Es dürfte daher auch ein Mahāgandhavaṃsa geben. Vgl. E. Hardy in ZDMG 51 1897, S. 111.

schreibung der Geburtsorte der Schriftsteller, Nachrichten über die Anlässe, aus denen die Bücher geschrieben wurden, und schließlich einen Bericht über die schriftliche Aufzeichnung des Kanons.

Ganz kurz können wir uns in bezug auf die übrige jüngere Pālilitteratur von Ceylon und Birma fassen. Sie ist größtenteils eine gelehrte, theologische Litteratur, die sich enge an die kanonischen Texte anschließt, doch fehlt es auch nicht an einzelnen poetischen Werken. Von der Zeit des Buddhaghosa bis zum Wiederaufleben der Pālilitteratur im 12. Jahrhundert haben wir in Ceylon nichts als einige Verfassernamen und Titel, während in Birma vor dem 11. Jahrhundert von einer Pālilitteratur überhaupt nicht die Rede ist.

Eine kurze Zusammenfassung der Regeln des Vinayapiṭaka enthalten die S i k k h ā s, die K h u d d a - S i k k h ā des M a h ā - s ā m i und die M ū l a - S i k k h ā des D h a m m a s i r i [1]). Nach birmanischen Geschichtswerken sollen diese Kompendien 440 n. Chr geschrieben sein. Diese Sikkhās zusammen mit der sogenannten D v e m ā t i k ā (bestehend aus Bhikkhu- und Bhikkhunī-Pātimokkha) und der Kaṅkhāvitaraṇī gelten in Birma als genügend für diejenigen, welche keine Zeit haben, das vollständige Vinayapiṭaka zu lernen [2]). Kompendien, die sich mit der Lehre befassen, sind der D h a m m a s a m g a h a des D h a m m a k i t t i [3]) und der S ā r a - s a m g a h a [4]). Der Hauptsitz des Studiums des Abhidhamma ist Birma. Dort ist auch das wichtigste Handbuch buddhistischer Psychologie und Ethik, der A b h i d h a m m a t t h a s a m g a h a, von dem Mönch A n u r u d d h a (wahrscheinlich im 12. Jahrhundert) verfaßt worden [5]). Es genießt noch heute in Ceylon

---

[1]) Herausgegeben von Ed. M ü l l e r im JPTS 1883, 86 ff. R h y s D a v i d s ebd. p. XIII f. hält sie für älter als Buddhaghosa, nach Ed. Müller gehören sie erst dem 6. oder 7. Jahrh. an.

[2]) B o d e a. a. O. 5 f.

[3]) Ed. by N. S a d d h ā n a n d a im JPTS 1890.

[4]) Des Sārasaṃgaha erstes Kapitel, Text und Übersetzung von K. E. N e u m a n n, Leipzig 1891.

[5]) Der Text wurde von T. W. R h y s D a v i d s im JPTS 1884 herausgegeben. Eine Übersetzung erschien unter dem Titel: Compendium of Philosophy, being a Translation of the Abhidhammattha-Saṅgaha with Introductory Essay and Notes by Shwe Zan A u n g, revised

wie in Birma das größte Ansehen und ist mehr als irgendein
anderer Abhidhammatext in Birma kommentiert und übersetzt
worden.

Von gelehrten Dichtungen, die irgendeinen oder mehrere
Punkte des buddhistischen Lehrsystems dichterisch behandeln,
seien folgende hervorgehoben. Das Pañcagatidīpana, die
»Beleuchtung der fünf Wege« [1]), ist ein Gedicht von 114 Versen.
Es werden da die großen und kleinen Höllen und die übrigen
Welten geschildert und die Handlungen aufgezählt, durch welche
die Menschen in einem der fünf Daseinszustände, nämlich als
Höllenwesen, als Tiere, als Geister, als Menschen oder als Götter
wieder zum Dasein gelangen. Mit demselben Gegenstand beschäftigt sich der Lokadīpasāra, der im 14. Jahrhundert von
Medhaṃkara in Birma verfaßt wurde [2]). Über den zukünftigen
Buddha Metteyya handelt der Anāgatavaṃsa, »Geschichte
des Künftigen«, ein Gedicht in 142 Versen [3]). Im 14. Jahrhundert verfaßte ein Dhammakitti das Pāramīmahāśa-
taka, ein Pāligedicht über die zehn Pāramitās [4]). Die Grundlehren der buddhistischen Religion überhaupt, insbesondere die
ethischen Lehren, behandelt das Saddhammopāyana, »Mittel
und Wege der guten Religion« [5]), in 629 Versen. Ein kleines
Gedicht zum Lob des Buddha ist das Pajjamadhu, »der
Versehonig« [6]), das von Buddhappiya um 1100 n. Chr. gedichtet wurde. In 104 kunstvollen Strophen in sanskritisierendem
Pāli wird hier die Herrlichkeit des Buddha beschrieben und seine
Weisheit gepriesen. Ein Kunstgedicht über die gute Religion
des Buddha sind auch die Telakaṭāhagāthā, »die Ölkessel-

---

and edited by Mrs. Rhys Davids, London PTS 1910. Vgl. Bode
a. a. O. 61 f.

[1]) Von Feer im JPTS 1884 herausgegeben und in den Annales
du Musée Guimet, t. V, 1883, 514 ff. ins Französische übersetzt.

[2]) Bode a. a. O. 35 f.

[3]) Herausg. von Minayeff im JPTS 1886, 33 ff. Nach dem
Gandhavaṃsa (JPTS 1886, pp. 61, 72) ist Kassapa der Verfasser des
Werkes und Upatissa der Verfasser einer Aṭṭhakathā dazu.

[4]) M. de Z. Wickremasinghe im JRAS 1896, 200 ff.

[5]) Edited by R. Morris im JPTS 1887, 35—98.

[6]) Edited by E. R. Gooneratne im JPTS 1887, 1 ff. Der Dichter
ist auch der Verfasser der Pāligrammatik Rūpasiddhi.

verse« [1]). Der Dichter soll ein Mönch gewesen sein, der vom
König Tissa von Kalyāṇi unschuldigerweise einer Intrige mit
seiner Gemahlin verdächtigt und dazu verurteilt wurde, in einen
Kessel mit siedendem Öl geworfen zu werden. Dies geschah,
aber der Mönch erhob sich aus dem Kessel und sang die hundert
Verse. Bevor er starb, erinnerte er sich noch seines früheren
Daseins, wo er ein Hirt war und eine Fliege in einen Topf mit
kochender Milch geworfen hatte. Die »hundert Verse« sind in
unserem Gedicht 98 Verse in kunstvollem, sanskritisierendem
Pāli, in denen aber keine Anspielung auf die Legende enthalten
ist. Der König Tissa von Kalyāṇi regierte zwar im 3. Jahrhundert v. Chr., aber das Gedicht dürfte nach der Sprache kaum
älter als das 12. Jahrhundert n. Chr. sein [2]).

Ein regelrechtes Kunstgedicht ist der Jinālaṃkāra von
Buddharakkhita [3]), ein Gedicht von 250 Strophen, in welchen
die Buddhalegende im schwulstigsten Kāvyastil behandelt wird.
Da finden wir Verse, die ebenso von vorn wie von hinten gelesen werden können, eine Strophe, in der kein anderer Konso-
nant als n vorkommt, u. dgl. Künste mehr. Ein Werk in solchem
Stil kann in Ceylon unmöglich vor Buddhaghosa entstanden [4]),
sondern muß Jahrhunderte jünger sein. Nicht nur der Stil, auch
der Inhalt macht dies wahrscheinlich. Denn die Dichtung ist
durchsetzt mit Mahāyānalehren und voll von purāṇaartigen Übertreibungen.

Ein recht mittelmäßiges Gedicht über das Leben des Buddha
in einfacher, ungekünstelter, aber auch nicht besonders schöner
Sprache ist das Jinacarita [5]) des Dichters Vanaratana Medhaṃ-

---

[1]) Edited by E. R. Gooneratne im JPTS 1884, 49 ff.

[2]) Die Legende wird kurz im Mahāvaṃsa 22, 13 ff. und ausführlicher in der Rasavāhinī erzählt.

[3]) Edited with Introd., Notes and Translation by James Gray,
London 1894.

[4]) Wie Rhys Davids im JRAS 1896, p. 385 f. meint. Nach
Gray wäre es gar vorchristlich. Nach dem Gandhavaṃsa ist ein
Jinālaṃkāra von Buddhadatta verfaßt und von Buddharakkhita
kommentiert worden (JPTS 1886, pp. 69, 72, vgl. 65, 75).

[5]) Edited and translated by W. H. D. Rouse (JPTS 1904/5
p. 1 ff.).

kara[1]), der unter Bhuvanaka Bāhu I (1277—1288 n. Chr.) lebte. Es sieht fast wie eine etwas ungeschickte Versifikation der Nidānakathā aus. Eine Buddhabiographie aus noch jüngerer Zeit (1773), das Mālālaṃkāravatthu, ist nur durch die englische Übersetzung[2]) einer birmanischen Übersetzung aus dem Pāli bekannt geworden.

Auch Erzählungswerke sind bis in die neueste Zeit hinein im Pali verfaßt worden. Das wichtigste dieser Werke ist die Rasavāhinī[3]), eine Sammlung von 103 Erzählungen, von denen die ersten 40 in Indien, die übrigen 63 in Ceylon spielen. Das Werk war ursprünglich in singhalesischer Sprache geschrieben, wurde dann von einem Mönch Raṭṭhapāla ins Pāli übersetzt und noch später (zwischen 1320—1347) von dem Thera Vedeha[4]) verbessert. Trotz dieser »Verbesserung« ist es noch immer in schlechtem Pāli — Prosa und Verse wechseln ab — und äußerst nachlässigem Stil geschrieben. Viele der Legenden sind recht albern, wenn auch für Buddhaverehrer gewiß sehr erbaulich. Die Buddhaverehrung in manchen der Legenden unterscheidet sich in nichts von der des Mahāyāna und in nichts von der Bhakti für Viṣṇu bei den Bhāgavatas, z. B. in der Geschichte von der Schlange, die durch das eine Wort »Buddha« bezähmt wird. Es gibt aber in der Sammlung auch manche gehaltvolle Erzählungen, die zum Teil auch durch ihre Parallelen in der Weltlitteratur interessant sind. So finden wir hier wieder die weltweit verbreitete Geschichte von den dankbaren Tieren und

---

[1]) Nach Saddhamma-Saṃgaha IX. 22 (JPTS 1890. p. 63) und Gandhavaṃsa (JPTS 1886. p. 62, 72).

[2]) Von dem Bischof P. Bigandet, Life or Legend of Gaudama the Budha of the Burmese, Rangoon 1858, 3ᵈ ed., London 1880. Vgl. Rhys Davids SBE vol. 11, p. XXXII.

[3]) Vier Erzählungen hat F. Spiegel, Anecdota Palica, Leipzig 1845, zwei weitere Sten Konow ZDMG 43, 1889, 297 ff. und das 7. Kapitel P. E. Pavolini (Giorn. di Soc. as. ital. VIII, 1894, 179 ff.) herausgegeben und übersetzt. Vgl. Gooneratne, JPTS 1884, p. 50 f. Legenden von Asoka hat H. C. Norman, JASB 1910. pp. 57—72 daraus übersetzt.

[4]) Derselbe ist auch der Verfasser der Samantakūṭavaṇṇanā. einer Beschreibung des Adamspeak, herausg. im Journal of the Buddhist Text Society, May 1893.

dem undankbaren Menschen, die wir schon im Jātaka kennen gelernt haben.

Das Jātakabuch war die unerschöpfliche Quelle, aus der buddhistische Dichter, Schriftsteller und Sammler immer wieder geschöpft haben. So schrieb der Dichter Sīlavaṃsa von Ava im 15. Jahrhundert ein Gedicht Buddhālaṃkāra auf Grund der Sumedhakathā in der Nidānakathā. Um dieselbe Zeit schuf der Dichter Raṭṭhasāra von Ava einige dichterische Bearbeitungen von Jātakas. Der 1578 in Birma geborene Tipiṭakālaṃkāra schrieb als fünfzehnjähriger Noviz eine dichterische Bearbeitung des Vessantarajātaka[1]). Und noch für die Rājādhirājavilāsinī, ein im Auftrage des birmanischen Königs Bodōpayā, der im Jahre 1782 den Thron bestieg, verfaßtes Prosawerk, ist das Jātakabuch die Hauptquelle, wenngleich der Verfasser, um seine Gelehrsamkeit zu zeigen, die ganze Litteratur von den Suttas bis zu den spätesten Kommentaren, ebenso wie allerlei gelehrte Pāli- und Sanskritwerke über Grammatik, Astronomie und andere Wissenschaften ebenfalls fleißig benützt hat[2]).

Die buddhistische Litteratur in reinem und gemischtem Sanskrit.

So ungemein reichhaltig und ausgedehnt aber auch die Pālilitteratur von Indien, Ceylon und Birma ist, so stellt sie doch nur die Litteratur einer buddhistischen Sekte dar. Neben ihr haben — von den anderen buddhistischen Ländern abgesehen — in Indien selbst verschiedene Sekten eigene Litteraturwerke hervorgebracht, deren Sprache zum Teil das Sanskrit, zum Teil ein dem Sanskrit angeglichener mittelindischer Dialekt ist, den wir mit Senart als »gemischtes Sanskrit« bezeichnen[3]). Von dieser

---

[1]) Bode a. a. O. 43 f., 53.

[2]) Bode a. a. O. 78 ff.

[3]) Man nannte ihn früher gewöhnlich »Gāthādialekt« (s. oben I, S. 43 f.), was um so unzutreffender ist, als er auch in Inschriften sehr verbreitet ist. Vgl. E. Senart, JA 1882, s. 7, t. XIX, 238 ff.; 1886, s. 8. t. VIII, p. 318 ff.; Kern, SBE 21, p. XIV ff.; Bühler, Ep. Ind. I, 1892, 239, 377; II, 34; Hoernle und Bhandarkar, Ind. Ant. 12, 1883, pp. 89 f., 205 f., 139 ff.; 17. 1888, p. 36 ff.; J. Wackernagel, Altindische Grammatik I. Göttingen 1896, p. XXXIX ff.

Litteratur sind viele umfangreiche Werke, zum Teil aber auch nur Bruchstücke erhalten, während andere bisher nur durch tibetische und chinesische Übersetzungen bekannt sind.

Der weitaus größere Teil dieser in reinem und »gemischtem« Sanskrit abgefaßten Litteratur — wir nennen sie kurz »buddhistische Sanskritlitteratur« — gehört entweder zum Mahāyāna oder ist doch durch dieses mehr oder weniger beeinflußt worden [1]). Zum Verständnis dieser Litteratur ist es daher nötig, einige Bemerkungen über die Spaltung des Buddhismus in seine zwei großen Abteilungen, Mahāyāna und Hīnayāna, vorauszuschicken.

Die älteren buddhistischen Schulen, deren Hauptlehren mit denen des Theravāda, wie er im Pālikanon überliefert ist, übereinstimmen, sahen in der eigenen Erlösung, im Nirvāṇa, das höchste Heil und in dem Zustand des Arhat, der schon bei Lebzeiten einen Vorschmack des Nirvāṇa hat, das Ziel alles Strebens, — ein Ziel, das nur den Wenigen mit Hilfe gewisser, im Mönchsleben allein zu erwerbender Erkenntnisse erreichbar ist. Dieses

---

[1]) Unsere erste Kenntnis dieser Litteratur, die uns hauptsächlich in Nepal erhalten ist, verdanken wir Brian Houghton Hodgson, der von 1821—1843 in Nepal lebte und sich als Staatsmann, Geograph, Zoolog, Ethnograph und Erforscher indischer Sprachen und Altertümer gleichgroße Verdienste erwarb. Durch ihn gelangten zahlreiche buddhistische Handschriften in die indischen und europäischen Bibliotheken, insbesondere auch nach Paris, wo sie in Eugène Burnouf (Introduction à l'histoire du Buddhisme Indien, 2ème éd., Paris 1876) einen ausgezeichneten Bearbeiter fanden. Um dieselbe Zeit (1824), als Hodgson seine für die Kenntnis der buddhistischen Litteratur so wichtigen Entdeckungen machte, hatte gerade der berühmte Ungar Alexander Csoma de Körös, nachdem er zu Fuß von Ungarn nach Tibet gewandert war, mit der Erschließung der buddhistischen Litteratur von Tibet begonnen. (Kurz nachher wurde auch durch George Turnour die Pālilitteratur von Ceylon erschlossen.) Über den Inhalt zahlreicher Handschriften der buddhistischen Sanskritlitteratur berichten Rājendralāla Mitra, The Sanskrit Buddhist Literature of Nepal, Calcutta 1882 und C. Bendall, Catalogue of Buddhist Sanskrit Manuscripts in Cambridge, Cambridge 1883. Die tibetischen Übersetzungen (im Kandschur und Tandschur) sind beschrieben von A. Csoma de Körös, Asiatic Researches, vol. 20, Calcutta 1836, und L. Feer, Annales du Musée Guimet, t. 5, Paris 1883. Das Hauptwerk über die chinesischen Übersetzungen ist Bunyiu Nanjio's Catalogue of the Chinese Translation of the Buddhist Tripiṭaka, Oxford 1883.

Lehrsystem wird von den Anhängern des Mahāyāna nicht verworfen, sondern als auf Buddha zurückgehend anerkannt, jedoch als Hīnayāna, d. h. als das geringere (hīna), das unzulängliche »Fahrzeug« (yāna) bezeichnet, das nicht genügt, alle Wesen zum Ende des Leidens zu führen. Das, was sie lehren, ist das Mahāyāna, das »große Fahrzeug«, das geeignet ist, eine größere Anzahl von Wesen, die ganze große Menschheit über das Leid der Welt hinüberzusetzen. Diese neue Lehre, welche, wie ihre Bekenner vorgeben, auf tieferer Auslegung der alten Texte oder auf späteren mystischen Offenbarungen Buddhas beruht, setzt an Stelle des Arhat-Ideals das des Bodhisattva. Nicht nur der Mönch, sondern jeder Mensch kann sich das Ziel setzen, als ein Bodhisattva, ein »Erleuchtungswesen«, d. h. ein Anwärter auf die Erleuchtung, wiedergeboren zu werden, um allen Menschen das Heil zu bringen. Wenn aber dieses Ziel den Vielen erreichbar sein soll, so muß es zu dessen Erreichung bequemere Mittel geben, als sie im Hīnayāna vorgesehen sind. So kann denn nach den Lehren des Mahāyāna auch der im Leben stehende Familienvater — der Kaufmann, der Handwerker, der König, aber auch der Arbeiter, der Pariah — das Heil erlangen, einerseits durch Betätigung des Mitleids und Wohlwollens für alle Wesen, durch außerordentliche Freigebigkeit und Selbstverleugnung und andererseits durch gläubige, hingebungsvolle Verehrung des Buddha, der Buddhas und der Bodhisattvas [1]. Wohl ist auch schon, wie wir gesehen haben, im Pālikanon der Buddha gar oft ein übermenschliches Wesen; aber er ist doch erst durch die Erleuchtung zum Übermenschen geworden, der manche Wunder zu wirken vermochte, und er ist schließlich ins Nirvāṇa eingegangen: und nur seine Lehre, allenfalls noch seine Reliquien, sind von ihm als Gegenstände der Verehrung zurückgeblieben. Weiter gingen die auch noch zum Hīnayāna gehörigen Lokottaravādins, die in den Buddhas keine gewöhnlichen Menschen sahen, sondern überweltliche (lokottara) Wesen, die sich für eine gewisse Zeit herablassen, alles Menschliche mitzumachen. Im

---

[1] Hier sehen wir den Einfluß der Bhaktilehre, die wir in der Bhagavadgītā kennen gelernt haben, und es ist wahrscheinlich, daß gerade die Bhagavadgītā selbst die Ausbildung des Mahāyāna beeinflußt hat. Vgl. oben Bd. I, S. 370 ff.; Kern, Manual of Buddhism p. 122.

Mahāyāna hingegen sind die Buddhas von Anfang an nichts als göttliche Wesen und ihr Erdenwallen und Eingehen ins Nirvāṇa nichts als Spiel oder Blendwerk. Und wenn im Hīnayāna schon von einer Anzahl von Buddhas, Vorgängern des Śākyamuni in früheren Weltzeitaltern, die Rede ist, so kennt das Mahāyāna Tausende, ja Milliarden von Buddhas. Und als göttliche Wesen werden auch zahllose Milliarden von Bodhisattvas — mit den »Vollkommenheiten« (Pāramitās) ausgestatteten Erleuchtungs-wesen, die aus Mitleid mit den Wesen darauf verzichteten, ins Nirvāṇa einzugehen — von den Mahāyānabuddhisten verehrt. Dazu kamen noch Hindugottheiten, namentlich aus dem Kreise des Śiva, die sich den Buddhas und Bodhisattvas zugesellten und mit diesen das buddhistische Pantheon füllten. Diese neu erstandene M y t h o -l o g i e , das neue B o d h i s a t t v a - I d e a l und die viel stärker hervortretende B u d d h a v e r e h r u n g (Buddha-Bhakti) bilden zu-sammen die v o l k s t ü m l i c h e Seite des Mahāyāna. Sowie diese im Hīnayāna schon vorbereitet war, sich aber unter dem Einfluß des Hinduismus weiter entwickelte, so ist auch die p h i l o s o p h i -s c h e Seite des Mahāyāna nur eine Weiterentwicklung von Hīnayānalehren unter dem Einflusse brahmanischer Philosophie. Der alte Buddhismus hatte das Ich geleugnet und in der Er-kenntnis vom Nicht-Ich den Weg zum Nirvāṇa, zum Verlöschen des Ichs gesehen. Die Schulen des Mahāyāna gingen noch weiter und lehrten, daß es nicht nur kein Ich, sondern überhaupt nichts gebe, daß »a l l e s l e e r« (sarvaṃ śūnyam), d. h. n i c h t s sei; sie bekennen sich zu einem völligen N e g a t i v i s m u s (śūnya-vāda), der sowohl das Sein als auch das Nichtsein leugnet [1]), oder zu einem idealistischen Negativismus (vijñānavāda), der wenigstens ein im Bewußtsein enthaltenes Sein anerkennt.

Die buddhistische Sanskritlitteratur ist aber keineswegs aus-schließlich mahāyānistisch. Vor allem hatte die weitverbreitete Sekte der S a r v ā s t i v ā d i n s , die zum Hīnayāna gehören und deren Name sie als »Positivisten« bezeichnet [2]), einen eigenen Sanskritkanon und eine reiche Litteratur.

---

[1]) »Negativismus« ist eine bessere Bezeichnung für die Mahāyāna-philosophie, als »Nihilismus« (Max W a l l e s e r , Die mittlere Lehre des Nāgārjuna, Heidelberg 1911, S. III).

[2]) S a r v ā s t i v ā d a heißt wörtlich die » Alles-ist-Lehre«.

Reste des Sanskritkanons.

Von diesem Sanskritkanon ist kein vollständiges Exemplar erhalten. Wir kennen ihn nur aus größeren und kleineren Bruchstücken des Udānavarga, Dharmapada, Ekottarāgama und Madhyamāgama, die man in den von M. A. Stein, A. Grünwedel und A. von Le Coq aus Ostturkestan mitgebrachten Holzblockdrucken und Handschriften entdeckt hat [1]), ferner aus Zitaten in anderen buddhistischen Sanskrittexten (wie Mahāvastu, Divyāvadāna und Lalitavistara) und endlich aus chinesischen und tibetischen Übersetzungen [2]). Zum Vinayapiṭaka desselben Kanons gehört wahrscheinlich auch das Bruchstück eines im Sanskrit geschriebenen Rituals für die Mönchsweihe, das C. Bendall in

[1]) R. Pischel, »Bruchstücke des Sanskritkanons der Buddhisten aus Idykutšari, Chinesisch-Turkestān«. SBA 1904, S. 807 ff., »Neue Bruchstücke« etc., ebdas. 1138 ff. und »Die Turfan-Rezensionen des Dhammapada«, SBA 1908, S. 968 ff. Was aber Pischel für Rezensionen des Dharmapada hielt, sind in Wirklichkeit Fragmente des Udānavarga von Dharmatrāta, dessen tibetische Übersetzung von W. W. Rockhill, London 1883, ins Englische übertragen worden ist, und dessen Sanskritoriginal H. Lüders aus den Turfanfunden herzustellen im Begriffe ist. La Vallée Poussin hat Fragmente desselben Werkes in der von M. A. Stein aus Zentralasien gebrachten Sammlung entdeckt und darin sämtliche Udānas des Pāli Udāna gefunden (JA 1912, s. 10, t. XIX, p. 311 ff.). Vgl. auch Lévi, JA 1910, s. 10, t. XVI, p. 444 ff. Hingegen enthält das von Dutreuil de Rhins in Khotan gefundene, paläographisch und litterarhistorisch gleich wichtige alte Kharoṣṭhī-Manuskript (von dem Petroffsky auch nach St. Petersburg Bruchstücke gebracht hat, die von S. d'Oldenburg, St. Petersburg 1907, identifiziert wurden) eine nach dem Muster des Dhammapada zusammengestellte Anthologie in Prākrit (s. Comptes rendus de l'Académie des inscriptions, 14. mai 1895 et 15. avril 1898; M. A. Stein, Ancient Khotan. Oxford 1907, I, 188; Senart, OC XI Paris 1897, I, 1 ff.; JA 1898, s. 9, t. XII. 193 ff., 545 ff.; Lüders, NGGW 1899, S. 474 ff.; Rhys Davids, JRAS 1899, 426 ff. und R. O. Franke, ZDMG 60, 1906, 477 ff.). Buddhistische Sūtras in Sanskrit, auf Ziegeln geschrieben, fanden V. A. Smith und W. Hoey in den Ruinen von Gopālpūr zusammen mit Inschriften, die zwischen 250 und 400 n. Chr. datiert sind (JASB, Proceedings 1896, p. 99 ff.).

[2]) Vgl. Oldenberg, ZDMG 52, 654 ff., 662 ff. und M. Anesaki, Le Muséon, N. S., VI, 1905, pp. 23—37. Über die chinesische Übersetzung eines »Nirvāṇasūtra« vgl. J. Edkins, JRAS 1881, p. 66 ff.

Nepal gefunden hat [1]), ebenso wie das Prātimokṣasūtra, das wir aus einer tibetischen und vier chinesischen Übersetzungen erschließen können [2]). Die Haupttexte des Kanons der Mūlasarvāstivādins — als solcher wird der Sanskritkanon von der Überlieferung bezeichnet — hat der chinesische Pilger I-tsing in den Jahren 700—712 aus dem Sanskrit ins Chinesische übersetzt [3]). Dieser Kanon zeigt im Wortlaut und in der Anordnung der Texte einerseits große Übereinstimmungen mit dem Pālikanon, andererseits auch zahlreiche Abweichungen von diesem. Dies wird so zu erklären sein, daß aus einer gemeinsamen Quelle, wahrscheinlich dem verloren gegangenen Māgadhīkanon, sich zuerst in einem Teile Indiens der Pālikanon und später in einer anderen Gegend der Sanskritkanon abgezweigt hat [4]). Den Nikāyas des Pālikanons entsprechen im Sanskritkanon die Āgamas [5]), und zwar Dīrghāgama dem Dīghanikāya, Madhyamāgama dem Majjhimanikāya, Ekottarāgama dem Aṅguttaranikāya und Saṃyuktāgama dem Saṃyuttanikāya. Auch ein dem Khuddakanikāya entsprechendes »Kṣudraka« gab es. Ob in diesem alle jene Texte eingeschlossen waren, die im Pālikanon diesem Nikāya

---

[1]) Album Kern. p. 373 ff. und OC XIII. Hamburg 1902. S. 58 ff. Ein Fragment des Vinayapiṭaka der Sarvāstivādins in tocharischer Sprache hat S. Lévi entdeckt (JA 1912, s. 10, t. XIX, p. 101 ff.).

[2]) Oldenberg, ZDMG 52, 645 f.

[3]) J. Takakusu, A Record of the Buddhist Religion by I-tsing, translated, Oxford 1896, p. XXXVII. Vgl. Anesaki, JRAS 1901, p. 895 ff.; Éd. Huber in BEFEO VI. 1906, p. 1 ff., 36; S. Lévi im T'oung Pao, s. 2, t. V, 1904, p. 297 ff.; t. VIII, 1907, p. 110 ff. Eine Unterabteilung der Mūlasarvāstivādins bilden (nach Lévi a. a. O. 1907, p. 114 f.) die Sarvāstivādins, die einen eigenen Vinaya hatten, ebenso wie die drei anderen Unterabteilungen derselben Schule (Dharmaguptas, Mahīśāsakas, Kāśyapīyas). Das chinesische »Tripiṭaka« bedeutet aber nicht dasselbe wie das Pāli Tipiṭaka, sondern enthält auch viele nichtkanonische Texte, ja sogar brahmanische philosophische Abhandlungen (Takakusu, JRAS 1896, p. 415). Auch im tibetischen Kandschur, der gleichfalls als »Tripiṭaka« bezeichnet wird, steht vieles, was sich mit dem Tipiṭaka nicht vergleichen läßt und gewiß auch nicht zum alten Kanon gehörte. Wie in diesem besteht jedoch auch im Chinesischen und Tibetischen die Einteilung in Vinaya, Sūtra und Abhidharma.

[4]) Nach Lévi (T'oung Pao 1907. p. 116 f.) wäre der Vinaya des Sanskritkanons erst im 3. oder 4. Jahrh. n. Chr. kodifiziert worden.

[5]) Der Ausdruck kommt aber auch im Pālikanon vor, vgl. Mahāvagga X. 1. 2; 6, und Cullavagga I, 11, 1.

zugerechnet werden, wissen wir nicht. Aber wir wissen, daß es im Sanskritkanon auch die den Pālitexten Suttanipāta, Udāna, Dhammapada, Theragāthā, Vimānavatthu und Buddhavaṃsa entsprechenden Sanskrittexte Sūtranipāta, Udāna, Dharmapada, Sthaviragāthā, Vimānavastu und Buddhavaṃśa gab. Zweifelhaft ist es, ob die Sammlung von »sieben Abhidharmas«, die im chinesischen Tripiṭaka übersetzt ist, auch aus dem alten Kanon stammt, da diese Abhidharmas mit dem Abhidhammapiṭaka des Pālikanons nichts als die Zahl sieben und einige Titel gemein haben[1]).

Ist uns so der Kanon der Mūlasarvāstivādins nur unvollständig erhalten, so gibt es von den anderen buddhistischen Sekten überhaupt keinen abgeschlossenen Kanon, sondern jede Sekte hat nur einen oder mehrere Texte, die als besonders heilig, als eine Art »Bibel« gelten und die alten Texte eines im Prinzip auch von ihnen anerkannten Tripiṭaka teils in sich aufnahmen, teils verdrängten.

Das Mahāvastu.

Als noch zur alten Schule des Hīnayāna gehörig ist hier zuerst das Mahāvastu, »das Buch der großen Begebenheiten«, zu nennen[2]). Das Werk bezeichnet sich selbst als ein Buch »des Vinayapiṭaka nach dem Text der zu den Mahāsāṅghikas gehörigen Lokottaravādins«. Die Mahāsāṅghikas, d. h. die Anhänger des Mahāsaṅgha, der »großen Gemeinde«, sind nach übereinstimmenden Berichten die ältesten Schismatiker[3]). Eine Unterabteilung von ihnen bilden die Lokottaravādins, d. h. diejenigen,

---

[1]) J. Takakusu, JRAS 1905, p. 3 ff. und JPTS 1905, p. 67 ff. Vgl. oben S. 138.

[2]) Le Mahâvastu, text Sanscrit, publié pour la première fois et accompagné d'introduction et d'un commentaire par É. Senart, I—III, Paris 1882—1897 (mit detaillierter Inhaltsübersicht in den Einleitungen). A. Barth in RHR 11, 1885, 160 ff.; 42, 1900, 51 f. und Journal des savants 1899, 459 ff., 517 ff., 623 ff. E. Windisch, Die Komposition des Mahāvastu in Abhandl. der phil.-hist. Kl. der k. sächs. Ges. d. Wiss. XXVII, Leipzig 1909, S. 467—511. Eine Inhaltsübersicht auch bei Rāj. Mitra, Nep. Buddh. Lit., pp. 115—161.

[3]) Das ist das einzig sichere, was wir den einander widersprechenden und unklaren Berichten über die Entstehung der buddhistischen Sekten entnehmen können. Vgl. Kern, Manual of Buddhism 105 ff.

nach deren Lehre die Buddhas »über die Welt erhaben« (lokottara) sind und sich dem weltlichen Leben nur äußerlich anpassen[1]). Ganz in Übereinstimmung mit dieser Lehre wird die Buddhabiographie, die den Hauptinhalt des Mahāvastu bildet, als ein »Avadāna«, eine Wundergeschichte, erzählt. Freilich unterscheidet es sich dadurch wenig von den Texten des Pālikanons, die sich mit dem Leben des Buddha beschäftigen. Hier wie dort hören wir von Wundern, welche die Empfängnis, die Geburt, die Erleuchtung, die ersten Bekehrungen des Buddha begleiten. Mit der Nidānakathā stimmt das Mahāvastu darin überein, daß es das Leben des Buddha in drei Abschnitten behandelt[2]), von denen der erste mit dem Dasein des Bodhisattva zur Zeit des Buddha Dīpaṅkara beginnt (I, 193 ff.) und von dessen Dasein zur Zeit der anderen früheren Buddhas erzählt. Der zweite Abschnitt (II, 1 ff.) führt uns in den Himmel der Tuṣitagötter, wo der dort wiedergeborene Bodhisattva sich entschließt, im Schosse der Königin Māyā Wiedergeburt zu erlangen, und erzählt von den Wundern der Empfängnis und Geburt des Prinzen, von seinem Auszug aus der Heimat, seinen Kämpfen mit Māra und der Erleuchtung, die er unter dem Bodhibaum erringt. Der dritte Abschnitt (in Band III) endlich erzählt, in den Hauptzügen mit dem Mahāvagga des Vinayapiṭaka übereinstimmend, die Geschichte der ersten Bekehrungen und der Entstehung der Mönchsgemeinde. Und dies ist auch der Grund, weshalb sich das Mahāvastu als zum Vinayapiṭaka gehörig bezeichnet, obgleich es — von einigen wenigen Bemerkungen über die Aufnahme in den Orden abgesehen — so gut wie nichts über den eigentlichen Vinaya, die

— — —

[1]) »'Nichts ist den vollkommen Erleuchteten mit der Welt gleich, sondern alles ist bei den großen Rṣis erhaben über der Welt', Mahāvastu I, 159, 2. Sie waschen sich die Füße, obwohl diesen kein Staub anhaftet, sie setzen sich in den Schatten, obwohl die Sonnenhitze sie nicht drückt, sie nehmen Nahrung zu sich, obwohl sie nie der Hunger plagt, sie gebrauchen Arznei, obwohl die Krankheit bei ihnen nicht vorhanden ist, usw.«, Windisch a. a. O., S. 470. Die Lokottaravādins gehören nach Mahāv. I, 2 dem »Mittelland« (madhyadeśa', d. h. den zwischen dem Himālaya und dem Vindhya-Gebirge gelegenen »sechzehn Ländern« (Mahāvastu I, 198) an.

[2]) Oben S. 149. Aber die Ausdrücke dūrenidāna, avidūrenidāna und santikenidāna finden sich im Mahāvastu nicht.

Ordensregeln, enthält. Es entspricht jenem Teil des Vinayapiṭaka, der die Entstehungsgeschichte des Ordens erzählt [1]).

Wenn wir aber sagen, daß das Mahāvastu in der Hauptsache die Lebensgeschichte des Buddha für die Lokottaravādins
erzählt, so ist damit der Inhalt des Werkes lange nicht erschöpft,
noch auch von dessen Komposition eine Vorstellung gegeben.
Denn weitentfernt, ein litterarisches Kunstwerk zu sein, ist das
Mahāvastu vielmehr ein Labyrinth, in dem man nur mit Mühe
den Faden einer zusammenhängenden Erzählung vom Leben des
Buddha entdecken kann. Fortwährend wird diese Erzählung
durch andere Stoffe unterbrochen, insbesondere durch zahlreiche
Jātakas und Avadānas, aber auch durch dogmatische Sūtras.
Ein Anordnungsprinzip ist nicht zu erkennen. Oft wird nicht
einmal der Versuch gemacht, auch nur einen losen Zusammenhang zwischen den verschiedenen Bestandteilen herzustellen.
Ferner wird überaus häufig eine und dieselbe Geschichte, sei es
eine Episode aus dem Leben des Buddha oder ein Jātaka, zweimal hintereinander erzählt, zuerst in Prosa und dann noch einmal
— bald mehr, bald weniger abweichend — in Versen. Aber
auch an verschiedenen Stellen kehren dieselben Episoden mit
geringfügigen Abweichungen mehrmals wieder. So wird die
Legende von Buddhas Geburt nicht weniger als viermal erzählt [2]).
Auch die Sprache ist keine einheitliche. Zwar ist das ganze
Werk, sowohl die Prosa als auch die Verse, in »gemischtem
Sanskrit« geschrieben, aber dieser Dialekt nähert sich dem Sanskrit bald mehr bald weniger. In letzterem Falle ist er altertümlicher [3]).

Trotz alledem und trotzdem wir aus dem Werke kaum
irgend etwas Neues über die Lehre des Buddha, nicht einmal über
besondere Lehren der Lokottaravādins erfahren, ist es doch von
größter Wichtigkeit dadurch, daß es uns viele alte Überlieferungen und alte Versionen von Texten, die auch im Pālikanon
vorkommen, erhalten hat. So wird der Auszug des Prinzen
Siddhārtha aus der Heimat (abhiniṣkramaṇa) in höchst altertümlicher Weise — ähnlich wie im Majjhimanikāya (26 und 36) —

---

[1]) Vgl. oben S. 20 ff. und Windisch a. a. O. S. 473, 476 ff.
[2]) Windisch, Buddha's Geburt, S. 106, 124 f.
[3]) Oldenberg, ZDMG 52, 663.

erzählt [1]). Ebenso finden wir da alte Versionen der »Predigt von Benares«, des Mahāgovindasutta (Dīghanikāya 19), des Dīghanakhasutta (Majjhimanikāya 74), des Sahassavagga aus dem Dhammapada, des Khuddakapaṭha, der Pabbajjā-, Padhāna- und Khaggavisāṇa-Suttas aus dem Suttanipāta, und einzelner Stücke des Vimānavatthu und des Buddhavaṃsa [2]). Im altertümlichen Balladenstil sind auch die Gedichte über die Geburt des Buddha gehalten. Sie sind Reste jener altbuddhistischen Balladendichtung, die wir schon so oft kennen gelernt haben.

Ganz besonders wertvoll ist aber das Mahāvastu als eine Fundgrube von Jātakas [3]) und anderen Erzählungen. Gut die Hälfte des Werkes besteht aus Jātakas, die teils in reiner Prosa, teils in Prosa mit eingefügten Versen, manchmal zuerst in Prosa und dann noch einmal in Versen erzählt werden. Wieder begegnen wir hier dem Bodhisattva bald als einem weltbeherrschenden König, bald als einem Kaufmannssohn, bald als einem Brahmanen, ebenso wie als Nāgafürsten, als Löwen, Elefanten usw. Viele der Jātakas sind Versionen derselben, welche wir im Pāli Jātakabuch finden, manchmal fast wörtlich übereinstimmend, manchmal mit größeren oder geringeren Abweichungen. So ist das Šyāmakajātaka (II, 209 ff.), die rührende Geschichte von dem Brahmanensohn, den der König Peliyakṣa mit einem Pfeil tötet, nur eine Version des uns bekannten Sāmajātaka. Das Kinnarījātaka (II, 94 ff.) entspricht dem Charakter, wenn auch nicht dem Inhalte, nach den Kinnaramärchen des Jātakabuches. Das Kusajātaka erscheint einmal (II, 420 ff.) in einer vom Pāli ziemlich abweichenden Rezension, ein zweites Mal (III, 1 ff.) in einer metrischen Version, die mit den Pāli Gāthās Übereinstimmungen zeigt [4]).

---

[1]) II, 117. Unmittelbar folgt eine zweite, spätere Fassung desselben Abhiniṣkramaṇasūtra.

[2]) Vgl. Oldenberg, ZDMG 52, 659 ff., 665 ff. Windisch, Māra und Buddha, 316 ff., 322 ff.

[3]) Sie sind zusammengestellt von S. d'Oldenburg im JRAS 1893, p. 335 ff. und A. Barth im Journal des savants 1899, S. 625 ff. Einige Jātakas aus dem Mahāvastu hat J. Charpentier, Paccekabuddhageschichten 2 ff., 12 ff., 25 ff. besprochen.

[4]) Oben S. 120 f., 107, 110 f. Die Geschichte von Amarā, der Schmiedstochter (II, 83 ff.) entspricht dem Pāli Jātaka Nr. 387. Das Markaṭajātaka (II, 246 ff.) ist die Fabel vom Affen und Krokodil (Jāt. Nr. 208), oben S. 101, 131 f.

Die Geschichte von Nalinī, die den Ekaśṛṅga (d. h. »Einhorn«) verführt, ist im Mahāvastu (III, 143 ff.) zu einer sehr frommen Legende abgeschwächt worden, die aber doch noch altertümliche Züge aufbewahrt hat, die in der Prosa des Pāli Jātaka von Isisiṅga geschwunden sind [1]).

Es gibt aber auch viele Jātakas und Avadānas im Mahāvastu, die im Pāli keine Entsprechungen haben. In diesen wird besonders häufig die außerordentliche Opferwilligkeit und Freigebigkeit des Bodhisattva verherrlicht. Als König Arka z. B. schenkt er dem damaligen Buddha 80 000 Grotten (Höhlentempel), aus den sieben Arten von Edelsteinen hergestellt (I, 54). Ein andermal verschenkt er Weib und Kind, nur um einen weisen Ausspruch zu lernen (I, 91 f.). Als Töpfer ist er frömmer denn König Kṛkin, da er kein lebendes Wesen tötet und seine Töpfe auf Kreuzwegen aufstellt, um sie für Hungrige mit Reis und Bohnen zu füllen; und als er hört, daß seine Eltern in seiner Abwesenheit das Stroh, mit dem er kurz vorher seine Hütte frisch gedeckt hatte, dem Buddha geschenkt haben, freut er sich einen Monat lang (I, 317 ff.). Manche der Erzählungen tragen mehr brahmanischen oder purāṇaartigen Charakter. So die Geschichte von Brahmadatta, der kinderlos ist und sich an die Ṛṣis wendet, worauf ihm drei Vögel geboren werden, die mit menschlicher Stimme reden und sehr weise Aussprüche von sich geben (I, 272 ff.) [2]). Der Rājavaṃśa, die »Geschichte der Könige« (zu deren Geschlecht Śākyamuni gehört), beginnt ganz nach Art der Purāṇas mit einem Bericht über die Schöpfung (I, 338 ff.). Den Geist der Purāṇas atmet auch das Jātaka (I, 283 ff.), in dem ein Ṛṣi Rakṣita, der Bodhisattva, als Einsiedler solche Wunderkräfte erlangt, daß er mit seinen Händen Sonne und Mond berühren kann. Dem Geist der Purāṇas ist der des Mahāyāna sehr ähnlich, und manche Erzählungen des Mahāvastu zeigen jene Vor-

---

[1]) Lüders. NGGW 1901, S. 20 ff. und oben S. 119 f.

[2]) Die Geschichte erinnert an den Anfang des Mārkaṇḍeya-Purāṇa, vgl oben Bd. I, S. 468. Auch die Höllenschilderung zu Beginn des Mahāvastu zeigt Anklänge an dasselbe Purāṇa (L. Scherman, Visionslitteratur, S. 36). Der Besuch des Maudgalyāyana (Pāli Moggallāna) in den acht Höllen, sowie seine Wanderung durch die Tierwelt, die Welt der Pretas, der Asuras und der verschiedenen Götterklassen, ist aber auch in der Pālitradition begründet, wo gleichfalls Moggallāna ein Heiliger ist, der Himmel und Hölle und alle Welten durchwandert.

liebe für Phantasmagorien — glanzvolle Zauberbilder, die zugleich die Wundermacht der Heiligen dartun und der Verherrlichung der Buddhas dienen sollen —, die den Mahāyāna-texten so eigentümlich ist. Von der Art sind z. B. die »Sonnen-schirmgeschichten« (chattravastu I, 253 ff.). Nachdem der Buddha die Stadt Śrāvastī von einer schrecklichen, durch Yakṣas verursachten Seuche befreit hat, halten Götter und Geister Sonnen-schirme über den Erhabenen, um ihm Ehre zu bezeigen. Dieser aber läßt in gewohnter Liebenswürdigkeit durch seine Zauber-macht unter jedem Sonnenschirm einen Buddha erscheinen, so daß jeder Gott glaubt, daß der Buddha unter seinem Schirme sitze.

Und obgleich das Mahāvastu zum Hīnayāna gehört und vieles enthält, was ebenso gut in den Pālitexten der Theravādins vorkommen könnte oder tatsächlich vorkommt, enthält es doch auch manches, wodurch es sich dem Mahāyāna nähert. So finden wir im ersten Band (1, 63—193) einen großen Abschnitt über die zehn Bhūmis oder Stufen, die ein Bodhisattva durchlaufen, und die Beschreibung der Tugenden, die er in jeder der zehn Stufen besitzen muß. In diesen Abschnitt eingeschoben ist eine Bud-dhānusmṛti (I, 163 ff.), d. i. ein Hymnus auf Buddha, der sich in nichts von den Stotras auf Viṣṇu oder Śiva in den Purāṇas unterscheidet. Im Sinne des Mahāyāna ist es auch, wenn (II, 362 ff.) gesagt wird, die Reinheit des Buddha sei so groß, daß die Verehrung des Erhabenen allein schon zur Erreichung des Nirvāṇa genüge, und daß man sich schon unendliches Verdienst erwerbe, wenn man nur einen Stūpa umwandle und durch Blumen-spenden u. dgl. verehre. Daß von dem Lächeln des Buddha Strahlen ausgehen, welche das ganze Buddhagefilde (Buddha-kṣetra) durchleuchten (III, 137 ff.), kommt in Mahāyānatexten unzählige Male vor. Mahāyānistisch ist es auch, wenn von einer großen Zahl von Buddhas die Rede ist, und wenn gesagt wird, daß die Bodhisattvas nicht von Vater und Mutter erzeugt werden, sondern durch ihre Eigenschaften unmittelbar entstehen [1]).

Die Art der Komposition des Mahāvastu bringt es mit sich, daß die Abfassungszeit des Werkes schwer zu bestimmen ist.

---

[1]) Vgl. Windisch, Buddha's Geburt, S. 97 Anm., 100 f. und S. 193 f.

Viele Umstände weisen auf ein hohes Alter hin, so die Zugehörigkeit zur Lokottaravāda-Schule und die Sprache. Daß das Werk ganz im »gemischten Sanskrit« geschrieben ist, während in den Mahāyānatexten dieser Dialekt mit reinem Sanskrit abwechselt, ist ein Zeichen von größerer Altertümlichkeit. Denn das Sanskrit ist, wie Barth[1]) sagt, in den buddhistischen Texten doch nur ein Eindringling. Gewiß alt sind auch jene zahlreichen Stücke, die das Mahāvastu mit dem Pālikanon gemein hat und die auf eine gemeinsame ältere Quelle zurückweisen. So mögen die Gāthās des Khaḍgaviṣāṇasūtra (I, 357 ff.) älter sein als die des entsprechenden Khaggavisāṇasutta im Pāli Suttanipāta. Wenn aber im Mahāvastu diese Verse von 500 sterbenden Pratyekabuddhas gesungen werden, so nimmt sich in deren Mund der Refrain »Er wandle einsam wie das Nashorn« sonderbar genug aus, und es ist nicht wahrscheinlich, daß der Prosarahmen ebenso alt ist wie die Gāthās. Auf die Zeit der ersten Jahrhunderte n. Chr. deuten auch die schon erwähnten mahāyānistischen Züge hin, sowie einige Stellen, die durch Skulpturen der Gandhārakunst beeinflußt zu sein scheinen[2]). Bis ins 4. Jahrhundert bringen uns Anspielungen auf die Mahāyānasekte der Yogācāras (I, 120), auf die Hunnen, auf die chinesische Sprache und Schrift und die Bezeichnung des Astrologen als »Horāpāṭhaka» (III, 178). Aber der Kern des Werkes ist alt und wahrscheinlich schon im 2. Jahrhundert v. Chr. entstanden, wenn es auch noch im 4. Jahrhundert n. Chr. und vielleicht noch später durch Zusätze und Einschiebungen erweitert worden ist. Denn es ist doch nur die Ausschmückung dem Mahāyāna entlehnt, während sich bloß eine schwache Beimischung von eigentlichen Mahāyānalehren und nichts von der Mahāyānamythologie im Mahāvastu findet.

---

[1]) Journal des savants 1899, p. 459.

[2]) Wenn z. B. bei einem Blumenmirakel die Lotusblumen in Form eines Kreises um den Heiligenschein des Buddha herumfallen. Der Heiligenschein ist erst durch griechische Künstler in Indien eingeführt worden. Vgl. A. Foucher JA 1903, s. 10, t. II, p. 208 f. und L'art gréco-bouddhique du Gandhāra, t. I, Paris 1905, p. 622. Auch die vielen Buddhas unter den Sonnenschirmen (oben S. 192) erinnern an Kunstdenkmäler.

Der Lalitavistara.

Während das Mahāvastu sich selbst als ein zum Hīnayāna
gehöriges Werk bezeichnet, aber Züge des Mahāyāna aufgenommen hat, gilt der Lalitavistara[1]) als einer der heiligsten
Mahāyānatexte, bezeichnet sich selbst als ein Vaipulyasūtra
(»Lehrtext von großem Umfang«) — eine gewöhnliche Bezeichnung für Mahāyānasūtras — und weist alle Merkmale eines
Mahāyānasūtra auf, trotzdem das Werk ursprünglich die Lebensbeschreibung des Buddha für die zum Hīnayāna gehörigen Sarvāstivādins enthielt[2]). Den Mahāyāna-Ideen entspricht aber schon
der Titel Lalitavistara, d. h. »die ausführliche Erzählung von dem
Spiel (des Buddha)«. Das Leben und Wirken des Buddha auf
Erden wird damit als das »Spiel« (lalita) eines übernatürlichen
Wesens bezeichnet[3]). Und als ein erhabenes, göttliches Wesen
erscheint Buddha auch in dem einleitenden Kapitel. Wohl beginnt es nach Art der Pāli Suttas mit den Worten: »Also habe
ich gehört: einst weilte der Herr zu Šrāvastī im Jetahaine im
Garten des Anāthapiṇḍada«. Während aber in den Pālitexten
nach diesen oder ähnlichen stereotypen Einleitungsworten, in

---

[1]) Herausgegeben von S. Lefmann (Halle a. S. 1902 und 1908),
der auch die ersten fünf Kapitel ins Deutsche übersetzt hat (Berlin
1875). Von der englischen Übersetzung des Rājendralāla Mitra
in der Bibl. Ind. (wo derselbe auch einen unvollkommenen Text herausgegeben hatte) sind nur drei Hefte erschienen (Kalkutta 1881—1886);
sie bricht im 15. Kapitel ab. Eine vollständige französische Übersetzung erschien von Ph. Ed. Foucaux in den Annales du Musée
Guimet. t. 6 et 19 (Paris 1884, 1892).

[2]) So nach chinesischer Überlieferung. Vgl. S. Beal, The Romantic Legend of Sakya Buddha from the Chinese-Sanscrit, London
1875, Introd.; Foucaux, Lalita Vistara traduit, t. II, Introd. Beal's
'Romantic Legend' ist eine abgekürzte Übersetzung aus dem Chinesischen des Abhiniṣkramaṇasūtra, das im Sanskrit nicht erhalten,
aber 587 ins Chinesische übersetzt worden ist. Es soll die Buddhabiographie für die Sekte der Dharmaguptas sein.

[3]) Vgl. über den Titel Lefmann, Übersetzung, S. 70 ff., Ausgabe II, S. VI f.; Foucaux, t. II, p. 3 und Winternitz, WZKM 1912,
S. 244. Das Werk bezeichnet sich auch als ein Mahānidāna, d. h.
»ein großes von den Anfängen (der Laufbahn des Buddha handelndes
Sūtra)« und als »Lalitavistara-Purāṇa«, eine Bezeichnung, die insofern
sehr passend ist, als der Stil des Werkes dem der Purāṇas nicht unähnlich ist.

denen uns der Meister von einigen Jüngern oder höchstens von einem Gefolge von »fünfhundert Mönchen« umgeben vorgeführt wird, unmittelbar das eigentliche Sutta beginnt, wird im Lalitavistara, wie in allen Vaipulyasūtras des Mahāyāna, erst noch ein großartiges, von göttlichem Glanz umflossenes Bild des Buddha entworfen. Er ist umgeben von zwölftausend Mönchen und von nicht weniger als zweiunddreißigtausend Bodhisattvas, »alle nur noch an eine Wiedergeburt gefesselt, alle mit den Vollkommenheiten eines Bodhisattva geboren, alle sich an der Erkenntnis eines Bodhisattva vergnügend, alle im Besitz der Einsicht in zauberkräftige Sprüche« usw. Während er in der mittleren Nachtwache in tiefe Betrachtung versunken dasitzt, bricht aus seinem Scheitel ein Lichtstrahl hervor, der in die Himmelswelten dringt und alle Götter in Aufregung versetzt. Diese stimmen sofort ein Preislied auf den erhabenen Buddha an, und bald erscheinen Īśvara und andere Götter vor dem Herrn, werfen sich ihm zu Füßen und flehen ihn an, zum Heil und Segen der Welt das treffliche Vaipulyasūtra, Lalitavistara mit Namen, zu offenbaren, indem sie in überschwenglichen Worten die Vorzüge dieses auch schon von früheren Buddhas offenbarten Textes preisen. Stillschweigend gibt Buddha seine Zustimmung. Erst nach dieser umständlichen Einleitung, die ein ganzes großes Kapitel füllt, beginnt die eigentliche Erzählung, die Buddha-biographie, die den Inhalt des Werkes bildet. Und zwar beginnt sie dort, wo in der Nidānakathā der zweite Abschnitt (avidūrenidāna) anfängt:

Der Bodhisattva weilt im Himmel der zufriedenen (Tuṣita) Götter in einem herrlichen Götterpalast. (Der Bodhisattva erhält über hundert ehrende Beiwörter und der Götterpalast, in dem er wohnt, über ein Dutzend.) Unter dem Schall von 84 000 Pauken wird er aufgefordert, auf die Erde herabzusteigen, um sein Erlösungswerk zu beginnen. Nach langen Beratungen, in denen die Vorzüge und Mängel einer großen Anzahl von königlichen Familien erwogen werden, entschließt sich der Bodhisattva, im Hause des Königs Śuddhodana und im Schoße der Königin Māyā wiedergeboren zu werden, da diese alle Vorzüge einer Buddhamutter besitzt. Vollendet wie ihre (bis ins kleinste Detail geschilderte) Schönheit ist ihre Tugend und Reinheit. Sie allein von allen Frauen Indiens ist aber auch imstande, den künftigen Buddha zu tragen, da in ihr die Kräfte von zehntausend Elefanten vereinigt sind. Unter der Beihilfe der Götter geht die Empfängnis vor sich, nachdem der Bodhisattva beschlossen hat, in der Form eines Elefanten in den

Mutterschoß einzudringen. Die Götter besorgen nicht nur eine Himmels-
wohnung als Wöchnerinstube für Māyā, sondern schaffen auch einen
Edelsteinpalast in ihren Schoß, damit der Bodhisattva nicht zehn Monate
lang durch den Mutterschoß verunreinigt werde. In diesem Edelsteinpalast sitzt er wundervoll weich. Sein Körper aber strahlt in herr-
licher Schöne und ein Licht breitet sich meilenweit vom Leibe seiner
Mutter aus. Die Kranken aber kommen zu Māyā Devī und werden
von ihren Leiden befreit, sobald diese ihre Hand auf deren Haupt legt.
»Und wenn immer sie zu ihrer Rechten hinblickte, sah sie den Bodhisattva
in ihrem Schoße, sowie man in einer reinen Spiegelscheibe sein eigenes
Gesicht erblickt.« Noch im Mutterschoße erfreut der ungeborene Bodhisattva die Götter durch fromme Predigt, und Gott Brahman gehorcht
jedem seiner Winke [1]).

Ebenso wie die Empfängnis, so erfolgt auch die Geburt des Bodhisattva unter gewaltigen Wundern und Zeichen. Im Lumbinīhain wird
er in der bekannten, durch zahlreiche Skulpturen festgehaltenen Weise
von Māyā geboren, nicht aber als ein gewöhnliches Menschenkind,
sondern als ein allwissendes, erhabenes Wesen, als Mahāpuruṣa, »der
große Geist«. Während Lotusblumen unter jedem seiner Tritte hervor-
sprießen, macht der Neugeborene, seine Größe verkündend, sieben
Schritte nach jeder der sechs Weltrichtungen [2]).

Hier wird die Erzählung durch einen Dialog zwischen Ānanda
und dem Buddha unterbrochen [3]), in dem gegen jene Ungläubigen
geeifert wird, welche an die wunderbare Geburt des Buddha nicht
glauben wollen. Der Glaube an Buddha wird aber als ein
notwendiger Bestandteil der Religion gelehrt. Und an den Kṛṣṇa
der Bhagavadgītā werden wir erinnert, wenn Buddha hier sagt:

»Allen, die an mich glauben werden, tue ich Gutes. Wie Freunde
sind mir diejenigen, welche bei mir Zuflucht suchen. Und viele Freunde
hat der Tathāgata. Jene Freunde des Tathāgata aber reden nur
Wahres, nicht Falsches   Zu glauben, Ānanda, sei euer Bestreben.
Dazu ermahne ich euch«.

Daß dieser Dialog gerade hier eingefügt erscheint, ist gewiß kein Zufall, sondern hat darin seine Begründung, daß gerade
in bezug auf die Legenden von der Empfängnis und der Geburt

---

[1]) Kap. 2—6. Der Anfang des 6. Kap. ist übersetzt von Windisch, Buddha's Geburt, S. 162 ff.

[2]) Als Puruṣa und Mahāpuruṣa wird in den Brāhmaṇas und Upaniṣads der Schöpfer Prajāpati bezeichnet, später auch Brahman und
Viṣṇu. Die sieben Schritte des neugeborenen Buddhakindes sind auch
nur aus dem Mythus von den Schritten des Viṣṇu zu erklären.

[3]) Kap. 7, ed. Lefmann, pp. 87—91.

des Buddha der Lalitavistara sich von den Berichten anderer
Schulen durch Übertreibung des Wunderbaren sehr auffallend
unterscheidet. Im weiteren Verlaufe der Erzählung ist dies nicht
mehr der Fall. Ja wir finden hier sehr häufig eine außerordentlich nahe Übereinstimmung mit den ältesten Pāliberichten, z. B.
denen im Mahāvagga des Vinayapiṭaka[1]), wobei mitunter die
Gāthās des Lalitavistara altertümlicher scheinen als die entsprechenden Pālitexte. Die beiden Texte sind in solchen Fällen
nicht voneinander abhängig, sondern beide gehen auf eine gemeinsame ältere Tradition zurück. Aber auch hier hat der Lalitavistara noch manches, was in den älteren Berichten ganz fehlt.
Besonders zwei Episoden sind da bemerkenswert. Die eine erzählt (Kap. 8), wie der Bodhisattva als Knabe von seiner Ziehmutter in den Tempel gebracht wird und alle Götterstatuen sich
von ihren Sockeln erheben, um ihm zu Füßen zu fallen. Die
andere (Kap. 10) berichtet von des Bodhisattva erstem Schulgang:

Mit einem Gefolge von zehntausend Knaben, mit ungeheurem Gepränge und unter der Teilnahme aller Götter — achttausend Götter-
mädchen streuen z. B. Blumen vor ihm her — hält der kleine Bodhisattva seinen Einzug in die Schreibschule. Der arme Schulmeister
kann die Herrlichkeit des Bodhisattva gar nicht vertragen und fällt zu
Boden. Ein Gott hebt ihn auf und beruhigt ihn mit der Erklärung,
daß der Bodhisattva zwar allwissend sei und nichts zu lernen brauche,
aber doch, dem Lauf der Welt folgend, in die Schule gekommen sei.
Da überrascht den Schulmeister aber auch schon der Bodhisattva mit
der Frage, welche der 64 Schriftarten er ihn lehren werde. Und er
zählt sie alle auf — darunter auch die Schriften der Cīṇas (Chinesen)
und Hūṇas (Hunnen) —, Schriftarten, die der Lehrer nicht einmal dem
Namen nach kennt. Endlich beginnt dieser mit den zehntausend Knaben
den Unterricht im Alphabet. Bei jedem Buchstaben des Alphabets
gibt aber der Bodhisattva irgendeinen mit dem betreffenden Buchstaben
beginnenden weisen Ausspruch von sich[2]).

------

[1]) Das Verhältnis der Pālitradition zum Lalitavistara behandelt
Oldenberg in OC V, Berlin 1882, Bd. 2, S. 107—122. Vgl. auch
Windisch, »Māra und Buddha« und »Buddha's Geburt«, sowie Kern
SBE, vol. 21, p. XI ff. Auch schon Burnouf, Lotus de la bonne Loi
p. 864 ff.

[2]) E. Kuhn (Gurupūjākaumudī, S. 116 ff.) hat nachgewiesen, daß
diese beiden Legenden von dem kleinen Buddha den apokryphen Evangelien, die ähnliche Geschichten von dem kleinen Jesus erzählen, als
Vorbilder gedient haben.

Auch Kapitel 12[1]) und 13 enthalten Episoden, die in den anderen Buddhabiographien fehlen. Hingegen weicht der weitere Verlauf der Erzählung (Kap. 14—26) — von den vier Begegnungen, durch die der Bodhisattva Alter, Krankheit, Tod und Weltentsagung kennen lernt, der Flucht aus dem Palast, der Begegnung mit König Bimbisāra, von der Lehrzeit Gotamas und seinen vergeblichen asketischen Übungen, dem Kampf mit Māra, der endlichen Erleuchtung und der Verkündung der Lehre auf Bitten des Gottes Brahman — nur wenig von der aus anderen Quellen bekannten Legende ab[2]). Das letzte Kapitel (27) aber ist — wieder ganz nach Art der Mahāyānasūtras — der Verherrlichung des Lalitavistara selbst und der Aufzählung der Verdienste und Vorteile gewidmet, die man durch dessen Verbreitung und Verehrung gewinnt.

Nach all dem ist es durchaus wahrscheinlich, daß unser Lalitavistara eine im Sinne des Mahāyāna erweiterte und ausgeschmückte Redaktion eines älteren Hīnayānatextes, der Buddhabiographie der Sarvāstivāda-Schule, ist. Bei dieser Annahme erklärt sich auch der Charakter unseres Textes, der ja durchaus nicht das einheitliche Werk eines Verfassers, sondern eine anonyme Kompilation ist, in der sehr alte und sehr junge Stücke nebeneinander stehen. Das Werk besteht ja auch der Form nach aus ungleichen Teilen, einer fortlaufenden Erzählung in Sanskritprosa und zahlreichen, oft umfangreichen metrischen Stücken in »gemischtem Sanskrit«. Nur selten bilden diese Verse einen Teil der Erzählung, in der Regel sind sie Einlagen, welche das in der Prosa Erzählte in kürzerer, einfacherer, zuweilen auch in mehr oder weniger abweichender Form wiedergeben. Manche dieser Verseinlagen — so die Geburtslegende und die Asita-Episode im VII., die Bimbisārageschichte im XVI., der Dialog

---

[1]) Über dieses vgl. Winternitz, WZKM 1912, S. 237 ff.

[2]) Durch Übertreibungen zeichnet sich aber auch hier der Lalitavistara vielfach aus. Während Gotama z. B. die vier Wochen nach der Erleuchtung in unserem ältesten Bericht (Mahāvagga I, 1—4: Dutoit, Leben des Buddha, S. 66 ff.) unter verschiedenen Bäumen meditierend zubringt, macht er im Lalitavistara (ed. Lefmann p. 377) in der zweiten Woche einen »langen Spaziergang« durch Tausende von Welten und in der vierten Woche einen »kleinen Spaziergang«, der sich nur vom östlichen bis zum westlichen Ozean erstreckte.

mit Māra im XVIII. Kap. u. a. — sind schöne alte Balladen, die auf dieselben alten Quellen zurückgehen wie die oben (S. 75 f.) erwähnten Gedichte des Suttanipāta. Sie gehören der alten religiösen Balladendichtung der ersten Jahrhunderte nach Buddha an. Aber auch viele Prosastücke, so z. B. die Predigt von Benares (im 26. Kap.), gehören zur ältesten Schicht buddhistischer Überlieferungen. Andererseits finden sich die jüngeren Bestandteile nicht nur in der Prosa, sondern auch in den Gāthās, von denen viele in sehr kunstvollen Versmaßen abgefaßt sind[1]).

Wann die endgültige Redaktion des Lalitavistara stattgefunden hat, wissen wir nicht. Daß das Werk schon im 1. Jahrhundert n. Chr. ins Chinesische übersetzt worden sei, wurde früher irrtümlicherweise behauptet. Tatsächlich wissen wir nicht einmal, ob die um 300 n. Chr. entstandene chinesische Buddhabiographie Phū-yau-king, die angebliche »zweite Übersetzung des Lalitavistara«, wirklich eine Übersetzung unseres Textes ist[2]). Eine genaue Übersetzung des Sanskrittextes ist die tibetische[3]), die aber erst im 9. Jahrhundert entstanden ist. Als sicher darf angenommen werden, daß eine von unserem Lalitavistara wenig abweichende Version den Künstlern bekannt war, die um 850 bis 900 n. Chr. den berühmten Tempel von Boro-Budur auf Java mit Bildwerken schmückten. Denn diese herrlichen Skulpturen stellen Szenen aus der Buddhalegende in einer Weise dar, wie wenn die Künstler geradezu an der Hand eines Lalitavistaratextes gearbeitet hätten. Und C. M. Pleyte[4]) hat zur Erklärung der Skulpturen einfach den ganzen Inhalt des Lalitavistara wiedergegeben.

Aber auch schon die Künstler, welche die gräkobuddhistischen Denkmäler Nordindiens mit Szenen aus dem Leben des Buddha geschmückt haben, sind wohl vertraut mit der Buddha-

---

[1]) So sind Vasantatilakā und Šārdūlavikrīḍita ziemlich häufig. Vgl. das Verzeichnis der Metra in Lefmanns Ausgabe, Bd. II, S. 227 ff. und Einleitung S. XIX ff.

[2]) Vgl. Winternitz, WZKM 1912, S. 241 f.

[3]) Sie ist herausgegeben und ins Französische übersetzt von Ph. E. Foucaux (Rgya-tcher-rol-pa. Version tibétaine du Lalitavistara), Paris 1847—48.

[4]) Die Buddhalegende in den Skulpturen des Tempels von Bôrô-Budur, Amsterdam 1901. Vgl. Speyer, Le Muséon, N. S. IV, 1903, p. 124 ff.

legende, wie sie im Lalitavistara erzählt wird. Sie arbeiteten allerdings nicht nach Texten, sondern nach lebendiger, mündlicher Überlieferung. Die Übereinstimmung zwischen Bildwerken und Texten ist aber nicht selten eine derartige, daß man annehmen muß, daß auch die litterarische Überlieferung gelegentlich durch die Kunst beeinflußt worden sei. Zwischen Kunst und Litteratur fand eine gegenseitige Beeinflussung statt[1]). Während die alt-buddhistische Kunst der Zeit des Ašoka (Reliefs von Bharhut, Sānchi usw.) keine Darstellungen des Buddha kennt, sondern für die Person des Religionsstifters nur Symbole (z. B. das Rad) setzt, ist die Darstellung des Buddha ein Hauptgegenstand der Gandhārakunst. Sollte das nicht damit zusammenhängen, daß mittlerweile der Buddha zu einem Gegenstand der Bhakti geworden und die Buddhaverehrung in den Mittelpunkt der Religion gerückt worden war? So spricht alles dafür, daß das Zeitalter der Gandhārakunst, deren Blüte in das 2. Jahrhundert n. Chr. fällt[2]), auch das der älteren die Buddhalegende behandelnden Mahāyānatexte ist.

Es ist also nur richtig, daß uns im Lalitavistara sowohl sehr alte, als auch um Jahrhunderte jüngere Überlieferungen über die Buddhalegende erhalten sind. Eine wichtige Quelle für den alten Buddhismus ist er nur dort, wo er mit den Pālitexten und anderen Sanskrittexten, wie Mahāvastu, übereinstimmt. Aber falsch ist es, den ganzen Lalitavistara als eine gute, alte Quelle für unsere Kenntnis des Buddhismus anzusehen, wie es namentlich É. Senart in seinem ebenso geistvollen, wie verfehlten »Essai sur la légende du Buddha«[3]) getan hat. Auch nicht über den »volkstümlichen Buddhismus« der alten Zeit, wie Louis de La

---

[1]) Vgl. A. Foucher, L'art gréco-bouddhique du Gandhāra, t. I, Paris 1905, S. 324 f., 616 ff.; Grünwedel, Buddhistische Kunst in Indien, S. 98, 104 f.. 184; Senart, OC XIV, Alger 1905, I, 121 ff. und T. Bloch, ZDMG 62, S. 370 ff.

[2]) »Aus stilistischen Gründen, welche zumeist aus der griechisch-römischen Kunst sich ergeben, ist als Zeit der Entwicklung nur die Zeit um Christi Geburt bis zum vierten Jahrhundert möglich.« Grünwedel, Buddhistische Kunst in Indien, S. 81. Nach Foucher, L'art gréco-bouddhique du Gandhāra, t. I, p. 40 ff. fällt die Blüte der Gandhārakunst in die zweite Hälfte des 2. Jahrhunderts n. Chr.

[3]) 2nd Ed., Paris 1882, pp. XXXI f., 456 f.

Vallée Poussin behauptet [1]), gibt uns der Lalitavistara Aufschluß, wohl aber — und dadurch ist das Werk religionsgeschichtlich ungemein wertvoll — über die Entwicklung der Buddhalegende von ihren frühesten Anfängen, wo nur die Hauptereignisse im Leben des großen Religionsstifters mit Wundern ausgestattet werden, bis zu jener maßlosen Vergöttlichung des Meisters, wo er vom Anfang bis zum Ende seiner Laufbahn nur mehr als ein Gott über allen Göttern erscheint. Aber auch litterargeschichtlich ist der Lalitavistara eines der wichtigsten Werke des buddhistischen Schrifttums. Zwar ist es noch nicht ein eigentliches Buddha-Epos, aber es enthält alle Keime zu einem solchen; aus den Balladen und Episoden, wie sie der Lalitavistara in seinen ältesten Bestandteilen aufbewahrt hat, wenn auch wahrscheinlich nicht aus dem Lalitavistara selbst, hat Ašvaghoṣa, der größte Dichter der Buddhisten, sein herrliches Epos Buddhacarita, »Leben des Buddha«, geschaffen [2]).

Der Dichter Ašvaghoṣa und seine Schule.

Bis zum Jahre 1892, wo der französische Gelehrte Sylvain Lévi das erste Kapitel des Buddhacarita veröffentlichte, wußte

---

[1]) Bouddhisme, Études et Matériaux, pp. 37 u. 42 f. Die Pālitexte lehren uns nach La Vallée Poussin nur einen »aristokratischen und philosophischen Buddhismus« kennen.

[2]) Sylvain Lévi, Le Buddhacarita d'Açvaghoṣa, JA 1892, s. 8, t. XIX, pp. 201 ff. (Wenn aber Lévi hier p. 202 das Buddhacarita als »un abrégé substantiel du Lalita-vistara« bezeichnet, so halte ich das für unrichtig. Zum mindesten kann der Lalitavistara in seiner gegenwärtigen Redaktion nicht die Vorlage des Ašvaghoṣa gewesen sein.) Das Buddhacarita ist herausgegeben von E. B. Cowell, Oxford (Anecdota Oxoniensia, Aryan Series, vol. I, Part VII) 1893, und von demselben übersetzt in SBE, vol. 49. Über Ašvaghoṣa und dessen Bedeutung für die indische Litteratur handelt zusammenfassend S. Lévi in seiner Abhandlung »Açvaghoṣa, le Sûtrâlaṃkâra et ses sources«, JA 1908, s. 10, t. XII, p. 57 ff. S. auch M. Anesaki in ERE, II, 159 f. Daß Ašvaghoṣa auch dramatischer Dichter war, wissen wir jetzt durch die Entdeckungen von H. Lüders, Das Šāriputraprakaraṇa, ein Drama des Ašvaghoṣa, SBA 1911, S. 388 ff. Eine Biographie des Ašvaghoṣa wurde zwischen 401 und 409 n. Chr. von Kumārajīva ins Chinesische übersetzt. Diese von W. Wassiljew, Der Buddhismus, St. Petersburg 1860, S. 231 f. auszugsweise mitgeteilte Biographie ist aber ganz legendenhaft.

man in Europa von Ašvaghoṣa wenig mehr als den Namen. Heute ist er uns als einer der hervorragendsten Dichter der Sanskritlitteratur, als der bedeutendste Vorgänger des Kālidāsa, als Schöpfer epischer, dramatischer und lyrischer Dichtungen bekannt. Von seinem Leben wissen wir jedoch wenig. Alle Überlieferungen stimmen nur darin überein, daß er ein Zeitgenosse des Königs Kaniṣka (um 100 n. Chr. [1])) gewesen und zu den führenden Männern, wenn nicht zu den Begründern der Mahāyānalehre zu rechnen sei. Ganz gewiß stammt er aus einer Brahmanenfamilie und hatte eine gründliche brahmanische Bildung genossen, bevor er zum Buddhismus übertrat. Als Buddhist schloß er sich vermutlich zuerst der Sarvāstivāda-Schule an [2]), legte aber großen Nachdruck auf die Buddha-Bhakti und bereitete so das Mahāyāna vor. Als sein Geburts- oder Heimatsort wird meist Sāketa (d. i. Ayodhyā, das heutige Oudh) angegeben. Aber auch Benares und Patna werden genannt. Seine Mutter hieß Suvarṇākṣī. Der tibetische Biograph des Ašvaghoṣa sagt von ihm: »Es gab keine Frage, die er nicht gelöst, keinen Einwurf, den er nicht zurückgewiesen hätte; er warf seine Gegner so häufig nieder, wie ein starker Wind faule Bäume bricht.« Nach demselben Bericht war

---

[1]) Über die Unsicherheit der Zeit des Kaniṣka s. oben Bd. I, S. 437. Auch O. Franke, Abhandl. der preuß. Akademie der Wiss. 1904, S. 61 ff. kommt unabhängig von Fleet zu ähnlichen Resultaten wie dieser, daß nämlich Kaniṣka um 52/53 v. Chr. zur Herrschaft gelangte. Hingegen vertritt R. G. Bhandarkar (JBRAS XX, 1900, 385 ff., vgl. D. R. Bhandarkar JBRAS XX, 1899, 269 ff.) die Ansicht, daß Kaniṣka im 3. Jahrhundert n. Chr. lebte. A. M. Boyer, JA 1900, s. 9, t. XV, p. 526 ff. macht es wahrscheinlich, daß er am Ende des 1. und Anfang des 2. Jahrhunderts n. Chr. gelebt hat. Oldenberg kommt in seiner neuesten Untersuchung über die Aera des Kaniṣka (NGGW 1911, S. 427—441) zu dem Schluß, daß diese gegen Ende des 1. Jahrhunderts n. Chr. zu setzen sei; »eine geringe Verschiebung nach vorn oder nach hinten bleibt natürlich denkbar«. Zu demselben Schluß kommt aus anderen Gründen Haraprasāda Shāstrī (Saundarānandam Kāvyam, p. XXI). Derselbe möchte auch den in einer Inschrift aus der Zeit des Kaniṣka (Ep. Ind. VIII, 171 f.) erwähnten Ašvaghoṣarājā mit unserem Dichter identifizieren, was aber J. Ph. Vogel (l. c.) für unzulässig hält.

[2]) Vgl. Lévi JA 1908, s. 10, t. XII, pp. 90 ff., 184 u. H. Lüders, Bruchstücke buddhistischer Dramen, Berlin 1911, S. 65. Nach Vasubandhu soll er dem Kātyāyanīputra bei der Abfassung des Kommentars zum Abhidharma geholfen haben.

er auch ein ausgezeichneter Musiker, der selbst Musikstücke komponierte und mit einer Truppe von Sängern und Sängerinnen auf den Märkten herumzog. Da spielte und sang er mit seinem Chor melancholische Lieder über die Nichtigkeit des Daseins und durch die schönen Melodien angelockt blieb die Menge stehen. Auf diese Weise gewann er viele für die Religion[1]). Der chinesische Pilger I-tsing, der 671—695 Indien bereiste, spricht von den gelehrten Mönchen, welche die Ketzer erfolgreich bekämpfen, die Religion des Buddha fördern und darum in der Welt höher als Götter und Menschen geschätzt werden, und sagt, daß es in jeder Generation nur ein paar solche Männer gebe, — Männer wie »Nāgārjuna, Deva und Aśvaghoṣa im Altertum«[2]). Derselbe I-tsing erzählt auch, daß zu seiner Zeit in Indien vor den buddhistischen Heiligtümern unter anderem auch eine von Aśvaghoṣa herrührende Zusammenstellung heiliger Texte gelesen wurde. Er kennt ihn ferner als Verfasser von Liedern, des Sūtrālaṃkāra und des Buddhacarita[3]).

Von dem Buddhacarita sagt I-tsing, daß es eine umfangreiche Dichtung sei, die von dem Leben und den Werken des Buddha erzählte »von der Zeit an, wo er noch im Königspalaste weilte, bis zu seiner letzten Stunde im Haine der Salbäume«. Er fügt hinzu: »Es wird weithin gelesen durch alle fünf Abteilungen Indiens und die Länder der Südsee[4]). Er kleidet mannigfache Gedanken und Ideen in einige wenige Worte, die das Herz des Lesers so sehr erfreuen, daß er nie müde wird das Gedicht zu lesen. Außerdem sollte es als verdienstlich gelten, dieses Gedicht zu lesen, insofern es die edlen Lehren in knapper Form zusammengefaßt enthält«[5]). Aus den Worten des I-tsing geht hervor, daß er das Buddhacarita in der Form kannte, die es in der chinesischen Übersetzung[6]) hat, wo das Epos aus 28 Ge-

---

[1]) A. Schiefner in Abhandl. der preuß. Akademie der Wiss., phil.-hist. Kl. 1859, S. 259 ff.

[2]) Hiuen-Tsiang nennt Aśvaghoṣa, Deva, Nāgārjuna und Kumāralabdha »die vier Sonnen, welche die Welt erleuchten«. (SBE, vol. 49, p. IX.)

[3]) I-tsing, Record transl. by Takakusu, pp. 152 f., 165 181.

[4]) Damit ist der malaische Archipel (Sumatra, Java und die benachbarten Inseln) gemeint. Takakusu a. a. O., p. XXXIX.

[5]) I-tsing a. a. O., p. 165 f.

[6]) Es ist dies das Fo-sho-hing-tsan-king, von Dharmarakṣa zwischen 414 und 421 n. Chr. aus dem Sanskrit ins Chinesische über-

sängen besteht und die Erzählung bis zum Nirvāṇa des Buddha
fortgeführt wird. Da auch die tibetische Übersetzung 28 Ge-
sänge enthält, müssen wir wohl annehmen, daß uns in unserem
Sanskrittext, der aus 17 Gesängen besteht und mit den Bekehrungen in Benares endet, nur ein Torso erhalten ist. Ein
Torso freilich ist das Werk auf jeden Fall, da auch von diesen
17 Gesängen nur die ersten 13 alt und echt sind. Den Schluß
hat ein gewisser Amṛtānanda, der am Anfang des 19. Jahrhunderts als Abschreiber tätig war, ergänzt, da er (wie er selbst
gesteht) keine vollständigen Handschriften finden konnte [1]).

Was aber der chinesische Pilger zum Lobe des Buddhacarita sagt, das können wir auch auf Grund des uns erhaltenen
Torso nur vollauf bestätigen. Hier haben wir in der Tat zum
erstenmal ein eigentliches Buddha-Epos, von einem wahren Dichter
geschaffen — einem Dichter, der, erfüllt von inniger Liebe und
Verehrung für die erhabene Gestalt des Buddha und tief durchdrungen von der Wahrheit der Buddhalehre, das Leben und die
Lehre des Meisters in edler, kunstvoller, aber nicht gekünstelter
Sprache darzustellen weiß. Ein Mahākāvya oder »großes Gedicht«, d. h. ein höfisches Kunstepos im technischen Sinne nennt
sich das Buddhacarita, und es ist im sogenannten Kāvyastil abgefaßt, dessen Anfänge wir bereits im Rāmāyaṇa gefunden
haben [2]). Vālmīki und seine unmittelbaren Nachfolger waren die
Vorläufer Aśvaghoṣas, wie dieser selbst ein Vorgänger des
Kālidāsa ist. Alle drei großen Dichter stimmen aber darin überein, daß sie in der Verwendung der Alaṃkāras oder »Schmuckmittel« noch durchaus maßvoll sind. Und maßvoll wie in bezug

tragen, und von Samuel Beal in den SBE, vol. 19 ins Englische übersetzt. Daß dieses chinesische Werk keine »Übersetzung« in unserem
Sinne ist, hat T. W. Rhys Davids (JRAS 1901, p. 405 f.) mit Recht
betont. Viel genauer ist die aus dem 7. oder 8. Jahrhundert stammende
tibetische Übersetzung. Vgl. E. Leumann in WZKM 7, 1893, S. 193 ff.
Daß die nach Beals englischer Übersetzung des Fo-sho-hing-tsan-king
gemachte deutsche Bearbeitung durch Th. Schultze (Buddhas Leben
und Wirken, Leipzig, Reclams Universalbibl. 1894) nur eine schwache
Vorstellung von Aśvaghoṣas Dichtung geben kann, ist begreiflich.

[1]) Auch ein von Haraprasāda Shāstrī entdecktes Manuskript
des Buddhacarita reicht nur bis in die Mitte des XIV. Gesanges (JASB,
N. S. vol. V, 1909, p. 47 ff.).

[2]) Vgl. oben Bd. I, S. 393, 404 f., 437.

auf Sprache und Stil ist Ašvaghoṣa auch in der Darstellung der Wunder in der Buddhalegende. Von solchen Übertreibungen, wie wir sie z. B. im Lalitavistara finden, hält er sich durchaus ferne. Gegenüber der chaotischen Unordnung in Texten wie Mahāvastu und Lalitavistara finden wir im Buddhacarita eine wohl überlegte, künstlerische Anordnung des Stoffes. Und obgleich der Dichter mit den älteren heiligen Texten wohl vertraut ist, steht er diesen doch mit einer gewissen Freiheit gegenüber. Nicht als ob er an den Überlieferungen etwas geändert hätte; aber er versteht es die altbekannten Legenden in ein neues dichterisches Gewand zu kleiden[1]) und den wohlvertrauten Lehren der buddhistischen Sūtras originellen Ausdruck zu verleihen. Stets ist Ašvaghoṣa — wenigstens im Buddhacarita — mehr Dichter als Mönch.

Wie ganz anders poetisch als im Lalitavistara ist z. B. die Schilderung der Ausfahrten des jungen Prinzen im III. und IV. Gesang!

Da wird vor allem in schöner Weise beschrieben, wie auf die Nachricht hin, daß der Prinz ausziehe, die Frauen der Stadt neugierig aus ihren Gemächern auf die Dächer der Häuser und zu den Fenstern eilen. Behindert durch die herabfallenden Gürtelbänder stürzen sie eiligst hinauf, einander drängend und stoßend und durch das Klirren der Gürtel und Ringe die Vögel auf den Dächern verscheuchend. Die aus den Fenstern hinausgelehnten Lotusgesichter der Schönen sehen aus, als ob die Mauern der Häuser mit wirklichen Lotusblumen verziert wären[2]). Schön wird dann die Begegnung mit dem alten Mann geschildert, den die Götter erscheinen lassen. Bestürzt fragt der Prinz:

»Wer ist der Mann, der hier sich naht, o Wagenlenker,
Mit weißem Haar, die Augen tief in ihren Höhlen,
Auf seinen Stab hinabgebeugt, die Glieder schlotternd? —
Ist's von Natur ein Wandel oder Spiel des Zufalls?«

Worauf der Wagenlenker antwortet:

»Das Alter ist's, das ihn gebrochen, — Alter,
Der Schönheit Räuber und der Kraft Vernichter,
Der Quell der Sorge und der Freuden Ende,
Der Sinne Feind, das Schwinden der Erinnerungen.

---

[1]) Wie Windisch, Māra und Buddha, S. 205 sagt, scheint Ašvaghoṣa »fast geflissentlich jeden Anklang an den Wortlaut älterer Texte vermieden zu haben«.

[2]) Kālidāsa hat im Raghuvaṃša (VII, 5—12) diese Schilderung Ašvaghoṣas (Buddhacarita III, 13—24) nachgeahmt, worauf schon Cowell (Buddhacarita, Ausgabe, Preface) hingewiesen hat.

Auch er hat an der Mutterbrust gesogen
Als Kindlein, gehn gelernt im Lauf der Zeit,
Allmählich ward er groß und stark, ein Jüngling,
Allmählich hat das Alter ihn erreicht.«

Nachdem der Prinz auf seinen drei Ausfahrten Alter, Krankheit
und Tod kennen gelernt hat, kann er keine Freude mehr finden. Ver-
geblich ist es, daß der Familienpriester im Auftrag des Königs die
Frauen und Mädchen des Palastes auffordert, alle Liebeskünste auf-
zuwenden, um den Prinzen zu bestricken und von seinen trüben Gedanken abzubringen. Dieser bleibt unberührt von allen süßen Lockungen.
Er wundert sich nur über das frohe Treiben dieser Frauen und ruft
aus (IV, 60 f.):

»Wie sinnlos kommt der Mensch mir vor, der seinen Nachbar krank
                               und alt und tot
Gesehn und dennoch guter Dinge bleibt und nicht von Angst er-
                               schüttert wird.
So, wenn ein Baum, der Blüten und der Früchte ganz beraubt,
Gefällt wird oder stürzt, — betrübt der Nachbarbaum sich nicht.«

Die Darstellung von Liebesszenen gehört zum unentbehr-
lichen Grundbestand einer höfischen Kunstdichtung. Diesem Er-
fordernis kommt der Dichter nach, indem er die Liebesspiele der
schönen Frauen schildert, durch die sie den Prinzen an sich zu
locken suchen (IV, 24—53), ebenso wie er in der farbenreichen
Schilderung der Nachtszene im Frauensaal, die den Prinzen zur
Flucht aus dem Palaste veranlaßt[1]), seine Kenntnis der Erotik
verrät. Ein Hofdichter muß aber auch mit den Lehren des
Nitiśāstra, der Staatsklugheit, vertraut sein. Solche Lehren
trägt der Familienpriester dem Prinzen vor (IV, 62—82), um ihn
von seinen Betrachtungen abzulenken. Endlich gehört zu einer
höfischen Dichtung noch die Schilderung von Kampfszenen. Auch
dieser Forderung wird unser Dichter gerecht, indem er im
XIII. Gesang eine lebendige Schilderung von dem Kampf des
Buddha mit Māra und seinen Heerscharen entwirft.

Auch ein zweites Gedicht des Aśvaghoṣa, das Saun-
daranãnda-Kāvya[2]), gehört zur selben Gattung der höfischen

---

[1]) V, 48—62. In ihrer ursprünglichen Form wird diese Szene von
dem Jüngling Yasa im Vinayapiṭaka (oben S. 20 f.) erzählt. Daß die
ähnliche Szene im Rāmāyaṇa V, 9—11 dem Aśvaghoṣa nachgeahmt
ist, wurde schon oben Bd. I, S. 417 f. bemerkt.

[2]) Der glückliche Entdecker und Herausgeber dieses Gedichts ist
Haraprasāda Shāstrī (Bibl. Ind. No. 1251, Kalkutta 1910). Vgl.

Kunstdichtung. Es knüpft ebenfalls an die Lebensgeschichte des Buddha an, malt aber besonders jene Szenen und Episoden aus, die im Buddhacarita kurz oder gar nicht behandelt sind. So wird im I. Gesang ausführlich die Geschichte der Gründung von Kapilavastu erzählt. Den eigentlichen Inhalt dieser Dichtung bildet aber die Geschichte von dem verliebten Nanda, dem Halbbruder des Buddha, der gegen seinen Willen von Buddha zum Mönch geweiht wird:

So wie Sundarī, die schöne Gattin des Nanda, um den verlorenen Gemahl klagt und jammert, so sehnt sich auch Nanda nach der Geliebten zurück. Vergebens sind die Bemühungen der Ordensbrüder, ihn zu beruhigen. Auch Buddhas Worte vermögen ihn nicht umzustimmen. Da nimmt ihn der Meister bei der Hand und erhebt sich mit ihm in den Himmel. Auf dem Wege sehen sie im Himālaya eine häßliche, einäugige Äffin, und Buddha fragt ihn, ob Sundarī schöner sei, als diese, was Nanda natürlich eifrig bejaht. Bald aber sehen sie im Himmel die Apsaras, die himmlischen Nymphen, und Nanda findet, daß der Unterschied zwischen diesen und seiner Frau ebenso groß sei, wie der zwischen der letzteren und der einäugigen Äffin. Von dem Augenblick an hat er ein heißes Verlangen nach den Himmelsfrauen und gibt sich, auf die Erde zurückgekehrt, eifrig asketischen Übungen hin, um den Himmel zu erreichen. Da belehrt ihn Ānanda, daß auch die himmlischen Freuden eitel und nichtig sind. Nanda läßt sich endlich überzeugen und geht zu Buddha, um ihm zu sagen, daß er nicht mehr nach den Himmelsfrauen Verlangen trage. Darüber ist Buddha sehr erfreut und predigt ihm (in mehreren Gesängen) die Grundzüge seiner Lehre. Nun zieht sich Nanda in den Wald zurück, übt die vier großen Meditationen und wird Arhat. Dankbar begibt er sich zu Buddha und erweist ihm Verehrung, aber der Meister fordert ihn auf, nun, nachdem er sein Ziel erreicht, aus Mitleid den anderen das Heil zu predigen und sie zur Erlösung zu führen [1]).

Während sich im Buddhacarita keinerlei ausgesprochene Mahāyānalehren finden, zeigt der Schluß des Saundarānanda-Kāvya bereits eine Neigung zum Mahāyāna. Es genügt nicht,

---

A. Baston, JA 1912, s. 10, t. XIX, p. 79 ff.; auch F. W. Thomas, JRAS 1911, p. 1125 f.

[1]) Auf die gewaltsame Bekehrung des Nanda wird schon im Mahāvagga I, 54 und in der Nidānakathā (Jātaka ed. Fausböll, I, p. 91; Rhys Davids, Buddhist Birth Stories p. 128) angespielt. Eine stark abweichende Version der Legende erzählt der Dhammapadakommentar (Haraprasāda Shāstrī, p. XIII ff.). Vgl. auch Spence Hardy, Manual of Budhism, p. 204; Kern, Der Buddhismus, I, 155 f. und Foucher, L'art gréco-bouddhique I. 464 ff. (Reliefs, die Szenen aus der Nanda-Legende darstellen).

daß Nanda selbst ein Heiliger wird, der das Nirvāṇa erreicht hat, er soll auch ein Apostel werden[1]). Auch in dem dritten großen Werke des Aśvaghoṣa, dem Sūtrālaṃkāra, das wir bisher allerdings nur aus einer französischen Übersetzung der um 405 n. Chr. entstandenen chinesischen Version kennen[2]), stehen viele Erzählungen ganz auf dem Boden des Hīnayāna. Der Sūtrālaṃkāra oder »Sūtra-Schmuck« ist nämlich eine Sammlung von frommen Legenden nach Art der Jātakas und Avadānas, die in Prosa und Versen im Stil der Kunstdichtung erzählt werden. Manche der Legenden sind alte Bekannte, z. B. die von Dīrghāyus (»Prinz Lebelang«) und von König Śibi. Andere zeigen schon mehr den Geist des Mahāyāna, oder doch einer Buddhaverehrung, die immerhin mehr mahāyānistisch ist. Ein Beispiel ist Nr. 57, zugleich eine der schönsten Legenden der Sammlung:

Ein Mann kommt ins Kloster und wünscht in den Orden aufgenommen zu werden. Der Jünger Śāriputra prüft ihn, findet, daß der Mann in keiner seiner Existenzen durch Aeonen hindurch die geringste gute Tat aufzuweisen habe, und erklärt ihn für unwürdig, in den Orden aufgenommen zu werden. Weinend verläßt der Mensch das Kloster. Da begegnet ihm der erhabene Buddha selbst, dessen Herz voll Mitleid ist, und der danach verlangt, jenen Menschen zu bekehren, »wie eine Mutter, die ihren Sohn liebt«. Er legt die Hände auf das Haupt des Ausgestoßenen und fragt: »Warum weinst du?« Dieser erzählt ihm, daß Śāriputra ihn abgewiesen habe. Da tröstet ihn der Buddha »mit einer Stimme, die wie ferner Donner klang«, und erklärt, daß Śāriputra nicht allwissend sei. Der Erhabene selbst bringt den Mann ins Kloster zurück, und vor allen Mönchen erzählt er von dem Karman, der guten Tat, durch welche der Mann sich ein Anrecht auf Erlösung erworben hat. Einst in früherer Geburt war dieser Mensch ein armer Mann, der im Waldgebirge herumwanderte, Holz zu sammeln, als ein Tiger sich auf ihn stürzte. Voll Angst rief er aus: »Verehrung dem Buddha!«

---

[1]) Daß aber auch im Hīnayāna die Pflicht der Belehrung und Bekehrung hochgehalten wurde, zeigt z. B. das oben S. 47 aus dem Aṅguttaranikāya zitierte Sutta.

[2]) Sûtrālaṃkâra traduit en français sur la version Chinoise de Kumârajîva par Éd. Huber, Paris 1908. Drei Erzählungen des Sūtrāl. hat Huber im Divyāvadāna nachgewiesen (BEFEO 4, 1904, pp. 709 bis 726). Fragmente des Sanskritoriginals hat Lüders in alten Palmblatthandschriften von Turfan entdeckt (Bruchstücke buddhistischer Dramen, Berlin 1911, S. 63). Vgl. auch La Vallée Poussin, Le Muséon N. S. X, 1909, p. 80 ff.

Um dieser Worte willen soll der Mann der Erlösung teilhaftig werden. Buddha selbst weiht ihn zum Mönch und er wird bald auch ein Arhat [1]).

Daß der Sūtrālaṃkāra später entstanden ist, als das Buddhacarita, geht daraus hervor, daß letzteres in ersterem zitiert wird [2]). Da in zwei Erzählungen des Sūtrālaṃkāra der König Kaniṣka eine Rolle spielt [3]), wird Aśvaghoṣa wohl zur Zeit der Abfassung dieses Werkes als alter Mann am Hofe des Königs gelebt haben. Es ist aber sehr zu bedauern, daß wir vom Sūtrālaṃkāra bisher nur die chinesische Übersetzung kennen. Nicht nur ist es an und für sich ein litterarisch bedeutsames Werk, dessen Vorzüge (wie Lévi mit Recht bemerkt) selbst durch zwei Übersetzungen hindurch noch erkennbar sind, sondern es ist auch durch die Erwähnung der Epen Mahābhārata und Rāmāyaṇa, durch die Bekämpfung der philosophischen Lehren von Sāṃkhya und Vaiśeṣika, sowie der religiösen Anschauungen der Brahmanen und der Jainas, und durch allerlei Anspielungen auf Schrift, Kunst und Malerei von nicht zu unterschätzender Wichtigkeit für die Geschichte der altindischen Litteratur und Kultur.

Noch mehr zu bedauern ist es, daß in bezug auf einige andere Werke, die dem Aśvaghoṣa zugeschrieben werden, gerechte Zweifel darüber bestehen, ob sie wirklich ihm angehören. Dies gilt insbesondere von der Vajrasūcī oder »Demantnadel« [4]),

---

[1]) Ein Beispiel echt mahāyānistischer Buddha-Bhakti ist auch Nr. 68, wo Gautamī durch die Gnade des Buddha das Nirvāṇa erreicht, worauf sie ihn förmlich anbetet. Auch Menschen und Götter eilen zur Anbetung des Buddha (und auch der Buddhamutter) herbei.

[2]) Sūtrālaṃkāra, trad. Huber, pp. 192, 222.

[3]) Ibidem Nr. 14 und Nr. 31. Über diese Erzählungen handelt S. Lévi JA 1896, s. 9, t. VIII, p. 444 ff.

[4]) Wujra Soochi or Refutation of the Arguments upon which the Brahmanical Institution of Caste is Founded, by the learned Boodhist Ashwa Ghoshu (herausgegeben von Lancelot Wilkinson mit der schon 1829 in den Transactions der Royal Asiatic Society vol. III erschienenen Übersetzung von B. H. Hodgson), also the Tunku by Soobajee Bapoo, being a Reply to the Wujra Soochi, 1839. A. Weber, »Über die Vajrasūcī« (Abhandlungen der preuß. Akademie d. Wissenschaften, phil.-hist. Kl. 1859, S. 205 ff. und Indische Streifen, I, 186 ff.). Vgl. auch B. H. Hodgson, Essays on the Languages, Literature, and Religion of Nepál and Tibet, London 1874, p. 126 ff. und S. Lévi JA 1908, s. 10, t. XII, p. 70 f.

einem auf jeden Fall interessanten Werkchen, in dem in überaus
scharfer Weise das brahmanische Kastensystem bekämpft wird.
Und zwar stellt sich der Verfasser — und das ist gerade sehr
wirksam — auf den brahmanischen Standpunkt und will aus den
brahmanischen Texten selbst, durch Zitate aus dem Veda, dem
Mahābhārata und dem Gesetzbuch des Manu, nachweisen, wie
hinfällig die Ansprüche der Brahmanenkaste sind. Als B.
H. Hodgson schon im Jahre 1829 eine Übersetzung der
Schrift veröffentlichte und L. Wilkinson 1839 den Text heraus-
gab, waren sie ganz entzückt von dem europäisch-demokratischen
Geiste, in dem hier die Gleichwertigkeit aller Menschenklassen
verteidigt wird, »da sie ja auch in bezug auf Freud und Leid,
Leben, Einsicht, Handel und Wandel, Sterben und Geboren-
werden, Furcht und Liebe gleich sind«. Auch wegen der Zitate
aus brahmanischen Texten wäre es von großer Wichtigkeit für
die Litteraturgeschichte, wenn wir über den Verfasser und die
Zeit des Werkes Sicheres wüßten. Für die Autorschaft des
Ašvaghoṣa würde sprechen, daß im Sūtrālaṃkāra (Nr. 77) in
ähnlicher Weise wie in der Vajrasūcī mit Zitaten aus Manus
Gesetzbuch die brahmanischen Einrichtungen bekämpft werden.
Hingegen wird die Vajrasūcī weder im tibetischen Tandschur
noch von I-tsing unter den Werken des Ašvaghoṣa aufgezählt
und in den chinesischen Tripiṭaka-Katalogen wird eine Vajrasūcī,
die »eine Widerlegung der vier Vedas« enthalten soll und zwischen
973 und 981 ins Chinesische übersetzt worden ist, einem Dharmakīrti zugeschrieben. [1]

Ganz unsicher ist es, ob die anderen von Chinesen, Japanern
und Tibetern dem Ašvaghoṣa zugeschriebenen Werke in der Tat
von ihm verfaßt sind. Ašvaghoṣas Ruhm als Mahāyānalehrer beruht auf dem Mahāyānaśraddhotpāda (»Entstehung des Mahā-
yānaglaubens«), einem philosophischen Werke, das in den Schulen
und Klöstern Japans als Grundlage der Mahāyānalehre studiert wird.
»Der Dichter des Buddhacarita«, sagt Lévi, »zeigt sich hier
als ein tiefer Metaphysiker, als der kühne Erneuerer einer Lehre,
die berufen sein soll, den Buddhismus zu regenerieren«. Es ist

---

[1] Buhyiu Nanjio, Catalogue of the Chinese Translation of the
Buddhist Tripiṭaka, Nr. 1303. Chinesisch Fa-shang ist die Übersetzung
von Sanskrit Dharmakīrti.

aber nichts weniger als sicher, ja sogar höchst unwahrscheinlich, daß es wirklich ein Werk des Dichters Ašvaghoṣa ist, denn es enthält Lehren, die einer späteren Zeit angehören. Solange uns aber der Sanskrittext des Werkes fehlt, ist eine endgültige Entscheidung über dessen Zeit und Verfasser unmöglich[1]).

Im Tandschur wird dem Ašvaghoṣa auch das Šatapañcāšatikanāmastotra, »das Preislied in 150 Versen«, zugeschrieben, das nach I-tsing ein Werk des Dichters Mātṛceta ist. Von diesem Mātṛceta, der jedenfalls zur Schule des Ašvaghoṣa gehört, und darum mit diesem verwechselt wird[2]), weiß I-tsing nicht genug Rühmenswertes zu sagen. Es sei entzückend, sagt er, in der Versammlung der Mönche seine »Hymne in 150 Versen« oder »die in 400 Versen« rezitieren zu hören. »Diese reizenden Dichtungen gleichen an Schönheit den himmlischen Blumen, und die hohen Grundsätze, die sie enthalten, wetteifern an Würde mit den hohen Gipfeln eines Berges. Daher ahmen auch alle Hymnendichter in Indien seinen Stil nach, indem sie ihn für den Vater der Litteratur ansehen. Selbst Männer wie die Bodhisattvas Asaṅga und Vasubandhu bewunderten ihn sehr. In ganz Indien lernt jeder Mönch, sobald er nur die fünf oder zehn Gebote hersagen kann, die Hymnen des Mātṛceta.« Die Legende erzählt, daß er in einer früheren Geburt eine

---

[1]) Es ist zuerst 554 und dann 710 n. Chr. ins Chinesische übersetzt worden. Aus der zweiten chinesischen Übersetzung hat es Teitaro Suzuki (Açvaghosha's Discourse on the Awakening of Faith in the Mahāyāna, Chicago 1900) ins Englische übertragen. Suzuki hält den Dichter Ašvaghoṣa für den Verfasser und erklärt — auf Grund des Mahāyānašraddhotpāda — diesen für den eigentlichen Begründer des Mahāyāna. Die Lehren, die das Werk enthält, sind aber der von Asaṅga gelehrte Vijñānavāda und die Lehren vom Tathāgatagarbha und der tathatā, wie sie im Laṅkāvatāra vorkommen. Mein Freund Prof. Takakusu, der die Autorschaft des Dichters Ašvaghoṣa geradezu für ausgeschlossen hält, teilt mir mit, daß ein älterer Katalog chinesischer Texte den Namen Ašvaghoṣas als des Verfassers nicht enthält.

[2]) Nach dem tibetischen Historiker Tāranātha ist Mātṛceta nur ein anderer Name des Ašvaghoṣa. Vgl. F. W. Thomas, OC XIII, Hamburg 1902, S. 40. Ob Maticitra, der Verfasser des Mahārāja-Kanika-lekha, mit Mātṛceta identisch ist, wage ich nicht zu entscheiden. Vgl. Thomas, Ind. Ant. 1903, p. 345 ff. und S. Ch. Vidyābhūṣaṇa, JASB 1910, p. 477 ff.

Nachtigall war, die in lieblichen Melodien den Buddha pries. I-tsing selbst hat die »Hymne in 150 Versen« ins Chinesische übersetzt [1]). Jetzt haben sich aber auch Bruchstücke des Sanskritoriginals der Hymnen des Mātṛceta in Zentralasien gefunden, und aus den Handschriftenfragmenten von Turfan, denen wir schon so viel verdanken, ist es W. Siegling gelungen, ungefähr zwei Drittel des Textes wieder herzustellen. Es sind Verse in kunstvollem, aber nicht übertriebenem Kāvyastil [2]).

Besser bekannt ist der wahrscheinlich aus derselben Schule hervorgegangene, wenn auch erheblich jüngere Dichter Śūra oder Āryaśūra [3]), dessen Jātakamālā [4]) in bezug auf den Stil dem Sūtrālaṃkāra sehr ähnlich ist. »Jātakamālā« oder »Kranz von Jātakas« ist aber eigentlich ein Gattungsname. Verschiedene Dichter haben Jātakamālās geschrieben, d. h. sie haben ausgewählte Jātakas in kunstvoller dichterischer Sprache, und zwar in einer Mischung von Prosa und Versen, frei bearbeitet. Auch dem Āryaśūra ist es nicht darum zu tun, neue Geschichten zu erfinden, sondern die alten Legenden in kunstvoller, eleganter Sprache wiederzuerzählen. Der Stil ist — in der Prosa ebenso wie in den Versen — der Kāvyastil, aber edel und vornehm, mehr kunstvoll als gekünstelt. So wie die Jātakas den Zweck hatten, von den Mönchen bei ihren Predigten verwendet zu werden, so ist auch die Jātakamālā für die Zwecke der Prediger

---

[1]) I-tsing, Record tr. by Takakusu, pp. 156 ff., 166.

[2]) Ich bin Herrn Dr. Siegling für einen Einblick in sein zum Druck vorbereitetes Manuskript zu besonderem Dank verpflichtet. Kleinere Bruchstücke aus zentralasiatischen Funden haben S. Lévi (JA 1910, s. 10, t. XVI, p. 450 f.) und La Vallée Poussin (JRAS 1911, p. 764 ff.) veröffentlicht. Nach dem Tibetischen hat F. W. Thomas das Varṇanārhavarṇana des Mātṛceta übersetzt, Ind. Ant., vol. 34, 1905, p. 145 ff.

[3]) Nach Tāranātha wäre auch dies nur ein anderer Name für Aśvaghoṣa.

[4]) Edited by H. Kern (Harvard Oriental Series, vol. I), Boston 1891; translated by J. S. Speyer, London (Sacred Books of the Buddhists, vol. I) 1895. Vgl. Kern im Festgruß an Böhtlingk, Stuttgart 1888, S. 50 f.; S. d'Oldenburg im JRAS 1893, p. 308 ff.; A. Barth in RHR 1893, t. 28, p. 260; K. Watanabe im JPTS 1909, p. 263 ff. Vier Erzählungen der Jātakamālā (Nr. 25, 24, 30, 13) hat J. J. Meyer, Asanka, Sudschata, Tangara, Lotus-Verlag Leipzig o. J., S. 39—53 sehr frei und gekürzt, aber sehr hübsch wiedergegeben.

berechnet. Doch hatte der Dichter, der vielleicht selbst Hof-
prediger war, jedenfalls nur Mönche im Auge, die in den höfischen
Kreisen, in denen Sanskritpoesie verstanden und geschätzt wurde,
ihre Predigten hielten. Das Werk enthält 34 Jātakas, die ähnlich
wie die 35 Jātakas des Cariyāpiṭaka die Pāramitās oder »Vollkommenheiten« eines Bodhisattva beleuchten sollen. Fast alle Erzählungen kommen auch im Jātakabuch [1]) und 12 im Cariyāpiṭaka
vor. Zu den wenigen Geschichten, die in der Pāli-Jātakasammlung
fehlen, gehört die erste, in der erzählt wird, wie der Bodhisattva eine hungrige Tigermutter sieht, die ihre Jungen fressen
will, und sich selbst zur Speise für diese tötet. Die sehr charakteristische Erzählung sei hier auszugsweise wiedergegeben :

»Schon in früheren Geburten hat der Herr innigste, uneigennützige
Liebe gegen alle Geschöpfe gezeigt und sich mit seinem eigenen Wesen
in alle Wesen versenkt. Darum muß man für Buddha, den Herrn, die
höchste Zuneigung hegen. Da wird z. B. folgende Wundertat des Herrn
aus einer früheren Geburt erzählt, eine Tat, die gerühmt wird von
meinem ehrwürdigen Lehrer, einem Verehrer der drei Edelsteine, der
seinen Lehrer durch Einsicht und Tugend befriedigte und ein bedeutender
Meister in der Untersuchung der Tugenden war. Damals wurde der
Bodhisattva, der jetzt der Herr ist, der in Übereinstimmung mit seinen
außerordentlichen Verheißungen durch Gaben, Liebesworte, Hilfe-
leistungen und andere aus Einsicht und Liebe hervorquellende, tadellose Ströme von Mitleid die Welt begnadete, in einer der Erfüllung
ihrer Pflichten ganz ergebenen, durch reinen Wandel ausgezeichneten,
hochgelehrten, mächtigen Brahmanenfamilie wiedergeboren.« Er wuchs
heran und brachte es bald in allen Künsten und Wissenschaften zu hervorragender Meisterschaft. Große Reichtümer und Ehren wurden ihm
zuteil. Aber er fand keinen Gefallen am weltlichen Leben und zog
sich bald in die Einsamkeit zurück. Als frommer Einsiedler lebte er
im Walde. Eines Tages wanderte er, nur von einem Schüler begleitet,
im Gebirge umher. Da sah er in einer Felsenhöhle ein junges Tiger-
weibchen, von Hunger erschöpft, im Begriffe, ihre Jungen, die sich ihr
nach der Milch ihrer Euter dürstend vertrauensvoll näherten, aufzufressen.

»Als der Bodhisattva sie erblickte,
Da erbebt' er, tapfer wie er war,
Voll von Mitleid ob des Nächsten Weh,
Wie der Berge Fürst bei einem Erdbeben.
Wunderbar, wie doch die Mitleidsvollen
Tapfer bleiben, wenn auch großes eignes
Leid sie trifft, jedoch bei fremdem Leide,
Mag's auch kleiner sein, erschüttert werden.«

---

[1]) Manche Verse stimmen mit den Pāli Gāthās überein. Vgl. die
Tabelle in Speyers Übersetzung, p. 337 ff.

Da schickt er seinen Schüler fort, Fleisch zu holen; das ist aber nur ein Vorwand, um allein zu bleiben. Denn er hat bereits den Entschluß gefaßt, sich über den Felsabhang hinabzustürzen, um das Leben der Tigerjungen zu retten und der Tigermutter als Speise zu dienen. Er begründet seinen Entschluß damit, daß dieser nichtige, irdische Leib keinen anderen Wert habe, als für andere hingeopfert zu werden. Außerdem werde er dadurch denen, die der Welt Gutes tun wollen, ein ermutigendes Beispiel geben, die Selbstsüchtigen beschämen, den Wohltätigen den Weg zum Himmel weisen und selbst alsbald die höchste Erleuchtung erlangen. Anderes wolle er nicht —

> »Aus Ehrgeiz nicht und nicht aus Ruhmsucht, nicht um Himmelsglück,
>> um Königsherrschaft zu gewinnen,
> Nicht um des eig'nen ew'gen Heiles willen tu' ich's, — nein, nur um
>> dem Nächsten wohl zu tun.
> So wahr dies ist, so mög' es mir beschieden sein, hinwegzunehmen
>> alles Leid der Welt
> Und ihr das Heil zu bringen, wie die Sonne stets das Licht bringt,
>> wenn das Dunkel sie verscheucht.«

Mit diesen Worten stürzt er sich in die Felsenhöhle hinab. Die Tigermutter wird aufmerksam durch das Geräusch, läßt ab von ihren Jungen und stürzt sich auf den Leichnam des Bodhisattva, um ihn zu verzehren. Als der Schüler zurückkommt und das Schauspiel sieht, ist er tief ergriffen und spricht einige Verse voll Verehrung für den erhabenen Meister. Menschen, Halbgötter und Götter drücken ihre Bewunderung für den Herrn dadurch aus, daß sie auf die übriggebliebenen Knochen Blumenkränze, Edelsteine, Kleider und Sandel werfen.

Das unendliche Mitleid des Bodhisattva wird auch in den meisten anderen Erzählungen verherrlicht.

I-tsing rühmt die Jātakamālā (oder Jātakamālās) unter den Werken, die zu seiner Zeit in Indien besonders beliebt und viel gelesen waren. Unter den Fresken der Höhlen von Ajanta finden sich Bilder zur Jātakamālā mit inschriftlich erhaltenen Strophen des Āryaśūra. Die Inschriften gehören paläographisch ins 6. Jahrhundert n. Chr. Da nun ein anderes Werk des Āryaśūra bereits 434 n. Chr. ins Chinesische übersetzt wurde, wird der Dichter wohl dem 4. Jahrhundert n. Chr. angehören[1].

---

[1] I-tsing, tr. Takakusu, p. 162 f.; H. Lüders, NGGW 1902, S. 758 ff.; B. Nanjio, Catalogue of the Chinese Tripiṭaka, Nr. 1349; Th. Zachariae, GGA 1888, S. 850; F. W. Thomas im Album Kern, S. 405 ff. Die chinesische Übersetzung der Jātakamālā nennt zwar Āryaśūra als Verfasser, hat aber nur 14 Erzählungen, s. A. O. Ivanovski in RHR 1903, t. 47, p. 298 ff.

Die Avadānalitteratur.

Die Jātakamālā nennt sich auch »Bodhisattvāvadānamālā«, denn »Bodhisattvāvadāna« ist gleichbedeutend mit Jātaka. Die Jātakas sind nämlich nichts anderes als Avadānas, deren Held der Bodhisattva ist. So berühren sich denn auch Werke wie Sūtrālaṃkāra und Jātakamālā vielfach mit den Texten der Avadānalitteratur, und in den Avadānasammlungen sind auch zahlreiche Jātakas enthalten [1]). Wie die beiden genannten Werke der buddhistischen Erzählungslitteratur stehen auch die Avadānatexte sozusagen mit einem Fuß in der Hīnayāna- und mit dem anderen in der Mahāyānalitteratur [2]). Die älteren Werke gehören noch ganz zum Hīnayāna, sie zeigen zwar schon jene Buddhaverehrung, die auch in den Pāli-Jātakas und Apadānas nicht fehlt, aber halten sich noch von der Maßlosigkeit und der Mythologie des Mahāyāna fern. während die jüngsten Avadānawerke bereits vollständig mahāyānistisch sind.

Das Wort avadāna [3]) bedeutet eine »religiöse oder moralische Großtat«, sowie die »Geschichte einer Großtat«. Eine solche »Großtat« kann in der Aufopferung des eigenen Lebens, aber auch nur in dem Stiften von Weihrauch, Blumen, Salben, Gold und Edelsteinen oder in der Errichtung von Heiligtümern (Stūpas, Caityas u. dgl.) bestehen. Da diese Geschichten in der Regel zeigen sollen, daß »schwarze Handlungen schwarze Früchte, weiße Handlungen weiße Früchte tragen«, sind sie auch Karman-Geschichten, die zeigen, wie die Handlungen eines Daseins mit denen in früheren oder künftigen Existenzen aufs engste zusammenhängen. »Legenden« sind sie natürlich nur von unserem Standpunkt, für den Buddhisten sind sie wahre Begebenheiten, ja sie sind vom Buddha selbst erzählt und als »Buddhawort« (buddhavacana) ebenso verbürgt wie ein Sūtra. Wie die Jātakas

---

[1]) Über die Avadānalitteratur im allgemeinen vgl. E. Burnouf, Introduction à l'histoire du Bouddhisme, p. 207 ff.; L. Feer in der Einleitung zu seiner Übersetzung und J. S. Speyer in der Vorrede zu seiner Ausgabe des Avadānaśataka.

[2]) Daß die Grenzlinien zwischen Hīnayāna und Mahāyāna vielfach schwankend waren, wissen wir durch I-tsing (tr. Takakusu, pp. XXII f. und 14 f.).

[3]) Vgl. Feer a. a. O. p. IX ff.; Speyer a. a. O. p. 1 ff. und oben S. 128.

sind auch die Avadānas eine Art von Predigten. Es wird daher auch gewöhnlich einleitungsweise erzählt, wo und bei welcher Gelegenheit der Buddha die Geschichte aus der Vergangenheit erzählt hat, und zum Schluß wird vom Buddha die Lehre aus der Geschichte gezogen. Ein regelrechtes Avadāna besteht also aus einer Gegenwartsgeschichte, einer Geschichte aus der Vergangenheit und einer Moral. Ist der Held der Vergangenheitsgeschichte der Bodhisattva, so kann man ein solches Avadāna auch »Jātaka« nennen[1]). Eine besondere Art von Avadānas sind diejenigen, in denen der Buddha, anstatt eine Geschichte aus der Vergangenheit zu erzählen, eine Vorhersagung der Zukunft gibt. Diese Zukunftsgeschichte dient, ebenso wie sonst die Vergangenheitsgeschichte, zur Erklärung des gegenwärtigen Karman[2]). Es gibt auch Avadānas, wo beide Arten von Geschichten vereint sind, und endlich auch solche, wo ein Karman noch im gegenwärtigen Dasein seine guten oder schlimmen Früchte zeitigt.

Alle diese Arten von Avadānas kommen auch vereinzelt im Vinayapiṭaka und im Sūtrapiṭaka vor, finden sich aber meist in großen Sammlungen vereinigt, die entweder bloß zum Zweck der Erbauung oder auch mit litterarischen Ambitionen zusammengestellt worden sind.

Ein Werk der ersteren Art ist die vermutlich älteste dieser Sammlungen, das Avadānaśataka oder »die hundert Avadānas«[3]). Da es bereits in der ersten Hälfte des 3. Jahrhunderts ins Chinesische übersetzt worden ist, andererseits der dīnāra erwähnt wird, darf man es mit ziemlicher Sicherheit dem 2. Jahrhundert n. Chr. zuschreiben[4]). Daß es zum Hīnayāna gehört,

---

[1]) Über Jātakas in der Avadānalitteratur vgl. S. d'Oldenburg, JRAS 1893, p. 304 und Feer, Les Avadānas Jātakas, JA 1884, s. 8, t. IV, p. 332 ff.

[2]) Daher der Name Vyākaraṇa »Erklärung« für die prophezeiten Zukunftsgeschichten.

[3]) Edited by J. S. Speyer (Bibliotheca Buddhica III), St. Pétersbourg 1902—1909. Ins Französische übersetzt von L. Feer (Annales du Musée Guimet, t. 18), Paris 1891. In einer Reihe von Abhandlungen (JA 1878—1884) hatte Feer schon früher einzelne Abschnitte des Werkes übersetzt und besprochen.

[4]) Speyer, vol. II, Preface, p. XV. Werke, in denen der römische denarius als dīnāra erwähnt wird, können nicht wohl vor dem 2. Jahrhundert n. Chr. entstanden sein, da diese Münze nur durch die Griechen

beweist schon der Charakter der Erzählungen, aber auch der Umstand, daß sich in den Gegenwartsgeschichten Stücke aus einem Parinirvāṇasūtra und anderen Sūtras des Sanskritkanons der Sarvāstivādins finden [1]). Zwar spielt in den Legenden die Buddhaverehrung eine Hauptrolle, aber vom Bodhisattvakult und von mahāyānistischer Mythologie findet sich keine Spur.

Das Avadānaśataka besteht aus zehn Dekaden [2]), von denen jede ein bestimmtes Thema behandelt. Die ersten vier Dekaden enthalten Erzählungen, in denen gezeigt werden soll, durch was für Handlungen man ein Buddha oder ein Pratyekabuddha [3]) wird. Und zwar haben alle Erzählungen der ersten und größtenteils auch der dritten Dekade den Charakter von Prophezeiungen (Vyākaraṇas). Es wird da von einer frommen Handlung erzählt, durch die eine Person — ein Brahmane, eine Prinzessin, der Sohn eines Wucherers, ein reicher Kaufmann, ein Gärtner, ein König, ein Fährmann, ein kleines Mädchen usw. — den Buddha verehrt, wobei gewöhnlich auch irgendein Wunder stattfindet, und der Buddha verkündet dann lächelnd, daß diese Person in einem künftigen Weltzeitalter ein Buddha oder (im dritten Buch) ein Pratyekabuddha sein wird. Hingegen sind die Geschichten der zweiten und der vierten Dekade Jātakas. Die frommen, tugendhaften und wunderbaren Handlungen werden hier damit erklärt, daß der Held dieser Erzählungen niemand anderer ist als der Buddha selbst in einer seiner früheren Geburten. Eine Art Pretavastu, dem Pāli Petavatthu entsprechend, ist das fünfte Buch. Ein Heiliger, gewöhnlich Maudgalyāyana, ergeht sich in der Gespensterwelt und beobachtet die Leiden eines der (männlichen oder weiblichen) Gespenster (Pretas). Er fragt es nach der Ursache seiner Leiden. Das Gespenst verweist ihn an den Buddha, und dieser erzählt dann die Geschichte von der »schwarzen Tat« — Verweigerung eines Almosens, Schmähung eines Heiligen u. dgl. —, die jenes Wesen in einem

---

nach Indien gelangt sein kann und die Aussprache des η als i erst in der Kaiserzeit beginnt (Jolly, Recht und Sitte, Grundriß II, 8, S. 23).

[1]) Speyer a. a. O., p. XVI ff. und ZDMG 53, 1899, S. 120 ff.; Oldenberg ZDMG 52, S. 672.

[2]) Diese Einteilung in Vargas (Pāli vagga) von je zehn Stücken ist in den Pālitexten sehr beliebt, scheint daher altbuddhistisch zu sein.

[3]) D. i. Pāli Paccekabuddha, s. oben S. 118 A. 2.

früheren Dasein vollbracht hat. Geschichten von Menschen und
Tieren, die durch irgendeine fromme Handlung als Götter im
Himmel wiedergeboren werden, erzählt das sechste Buch. Die
vier letzten Dekaden enthalten Erzählungen, die zeigen sollen,
durch was für Handlungen man ein Arhat wird. Und zwar sind
die Arhats des siebenten Buches alle aus dem Stamme der
Śākyas, die des achten sind Frauen, die des neunten Männer
von tadellosem Wandel, und die des zehnten Männer, die früher
auch böse Taten begangen und für sie gelitten haben und dann
erst durch eine fromme Handlung die Stufe des Arhat erreichten.

Es sind aber die Erzählungen in dieser Sammlung nicht nur
nach einem bestimmten Plan geordnet und zusammengestellt,
sondern auch nach einer Schablone erzählt. Dieses Schablonen-
hafte geht so weit, daß bestimmte Redewendungen und Schilderungen von Situationen genau mit denselben Worten immer
wiederkehren. So beginnt jede Erzählung mit den Worten:

»Buddha, der Herr, geehrt, hochgeschätzt, in Ehren gehalten und
gepriesen von Königen, Ministern, reichen Leuten, Bürgern, Gilde-
meistern, Karawanenführern, Göttern, Nāgas, Yakṣas, Asuras, Garuḍas,
Kinnaras und großen Schlangen, angebetet von Devas, Nāgas, Yakṣas,
Asuras, Garuḍas, Kinnaras und großen Schlangen, Buddha, der Herr,
der berühmte, hochverdiente, begab sich, von einer Gemeinde von
Jüngern begleitet und alles Nötige an Kleidern, Speisen, Lager und
Obdach, Erfrischungen und Medikamenten als Almosen empfangend,
nach   und verweilte in   .«

Und jede Erzählung schließt mit den Worten: »Also sprach
der Herr, und entzückten Herzens nahmen die Mönche die Rede
des Herrn beifällig auf.« Wenn die Moral der Geschichte zusammengefaßt wird, so geschieht das immer mit den Worten:

›Also, ihr Mönche, ist die Frucht ganz schwarzer Taten ganz
schwarz, die ganz weißer Taten ganz weiß, die der gemischten Taten
gemischt. Darum, ihr Mönche, sollt ihr die schwarzen und die gemischten Taten aufgeben und nur an ganz weißen Taten Gefallen
finden   .«

Ebenso wird ein frommer Mann, ein reicher Mann, ein mächtiger
König, eine glückliche Ehe, die Erziehung eines jungen Mannes, das
Auftreten eines früheren Buddha usw. immer genau mit denselben
Worten beschrieben. Das gilt aber nicht etwa nur für einige kurze
Sätze, sondern auch für größere Stücke bis zu dem Umfange von
mehreren Druckseiten. Eines der längsten stereotypen Stücke ist

z. B. die Beschreibung des Lächelns, mit dem der Buddha die Vorhersagung, daß jemand ein Buddha werden wird, von sich gibt. Bevor nämlich der Buddha die Zukunft verkündet, lächelt er immer. Und wenn er lächelt, so brechen blaue, gelbe, rote und weiße Strahlen aus seinem Munde hervor. Die einen von diesen Strahlen gehen hinunter in die Höllen, die anderen hinauf in die Himmelswelten. Und nachdem sie die Tausende und Abertausende von Welten umkreist haben, kehren sie wieder von hinten zum Buddha zurück und verschwinden je nachdem, worauf sich die Prophezeiung bezieht, in einem oder dem anderen Körperteile des Buddha. Das wird alles höchst umständlich beschrieben. Und diese Umständlichkeit und Weitschweifigkeit ist überhaupt für die Erzählungsweise des Avadānaśataka charakteristisch. Dennoch enthält es neben vielen banalen und langweiligen, wenn auch stets erbaulichen Geschichten auch manche wertvolle Erzählungen und bemerkenswerte Varianten zu den aus anderen Texten bekannten Stücken der buddhistischen Erzählungslitteratur. Nur einige wenige Beispiele können hier auszugsweise mitgeteilt werden, um von dem Charakter der Sammlung eine Vorstellung zu geben.

Nr. 28. Eine arme Magd bestreicht die Füße des Buddha mit Sandelsalbe. Infolgedessen ist die ganze Stadt von Sandelduft erfüllt. Über dieses Wunder ist das Mädchen hocherfreut, fällt dem Buddha zu Füßen und bittet, sie möge in einer künftigen Geburt ein Pratyekabuddha werden. Buddha lächelt und prophezeit, daß sie dereinst ein Pratyekabuddha, Namens Gandhamādana (»Dufterfreuer«), sein werde.

Nr. 34 ist eine Version der Legende vom König Śibi, der all sein Hab und Gut wegschenkt. Es genügt ihm aber nicht, bloß die Menschen zu befriedigen; auch den kleinen Geschöpfen will er Gutes erweisen. Darum zerschneidet er sich mit einem Messer die Haut und stellt sich hin, damit die Stechfliegen sich an seinem Blute sättigen. Das sieht Śakra in seinem Himmel und erscheint, um ihn auf die Probe zu stellen, in Form eines Geiers vor Śibi, als ob er ihn angreifen wollte. Der König blickt ihn nur mit Wohlwollen an und sagt: »Nimm, mein Lieber, was du von meinem Körper willst, ich schenke es dir«. Darauf verwandelt sich der Gott in einen Brahmanen und verlangt vom König die beiden Augen. Śibi sagt: »Nimm, großer Brahmane, was dir beliebt, ich werde dich nicht daran hindern«. Da nimmt Śakra seine wahre Gestalt an und verheißt dem Śibi, daß er volle Erleuchtung erlangen werde.

Nr. 36 ist die Legende von Maitrakanyaka, eine Version der Pāli Jātakas von Mittavindaka. Die Geschichte erhält aber hier eine ganz

andere Wendung als im Pāli, dadurch daß der Held der Bodhisattva
ist. Zwar kommt er auch hier zur Strafe für die Beleidigung seiner
Mutter in die Hölle, wo ein glühendes Eisenrad sich auf seinem Haupte
herumdreht. Während er aber die furchtbaren Qualen erduldet und
ihm verkündet wird, daß er das Rad 66000 Jahre werde tragen müssen,
bis ein anderer kommen werde, der eine ebensolche Sünde begangen,
fühlt er Mitleid mit den Wesen und beschließt, damit nicht ein anderer
dieselben Schmerzen ertragen müsse, selbst das Rad in alle Ewigkeit
auf dem Kopfe zu tragen. Infolge dieses mitleidvollen Gedankens verschwindet das Rad von seinem Kopfe[1].

Nr. 54. Auf den Vorschlag seiner Frauen hat König Bimbisāra
in seinem Serail einen Stūpa über einige ihm von Buddha geschenkte
Haare und Nägelabfälle aufstellen lassen. Diesen verehrten die Frauen
mit Weihrauch, Lampen, Blumen u. dgl. Als aber Ajātašatru seinen
Vater Bimbisāra ermordet und selbst den Thron bestiegen hatte, gab
er strengen Befehl, daß bei Todesstrafe keine Frau es wagen dürfe,
den Stūpa zu verehren. Aber Šrīmatī, eine der Haremsfrauen, kehrt
sich nicht an diesen Befehl, sondern stellt einen Kranz von Lichtern
um den Stūpa. Der erzürnte König tötet sie, sie stirbt mit dem Gedanken an Buddha und wird sofort im Himmel der Götter wiedergeboren.

Nr. 100. Während die Helden aller anderen Avadānas Zeitgenossen des Buddha sind, ist der Held dieser letzten Geschichte ein
Zeitgenosse des Königs Ašoka. Die Verbindung mit der Zeit des
Buddha wird dadurch hergestellt, daß ein Bericht über das Hinscheiden
des Buddha vorausgeschickt wird[2]. Hundert Jahre nach dem Hinscheiden des Buddha lebte König Ašoka. Dieser hatte einen Sohn,
namens Kuṇāla, der so schön war, daß der König glaubte, es könne
seinesgleichen in der Welt nicht geben. Eines Tages aber erfährt er
von Kaufleuten aus Gandhāra, daß es doch noch einen schöneren jungen
Mann gebe. In ihrer Heimat, erzählen sie, lebe ein Jüngling namens
Sundara (»Schön«), der nicht nur von tadelloser Schönheit sei, sondern
wo immer er wandle, entstehe ein Lotusteich und ein Garten. Der er-
staunte König Ašoka läßt den Sundara durch Boten zu sich bescheiden
und überzeugt sich selbst von dem Wunder. Der Älteste Upagupta[3]
beantwortet dann dem König die Frage, welchem Karman der Jüngling seine Vorzüge verdanke. Zur Zeit, als der Buddha eben das völlige
Nirvāṇa erreicht hatte, war der jetzige Sundara ein armer Bauer, der
dem Mahā-Kāšyapa und seinem Gefolge von fünfhundert Mönchen, als

---

[1] Vgl. oben S. 106 und Scherman, Visionsliteratur, S. 69 ff.

[2] Dieser Bericht ist ein Stück aus einem Parinirvāṇasūtra und
stimmt mit dem Pāli Mahāparinibbānasutta ziemlich genau überein.
Ein anderes Stück über das Parinirvāṇa bildet die Einleitung zu Nr. 40.

[3] Upagupta übernimmt hier die Rolle des Buddha in den anderen
Avadānas.

sie zum Leichenbegängnis des Herrn zogen und von Schmerz über den
Hingang des Meisters niedergedrückt und von der langen Wander-
schaft ganz erschöpft waren, ein erfrischendes Bad bereitete und sie
mit Speise erquickte. Jetzt genießt er die Frucht dieser seiner guten Tat.

Viele der Erzählungen des Avadānaśataka kehren in anderen
Avadānasammlungen, einige auch in den Pāli Apadānas
wieder [1]).

Ein altes Werk, das sehr viel Ähnlichkeit mit dem Avadānaśataka und eine Anzahl von Erzählungen mit diesem gemeinsam hat, ist das Karmaśataka (»hundert Karman-
Erzählungen«), das uns aber leider nur in einer tibetischen
Übersetzung erhalten ist [2]).

Eine jüngere Sammlung als das Avadānaśataka, die aber gleichfalls sehr alte Texte in sich aufgenommen hat, ist das Divyāvadāna (»Die himmlischen Avadānas«) [3]). Es beginnt zwar
mit dem mahāyānistischen Segensspruch »Om, Verehrung allen
erhabenen Buddhas und Bodhisattvas« und enthält einige wenige,
offenbar spätere Zusätze im Sinne des Mahāyāna [4]), gehört aber

---

[1]) So z. B. die Legende von Rāṣṭrapāla (Nr. 90), die teils dem
Raṭṭhapālasutta des Majjhimanikāya, teils dem Raṭṭhapāla-Apadāna
entspricht. Oft stimmen aber auch nur die Titel überein und das
Apadāna zeigt große Abweichungen. Vgl. Feer, Avadāna-Çataka,
pp. 240 f., 313 f., 335, 340 ff., 354 f., 360 f., 372 f., 439 f.

[2]) Feer a. a. O., pp. XXIX f., 442 ff.; Annales du Musée Guimet,
t. V, 382 ff., 404 ff. und JA 1901, s. 9, t. XVII, pp. 53 ff., 257 ff., 410 ff.;
Speyer a. a. O., p. XIX f. Eine aus dem Sanskrit übersetzte, aber
im Sanskritoriginal nicht erhaltene tibetische Avadānasammlung ist auch
das in der Weltlitteratur wohlbekannte Erzählungswerk Dsanglun,
unter dem Titel »Der Weise und der Tor« von I. J. Schmidt
(St. Petersburg 1843) ins Deutsche übersetzt. (Über eine chinesische
Version dieses Werkes vgl. Takakusu im JRAS 1901, p. 447 ff.)

[3]) Edited by E. B. Cowell and R. A. Neil, Cambridge 1886.
Große Stücke daraus hat schon E. Burnouf in seiner »Introduction
à l'histoire du Bouddhisme Indien« übersetzt. Der Titel des Werkes
ist nicht sicher, er findet sich nur in den Kapitelunterschriften mancher
Handschriften. Rājendralāla Mitra, Nep. Buddh. Lit. pp. 304 bis
316 beschreibt eine »Divyāvadānamālā« betitelte Handschrift, die von
unserer Ausgabe stark abweicht. Auch eine Pariser Handschrift, in
der Ausgabe p. 663 ff. beschrieben, stimmt mit unserem Divyāvadāna
nur teilweise überein.

[4]) So nennt sich Kap. 34 selbst ein »mahāyānasūtram« (Ed. p. 483)
und die ṣaḍakṣarā vidyā d. i. om maṇi padme hūṃ wird im 33. Kap.

als Ganzes entschieden zur Hīnayāna-Schule. Der Sanskritkanon wird öfters erwähnt, und einzelne kanonische Texte wie Dīrghāgama, Udāna, Sthaviragāthā u. a. werden zitiert [1]), Manche Erzählungen beginnen und enden genau so wie im Avadānaśataka, und eine Anzahl der für diese Sammlung so charakteristischen stereotypen Redewendungen und Beschreibungen kehren auch im Divyāvadāna wörtlich wieder. Sie stammen wahrscheinlich aus dem Vinayapiṭaka der Sarvāstivādins. Diesem ist nämlich mehr als die Hälfte der Erzählungen entnommen. Andere sind aber aus Aśvaghoṣas Sūtrālaṃkāra entlehnt [2]).

Die Zusammensetzung des Werkes ist nämlich eine sehr bunte und lose. Von einem Einteilungsprinzip ist nichts zu merken. Auch Sprache und Stil sind durchaus nicht einheitlich. Die meisten Legenden sind wohl in guter, einfacher Sanskritprosa geschrieben, die nur hier und da von Gāthās unterbrochen wird. Aber in einigen Stücken finden wir auch kunstvolle Versmaße und echten Kāvyastil mit langen Kompositis. Der Sammler scheint also die Stücke einfach aus anderen Texten wörtlich herübergenommen zu haben. Hieraus folgt aber auch, daß die einzelnen Bestandteile des Werkes verschiedenen Zeiten angehören. Wenn unsere Sammlung schon im 3. Jahrhundert n. Chr. ins Chinesische übersetzt worden sein sollte [3]), so wird sie wohl nicht früher entstanden sein. Nicht nur daß die Nachfolger des Aśoka, die Könige der Śuṅgadynastie bis auf Puṣyamitra (ca. 178 v. Chr.), erwähnt werden, und daß der dīnāra mehrfach vorkommt, was uns schon bis ins 2. Jahrhundert n. Chr. bringt, so muß auch einige Zeit nach Aśvaghoṣa verstrichen sein,

______

(Ed. p. 613 f.) erwähnt. Vgl. L. de La Vallée Poussin, Bouddhisme, p. 381.

[1]) Vgl. oben S. 186 f. und Oldenberg in ZDMG 52, 1898, S. 653, 655 f., 658, 665. Die vier Āgamas werden Divyāvadāna p. 333 erwähnt.

[2]) Vgl. Éd. Huber im BEFEO IV, 1904, 709 ff.; VI, 1906, 1 ff.; S. Lévi im T'oung Pao, s. 2, vol. VIII, 1907, 105 ff. und Speyer, Avadānaśataka II, Preface, p. XVI f.

[3]) Daraus, daß einzelne der im Divyāvadāna vorkommenden Avadānas im 3. Jahrhundert n. Chr. ins Chinesische übersetzt worden sind (Cowell and Neil, Divyāvadāna Ed. p. 655 ff.), folgt nicht, daß die Sammlung als solche auch ins Chinesische übersetzt worden sein muß. Vgl. auch Kern, Manual p. 10; Barth, RHR 1889, t. 19, p. 260.

ehe ein Kompilator dessen Sūtrālaṃkāra für seine Anthologie ausschrieb. Die Sammlung dürfte daher eher im 3. als im 2. Jahrhundert redigiert worden sein.

Es ist aber wertvoll, zu wissen, daß gerade eine der interessantesten Legenden des Divyāvadāna, das Śārdūlakarṇāvadāna[1]), 265 n. Chr. ins Chinesische übersetzt worden ist. Der Inhalt dieses in mehrfacher Hinsicht bemerkenswerten Avadāna ist folgender:

Als der Meister in Śrāvastī weilte, pflegte Ānanda täglich in die Stadt zu gehen und seinen Bettelgang zu machen. Als er einst von der Stadt zurückkehrte, war er durstig und sah ein Caṇḍālamädchen, namens Prakṛti, Wasser vom Brunnen holen. »Schwester,« sprach er zu ihr, »gib mir Wasser zu trinken.« Darauf erwiderte Prakṛti: »Ich bin ein Caṇḍālamädchen, Ehrwürden Ānanda.« »Schwester,« sprach Ānanda, »ich habe dich nicht nach deiner Familie und deiner Kaste gefragt, sondern wenn du Wasser übrig hast, gib mir, ich will trinken.[2]« Da reichte ihm das Mädchen den Trunk und verliebte sich sterblich in den Heiligen. Sie erklärt ihrer Mutter, daß sie sterben müsse, wenn sie den Ānanda nicht zum Gemahl bekomme. Da bereitet die Mutter, die eine große Zauberin ist, einen kräftigen Liebeszauber[3]) und behext den Ānanda mit Mantras. Der Zauber gelingt, Ānanda kommt ins Haus der Caṇḍālas, wo die hocherfreute Prakṛti schon das Lager bereitet hat. Aber im Augenblicke der höchsten Gefahr bricht Ānanda in Tränen aus und fleht in seiner Herzensnot zum Buddha. Dieser kommt ihm mit seinen Mantras zu Hilfe. Und die Mantras des Buddha machen die der Zauberin zunichte. Ānanda verläßt das Caṇḍālahaus und kehrt in sein Kloster zurück. Die große Zauberin erklärt ihrer unglücklichen Tochter, daß die Zaubersprüche des Gautama kräftiger seien als ihre eigenen. Aber Prakṛti, das Caṇḍālamädchen, war von ihrer Liebe nicht geheilt. Sie ging in die Stadt und folgte nun täglich dem Ānanda, wenn er seinen Almosengang machte. Wieder wandte sich Ānanda in seiner Bedrängnis an den Meister um Hilfe. Dieser läßt Prakṛti zu sich kommen, geht scheinbar auf ihren Wunsch, den Ānanda zum Gemahl zu bekommen, ein, bringt sie aber

---

[1]) Edition, p. 611 ff. Vgl. auch Rāj. Mitra, Nep. Buddh. Lit., p. 223 ff.

[2]) Auffällig ist gewiß die Ähnlichkeit mit Johannes 4, 7 ff. (Jesus und die Samariterin), aber der ganze weitere Verlauf der Erzählung ist im Evangelium doch so verschieden, daß an einen Zusammenhang kaum zu denken ist.

[3]) Sie tut dies in ähnlicher Weise, wie solche Zauberriten nach dem Kauśikasūtra des Atharvaveda (s. oben Bd. I, S. 239) seit uralten Zeiten vollzogen wurden, und wie sie der Zauberglaube aller Völker kennt.

in feiner Weise dahin, daß sie das Keuschheitsgelübde auf sich nimmt
und Nonne wird. Aber nicht nur läßt sie sich das Haar scheren und
zieht das Nonnengewand an, sondern sie dringt auch in das volle Verständnis der vier edlen Wahrheiten ein und erfaßt die Religion des
Buddha vollkommen.

Als aber die Brahmanen, Krieger und Bürger von Śrāvastī hörten,
daß Buddha ein Caṇḍālamädchen zur Nonne geweiht habe, waren sie
sehr ungehalten, meldeten es dem König Prasenajit, und dieser begab
sich sogleich zu dem Meister, um ihm Vorstellungen darüber zu machen.
Auch zahlreiche Brahmanen, Krieger und Bürger von Śrāvastī waren
dort versammelt. Da erzählte der Buddha die Geschichte von Triśaṅku,
dem Caṇḍālahäuptling. Dieser wollte seinen sehr gelehrten Sohn
Śārdūlakarṇa mit der Tochter des stolzen Brahmanen Puṣkarasārin
verheiraten. Der Brahmane weist ihn mit Hohn zurück. Nun entspinnt sich ein höchst interessanter Dialog, in dem Triśaṅku das Kastensystem und die brahmanische Sittenlehre einer scharfen Kritik unterzieht. Er weist ihm nach, daß sich ähnliche Unterschiede, wie zwischen
den verschiedenen Tier- und Pflanzenarten, zwischen den Kasten nicht
nachweisen lassen. Auch nach der Seelenwanderungs- und Karmanlehre könne es keine Kasten geben, da jeder nach seinen Handlungen
wiedergeboren wird usw. Schließlich überzeugt sich Puṣkarasādin von
der Gelehrsamkeit des Triśaṅku, worauf er in die Heirat einwilligt.
Die Tochter des Brahmanen war aber niemand anderer als das Caṇḍālamädchen Prakṛti in einer früheren Geburt. Der Buddha selbst war
damals Triśaṅku und Śārdūlakarṇa war Ānanda[1].

Alt, weil schon im dritten Jahrhundert n. Chr. ins Chinesische
übersetzt[2], ist auch der Aśokāvadāna-Zyklus (XXVI—XXIX),
ein Kreis von Legenden, in deren Mittelpunkt der große König
Aśoka steht. Geschichtliches enthalten diese Legenden wohl
kaum irgend etwas von Bedeutung[3]. Um so wertvoller sind sie

---

[1] Diese Legende hatte Richard Wagner durch Burnoufs
Übersetzung (Introduction p. 205 ff.) kennen gelernt und darauf den
Plan zu seinen »Siegern« entworfen. Vgl. die Skizze in Richard
Wagner, Nachgelassene Schriften und Dichtungen, Leipzig 1895,
S. 161 f. Wie sehr sich Wagner mit dem Gedanken beschäftigte,
Ānanda und Prakṛti auf die Bühne zu bringen, zeigen noch seine Briefe
an Matilde Wesendonk (21. Aufl. Berlin 1904, S. 59 ff., 98, 197 und
242). Bekanntlich ist aus den »Siegern« schließlich der »Parsifal« ge-
worden.

[2] S. Lévi, T'oung Pao. s. 2, t. VIII, 1907, pp. 118, 121.

[3] Es wäre denn, daß in den Divy. p. 427 erwähnten Verfolgungen
von Jainamönchen und den p. 433 f. erwähnten Verfolgungen buddhistischer Mönche unter Puṣyamitra ein historischer Kern steckte. Vgl.
Rhys Davids, JPTS 1896, p. 88 f.

vom litterarischen Standpunkt. Vor allem ist uns hier die ungemein dramatische Legende von Upagupta und Māra erhalten. Es ist schon ein überaus kühner Gedanke, Māra den Bösen, den Versucher, von einem buddhistischen Mönch bekehren zu lassen. Noch kühner ist es, wenn der Heilige Upagupta, der sich danach sehnt, den vor hundert Jahren ins Nirvāṇa eingegangenen Buddha von Angesicht zu schauen, den von ihm bekehrten Māra bittet, in der Verkleidung des Buddha zu erscheinen, und dieser dann wirklich wie ein gewandter Schauspieler den Buddha so lebenswahr darstellt, daß der Heilige anbetend vor ihm niedersinkt. So dramatisch ist diese ganze Erzählung, daß man glauben könnte, es sei hier einfach ein buddhistisches Drama wiedererzählt. In Sprache, Stil und Metrik gehört das Stück zur höfischen Kunstdichtung. Es kann uns daher durchaus nicht überraschen, daß, wie Huber nachgewiesen hat, der Kompilator des Divyāvadāna dieses Prachtstück aus Aśvaghoṣas Sūtrālaṃkāra wörtlich herübergenommen hat[1]).

Unbekannt ist die Quelle einer der schönsten Legenden des Aśoka-Zyklus, der rührenden Erzählung von Kuṇāla, dem Sohn des Aśoka, dem auf Anstiften seiner bösen Stiefmutter die wunderschönen Augen ausgestochen werden, ohne daß er auch nur einen Augenblick Zorn oder Haß gegen sie, die ihm soviel Böses angetan, empfindet[2]). Manche Legenden hat das Divyāvadāna mit dem Pālikanon gemein. So enthält das XVII. Kapitel ein Stück aus einem Mahāparinirvāṇasūtra[3]). Und einem bekannten

---

[1]) Divyāvadāna Ed. pp. 356—364. übersetzt von Windisch, Māra und Buddha, S. 161 ff. Vgl. Éd. Huber, Açvaghoṣa, Sûtrâlaṃkâra traduit en Français p. 263 ff. und BEFEO 4, 1904, p. 709 ff. Eine Pāliform dieser Legende, ganz kunstlos und undramatisch, hat C. Duroiselle (BEFEO 4, 1904, p. 414 ff.) aus dem birmanischen Werk Lokapaññatti bekannt gemacht. Merkwürdig ist, daß das Kloster, in welchem Upagupta — nachher der Lehrer des Aśoka — lebt, von den Brüdern Naṭa (»Schauspieler«) und Bhaṭa (»Soldat«) gestiftet ist und daher Naṭabhaṭika heißt. Nicht mit Unrecht bezeichnet Lévi (T'oung Pao 1907, p. 120) das Aśokāvadāna als eine Art Māhātmya des Naṭabhaṭika-Klosters von Mathurā.

[2]) Divyāvadāna p. 406 ff.; auszugsweise wiedergegeben von Oldenberg, Buddha, S. 348 ff. und E. Hardy, Asoka, S. 65 ff.

[3]) Divy. pp. 200 ff., 706; vgl. Windisch, Māra und Buddha, S. 35 ff., 43 ff.; Oldenberg, ZDMG 52, S. 658 f.

Winternitz, Geschichte der indischen Litteratur. II.   15

Pāli Sutta entspricht die Geschichte von Pūrṇa, der als Apostel zu den rohen und gewalttätigen Śroṇāparāntakas geht, entschlossen, es mit Gleichmut und Milde hinzunehmen, wenn sie ihn schmähen, schlagen oder gar umbringen sollten [1]). Mehr an die Legenden der Jātakamālā erinnert das Avadāna von Rūpavatī (XXXII), die sich die Brüste abschneidet, um eine dem Verhungern nahe Frau, die ihr Kind aufessen will, mit ihrem Fleisch und Blut zu nähren. In ihr sehen wir aber das Mahāyāna-Ideal eines Bodhisattva, wenn sie, um das Motiv ihrer Handlung befragt, antwortet:

»So wahr es ist, daß ich meine Brüste um des Kindes willen opferte, nicht um Herrschaft, nicht um Genüsse, nicht um den Himmel zu erlangen, nicht um ein Indra zu werden, nicht um als ein Weltherrscher ein Weltreich zu beherrschen, sondern aus keinem anderen Grunde, als um die höchste vollkommene Erleuchtung zu erlangen, damit ich die Ungezähmten zähmen, die Unbefreiten befreien, die Ungetrösteten trösten und die Unerlösten dem vollkommenen Nirvāṇa zuführen möge, — so wahr dies ist, so möge mein weibliches Geschlecht verschwinden und ich ein Mann werden.« (Kaum hatte sie dies gesprochen, so ward sie in einen Prinzen Rūpavata verwandelt, der nachher König wurde und sechzig Jahre lang regierte.)

In demselben Kāvyastil wie die Jātakamālā ist das XXXVIII. Kapitel erzählt, das eine kunstvolle Bearbeitung des Maitrakanyaka-Avadāna nach dem Avadānaśataka (Nr. 36) enthält [2]). Durch Stücke wie diese berührt sich das Divyāvadāna mit den Avadānamālās.

Dichterische Bearbeitungen von teils systematisch aus dem Avadānaśataka ausgewählten, teils anderen Quellen entnommenen Avadānas sind die Kalpadrumāvadānamālā (»Wunschbaum-Avadāna-Kranz«, d. h. »ein alle Wünsche gewährender Kranz von Avadānas«), die Ratnāvadānamālā (»Edelstein-Avadāna-Kranz«) und die Aśokāvadānamālā (»Avadāna-Kranz vom König Aśoka«) [3]). Die Kalpadrumāvadānamālā be-

---

[1]) Divy. p. 36 ff.; vgl. Saṃyuttanikāya IV, p. 60: Majjhimanikāya III, 267; JPTS 1887, p. 23. Dem Jātaka Nr. 4 entspricht Divy. p. 498 ff., die Geschichte von dem jungen Kaufmannssohn, der durch den Verkauf einer toten Maus nach und nach zu ungeheurem Reichtum kommt.

[2]) Divy. p. 586 ff. Vgl. Speyer. Avadānaśataka Ed. II, p. XII und oben S. 219 f.

[3]) Vgl. Feer a. a. O. p. XXIII ff.; Speyer a. a. O. pp. XII ff., XXI ff.; Rāj. Mitra, Nep. Buddh. Lit. pp. 6 ff., 197 ff., 292 ff.; C. Bendall,

ginnt mit einer Bearbeitung der letzten Erzählung des Avadānaśataka. Und wie in dieser der Sthavira Upagupta[1]) im Gespräch mit König Aśoka auftritt, so sind alle Legenden in den Avadānamālās in den Rahmen eines Dialogs zwischen Aśoka und Upagupta eingefügt. Die Aśokāvadānamālā enthält in ihrem ersten Teil Legenden von Aśoka selbst, dann erst folgen Belehrungen in Form von Geschichten, die Upagupta dem Aśoka erzählt. Alle drei Sammlungen unterscheiden sich vom Avadānaśataka nicht nur dadurch, daß sie ganz in epischen Ślokas abgefaßt sind, sondern auch insbesondere dadurch, daß sie entschieden zum Mahāyāna gehören und in Sprache und Stil an die Purāṇas erinnern. Sie dürften auch derselben Zeit angehören, in der die sektarischen Purāṇas entstanden[2]).

Eine andere Sammlung, die reichlich aus dem Avadānaśataka geschöpft hat, ist das Dvāviṃśatyavadāna (»Die Avadānas in 22 Abschnitten«). Auch hier tritt Upagupta im Gespräch mit Aśoka auf, aber diese beiden verschwinden bald vom Schauplatz, um Śākyamuni und Maitreya Platz zu machen. Die Legenden sind aber hier in Prosa (mit Verseinlagen) erzählt und nach der von ihnen gelehrten Moral (»verdienstliche Handlungen«, »Hören der Predigt«, »Freigebigkeit« usw.) in Abschnitte eingeteilt[3]).

Eine Sammlung von 34 Legenden, die Upagupta dem Aśoka erzählt, ist das Bhadrakalpāvadāna (»Avadānas aus dem guten Weltzeitalter«). Wie die Avadānamālās ist es ganz in

---

Catalogue, p. 110 ff. Eine Legende aus der Ratnāvadānamālā ist übersetzt von Mahendra Lal Dās im Journal of the Buddh. Text Soc. 1894, Part 3.

[1]) Upagupta ist ein anderer Name des Tissa Moggaliputta, des Lehrers des Aśoka (oben S. 6, vgl. A. Waddell, JASB, Proceedings 1899, p. 70 ff.).

[2]) Etwa 6. Jahrh. n. Chr. und später. Nach Speyer a. a. O. p. XXXVI, der sie zwischen 400 und 1000 n. Chr. setzt, haben sie die Jātakamālā benützt. Die von E. Lang (JA 1912, s. 10, t. XIX, p. 520 ff., exzerpierte Mahajjātakamālā scheint auch zu den Avadānamālās zu gehören.

[3]) Feer a. a. O. pp. XIX f., XXVII; Bendall, Catalogue p. 36. Eine Probe daraus hat Feer (Annales du Musée Guimet, t. 5, 1883, p. 544 ff.) übersetzt. Vgl. auch Rāj. Mitra, Nep. Buddh. Lit. p. 85 ff.

Versen. In Plan und Inhalt soll es aber dem Mahāvagga des Vinayapiṭaka einigermaßen ähnlich sein [1]).

Sowie es in den sektarischen Purāṇas große Abschnitte und ganze Werke (Māhātmyas) gibt, deren Inhalt Legenden bilden, die zur Erklärung des Ursprungs irgendwelcher Feste oder Riten (Vratas) erfunden sind, so gibt es auch derartige buddhistische Texte. Eine Sammlung solcher Legenden ist die Vratāvadāna-mālā, »Kranz von Avadānas über (den Ursprung von) Festen oder Riten«, die mit den vorher erwähnten Avadānasammlungen nur den Rahmen des Dialogs zwischen Upagupta und Aśoka gemein hat [2]).

Eine Sammlung von allerbuntestem Inhalt ist das Vici-trakarṇikāvadāna mit 32 Erzählungen, von denen einige auch aus dem Avadānaśataka stammen, andere zum Typus der Vratāvadānas gehören. Bunt wie der Inhalt ist auch die Sprache, bald ein barbarisches Sanskrit, bald gute Sanskritverse und mitunter sogar Pāli [3]).

Alle diese Werke sind bisher nur in wenigen Handschriften zugänglich. Andere sind aber überhaupt nur durch tibetische und chinesische Übersetzungen bekannt [4]). In Handschriften, sowie in chinesischen und tibetischen Übersetzungen sind aber nicht nur Avadānasammlungen erhalten, sondern auch viele einzelne Avadānas von größerem Umfang. Ein Beispiel ist das Sumāgadhāvadāna, die Legende von Sumāgadhā, der Tochter des Kaufmanns Anāthapiṇḍada, die ihren Gemahl den Jainamönchen abwendig macht und durch ein Wunder die ganze Stadt zur Religion des Buddha bekehrt. In einem früheren Da-

---

[1]) Bendall, Catalogue p. 88 ff.; Feer a. a. O. p. XXIX; Rāj. Mitra a. a. O. p. 42 ff.; Speyer a. a. O. p. XXXVI. Nach S. d'Oldenburg, der die 34. Erzählung, eine Version von Jātakamālā 31 (Jātaka Nr. 537), übersetzt hat (JRAS 1893, p. 331 ff.) ist es jünger als Kṣemendra (um 1040 n. Chr.).

[2]) Rāj. Mitra a. a. O. pp. 102 ff., 221 ff., 231, 275 ff. Andere Texte der Art ebendas. pp. 229 f., 232 f., 265 ff., 269 ff., 280 ff.; L. Feer, Suvarṇavarṇa-Avadānam et Vratāvadānamālā, OC XII, Rome 1899, I, p. 19 ff. Es sind das offenbar ganz junge Mahāyānawerke.

[3]) Speyer a. a. O. pp. XCIII—C.

[4]) Auf chinesischen Avadānasammlungen (vgl. Feer a. a. O. p. XXX f.) beruhen die »Contes et Apologues Indiens« von Stanislas Julien, Paris 1860, ins Deutsche übertr. von A. Schnell, Rostock 1903.

sein war sie die Tochter des durch seine zehn wundersamen Träume berühmten Königs Kṛkin [1]).

Endlich muß hier noch die umfangreiche Avadānasammlung des kaschmirischen Dichters Kṣemendra (um 1040 n. Chr.), die Avadānakalpalatā [2]), erwähnt werden, die namentlich in Tibet großes Ansehen genießt [3]). Kṣemendra ist ein Vielschreiber und Versefabrikant von geradezu erstaunlicher Fruchtbarkeit. Wir werden ihm noch öfter begegnen, denn er hat sich auf den verschiedensten Gebieten betätigt. Doch zeichnet er sich weniger durch Geist und Geschmack, als durch — ein eisernes Sitzfleisch aus. Auch die große Legendensammlung, in der Kṣemendra die buddhistischen Avadānas im Stile der höfischen Kunstdichtung bearbeitet hat, enthält mehr erbauliche, als geistreich und geschmackvoll erzählte Geschichten. Die buddhistische Aufopferungstendenz ist hier mit einem solchen Raffinement auf die Spitze getrieben, die Karmanlehre mit solcher Plumpheit angewendet und überhaupt die Moral so dick aufgetragen, daß sie oft in das Gegenteil umschlägt. Die Sammlung besteht aus 107 Legenden, zu denen Somendra, der Sohn des Kṣemendra, außer einer Einleitung noch eine 108. Erzählung (Jīmūtavāhana-Avadāna) hinzugefügt hat. Die Legenden sind meist schon aus den älteren Avadānasammlungen und auch anderweitig bekannt [4]).

---

[1]) Diese Träume gehören der Weltlitteratur an. Vgl. Jātaka Nr. 77, S. d'Oldenburg im JRAS 1893, p. 509 ff., und Tsuru-Matsu Tokiwai, Studien zum Sumāgadhāvadāna, Diss. der Universität Straßburg 1898; Rāj. Mitra a. a. O. p. 237. In Yaśomitra's Abhidharmakośavyākhyā wird dasselbe Avadāna »aus einem Vinayatext« zitiert.

[2]) Der Text mit der tibetischen Übersetzung wird in der Bibl. Ind., Kalkutta 1888 ff. von Sarat Chandra Dās und Hari Mohan Vidyābhūṣaṇa herausgegeben. Eine Anzahl Legenden sind im Journal of the Buddhist Text Society, Vols. I—V, 1893—1897 übersetzt. Vgl. auch Rāj. Mitra a. a. O. p. 49 ff.

[3]) Manche tibetische Gelehrte erkennen allerdings das Werk als das eines Laien — Kṣemendra war nicht Mönch — nicht an.

[4]) So entspricht das Padmāvatī-Avadāna (Nr. 68) den aus den Pālikommentaren bekannten Erzählungen von Padmāvatī, unter deren Füßen Lotusblumen aufsprießen, das Ekaśṛṅga-Avadāna (Nr. 65) der uns wohlbekannten Ṛṣyaśṛṅga-Legende. Beide kommen auch im Mahāvastu vor und Lüders (NGGW 1901, S. 26) weist nach, daß Kṣemendra die Ṛṣyaśṛṅga-Legende nach dem Mahāvastu bearbeitet hat. Das Avadāna

Die Mahāyānasūtras.

Die ganze bisher besprochene buddhistische Sanskritlitteratur gehört dem Grenz- und Übergangsgebiet zwischen Hinayāna- und Mahāyāna-Buddhismus an. Wir wenden uns nunmehr jenen Werken zu, die ganz und gar auf dem Boden des Mahāyāna stehen.

Einen Kanon des Mahāyāna gibt es nicht und kann es schon deshalb nicht geben, weil das Mahāyāna nicht eine einheitliche Sekte darstellt. Wohl wird uns von einem Konzil berichtet, das unter dem König Kaniṣka stattgefunden haben soll, ob aber auf diesem Konzil überhaupt ein Kanon festgestellt worden ist, und wenn, in welcher Sprache und von welcher Sekte, ist zweifelhaft. Die sogenannten »neun Dharmas« [1]) sind nicht der Kanon irgendeiner Sekte, sondern eine Reihe von Büchern, die zu verschiedenen Zeiten zusammengestellt wurden und verschiedenen Sekten angehören, aber alle heutzutage in Nepal hohe Verehrung genießen. Die Titel dieser neun Bücher sind: Aṣṭasāhasrikā Prajñāpāramitā, Saddharmapuṇḍarīka, Lalitavistara, Laṅkāvatāra oder Saddharmalaṅkāvatāra, Suvarṇaprabhāsa, Gaṇḍavyūha, Tathāgataguhyaka oder Tathāgataguṇajñāna, Samādhirāja und Daśabhūmīśvara [2]). Alle diese Werke werden auch als »Vaipulyasūtras« bezeichnet.

Das bedeutendste und jedenfalls als Litteraturwerk am höchsten stehende Mahāyānasūtra ist das Saddharmapuṇḍarīka, »der Lotus der guten Religion« [3]). Wer den Mahāyāna-Buddhismus mit allen seinen charakteristischen Merkmalen, mit

---

des Kṣemendra hat Hermann Francke (Ekasringa Prinz Einhorn, Leipzig 1901) in deutschen Versen wiedergegeben.

[1]) »Dharma« ist hier wohl nur eine Abkürzung für »Dharmaparyāya« (Religionstext). Diesen neun Büchern wird in Nepal ein förmlicher Gottesdienst gewidmet (Hodgson, Essays p. 13), eine Bibliolatrie, die für den Buddhismus von Nepal charakteristisch ist und auch in den Texten selbst zutage tritt.

[2]) Hodgson a. a. O.; Burnouf, Introduction pp. 29 ff., 60 f.; Kern, Der Buddhismus II, 508 ff.

[3]) Le Lotus de la bonne Loi, traduit . par E. Burnouf, Paris 1852. The Saddharma-Puṇḍarīka or the Lotus of the True Law translated by H. Kern, SBE vol. 21, Oxford 1884. Edited by H. Kern and Bunyiu Nanjio (Bibliotheca Buddhica X), St. Pétersbourg 1908 ff.

allen seinen Vorzügen und Mängeln kennen lernen will, der lese dieses Sūtra. Hier ist von dem Menschen Śākyamuni wenig übrig geblieben [1]. Der Buddha ist eigentlich nur mehr ein Gott über allen Göttern, ein unendlich erhabenes Wesen, das seit ungezählten Äonen in der Vergangenheit gelebt hat und immer leben wird. »Ich bin der Vater der Welt«, sagt er von sich (XV, gāthā 21), »der aus sich selbst Entstandene (Svayambhū), der Arzt und Schützer aller Geschöpfe, und nur da ich weiß, wie die Toren verkehrten Sinnes und verblendet sind, gebe ich mich, der ich nie aufgehört habe zu sein, als dahingeschieden aus«. Also nur aus Mitleid mit den Wesen, aus Rücksicht auf die Schwäche des menschlichen Verstandes gibt er vor, ins Nirvāṇa eingegangen zu sein. Er gleicht jenem Arzt, der viele Söhne hatte, die einst, während der Vater abwesend war, von schwerer Krankheit befallen wurden. Der Arzt kommt zurück und bereitet ihnen Arzneien. Aber nur einige der Söhne nehmen sie, die anderen weisen sie zurück. Um auch diese zu bewegen, die Arzneien zu nehmen, geht er in die Fremde und gibt sich für tot aus. Die Kinder, die sich nun verwaist fühlen, nehmen die angeordneten Heilmittel und werden gesund. Zu einer ähnlichen List greift Buddha, wenn er scheinbar ins Nirvāṇa eingeht, aber doch immer und immer wieder zurückkehrt, um zu predigen [2]. Und seine Predigt ist es, die ihn mit den Menschen verbindet. Aber nicht wie der Buddha der Pāli Suttas, der als Bettelmönch von Ort zu Ort herumzieht, um seine Lehre zu verkünden, predigt der Buddha des »Lotus«; sondern er sitzt auf dem Gṛdhrakūṭaberg in einer zahlreichen Versammlung von Mönchen und Nonnen und inmitten einer noch zahlreicheren Schar von Tausenden von Buddhas und Bodhisattvas, Göttern und Halbgöttern; und wenn er sich anschickt, »den großen Regen der Religion herniederzugießen, die große Trommel der Religion erdröhnen zu lassen, das große Banner der Religion zu erheben, die große Fackel der Religion zu entzünden, die große Muscheltrompete der Religion zu blasen, die große Pauke der Religion zu schlagen«, da bricht aus dem Haarkreis zwischen seinen Augenbrauen ein Lichtstrahl hervor, der achtzehntausend »Buddha-

---

[1] Vgl. Anesaki in ERE IV, p. 839.
[2] Kap. XV, SBE 21, p. 304 ff.

länder« mit allen Buddhas und allen Wesen in ihnen erleuchtet und den Bodhisattva Maitreya wunderbare Visionen schauen läßt. Denn der Buddha des »Lotus« ist auch ein gewaltiger Zauberer, der es liebt, durch großartige Phantasmagorien auf die Sinne seiner Zuhörer einzuwirken.

Und so verschieden wie dieser Buddha von dem der alten Texte ist, so verschieden ist auch seine Lehre von der des Hīnayāna. Zwar will auch er die Wesen zum »Buddhawissen«, zur Erleuchtung führen. Aber er gibt ihnen ein einziges »Fahrzeug«, das »Buddha-Fahrzeug«, das sie ans Ziel bringt. Jeder kann ein Buddha werden, der auch nur die Predigt des Buddha gehört, der irgendwelche verdienstliche Handlungen verrichtet, einen sittlichen Lebenswandel geführt hat. Aber auch jene, welche Reliquien verehren, Stūpas errichten, Buddhabilder irgendwelcher Art — sei es Edelstein-, Marmor- oder Holzstatuen oder Fresken — herstellen, selbst Kinder, die nur im Spiel Stūpas aus Sand errichten oder Buddhafiguren an die Wand kritzeln, diejenigen, welche Blumen oder Wohlgerüche an Stūpas darbringen oder vor ihnen musizieren, ja selbst diejenigen, die nur zufällig einmal mit dem Gedanken »Verehrung dem Buddha« des Herrn gedacht haben — sie alle, alle erreichen die höchste Erleuchtung [1]). Nur scheinbar gibt es drei »Fahrzeuge«, das der Jünger, das der Pratyekabuddhas und das der Bodhisattvas, durch die das Nirvāṇa erreicht werden soll. In Wirklichkeit ist es nur die Gnade des Buddha, durch welche die einen wie die anderen Erleuchtung erlangen, Buddhas werden. Das wird durch eines jener hübschen Gleichnisse, die im Saddharmapuṇḍarīka nicht selten sind, veranschaulicht:

In einem alten verfallenen Hause wohnt ein Vater mit seinen Kindern. Plötzlich gerät das Haus in Brand. Der Vater ist in Sorge um seine Kinder. Wohl ist er stark und könnte die Kleinen in seine Arme nehmen und mit ihnen aus dem Hause entfliehen. Aber das Haus hat nur eine Türe. Die Kinder laufen ahnungslos in munterem Spiele hin und her und achten nicht auf seinen Warnungsruf. Es ist zu befürchten, daß er samt seinen Kindern im Feuer umkommen werde. Da fällt ihm ein guter Plan ein. Kinder lieben Spielzeug. Und er ruft ihnen zu, er habe allerlei köstliches Spielzeug — Ochsenwägelchen, Ziegenwägelchen, Antilopenwägelchen — für sie vor dem Hause draußen. Kaum hören die Kinder diese Worte, so stürzen sie alle zur Türe hin-

---

[1]) Kap. II, gāthās 61 ff., 74 ff. SBE 21, p. 47 ff.

aus und sind gerettet. Nun verlangen sie vom Vater die versprochenen
drei Arten von Wägelchen. Der Vater ist aber ein reicher Mann und
gibt ihnen nur prächtige, schön geschmückte Ochsenwagen. Die Kinder
sind froh und glücklich. Wer wird den Vater der Falschheit zeihen,
weil er den Kindern drei Arten von minderwertigen Wagen ver-
sprochen und ihnen nur Wagen von der einen, der herrlichsten Art
gegeben hat? So macht es auch der Buddha mit den Menschenkindern,
indem er sie durch das Versprechen der drei »Fahrzeuge« aus dem
brennenden, verfallenen Hause, dieser Welt, hinauslockt, sie rettet und
ihnen das eine »Fahrzeug«, das köstlichste von allen, das »Buddha-
Fahrzeug«, gibt[1]).

Als der gute, reiche Vater, der es mit seinen Söhnen, den
Weltkindern, gut meint, wird der Buddha auch in der Parabel
vom »verlorenen Sohn« dargestellt:

Ein reicher Mann hat einen einzigen Sohn. Dieser treibt sich an
die fünfzig Jahre in fremden Ländern herum. Während der Vater
immer reicher wird und ein großer Mann geworden ist, lebt der Sohn
in der Fremde, arm und heruntergekommen. Als Bettler kommt er
endlich in die Heimat zurück, wo sich sein Vater alle die Zeit nach
ihm gesehnt hatte. Der Bettler-Sohn kommt zum Hause seines Vaters,
den er aber in dem großen Manne, der wie ein König, von großem
Gefolge umgeben, vor seinem Hause sitzt, nicht erkennt. Wie er den
Prunk und die Herrlichkeit sieht, flieht er aus Furcht, daß man ihn,
den zerlumpten Bettler, mißhandeln werde. Der Vater hat ihn aber
sogleich erkannt und sendet Diener aus, den Bettler herbeizubringen.
Zitternd und bebend vor Angst wird er herbeigeschleppt und fällt in
Ohnmacht. Da gibt der Vater Befehl, ihn wieder frei zu lassen. Froh
steht der Bettler auf und begibt sich in das Armenviertel der Stadt.
Nun denkt der reiche Mann einen Plan aus, um das Vertrauen seines
Sohnes zu gewinnen. Er läßt ihn durch Arbeiter zu niedrigster Arbeit
in seinem Hause dingen, gesellt sich manchmal zu ihm und wird
allmählich vertraut mit ihm. Zwanzig Jahre vergehen so, ohne daß
der Vater sich zu erkennen gibt. Erst in seiner Todesstunde läßt er
alle Verwandten zusammenkommen, verkündet, daß der nunmehr zum
vertrauten Diener gewordene Bettler sein eigener Sohn sei, und setzt
ihn zum Erben aller seiner Reichtümer ein. Der reiche Mann ist
Buddha, der verlorene und wiedergefundene Sohn sind die Menschen-
kinder, die der Buddha als weiser Vater allmählich zu sich hinaufzieht
und schließlich zu seinen glücklichen Erben einsetzt[2]).

---

[1]) Kap. III, SBE 21, p. 72 ff.

[2]) Kap. IV, SBE 21. p. 98 ff. Vgl. La Vallée Poussin, Bouddhisme, p. 317 ff. Die Parabel vom »verlorenen Sohn« im Evangelium
Lukas 15 hat eine so ganz andere Tendenz, daß ich an einen Zusammenhang nicht glaube.

Ebenso häufig wie mit einem liebenden Vater wird der Buddha auch mit einem Arzt verglichen. Besonders breit ausgeführt ist das Gleichnis, in dem die Weltkinder mit Blindgeborenen verglichen werden, denen der große Arzt Buddha die Augen öffnet[1]). Daß aber der Buddha keine Parteilichkeit kennt, sondern a l l e n ein gleich guter Vater und Arzt ist, wird durch zwei schöne Gleichnisse dargetan: Wie eine mächtige Regenwolke dahergezogen kommt und durch ihr Naß alle Gräser, Kräuter und Bäume labt und erfrischt, wie diese die Feuchtigkeit der Erde einsaugen und zu neuem Leben erblühen — also erscheint der Buddha in der Welt und erquickt alle Geschöpfe, indem er ihnen selige Ruhe bringt. Und so wie Sonne und Mond gleichmäßig ihre Strahlen auf alle Welt herabsenden, auf Gute und Böse, auf Hoch und Niedrig, — also gilt die Predigt des Buddha für alle Welt[2]).

Noch schöner wären alle diese Gleichnisse, wenn sie nicht mit solcher Breite und Weitschweifigkeit ausgeführt wären, daß oft die Schärfe des Vergleichs darunter leidet. Wie denn überhaupt diese Weitschweifigkeit für das ganze Werk sehr charakteristisch ist. Es ist ein förmlicher Wortrausch, mit dem der Leser betäubt wird; und der Gedanke versinkt oft ganz in den Wortfluten. Noch maßloser und überschwenglicher als die Worte sind aber die Z a h l e n. Da lebte z. B. ein Buddha »vierzig Hunderttausende Myriaden von Zehnmillionen Weltzeitaltern, so viele als Sandkörner im Gangesflusse sind, und nachdem er völliges Nirvāṇa erreicht hatte, dauerte seine wahre Religion noch Hunderttausende Myriaden von Zehnmillionen Weltzeitaltern, so viele als winzige Staubkörnchen in ganz Indien sind, und ein Abbild der wahren Religion dauerte dann noch Hunderttausende Myriaden von Zehnmillionen Weltzeitaltern, so viele als winzige Staubkörnchen in den vier Kontinenten sind«, und nacheinander erstanden in der Welt »zwanzig Hunderttausende Myriaden von Zehnmillionen« ebensolcher Buddhas[3]). In überschwenglichster Weise — maßlos in Worten wie in Zahlen — wird der Buddha verherrlicht, so namentlich in der

—

[1]) Kap. V, SBE 21, p. 129 ff.
[2]) Kap. V, SBE 21, pp. 119 ff., 122 ff., 128 ff.
[3]) Kap. XIX, Text p. 376 f., SBE 21, p. 355.

großartigen Phantasmagorie des XIV. Kapitels, wo durch die
Zaubermacht des Buddha sich die Erde spaltet und plötzlich von
allen Seiten viele Hunderttausende Myriaden von Zehntausenden
von Bodhisattvas erscheinen, jeder mit einem Gefolge so zahlreich wie der Sand von sechzig Gangesströmen. Und während
diese zahllosen Bodhisattvas dem Buddha huldigen, vergehen fünfzig
Weltzeitalter, während deren großes Schweigen herrscht, die aber
durch die Zaubermacht des Herrn nur wie ein Nachmittag erscheinen. Dem erstaunten Maitreya sagt Buddha, daß alle
diese zahllosen Bodhisattvas seine Schüler gewesen sind. Ebenso
maßlos und überschwenglich ist die Verherrlichung des Textes
selbst. Denn wunderlicherweise ist mitten in unserem Texte
immer wieder von der Predigt und Erklärung des Textes durch
Buddha und dessen Verbreitung durch die Prediger die Rede.
So läßt (im XI. Kap.) Śākyamuni einen wunderbaren Stūpa in
den Lüften erscheinen, und aus dem Innern des Stūpa ertönt die
Stimme eines vor Myriaden von Weltzeitaltern verstorbenen
Buddha: »Trefflich, trefflich, erhabener Śākyamuni, wohl gesprochen hast du diese Predigt des ‚Lotus der guten Religion‘;
ja, so ist es, so ist es, Erhabener, Seliger!« Fort und fort wird
das Verdienst des Predigers des »Lotus« und des gläubigen An-
hörens dieser Predigt gepriesen. So heißt es im XXII. Kap.:

Die Predigt des »Lotus« ist »wie ein Feuer für die Frierenden,
wie ein Kleid für die Nackten, wie ein Führer für die Karawane, wie
eine Mutter für die Kinder, wie ein Boot für diejenigen, welche über
einen Fluß setzen wollen wie eine Fackel zur Vertreibung der
Finsternis«. Wer dieses Buch niederschreibt oder schreiben läßt, erwirbt unendliches Verdienst. Ein weibliches Wesen, das es hört, hat
zum letzten Male als Weib gelebt. Wer beim Anhören der Predigt
des »Lotus« seinen Beifall kundgibt, wird aus seinem Munde stets süßen
Atem wie von einem Lotus ausströmen und von seinen Gliedern wird
sich Sandelduft ausbreiten.

Alle diese Überschwenglichkeiten und insbesondere auch
diese Verherrlichungen der Texte in den Texten selbst sind für
alle Mahāyānasūtras [1]) ebenso charakteristisch wie für die Purāṇas.

------

[1]) Bezeichnend ist Amitāyurdhyānasūtra 28 (SBE vol. 49, part 2,
p. 195): »Wenn jemand viel Böses getan, aber nur nicht von den großen
Vaipulyasūtras böse gesprochen hat, und wenn er gleich ein sehr
dummer Mensch ist und sich seiner bösen Handlungen weder schämt
noch über sie betrübt ist, so kann er doch im Augenblicke des Todes

Und der Geist der Purāṇas ist es, der aus jeder Zeile des Saddharmapuṇḍarīka herausklingt[1]). Und schon darum kann das Werk nicht der ältesten Zeit des Buddhismus angehören. Wenn wir nicht wüßten, daß es schon zwischen 265 und 316 n. Chr. ins Chinesische übersetzt worden ist, würden wir es nicht einmal für so alt halten, als es danach mindestens sein muß.

Jedenfalls enthält das Werk Bestandteile, die verschiedenen Zeiten angehören. Unmöglich können die Sanskrit-Prosa und die Gāthās im »gemischten Sanskrit« gleichzeitig entstanden sein, zumal sie öfters auch inhaltlich nicht übereinstimmen. Mehrmals ist sowohl in der Prosa als auch in den Gāthās von dem Werk als einer metrischen Komposition die Rede. Wahrscheinlich bestand es ursprünglich nur aus Versen mit eingestreuten kurzen Prosastellen als Einleitung und zur Verbindung der Verse. Diese kurzen Prosastellen hat man dann erweitert, besonders als der Dialekt der Verse veraltet war. Ohne geradezu ein Kommentar zu sein, diente die Prosa doch zur Erklärung. Es ist bezeichnend, daß gerade diejenigen Kapitel, welche keine Gāthās enthalten, auch aus anderen Gründen sich als spätere Zusätze erweisen. Es sind dies die Kap. XXI—XXVI, die mehr der Verehrung von Bodhisattvas gewidmet sind, während das Saddharmapuṇḍarīka im übrigen der Verherrlichung des Buddha Śākyamuni dient. Einer dieser Bodhisattvas ist Bhaiṣajyarāja, der »Fürst der Heilkunde«, der im XXI. Kap. Zauberformeln und Bannsprüche (Dhāraṇīs) verkündet und im XXII. Kap. sich, nachdem er zwölf Jahre lang wohlriechende Stoffe gegessen und Öl getrunken, in himmlische Gewänder hüllt, in Öl badet und sich verbrennt. Zwölftausend Jahre lang brennt sein Leib ohne Unterlaß, — und dieses großartige Opfer und herrliche Feuerwerk hat nur den Zweck, dem Buddha und dem Saddharma-

---

noch einen guten und weisen Lehrer treffen, der ihm die Aufschriften und Titel der zwölf Abteilungen (Aṅgas) der Mahāyānatexte vorsagen wird, und wenn er alle Sūtras gehört hat, wird er befreit werden von den größten Sünden, die ihn sonst durch Tausende von Weltzeitaltern in Geburt und Tod stürzen würden.«

[1]) Die wenigen Übereinstimmungen zwischen dem Wortschatz des Saddharmapuṇḍarīka und dem des Śatapathabrāhmaṇa, die Kern SBE 21, p. XVI f. hervorhebt, genügen durchaus nicht, um das Werk irgendwie an die vedische Litteratur anzuknüpfen.

puṇḍarīka eine Ehrung zu erweisen. Dem Bodhisattva Avalokiteśvara, dem großen Erlöser, ist das XXIV. Kap. gewidmet. Aus jeder Gefahr wird befreit, wer ihn anruft. Das Schwert des Henkers zersplittert, wenn der zum Tode Verurteilte zu ihm betet. Alle Fesseln lösen sich, wenn nur sein Name ausgesprochen wird. Er rettet die Schiffbrüchigen und die von Räubern überfallene Karawane. Eine Frau, die sich einen Sohn oder eine schöne Tochter wünscht, braucht nur Avalokiteśvara anzurufen, und ihr Wunsch geht in Erfüllung. Dieses Kapitel enthält auch ein größeres Gāthāstück zur Verherrlichung des Avalokiteśvara. Aber auch dieses ist spät. Denn nicht a l l e Gāthās sind älter als die Prosa, sondern manche sind auch noch später hinzugefügt worden [1]).

Trotzdem aber das Werk jüngere und ältere Bestandteile enthält, zeigt es doch eine viel größere Einheitlichkeit des Charakters als etwa Mahāvastu oder Lalitavistara. Die »älteren« und »jüngeren« Bestandteile können unmöglich durch einen großen Zeitabstand voneinander getrennt sein [2]). Wenn das Werk also zwischen 265 und 316 n. Chr., als die erste chinesische Übersetzung gemacht wurde, und selbst schon etwas früher seinen gegenwärtigen Umfang gehabt haben sollte, so kann das Werk in seiner ursprünglichen Form ganz gut um 200 n. Chr. entstanden sein [3]). Eines ist sicher. Das g a n z e Saddharmapuṇḍarīka, Prosa und Gāthās, setzt eine hohe Entwicklung des Mahāyāna-Buddhismus, insbesondere in der Richtung der Buddha-Bhakti, des Reliquiendienstes und der Bilderverehrung, und vor allem auch eine hohe Blüte der buddhistischen Kunst voraus. Denn

---

[1]) K e r n, SBE 21, p. XVIII f. Die alte chinesische Übersetzung enthält zwar die Kap. XXI—XXVI, aber in anderer Reihenfolge als der Sanskrittext. Das beweist, daß sie Pariśiṣṭas, Appendices, sind, die dem Werk ursprünglich nicht angehörten. Kern a. a. O. p. XXI.

[2]) Es ist bezeichnend, daß K e r n SBE 21, p. X ff., um zu beweisen, daß Saddharmapuṇḍarīka und Lalitavistara Materialien enthalten, die zur ältesten Periode des Buddhismus gehören, n u r Beispiele aus dem Lalitavistara anzuführen weiß.

[3]) Es liegt gar kein Grund vor, zu behaupten, daß der ältere Text »einige Jahrhunderte früher« entstanden sein muß, wie K e r n SBE 21, p. XXII annimmt. B e n d a l l (JRAS 1901, p. 124 n.) will ein von ihm gefundenes Manuskript des Saddharmapuṇḍarīka dem 4. oder 5. Jahrhundert zuschreiben. Fragmente einer »zentralasiatischen Rezension« aus der Sammlung M. A. S t e i n hat L a V a l l é e P o u s s i n entdeckt (JRAS 1911, p. 1067 ff.).

wenn so oft von Tausenden oder Myriaden von Zehnmillionen
von Stūpas, die über den Reliquien eines Buddha errichtet werden,
oder von Hunderten von Zehnmillionen von Vihāras, die als
prachtvolle, mit größtem Luxus und Komfort ausgestattete Ge-
bäude geschildert werden, die Rede ist, so muß es doch wenigstens
viele Hunderte von Stūpas und Vihāras (Topen und Klöstern)
im Lande gegeben haben, und diese müssen mit Buddhabildern
aus Edelsteinen, Buddhastatuen aus Holz und Metall, mit Reliefs
und Fresken ausgestattet gewesen sein [1]).

Dem Bodhisattva Avalokiteśvara, der im XXIV. Kapitel des
Saddharmapuṇḍarīka verherrlicht wird, ist auch ein ganzes großes
Mahāyānasūtra gewidmet, dessen vollständiger Titel Ava-
lokiteśvaraguṇakāraṇḍavyūha, »die ausführliche Beschreibung des Korbes der Eigenschaften des Avalokiteśvara« lautet,
das aber gewöhnlich nur kurz Kāraṇḍavyūha genannt wird. Es
gibt zwei Versionen von diesem Werk, eine ältere in Prosa und eine
jüngere in Ślokas [2]). Die letztere steht auf theistischem Standpunkt. Da wird erzählt, wie am Anfang aller Dinge Ādibuddha,
der »Urbuddha«, auch Svayambhū »der aus sich selbst Entstandene« und Ādinātha »der erste Herr« genannt, erschienen
ist und durch Meditation die Welt geschaffen hat. Aus
seinem Geiste ist Avalokiteśvara entstanden, der gleichfalls an
der Schöpfung mitwirkt, indem er aus seinen Augen den Mond
und die Sonne, aus seiner Stirn den Maheśvara, aus seinen
Schultern den Gott Brahman, aus seinem Herzen den Nārāyaṇa
und aus seinen Zähnen die Göttin der Rede, Sarasvatī, schafft.
Sowie diese Einleitung ganz purāṇaartig ist, so sind auch Sprache
und Stil des metrischen Kāraṇḍavyūha ganz und gar die der
jüngeren Purāṇas. Wir haben keine Beweise dafür, daß der
theistische Buddhismus mit Ādibuddha als Gott und Schöpfer

---

[1]) Siehe besonders Kap. II, gāthās 77 ff., SBE vol. 21, p. 50 f. In
Japan ist das Saddharmapuṇḍarīka das heilige Buch der Nichi-ren-Sekte
(Bunyiu Nanjio, Short History of the twelve Japanese Buddhist Sects,
Tokyo 1886, p. 132 ff.).

[2]) Der Prosatext ist herausgegeben von Satyavrata Sāmaśrami,
Kalkutta 1873. (Eine Serampore 1872 erschienene Ausgabe ver-
zeichnet der Katalog der Bibliothek des India Office.) Vgl. Burnouf,
Introduction, pp. 196—206; Rāj. Mitra, Nep. Buddh. Lit., p. 95 ff.;
Bendall, Catalogue. p. 9 ff.; La Vallée Poussin, ERE II,
p. 259 f.

vor dem zehnten Jahrhundert in Indien existierte[1]). Und daß
die wahrscheinlich 616 n. Chr.[2]) entstandene tibetische Übersetzung
im Kandschur auf der Prosaversion beruht, die den Abschnitt
vom Ādibuddha nicht kennt, beweist wohl, daß die poetische Version damals noch unbekannt war. Andererseits ist der Kult des
Avalokiteśvara schon dem chinesischen Pilger Fah-ien (um
400 n. Chr.) bekannt. Er selbst flehte zu diesem Bodhisattva
um Rettung, als er auf der Fahrt von Ceylon nach China von
einem Sturm ereilt wurde. Die ältesten Bilder von Avalokiteśvara
stammen aus dem 5. Jahrhundert[3]). Eine chinesische Übersetzung eines Kāraṇḍavyūha wurde aber schon um 270 n. Chr.
angefertigt[4]).

Der Grundgedanke, die Verherrlichung des wunderbaren
Erlösers Avalokiteśvara, des »Herrn, der herabschaut«, d. h. der
mit unendlichem Erbarmen auf alle Wesen herabschaut[5]), ist in
beiden Versionen des Kāraṇḍavyūha derselbe. Avalokiteśvara
erscheint hier als der typische Bodhisattva, der sich weigert, die
Buddhaschaft anzutreten, solange nicht alle Wesen erlöst sind.
Allen Wesen die Heilslehre zu bringen, allen Leidenden zu
helfen, aus aller Not zu retten und ein grenzenloses Erbarmen
zu üben, das selbst vor der Sünde nicht zurückschreckt[6]) und an
den Pforten der Hölle nicht haltmacht, — das ist Avalokiteśvaras

---

[1]) Auch La Vallée Poussin, ERE I, p. 95 beweist nur, daß
der Glaube an Ādibuddha in Indien wohl vorbereitet war, aber nicht,
daß er schon in älterer Zeit tatsächlich nachweisbar ist.

[2]) So nach La Vallée Poussin ERE II, p. 259.

[3]) L. A. Waddell, JRAS 1894, p. 57. Vgl. A. Foucher, Étude
sur l'iconographie Bouddhique de l'Inde (Bibl. de l'école des hautes
études, t. 13), Paris 1900, p. 97 ff. und La Vallée Poussin ERE II,
p. 256 ff.

[4]) Bunyiu Nanjio, Catalogue No. 168, wo der Titel Ratnakāraṇḍa-
kavyūhasūtra gegeben ist. Eine zweite Übersetzung (ibid. No. 169)
wurde zwischen 420 und 479 gemacht.

[5]) So wird der Name im Kāraṇḍavyūha selbst erklärt. Burnouf,
Introduction p. 201 f. Andere Erklärungen des Namens sind aber auch
möglich, s. La Vallée Poussin ERE II, p. 256 f.

[6]) Dem Avalokiteśvara werden die Worte in den Mund gelegt,
daß es für einen Bodhisattva besser sei, in der Ausübung des Er-
barmens Sünde zu begehen und in der Hölle zu leiden, als irgendein
Wesen in der Hoffnung, die es in ihn gesetzt, zu enttäuschen. ERE II,
p. 257 f.

eine und einzige Aufgabe. So schildern die ersten Kapitel des Kāraṇḍavyūha, wie er in die furchtbare Hölle Avīci hinabgeht, um die Gequälten von ihrer Pein zu befreien. Und kaum ist er dort eingetreten, so verwandelt sich die brennende Glut in angenehme Kühle; an Stelle des Kessels, in dem Millionen von Verdammten wie Hülsenfrüchte kochen, erscheint ein lieblicher Lotusteich. Der Ort der Qual wird zu einem Freudenort[1]). Von der Hölle geht Avalokiteśvara zur Stätte der Pretas und labt diese ewig von Hunger und Durst gequälten Gespenster mit Speise und Trank. Eine seiner Wanderungen führt ihn nach Ceylon, wo er die menschenfressenden Unholdinnen (Rākṣasīs) bekehrt, von da nach Benares, wo er den als Insekten und Würmern geborenen Wesen die Lehre predigt, und nach Magadha, wo er die Einwohner auf wunderbare Weise von einer schrecklichen Hungersnot errettet. In Ceylon erscheint er als das geflügelte Roß Balāha, um die von den Unholdinnen angelockten Schiffbrüchigen von der Insel hinwegzutragen und vor dem Untergang zu retten[2]). So wenig uns auch Werke wie der Kāraṇḍavyūha im ganzen ansprechen können, so wird man doch zugeben müssen, daß kaum jemals die menschliche Hilfsbedürftigkeit und Sehnsucht nach Erlösung stärkeren und der Erlösergedanke schöneren Ausdruck gefunden hat als in der Gestalt des Avalokiteśvara.

Einen mehr mythologischen Ausdruck hat die buddhistische Erlösungssehnsucht in dem Sukhāvatīvyūha, »der ausführlichen Beschreibung des gesegneten Landes«, gefunden. Sowie das Saddharmapuṇḍarīka der Verherrlichung des Buddha Śākyamuni, der Kāraṇḍavyūha der des Bodhisattva Avalokiteśvara gewidmet ist, so dient der Sukhāvatīvyūha dem Preis des Buddha Amitābha.

Unter den zahllosen Buddhas gibt es einen, der durch Gebete (praṇidhāna) in einem früheren Leben und dadurch, daß er ungezählte

---

[1]) Vgl. E. B. Cowell, Journal of Philology VI, 1876, p. 222 ff. (abgedruckt auch im Ind. Ant. VIII, 249 ff.); L. Scherman, Visionsliteratur, p. 62 ff. Cowell vergleicht das apokryphe Evangelium des Nikodemus und leitet die indische von der christlichen Legende ab.

[2]) Vgl. Jātaka Nr. 196, wo das geflügelte Pferd mit dem Buddha einer früheren Geburt identifiziert wird. Im Kāraṇḍavyūha ist der nach Ceylon verschlagene Kaufmann Siṃhala der Buddha Śākyamuni in einer früheren Geburt.

Äonen hindurch die Tugenden eines Bodhisattva getreulich übte, in der Welt Sukhāvatī im Westen als Buddha Amitābha wiedergeboren wurde. Dort strahlt er unermeßliches Licht aus (daher sein Name Amitābha), und unermeßlich ist seine Lebensdauer (daher sein anderer Name Amitāyus)[1]. In seinem »Buddhaland«, dem Paradies Sukhāvatī, gibt es weder Hölle, noch Tiergeburt, noch Pretas, noch Asuras. Dieses gesegnete Land ist von unendlichem Wohlgeruch erfüllt. Edelsteinbäume in vielen hunderttausend Farben wachsen dort und ebenso wunderbare Lotusblumen. Es gibt da keine Berge, sondern das Land ist eben wie die flache Hand. Entzückende Flüsse geben liebliches, süßes Wasser, und ihr Rauschen ist die herrlichste Musik. Die Wesen, welche in Sukhāvatī geboren werden, sind alle mit den schönsten Eigenschaften des Körpers und des Geistes ausgestattet und erfreuen sich aller Genüsse, die sie sich nur wünschen mögen. Zwischen Menschen und Göttern ist kein Unterschied. Von Tag und Nacht ist keine Rede. Es gibt keine Finsternis. Fort und fort wird hier Amitābha gepriesen. Und wer immer in Ehrfurcht an diesen Buddha denkt, wer auf das Wachstum seiner guten Werke bedacht ist, wer seine Gedanken auf die Erleuchtung richtet, und wer andachtsvoll betet, in jener Welt wiedergeboren zu werden, dem erscheint Amitābha in der Todesstunde, und er kommt in dem gesegneten Lande zur Welt. Ja, auch diejenigen, welche nur mit einem Gedanken an Amitābha denken, werden daselbst »geboren«. Aber nicht vom Weibe geboren werden die Wesen in Sukhāvatī, sondern sie erscheinen auf Lotusblumen sitzend, wenn sie fest an Amitābha geglaubt haben, oder in den Kelchen von Lotusblumen steckend, wenn ihr Glaube nicht ganz fest gewesen. Heiter und ruhig, vollkommen weise und sündlos leben die Wesen in jener seligen Welt.

Mit jener Überschwenglichkeit in Worten und jener Maßlosigkeit in den Zahlen, wie wir sie in allen Mahāyānasūtras finden, wird auch im Sukhāvatīvyūha die Herrlichkeit des Amitābha und seines Paradieses geschildert.

Es gibt aber von dem Werke zwei verschiedene Rezensionen, eine längere, die wohl die ursprüngliche sein dürfte, und eine kürzere, die nur eine Abkürzung der ersteren mit veränderter Einleitung zu sein scheint[2].

---

[1] Vgl. über Amitābha (Amitāyus) Grünwedel, Buddhistische Kunst in Indien, S. 169 f. und La Vallée Poussin ERE I, p. 98 f. Ein anderer Buddha, dem ein Mahāyānasūtra gewidmet ist, ist Akṣobhya. Aber der Akṣobhyavyūha ist nur in chinesischer Übersetzung (vor 186 n. Chr.? La Vallée Poussin, Bouddhisme, p. 259 note) erhalten.

[2] Beide Versionen sind von Max Müller und Bunyiu Nanjio herausgegeben (Anecdota Oxoniensia, Aryan Series, Vol. I, Part II, Oxford 1883) und von Max Müller übersetzt in SBE, Vol. 49, Part 2.

Ein drittes Werk, Amitāyurdhyānasūtra[1]) genannt, beschäftigt sich weniger mit der Beschreibung des Landes Sukhāvatī, als mit der Empfehlung von Meditationen (dhyāna) über Amitāyus, durch die man das gesegnete Land erreicht[2]).

Ein Sukhāvatīvyūha soll schon zwischen 148 und 170 ins Chinesische übersetzt worden sein, und es gibt nicht weniger als zwölf verschiedene chinesische Übersetzungen aus verschiedenen Jahrhunderten[3]). Dies zeugt von der Beliebtheit dieser Texte in China. In Japan aber bilden die drei Texte über Amitāyus und Sukhāvatī die Grundlage für die Lehren zweier buddhistischer Sekten, der Jō-do-shū und der Shin-shū. Letztere zählt von allen buddhistischen Sekten die meisten Anhänger in Japan[4]). Der religionsgeschichtlichen Bedeutung dieser Texte entspricht ihr litterarischer Wert keineswegs.

Im Kult und in der Kunst nimmt neben dem Bodhisattva Avalokiteśvara der Bodhisattva Mañjuśrī eine hervorragende Stellung ein. Dieser wird in dem Gaṇḍavyūha als derjenige verherrlicht, der allein zur vollkommenen Erleuchtung verhelfen kann. Das Werk, das bisher nur in Handschriften zugänglich ist[5]), wurde unter dem Titel Avataṃsaka- oder Buddhāvataṃsakasūtra zwischen 317 und 420 n. Chr. ins Chinesische übersetzt und ist das Hauptwerk der japanischen Ke-gon-Sekte[6]).

---

[1]) Aus dem Chinesischen übersetzt von J. Takakusu in SBE, Vol. 49, Part 2, p. 159 ff.

[2]) Dieses leider nicht im Original, sondern nur in der chinesischen Übersetzung erhaltene Sūtra ist auch durch seine Rahmenerzählung interessant, die Geschichte von Ajātaśatru und Bimbisāra, die auch die Pāliberichte kennen. Vgl. Kern, Der Buddhismus I. 243 ff.; Spence Hardy, Manual of Budhism, London 1860, p. 317 f.

[3]) Im Jahre 402 n. Chr. übersetzte Kumārajīva die kürzere Version. Auch Hiuen-Tsiang übersetzte ein Sukhāvatīvyūha-Sūtra (650 n. Chr.). Vgl. Nanjio, Catalogue Nos. 23 (5), 25, 27, 199, 200, 863.

[4]) B. Nanjio, Twelve Japanese Buddhist Sects, pp. 104 ff., 122 ff. und Anecdota Oxoniensia, Vol. 1, Part II, p. XVIII ff. Vgl. auch H. Haas, »Amida Buddha unsere Zuflucht« Urkunden zum Verständnis des japanischen Sukhāvatī-Buddhismus, Leipzig 1910.

[5]) Rāj. Mitra, Nep. Buddh. Lit., p. 90 ff.; Bendall, Catalogue, pp. 23, 102. Nach Hodgson, Essays, p. 16 (vgl. p. 49) soll Āryasaṅga der Verfasser des Werkes sein. Vgl. auch Burnouf, Introduction, p. 111.

[6]) Daß der Gaṇḍavyūha mit dem chinesischen Avataṃsaka identisch ist, erfahre ich von Prof. Takakusu, der die Texte verglichen

Ein Sūtra, das manche Berührungspunkte mit dem Sukhā-vatīvyūha hat, aber auch viele Legenden nach Art der Avadānas enthält, ist das Karuṇāpuṇḍarīka, »der Lotus des Er-barmens« [1]). Es berichtet über das wunderbare Land Padma, wo der Buddha Padmottara wirkte, dessen Leben dreißig Welt-zeitalter währte. Das Sūtra wurde im 6. Jahrhundert ins Chinesische übersetzt.

Während diese Mahāyānasūtras mehr dem Kult der Buddhas und Bodhisattvas gewidmet sind, deren wunderbare Eigen-schaften und Großtaten gepriesen oder von denen Legenden er-zählt werden, gibt es eine Reihe anderer Sūtras, die mehr philo-sophischen oder dogmatischen Charakter tragen. Von der Art ist das Laṅkāvatāra- oder Saddharmalaṅkāvatāra-Sūtra. Das Werk gibt einen Bericht über den wunderbaren Besuch des Buddha Śākyamuni bei Rāvaṇa, dem König von Laṅkā (Ceylon). Rāvaṇa bezeigt dem Buddha seine Verehrung und bittet ihn um die Beantwortung einer Anzahl von Fragen über die Religion. Die von Buddha gegebenen Antworten, Lehren der Yogācāraschule [2]) enthaltend, bilden den Hauptinhalt der zehn Kapitel des Sūtras, das auch dadurch interessant ist, daß es die Lehren der Sāṃkhyas, Vaiśeṣikas, Pāśupatas und anderer philosophischer Schulen und religiöser Sekten erörtert. Merkwürdig ist eine prophetische Stelle im 10. Kapitel, wo Buddha sagt: »Hundert Jahre nach meinem Nirvāṇa wird Vyāsa, der Verfasser des Mahābhārata, leben. Dann werden die Pāṇḍavas, Kauravas, Nandas und Mauryas entstehen. Die Nandas, Mauryas, Guptas und Barbaren (Mlecchas), die niedrigsten der Könige, werden herrschen. Der Barbarenherrschaft wird ein Aufruhr folgen und diesem das Kaliyuga.« Das kann sich doch nur

---

hat. Vgl. Wassiljew, Der Buddhismus. S. 171 ff. und B. Nanjio, Twelve Japanese Buddhist Sects, p. 57 ff. Das von B. Nanjio, Cata-logue, No. 971 (vgl. 782) erwähnte, zwischen 746—771 übersetzte »Ghana-vyūhasūtra« ist ein ganz anderes Werk.

[1]) Rāj. Mitra a. a. O. p. 285 ff.; Bendall, Catalogue, p. 73. Der von der Buddhist Text Society, Kalkutta 1898, herausgegebene Text ist mir leider nicht zugänglich. Eine Legende des Karuṇā-puṇḍarīka in tocharischer Sprache hat S. Lévi (Festschrift Vilhelm Thomsen, Leipzig 1912, S. 155 ff.) entdeckt und veröffentlicht.

[2]) Das sind die Lehren des Asaṅga. Dieselben Lehren finden sich auch im Mahāyānaśraddhotpāda. S. oben S. 210 f.

16*

auf die Herrschaft der Hunnenhäuptlinge Toramāṇa und Mihira-
kula beziehen[1]), und das Werk könnte erst im Anfang des 6. Jahrhunderts verfaßt sein. Da aber eine chinesische Übersetzung
des Laṅkāvatāra schon im Jahre 443 gemacht worden ist, muß
die zitierte Stelle einer späteren Rezension angehören oder inter-
poliert sein[2]).

Hierher gehört auch das Daśabhūmīśvara-Mahā-
yānasūtra, in welchem Buddha den Göttern in Indras Himmel,
um sie zu beglücken, einen Vortrag über die zehn Stufen
(daśabhūmi) hält, durch die man zur Buddhaschaft gelangt[3]).
Das Sūtra wurde um 400 n. Chr. ins Chinesische übersetzt.

Dogmatischen Inhalts ist auch der Samādhirāja, »der
König der Meditationen«. In einem Dialog zwischen Candra-
prabha und Buddha wird hier gezeigt, wie ein Bodhisattva durch
die verschiedenen Meditationen, insbesondere die höchste von
allen, den König der Meditationen« zur höchsten Erkenntnis
gelangen kann, und welche Vorbedingungen erforderlich sind,
um den Geist für diese höchste Stufe der Meditation vorzubereiten. Solche Vorbedingungen sind die Verehrung der
Buddhas, völlige Weltentsagung, Milde und Güte gegen alle
Wesen, gänzliche Gleichgültigkeit gegen das eigene Leben
und die eigene Gesundheit, wenn es gilt, sie für andere zu
opfern, und endlich die Erkenntnis von der Nichtwirklich-
keit der Welt, der feste Glaube an das Nichts (śūnyatā).
Wenn er über die Gestalt des Buddha meditiert, darf er
nicht an irgendeine körperliche Form denken; denn ein Buddha
ist aus lauter Religion zusammengesetzt, er ist nicht erzeugt,
er ist Wirkung ohne Ursache, er ist die anfanglose Ursache
aller Dinge, von unendlicher Größe und unendlicher Güte. Dieselben Gedanken kehren immer wieder, und dazwischen werden

---

[1]) S. oben Bd. I, S. 445.

[2]) Burnouf, Introduction, p. 458 ff.; Bendall, Catalogue, p. 20 ff.;
S. Ch. Vidyābhūṣaṇa, An Analysis of the Laṅkāvatāra Sūtra,
JASB 1905, p. 159 ff.; Rāj. Mitra, Nep. Buddh. Lit., p. 113 f., wo
aber die Angabe von einer 168—190 gemachten chinesischen Übersetzung falsch ist. Vgl. Bunyiu Nanjio, Catalogue, Nos. 175—177.
Die Ausgabe der Buddhist Text Society (1900) ist mir nicht zugänglich.

[3]) Rāj. Mitra, Nep. Buddh. Lit., p. 81 ff.; Bendall, Catalogue,
p. 4 f.

Legenden erzählt von Heiligen, welche die große Samādhi lernten [1]).

Auf dem Standpunkt des Negativismus (Śūnyatāvāda) steht auch der Suvarṇaprabhāsa, »der Goldglanz«, dessen Inhalt teils philosophisch, teils legendenhaft ist und zum Teil in das Gebiet des Tantra-Buddhismus hinüberreicht. Buddha ist hier ein ewiges göttliches Wesen. Ein Brahmane erbittet sich (im 2. Kap.) eine Reliquie des Buddha, sei sie auch nicht größer als ein Senfkorn. Er wird aber belehrt, daß es leichter sei, Haare auf dem Rücken einer Schildkröte wachsen zu lassen, als eine solche Reliquie zu finden. Denn Buddha ist nicht wirklich geboren, sondern sein wahrer Körper ist der Dharmakāya (oder Dharmadhātu), d. h. ein immaterieller, nur aus Religion bestehender Körper [2]). Er ist auch nie ins Nirvāṇa eingegangen, sondern sein Körper ist ewig. Einen großen Raum nimmt die Verherrlichung des Sūtras in dem Sūtra selbst ein. Im 8. Kap. erscheint die Göttin Sarasvatī, im 9. Kap. Mahādevī, die Gemahlin des Śiva, um das Sūtra zu verherrlichen. Unter den Legenden, die in dem Suvarṇaprabhāsa erzählt werden, befindet sich auch die von einem Prinzen, der sich selbst tötet, um einer hungrigen Tigermutter als Nahrung zu dienen [3]), worauf der Vater des Prinzen die Gebeine seines Sohnes in Goldkästchen aufbewahren und einen Stūpa darüber errichten ließ. Es werden aber auch Zauberformeln (Dhāraṇīs) und Tantra-Ritualien in dem Werke vorgetragen. Im ganzen haben wir hier den Stil der unerquicklichsten unter den sektarischen Purāṇas, und man könnte sich darüber wundern, daß der »Goldglanz« bei den Buddhisten von Nepal, Tibet und der Mongolei zu so ungeheurem Ansehen gelangt ist, wenn es sich nicht eben um Völkerstämme von verhältnismäßig niedriger Kulturstufe handelte. Das Werk wurde im 6. Jahrhundert ins Chinesische übersetzt [4]).

[1]) Rāj. Mitra, Nep. Buddh. Lit., pp. 207—221. Bendall, Catalogue, p. 22 f.

[2]) Nach T. Suzuki, Açvaghosha's Discourse on the Awakening of Faith, p. 62 n. bedeutet aber Dharmakāya »das Absolute«.

[3]) Vgl. oben S. 213 f. Nach einer mongolischen Version übersetzt von I. J. Schmidt, Grammatik der mongolischen Sprache, St. Petersburg 1831, S. 142 ff.

[4]) Die Ausgabe von Sarad Chandra, Kalkutta 1898, war mir nicht zugänglich. Vgl. Burnouf, Introduction, p. 471 ff., 490; Rāj.

Teils dogmatischen, teils legendenhaften Inhalts ist das
Rāṣṭrapālasūtra, auch Rāṣṭrapālaparipṛcchā genannt[1]),
das zwischen 589—618 ins Chinesische übersetzt worden ist.
Das Sūtra besteht aus zwei Teilen, von denen der erste mehr
dogmatisch ist und die Antwort des Buddha auf »Rāṣṭrapāla's
Frage«[2]) über die Eigenschaften (Dharmas) eines Bodhisattva
enthält, während im zweiten Teil das Jātaka von dem Prinzen
Puṇyaraśmi erzählt wird, dessen Geschichte einige Züge mit der
Buddhalegende gemein hat. Aber auch im ersten Teil berichtet
Buddha zur Erläuterung der Bodhisattva-Dharmas kurz über
seine Taten in früheren Geburten, wobei fünfzig Jātakas erwähnt
werden. Nach diesen Jātakas folgt abrupt eine Prophezeiung
über den künftigen Verfall der Religion[3]), und dies ist der
interessanteste Teil des Sūtras. Denn das hier mit großer
Lebendigkeit und Genauigkeit entworfene Bild kann nur wirkliche Tatsachen widerspiegeln und muß eine satirische Schilderung
der laxen Sitten der buddhistischen Mönche enthalten. Da heißt
es z. B.:

»Ohne Scham und ohne Tugend, hochmütig, aufgeblasen und jähzornig werden meine Mönche sein   sich an geistigen Getränken be-
rauschend. Während sie die Fahne des Buddha ergreifen, werden sie
doch nur den Hausherren dienen   sie werden selbst Frauen, Söhne
und Töchter haben wie Hausväter   ,Ihr sollt den Lüsten nicht
fröhnen, auf daß ihr nicht als Tiere, Gespenster oder Höllenwesen
wiedergeboren werdet‘, werden sie den Hausherren predigen, selber
aber zügellos sein« usw.

Mitra, Nep. Buddh. Lit., p. 241 ff.; Bendall, Catalogue, p. 12 f.;
M. Anesaki, ERE IV, p. 839. Nach La Vallée Poussin, Bouddhisme, Études et Matériaux, p. 127 wäre der Suvarṇaprabhāsa nichts
als ein Māhātmya von Dhāraṇīs. Ein Stück aus dem Suvarṇaprabhāsa, das auch im Śikṣāsamuccaya (ed. Bendall. p. 160 ff.) zitiert wird,
hat H. Stönner aus einem in Idikutschari gefundenen Blockdruck veröffentlicht (SBA 1904, S. 1310 ff.).

[1]) Rāṣṭrapālaparipṛcchā, Sūtra du Mahāyāna, publié par L. Finot.
(Bibliotheca Buddhica II.) St. Pétersbourg 1901. Vgl. La Vallée
Poussin, Le Muséon N. S. IV, 1903, p. 306 ff. Mit dem Raṭṭhapāla-
sutta (oben S. 36) hat dieses Sūtra nichts als den Namen Rāṣṭrapāla
(= Pāli Raṭṭhapāla) gemein.

[2]) Es muß eine ganze Klasse von solchen Paripṛcchās (»Fragen«)
unter den Mahāyānasūtras gegeben haben, wie Pūrṇaparipṛcchā, Ugraparipṛcchā u. a. Vgl. B. Nanjio, Catalogue, p. XIII ff.

[3]) Finot a. a. O., p. IX ff., 28 ff.

Diese Prophezeiung erinnert an ähnliche in den Theragāthās (oben S. 87 f.). Die zwischen 589 und 618 entstandene chinesische Übersetzung der Rāṣṭrapālaparipṛcchā beweist aber, daß die hier geschilderten Zustände schon im 6. Jahrhundert bestanden haben. Viel älter als die chinesische Übersetzung dürfte aber das Sūtra nicht sein, wie die barbarische Sprache, die namentlich in den Gāthās ein Gemisch von Prākrit und schlechtem Sanskrit ist, die kunstvollen Versmaße und der saloppe Stil zeigen.

Die wichtigsten und angesehensten von allen »philosophischen« Mahāyānasūtras sind aber die Prajñāpāramitās, »(Sūtras von der) Vollkommenheit der Weisheit«. Diese handeln von den sechs »Vollkommenheiten« (Pāramitās) [1] eines Bodhisattva, insbesondere aber von der Prajñā, der Weisheit, der höchsten Vollkommenheit. Diese Weisheit besteht aber in der Erkenntnis von dem Śūnyavāda, dem Negativismus, der alles für »leer« erklärt, sowohl das Sein als auch das Nichtsein leugnet und auf jede Frage nur ein Nein hat. Und zwar soll es zuerst ein Sūtra von 125 000 Ślokas [2] gegeben haben, in welchem diese Weisheit in Form von Dialogen, in denen Buddha der Hauptredner ist, gelehrt wurde. Dieses Sūtra soll dann zu solchen von 100 000, von 25 000, von 10 000 und 8000 Ślokas abgekürzt worden sein; nach einer anderen Überlieferung wäre aber das Sūtra von 8000 Ślokas das ursprüngliche und dieses immer mehr erweitert worden [3]. Tatsächlich kennen wir Prajñāpāramitās von 100 000, von 25 000, von 8000, von 2500 und von 700 Ślokas [4].

---

[1] Im Mahāyāna werden zwar auch manchmal wie im Hīnayāna zehn, häufiger aber nur sechs Pāramitās aufgezählt, und zwar: Freigebigkeit, Pflichterfüllung, Milde, Tapferkeit, Meditation und Weisheit (Dharmasaṃgraha 17; s. oben S. 124).

[2] Die Prajñāpāramitās sind Prosawerke, aber es ist in Indien üblich, auch Prosatexte durch Ślokas, d. h. Einheiten von 32 Silben zu messen.

[3] Rāj. Mitra, Aṣṭasāhasrikā Ed., p. IV f.; Burnouf, Introduction, p. 414.

[4] Śatasāhasrikā-Prajñāpāramitā, ed. by Pratāpacandra Ghoṣa, Kalkutta, Bibl. Ind., 1902 ff. Das tibetische Sher-phyin ist eine wörtliche Übersetzung dieses Textes. Die Śatasāhasrikā wird als »Bhagavatī« im Śikṣāsamuccaya zitiert. Sie ist zwischen 402 und 405 ins Chinesische übersetzt worden. Diese Übersetzung soll nach Anesaki (Le Muséon, N. S., t. VII, 1906, p. 33 ff.) Zitate aus Pālitexten

Die Unsitte der fortwährenden Wiederholungen, die wir schon (oben S. 52) in den Pāli Suttas unangenehm empfanden, ist in den umfangreicheren Prajñāpāramitās so maßlos auf die Spitze getrieben, daß es geradezu möglich wäre, mehr als die Hälfte eines Riesenwerkes wie der Śatasāhasrikā Prajñāpāramitā aus dem Kopfe niederzuschreiben, da dieselben Sätze und Wendungen fort und fort wörtlich wiederkehren. Da wird z. B. in der Einleitung nicht bloß gesagt, daß aus dem ganzen Körper des Buddha Lichtstrahlen hervorbrechen und über die ganze Welt einen unendlichen Lichtglanz verbreiten, sondern es wird von den Zehen, von den Knöcheln, von jedem Glied und jedem Teilchen des Körpers gesagt, daß Lichtstrahlen aus ihnen hervorbrechen und über die östliche Weltgegend, die westliche Weltgegend usw. — auch für jede Weltgegend wird alles wörtlich wiederholt — einen unendlichen Lichtglanz verbreiten. Und es wird nicht etwa gesagt: »Alles ist nur Name«, sondern dieses »Alles« wird bis zur völligen Erschöpfung in unendlichen Reihen von Sätzen im einzelnen ausgeführt. Es ist begreiflich, daß man zu der Anschauung kommen kann, daß die Welt nicht wirklich und alles leer und nichtig sei, daß man nichts aussagen, auf keine Frage anders als mit Nein antworten könne; — aber daß man von dem Standpunkt einer solchen Allesleugnung Bücher über Bücher und Tausende von Seiten schreiben kann, möchte man eigentlich für unmöglich halten. In den Prajñā-pāramitās ist das Unmögliche zur Wirklichkeit geworden. Man kann diese Weitschweifigkeit um der Weitschweifigkeit willen nur damit erklären, daß diese Mönche so viel schrieben, weil es für ein religiöses Verdienst galt, von diesen heiligen Texten möglichst viel zu schreiben und möglichst viel zu lesen [1]). Auf den Inhalt kam es dabei nicht an. Die eigentliche Lehre

enthalten. Vgl. Bendall, Catalogue, pp. 143—148 und JRAS 1898, p. 870 ff. Pañcaviṃśatisāhasrikā, Bendall a. a. O., p. 144 f. Aṣṭa-sāhasrikā, ed. by Rāj. Mitra, Kalkutta, Bibl. Ind., 1888. Buch XVIII ist übersetzt im Journal of the Buddhist Text Society II, 1894. Sār-dhadvisāhasrikā u. Saptaśatikā, Bendall a. a. O., pp. 123 f., 5 f.

[1]) Dasselbe Prinzip der Wiederholung zeigt sich auch in der Kunst, wenn ganze Felsen und Höhlen mit Buddhabildern über und über bedeckt sind (Grünwedel, Buddhist. Kunst in Indien, S. 172, 182).

ist in der »Hunderttausend - Prajñāpāramitā« dieselbe wie in der Vajracchedikā Prajñāpāramitā (der »Demant-messer-P.«, d. h. der »scharf wie ein Demant schneidenden P.«)[1]), einem der Form nach den Hīnayānasūtras sehr ähnlichen Werkchen von wenigen Blättern, in dem der Inhalt dieser Texte am meisten kondensiert erscheint. Wie in den umfangreichen Prajñāpāramitās, wird auch hier in Form eines Dialogs zwischen Buddha und Subhūti die Śūnyatā nicht etwa erörtert oder zu erweisen gesucht, sondern nur immer wieder behauptet. Von einer Argumentation ist keine Rede. Ausgehend von dem alt-buddhistischen Dogma von dem Nicht-Ich, wird hier nicht bloß das Ich, sondern auch alles andere geleugnet, sogar die Lehre des Buddha und Buddha selbst. So lesen wir in der Vajracchedikā (Kap. 13):

»Die Vollkommenheit der Weisheit, die von Buddha verkündet worden ist, ebendieselbe ist von Buddha auch als eine Nicht-Vollkommen-heit verkündet worden. Was meinst du wohl, Subhūti, gibt es irgend-eine Lehre (Dharma), die von Buddha verkündet worden' ist?« Subhūti sprach: »Nein, Herr, es gibt keine Lehre, die von Buddha verkündet worden ist .« Der Herr sprach: »Was meinst du wohl, Subhūti, ist Buddha, der Heilige, der vollkommen Erleuchtete, an den zweiund-dreißig Merkmalen eines großen Mannes zu erkennen?« Subhūti sprach: »Nein, Herr, an den zweiunddreißig Merkmalen eines großen Mannes ist Buddha, der Heilige, der vollkommen Erleuchtete, nicht zu erkennen. Und warum nicht? Weil die zweiunddreißig Merkmale

---

[1]) Die Vajracchedikā ist herausgegeben von F. Max Müller in den ‘Buddhist Texts from Japan’ (Anecdota Oxoniensia, Aryan Series, Vol. 1, Part 1, Oxford 1881) und von demselben übersetzt in SBE, Vol. 49, Part II, pp. 109—144; vgl. ibid. p. XII ff. Handschriften-fragmente hat M. A. Stein in Khotan gefunden (Hoernle, JRAS 1903, p. 364 f.). Ins Französische übersetzt wurde sie von C. de Harlez (JA 1891, s. 8, t. XVIII, p. 440 ff.). Derselbe hat auch die Mandschū-Version herausgegeben und übersetzt (WZKM 11, 1897, S. 209 ff., 331 ff.). Ins Chinesische übersetzt wurde sie um 401 n. Chr. In Japan bilden Vajracchedikā und Prajñāpāramitāhṛdaya (in diesem ist die Meta-physik zu einer Zauberformel herabgesunken) die Haupttexte der Shin-gon-Sekte (SBE 49, Part II, p. XII). Bruchstücke der Vajracchedikā in einer nordarischen Übersetzung und einer Adhyardhaśatikā Pra-jñāpāramitā in einer mit nordarischen Abschnitten durchsetzten Sans-kritfassung hat E. Leumann (Zur nordarischen Sprache und Litteratur, Straßburg 1912, S. 56 ff., 84 ff.) aus den zentralasiatischen Funden be-kannt gemacht.

eines großen Mannes, die von Buddha verkündet worden sind, von
Buddha als Nichtmerkmale verkündet worden sind. Deshalb werden
sie die zweiunddreißig Merkmale eines großen Mannes genannt.«

Es wird wohl ebenso viele (nichtbuddhistische) Leser geben,
die in dergleichen Äußerungen Tiefsinn, wie solche, die in ihnen
nur Unsinn sehen werden [1]). In Wirklichkeit dürften sie weder
das eine noch das andere sein, sondern eben eine »mittlere
Lehre«, die sich in Paradoxen bewegt, indem sie einerseits
nichts (in des Wortes strengstem Sinn) behauptet, sich aber
andrerseits doch der Erfahrungswelt so weit anbequemt, daß sie
gewissen Annahmen eine relative Wahrheit zugesteht. Denn
einigermaßen verständlich wird die Lehre doch erst durch die
Annahme von zweierlei Wahrheiten, einer höheren und einer
niederen, wie sie von Nāgārjuna klar und deutlich gelehrt
wird [2]).

Die Meister und Dichter des Mahāyāna.

Die Anhänger des Hīnayāna erklären die Prajñāpāramitā in
100 000 Ślokas für das jüngste Mahāyānasūtra und für das Werk
des Nāgārjuna [3]). Daran wird wohl so viel richtig sein, daß
es ein aus der Schule des Nāgārjuna hervorgegangenes apo-
kryphes Sūtra ist. Denn es besteht, wie alle Prajñāpāramitās,
nur aus endlosen Wiederholungen der Lehrsätze des von Nāgārjuna begründeten Mādhyamikasystems. Was in den Dialogen
jener Sūtras ziemlich abstrus und konfus erscheint, wird systematisch und immerhin etwas klarer in den Mādhyamakakā-

[1]) Zu letzteren gehört wohl Barth, der (RHR t. 5, 1882, p. 117)
sagt, daß in unserem Text die Prajñāpāramitā verherrlicht wird, »la
sagesse transcendante, qui sait qu'il n'y a ni choses existantes ni non-
existantes, ni de réalité qui ne soit aussi une non-réalité, sagesse qu'ont
proclamée et proclameront des infinités de myriades d'arhats et de
bodhisatvas qui ont été et n'ont pas été, qui seront et ne seront pas;
qui, grâce à sa science de Buddha, à sa vue de Buddha, sont perçus,
aperçus, connus du Buddha, lequel lui-même n'est ni existant ni non-
existant«.

[2]) Über die Lehren der Prajñāpāramitās vgl. Burnouf, Introduction, pp. 111, 390, 404 ff., 412 ff., 430: W. Wassiljew, Der Buddhismus, S. 157 ff. und M. Anesaki, ERE IV, p. 837 f.

[3]) So nach Tāranāthas Geschichte des Buddhismus in Indien,
aus dem Tibet. übersetzt von A. Schiefner, St. Petersburg 1869,
S. 71.

rikās oder Mādhyamikasūtras des Nāgārjuna[1]) zum
Ausdruck gebracht. Dies ist ein systematisches philosophisches
Werk von der Art, wie sie in der brahmanischen wissenschaftlichen Litteratur wohlbekannt sind, in Memorialversen (Kārikās),
zu denen der Verfasser gewöhnlich selbst einen Kommentar
schreibt. Der von Nāgārjuna selbst verfaßte Kommentar, Akuto-
bhayā, ist aber im Sanskrit nicht mehr erhalten, sondern nur
durch die tibetische Übersetzung bekannt[2]). Der uns erhaltene
Sanskritkommentar ist der des Candrakīrti, der wahrscheinlich
in der ersten Hälfte des 7. Jahrhunderts gelebt hat[3]). Erst durch
diese philosophischen Sūtras lernen wir die Lehre kennen, welche,
von der schon im Theravāda enthaltenen Leugnung der Seele
ausgehend, sowohl das Sein als auch das Nichtsein leugnet, und
darum die »mittlere Lehre« genannt wird. Hier (24, 1 ff.) wird
auch einem Gegner des Negativismus der naheliegende Einwand
in den Mund gelegt: Wenn alles »leer« ist und es weder Entstehen noch Vergehen gibt, dann kann es auch keine »vier edlen
Wahrheiten« und keine Lebensführung auf Grund der Erkenntnis
dieser Wahrheiten, keine Frucht guter und böser Taten, keine
Buddhalehre (Dharma), keine Mönchsgemeinde und endlich auch

---

[1]) Mūlamadhyamakakārikās (Mādhyamikasūtras) de Nāgārjuna avec
la Prasannapadā, commentaire de Candrakīrti, publié par L. de La
Vallée Poussin, St. Pétersbourg (Bibliotheca Buddhica IV), 1903 ff.
Das 24. Kap. des Kommentars hat La Vallée Poussin übersetzt in
Mélanges Charles de Harlez, Leiden 1896, p. 313 ff.

[2]) Dieser Kommentar ist von Max Walleser, Die Mittlere Lehre
(Mādhyamikaśāstra) des Nāgārjuna, Heidelberg 1911, aus dem Tibeti-
schen übertragen worden. Auch die beiden alten Kommentare von
Buddhapālita und von Bhāvaviveka sind nur im tibetischen
Tandschur erhalten. Auch nur im Tandschur erhalten ist Candrakīrtis
Mādhyamakāvatāra, eine Einführung nicht nur in das Mādhyamika-
system, sondern auch in das Mahāyāna überhaupt. Das Werk ist aus
dem Tibetischen übersetzt von La Vallée Poussin, Le Muséon
N. S. VIII, 1907, 249 ff.; XI, 1910, 271 ff.

[3]) Candrakīrti und Candragomin waren Zeitgenossen und Gegner.
Candragomin war Schüler des Sthiramati, der am Ende des 6. Jahrh.
lebte. Sthiramatis Zeitgenosse war Dharmapāla. Ein Schüler des
letzteren kennt bereits Candrakīrti, während Bhāvaviveka, ein Zeitgenosse des Dharmapāla, von Candrakīrti zitiert wird. (N. Peri, la
date de Vasubandhu, Extrait du BEFEO 1911, p. 46 ff.) Nach S. Ch.
A. Vidyābhūṣaṇa (Journal of the Buddhist Text Society V, 1897)
wäre aber Candrakīrti ein Zeitgenosse des Śaṅkara.

keinen Buddha geben. Es fällt also die ganze Religion des Buddha in nichts zusammen. Darauf antwortet Nāgārjuna: Die Lehre des Buddha stützt sich auf zwei Wahrheiten, eine konventionelle Wahrheit, wobei der tiefere Sinn verborgen bleibt, und eine Wahrheit im höchsten Sinne. Wer die Unterscheidung dieser beiden Wahrheiten nicht kennt, der versteht nicht den tiefen Gehalt der Buddhalehre. Nur auf die Wahrheit des gewöhnlichen Lebens gestützt, kann die höchste Wahrheit gelehrt werden, und nur mit Hilfe der letzteren erreicht man das Nirvāṇa. Ich sehe in der Tat keine andere Möglichkeit, in manche uns wie Wahnsinn oder Unsinn anmutenden Stellen in den Prajñāpāramitās einen Sinn zu bringen, als eben diese bequeme und in der Geschichte der Philosophie ja nicht unbekannte Annahme einer zweifachen Wahrheit[1]).

Außer den Mādhyamakakārikās werden dem Nāgārjuna noch viele andere Werke zugeschrieben; ob mit Recht oder mit Unrecht, ist aber nicht immer zu entscheiden. Als sein Werk gilt der **Dharmasaṃgraha**, ein kurzes Verzeichnis buddhistischer technischer Ausdrücke, dessen Sanskrittext uns erhalten ist[2]). Hingegen ist der **Suhṛllekha** oder »Freundesbrief«, ein Brief des Nāgārjuna an einen König über Grundlehren der buddhistischen Religion in 123 Versen, bisher nur durch eine englische Übersetzung der tibetischen Version bekannt[3]). Die Epistel enthält aber nichts, was nicht auch im Pālikanon stehen könnte, und manche Verse stimmen wörtlich mit dem Dhammapada und ähnlichen Texten, andere auch mit brahmanischen Sprüchen überein. Der chinesische Pilger I-tsing preist dieses Werk Nāgārjunas sehr

---

[1]) Eine gute Darstellung der Mādhyamika-Lehre gibt La Vallée Poussin, Bouddhisme, pp. 189 ff. und 290 ff. Vgl. Anesaki, ERE IV p. 838.

[2]) Herausgegeben von Kenjiu Kasawara, Max Müller und H. Wenzel (Anecdota Oxoniensia, Aryan Series, Vol 1, Part 5), Oxford 1885. Die Hälfte der Termini des Dharmasaṃgraha findet sich auch in dem Dharmaśarīrasūtra, das Grünwedel aus Idikutschari mitgebracht und H. Stönner (SBA 1904, p. 1282 ff.) veröffentlicht hat.

[3]) Von H. Wenzel im JPTS 1886, p. 1 ff. Leider ist es nicht festzustellen, wer der König war, an den der Brief gerichtet ist. Nach chinesischen Quellen war es Śātavāhana, die Tibeter nennen ihn Udayana.

und bezeugt, daß es zu seiner Zeit in Indien viel gelesen und auswendig gelernt worden ist[1]).

Nach der von Kumārajīva (um 405 n. Chr.) ins Chinesische übersetzten Biographie des Nāgārjuna war dieser im südlichen Indien als Brahmane geboren, studierte die vier Vedas und erlernte alle Wissenschaften. Er soll aber auch ein großer Zauberer gewesen sein. Durch seine Zauberkunst konnte er sich unsichtbar machen und schlich sich, von drei Freunden begleitet, in den königlichen Palast, wo sie die Frauen zu schänden begannen. Sie wurden entdeckt, die drei Gefährten des Nāgārjuna wurden hingerichtet, er selbst aber entkam, nachdem er vorher gelobt hatte, Mönch zu werden. Er vollzog sein Gelübde, studierte in 90 Tagen alle drei Piṭakas und begriff ihren Sinn; war jedoch damit nicht zufrieden, sondern begann, andere Sūtras zu suchen, bis er endlich von einem hochbetagten Mönch im Himālaya das Mahāyānasūtra empfing. Mit Hilfe eines Nāgarāja, eines Schlangenkönigs, fand er auch einen Kommentar dazu. Er verbreitete den Buddhismus eifrig im südlichen Indien. Er leitete die Religion, sagt der Biograph, über 300 Jahre[2]). Die Tibeter lassen ihn aber gar 600 Jahre alt werden.

An dieser Legende dürfte wohl so viel richtig sein, daß Nāgārjuna ebenso wie der etwas ältere Ašvaghoṣa — Nāgārjuna lebte wahrscheinlich gegen Ende des 2. Jahrhunderts n. Chr.[3]) — ursprünglich Brahmane war. Denn sein Werk beweist Vertrautheit mit brahmanischer Wissenschaft. Jedenfalls muß er auch als Begründer eines Hauptzweiges des Mahāyāna-Buddhismus großes Ansehen genossen haben, so daß noch Jahrhunderte später Werke, denen man besonderes Ansehen sichern wollte, ihm zugeschrieben wurden[4]). Aber der Begründer des Mahāyāna, für

---

[1]) Vgl. I-tsing, transl. Takakusu, p. 158 ff. Die erste chinesische Übersetzung stammt aus dem Jahre 431 n. Chr. Auch I-tsing sandte eine Übersetzung der »Epistel des Nāgārjuna« an seine Freunde in China (a. a. O. p. 166).

[2]) Wassiljew, Der Buddhismus, S. 232 ff.

[3]) Rājataraṅgiṇī I, 173; Kern, Manual of Buddhism, p. 122 f.; Jacobi, JAOS 31, 1911, p. 1 ff.

[4]) Im ganzen nördlichen Indien nannte man Nāgārjuna »Buddha ohne seine charakteristischen Merkmale«, und seine Werke wurden den »Sūtras aus dem eigenen Munde des Buddha« gleichgeachtet (B. Nanjio, Twelve Japanese Buddh. Sects, p. 48 f.). Im chinesischen Tripiṭaka

den er oft erklärt wird, war er wohl ebensowenig wie Ašvaghoṣa.
Denn Mahāyānalehren und Mahāyānatexte muß es schon im 1. Jahrh.
n. Chr. gegeben haben, da im 2. Jahrh. bereits Mahāyānatexte ins
Chinesische übersetzt worden sind [1]), und da die Kunst von
Gandhāra, welche die Kunst des Mahāyāna-Buddhismus ist, sich
von der Zeit um Christi Geburt bis zum 4. Jahrhundert entwickelt hat [2]).

Zusammen mit den von Kumārajīva (um 405 n. Chr.) ins
Chinesische übersetzten Biographien von Ašvaghoṣa und Nāgārjuna finden wir auch eine solche von Deva oder Āryadeva,
der auch sonst als einer der großen Meister des Mahāyāna »im
Altertum« erwähnt wird [3]). Seine »Biographie« ist aber völlig
legendenhaft [4]), und von seinen Werken ist uns im Sanskrit nur
ein Bruchstück eines Lehrgedichtes erhalten, in dem u. a. gegen
das brahmanische Zeremonienwesen polemisiert wird, so gegen
den Glauben, daß das Baden im Ganges von Sünde reinigen
könne. Besondere Mahāyānalehren enthalten aber die Verse
nicht [5]). Außerdem kennen wir Āryadeva nur durch Zitate und
tibetische und chinesische Übersetzungen [6]).

---

werden dem Nāgārjuna 24 Werke zugeschrieben. Vgl. S. Beal, Ind.
Ant. 16, 1887, p. 169 ff. Eine Übersetzung von Nāgārjuna's Catustava
(»vier Hymnen«) dürfen wir von La Vallée Poussin und Thomas
erwarten.

[1]) Die älteste chinesische Übersetzung eines buddhistischen Textes
ist das »Sūtra in 42 Abschnitten«, das 67 n. Chr. von Kāšyapa Mātaṅga
aus indischen Texten zusammengestellt worden sein soll (B. Nanjio,
Catalogue, Nr. 678). Wir wissen aber nicht, ob dies Mahāyānatexte
waren. Die ältesten chinesischen Übersetzungen von Mahāyānatexten
sind die des Sukhāvatīvyūha (zwischen 148 u. 170 n. Chr.) und der Daša-
sāhasrikā Prajñāpāramitā (zw. 25 und 220 n. Chr.), s. B. Nanjio.
Catalogue, Nr. 23, 5 und Nr. 5. Andere Mahāyānatexte wurden zuerst vom 3. bis 5. Jahrh. ins Chinesische übersetzt.

[2] Grünwedel. Buddhist. Kunst in Indien, S. 81, 158 ff., 167.

[3]) So von I-tsing und Hiuen-Tsiang; s. oben S. 203.

[4]) Wassiljew, Der Buddhismus, S. 234 f.

[5]) Haraprasād Shāstrī im JASB, vol. 67, 1898, p. 175 ff.

[6]) Candrakīrti in der Mādhyamakavṛtti (ed. La Vallée Poussin,
pp. 16, 173, 552 und 393) zitiert »Catuḥšataka«, »Šataka« und »Šataka-
šāstra« von Āryadeva und auch ein »Āryadevapādīya«. Vgl. La Vallée
Poussin. Le Muséon, N. S. I, 1900, p. 236 ff. Über die Verwechslung
von Āryadeva mit Candrakīrti und die Beinamen (Nīlanetra. Kāṇa-

Was Nāgārjuna für die Schule der Mādhyamikas, das ist Asaṅga oder Āryāsaṅga für die Yogācāra-Schule des Mahāyāna-Buddhismus. Diese Schule lehrt den Vijñānavāda, d. h., daß es nichts außerhalb des Bewußtseins gebe. Sie leugnet also ebenso wie der Śūnyavāda die Wirklichkeit der Erscheinungswelt, erkennt aber doch in gewissem Sinne ein in dem Denken und Bewußtsein enthaltenes Sein an. Das einzige Absolute aber, in welchem auch dieses alle psychischen Vorgänge in sich schließende Bewußtsein (ālayavijñāna) aufgeht, ist die Bodhi, die eine und einzige, wenngleich in der unendlichen Vielheit der Buddhas offenbarte Wahrheit. Diese Bodhi ist aber nur für den Yogācāra, d. h. für denjenigen, der Yoga übt, erreichbar und auch für diesen nur stufenweise, nachdem er die Laufbahn eines Bodhisattva in ihren zehn Etappen (daśabhūmi) durchlaufen. Die Yoga-Übung, die Mystik, die schon dem Hīnayāna-Buddhismus nicht fremd war, wird von Asaṅga mit dem Mahāyāna-Buddhismus in systematische Verbindung gebracht[1]). Ein Hauptwerk über diese Lehre ist das von den Yogācāras als Offenbarung des Maitreya angesehene Yogācārabhūmiśāstra (oder Saptadaśabhūmiśāstra), von dem nur ein Teil, die Bodhisattvabhūmi, im Sanskrit erhalten ist. Es ist ein scholastisches, philosophisches Werk nach Art der Abhidharmatexte[2]). Als von Maitreya, dem künftigen Buddha, offenbart[3]) gilt

---

deva) des Āryadeva vgl. N. Peri, A propos de la date de Vasubandhu (Extrait du BEFEO XI, 1911), p. 27 ff.

[1]) Über die Lehren der Yogācāra-Schule vgl. La Vallée Poussin, Bouddhisme, p. 200 ff., D. T. Suzuki, Outlines of Mahāyāna Buddhism. London 1907, pp. 60 ff., 125 ff. und Lévi in der Einleitung zur Übersetzung des Mahāyāna-Sūtrālaṃkāra. Über die Yogācāra-Litteratur nach tibetischen Quellen vgl. Th. de Stcherbatskoi, Le Muséon, N. S. VI, 1905, p. 144 ff.

[2]) Bodhisattvabhūmi, a Text-Book of the Yogācāra School; an Englisch Summary with Notes etc. by C. Bendall and L. de La Vallée Poussin, Le Muséon, N. S. VI, 1905, p. 38 ff.; VII, 1906, p. 213 ff.; Unrai Wogihara, Asaṅga's Bodhisattvabhūmi, Straßburger Diss., Leipzig 1908.

[3]) Im chinesischen Tripiṭaka (B. Nanjio s Catalogue, p. 368) werden eine ganze Reihe von Werken dem Maitreya zugeschrieben. Das sind aber fast durchaus Werke des Asaṅga, die diesem von Maitreya im Tuṣitahimmel offenbart worden sein sollen. Vgl. Wogihara a. a. O., S. 15 f. und Peri, la date de Vasubandhu, p. 31 ff. Hingegen dürfte

auch das Mahāyāna-Sūtrālaṃkāra, ist aber von seinem
Entdecker, S. Lévi, bestimmt als das Werk des Asaṅga nach-
gewiesen worden[1]). Und zwar ist der ganze, aus Memorialversen
(Kārikās) und Kommentar (Ṭīkā) bestehende Text das Werk des
Asaṅga. Ohne ein bedeutender Dichter zu sein, weiß Asaṅga
doch das buddhistische Sanskrit geschickt zu gebrauchen und
öfters auch neben Ślokas und Āryāstrophen kunstvolle Versmaße
zu verwenden. Entschieden ist er aber mehr Philosoph als
Dichter. Selbst wenn er in den beiden letzten Kapiteln die
Vollkommenheiten der Buddhas verherrlicht und mit einem
Hymnus (vv. 43—61) schließt, zeigt sich in der scholastischen
Aufzählung aller Buddhavollkommenheiten mehr Gelehrsamkeit
als begeisterte Verehrung. Nur in dem IX. Kapitel, wo Asaṅga
alle Geisteskraft aufwendet, um den Begriff der Bodhi und
Buddhaschaft klarzumachen, wird der trockene Ton zuweilen
durch eine schwungvollere, bilderreiche Sprache belebt und ge-
hoben. So wird z. B. die Bodhi, durch welche die Buddhas die
Welt erleuchten, in einer Reihe von Bildern mit der Sonne verglichen (IX, 28 ff.).

Asaṅga, eigentlich Vasubandhu Asaṅga, ist der älteste von
drei Brüdern, die als Söhne eines Brahmanen der Kauśikafamilie
in Puruṣapura (dem heutigen Peshuwar) im äußersten Nordwesten
Indiens geboren wurden. Sie lebten wahrscheinlich im 4. Jahrhundert[2]) und waren alle drei ursprünglich Anhänger der
Sarvāstivāda-Schule. Der jüngste, Vasubandhu Viriñcivatsa, ist
litterarisch nicht hervorgetreten. Um so bedeutender war der
mittlere der drei Brüder, Vasubandhu, eine der hervorragendsten Erscheinungen in der Geschichte der buddhistischen

---

Maitreyanātha, der Verfasser des Abhisamayālaṃkāra, ein wirklicher Autor sein (Haraprasād Shāstrī, JASB 1910, p. 425 ff.).

[1]) Asaṅga, Mahāyāna-Sūtrālaṃkāra, Exposé de la doctrine du grand
véhicule selon le système Yogācāra. Édité et traduit par Sylvain Lévi,
t. I, II. (Bibliothèque de l'École des hautes études t. 159, 190), Paris
1907, 1911.

[2]) Takakusu (JRAS 1905, p. 1 ff.) setzt Vasubandhu zwischen
420–500, Wogihara (a. a. O., S. 16), Vasubandhu zw. 390—470 und
Asaṅga 375—450; S. Lévi setzt Asaṅgas Tätigkeit in die erste Hälfte
des 5. Jahrhunderts; aber N. Peri, A propos de la date de Vasubandhu (BEFEO XI, 1911, Nos. 3—4) hat es wahrscheinlich gemacht,
daß Vasubandhu um 350 n. Chr. gestorben ist.

Litteratur [1]). Mit einer erstaunlichen Gelehrsamkeit verband er eine große Unabhängigkeit des Denkens. Sein Hauptwerk, der Abhidharmakoša, ist leider im Sanskritoriginal nicht erhalten. Wir kennen nur die Abhidharmakošavyākhyā, den Kommentar des Yašomitra zu dem Werk [2]), und andrerseits die chinesischen und tibetischen Versionen. Die älteste chinesische Übersetzung ist die des Paramārtha, zwischen 563 und 567 n. Chr. verfaßt. Eine zweite Übersetzung (aus den Jahren 651—654 n. Chr.) stammt von dem berühmten Hiuen-Tsiang. Der Abhidharmakoša war ein über Ethik, Psychologie und Metaphysik handelndes Werk in Sūtras und Kārikās nach Art der brahmanischen philosophischen Texte. Es setzt die Vibhāšās (die von Kātyāyanīputra gesammelt und von Ašvaghoša in litterarische Form gebracht worden sein sollen), die Texte der Schule der Vaibhāšikas, voraus. Trotzdem es aber ein Werk der zum Hīnayāna gehörigen Sarvāstivāda-Schule ist, gilt es auch bei anderen Schulen des Buddhismus als Autorität. Chinesische und japanische Mahāyānisten haben das Werk als Textbuch benutzt, und es hat eine große Kommentarenlitteratur hervorgerufen.

Ganz auf dem Boden des Hīnayāna steht eine nur im Tibetischen erhaltene und dem Vasubandhu zugeschriebene Spruchsammlung, Gāthāsaṃgraha, mit einem geistreichen Kommentar, von dem A. Schiefner [3]) einige Proben gegeben hat. Die 24 Gāthās sind ganz in dem Geiste des Dhammapada

---

[1]) I-tsing (transl. Takakusu, p. 181) rechnet Asaṅga und Vasubandhu zu den berühmten Männern des »Mittelalters«, d. h. des zwischen der Zeit von Ašvaghoša, Nāgārjuna und Āryadeva einerseits und seiner eigenen Zeit andererseits gelegenen Zeitalters. Eine Biographie des Vasubandhu, in der auch die seines Bruders Asaṅga eingeschlossen ist, hat der indische Mönch Paramārtha (499—569 n. Chr.) verfaßt. Sie ist aus dem Chinesischen übersetzt von J. Takakusu im T'oung Pao V, 1904, pp. 1 ff.; auszugsweise mitgeteilt von W. Wassiljew, Der Buddhismus, S. 235 ff. Noch märchenhafter als die chinesische ist die tibetische Biographie in Tāranātha's Geschichte des Buddhismus, S. 107 ff. Paramārtha hat die Werke von Asaṅga und Vasubandhu im Jahre 539 von Magadha nach China gebracht.

[2]) Vgl. Rāj. Mitra, Nep. Buddh. Lit., p. 3 ff.; Bendall, Catalogue, p. 25 ff.; Burnouf, Introduction, p. 502 ff.; S. Lévi in ERE I, p. 20 und La Vallée Poussin in ERE IV, p. 129 ff.

[3]) Über Vasubandhu's Gāthāsaṃgraha, Mélanges asiatiques VIII (Bulletin t. XXV, St. Petersburg 1878), p. 559 ff.

gehaltene Sprüche. Der Kommentar zeigt uns den Philosophen Vasubandhu, wenn anders ihm das Werk mit Recht zugeschrieben wird, auch als einen humorvollen Prediger. Davon nur eine kleine Probe:

»Ein Schakal folgte einem Löwen nach, weil er nach den Resten des von diesem verzehrten Fleisches Verlangen trug. Als der Löwe einmal, da er hungrig war, einen großen Eber erlegt hatte, hieß er den Schakal diese Last tragen. Da nun der Schakal zu schwach an Kräften war und diese Last nicht zu tragen vermochte, er aber befürchtete, daß der Löwe in Zorn geraten ihn selbst töten könne, hatte er keine Freude daran, ihm auf sein Geheiß Antwort zu geben. Weil er aber wußte, daß der Löwe stolz war, sagte er: ‚Beim Tragen dieser Last ist es nötig zweierlei zu tun, zu stöhnen und die Last zu tragen; ich kann zu derselben Zeit nicht beides tun, eine Sache mußt du übernehmen‘. Da der Löwe stolz war und nicht stöhnen wollte, so hieß er den Schakal stöhnen, die Last wolle er selbst tragen. So trug denn der Löwe die Last, der Schakal aber folgte stöhnend dem Löwen nach. Ebenso trage auch ich die Last des Vortrags der Lehre, ihr aber seid nicht imstande, in Übereinstimmung mit mir ‚es ist also‘ zu sagen.«[1]

Als Philosoph schrieb Vasubandhu auch ein Werk zur Bekämpfung der Sāṃkhyaphilosophie, die Paramārthasaptati, »Siebzig (Verse) über die höchste Wahrheit«. Dieses Werk, dessen Sanskritoriginal auch verloren ist, scheint eine Widerlegung von Īśvarakṛṣṇas Sāṃkhyasaptati zu sein. Paramārtha spricht allerdings von einem Ketzer Vindhyavāsa als Verfasser des von Vasubandhu bekämpften Sāṃkhyawerkes. Merkwürdigerweise wird aber von den Chinesen dem Vasubandhu auch ein Kommentar zu Īśvarakṛṣṇas Werk zugeschrieben[2].

Erst im späteren Lebensalter wurde Vasubandhu von seinem Bruder Asaṅga zum Mahāyāna bekehrt. Nun bereute er, wie sein Biograph erzählt, seine frühere Verunglimpfung des Mahāyāna so sehr, daß er sich die Zunge abschneiden wollte. Aber sein Bruder belehrte ihn, daß es eine viel bessere Sühne wäre, wenn er seine Zunge, die er früher so geschickt zur Bekämpfung der Mahāyānalehre verwendet hatte, nunmehr mit eben so großem Geschick zur Erklärung des Mahāyāna gebrauchte. Das tat denn Vasubandhu und schrieb — nach dem Tode des Asaṅga —

---

[1] Schiefner a. a. O., S. 582.
[2] Takakusu, T'oung Pao 1904, pp. 15 ff., 461 ff.; BEFEO, t. IV, 1904, p. 1 ff.; JRAS, 1905, p. 16 ff. Nach Takakusu wäre Vindhyavāsa identisch mit Īśvarakṛṣṇa.

eine große Anzahl von Kommentaren zum Saddharmapuṇḍarīka, zur Prajñāpāramitā und anderen Mahāyānasūtras nebst anderen gelehrten Werken, die uns aber nur in chinesischen und tibetischen Übersetzungen erhalten sind[1]). Paramārtha rühmt die Schönheit und Überzeugungskraft seiner Werke und schließt mit den Worten: »Darum gebrauchen auch alle, die das Mahāyāna und das Hīnayāna in Indien und in allen Grenzländern studieren, die Werke des Vasubandhu als ihre Textbücher. Es gibt keine Lehrer irgendwelcher anderen Schulen (des Buddhismus) oder der ketzerischen Sekten, die nicht von Furcht und Angst ergriffen würden, sobald sie nur seinen Namen hören. Er starb in Ayodhyā im Alter von achtzig Jahren. Obgleich er ein irdisches Leben führte, ist doch seine wahre Natur schwer zu verstehen«[2]).

Zur Schule des Asaṅga gehört Candragomin, der als Grammatiker, Philosoph und Dichter einen großen Ruf in der buddhistischen Welt genießt. Er war ein Zeitgenosse des Candrakīrti, dessen Lehren er bekämpfte, und lebte noch, als I-tsing 673 n. Chr. nach Indien kam[3]). Nach Tāranātha[4]), der von ihm viel Legendenhaftes zu berichten weiß, hat er eine Unzahl von Hymnen und gelehrten Werken verfaßt. Erhalten ist uns von seinen dichterischen Werken nur ein religiöses Gedicht in Form eines Briefes an einen Schüler, das Śiṣyalekhadharmakāvya[5]). In elegantem Kāvyastil werden hier buddhistische Lehren vorgetragen.

Wohl der bedeutendste unter den späteren Lehrern des Mahāyāna-Buddhismus, die sich auch als Dichter hervorgetan haben, ist Śāntideva, der wahrscheinlich im 7. Jahrhundert n. Chr. gelebt hat. Nach Tāranātha ist er in Saurāṣṭra (im

---

[1]) Eine Abhandlung über die Lehren der Vijñānavādins in 20 Memorialversen mit Kommentar, das Viṃśakakārikāprakaraṇa, hat La Vallée Poussin (Muséon 1912, p. 53 ff.) aus dem Tibetischen übersetzt.

[2]) Takakusu, T'oung Pao 1904, p. 27.

[3]) Minayeff (JRAS 1889, p. 1133 ff.) hatte ihn Ende des 4. und Anfang des 5. Jahrhunderts und B. Liebich (WZKM 13, 1899, 308 ff.) zwischen 465 und 544 n. Chr. angesetzt. S. aber Lévi, BEFEO 1903, p. 38 ff. und oben S. 251 A. 3.

[4]) Geschichte des Buddhismus, S. 156 ff.

[5]) Herausgegeben von I. P. Minayeff in Zapiski IV vgl. H. Wenzel JRAS 1889, p. 1133 ff.; Bendall, Catalogue, p. 31 f.; Kern, Manual, p. 11.

heutigen Gudscherat) als Königssohn geboren, aber durch die Göttin Tārā selbst veranlaßt worden, auf den Thron zu verzichten, während ihn der Bodhisattva Mañjuśrī in Gestalt eines Yogin in die Wissenschaften einführte. Er erlangte große Zauberkraft, war eine Zeitlang Minister des Königs Pañcasiṃha, wurde aber schließlich Mönch. Tāranātha schreibt ihm die Werke Śikṣāsamuccaya, Sūtrasamuccaya und Bodhicaryāvatāra zu[1]).

Der Śikṣāsamuccaya, »die Summe der Lehre«[2]), ist ein Handbuch des Mahāyāna-Buddhismus, das aus 27 Kārikās (Memorialversen) und einem umfänglichen, vom Verfasser selbst zugleich mit den Kārikās zusammengestellten Kommentar besteht. Ich sage absichtlich, daß der Kommentar von Śāntideva »zusammengestellt« ist, denn er besteht fast ganz aus Zitaten und Auszügen aus den heiligen Texten, die er um seine Kārikās herum gruppiert und in Kapitel angeordnet hat.

Das Werk verrät demnach eine außerordentliche Gelehrsamkeit und Belesenheit, aber wenig Originalität. Es ist jedoch zur Einführung namentlich in die Sittenlehre des Mahāyāna außerordentlich geeignet und ist auch durch die zahlreichen, oft umfänglichen Auszüge aus Texten, die uns nicht mehr erhalten sind, von großem Wert, um so mehr als Śāntideva sich in den Fällen, wo wir ihn kontrollieren können, als sehr genau und zuverlässig im Zitieren erweist.

Der Grundgedanke des Werkes und der Kern der Mahāyāna-Moral ist in den beiden ersten Kārikās ausgesprochen:

»Wenn meinem Nächsten so wie mir
Verhaßt sind Furcht und Schmerz,
Was unterscheidet dann mein Selbst,
Daß ich es mehr als das des anderen bewahre?
Willst du des Leidens Ende,
Des Glückes Ziel erreichen,
Dann mach' den Glauben du zur festen Wurzel,
Und auf Erleuchtung sei dein Sinn gerichtet.«

[1]) Tāranātha a. a. O., S. 162 ff. Ein Sūtrasamuccaya gibt es aber nur von Nāgārjuna, s. Winternitz, WZKM 1912, S. 246 ff.

[2]) Edited by C. Bendall (Bibliotheca Buddhica I), St. Petersburg 1902. Das Werk wurde zwischen 816 und 838 ins Tibetische übersetzt, ist aber wahrscheinlich doch schon in der Mitte des 7. Jahrhunderts geschrieben worden. (Bendall, Introduction, p. V f.) Eine kurze Inhaltsübersicht gibt Bendall, Introd., p. XXXI ff. Die Ausgabe beruht auf einem einzigen Manuskript.

Durch zahlreiche Auszüge aus den Mahāyānasūtras wird gezeigt, wie heilsam das **bodhicittam** ist, d. h. das auf die Erleuchtung gerichtete Denken, der Entschluß, die Laufbahn eines Bodhisattva zu betreten, um dereinst ein Buddha zu werden. Wer diesen Entschluß gefaßt hat, muß aber die Selbstverleugnung, die Aufopferung für andere bis zum äußersten treiben. Er muß bereit sein, nicht nur seine irdischen Güter, sondern auch sein jenseitiges Heil für den Nächsten zu opfern. Er darf nicht davor zurückschrecken, die Sünden und Leiden der Wesen in der Hölle auf sich zu nehmen. Der Bodhisattva muß sagen:

»Ich nehme die Leiden aller Wesen auf mich, bin fest entschlossen zu dieser Übernahme, ich ertrage sie, ich kehre nicht um, ich fliehe nicht, ich schaudre nicht, ich bebe nicht, ich fürchte mich nicht, ich weiche nicht zurück und verzage nicht. Und warum das? Es ist notwendig, daß ich die Last aller Wesen auf mich nehme. Es liegt nicht in meinem Belieben. Denn ich habe das Gelübde getan, alle Wesen zu erretten   Befreien muß ich alle Wesen aus dem Urwald der Geburt, aus dem Urwald des Alters, aus dem Urwald der Krankheit. aus dem dichten Urwald der Ketzerei, aus dem Urwald des Verlustes guter Werke, aus dem durch die Unwissenheit entstandenen Urwald .. Ich bin nicht bloß auf meine eigene Erlösung bedacht. Denn ich muß alle Wesen mit dem Boot des Entschlusses zur Allwissenheit aus der Flut des Saṃsāra erretten   Ich bin entschlossen, an jedem einzelnen Orte der Qual endlose Myriaden von Weltzeitaltern zu verweilen   . Und warum? Weil es besser ist, daß ich allein leide, als daß alle diese Wesen in die Stätten der Qual versinken. Ich gebe mich selbst als Lösegeld« usw. [1].

Aber nächst der Betätigung des Mitleids gehören zum reinen Wandel des Bodhisattva auch alle anderen Vollkommenheiten (pāramitās), vor allem die Meditation, die zur höchsten Weisheit, d. h. zur Einsicht in die »Leerheit« (śūnyatā), zum Verständnis des Nichts führt, und der Glaube, der sich in der Buddhaverehrung, der Errichtung von Stūpas usw. äußert. Doch soll auch hierbei sein Sinn immer nur auf die Erlösung der Wesen gerichtet sein. »Möge ich alle Wesen in die Stadt Nirvāṇa führen!« Das sei sein steter Gedanke [2].

Von den vielen im Śikṣāsamuccaya zitierten Texten [3] seien

[1] Text p. 280 ff., Zitat aus einem Vajradhvajasūtra. Vgl. La Vallée Poussin, Bouddhisme, pp. 322 f., 337 f.

[2] Nach dem p. 348 zitierten Ratnameghasūtra.

[3] Sie sind verzeichnet in der Ausgabe von Bendall, p. 367 ff.

nur einige hervorgehoben, die durch eine größere Anzahl von Zitaten oder durch längere Auszüge vertreten sind. Aus dem Ākāśagarbhasūtra wird eine lange Stelle über die Sünden (die fünf Hauptvergehen eines Königs, die acht Vergehen eines Ādikarmika-Bodhisattva usw., p. 59 ff.) zitiert. Über Sünde und Beichte wird eine kürzere und eine längere Stelle aus der Upāliparipṛcchā (pp. 164 f., 168 ff.) angeführt. Ziemlich zahlreich sind Zitate aus der Ugra- oder Ugradattaparipṛcchā[1]), z. B. über die Pflichten des Ehelebens (p. 78) und über das Leben des Einsiedlers im Walde (p. 198 ff.). Über das letztere handelt auch ein Zitat (p. 193 ff.) aus dem öfters zitierten Candrapradīpasūtra, wie der Samādhirāja hier genannt wird. Oft kommt auch der Gaṇḍavyūha vor (z. B. p. 34 ff. über edle Freunde, p. 101 ff. über die Tugenden dessen, der den Entschluß zur Bodhi faßt). Aus dem mehrmals zitierten Vimalakīrtinirdeśa[2]) finden wir ein großes Stück über die Tugenden eines Bodhisattva (p. 324 ff.). Das im Mahāvastu vorkommende Avalokanasūtra wird von Śāntideva (z. B. p. 297 ff.) als selbständiger Text zitiert. Eine lange Stelle aus der Ratnolkādhāraṇī[3]) über die Tugenden eines Bodhisattva zeigt uns eine »Dhāraṇī«, die kein bloßer Zauberspruch ist, sondern sich von einem Sūtra kaum unterscheidet. Das Zitat ist auch interessant durch die Aufzählung von Berufen und Asketenorden (p. 331 ff.). Andere zitierte Werke sind: Tathāgatayuhyasūtra, Daśabhūmikasūtra, Dharmasaṃgītisūtra, mehrere Rezensionen der Prajñāpāramitā, Karuṇāpuṇḍarīka, Ratnakūṭasūtra[4]), Ratnamegha, Laṅkāvatāra, Lalitavistara, Śālistambasūtra, Saddharmapuṇḍarīka, Suvarṇaprabhāsa usw.

Trotzdem der Śikṣāsamuccaya das Werk eines wenig ori-

---

[1]) Mit welchem Recht Bendall (Album Kern 374) die Ugraparipṛcchā dem 1. Jahrhundert n. Chr. zuschreiben kann, ist mir unbekannt. Über die Paripṛcchās s. oben S. 246 A. Die Rāṣṭrapālaparipṛcchā wird von Śāntideva öfters (z. B. p. 318 ff.) als Rāṣṭrapālasūtra zitiert.

[2]) Das Sūtra ist von Karichi Ôhara aus dem Chinesischen übersetzt in der japanischen Monatsschrift Hansei Zasschi XIII, 1898.

[3]) P. 327 ff. Vgl. Bendall, JRAS 1901. p. 122 ff.

[4]) Dieses soll vor 170 n. Chr. ins Chinesische übersetzt worden sein. Über den Inhalt nach der chinesischen Version s. Wassiljew, Der Buddhismus, S. 167 ff.

ginellen Gelehrten und der B o d h i c a r y ā v a t ā r a [1]) das eines
bedeutenden Dichters ist, kann doch kaum ein Zweifel sein, daß
beide denselben Verfasser haben. Abgesehen von äußeren
Gründen [2]) stehen die beiden in ihrem Charakter so grundver-
schiedenen Werke [3]) doch genau auf demselben Standpunkt der
Lehre. Hier wie dort ist das sittliche Ideal der Bodhisattva, der
den Entschluß gefaßt hat, dereinst die Erleuchtung zu erlangen,
der dieses höchste Ziel in erster Linie durch unendliches Mitleid
mit den Wesen, in zweiter Linie durch Verehrung der Buddhas
zu erreichen bestrebt ist, und der in der Überzeugung von der
»Leerheit« (šūnyatā) die höchste Weisheit erblickt.

Während aber im Šikṣāsamuccaya sich oft nur eine ge-
schwätzige Gelehrsamkeit in einer Flut von Zitaten breit macht,
erhebt sich der B o d h i c a r y ā v a t ā r a (»der Eintritt in das
Bodhi-Leben«, d. h. »in den zur Erleuchtung führenden Lebenswandel«) nicht selten zu dem erhabensten Schwung religiöser
Poesie. Wohl verwahrt sich Šāntideva selbst dagegen, daß er
mit seinem Werke irgendwelche litterarische Zwecke verfolge.
Er habe es nur zur eigenen Befriedigung verfaßt, oder doch nur
in der Meinung, daß es jemand, der so geartet sei wie er selbst,
von Nutzen sein könnte (I, 2 f.). Aber er gibt seinen religiösen

---

[1]) Der Text wurde herausgegeben von I. P. M i n a y e f f in Zapiski
IV, 1889 und im Journal of the Buddhist Text Society 1894 wieder
abgedruckt. Ausgabe von Prajñākaramati's Kommentar zum Bodhicaryāvatāra (mit dem Text) von La Vallée Poussin in der Bibl. Ind., Kalkutta
1901 ff. Übersetzung: Bodhicaryāvatāra Introduction à la pratique des
futurs Bouddhas poème de Çāntideva, traduit par L. de L a V a l l é e
P o u s s i n, Paris 1907. Vgl. La V a l l é e P o u s s i n, Bouddhisme,
p. 297 ff.; C. H. T a w n e y, JRAS 1908, p. 583 ff.

[2]) Vgl. B e n d a l l, Introduction zur Ausgabe des Šikṣāsamuccaya,
p. III ff. Einige im Šikṣāsamuccaya als Zitate vorkommende Stellen
hat Šāntideva in den Bodhicaryāvatāra hinübergenommen, z. B. Šikṣās.
p. 155 ff. in Bodhic. VI, 120 ff. Im Bodhic. V, 105 empfiehlt Šāntideva
das Studium des Šikṣāsamuccaya.

[3]) B a r t h (RHR 42, 1900, p. 55) bezeichnet Šikṣāsamuccaya als »la
scholastique verbeuse et délayée usque ad nauseam«, während er (RHR
1893, p. 259 f.) Bodhicaryāvatāra als ein Seitenstück zu des Thomas
à Kempis »Imitatio Christi« sehr hoch einschätzt. Der Bodhicaryāvatāra lehrt allerdings nicht, wie man Buddha nachahmt, sondern wie
man ein Buddha wird. Vgl. auch F o u c h e r, RHR 1908, t. 57,
p. 241 ff.

Gefühlen mit solcher Wärme und Begeisterung Ausdruck, daß
er fast unwillkürlich zum Dichter wird.

Das Werk beginnt mit einer Verherrlichung des bodhicittam,
des Gedankens an die Erleuchtung, des Entschlusses, ein Buddha
zu werden um des Heils der Wesen willen. So heißt es I, 8:

> »Wollt ihr die vielen Hunderte von Daseinsleiden überwinden,
> Wollt alle Wesen ihr vom Leid befreien,
> Wollt viele hundert Wonnen ihr genießen,
> Dann lasset nie und nimmer ab, auf Bodhi euren Sinn zu richten.«

In begeisterten Worten schildert der Dichter seine Gefühle,
nachdem er so seinen Sinn auf die Erleuchtung gerichtet hat.
Er spricht seine innige Freude über die guten Handlungen aller
Wesen und über deren Erlösung aus, er betet zu den Buddhas
aller Weltgegenden, daß sie die Lampe der Religion für alle
Unwissenden entzünden, er fleht zu allen Bodhisattvas, daß sie
ihr Nirvāṇa verzögern mögen, er betet für das Heil aller Wesen
und gibt sich endlich selbst allen Wesen hin:

> »Durch das Verdienst, das ich erworben je
> Durch gute Tat, mög' allen Wesen ich
> Von allem Leide Lind'rung bringen!
> Den Kranken möchte ich Arznei,
> Möcht' ihnen Arzt und Wärter sein,
> So lange ihre Krankheit währt.«

> »Den Schutzbedürftigen möcht' ich ein Schützer,
> Den Wüstenwanderern ein Führer sein, und Schiff
> Und Steg und Brücke denen, die das Ufer suchen.
> Und Lampe möcht' ich sein für die, die einer Lampe,
> Ein Ruhebett für die, die eines Betts bedürfen,
> Ein Sklave allen Wesen, die den Sklaven brauchen«.[1]

Von den Pflichten, die der Bodhisattva auf sich nimmt,
handeln die Kapitel IV—VIII. Wer nach Bodhi zu streben gelobt hat, auf den sind die Hoffnungen aller Wesen gerichtet, und
er ist verantwortlich für das Wohl aller Wesen. Er muß sich
aller Vollkommenheiten (pāramitās) befleißen. Vor allem muß
er bereit sein, sich völlig aufzuopfern. Er muß aber auch alle
Gebote der Religion und alle Regeln des guten Betragens befolgen, wie sie in den heiligen Texten niedergelegt sind, die er
daher eifrig studieren muß[2]. Unsere schlimmsten Feinde sind

---

[1] III, 6; 7; 17; 18.

[2] Hier (V, 103 ff.) werden einige Texte besonders zum Studium
empfohlen.

Zorn und Haß und Leidenschaft. Diese gilt es zu bekämpfen.
Sie tun uns Böses, nicht unsere Feinde. Diese müssen wir
lieben, wie alle anderen Geschöpfe. Denn wenn wir die Geschöpfe lieben, erfreuen wir die Buddhas, wenn wir sie verletzen,
verletzen wir die Buddhas. Wenn andere mir Böses zufügen, so
ist das nur die Frucht irgendeiner Tat (Karman) — warum
sollte ich ihnen also zürnen? Nicht einmal diejenigen, welche
Buddhabilder, Stūpas, ja die gute Religion selbst zerstören oder
schmähen, darf man hassen. Den Buddhas und Bodhisattvas,
die ja um der Wesen willen so oft ihre Körper vernichtet haben
und in die Hölle gefahren sind, tut der Gutes, der den Wesen
Gutes erweist. Darum soll man auch denen, die uns viel Böses
getan, nur alles Gute erweisen[1]). Der Bodhisattva befleißigt sich
von Anfang an, keinen Unterschied zu machen zwischen seinem
Ich und dem Nächsten; sein Ich ganz und gar mit dem des
anderen zu identifizieren, ist eine Art der Geistesübung, die der
Bodhisattva besonders eifrig betreibt.

> »Fremdes Leid muß ich vernichten, denn es schmerzt
> wie eig'nes Leid;
> Gutes tun muß ich den andren, da sie Wesen sind
> wie ich.«

So wie ein Mensch seine Hände und Füße liebt, da sie
Glieder seines Körpers sind, so haben auch alle anderen Lebewesen ein Recht auf seine Liebe, da sie alle Glieder derselben
Welt der Lebenden sind. Es ist nur Gewohnheit, daß wir diesen
unseren Körper, der ja gar nicht existiert, als unser Ich ansehen;
genau so können wir es durch Gewohnheit dahin bringen, in
dem Nächsten unser Ich zu sehen[2]).

Mit bewunderungswürdiger Beredsamkeit, wie sie nur ehr-
lichster Überzeugung entspringen kann, weiß Śāntideva es geradezu
als etwas Selbstverständliches hinzustellen, daß für den frommen
Jünger der Bodhi völlige »Gleichheit zwischen dem Nächsten
und dem Ich« (parātmasamatā) besteht und er es schließlich bis
zur »Umwandlung des Nächsten in das Ich« (parātmaparivartana)
bringt[3]).

Weniger ansprechend und rein gelehrten Inhalts ist das

---

[1]) Siehe besonders VI, 19; 33; 68; 120; 124; 126.
[2]) Siehe VIII, 90 ff.
[3]) Vgl. La Vallée Poussin, ERE II, 749, 752 f.

neunte Kapitel [1]), in dem die philosophische Lehre von dem Nichts (śūnyatā) nach dem Mādhyamikasystem entwickelt wird. So unverträglich uns auch der Negativismus dieses Systems mit der in den ersten Kapiteln des Werkes gelehrten Hingebung und Aufopferung für andere Wesen zu sein scheint, so bildet doch auch bei Śāntideva die uns schon bekannte Lehre von der Unterscheidung der zwei Wahrheiten das Mittel zur Überbrückung des Widerspruches. Zwar ist alles in der Welt leer und nichtig, aber nur die Täuschung über das Ich (ātmamoha) ist schädlich, während die Täuschung über die Pflichten (kāryamoha) wohltätig ist [2]). Dennoch bleibt es sonderbar genug, wenn nach all den Lehren vom tätigen Mitleid der Dichter doch nur zu dem Schlusse kommt (IX, 152 f.):

> Da alles Sein so leer und nichtig ist, —
> Was kann gewonnen, was genommen werden?
> Wer kann geehrt, wer kann getadelt werden?
> Wie kann es Freud und Leid, Geliebtes,
> Gehaßtes geben? Und Gier und Nichtgier, —
> Wo immer du suchst, du findest sie nicht.

Es ist der Fluch des indischen Geistes, daß er bei jedem Höhenflug, den er unternimmt, im Absurden landet. So arten die Aufopferungslegenden oft in Lächerlichkeiten aus, und so endet die ganze Philosophie des Mahāyāna im — Nichts. Hingegen dürfen wir wohl das zehnte Kapitel, das mit seinen Anrufungen an Vajrapāṇi und Mañjuśrī und seinem Lobpreis des Werkes selbst dem Geist der anderen Kapitel so ganz zuwiderläuft, mit einigem Recht als spätere Zutat ansehen [3]).

Stotras, Dhāraṇīs und Tantras.

Auf die große Ähnlichkeit zwischen den Mahāyānasūtras und den Purāṇas wurde schon wiederholt hingewiesen. Und so wie wir gesehen haben, daß sich an die Purāṇalitteratur zahlreiche

---

[1]) Dieses hat La Vallée Poussin in Bouddhisme, Études et Matériaux, pp. 233—388 mit dem Kommentar herausgegeben.

[2]) Vgl. La Vallée Poussin, Bouddhisme, Études et Matériaux, p. 109 ff.

[3]) Schon Tāranātha berichtet, daß Zweifel über die Echtheit dieses Kapitels bestehen. Vgl. La Vallée Poussin, Bodhicaryāvatāra traduit, p. 143 f.

Māhātmyas und Stotras anschließen[1]), so finden wir auch in der Mahāyānalitteratur viele derartige Texte. Das buddhistische Svayambhū-Purāṇa, ein Māhātmya von Nepal und dessen Heiligtümern, wurde schon erwähnt[2]). Svayambhū[3]) ist hier der Ādi-Buddha, der »Ur-Buddha«, der vollständig zum Gott (im monotheistischen Sinne) gewordene Buddha; und das Purāṇa erzählt — ganz im Stile der viṣṇuitischen und śivaitischen Māhātmyas — Legenden von dem Ursprung des Landes Nepal, des Heiligtums von Svayambhū und zahlreicher heil- und wunderkräftiger, von Schlangengottheiten (Nāgas) beschützter Wallfahrtsorte (Tīrthas).

Auch die buddhistischen Stotras oder Hymnen unterscheiden sich in nichts von denen, die der Verehrung des Viṣṇu oder des Śiva gewidmet sind. Einzelne solcher Stotras haben auch in ältere Texte wie Mahāvastu u. a.[4]) Eingang gefunden. Es gibt aber ganze Sammlungen solcher Hymnen, zum Teil im Kāvyastil in künstlichen Versmaßen. So ist die Kalyāṇapañcaviṃśatikā, »die fünfundzwanzig Segnungen«, ein Hymnus in 25 Sragdharā-Versen[5]) von einem Dichter Amṛtānanda; das Lokeśvaraśataka ein Hymnus auf den »Herrn der Welt« in hundert Versen von einem Dichter Vajradatta. Eine Sammlung von 49 Hymnen auf Śākyamuni und andere Buddhas und Bodhisattvas ist der Suprabhātastava. Ein Hymnus von der Art, wie sie in Indien seit alter Zeit so häufig waren, nämlich aus einer Aneinanderreihung von Namen oder ehrenden Beiwörtern der Gottheit bestehend, ist die Paramārthanāmasaṃgīti[6]). Andere in Handschriften vorhandene Stotras sind Saman-

---

[1]) Bd. I, S. 451.

[2]) Oben Bd. I, S. 482 f. Das X. Buch hat La Vallée Poussin (Université de Gand, Recueil de Travaux publiés par le faculté de phil. et lett. 9e fasc., Gand & Louvain 1893) herausgegeben. Vgl. auch R. Mitra, Nep. Buddh. Lit., p. 249 ff., Hodgson, Essays, p. 115 ff. und S. Lévi, Le Nepál, Paris 1905, I, p. 208 ff.

[3]) »Der aus sich selbst Entstandene«, sonst ein Name des Gottes Brahman.

[4]) S. oben S. 192.

[5]) Eine Unzahl nepalesischer Gottheiten werden um ihren Segen angerufen und angebetet. Übersetzt von H. H. Wilson (Works II, p. 11 ff.).

[6]) Rāj. Mitra, Nep. Buddh. Lit., pp. 99, 112, 239, 175.

tabhadrapraṇidhāna, Mṛgaśatakastuti, Saptabuddhastotra u. a.[1]).

Eine große Anzahl von Stotras sind der buddhistischen
Göttin Tārā[2]), der »Erretterin«, dem weiblichen Seitenstück des
Avalokiteśvara, gewidmet. Ein in vollendetem Kāvyastil von dem
kaschmirischen Dichter Sarvajñamitra verfaßtes Lobgedicht
auf Tārā ist das Sragdharāstotra oder Āryatārāsragdharā-
stotra in 37 Strophen. Sragdharā, »Kranzträgerin«, ist sowohl
ein Name der Tārā als auch der Name des Versmaßes, in dem
das Gedicht abgefaßt ist. Der Dichter lebte in der ersten Hälfte
des 8. Jahrhunderts. Nach der Legende war er ein durch seine
Freigebigkeit weit berühmter Mann (nach Tāranātha[3]) ein
Schwiegersohn des Königs von Kaschmir), der schließlich, nachdem er alle seine Schätze weggegeben, als Bettelmönch in die
Welt zog. Einst traf er auf dem Wege einen alten Brahmanen,
der ihm klagte, daß er arm sei und Geld zur Verheiratung seiner
Tochter brauche. Um diesem Manne das Geld zu verschaffen,
verkaufte sich Sarvajñamitra selbst einem Könige, der eben ein
großes Menschenopfer veranstaltete, zu dem er hundert Menschen
benötigte. Als aber der Dichter die Wehklagen seiner Leidens-
genossen, mit denen er geopfert werden sollte, vernahm, sang
er den Hymnus auf Tārā, und die Göttin kam herbei und rettete
die hundert Todesopfer. Während dem Sragdharāstotra dichterischer
Wert zukommt, ist das Āryatārānāmāṣṭottaraśataka-
stotra, »das aus 108 Namen der Edlen Tārā bestehende Preislied«, nur eine Litanei von Namen und Beiwörtern der Göttin;
und das Ekaviṃśatistotra, »das Loblied in 21 Versen«, ist
nur eine lose Aneinanderreihung von Anrufungen an die Göttin
Tārā[4]).

---

[1]) Catalogue of Sanskrit Manuscripts in the Bodleian Library,
Vol. II, by M. Winternitz and A. B. Keith, Oxford 1905, p. 255 ff.
Das Saptabuddhastotra hat H. H. Wilson (Works, Vol. II, p. 5 ff.)
übersetzt.

[2]) Nach L. A. Waddell (JRAS 1894, p. 63 ff.) ist der Kult der
Tārā etwa im 6. Jahrhundert n. Chr. eingeführt worden.

[3]) Geschichte des Buddhismus. S. 168 ff.

[4]) Diese drei Stotras hat G. de Blonay, Matériaux pour servir
à l'histoire de la déesse Buddhique Tārā (Bibl. de l'école des hautes
études, fasc. 107), Paris 1895 herausgegeben und übersetzt. Das
Sragdharāstotra (mit Kommentar und zwei tibetischen Versionen) ist

Einen großen und wesentlichen Bestandteil der mahāyānistischen Litteratur bilden die D h ā r a ṇ ī s oder »Bannsprüche« [1]).
Das Bedürfnis nach Beschwörungsformeln, Segen- und Zaubersprüchen, dem schon in urältester Zeit die vedischen Mantras,
namentlich die des Atharvaveda, Rechnung getragen hatten [2]),
war in dem indischen Volksgeist viel zu stark, als daß der
Buddhismus ohne sie hätte auskommen können. Wir haben
schon gesehen, wie die Buddhisten von Ceylon einige ihrer
schönsten Suttas als Parittās oder Pirits verwendeten [3]). In ähnlicher Weise haben auch die Mahāyānabuddhisten in Indien zum
Teil die Sūtras selbst in Zaubersprüche verwandelt. Dazu kamen
aber noch endlose Anrufungen an die im Mahāyāna so zahlreichen
Götterwesen buddhistischer und hinduistischer Herkunft und —
last not least — die schon in der Opfermystik des Yajurveda [4])
so beliebten geheimnisvollen Wörter und Silben. Ein gutes Beispiel von einem für Zauberzwecke zusammengestellten Sūtra ist
das Meghasūtra [5]). Es beginnt ähnlich wie andere Mahāyānasūtras mit den Worten: »Also habe ich gehört; einst weilte der
Herr in dem Palaste der Schlangenfürsten Nanda und Upananda«
usw. Es erzählt dann, wie die Schlangengottheiten dem Buddha

auch herausgegeben in Bauddhastotrasaṃgraha, vol. I, edited by Satis
Chandra Vidyābhūṣaṇa, Calcutta (Bibl. Ind.) 1908. In der Einleitung zählt der Herausgeber nicht weniger als 96 auf Tārā bezügliche Texte auf. Davon sind 62 nur in tibetischer Übersetzung erhalten. Ein großer Verehrer dieser Göttin war auch der oben S. 259
erwähnte Candragomin, dem ein Tārāsādhanaśataka zugeschrieben
wird. (Blonay a. a. O., p. 17 f.)

[1]) Dhāraṇī bedeutet wörtlich: »Ein Mittel zum Festhalten« (nämlich
der Geister oder geheimnisvollen Mächte), nicht »die eine große Wirksamkeit in sich schließende oder besitzende (Formel)«, wie Burnouf
mit H. H. Wilson erklärt. Ausführlich handeln über die Dhāraṇīs
Burnouf, Introduction, pp. 466, 482 ff., Wassiljew, Der Buddhismus,
S. 153 ff., 193 ff., 217 und La Vallée Poussin, Bouddhisme, Études
et Matériaux, p. 119 ff.

[2]) Oben Bd. I, S. 94 ff., 103 ff.

[3]) Oben S. 63.

[4]) Oben Bd. I, S. 162 f.

[5]) Vgl. C. Bendall, JRAS 1880, p. 286 ff. Ein Mahāmeghasūtra
wurde schon zwischen 397 und 439 ins Chinesische übersetzt, andere
Übersetzungen wurden 589—618, bzw. 746—771 gemacht. Vgl.
B. Nanjio, Catalogue, Nr. 186—188, 244, 970.

und den Bodhisattvas Verehrung darbringen, worauf einer der
Schlangenfürsten an den Erhabenen die Frage richtet:

»Wie, Herr, können alle Schmerzen aller Schlangen gestillt und
wie können die Schlangen so erfreut und beglückt werden, daß sie zur
rechten Zeit Regengüsse über Indien herabsenden und dadurch alle
Gräser, Sträucher, Kräuter und Bäume wachsen, alle Saaten sprießen
und alle Säfte hervorquellen lassen, wodurch dann die Menschen in
Indien mit Wohlfahrt gesegnet werden?« Erfreut über die Frage, antwortet der Buddha: »Durch e i n e Religionsübung (dharma), o Schlangenfürst, können alle Schmerzen aller Schlangen insgesamt gestillt und sie
mit Wohlfahrt gesegnet werden. Welches ist diese e i n e Religionsübung? Das Wohlwollen (maitrī) ist es. Die Götter und Menschen, o
Schlangenfürst, die so im Wohlwollen dahin leben, werden nicht vom
Feuer verbrannt, nicht vom Schwert verletzt, nicht vom Wasser fort-
geschleppt, nicht vom Gift getötet, nicht vom Feindesheer überwältigt.
Sie schlafen ruhig, und ruhig wachen sie auf, sie sind von ihrer eigenen
Tugend beschützt   Darum, o Schlangenfürst, mußt du dich wohl-
wollend mit dem Körper, wohlwollend mit der Rede, wohlwollend mit
dem Geiste betätigen. Ferner aber, o Schlangenfürst, mußt du die
S a r v a s u k h a n d a d ā (»die Allheilgewährende«) genannte Dhāraṇī
in Anwendung bringen. Diese stillt alle Schmerzen aller Schlangen,
verleiht alles Heil, bringt dann hier über Indien zur rechten Zeit die
Regengüsse hernieder und läßt alle Gräser, Sträucher, Kräuter und
Bäume wachsen, alle Saaten sprießen und alle Säfte hervorquellen.
Und wie lautet diese Dhāraṇī?«

Dann folgen die eigentlichen Dhāraṇīs, die aus zahlreichen
Anrufungen an weibliche Gottheiten (wie »Halterin«, »Fest-
halterin« usw.), an Buddhas und Bodhisattvas mit eingeschalteten
Sätzen (wie »Schüttle ab das Böse«, »Reinige die Wege«) und
Beschwörungen an die Schlangen (wie »Kommet, ihr großen
Schlangen   regnet in Indien«) und endlich aus immer wieder
eingestreuten Silben (wie sara sire sire suru suru nāgānāṃ java
java jivi jivi juvu juvu u. dgl.) bestehen. Zum Schlusse folgt
noch die Beschreibung der Zauberriten, die mit diesen Dhāraṇīs
vollzogen werden, und die Versicherung, daß es in Zeiten der
Dürre kein besseres Mittel gebe, Regen herbeizuführen, als die
Anwendung dieses Sūtras [1]).

Eine viel einfachere Form einer Schlangenbeschwörung, die
aber als Mittel gegen Schlangenbisse dienen soll, findet man schon im
Vinayapiṭaka, Cullavagga V, 6, wo die Schlangen durch das buddhistische Wohlwollen (metta, maitrī) besänftigt werden. Vgl. auch
Jātaka 203 und Dīghanikāya 32. Ein ähnliches Sūtra wie das Megha-

In ähnlicher Weise erscheinen die Dhāraṇīs oft als Bestandteile von Sūtras, in denen die Umstände berichtet werden, unter denen sie verkündet wurden. Es gibt aber auch zahlreiche Dhāraṇīs, die einzeln in Handschriften erhalten sind, und andrerseits ganze große Sammlungen von Dhāraṇīs[1]). Wir finden da Beschwörungsformeln gegen den Einfluß böser Gestirne, gegen Gift, gegen Schlangen und Dämonen, Sprüche zur Heilung von Krankheiten und zur Verlängerung des Lebens, Zaubersprüche, die Glück im Kriege bringen sollen, andere, die bewirken, daß man im Paradies Sukhāvatī wiedergeboren wird, daß man keine schlechte Wiedergeburt erlangt, daß man von Sünde befreit wird; es gibt auch solche, durch die man einen Bodhisattva herbeizaubern oder durch die man sich vor Unglauben schützen kann. Nicht nur Wind und Wetter können durch Dhāraṇīs beeinflußt werden, sondern sie bewirken auch je nach dem Wunsch der Schwangeren die Geburt eines Sohnes oder einer Tochter. Ungemein beliebt ist in Nepal die »Pañcarakṣā« (»Fünf-Schutz«) genannte Sammlung von fünf Dhāraṇīs, nämlich: 1. Mahāpratisarā zum Schutz gegen Sünde, Krankheit und andere Übel, 2. Mahāsahasrapramardinī gegen böse Geister, 3. Mahāmayūrī gegen Schlangengift, 4. Mahāśītavatī gegen feindliche Planeten, wilde Tiere und giftige Insekten und 5. Mahā(rakṣā)mantrānusāriṇī gegen Krankheiten[2]). Solche zum Schutze gegen allerlei böse Mächte dienende Dhāraṇīs werden auch häufig als Amulette verwendet.

sūtra ist das Diśasvāstikasūtra, das in einem Fragment aus Turfan in uigurischer Sprache erhalten ist (Ṭišastvustik von W. Radloff und Baron A. von Staël-Holstein, Bibl. Buddhica XII. St. Petersburg 1910).

[1]) Z. B. Dhāraṇī(mantra)saṃgraha, Rāj. Mitra, Nep. Buddh. Lit., p. 80 f. Andere einzelne Dhāraṇīs und Dhāraṇīsammlungen ebendas. pp. 93 f., 174. 176, 267 f., 283, 291 f. Zahlreiche Dhāraṇī-Handschriften sind auch in Bendall's Catalogue verzeichnet. Daß ein im Ādikarmapradīpa zitiertes »Vidyādharapiṭaka« dasselbe wie ein Dhāraṇīpiṭaka sei, vermutet La Vallée Poussin, JRAS 1895, p. 433 ff. Ein solches Dhāraṇīpiṭaka soll nach Hiuen-Tsiang im Kanon der Mahāsāṅghikas enthalten gewesen sein (Kern, Manual, p. 4).

[2]) Vgl. Rāj. Mitra, Nep. Buddh. Lit., pp. 164 ff., 173 f. Winternitz and Keith. Catalogue of Sanskrit Manuscripts in the Bodleian Library, Vol. II, p. 257 ff. In nepalesischen Gerichtshöfen läßt man die Buddhisten auf die Pañcarakṣā schwören (Hodgson, Essays, p. 18).

Manche Dhāraṇīs sind nur eine Art Zusammenfassung philo-sophischer Sūtras, deren Lehren sie in nuce geben wollen, wobei es aber weniger auf den Inhalt der Lehre, als auf die geheimnis-vollen und unverständlichen Worte ankommt. Von der Art sind die beiden **Prajñāpāramitāhṛdayasūtras**, deren Sanskrit-text uns in den alten, seit dem Jahre 609 n. Chr. in dem Kloster von Hôriuzi in Japan aufbewahrten Palmblättern erhalten ist. Diese Sūtras lehren das »Herz« (hṛdaya) der Prajñāpāramitā, d. h. den »alle Schmerzen stillenden Mantra«, der die Vollkommenheit der Weisheit enthält und lautet: »O Erleuchtung, die du gegangen, gegangen, zum anderen Ufer gegangen, völlig zum anderen Ufer gegangen bist [1]), Heil!« Wenn auch dieser Spruch gewissermaßen die Essenz der negativistischen Lehre der Prajñāpāramitāsūtras darstellen soll, so steht er doch auf keinem höheren geistigen Niveau als die **Uṣṇīṣavijayadhāraṇī**, die uns ebenfalls in den Palmblättern von Hôriuzi erhalten ist und nur aus einer Reihe von sinnlosen Anrufungen besteht [2]).

Die Dhāraṇīs sind auch vielfach in die älteren Mahāyāna-sūtras eingedrungen. Wir finden sie in den später angefügten Kapiteln (21 und 26) des Saddharmapuṇḍarīka und in den beiden letzten in der ältesten chinesischen Übersetzung (443 n. Chr.) noch fehlenden Abschnitten des Laṅkāvatāra. Dennoch dürfen wir die Dhāraṇīs nicht für ganz junge Erzeugnisse halten. Wir finden sie in chinesischen Übersetzungen doch schon vom 4. Jahr-hundert angefangen. Vermutlich waren sie aber ursprünglich verständliche Sūtras, die noch buddhistische Lehren enthielten, ähnlich wie die Parittās der Pālilitteratur. Aber immer mehr wurden die unverständlichen, geheimnisvollen Silben die Haupt-sache, der »Kern« (bīja), in dem die Zauberkraft des Spruches verborgen war. Und schließlich wurden sie unter dem Einfluß der śivaitischen Tantras [3]) zu einem reinen Kauderwelsch und zu

---

[1]) Das ist nichts anderes als eine falsche Etymologie von pāramitā.

[2]) Vgl. The Ancient Palm Leaves containing the Prajñā-pāramitā-hṛdaya-sūtra and the Uṣṇīṣa-vijayadhāraṇī edited by F. Max Müller and Bunyiu Nanjio (Anecdota Oxoniensia, Aryan Series, Vol. I, Part III), Oxford 1884 und SBE vol. 4º, part II, p. 145 ff.

[3]) So ist die Gaṇapatihṛdayadhāraṇī (Rāj. Mitra, Nep. Buddh. Lit., p. 89 f.) an den śivaitischen Gott Gaṇapati gerichtet, trotzdem sie »von Buddha verkündet« wird.

wesentlichen Bestandteilen der buddhistischen Tantras, was sie ursprünglich nicht gewesen waren.

Die Tantras aber sind jener Zweig der buddhistischen Litteratur, der nur mehr als ein Zeuge des völligen geistigen Niedergangs innerhalb des Buddhismus Beachtung verdient. Sie handeln teils über Riten (Kriyātantra) und Regeln des Betragens (Caryātantra), teils über die für den Yogin geltende Geheimlehre (Yogatantra). Die besten dieser Werke sind noch jene der ersten Klasse, in denen das alte brahmanische Ritualwesen wieder auflebt. Von der Art ist der Ādikarmapradīpa[1]), ein Werk, das im Stile der brahmanischen Lehrbücher des Rituals (Gṛhyasūtras, Karmapradīpas) die Zeremonien und religiösen Handlungen beschreibt, die der »Ādikarmika-Bodhisattva«, d. h. der Anhänger des Mahāyāna und Anwärter auf die Erleuchtung, zu vollziehen hat. Das aus einem Sūtratext (mūlasūtra) mit fortlaufendem Kommentar bestehende Werk enthält Vorschriften über die Weihezeremonien für den Jünger (der ein Laie oder ein Mönch sein kann), Besprengungen, Waschungen und Gebete, ferner Regeln über Mundausspülen, Zähneputzen, Morgen- und Abendandachten, Wasserspenden für die Abgeschiedenen (Pretas), Almosengeben, Mahlzeiten, Verehrung der Buddhas und anderer heiligen Wesen, Lesen der Prajñāpāramitā, Meditationen usw., wie sie zu den verschiedenen Tageszeiten von dem Kandidaten (dem Anfänger im Gegensatz zu dem vollendeten Yogin) zu vollziehen sind.

Zu den Kriyātantratexten gehört auch das Aṣṭamīvratavidhāna, das die Regeln für die am achten Tag jeder Monatshälfte zu vollziehenden Zeremonien enthält. Dabei kommen mystische Diagramme und Handbewegungen zur Verwendung, und Opferspenden und Gebete (mit geheimnisvollen Silben, wie »hrum hrum hrum phat phat phat svāhā«) werden nicht nur an Buddhas und Bodhisattvas, sondern auch an śivaitische Gottheiten gerichtet[2]).

---

[1]) Herausgegeben mit Einleitung und Analyse des Inhalts von La Vallée Poussin, Bouddhisme, Études et Matériaux, pp. 177 bis 232. Ein Ritualwerk ähnlicher Art ist wohl auch die Kriyāsaṃgrahapañjikā von Kuladatta, in der eingehende Vorschriften über die Errichtung von Klöstern (Vihāras) gegeben werden. (Rāj. Mitra. Nep. Buddh. Lit., p. 105 ff.)

[2]) Vgl. H. H. Wilson, Works II, p. 31 ff.

Die große Mehrzahl der Tantras gehört aber zur zweiten
Klasse, zum Yogatantra. Diese Werke gehen zwar von der
Mystik der Mādhyamika- und Yogācāra-Schulen aus; es ist das
höchste Wissen von dem Nichts (śūnyatā), das der Yogin zu
erreichen sucht. Aber er erstrebt dieses Ziel nicht nur durch
Askese und Meditation, sondern auch durch Zauberriten und Beschwörungen, durch Hypnose und physische Erregung. Zur
letzteren dient der Genuß von Fleisch und geistigen Getränken,
sowie geschlechtliche Exzesse. So finden wir in diesen Tantras
ein Gemisch von Mystik, Zauberei und Erotik mit scheußlichen
Orgien [1]). Vom eigentlichen Buddhismus ist in diesen Texten
kaum mehr etwas übrig geblieben, hingegen schließen sie sich
aufs engste an die śivaitischen Tantras an, von denen sie sich
durch nichts als durch den äußeren Rahmen und die Versicherung,
daß sie »von Buddha verkündet« sind, unterscheiden. Bezeichnend
ist das Hervortreten weiblicher Gottheiten, der Yoginīs, Ḍākinīs
usw. im Kult. Es wäre vergebens, in diesen Werken Vernunft
und Sinn finden zu wollen. Ihre Verfasser sind wahrscheinlich
Zauberer, die praktische und wohl größtenteils unlautere Zwecke
verfolgten.

Trotzdem erfreuen sich viele dieser Werke eines großen An-
sehens. So gehört der Tathāgataguhyaka oder Guhyasa-
māja zu den »neun Dharmas« der nepalesischen Buddhisten.
Dieses Werk beginnt zwar mit Vorschriften über die verschiedenen
Arten der Meditation, aber es geht bald dazu über, allerlei geheimnisvolle Figuren und Sprüche zu lehren, die für die Verehrung des Buddha notwendig sind. Und es begnügt sich nicht
mit dem Hokuspokus der Zauberworte und -riten, sondern lehrt
als Mittel zur höchsten Vollendung auch den Genuß des Fleisches
von Elefanten, Pferden und Hunden, sowie täglichen Geschlechtsverkehr mit jungen Caṇḍālamädchen [2]). Die Form eines Dialogs
zwischen Śākyamuni und einer Göttin hat das Mahākālatantra
und es nennt sich »von Buddha verkündet«. Es enthält aber Belehrungen über die mystische Bedeutung der Buchstaben, aus
denen der Name Mahākāla (d. i. Śiva) zusammengesetzt ist, über

---

[1]) Zu diesen gehören die fünf M: māṃsa (Fleisch), matsya (Fisch),
madya (geistige Getränke), mudrā (geheimnisvolle Fingerverschlingungen)
und vor allem maithuna (Geschlechtsverkehr).

[2]) Rāj. Mitra, Nep. Buddh. Lit., p. 261 ff.

die Mittel, verborgene Schätze zu finden, ein Königreich zu
erlangen, die gewünschte Frau zu bekommen, ja sogar Mantras
und Zauberriten, durch die man Menschen wahnsinnig machen,
unterjochen und töten kann[1]). Das Saṃvarodayatantra ist
wieder trotz der Form eines Dialoges zwischen Buddha und dem
Bodhisattva Vajrapāṇi mehr ein śivaitisches als ein buddhistisches
Werk. Der Liṅgakult und die Verehrung śivaitischer Götter werden
ausdrücklich darin empfohlen[2]). Im Kālacakra, das von dem
Ādibuddha offenbart sein soll, ist bereits von Mekka und dem
Mohammedanismus die Rede. Im Mañjuśrīmūlatantra verkündet Śākyamuni unter anderem, daß vierhundert Jahre nach
ihm selbst Nāgārjuna kommen werde.

Es kann wohl kaum zweifelhaft sein, daß alle diese Werke
lange nach der Zeit des Nāgārjuna und der Mahāyānasūtras verfaßt sind. Und es scheint ausgeschlossen, daß Nāgārjuna, der
Begründer der Mādhyamikaschule, auch ein Tantra verfaßt habe.
Dennoch werden ihm fünf von den sechs Abschnitten des
Pañcakrama[3]) zugeschrieben. Allerdings handelt dieses Werk
mehr von dem Yoga als von den eigentlichen tantrischen Ge-
bräuchen. Wie der Name besagt, ist der Pañcakrama eine Darlegung der »fünf Stufen«, deren letzte der endgültige Besitz des
allerhöchsten Yoga ist. Die Vorstufen bestehen in der Reinigung
von Körper, Rede und Geist, so daß diese die »Diamant«-
Natur[4]) des Körpers, der Rede und des Geistes der Buddhas
erhalten. Die Mittel aber zur Erreichung der fünf Stufen sind
Zauberkreise, Zauberformeln, geheimnisvolle Silben und die Verehrung mahāyānistischer und tantrischer Gottheiten. Auf diese
Weise erlangt der Yogin die allerhöchste Stufe, wo alle Unterschiede aufhören und es absolut keine Zweiheit mehr gibt. Von
diesem Yogin heißt es (VI, 30 ff.):

---

[1]) Burnouf, Introduction, p. 480; Rāj. Mitra, Nep. Buddh. Lit.,
p. 172 f.

[2]) Burnouf, Introduction, p. 479 f.

[3]) Herausgegeben und mit einer Einleitung versehen von La
Vallée Poussin, Études et Textes Tantriques (Recueil de Travaux
publiés par la faculté de philosophie et letters, Université de Gand,
fasc. 16), Gand et Louvain 1896. Vgl. Burnouf, Introduction, p. 497 ff.

[4]) Vajra, »der Diamant«, spielt in der Mystik der Tantras eine
Hauptrolle.

»Wie gegen sich, so ist er gegen den Feind; wie die Gattin, so ist ihm die Mutter; wie die Mutter, so ist ihm eine Hure; wie eine Dombī (eine Musikantin niedrigster Kaste), so ist ihm eine Brahmanin; ihm ist ein Fell wie ein Kleid; ein Strohhalm wie ein Edelstein, Wein wie Harn, Speise wie Kot, ein Schimpfwort wie ein Lobeshymnus. Indra wie Rudra, der Tag wie die Nacht, das Gesehene wie ein Traum, das Bestehende wie das Vernichtete, der Schmerz wie die Lust, der Sohn wie ein Bösewicht, der Himmel wie die Hölle — und so ist ihm auch das Böse wie das Gute eins.«

Wenn wirklich ein Nāgārjuna der Verfasser dieser Abschnitte ist, so ist es wohl ein anderer als der Begründer des Mādhyamikasystems. Als Verfasser des dritten Abschnittes wird aber Śākyamitra[1]) genannt, und dieser ist wahrscheinlich derselbe, den Tāranātha als Zeitgenossen des Devapāla von Bengalen (etwa um 850 n. Chr.) erwähnt. Dieser Zeit dürfte auch das ganze Werk angehören. Wenn Tāranātha sagt, daß zur Zeit der Pāladynastie von Bengalen, also vom 9. bis 11. Jahrhundert, Yoga und Zauberei im Buddhismus überwiegen, so dürfte das glaublich sein und die Entstehung der Tantras eher in diese als in eine frühere Zeit fallen[2]). Von dem Geist des Tantra-Buddhismus gibt uns gerade Tāranātha[3]) in seiner »Geschichte des Buddhismus in Indien« eine gute Vorstellung. Wohl ist hier auch von Mahāyāna und Tripiṭaka, von buddhistischer Wissenschaft und buddhistischer Selbstaufopferung die Rede, aber eine weit größere Rolle spielt doch die Siddhi, die durch Tantras und Mantras erworbene Zauberkunst.

Barbarisch wie der Inhalt der Tantras ist in der Regel auch

---

[1]) In dem Catalogue of Buddhist Sanskrit MSS in the Royal Asiatic Society, by E. B. Cowell and J. Eggeling (JRAS 1876, reprint p. 28) wird ein Pañcakramopadeśa von Śrīghaṇṭa erwähnt.

[2]) Diese Litteratur hat keinen volkstümlichen Ursprung, sondern ist in ihrer Art »gelehrt«. (Vgl. oben Bd. I, S. 482.) La Vallée Poussin (Bouddhisme, Études et Matériaux, p. 76, JRAS 1899, p. 141 f.) ist geneigt, die Tantras und den Tantra-Buddhismus für alt zu halten. Dafür läßt sich aber gar kein Beweis erbringen (s. Rapson, JRAS 1898, p. 909 ff.). Haraprasād Shāstrī JASB, Proceedings 1900, p. 100 ff. sucht die Tantralitteratur für das 5. oder 6. Jahrh. n. Chr. zu erweisen.

[3]) Tāranātha ist 1573 geboren und beendete sein von A. Schiefner übersetztes Werk, das auf Grund indischer und tibetischer Quellen geschrieben ist, im Jahre 1608. Er berichtet (z. B. S. 189 ff.) von förmlichen Zauberwettkämpfen.

das Sanskrit, in dem sie geschrieben sind. Und man möchte an ihnen gerne stillschweigend vorübergehen, wenn sie nicht im nördlichen Indien, in Tibet und später auch in China eine so große Verbreitung gefunden hätten, daß ihnen jedenfalls eine große kulturgeschichtliche Bedeutung zukommt [1]).

Die buddhistische Litteratur und die Weltlitteratur.

So wie der Buddhismus eine Weltreligion geworden ist, so gehört auch ein großer Teil der buddhistischen Litteratur der Weltlitteratur an. Wir haben schon an verschiedenen Stellen gesehen, daß buddhistische Fabeln, Anekdoten, Märchen und Legenden nicht nur mit dem Buddhismus nach Ostasien gewandert sind, sondern auch in den europäischen Litteraturen vielfach ihre Parallelen haben, wobei es allerdings nicht immer feststeht, daß die buddhistischen Erzählungen nach Europa gewandert sind, sondern manchmal auch das Umgekehrte der Fall sein kann [2]). Wir haben auch gesehen, daß die Buddhalegende manche Züge mit der Christuslegende gemein hat [3]), und daß einzelne Reden und Gleichnisse in den Suttas des Tipiṭaka und in den Mahāyānasūtras mehr oder weniger auffallend an Stellen in den christlichen Evangelien erinnern [4]).

---

[1]) Auszüge aus Mādhyamaka- und Tantratexten enthält die von Bendall herausgegebene Anthologie Subhāṣitasaṃgraha (Le Muséon 1903, p. 375 ff.). Reine Zaubertexte sind die Sādhanas, herausgegeben von F. W. Thomas (ebendaselbst p. 1 ff.). Von dem großen Umfang der Tantralitteratur in Indien geben die Handschriftenkataloge eine Vorstellung. In Tibet waren sie das beste Mittel zur Verschmelzung des Buddhismus mit dem einheimischen Zauberglauben. Nach China wurden Tantras seit 1200 n. Chr. gebracht. Über einige Sanskrit-MSS., die A. O. Franke in China gefunden hat, berichtet F. Kielhorn, JRAS 1894, p. 835 ff. In Japan stützt sich die Shin-gon-Sekte auf Tantratexte (B. Nanjio, Short History of the Twelve Japanese Buddhist Sects, p. 78 ff.). Über die Tantras und den Tantra-Buddhismus vgl. Burnouf, Introduction, p. 465 ff., 578 f.; Wassiljew, Der Buddhismus, S. 201 ff.; besonders aber La Vallée Poussin. Bouddhisme, Études et Matériaux, pp. 72 ff., 130 ff. und Bouddhisme, pp. 343 ff., 378 ff.

[2]) S. oben S. 49 A., 86 A., 101 f., 104 f., 106 A., 108 ff., 122 A., 154 f., 160 f., 172 f.

[3]) S. oben S. 75 A., 76 A., 197 A., 223 A.

[4]) S. oben S. 22 A., 57 A., 233 A.

Die Frage aber, in welchem Umfange solche Übereinstimmungen zwischen **buddhistischer und christlicher
Litteratur** tatsächlich bestehen, und welche Bedeutung ihnen
zukommt, ist von solcher Wichtigkeit, daß wir auf sie noch einmal im Zusammenhang eingehen müssen. Handelt es sich hier
um mehr oder weniger zufällige Anklänge, um Ähnlichkeiten,
die sich daraus erklären, daß die betreffenden Legenden, Gleichnisse und Aussprüche denselben Situationen und religiösen
Stimmungen entsprungen sind, oder um tatsächliche Abhängigkeit der einen von der anderen Litteratur? Sind die christlichen
Evangelien unter dem Einfluß der aus vorchristlicher Zeit
stammenden buddhistischen heiligen Texte gestanden? Oder sind
spätere buddhistische Texte, wie Lalitavistara und Saddharmapuṇḍarīka, von den christlichen Evangelien beeinflußt worden?
Diese Fragen sind wiederholt Gegenstand der Forschung gewesen
und haben sehr verschiedene Beantwortungen gefunden.

Es war insbesondere **Rudolf Seydel**[1]), der so zahlreiche
Übereinstimmungen zwischen dem Leben Jesu nach den Evangelien und der Buddhalegende nachweisen zu können glaubte,
daß er die Hypothese aufstellte, die Evangelisten hätten neben
einem »Ur-Matthäus« und einem »Ur-Markus« auch ein altes
christliches, aber buddhistisch beeinflußtes poetisches Evangelium
benutzt und diesem alle jene Legenden, Gleichnisse und Aussprüche entnommen, die in den buddhistischen Texten Entsprechungen haben. Diese Hypothese hielt er darum für notwendig, weil die Gleichungen (nach seiner Ansicht) nicht vereinzelt, sondern gehäuft erscheinen und förmliche Gruppen, ja ein
zusammenhängendes Ganzes bilden. Ein einzelner Stab, meinte
er, lasse sich leicht zerbrechen, viel schwerer ein Bündel oder
gar ein Bündel von Bündeln. Sehr schön! Wenn aber der
Stab kein Stab, sondern nur ein Phantom von einem Stab ist,
so nützt uns auch ein Bündel und ein Bündel von Bündeln solcher
»Stäbe« nichts. In der Tat ist es nicht schwer zu zeigen und
wiederholt gezeigt worden, daß die Mehrzahl der von Seydel

---

[1]) Das Evangelium von Jesu in seinen Verhältnissen zu Buddha-
Sage und Buddha-Lehre, Leipzig 1882; Die Buddha-Legende und das
Leben Jesu nach den Evangelien, erneute Prüfung ihres gegenseitigen
Verhältnisses, 2. Aufl. mit ergänzenden Anmerkungen von Martin
Seydel, Weimar 1897.

angeführten »Gleichungen« einer genaueren Prüfung nicht standhält.

Weit vorsichtiger als Seydel steht der holländische Gelehrte G. A. van den Bergh van Eysinga[1]) dem Problem der indischen Einflüsse auf die christlichen Evangelien gegenüber. Er zieht von vorneherein alles ab, was sich aus der Gleichheit der Umstände, unter denen die Texte entstanden, aus der Gleichheit der religiösen Entwicklung und endlich aus allgemein menschlichen Gründen leicht erklären läßt. Dennoch bleiben auch nach ihm noch tatsächliche Gleichungen bestehen, die nur durch Entlehnung zu erklären seien. Aber nicht eine schriftliche Abhängigkeit sei anzunehmen, sondern nur durch mündliche Vermittlung seien in der römischen Kaiserzeit indische Stoffe, Motive und Ideen nach dem Westen gelangt, und einzelne solcher Züge seien bei der Legendenbildung des ältesten Christentums entlehnt worden. Von den 51 Parallelen, die Seydel gefunden zu haben glaubte, hält Bergh van Eysinga nur neun einer Besprechung wert und nur sechs für mehr oder weniger belangreich.

Was Seydel mit unzulänglichen Mitteln — die buddhistische Litteratur war ja zu seiner Zeit noch sehr unvollständig bekannt — zu geben unternommen hatte, eine »buddhistisch-christliche Evangelienharmonie«, das hat später auf Grund viel genauerer Kenntnis der Pāli- und Sanskrittexte der Amerikaner Albert J. Edmunds[2]) noch einmal versucht. Ihm ist es wohl, wie er ausdrücklich erklärt, nicht darum zu tun, die Abhängigkeit der christlichen von den buddhistischen heiligen Texten zu erweisen, sondern nur darum, die beiden Religionen einander vergleichend gegenüberzustellen, »damit sie einander besser verstehen lernen«. Immerhin neigt er zu der Ansicht, daß das Christentum als die mehr eklektische Religion vom Buddhismus entlehnt und daß namentlich Lukas ein Buddha-Epos gekannt habe. Aber gerade die von Edmunds gegebene umfassende Zusammenstellung aller nur halbwegs vergleichbaren Stellen in den beiden Litteraturkreisen zeigt aufs deutlichste, daß

---

[1]) Indische Einflüsse auf evangelische Erzählungen, Göttingen 1904.

[2]) Buddhist and Christian Gospels now first compared from the Originals by A. J. Edmunds, edited by M. Anesaki, 4th Ed., Philadelphia 1908/9.

es keinen Fall gibt, wo eine Entlehnung von seiten der vier
Evangelien angenommen werden m ü ß t e; daß in den meisten
Fällen nur eine Ähnlichkeit der Gedanken besteht, die einen
litterarischen Zusammenhang nicht voraussetzt; daß in den besten
Fällen nur eine M ö g l i c h k e i t gegenseitiger Beeinflussung zugestanden werden kann und diese Möglichkeit sich nur in ganz
wenigen Fällen zur W a h r s c h e i n l i c h k e i t erhebt. Und gar
oft zeigt gerade die Gegenüberstellung der Texte bei Edmunds,
wie viel größer die Verschiedenheiten sind als die Übereinstimmungen [1]).

Man lese die von Edmunds [2]) einander gegenübergestellten
Texte über die wunderbare Empfängnis und Geburt Christi und
Buddhas, und die Verschiedenheiten springen in die Augen.

----

[1]) Außer S e y d e l, B e r g h v a n E y s i n g a und E d m u n d s nehmen
Abhängigkeit der christlichen Evangelien von den buddhistischen Texten
auch an O. P f l e i d e r e r. Die Entstehung des Christentums, 2. Aufl.,
München 1907, S. 198 f., Ernst K u h n im Nachwort zu Bergh van
Eysingas Werk (S. 102 ff.) und R. P i s c h e l (Deutsche Litztg. 1904,
Sp. 2938 ff.), der zuversichtlich erklärt: »Die Frage, ob sich überhaupt
indische Einflüsse in der evangelischen Erzählungslitteratur finden,
kann heute nicht mehr verneint werden«; in einzelnen Punkten auch
K. E. N e u m a n n, Reden Gotamo Buddho's III, 112, 256 A., 258 A.,
259 A., 260 A., 334 A. Eine Art urgeschichtlichen Zusammenhang
nehmen H. K e r n (Deutsche Litztg. 1882, Sp. 1276) und R. O. F r a n k e
(Deutsche Litztg. 1901, Sp. 2757 ff.) an. A. W e b e r (Griechen in Indien,
SBA 1890, S. 928 f.) und H. O l d e n b e r g (Theolog. Litztg. 1905,
Sp. 65 ff., Aus dem alten Indien, S. 47 f.) halten die Frage für eine
offene. Ganz oder fast ganz ablehnend verhalten sich T. W. R h y s
D a v i d s, SBE XI, 165 f.; J. Estlin C a r p e n t e r, The First Three
Gospels, their Origin and Relations, 2nd Ed., London 1890, pp. 136 ff.,
161 ff., 174 ff., 203 ff., 237 f.; E. H a r d y, Der Buddhismus, Münster i. W.
1890, S. 110 ff.; E. W. H o p k i n s, India Old and New, New York and
London 1902, p. 120 ff.; E. W i n d i s c h, Māra und Buddha, S. 60 ff.,
214 ff., 312 und Buddha's Geburt, S. 195 ff.; La V a l l é e Poussin,
Revue biblique 1906, p. 353 ff. und Bouddhisme, p. 5 ff.; S. L é v i,
Revue critique 1908, N. S. 65, p. 382; A. B. K e i t h, JRAS 1910,
p. 213 f.; R. G a r b e, Deutsche Rundschau, Bd. 144, 1910, S. 73 ff.,
Bd. 149, 1911, S. 122 ff. und Contributions of Buddhism to Christianity,
Chicago 1911; Edv. L e h m a n n, Der Buddhismus als indische Sekte
als Weltreligion, Tübingen 1911, S. 78 ff. Die einen von diesen leugnen
alle Übereinstimmungen, die anderen erklären sie ohne gegenseitige
Abhängigkeit.

[2]) I. 107 f., 167 ff.; Lukas I. 35; Majjhimanikāya 38 und 123.

Wohl gibt es in beiden Fällen Wunder. Aber die gibt es, wie Religionsgeschichte, Mythologie und Sagenkunde lehren, bei der Geburt großer Männer überall. Zur Jungfrauengeburt bietet die griechische Mythologie weit nähere Parallelen als die buddhistische Legende. Buddha wird aber gar nicht von einer Jungfrau, sondern von einer verheirateten Königin empfangen und geboren. Auch die Texte über die Versuchung Buddhas durch Māra und Christi durch den Satan [1]) zeigen mehr Abweichungen als Übereinstimmungen, und die Versuchung Zoroasters durch Ahriman beweist, daß es sich hier nicht um einfache Textentlehnungen handeln kann, sondern höchstens um viel weiter zurückliegende religionsgeschichtliche Zusammenhänge. Ebenso kann ich in der Legende von Jesu Verklärung, verglichen mit dem Bericht des Mahāparinibbānasutta über das Leuchten von Buddhas Körper, nur eine auffallende und sehr interessante religionsgeschichtliche Parallele, aber nicht eine Entlehnung aus der buddhistischen Litteratur sehen [2]).

Viel größer ist die Ähnlichkeit zwischen der Legende von Asita und der von Simeon bei Lukas. Trotz mancher Verschiedenheiten, die auch hier unleugbar sind, halte ich es doch für einigermaßen wahrscheinlich, daß dem Verfasser der christlichen Erzählung die buddhistische Legende bekannt war [3]). Möglich ist auch ein Zusammenhang zwischen der Legende von Buddha, der als Knabe sich von seinen Begleitern entfernt und, nachdem er von den Seinen vermißt worden, in tiefe Meditation versunken gefunden wird, mit der Erzählung von dem zwölfjährigen Jesus, der, anstatt mit seinen Eltern nach Nazareth zurückzukehren, im Tempel zu Jerusalem zurückbleibt und sich mit den Lehrern unterhält [4]). Für möglich halte ich auch einen Zusammenhang

---

[1]) Edmunds I, 198 ff.; auch Pischel, Leben und Lehre des Buddha, S. 26 f. lehnt hier den Zusammenhang ab.

[2]) Edmunds II, 123 ff.; Mark. IX, 2 ff.; Luk. IX, 30 f.; Rhys Davids, Dialogues of the Buddha II, p. 146; Dutoit, Leben des Buddha, S. 283 f. Schon Bergh van Eysinga, S. 62 hat an die Verklärung Mosis (II. Mose 34, 29 ff.) erinnert.

[3]) Oben S. 75; Bergh van Eysinga 21 ff.; Edmunds I, 181 ff. Die buddhistische Legende war sicher schon im 3. Jahrhundert v. Chr. bekannt; Entlehnung auf buddhistischer Seite ist also in diesem Falle ausgeschlossen.

[4]) Luk. II, 41 ff. Die Ähnlichkeit ist größer mit Lalitavistara XI, als mit der Nidānakathā (Rhys Davids, Buddhist Birth Stories p. 75;

zwischen der Seligpreisung der Mutter des Herrn durch eine Frau bei Lukas, XI, 27 f., und in der Nidānakathā [1]. Und wenn es auch nichts Auffallendes ist, daß ein Heiliger durch Engel bedient wird, so ist es doch bemerkenswert, daß die Engel sich gerade des fastenden Jesus und des fastenden Buddha annehmen; daher ist auch hier ein Zusammenhang möglich [2].

Zu den Wundern Christi hat man zwei Parallelen im Jātakabuch gefunden. Wie Jesus mit fünf Broten und zwei Fischen 5000 Männer speist, so werden in einem Jātaka durch einen sich von selbst vermehrenden Kuchen 500 Mönche gespeist [3]. Und so wie Petrus auf dem Wasser wandelt und unterzusinken beginnt, sobald sein Glaube wankend wird, so schreitet in einem anderen Jātaka ein gläubiger Laie über den Fluß dahin, solange er frohen Sinnes des Buddha gedenkt, und beginnt zu sinken, sobald dieses frohe Buddha-Gedenken beim Anblick der Wogen nachläßt [4]. Diese beiden Wundergeschichten finden sich aber nur in den »Gegenwartsgeschichten« des Jātakakommentars, und es ist bei deren später Entstehungszeit nicht ausgeschlossen, daß sie ursprünglich dem Christentum angehören.

Aus nachchristlicher Zeit stammt auch die Erzählung von dem armen Mädchen, das den Mönchen ihren ganzen Besitz, zwei Kupferstücke, die sie im Kehricht gefunden, schenkt und dafür von Buddha gepriesen wird, da ihre Gabe ebenso hoch einzuschätzen

---

Jātaka Ed. p. 58). Vgl. Kern, Der Buddhismus I, 39 f.; Bergh van Eysinga, S. 26 f.

[1] Jātaka I, p. 60; Rhys Davids, Buddhist Birth Stories, p. 79 f.: Seydel, Die Buddhalegende, S. 26 f.; Bergh van Eysinga, S. 41 f. Es ist ja richtig, daß derartige Seligpreisungen auch sonst in der Dichtung vorkommen (Neumann, Lieder der Mönche und Nonnen, S. 309 Anm.; Lehmann, Der Buddhismus, S. 85), aber auffallend ist doch die Übereinstimmung in dem Detail, daß sowohl Buddha als auch Jesus an die Seligpreisung eine Bemerkung darüber anschließen, worin wahre Seligkeit bestehe.

[2] Matth. IV, 2 ff.; Mark. I, 13; Majjhimanikāya 36; Edmunds I, 192 f.

[3] Matth. XIV 16 ff.; Jātaka, Nr. 78; Edmunds II, 233 ff. Die Rasavāhinī, in der ähnliche Legenden vorkommen (Lehmann a. a. O., S. 90 ff.), ist ein ganz spätes Werk (oben S. 180).

[4] Edmunds II, 257 f.; Jātaka, Nr. 190; Matth. XIV, 24 ff.: Bergh van Eysinga, S. 45 ff.; Carpenter, First Three Gospels, p. 203 ff.: Garbe, Contributions, p. 12 f.; Lehmann a. a. O., S. 88.

sei wie die eines Reichen, der all seine Güter und Schätze als Almosen gäbe. Der Lohn für ihre gute Tat bleibt nicht aus. Bald darauf wird sie von einem vorüberziehenden König aufgefunden, der sich sofort in sie verliebt und sie als Königin heimführt. Kein Zweifel, daß die buddhistische Erzählung in der Form, wie wir sie durch die chinesische Übersetzung von Ašvaghoṣas Sūtrālaṃkāra kennen [1]), weit hinter der in ihrer Schlichtheit so wunderschönen evangelischen Erzählung von den zwei Pfennigen der Witwe zurücksteht. Es ist auch hier nicht unmöglich, daß die Buddhisten sie von christlichen Missionaren gelernt haben. Möglich ist es aber auch, daß uns eine ältere und bessere Form der buddhistischen Legende verloren gegangen ist. Die Übereinstimmung in bezug auf ein so kleines Detail wie die »zwei Pfennige« macht es aber im höchsten Grade wahrscheinlich, daß die buddhistische und die christliche Erzählung nicht unabhängig voneinander entstanden sind.

Weniger wahrscheinlich ist es, daß die Parabel vom »verlorenen Sohn« im Saddharmapuṇḍarīka mit der bei Lukas zusammenhängt. Selbst Seydel [2]) sagt: »Das Gleichnis des ‚Lotus‘ hat in Wahrheit mit dem christlichen nichts gemein, als daß ein ausgewanderter Sohn verarmt zurückkehrt, und vor allem ist die Tendenz der Vergleichung in beiden Parallelen eine ganz und gar verschiedene.« Auch die Ähnlichkeit zwischen der Legende von Jesus und der Samariterin im Johannesevangelium mit der von Ānanda und dem Pariahmädchen im Divyāvadāna ist nicht allzu groß [3]). In beiden Fällen handelt es sich übrigens um buddhistische Texte aus nachchristlicher Zeit.

Man hat aber sogar den Tod Christi mit Buddhas Eingehen ins Nirvāṇa verglichen. Seydel hat darauf hingewiesen, daß beide Ereignisse von einem Erdbeben begleitet sind, während Edmunds gar hervorhebt, daß sowohl Jesus als auch Buddha — im Freien

---

[1]) Sūtrālaṃkāra, trad. Huber, p. 119 ff.; Mark. 12, 41 ff.; Luk. 21, 1 ff.; Bergh van Eysinga, S. 43 ff.; Lehmann a. a. O., S. 88 ff.

[2]) Das Evangelium von Jesu, S. 230; vgl. oben S. 233; J. M. Carter, JRAS 1893, p. 393 f.; Bergh van Eysinga, S. 57 ff.; Edmunds II, 260 f.; Seydel a. a. O., S. 232 f. hat aber das Gleichnis von dem Blindgeborenen (Joh. 9) mit Saddharmap. V (oben S. 234) verglichen, trotzdem die indische Parabel mit der christlichen Legende nichts gemein hat, als daß ein Blindgeborener in beiden vorkommt.

[3]) Oben S. 223; Bergh van Eysinga. S. 49 ff.

sterben [1]). Und doch zeigt sich nirgends so sehr die Verschiedenheit der beiden Religionstexte. Welch ein Unterschied zwischen dem Mahāparinibbānasutta und dem 27. Kapitel des Matthäus! Hier die erschütternde Tragödie eines Märtyrers und Opfers des Fanatismus, dort das ruhige Hinübergehen eines Weisen — eine herrliche Euthanasia. Im Evangelium Matthäi birst die Erde und bebt, und die Gräber öffnen sich aus Entsetzen über die Untat, die da begangen wurde; im Mahāparinibbānasutta bebt die Erde, um ihren Beifall zu dem schönen Ereignis des völligen Nirvāṇa des Herrn zu erkennen zu geben.

Noch weniger als in bezug auf die Legenden läßt sich in bezug auf einzelne Aussprüche und Gleichnisse Jesu ein Zusammenhang mit denen Buddhas als wahrscheinlich erweisen. Es handelt sich dabei meist nur um Anklänge [2]) oder um so allgemeine Gedanken, daß sie leicht in den heiligen Büchern aller Religionen vorkommen können und tatsächlich vorkommen; wenn z. B. Majjhimanikāya 110, wo von Saat und Ernte guter Werke die Rede ist, mit dem Gleichnis vom Säemann (Matth. XIII, 18 ff.) verglichen wird, oder wenn in dem Sutta vom »wahren Schatz« [3]) ein ähnlicher Gedanke ausgedrückt wird wie Matth. VI, 19 f.: »Sammelt euch nicht Schätze auf der Erde, wo Rost und Motte fressen usw.«

Und wenn wir alles zusammenfassen, was die Vergleichung der vier Evangelien mit den buddhistischen Texten zutage gefördert hat, so zeigt sich doch, daß die Verschiedenheiten weit größer sind, als die Übereinstimmungen. Schon in dem ganzen Charakter selbst der vergleichbaren Legenden zeigt sich eine große Verschiedenheit. Während im Buddhismus alle Wunder durch das Karman, die durch die Wiedergeburten fortwirkende Tat, erklärt werden, sind die christlichen Wunder nur der Ausfluß von Gottes Gnade und Allmacht. Sehr treffend sagt E d v.

------

[1]) S e y d e l a. a. O., S. 280 ff.; E d m u n d s II, 169 f.; vgl. W i n d i s c h, Māra und Buddha, S. 60 ff.

[2]) Z. B. oben S. 22 A., 57 A., 86 A.; vgl. N e u m a n n, Lieder der Mönche und Nonnen, S. 359 A. Größer ist die Ähnlichkeit zwischen Matth. XVII, 19, wo vom Versetzen des Berges durch Glauben die Rede ist, mit Aṅguttaranikāya VI, 24, wo es heißt, daß der Mönch durch Meditation den Himālaya spalten könnte (E d m u n d s II, 40).

[3]) Khuddakapāṭha VIII, übersetzt von W i n t e r n i t z im Religionsgeschichtl. Lesebuch. S. 270. Vgl. E d m u n d s I, 222.

Lehmann[1]): »Für den Geschmack der Inder werden die Begebenheiten in den christlichen Erzählungen stets ungenügend
motiviert sein, und uns Christen werden die indischen Erzählungen — sogar vom rein ästhetischen Gesichtswinkel aus —
beinahe unerträglich wohl motiviert vorkommen.« Es ist nach
all dem wohl ausgeschlossen, daß die buddhistische Litteratur
unmittelbaren Einfluß auf die Evangelien geübt hat. Andererseits ist es sicher, daß seit der Zeit Alexanders des Großen und
namentlich in der römischen Kaiserzeit sowohl zahlreiche Handels-
verbindungen als auch geistige Beziehungen zwischen Indien und
dem Westen bestanden[2]), so daß eine oberflächliche Bekanntschaft
mit buddhistischen Ideen und einzelnen buddhistischen Legenden
in den Kreisen, in denen die Evangelienberichte entstanden, sehr
wohl möglich, ja sogar wahrscheinlich ist.

Sichere Beweise einer Kenntnis des Buddhismus im Westen
haben wir allerdings erst vom zweiten und dritten Jahrhundert
n. Chr. an. Und das ist auch die Zeit, in der die apokryphen
Evangelien entstanden, in denen wir eine ganze Reihe von
unzweifelhaften Entlehnungen aus der buddhistischen Litteratur
nachweisen können[3]).

Ebenso steht es vollkommen fest, daß eines der Lieblings-
bücher der gesamten Christenheit im Mittelalter, der Roman von

---

[1]) Der Buddhismus, S. 92.

[2]) Vgl. Bergh van Eysinga, S. 77 ff.; Edmunds I, pp. 111
bis 164. Wenig wahrscheinlich ist es hingegen, daß schon im 1. Jahrhundert n. Chr. christliche Ideen nach Indien gedrungen waren. J. Dahl-
mann (Indische Fahrten, Freiburg i. B. 1908, II. 100, 129 ff., 152 ff.;
Die Thomas-Legende, Freiburg i. B. 1912) will zwar beweisen, daß die
Thomasakten auf historischer Grundlage ruhen, daß schon im 1. Jahrh.
n. Chr. eine christliche Mission in Nordindien tätig war und der Mahāyāna-
Buddhismus sich unter christlichem Einfluß entwickelt hat. Ich kann
mich aber seiner Beweisführung ebenso wenig anschließen wie Garbe
(Deutsche Rundschau, Bd. 38, 1912, S. 76 ff.). Die Thomasakten beweisen
meiner Ansicht nach nur, daß zur Zeit ihrer Abfassung (3. Jahrh. n. Chr.)
Christen nach Gandhāra gekommen waren.

[3]) S. oben S. 197; Bergh van Eysinga, S. 64 ff. und Garbe,
Contributions, p. 19 ff. Schon im Jahre 1762 hat der Augustinereremit
Georgius darauf hingewiesen, daß von Buddha in Tibet etwas ähnliches
erzählt wird, wie von dem fünfjährigen Jesus bei Zakchaios im Thomasevangelium, s. L. Conrady, Das Thomasevangelium (Theolog. Studien
und Kritiken, Gotha 1903), S. 403 ff.

Barlaam und Josaphat, von einem frommen Christen auf Grund der Buddhalegende, die ihm vielleicht aus dem Lalitavistara [1]) bekannt geworden war, verfaßt worden ist. Denn der Rahmen dieses im übrigen ganz und gar von christlichem Geiste erfüllten Romans ist buddhistisch, die Hauptzüge der Buddhalegende — so die drei Ausfahrten, auf denen der Bodhisattva Alter, Krankheit und Tod kennen lernt — kehren darin wieder, einige der eingefügten Parabeln (z. B. die von dem »Mann im Brunnen«) sind aus der indischen Litteratur wohlbekannt, und in der Geschichte selbst kommen Hinweise auf Indien vor [2]). Im östlichen Iran oder in Zentralasien, wo, wie wir jetzt durch die von Stein, Grünwedel und v. Le Coq in Khotan und Turfan gemachten Funde wissen, Jahrhunderte lang Zoroastrier, Buddhisten, Christen und Manichäer in engster Berührung miteinander lebten, konnte ein christlicher Mönch [3]) leicht die Buddhalegende kennen lernen und dadurch zu einer Dichtung angeregt werden, die christliche Lehren vermitteln sollte. Diese Dichtung wurde ver-

---

[1]) Max Müller, Essays III, S. 538 f. (vgl. Foucaux, Lalitavistara trad. II, 43 ff.) führt einige Stellen an, aus denen hervorzugehen scheint, daß der Verfasser die Geschichte »nicht nur, wie er sagt, aus dem Munde von Leuten vernahm, die sie ihm aus Indien gebracht hatten, sondern daß er sogar den Text des Lalitavistara vor sich hatte«.

[2]) Schon im Jahre 1612 hat der Portugiese Diogo do Conto die Barlaam-Josaphat-Legende mit der Buddhalegende verglichen (Ind. Ant. XII, p. 288 f.). Aber Laboulaye hat im Journal des Débats vom 26. Juli 1859 zuerst den buddhistischen Ursprung der Legende behauptet. Den Nachweis hat dann Felix Liebrecht (im Jahrbuch für romanische und englische Literatur II, 1860, S. 314 ff. und in dem Buch »Zur Volkskunde«, Heilbronn 1879, S. 441 ff.) erbracht. Die ganze Geschichte des Romans hat E. Kuhn (»Barlaam und Joasaph, eine bibliographisch-litterargeschichtliche Studie«, Abhandl. der I. Cl. der k. bayr. Akademie der Wiss. XX, München 1897) durch die Weltlitteratur verfolgt. Kuhn (S. 39) glaubt aber, daß der Verfasser »die gesamte buddhistische Tradition in freierer Weise benützte, und nicht einen bestimmten Text wie den Lalitavistara. Vgl. auch die Litteratur bei V. Chauvin, Bibliographie des ouvrages Arabes III, 1898, p. 83 ff.

[3]) Daß es nicht Christen, sondern Manichäer waren, die zuerst die Buddhalegende nach Europa brachten, ist von A. v. Le Coq (SBA 1909, S. 1205) vermutet worden. Aber der eigentliche Verfasser des Romans kann doch nur ein Christ gewesen sein, da die in dem Buch enthaltenen Lehren ganz christlich sind. Die Christen können ja den Stoff ebenso gut kennen gelernt haben wie die Manichäer.

mutlich im 6. oder 7. Jahrhundert zuerst in der Pahlawi-
sprache abgefaßt und später ins Arabische und Syrische übersetzt. Auf den syrischen Text dürften die georgische und
die griechische Übersetzung zurückgehen. Aus dem griechischen
Text sind dann arabische, hebräische, äthiopische, armenische,
kirchenslavisch-russische und rumänische Bearbeitungen hervorgegangen. Die zahlreichen europäischen Übersetzungen und Bearbeitungen — Lope de Vega hat den Stoff auch dramatisch
behandelt — gehen auf einen aus dem Griechischen übersetzten
lateinischen Text zurück. Deutsche Bearbeitungen gibt es seit
1220. Im Laufe der Jahrhunderte waren die Gestalten dieser
Dichtung den christlichen Völkern so vertraut geworden, daß
man sie für fromme christliche Männer hielt, die wirklich gelebt
und gelehrt hatten, so daß schließlich die katholische Kirche die
beiden Helden der Erzählung, Barlaam und Josaphat, zu
Heiligen machen konnte. Josaphat ist aber niemand anderer
als der Bodhisattva[1]).

Und wie im Mittelalter, so hat sich die indische Buddhalegende noch bis in unsere Tage lebenskräftig erwiesen und
immer wieder Dichter zu epischen und selbst zu dramatischen
Darstellungen begeistert. So konnte das Epos »Light of Asia«
des englischen Dichters Edwin Arnold noch im 19. Jahrhundert solche Begeisterung erwecken, daß es in England über
sechzig und in Amerika über hundert Auflagen erlebte und den
Ruhm dieses Dichters eigentlich begründete[2]). Während Edwin
Arnold sich enge an die indische Legende anschloß, hat der
deutsche Dichter Joseph Viktor Widmann in seinem »Buddha«[3])

---

[1]) Der Prinz heißt im Griechischen Jōasaph, im Arabischen
Jūdāsaf, das auf Būdāsaf, d. i. Bodhisattva zurückgeht. Im Arabischen,
im Syrischen und im Pahlawi sind nämlich j und b in der Schrift leicht
zu verwechseln. Der Weise Barlaam heißt im Arabischen Balauhar,
was auf Bhagavān zurückgehen dürfte. (Kuhn a. a. O., S 17, 19,
34 f.) Als Heilige erscheinen Barlaam und Josaphat schon in dem
»Catalogus Sanctorum« des um 1370 verstorbenen Petrus de Natalibus.

[2]) Vgl. Leon Kellner, Die englische Literatur im Zeitalter der
Königin Viktoria, Leipzig 1909, S. 404 ff. und Beil. Allg. Zeitung 1889,
Nr. 36 ff.; Artur Pfungst hat »die Leuchte Asiens« ins Deutsche über-
setzt (Leipzig 1887).

[3]) Epische Dichtung in 20 Gesängen, Bern 1869. Wie mir der
Dichter (in einem Brief vom 27. August 1905) selbst schrieb, war dieses

von der alten indischen Legende wenig übriggelassen. Hingegen ist von buddhistischem Geist und buddhistischer Stimmung viel in desselben Dichters herrliche Dichtung »Der Heilige und die Tiere« übergegangen. Dramatisch bearbeitet hat die Buddhalegende in Deutschland Ferdinand Hornstein, dessen »Buddha« [1] im Jahre 1900 im Hoftheater zu München aufgeführt wurde.

Daß eine buddhistische Legende noch in Richard Wagners Dichtung fortlebt, haben wir schon gesehen. Noch in den letzten Tagen seines Lebens beschäftigte ihn die Gestalt des Buddha, und es ist kein Wunder, daß nach Wagners Tode das — allerdings unverbürgte — Gerücht auftauchte, der Dichter habe an einem Musikdrama »Buddha« gearbeitet [2].

Wenig fruchtbar in bezug auf litterarische Schöpfungen hat sich die neubuddhistische Bewegung unserer Tage erwiesen [3]. Sie ist (von Übersetzungen abgesehen) über Anthologien, Katechismen und seichte Propagandaschriften kaum hinausgekommen. Aber wenn wir auch in diesem in Europa und Amerika sich ausbreitenden Neubuddhismus nur einen der vielen Irrwege sehen können, in die uns das Ringen nach einer neuen Weltanschauung geführt hat, so müssen wir doch die Lebenskraft des Buddhismus und der buddhistischen Litteraturwerke bewundern, die immer wieder die Geister der Denker und Dichter aller Völker angeregt haben und noch immer anregen. Und ich hoffe, in den vorausgehenden Kapiteln gezeigt zu haben, daß in der buddhistischen Litteratur noch vieles steckt, was wohl verdient, in die europäischen Litteraturen übergeführt und zum Gemeingut der Weltlitteratur gemacht zu werden.

Buddhagedicht »eigentlich nur eine Verkleidung moderner freidenkerischer Ansichten in jenes orientalische Gewand«.

[1] Legende in 3 Akten, Musik von Robert v. Hornstein, München 1899. Auch Angelo de Gubernatis und A. Obolonsky (Le Prince Siddhartha, drama en 5 actes et 21 tableaux, Tours 1899) haben das Leben des Buddha dramatisch bearbeitet.

[2] Vgl. oben S. 224, A. 1 und Max Koch in den Studien zur vergleichenden Litteraturgeschichte III, 1903, S. 412 ff.

[3] Bemerkenswert wären höchstens Paul Dahlkes »Buddhistische Erzählungen« (Dresden 1904).

Die heiligen Texte der Jainas.

Als Nebenbuhler und Gegner des Gotama Buddha wird in den buddhistischen Texten öfters der Niganṭha Nātaputta genannt. Dieser ist niemand anderer als der unter dem Namen Mahāvīra, d. h. »der große Held«, bekannte und verehrte Heilige, Stifter oder Reformator der Sekte der Jainas, die sich aus der viel älteren Sekte der Niganṭhas (d. h. der »Fessellosen«) unter Führung des Vardhamāna Mahāvīra wahrscheinlich kurz vor dem Auftreten Gotamas entwickelt hatte[1]). Die Jainareligion hat so viel mit dem Buddhismus gemein, daß sie lange Zeit nur für eine buddhistische Sekte gehalten wurde. Sie unterscheidet sich aber doch in so wesentlichen Punkten scharf von der Religion des Buddha, daß sie als ein selbständiges Glaubensbekenntnis angesehen werden muß. Viel stärker als der Buddhismus betont der Jinismus[2]) die Askese und allerlei Kultübungen, und im

---

[1]) Daß Buddha und Mahāvīra Zeitgenossen waren, kann auf Grund der einstimmigen Überlieferung von Buddhisten und Jainas als sicher gelten. Zweifelhaft ist aber das Todesjahr des Mahāvīra. Es wird von Jacobi (SBE 45, p. XIII ff.) auf 467 v. Chr. berechnet. Charpentier (Ind. Ant. 43, 118 ff., 125 ff.) sucht diese Datierung durch neue Gründe zu stützen. Nach anderer Überlieferung wird 527 v. Chr. als Todesjahr des Mahāvīra angesetzt (s. K. B. Paṭhak, Ind. Ant. 12. 1883, 21 f.). Hoernle (ERE 1, 261) nimmt im Anschlusse an die Überlieferung der Jainas an, daß Gosāla Makkhaliputta, der Stifter der Sekte der Ājīvikas, 500 v. Chr., Mahāvīra 484 v. Chr. und Buddha 482 v. Chr. starb. Vgl. auch Smith, Early History, p. 46. Jacobi (Ind. Ant. 9, 1880, 158 ff.; SBE 45, p. XX ff.) hat es wahrscheinlich gemacht, daß Mahāvīra nicht der Begründer, sondern nur der Reformator einer älteren, schon etwa 250 Jahre früher von Pārśva gegründeten Sekte der Niganṭhas gewesen ist. Ebenso wie Gotama Buddha legte sich auch Mahāvīra den Ehrentitel Jina, d. h. »der Sieger«, bei. Daher nannten sich seine Anhänger Jainas, d. h. »Jinaverehrer«.

[2]) Es ist üblich geworden, die Ausdrücke »Jainismus« und »jainistisch« zu gebrauchen. Da man aber nicht »Bauddhismus« und »bauddhistisch« sagt, sollte man ebenso wie »Buddhismus« und »buddhistisch« auch »Jinismus« und »jinistisch« sagen. Noch Gelehrte wie A. Weber und Th. Benfey hielten die Jainas für eine buddhistische Sekte. Daß diese

Gegensatz zu Buddha lehrte Mahāvīra einen sehr ausgebildeten Seelenglauben. Was den beiden Religionen gemeinsam ist, ist nichts anderes als die von uns schon öfter gekennzeichnete altindische »Asketenmoral«, und auch die Berührungspunkte zwischen buddhistischer und jinistischer Litteratur sind eben diejenigen, die beide mit der allgemein indischen Asketendichtung gemein haben.

Ein Hauptunterschied zwischen den beiden Religionen ist aber auch der, daß die Religion der Jainas immer eine national-indische geblieben ist, während der Buddhismus sich zu einer Weltreligion entwickelt hat. Muß schon deshalb der buddhistischen Litteratur eine größere Bedeutung zuerkannt werden, so kann sich die heilige Litteratur der Jainas auch an innerem Gehalte nicht mit der buddhistischen vergleichen. Ihre Texte sind im allgemeinen in einem trockenen, belehrenden Tone abgefaßt und nur selten von jenem allgemein menschlichen Interesse, das so vielen buddhistischen Texten zukommt.

Aus allen diesen Gründen dürfen wir uns über diese Litteratur kürzer fassen [1]).

Auffassung falsch ist, hat Jacobi (SBE 22, Introd., und in der Einleitung zu seiner Ausgabe des Kalpasūtra) nachgewiesen. Eine kurze, aber sehr gute Darstellung der Lehren des Jinismus gibt G. Bühler, Über die indische Sekte der Jainas (Almanach der Kais. Akademie der Wissenschaften, Wien 1887). Über die Geschichte der Jainas und ihrer Kirche unterrichtet auch A. Guérinot, Répertoire d'Épigraphie Jaina précédé d'une esquisse de l'histoire du Jainisme d'après les inscriptions, Paris (Publ. de l'École française d'Extrème-Orient) 1908.

[1]) Ausführlich berichtete über die Litteratur der Jainas zuerst A. Weber, Ind. Stud. 16, 1883, S. 211—479; 17, 1885, 1—90; HSS. Verz., II, 2. und 3. Abt., 1888—1891. Wichtig sind auch die Berichte über Jaina-Handschriften von R. G. Bhandarkar, Report 1883/4; P. Peterson, 3 Reports, Report IV und Rep. V; von Jacobi, Klatt und Leumann, ZDMG 33, 693 ff., 478 ff.; 45, 454 ff.; 47, 308 ff; WZKM 11, 1897, 297 ff.; F. L. Pullé, Catalogo dei manoscritti giainici della Bibliotheca n. c. di Firence 1894 und OC X, 1894, II, p. 15 ff.; A. B. Keith, Catalogue of Prākrit Manuscripts in the Bodleian Library, Oxford 1911, col. 1—45; das große Werk von A. Guérinot, Essai de bibliographie Jaina, Paris 1906 (Annales du Musée Guimet, Bibl. d'études, t. 22); Nachträge dazu JA 1909, s. 10, t. XIV, 47—148; 1912, s. 10, t. XIX, 373 ff. und B. Geiger, GGA 1908, 124 ff. Wichtige Daten über Jaina-Schriftsteller bei J. Klatt, Ind. Ant. 11, 1882, 245 bis 256 und Specimen of a Literary-Bibliographical Jaina-Onomasticon,

Der Kanon (Siddhānta) der Jainas[1].

Schon im ersten Jahrhundert n. Chr. hat die wichtigste Spaltung innerhalb der Jainareligion stattgefunden, die in die zwei großen Sekten der Švetāmbaras, d. h. der »Weißgekleideten«, und der Digambaras, d. h. der »in Luft Gekleideten« oder »Nackten«. Die Gesamtheit der heiligen Bücher wird von den Jainas als Siddhānta oder Āgama bezeichnet. Beide Sekten stimmen darin überein, daß sie als den ersten und wichtigsten Teil ihres Kanons die zwölf Angas, d. h. »Glieder« (des Körpers der Religion) bezeichnen. Wir kennen aber bisher nur den Siddhānta der Švetāmbaras näher. Dieser besteht aus folgenden Texten:

I. Die zwölf Angas: 1. Āyāramgasutta[2] (Ācārāṅgasūtra); 2. Sūyagaḍamga (Sūtrakṛtāṅga); 3. Ṭhāṇamga (Sthānāṅga); 4. Samavāyamga; 5. Bhagavatī Viyāhapaññatti (Vyākhyāprajñapti); 6. Nāyādhammakahāo (Jñātādharmakathāḥ); 7. Uvāsagadasāo (Upāsakadašāḥ); 8. Amtagaḍadasāo (Antakṛddašāḥ); 9. Anuttarovavāiyadasāo (Anuttaraupapātikadašāḥ); 10. Paṇhāvāgaraṇāim

---

Leipzig 1892. Über die in der großen Sammlung von Jaina-Texten Šrī-Jaina-Jaso-Vijaya-Granthamālā (herausg. von Vijayadharma Sūri) erschienenen Werke vgl. E. Hultzsch, Ind. Ant., Oct. 1910. Über die von der Jaina-Dharma-Prasāraka-Sabhā und anderen Gesellschaften herausgegebenen Texte s. Jacobi in AR 18. 275 f. Wertlos ist U. D. Barodia, History and Literature of Jainism, Bombay 1909.

[1] Über den Kanon und seine Geschichte vgl. Jacobi in den Einleitungen zu seiner Ausgabe des Kalpasūtra, S. 14 ff. und zu SBE, vols. 22 und 45, und ZDMG 28, 1 ff.; Hoernle in der Einleitung zu seiner Übersetzung des Uvāsagadasāo, p. VII ff. und Proceedings ASB 1898, p. 39 ff. (französisch Le Muséon, N. S., VII, 1906, 109 ff.); G. Bühler, WZKM 1, 1887, 165 ff.; 2, 1888, 141 ff.; 3, 1889, 233 ff.; 4, 1890, 313 ff.; A. Barth, RHR 3, 1881, 89 ff.; 11, 1885, 185; 19, 1889, 280 ff.; 20, 332; 29, 1894, 25 ff.; 45, 1902, 178. Eine Übersicht über den Kanon gibt auch Charpentier in der Einleitung zu seiner im Druck befindlichen Ausgabe des Uttarajjhayaṇa. Der Herausgeber hatte die Freundlichkeit, mir die Korrekturbogen zuzusenden, wofür ich ihm auch hier meinen verbindlichsten Dank ausspreche.

[2] Die Titel sind in ihrer Prākritform gegeben, daneben in Klammern die Sanskritübersetzung.

(Prašnavyākaraṇāni); 11. Vivāgasuyaṃ (Vipākaśrutam); 12. Diṭṭhivāya (Dṛṣṭivāda).

II. Die zwölf Upāṅgas (»Nebenglieder«): 1. Ovavāiya (Aupapātika); 2. Rāyapaseṇaïjja (Rājaprašnīya); 3. Jīvābhigamasūtra; 4. Paṇṇavaṇā oder Paṇṇūpaṇā (Prajñāpanā); 5. Sūriyapaṇṇatti (Sūryaprajñapti); 6. Jaṃbuddīvapaṇṇatti (Jambūdvīpaprajñapti); 7. Caṃdapaṇṇatti (Candraprajñapti); 8. Nirayāvalī; 9. Kappāvadaṃsiāo (Kalpāvataṃsikāḥ); 10. Pupphiāo (Puṣpikāḥ); 11. Pupphacūliāo (Puṣpacūlikāḥ); 12. Vaṇhidasāo (Vṛṣṇidaśāḥ).

III. Die zehn Païṇṇa (Prakīrṇa, d. i. »zerstreuten Stücke«): 1. Caüsaraṇa (Catuḥśaraṇa) von Vīrabhadra; 2. Āurapaccakkhāna (Āturapratyākhyāna); 3. Bhattapariṇṇā (Bhaktaparijñā); 4. Saṃthāra (Saṃstāra); 5. Taṃḍulaveyāliya (Taṇḍulavaitālika); 6. Caṃdāvijjhaya; 7. Devimdatthava (Devendrastava); 8. Gaṇivijjā (Gaṇitavidyā); 9. Mahāpaccakkhāna (Mahāpratyākhyāna); 10. Vīratthava (Vīrastava).

IV. Die sechs Chedasūtras: 1. Nisīhajjhayaṇa; 2. Mahānisīha; 3. Vavahāra (Vyavahāra); 4. Āyāradasāo (Ācāradaśāḥ) oder Dasāsuyakkhandha (Daśāśrutaskandha); 5. Bṛhatkalpasūtra; 6. Pañcakalpa.

V. Die vier Mūlasūtras: 1. Uttarajjhayaṇa (Uttarādhyayana); 2. Āvassaya (Āvaśyaka); 3. Dasaveyāliya (Daśavaikālika); 4. Piṇḍanijjutti (Piṇḍaniryukti).

VI. Einzelne Texte: 1. Nandisutta (Nāndīsūtra); 2. Aṇuogadāra (Anuyogadvāra); 3. Oghaniryukti; 4. Pākṣikasūtra [1]).

Die Sprache dieses Kanons ist ein Prākrit, das Ārṣa (d. h. »die Sprache der Ṛṣis«) oder Ardhamāgadhī (d. h. »Halb-Māgadhī«) genannt wird. In dieser Sprache soll Mahāvīra selbst gepredigt haben. Es ist aber ein Unterschied zwischen der Sprache der Prosa und der der Verse. Die letzteren zeigen — ähnlich wie die Pāliverse im buddhistischen Kanon — altertümlichere Formen. Die altertümlichste Sprache findet sich im Āyāraṃgasutta, nach diesem im Sūyagaḍaṃgasutta und im Uttarajjhayaṇa. Ganz

---

[1]) Die Liste der kanonischen Texte wird nicht immer gleich angegeben, und in den Texten selbst gibt es Nachrichten in bezug auf den Siddhānta, aus denen wir das Vorhandensein noch anderer Texte entnehmen können, die wir heute in unserem Kanon nicht mehr finden. Noch mehr solcher Werke werden in nichtkanonischen Werken erwähnt. (Charpentier, Uttarajjhayaṇa. Introd. p. 10 f.)

verschieden ist die Ardhamāgadhī von der Jaina-Māhārāṣṭrī,
dem Dialekt der nichtkanonischen Jaina-Texte[1].

Über das Alter und die Autorität des Kanons haben die
Śvetāmbara-Jainas selbst folgende Überlieferung:

Die ursprüngliche Lehre war in den 14 Puvvas (Sansk.
Pūrvas, d. h. »alten Texten«) enthalten, die Mahāvīra selbst seine
Jünger, die Gaṇadharas oder »Schulhäupter«, gelehrt hatte. Die
Kenntnis der »alten Texte« ging aber bald verloren. Nur einer
von Mahāvīras Jüngern überlieferte sie weiter, und sie blieben
nur noch weitere sechs Generationen erhalten. Nun brach im
2. Jahrhundert nach Mahāvīras Tode im Lande Magadha eine
furchtbare Hungersnot aus, die zwölf Jahre lang dauerte. Damals
war der Maurya Candragupta König von Magadha, und der
Thera Bhadrabāhu war das Oberhaupt der Jainagemeinde.
Dieser wanderte infolge der Hungersnot mit einer Schar seiner
Anhänger nach Karṇāṭa im südlichen Indien aus, und Sthūlabhadra — der letzte, der noch alle 14 Puvvas kannte — wurde
das Oberhaupt der in Magadha zurückgebliebenen Gemeinde.
Während der Abwesenheit des Bhadrabāhu zeigte es sich, daß
die Kenntnis der heiligen Texte in Vergessenheit zu geraten
drohte. Daher wurde ein Konzil zu Pāṭaliputra veranstaltet,
auf welchem die 11 Aṅgas zusammengestellt und die Überreste
der 14 Puvvas in einem zwölften Aṅga, dem Diṭṭhivāya, vereinigt wurden. Als die Anhänger des Bhadrabāhu wieder nach
Magadha zurückkehrten, war eine große Kluft zwischen den Aus-
gewanderten und den Zurückgebliebenen vorhanden. Die letzteren
hatten sich daran gewöhnt, weiße Kleider zu tragen, während
die ersteren, der strengen Forderung des Mahāvīra folgend, daran
festhielten, nackt zu gehen. So entstand die große Spaltung
zwischen Digambaras und Śvetāmbaras. Infolgedessen weigerten
sich auch die Digambaras, den Kanon anzuerkennen, indem sie
erklärten, daß für sie die Puvvas und die Aṅgas verloren seien.
Im Laufe der Zeit geriet der Kanon der Śvetāmbaras in Unordnung und sogar in Gefahr verloren zu gehen. Da wurde im
Jahre 980 (oder 993) nach dem Tode des Mahāvīra (also um die

---

[1] R. Pischel, Grammatik der Prakrit-Sprachen (Grundriß I, 8)
§§ 16—21. Vgl. Jacobi, Kalpasūtra, S. 17 ff.; Weber, Ind. Stud. 16,
232 ff. Nach dem Glauben der frommen Jainas wurde Mahāvīra von
allen Geschöpfen verstanden, was immer ihre Sprache war.

Mitte des 5. Jahrhunderts n. Chr.) unter dem Vorsitz des Schul-
oberhauptes Devarddhi Kṣamāśramaṇa ein Konzil zu
Vallabhi in Gujarat abgehalten, um die heiligen Texte zu
sammeln und niederzuschreiben. Das zwölfte Aṅga, das die Reste
der Puvvas enthielt, war damals bereits verlorengegangen. Daher
finden wir in der uns erhaltenen Redaktion, die mit der des
Devarddhi identisch sein soll, nur elf Aṅgas.

Nach der Überlieferung der Śvetāmbara-Jainas selbst reicht
also die Autorität ihrer heiligen Texte nicht über das 5. Jahrhundert n. Chr. hinaus. Allerdings nehmen sie an, daß die
Texte, die auf dem Konzil von Vallabhi niedergeschrieben wurden,
auf jene alten Texte zurückgehen, die auf dem Konzil von
Pataliputra zusammengestellt worden waren und die in letzter
Linie auf Mahāvīra und seine Jünger zurückgehen. Daß die
ersten Jünger des Mahāvīra 14 Puvvas und 11 Aṅgas kannten,
geben auch die Digambaras zu. Sie erzählen aber, daß nicht
nur die Kenntnis der 14 Puvvas frühzeitig verloren ging, sondern
daß auch schon 436 Jahre nach Mahāvīras Nirvāṇa der letzte
Kenner aller 11 Aṅgas starb und die nach ihm folgenden Lehrer
immer weniger Aṅgas kannten, bis deren Kenntnis 683 Jahre
nach Mahāvīras Nirvāṇa schon ganz erloschen war.

Scheint so die Überlieferung der Jainas selbst für ein verhältnismäßig nicht sehr hohes Alter ihrer heiligen Texte zu
sprechen, so gibt es doch gute Gründe dafür, ihre erste Entstehung zum Teile wenigstens einer früheren Zeit zuzuweisen
und anzunehmen, daß Devarddhis Tätigkeit nur darin bestand,
teils mit Hilfe von alten Handschriften, teils auf Grund mündlicher Überlieferung einen Kanon heiliger Schriften zusammenzustellen. Inschriften aus dem ersten und zweiten Jahrhundert
nach Christus beweisen nämlich, daß die Jainas damals schon
in Śvetāmbaras und Digambaras gespalten waren, und daß es
Schulen (gaṇa) gab, in denen die Aufeinanderfolge der Lehrer
ähnlich wie in unseren Texten aufgezeichnet war. Da in denselben Inschriften auch Mönche mit dem Titel Vācaka, d. h.
»Vorleser«, erwähnt werden, muß es damals jedenfalls auch schon
heilige Texte gegeben haben. Inschriften und Basreliefs beweisen,
daß im ersten Jahrhundert nach Christi die Mahāvīralegende
ähnlich wie in unseren Texten erzählt wurde. Daß die Śvetāmbaras in ihrem Siddhānta jene Regeln nicht geändert haben, die

das Nacktgehen der Jainamönche vorschreiben, beweist, daß sie in den Texten keine willkürlichen Änderungen vorzunehmen wagten, sondern diese so treu als möglich überlieferten [1]. Endlich spricht es auch sehr für die Glaubwürdigkeit der Jaina-Überlieferung, daß diese in vielen bemerkenswerten Einzelheiten mit der buddhistischen genau übereinstimmt [2].

Soviel ist sicher: die Werke des Siddhānta können nicht zu **einer** Zeit entstanden sein. Der von Devarddhi zusammengestellte und uns erhaltene Kanon ist das Endergebnis einer litterarischen Tätigkeit, die eingesetzt haben muß, sobald die Organisation des Ordens und das Klosterleben feste Gestalt angenommen hatten. Das dürfte aber nicht lange nach Mahāvīras Tode schon der Fall gewesen sein. Die **ältesten** Bestandteile des Kanons mögen daher sehr wohl bis in die Zeit der ersten Jünger des Mahāvīra selbst, oder wenigstens ins zweite Jahrhundert nach Mahāvīras Tod — die Zeit des Maurya Candragupta, in welche die Tradition das Konzil von Pāṭaliputra setzt — zurückreichen, während die **jüngsten** Bestandteile der Zeit des Devarddhi näher liegen dürften [3].

Wir wenden uns nunmehr der Betrachtung der einzelnen Werke des Kanons zu, indem wir nur bei den auch **litterarisch** wichtigeren Texten etwas länger verweilen werden.

Das **erste Aṅga** ist das **Āyāraṃgasutta** [4]. Es handelt

---

[1] Jacobi, ZDMG 40. 97; SBE 22, XXXVII ff.; Charpentier, Uttarajjhayaṇa, Introd. 25 ff.

[2] Jacobi, SBE 45. XV ff.; Oldenberg, Buddha, 5. Aufl., S. 95 f. — Bhandarkar (Report 1883/4, 124 ff.) glaubt mit Rücksicht auf die Tradition der Digambaras, daß die Jainas erst 683 Jahre nach Mahāvīras Tod (das wäre 216 n. Chr., nach Bhandarkar aber 139 n. Chr.) geschriebene heilige Bücher erhielten, als der letzte der Lehrer, die irgendeinen Teil der heiligen Schriften auswendig konnten, gestorben war. Hingegen glaubt Jacobi (SBE 22, XXXVII ff.), die Abfassung der Werke des Jainakanons gegen Ende des 4. oder Anfang des 3. Jahrhunderts v. Chr ansetzen zu dürfen.

[3] Da die Kommentare Varianten und verloren gegangene Bücher erwähnen, ist uns nicht einmal die Redaktion des Devarddhigaṇi ganz unversehrt erhalten, und einzelne Zusätze sind gewiß auch noch später gemacht worden. Vgl. Weber, Ind. Stud. 16, 229 ff.

[4] Herausgegeben von H. Jacobi, London PTS 1882 und von demselben übersetzt in SBE 22. Der erste Śrutaskandha (mit einer wichtigen Analyse des Stils), neu herausgegeben von W. Schubring, AKM XII, 4, Leipzig 1910. Vgl. dazu Jacobi in AR. 18, 1915, 283 ff.

in zwei größeren Abschnitten (śrutaskandha) von der Lebensweise (āyāra, Sansk. ācāra) des Mönches. Der erste Abschnitt,
der im ganzen einen sehr altertümlichen Eindruck macht, ist
entschieden älter als der zweite, doch ist auch der erste ein
Mosaik aus ungleichen Bestandteilen. Wir begegnen hier wieder
der Mischung von Prosa und Versen, die wir in der buddhistischen
Litteratur so oft gefunden haben. Bald haben wir längere Strophen-
folgen, bald längere Strecken Prosa ohne Vers und bald wieder
einen raschen Wechsel zwischen Prosa und Vers.

Den Hauptinhalt dieser Predigten bilden Ermahnungen und
Warnungen, z. B. die Warnung vor jeder Art von Tötung oder
Verletzung von Lebewesen, wie:

»Also spreche ich. Alle Heiligen (Arhats) und Ehrwürdigen (Bha-
gavats) in der Vergangenheit, in der Gegenwart und in der Zukunft,
sie alle sagen so, reden so, künden so und erklären so: Keinerlei Lebewesen, keinerlei Geschöpfe, keinerlei beseelte Dinge, keinerlei Wesen
darf man töten, noch mißhandeln, noch beschimpfen, noch quälen, noch
verfolgen. Das ist das reine, ewige, beständige Religionsgebot, das von
den Weisen, die die Welt verstehen, verkündet worden ist.«

»Wie es dir zumute wäre, so ist es dem, den du töten willst; wie
es dir zumute wäre, so ist es dem, den du mißhandeln willst; ... den
du beschimpfen willst; ... den du quälen willst; ... den du verfolgen
willst. Der Rechtschaffene, der dieser Erkenntnis entsprechend lebt,
wird weder töten, noch töten lassen.«[1])

Wesentlich unterscheiden sich die jinistischen Mönchsregeln
von den buddhistischen dadurch, daß sie weit mehr die strengste
Askese betonen und selbst den religiösen Selbstmord empfehlen.
Der Mönch soll lieber zu Tode frieren, als sein Gelübde brechen,
wenn er Kälte leidet. Er soll, wenn er noch so krank und
schwach ist, eher sterben, als sein Fastengelübde brechen. Er
soll nackt gehen, um sich dem Stechen der Grashalme, den Un-
bilden der Witterung und den Stichen der Fliegen und Moskitos
auszusetzen. Bezeichnend ist ein großes Versstück (I, 8, 8), wo
zwar auch die bekannte (auch buddhistische) Mönchsregel vorkommt: »Er verlange nicht nach dem Leben, er sehne sich nicht
nach dem Tode«, aber gleich nachher die verschiedenen Methoden
gelehrt werden, nach denen der vollendete Weise sich langsam

---

[1]) I, 4, 11; 5, 5, 4. Derartige Wiederholungen und Anhäufungen
von synonymen oder fast synonymen Ausdrücken sind in den jinistischen
Predigten ebenso beliebt wie in den buddhistischen.

zu Tode hungern soll. An dieses Stück schließt sich ein längeres erzählendes Gedicht — eigentlich ein Mosaik von Versen, bei denen es oft zweifelhaft ist, ob sie Verse sind, — das U v a - h ā ṇ a s u y a ṃ, das den asketischen Wandel des »großen Helden« sehr anschaulich schildert:

Nackt und hauslos zog er herum. Man schlug ihn und höhnte ihn — unbekümmert ging er seinen Meditationen nach. In Lāḍha verfolgten ihn die Einwohner und hetzten Hunde auf ihn. Sie schlugen ihn mit dem Stock, mit der Faust, bewarfen ihn mit Früchten, Erdschollen und Topfscherben. Sie störten ihn durch alle möglichen Quälereien in seinen Meditationen. Aber »wie ein Held an der Spitze der Schlacht« hielt Mahāvīra allem stand. Ob verwundet oder nicht, nie suchte er ärztliche Hilfe. Er nahm keinerlei Arznei, er wusch sich nie, badete nicht und reinigte nie seine Zähne. Im Winter meditierte er im Schatten, in der Hitze des Sommers setzte er sich in die Sonnenglut. Oft trank er monatelang kein Wasser. Manchmal aß er nur jede sechste, achte, zehnte oder zwölfte Mahlzeit und verharrte ohne Begierde in der Meditation usw.

Der zweite Abschnitt des Āyāraṃga ist ein viel späteres Werk, wie auch schon daraus hervorgeht, daß die Unterabteilungen Cūḷās, d. h. »Appendices«, genannt werden. Den Inhalt der beiden ersten Cūḷās bilden trockene Regeln für das Betteln und Wandern und das tägliche Leben der Mönche und Nonnen. Die dritte Cūḷā enthält die Materialien für eine Biographie des Mahāvīra, die in Bhadrabāhus Kalpasūtra verarbeitet worden sind und dort zum Teile wiederkehren. Den Schluß des Buches bilden zwölf Verse, deren Inhalt einigermaßen an die buddhistischen Theragāthās erinnert.

Das zweite Aṅga, das Sūyagaḍaṃga[1]), handelt von dem frommen Wandel der Mönche und ist hauptsächlich der Bekämpfung ketzerischer Ansichten gewidmet. Auch dieses Aṅga besteht aus zwei Büchern, von denen das zweite wahrscheinlich nur ein später hinzugefügter Appendix zum alten Aṅga ist, das im ersten Buch vorliegt. Dieses ist in Versen, Ślokas und auch künstlicheren Versmaßen[2]), abgefaßt und auch die Gleichnisse zeigen, daß der Verfasser sich als Dichter be-

---

[1]) Mit verschiedenen Kommentaren herausgegeben im Āgamasaṃgraha, Bd. 2, Bombay 1880. Übersetzt von Jacobi in SBE, vol. 45.
[2]) Es kommen Vaitālīyastrophen und Yamakas vor; vgl. Jacobi, ZDMG 38, 593; 40, 101.

tätigen wollte. Manche dieser Gleichnisse sind ganz hübsch ausgeführt, wenn es z. B. heißt: Wie Raubvögel sich auf die jungen,
noch nicht flüggen Vögel stürzen und sie fortschleppen, so suchen
gewissenlose Menschen die jungen Mönche zu verführen (I, 14, 2 ff.).
Der ausgesprochene Zweck des Buches ist, die jungen Mönche
vor den ketzerischen Lehren fremder Meister zu schützen, sie
vor allen Gefahren und Versuchungen zu warnen, sie im Glauben
zu befestigen und sie so zum höchsten Ziele zu führen. Das
Werk beginnt mit einer Verurteilung der Lehren der Buddhisten
und anderer Ketzer, denen die Hauptlehren des Mahāvīra gegenübergestellt werden. Was hier über Karman und Saṃsāra gesagt wird, ist allerdings von den »ketzerischen« Lehren nicht
sehr verschieden. So könnten auch in einem buddhistischen Texte
Sätze wie die folgenden stehen (I, 2, 1, 13):

> »Nicht leide ich allein, es leiden die Geschöpfe alle:
> Der Weise, wenn er dies bedenkt, erträgt, was ihn befällt.
> Geduldig, und er fällt nicht in der Leidenschaft Gewalt.«

In lebendiger Weise werden die Mühen und Gefahren geschildert, die das Mönchsleben mit sich bringt, und durch die
der Noviz sich nicht abschrecken lassen soll. Die Freunde und
Verwandten suchen ihn zurückzuhalten und stellen ihm die
Freuden des Familienlebens in lockender Weise dar. Könige
und Minister, Brahmanen und Krieger suchen ihn zur Rückkehr
zur Welt zu verführen: allen diesen Versuchungen soll er wider-
stehen. Tadler und Ketzer greifen ihn an: ihnen soll er mutig
entgegentreten. Ganz besonders aber hüte sich der junge Mönch
vor den Lockungen der Frauen, die ihn auf alle mögliche Weise
zu bestricken suchen. Zur Warnung wird nicht ohne Humor
geschildert, wie es den Männern ergeht, wenn sie den Frauen
in die Falle gegangen sind. Dann drehen sie ihn herum, wie
der Wagner die Felge des Rades. Und wie es ihm weiter ergeht, schildern die Verse:

> »Bring' Holz, daß wir's Gemüse kochen,
> Das Feuer für die Nacht entzünden!
> Bestreich' die Füße mir mit Farbe,
> Schnell komm' und reib' den Rücken mir!«

> »Reich' mir die Lippensalbe, hol' den Schirm!
> Wo sind die Schuhe? Wo das Messer,
> Daß ich den Faden schneid' entzwei?
> Das Kleid mußt blau mir färben lassen.«

»Hol' mir die Schere! Schnell den Kamm!
Das Band, das Haar mir aufzubinden.
Reich' mir den Spiegel her! Wo ist
Denn nur die Bürste für die Zähne?«

»Und ist zum Lohne ihm ein Söhnlein erst geboren,
Dann heißt's das Kindlein halten, es der Mutter reichen, —
Und manche stolzen Sohnerhalter
Sind Lastenträger wie Kamele.«

»Sie müssen aufsteh'n mitten in der Nacht, das Kind
In Schlaf zu wiegen, ganz wie eine Kinderfrau;
Und mögen sie auch noch so sehr sich schämen, —
Sie müssen, wie die Wäscher, Kleider waschen«.[1])

Wie die Verfasser so mancher Purāṇatexte und buddhistischer Suttas, verweilt auch ein Abschnitt dieses Jaina-Aṅga mit wahrhaft sadistischem Behagen bei der phantastischen Schilderung der Höllen und der grausigsten Höllenqualen (I, 5, 1 f.). Immer wieder kehrt aber der Verfasser zur Polemik zurück. So greift er z. B. das brahmanische Rituell an, indem er sagt (I, 7): Wenn es wahr wäre, daß man durch Waschungen mit kaltem Wasser Vollkommenheit erlangt, so würden Fische, Schildkröten und Schlangen die höchste Vollkommenheit erreichen; und wenn das Wasser die böse Tat hinwegwüsche, so müßte es auch die gute Tat wegwaschen. Brahmanen behaupten, daß man durch das tägliche Entzünden des Feuers vollkommen werde; wenn das wahr wäre, dann würden ja die Schmiede und ähnliche Handwerker die höchste Heiligkeit erlangen.

Es ist möglich, daß dieses Buch das Werk eines Verfassers ist. Wahrscheinlicher aber ist es, daß ein Redaktor verschiedene Dichtungen und Predigten über dasselbe Thema zu einem Buch vereinigt hat. Hingegen ist das zweite, in Prosa geschriebene Buch nur eine ziemlich ungeschickte Zusammenstellung von Appendices. Auch sie sind zum großen Teil polemischen Inhalts und wurden nur deshalb angefügt, weil sie ähnliche Gegenstände behandeln, wie das alte Aṅga. Für die Kenntnis des indischen Sektenwesens ist aber auch dieses Buch von Wichtigkeit[2]).

---

[1]) I, 4, 1, 9; 2, 5; 9; 11; 16; 17.
[2]) Über die im Sūyagaḍaṃga behandelten ketzerischen Lehren s. Jacobi, SBE 45, p. XXIII ff.

In dem dritten Aṅga, dem Ṭhāṇaṃga[1]), werden ähnlich wie im Aṅguttaranikāya der Buddhisten verschiedene Gegenstände der Religion in zahlenmäßiger Ordnung von 1—10 behandelt. Diese Aufzählungen enthalten manchmal Gleichnisse *in nucc*, wenn es z. B. heißt: Es gibt vier Arten von Körben, so auch von Lehrern; es gibt vier Arten von Fischen, so auch von Bettlern; es gibt vier Arten von Kugeln, so auch von Männern, usw. Wichtig ist eine in diesem Aṅga enthaltene Inhaltsangabe des verloren gegangenen Diṭṭhivāya.

Das vierte Aṅga, das Samavāyaṃga[2]), schließt sich unmittelbar an das dritte an, und der Inhalt der ersten zwei Drittel des Werkes ist ebenso nach Kategorien angeordnet, wie das Ṭhāṇaṃga, nur daß hier die Zahlen über zehn, ja über hundert weit hinausgehen bis zu einer Million.

Das letzte Drittel des Werkes ist ohne Zweifel ein späterer Nachtrag. Es enthält genaue Angaben über Inhalt und Umfang sämtlicher zwölf Aṅgas, deren Vorhandensein also schon vorausgesetzt wird, ferner allerlei Angaben über die Lehre, die Hagiologie usw. Daß aber dieses Aṅga überhaupt erst spät entstanden ist, wird auch dadurch bewiesen, daß wir z. B. unter der Zahl 18 die Aufzählung der achtzehn Arten der Brāhmī-schrift, unter der Zahl 36 die Aufzählung der sechsunddreißig Abschnitte des Uttarajjhayaṇa und andere wichtige Angaben über den Kanon finden[3]).

Einer der wichtigsten Texte ist das fünfte Aṅga, die Bhagavatī Viyāha- oder Vivāhapaṇṇatti, gewöhnlich kurz »die Bhagavatī« genannt[4]). Das Werk enthält eine umständliche und umfängliche Darstellung der Dogmatik des Jinismus, teils katechismenartig vorgetragen, teils in der Form von Dialoglegenden (itihāsasaṃvāda). Ein legendarischer Teil be-

---

[1]) Herausgegeben im Āgamasaṃgraha. Bd. 3, Benares 1880, mit einem Sanskrit- und einem Prākrit-Kommentar. Vgl. E. Leumann, GGA 1899, 588, 592.

[2]) Herausgegeben mit Kommentar im Āgamasaṃgraha, Bd. 4, Benares 1880.

[3]) In § 88 wird auf die Nandī verwiesen. Die Angaben über den Umfang der Aṅgas stimmen nicht zu deren jetzigem Umfang. Weber, Ind. Stud. 16, S. 285 ff.

[4]) Vgl. A. Weber, Ein Fragment der Bhagavatī. ABA 1865, 367—444: 1866. 155—352.

richtet auch über die Vorgänger des Mahāvīra und über fromme
Asketen, die durch strenge Kasteiungen zu großer Götterwürde
gelangt sind. Auch die Schilderungen der Götterwelten, die
den Frommen als Lohn verheißen werden, und der Höllen mit
ihren Qualen, die den Bösewicht erwarten, nehmen einen großen
Raum ein. Unter den Legenden sind besonders diejenigen von
Wichtigkeit, welche von den Vorgängern und Zeitgenossen des
Mahāvīra handeln, so von den Jüngern des Pārśva und den
Sektenstiftern Jāmāli und Gosāla Makkhaliputta, denen das
XV. Buch der Bhagavatī gewidmet ist. Dieser Abschnitt ist
ein gutes Beispiel von der Art und Weise, wie eine Sekte das
Leben des Stifters einer feindlichen Sekte darstellt. Als geschichtlicher Kern scheint der Darstellung die Tatsache zugrunde zu liegen, daß die beiden feindlichen Sekten, die Niganṭhas,
die Anhänger des Pārśva und des Mahāvīra, und die Ājīvikas,
die Anhänger des Gosāla, einander ursprünglich sehr nahe gestanden haben, ehe sie getrennte Wege gingen [1]). Es scheint,
daß dieses XV. Buch der Bhagavatī ursprünglich ein selbständiger Text war, wie denn überhaupt das fünfte Aṅga als
ein Mosaik erscheint, in das nach und nach verschiedene Texte
eingeschoben worden sind.

Das sechste Aṅga führt den Titel Nāyādhamma-
kahāo (Sansk. Jñātādharmakathā) [2]), was wahrscheinlich »Beispiele und religiöse Erzählungen« bedeutet [3]). Das erste Buch
dieses Aṅga besteht aus 21 Kapiteln, deren jedes in der Regel
eine für sich abgeschlossene Erzählung darstellt. Die meisten

---

[1]) Im Appendix zu seiner Übersetzung des Uvāsagadasāo hat
H o e r n l e die Geschichte des Gosāla Makkhaliputta aus Bhagavatī XV
übersetzt. Vgl. auch Hoernle, ERE 1, 261.

[2]) Vgl. P. S t e i n t h a l, Specimen der Nâyâdhammakahâ. Diss.
Leipzig 1881; W. H ü t t e m a n n. Die Jñāta-Erzählungen im sechsten
Aṅga des Kanons der Jinisten. Straßburg 1907.

[3]) So wird der Titel von den Jainas selbst erklärt. Die n ā y a
(Sansk. jñāta) sind nämlich eine bestimmte Art von Erzählungen. »sie
sollen entweder einen bestimmten G e g e n s t a n d i h r e r H a n d l u n g
oder eine bestimmte S t e l l e i n d e r E r z ä h l u n g so stark hervorheben,
daß der Zuhörer erkennt. es komme auf d i e s e n Punkt der Erzählung
a l l e s a n« (Hüttemann a. a. O., S. 47 f.). Anders will W e b e r den Titel
erklären: »Erzählungen zum Dharma des Nāya«, d. h. des Jñātṛ; Mahāvīra heißt nämlich nach seiner Abkunft auch Jñātṛputra oder Nāya-
putta (in den buddhistischen Pālitexten Nātaputta).

dieser Erzählungen sind von der Art, daß es bei ihnen mehr
auf ein in ihnen enthaltenes Gleichnis als auf die Erzählung
selbst ankommt; oder es sind überhaupt nur etwas breit aus-
gesponnene und zu Erzählungen umgestaltete Gleichnisse. Von
der Art ist z. B. das 7. Kapitel, in dem erzählt wird:

Ein Kaufmann hatte vier Schwiegertöchter. Um diese auf die
Probe zu stellen, gibt er jeder von ihnen fünf Reiskörner mit dem
Auftrag, sie so lange sorgfältig aufzubewahren, bis er sie wieder zurück-
verlangen werde. Die eine wirft nun die Körner weg, indem sie denkt:
In der Vorratskammer gibt es Körner genug, ich werde ihm andere
dafür geben. Ebenso denkt die zweite und ißt die Körner auf. Die
dritte verwahrt sie sorgfältig in ihrem Juwelenkästchen. Die vierte
aber sät die Körner aus und erntet; die Ernte sät sie wieder aus und
erntet wieder, bis nach fünf Jahren ein großer Vorrat von Reis an-
gesammelt ist. Da kehrt der Kaufmann zurück und bestraft die beiden
ersten Schwiegertöchter, indem er ihnen die niedrigsten Beschäftigungen
im Hause anweist; die dritte beauftragt er mit der Behütung des gesamten Besitzes; aber die Oberleitung des großen Hauswesens über-
trägt er der vierten Schwiegertochter. — Diesen vier Frauen gleichen
die Mönche, von denen die einen die fünf großen Gelübde gar nicht
halten. die anderen sie vernachlässigen, die besseren sie gewissenhaft
beobachten, die besten aber sich nicht damit begnügen, sie zu beobachten,
sondern sie auch weiter verbreiten [1].

Neben Legenden und Gleichnissen dieser Art finden wir
aber auch förmliche Novellen, Geschichten von Reiseabenteuern,
Seefahrermärchen, Räubergeschichten und dergleichen, wo dann
das Gleichnis nur in Form einer ungeschickt angehängten Moral
erscheint [2]. Im 8. Kapitel wird die wenig geschmackvolle, aber
sehr charakteristische Legende von Mallī, dem einzigen weiblichen Tīrthakara [3]), erzählt. Interessant ist das 16. Kapitel, in
dem die Sage von Dovaī, d. i. Draupadī, in Form einer Wieder-

---

[1]) E. Leumann (WZKM 3, 1889, 331 f.; GGA 1899, 588) hat
das Gleichnis von den Talenten bei Matth. 25 und Luk. 19, 12 ff. verglichen. Ein historischer Zusammenhang zwischen dem jinistischen und
dem christlichen Gleichnis ist aber schwerlich anzunehmen. So auch
Garbe, Indien und das Christentum. S. 43 f. Anm.

[2]) In dem Seefahrermärchen der neunten Jñāta-Erzählung kommt
auch das geflügelte Pferd vor, wie im Valāhassa-Jātaka (Nr. 196). Vgl.
oben II, 105 f. und Charpentier, WZKM 27, 1913, 93.

[3]) Es gibt nach der Hagiologie der Jainas 24 Tīrthakaras oder
»Kirchenstifter« von Rṣabha bis auf Mahāvīra. den letzten, die alle vollkommene Einsicht (kevalajñāna) und Gotteswürde besessen haben.

geburtsgeschichte erzählt wird. Es ist dies eine mönchische Verballhornung der Sage des Mahābhārata von der Fünfmännerheirat der Draupadī [1]).

Das zweite Buch des Aṅga weicht in Form und Inhalt von dem ersten ganz ab und steht in engerer Beziehung zum siebenten und zum neunten Aṅga.

Größtenteils erzählenden Inhalts ist auch das siebente Aṅga, Uvāsagadasāo[2]), d. h. »die zehn (Kapitel über die Pflichten) des Laienanhängers«. Es werden hier Legenden von zehn frommen Hausvätern erzählt, die zumeist reiche Kaufleute sind, sich gewisse Beschränkungen auferlegen, die von Mahāvīra aufgezählten Gelübde auf sich nehmen und fromme Laienanhänger werden. Durch Askese bringen sie es schließlich so weit, daß sie schon als Laienanhänger mit Wunderkräften ausgestattet sind. Schließlich sterben sie als echte Jainaheilige den freiwilligen Hungertod und werden als Götter im Himmel der Frommen wiedergeboren. Zehn Geschichten dieser Art sind — ähnlich wie in den Purāṇas und in den buddhistischen Mahāyānasūtras — von einem gemeinsamen Rahmen eingeschlossen, indem der ehrwürdige Suhamma sie dem Jambū mitteilt. Die Legenden sind alle in eintönigster Weise nach einer Schablone erzählt, so sehr, daß in den späteren Geschichten oft nur mit einigen Stichworten auf die früheren Geschichten verwiesen wird. Am interessantesten ist noch das siebente Kapitel, in dem die Geschichte des reichen Töpfers Saddālaputta erzählt wird, der ein Anhänger des Gosāla Makkhaliputta gewesen war und von diesem zum Mahāvīra über-

---

[1]) E. Leumann, OC VI Leiden 1883, 3. 539 ff., glaubt, daß in der jinistischen Form der Sage eine altertümliche Überlieferung stecke. Das ist gewiß nicht der Fall. Vgl. auch Weber, HSS. Verz. II, 2, 473 f. Leumann (a. a. O. 551 f.) bespricht das 14. Kapitel des Aṅga, das er als indische »Herodessage« mit jenem Teil der Kṛṣṇalegende vergleicht, der in Bhāgavata-Purāṇa 10, 2—4 erzählt wird. Aber die Sage vom Kindermord hängt nur ganz lose mit der frommen jinistischen Legende zusammen.

[2]) Ed. in the original Prākṛt with the Sanskrit Commentary of Abhayadeva and an English Translation with notes by A. F. R. Hoernle, Calcutta, Bibl. Ind. 1885—1888. Vgl. Leumann, WZKM 3, 1889, 328 ff.; Barth, RHR 19, 1889, 284. Eine metrische, ausgeschmückte Bearbeitung des Inhalts dieses Aṅga ist die Vardhamānadeśanā in Prākrit-Gāthās (mit Interlinearversion in Sanskrit); s. Weber HSS. Verz. II, 2, 492.

ging. Wie Mahāvīra den Töpfer von der Wahrheit seiner Lehre überzeugt, wird in einer Weise geschildert, die manchmal an die besten buddhistischen Dialoge erinnert. Das ganze Werk ist aber offenbar nur für Andachtszwecke zusammengestellt [1]). Es ist nicht eine religiöse Dichtung, sondern nur ein Beispiel theologischer Mache.

Ebensowenig litterarischen Wert können die beiden folgenden, nach demselben Plane gemachten Aṅgas beanspruchen. Das achte Aṅga, Aṃtagaḍadasāo[2]), d. h. »die zehn (Kapitel) über die (frommen Asketen), welche ein Ende gemacht haben«, bestand ursprünglich auch aus zehn Kapiteln, ist aber jetzt in acht Abschnitte eingeteilt. Auch das neunte Aṅga, Aṇuttarovavāiyadasāo, d. h. »die zehn (Kapitel) über die (frommen Asketen), die zu den allerhöchsten (Himmelswelten) gelangt sind«. hat statt der ursprünglichen zehn Lektionen jetzt eine Einteilung in drei Abschnitte mit dreiunddreißig Lektionen. Schon um ihrer Form willen können diese Werke nicht auf litterarische Wertung Anspruch erheben. Die Legenden werden nämlich nicht nur nach einer Schablone erzählt, sondern sie stellen oft nur ein Gerippe dar, dessen Ausfüllung mit klischeeartig festgelegten Worten und Sätzen dem Erzähler überlassen wird. Es heißt z. B.: »Es war einmal eine Stadt Namens Campā, ein Heiligtum Puṇṇabhadda, ein Wald. Beschreibung.«[3]) Gemeint ist, daß hier eine vollständige Beschreibung der Stadt, des Heiligtums und des Waldes einzufügen ist, wie sie sich im ersten Upāṅga findet. Oder es ist von dem Thera Suhamma, einem der Jünger des Mahāvīra, die Rede, und es wird wieder nur angedeutet, daß eine längere Beschreibung dieses heiligen Mannes nach dem Klischee zu geben ist, das man im sechsten Aṅga finden kann. Diese »Beschreibungen« (varṇaka) sind übrigens in einem durch Anhäufung

---

[1]) Das wird am Schlusse des Buches auch ausdrücklich gesagt: »Das siebente Aṅga, Uvāsagadasāo, bildet ein Buch der heiligen Schrift. Seine zehn Kapitel .. werden genau in zehn Tagen rezitiert. So wird das ganze Buch vollständig gelesen. Es ist jedoch gestattet, dasselbe mit dem Aṅga in zwei Tagen zu tun.«

[2]) The Antagaḍa-dasāo and Aṇuttarovavāiyadasāo translated from the Prakrit by L. D. Barnett, London OTF 1907.

[3]) Etwas Ähnliches finden wir im Kanon der Sarvāstivādins; s. oben II, 218 f.. 222 und Speyer, Avadānaśataka II, p. XVI f.

langer Komposita gekennzeichneten Kunststil abgefaßt. Wahrscheinlich gehören sie zu den älteren poetischen Bestandteilen des Kanons[1]). Aber auch, wo die Schilderungen im Texte selbst gegeben sind, z. B. die der Hochzeit des Prinzen Goyama, sind sie sehr langweilig und bestehen meist nur in endlosen Aufzählungen. Etwas schwungvoller wird die Erzählung nur, wo der Prinz seinen Entschluß kundgibt, Mönch zu werden, und die Eltern ihn von seinem Entschluß abzubringen suchen. An die berühmte »Feuerpredigt« des Buddha erinnern die Worte, mit denen Goyama im achten Aṅga um Aufnahme in den Orden bittet: »Die Welt steht in Flammen, die Welt brennt durch Alter und Tod.« Für die indische Mythologie und Religionsgeschichte wichtig ist dieses Aṅga dadurch, daß es die Kṛṣṇalegende in einer jinistischen Verballhornung aufgenommen hat. Die Geschichte vom Untergang der Stadt Dvāravatī und vom Tode Kṛṣṇas wird ähnlich wie im Mahābhārata erzählt, nur daß Kṛṣṇa zu einem frommen Jaina gemacht wird.

Im neunten Aṅga wird mit trostloser Eintönigkeit erzählt, wie die Heiligen immer wieder zur höchsten Vollendung dadurch eingehen, daß sie sich — zu Tode hungern. Und für uns wenigstens ist es wenig erbaulich, wenn die »Schönheit der Askese« eines Mönchs in der Weise geschildert wird, daß von jedem einzelnen Körperteile durch drastische Vergleiche veranschaulicht wird, wie abgemagert und heruntergekommen er war. Es ist ein merkwürdiger Widerspruch: Diese krankhafte Liebe zum Tode bei dem Jainaheiligen und andererseits die ebenso krankhafte Furcht, irgendein Lebewesen — und sei es auch nur ein Wurm oder selbst ein grünes Kraut — zu töten. Das zehnte Aṅga, Paṇhāvāgaraṇāiṃ (»Fragen und Erklärungen«), handelt in zehn »Pforten« (dāra) von den zehn

---

Winternitz, Geschichte der Indischen Litteratur. II.   20 sittlichen Pflichten, Geboten und Verboten. Es ist ein rein dogmatisches Werk[1]).

Das elfte Aṅga, Vivāgasuyaṃ, d. h. »der Text vom Reifen (der Handlungen)«, enthält Legenden über die Vergeltung guter und böser Taten nach Art der buddhistischen Karmangeschichten im Avadānaśataka und Karmaśataka. Indabhūti sieht verschiedene unglückliche Menschen, und Mahāvīra erklärt auf dessen Bitte, durch welche Handlungen in einer früheren Geburt die Person solches Unglück verdient habe, was für schlechte Wiedergeburten sie schon durchgemacht, was ihr noch bevorsteht, und wie sie schließlich wieder zu einer guten Wiedergeburt gelangen könne. Da ist z. B. ein gewisser Umbaradatta, der von allen möglichen widerlichen Krankheiten heimgesucht ist. Warum? Weil er in einem früheren Dasein als Arzt einem Patienten Fleischkost verordnet und dadurch die Tötung zahlreicher Lebewesen veranlaßt hat. Er wird später noch schlechtere Wiedergeburten als Hund usw. erlangen, aber schließlich doch wieder als Kaufmann wiedergeboren werden.

Über den Inhalt des verloren gegangenen zwölften Aṅga, des Diṭṭhivāya (»Lehre von den verschiedenen Ansichten«), gibt es nur allerlei Nachrichten in anderen Texten[2]). Daß es aber ursprünglich zwölf Aṅgas gegeben hat, folgt auch aus dem Vorhandensein von zwölf Upāṅgas.

Zu jedem Aṅga gehört nämlich ein Upāṅga. Doch ist der Zusammenhang nur ein ganz äußerlicher. Der Inhalt der zwölf Upāṅgas ist rein dogmatisch und mythologisch, und sie haben nur geringes litterarisches Interesse.

---

[1]) Weder der Titel noch die Angaben des sechsten Aṅga über den Inhalt des Werkes stimmen zu unserem jetzigen Text, der also nicht mehr der ursprüngliche sein kann; vgl. Weber, Ind. Stud. 16, 326 ff.

[2]) So im vierten Aṅga, in der Nandī und in den Chedasūtras. Ein kleiner Tantra-artiger Text scheint an der Spitze dieses Aṅga gestanden zu haben; s. Leumann OC VI Leiden 1883, III, 2, 558 ff. Ein Karmagrantha von Candrarṣi und ein Karmaprakṛti genanntes Werk von Śivaśarmasūri, alte Texte in Prākrit-Gāthās über die Karmanlehre, sollen dem Diṭṭhivāya entnommen sein; s. H. von Glasenapp, Die Lehre vom Karman in der Philosophie der Jainas nach den Karmagranthas dargestellt, Leipzig 1915, S. 9 f. Ein Auszug aus dem Diṭṭhivāya in 50 Gāthās ist die Siddhapañcāśikā des Devendra Sūri; siehe Weber, HSS. Verz. II, 2, 534 ff.

Das erste Upāṅga ist das Ovavāiya oder Ovāiya[1]), ein aus ungleichen Bestandteilen zusammengeschweißtes Werk. Der erste Teil enthält die Schilderung der Wallfahrt eines Königs zu einem Heiligtum, wo Mahāvīra eine Predigt hält. Damit hängt der zweite Teil, der von dem »Erlangen der Existenzen« (daher der Titel) in den zwölf Götterwelten handelt, gar nicht zusammen.

Als Litteraturwerk ist nur das zweite Upāṅga, das Rāyapaseṇaïjja[2]), interessant. Es beginnt zwar mit einer langen und langweiligen, an die Purāṇas erinnernden Geschichte von der Wallfahrt des Gottes Sūriyābha zum Mahāvīra, aber den Kern des Werkes bildet der in diese Geschichte eingefügte Dialog zwischen dem König Paësi und dem Mönch Kesi, der mit der Bekehrung des freigeistigen Königs endet. Dies ist ein prächtiger, lebendig geführter Dialog, in welchem Kesi dem Paësi beweisen will, daß es eine vom Körper unabhängige Seele gibt, während Paësi das Gegenteil durch Experimente festgestellt zu haben glaubt. Er sagt z. B., er habe einen Dieb hinrichten, zerschneiden, zerhacken lassen und von seiner Seele nichts gefunden; worauf Kesi ihm erwidert, er sei noch einfältiger als gewisse Leute, die Feuer machen wollten und die Feuerreibhölzer zerhackten.

Das vierte Upāṅga unterscheidet sich von der Mehrzahl der kanonischen Texte dadurch, daß es einem Verfasser, Ayya Sāma[3]), zugeschrieben wird.

Das fünfte, sechste und siebente Upāṅga sind »wissenschaftliche« Werke, die über Astronomie, Geographie, Kosmologie und Zeiteinteilung handeln. Doch enthält die Sūriyapaṇṇatti[4])

---

[1]) Das Aupapātika Sūtra, erstes Upāṅga der Jaina, 1. Teil. Einleitung, Text und Glossar von E. Leumann, AKM VIII, 2, Leipzig 1883. Über den Titel vgl. auch S. Lévi, JA 1912, s. 10, t. XX, 502 f.

[2]) Über den Inhalt s. Leumann OC VI, Leiden 1883, III, 2, 490 ff. Die Sanskritübersetzung des Titels, Rājapraśnīya, ist wahrscheinlich unrichtig. Vermutlich handelte das Werk ursprünglich von einem König Prasenajit, für den Paësa eingesetzt worden ist; vgl. Weber, Ind. Stud. 16, 382 ff. Über eine buddhistische Version des Paësi-Dialogs im Dīghanikāya s. oben II, 33.

[3]) Sansk. Ārya Śyāma. Er gilt als der 23. Heilige nach Mahāvīra und ist identisch mit Kālakācārya, der unter Gardabhila (74—61 v. Chr.) gelebt haben soll (Charpentier, Uttarajjhayaṇa, Introd. p. 26).

[4]) Weber, Ind. Stud. 10, 254 ff.; 16, 401 ff.; HSS. Verz. II, 2, 573 ff.; Thibaut, JASB 1880, 49, 107 ff., 181 ff.

viel mehr Phantastereien über die Himmelskörper, als wirkliche
Beobachtungen, und in den geographischen Abschnitten der
Jambuddīvapaṇṇatti nehmen bei der Beschreibung des
Bharatavarṣa die Legenden vom König Bharata einen großen
Umfang ein [1]).

Die Upāṅgas 8—12 werden auch als fünf Abschnitte eines
Textes unter dem Namen Nirayāvalīsuttaṃ zusammengefaßt. Das achte Upāṅga, Nirayāvaliyāo [2]), »die Reihen
der Höllen«, berichtet, wie die zehn Halbbrüder des Königs von
Campā, Kūṇiya oder Ajātaśatru, in der Schlacht gegen ihren
Großvater Ceḍaga von Vesāli von diesem getötet und nach
ihrem Tode in den verschiedenen Höllen (niraya) wiedergeboren
wurden. Die Buddhisten erzählen von Ajātaśatru, daß er seinen
Vater Bimbisāra, den Zeitgenossen des Buddha, tötete und überhaupt ein schlechter, grausamer Herrscher war. Die Jainas
suchen ihn, offenbar, weil er ihren Orden begünstigte, reinzuwaschen. Der Bericht im achten Upāṅga ist daher wahrscheinlich eher Geschichtsfälschung, als Geschichte.

Die zehn Païṇṇa oder »zerstreuten Stücke« entsprechen
den vedischen Pariśiṣṭas, sind wie diese größtenteils metrisch und
handeln über allerlei Gegenstände der Jainareligion, so über die
Gebete, mittels deren man sich in den vierfachen Schutz (der
Arhats, Siddhas, Sādhus und der Religion) begibt, über das
Sterben des Weisen, über das Leben des Embryos, über die
Eigenschaften des Lehrers und der Schüler, über die Götter usw.

Die sechs Chedasūtras [3]) bildeten vielleicht erst spät eine
Gruppe im Kanon, da ihr nicht immer dieselben Texte zugerechnet
werden. Aber der Kern dieser Gruppe, die Chedasūtras 3—5,
gehört zum ältesten Bestand des Kanons. Diese drei Texte

---

[1]) Nach Leumann (ZDMG 48, 82) können diese Legenden »geradezu ein Paralleltext zu Viṣṇupurāṇa II und Bhāgavatapurāṇa V genannt werden«.

[2]) Nirayāvaliyāsuttam, een Upāṅga der Jaina's. Met inleiding
van S. Warren, Amsterdam 1879.

[3]) Die Bedeutung des Wortes ist nicht klar. Cheda bedeutet
»Schnitt«. Da cheda und mūla in der Jaina-Disziplin zwei Arten von
Bußen bedeuten, vermutet Schubring (Kalpa-sūtra, S. 8), daß die Ausdrücke Chedasūtra und Mūlasūtra daher stammen. Aber die Mūlasūtras
haben wenigstens in ihrer jetzigen Gestalt mit den Bußen doch nichts
zu tun.

werden auch oft zusammen Dasā-kappa-vavahārā genannt. Den Inhalt der Chedasūtras bildet nebst mancherlei
Legendenwerk das, was wir bei den Buddhisten als Vinaya
kennen gelernt haben, nämlich die Lebensregeln für die Mönche
und Nonnen und die Vorschriften über Sühnen und Bußen,
überhaupt die ganze Ordensdisziplin. Das vierte Chedasūtra,
Āyāradasāo (»die zehn Abschnitte über das Betragen«), auch
Dasāo oder Dašāšrutaskandha genannt, wird von der Überlieferung dem Bhadrabāhu zugeschrieben, und der achte Abschnitt
dieser Dasāo ist unter dem Titel »Kalpasūtra des Bhadrabāhu« längst bekannt [1]).

Bhadrabāhu gilt als einer der ältesten Lehrer und hervorragendsten Schriftsteller bei den Jainas. Er soll der sechste
Thera nach Mahāvīra gewesen und 170 Jahre nach dessen Nirvāṇa gestorben sein. Nach der Überlieferung war er der letzte,
der die verloren gegangenen Puvvas kannte, und er soll das
dritte und vierte Chedasūtra aus dem neunten Puvva ausgezogen
haben. Außer den Dasāo werden ihm auch die Niryuktis, knappe
metrische Erläuterungen zu einzelnen Teilen des Kanons, zugeschrieben.

In dem Kalpasūtra sind drei verschiedene Texte zu einem
Ganzen vereinigt, und es scheint nicht gut möglich, daß sie alle
den Bhadrabāhu zum Verfasser haben. Der erste Abschnitt
enthält das Jinacaritra, »die Lebensbeschreibungen der Jinas«[2]).
Der Hauptteil dieses Abschnittes ist die Lebensbeschreibung des
Mahāvīra, die sehr ausführlich, mit großer epischer Breite, mit
Schilderungen im Kāvyastil und mit maßlosen Übertreibungen
in einer an den Lalitavistara erinnernden Weise erzählt wird.
Empfängnis, Embryoübertragung[3]) und Geburt des Mahāvīra
werden ähnlich wie im Āyāraṃgasutta dargestellt. Es folgen

---

[1]) Eine sehr mangelhafte Übersetzung von J. Stevenson erschien
schon 1848, eine kritische Ausgabe von H. Jacobi, AKM VII, 1, Leipzig
1879, eine englische Übersetzung von demselben in SBE, vol. 22.

[2]) Eine im Berliner Museum für Völkerkunde aufbewahrte Handschrift dieses Jinacaritra enthält sehr interessante Miniaturen, welche
die Hauptereignisse im Leben des Mahāvīra darstellen. Sie sind beschrieben von W. Hüttemann im Baeßler-Archiv, Bd. 4, 1914, S. 47 ff.

[3]) Diese Embryoübertragung ist aus der Kṛṣṇalegende entlehnt,
wird aber schon im 1. Jahrhundert n. Chr. auf Skulpturen der Jainas
in Mathurā dargestellt.

dann die vierzehn Träume der Devānandā, der Mutter des Mahāvīra, und deren Deutung; das Leben des Mahāvīra im Hause,
sein zwölfjähriges Asketenleben und seine nicht ganz dreißig
Jahre während Tätigkeit, die er als vollendeter Weiser (Kevalin)
ausübte. Die hierauf folgenden Lebensbeschreibungen der Vorgänger des Mahāvīra, der übrigen Jinas bis auf Pārśva, sind
ganz und gar nach der Schablone der Mahāvīrabiographie ge·
macht, und zwar für liturgische Zwecke ¹).

Den zweiten Teil des Kalpasūtra bildet die Therāvalī,
eine Liste von Schulen (gaṇa), deren Abzweigungen (śākhā)
und Schulhäuptern (gaṇadhara). Diese Liste geht weit über
Bhadrabāhu hinaus, kann also unmöglich von ihm verfaßt
sein. Aber Inschriften aus dem 1. Jahrhundert n. Chr. beweisen, daß die Namen in dieser Liste nicht erfunden, sondern
historisch sind.

Der dritte Teil ist wahrscheinlich der älteste Kern des Kalpasūtra. Er enthält die Sāmācārī oder »Regeln für die Asketen«,
und zwar die Regeln für die Regenzeit (Pajjusan). Daß dieses
Stück den ältesten Teil des Werkes darstellt, wird auch dadurch
wahrscheinlich, daß der vollständige Titel des »Kalpasūtra«
Pajjosavaṇākappa (Sansk. Paryuṣaṇākalpa) lautet, aber in
Wirklichkeit nur auf diesen dritten Teil paßt. Die Tradition
wird wohl recht haben, die besagt, daß Jinacaritra, Therāvalī
und Sāmācārī unter dem Titel »Kalpasūtra« im ursprünglichen
Kanon nicht enthalten waren, sondern erst von Devarddhi dem
Siddhānta angeschlossen wurden ²).

Das alte echte Kalpasūtra ist das fünfte Chedasūtra,
das auch Bṛhatkalpasūtra oder Bṛhatsādhukalpasūtra genannt

---

¹) Wenn die Bilder der Jinas oder Tīrthakaras in den Jainatempeln
verehrt werden, so werden Hymnen an sie gerichtet, von denen einer
die glücklichen Momente ihres Lebens zusammenfaßt, und eben mit
diesen beschäftigen sich die Lebensbeschreibungen der Jinas.

²) Nach einer Überlieferung sind alle drei Chedasūtras 3—5 das
Werk von Bhadrabāhu. Weber (Ind. Stud. 16, 472 ff.) führt gute
Gründe dafür an, daß dieses ganze »Kalpasūtra« zu Unrecht dem
Bhadrabāhu zugeschrieben wird. Vgl. auch Oldenberg, ZDMG 34,
1880, 755. Immerhin ist es bemerkenswert, daß in den Chedas ebenso
wie im buddhistischen Vinayapiṭaka biographische Stücke eingeschoben
sind. Vielleicht ist eine ältere Mahāvīrabiographie durch dieses »Kalpasūtra« verdrängt worden.

wird[1]). Es ist das Hauptwerk über die Regeln und Vorschriften
für die Mönche und Nonnen. Eine notwendige Ergänzung dazu ist
der Vavahāra, das dritte Chedasūtra. Im Kalpasūtra wird die
Straffälligkeit, im Vavahāra die Straferteilung gelehrt. Ein
jüngeres Werk ist der Nisīha, das erste Chedasūtra, das Vorschriften über das Strafmaß für verschiedene Vergehen gegen die
Regeln des täglichen Lebens enthält[2]). Noch nicht bekannt ist das
sechste Chedasūtra, Pañcakalpa genannt. Zuweilen wird aber
der Jītakalpa des Jinabhadra[3]), eine ausführliche, in Versen
abgefaßte Zusammenstellung der Fälle, in denen die einzelnen
Straftaten Geltung haben, als sechstes Chedasūtra bezeichnet,
obgleich es ein jüngeres Werk über Mönchsdisziplin ist. Gelegentlich werden auch Piṇḍa- und Oghanijjutti, die gleichfalls über die Disziplin handeln, zu den Chedasūtras gerechnet.
Ein noch jüngeres Werk als diese beiden Nijjuttis ist das Mahānisīhasutta, das als zweites, manchmal aber auch als sechstes
Chedasutta erscheint, in Wirklichkeit aber schwerlich mit Recht
dem Kanon zugeschrieben wird. Den Hauptinhalt des uns vorliegenden Textes, der vielleicht an die Stelle eines älteren, verloren gegangenen kanonischen Mahānisīha getreten ist, bilden
Regeln über Beichte und Buße, die als wichtigste Stufen zur
Erlösung hervorgehoben werden. Ethische Abschnitte handeln
über das Leiden der Wesen im Zusammenhange mit der Lehre
om Karman, über die Sünde des Bruchs der Gelübde, besonders
des Keuschheitsgelübdes, über gute und schlechte Mönche usw.
Auch Legenden, teils selbst erfundene, teils älteren Quellen ent-
nommene, sind eingefügt. Sprache und Inhalt, so das Vorkommen
tantrischer Sprüche, die Erwähnung nichtkanonischer Schriften
u. a., weisen auf einen späten Ursprung des Werkes hin[4]).

---

[1]) Das Kalpasūtra, die alte Sammlung jinistischer Mönchsvorschriften,
Einleitung, Text, Anmerkungen, Übersetzung, Glossar von W. Schubring (Indica; herausg. von E. Leumann, Heft 2), Leipzig 1905.

[2]) Vavahāra- und Nisīha-Sutta, herausg. von W. Schubring‘
Leipzig 1918, AKM XV, 1.

[3]) Herausg. mit Auszügen aus Siddhasena's Cūrṇi von E. Leumann, SBA 1892, 1195 ff.

[4]) W. Schubring, Das Mahānisīha-sutta, Berlin 1918 (ABA 1918
Nr. 5). Das achte Kapitel des Mahānisīha ist von Devendra Sūri
in 519 Āryā-Strophen unter dem Titel Susaḍhakahā bearbeitet
worden; s. Schubring a. a. O., S. 48 ff.

Als Mūlasūtras[1]) werden vier kanonische Texte bezeichnet, von denen die ersten drei auch vom litterarischen Standpunkt
nicht unwichtig sind. Vor allem gehört das erste Mūlasūtra,
das Uttarajjhayaṇa oder Uttarādhyayanasūtra[2]), als religiöse
Dichtung zu den wertvollsten Bestandteilen des Kanons. Das
Werk, aus 36 Abschnitten bestehend, ist eine Kompilation ver-
schiedener Texte, deren ältesten Kern wertvolle Dichtungen —
Spruchreihen, Parabeln und Gleichnisse, Dialoge und Balladen —
bilden, die zur altindischen Asketendichtung gehören und zum
Teil auch in der buddhistischen Litteratur ihre Parallelen haben.
Am meisten erinnern diese Dichtungen an die des Suttanipāta.
Mehrere Abschnitte sind Predigten in Spruchreihen, Ermah-
nungen an die Schüler, Ausführungen über die Mühen, die der
Mönch geduldig ertragen soll, über die vier wertvollsten Dinge
(Geburt als Mensch, Unterweisung in der Religion, Glaube an
die Religion, Kraft in der Selbstbeherrschung), über Karmàn
und Sünde, über den freiwilligen Tod des Weisen und den un-
freiwilligen des Toren, über wahre und falsche Asketen usw.
Wir finden hier viele Sprüche, die sich durch schlagende Vergleiche oder kräftige Sprache auszeichnen. Wie im Suttanipāta und
Dhammapada, werden manche von diesen Spruchreihen durch einen
gemeinsamen Refrain zusammengehalten. Hier einige Beispiele:

»Sowie der Dieb, der in dem Loch der Mauer
Gefangen wird, das selber er gebrochen,
Zugrunde geht, so kann im Jenseits nicht, noch hier
Der Mensch entrinnen seiner eignen Taten Frucht.« (IV. 3.)

---

[1]) Warum diese Texte »Wurzel-Sūtras« heißen, ist nicht ganz sicher.
Gewöhnlich bedeutet bei den Indern mūla so viel wie »Grundtext« im
Gegensatz zum Kommentar. Da gerade zu diesen Texten alte und
wichtige Kommentare vorhanden sind, hat man sie wahrscheinlich als
»Mūla-Texte« bezeichnet. Die Erklärung Charpentiers (Uttarādhya-
yana. Introd. p. 32): »Eigene Worte des Mahāvīra« scheint mir in keiner
Weise gerechtfertigt. Vgl. auch oben II, 308, A. 3.

[2]) Eine kritische Ausgabe dieses Textes von J. Charpentier ist
im Druck. Es ist ins Englische übersetzt von Jacobi in SBE. vol. 45.
Leumann (WZKM 5. 1891, 111 f.) vermutet. daß der Titel »Die späteren
(uttara) Lektionen« mit Bezug auf das sechste Aṅga zu erklären sei,
dem das Werk inhaltlich nahe stehe. Aber uttara kann auch »Antwort«
heißen, und vielleicht bedeutet der Titel »Antwort-Lektionen« mit Rücksicht auf eine Tradition, welche besagt, daß Mahāvīra in der letzten Regenzeit vor seinem Tode »die 36 Erklärungen nicht gefragter Fragen« rezi-
tierte, womit nach dem Kommentar das Uttarajjhayaṇa gemeint sein soll.

»Gleichwie der Fuhrmann, der den bessern Weg
Zwar kennt, jedoch die ebne Straße meidet
Und über rauhe Pfade fährt, es bitter
Bereuet, wenn des Wagens Achse bricht, —
    Also bereut der Tor es, wenn die Pflicht
Nachlässig er versäumt und Sünde tut,
Im Augenblick des Todes, — wie der Fuhrmann
Bereuet, wenn des Wagens Achse bricht.« (V, 14 f.)

Größtenteils aus Parabeln besteht der siebente Abschnitt.
Hier begegnet uns auch die an das biblische Gleichnis von den
Talenten erinnernde Parabel von den drei Kaufleuten:

»Es gingen einst drei Kaufherrn auf die Reise.
Und jeder nahm sein Kapital mit sich;
Der eine kehrte heim mit viel Gewinn,
Der zweite brachte, was er mitgenommen,
Zurück nach Hause; der dritte kehrte heim,
Nachdem er all sein Kapital vergeudet.
    Nun höre, wie dies Gleichnis aus dem Leben
Auf unsre Religion Verwendung findet:
Das Kapital, es ist das Menschenleben,
Und der Gewinn, das ist der Lohn im Himmel,
Und wer sein Kapital vergeudet hat,
Wird in der Hölle, wird als Tier es büßen.«[1])

Ebenso wie im Suttanipāta finden wir auch im Uttarajjhayaṇa
eine Anzahl schöner alter Itihāsadialoge und Balladen der Asketendichtung. Eine der buddhistischen Pratyekabuddhalegenden begegnet uns hier wieder in der schönen Ballade vom König Nami,
in der das Asketenideal dem des Kriegers und Herrschers gegenübergestellt wird[2]). Ebenso wird in der Ballade von Harikeśa
in einem lebendigen Dialog zwischen einem stolzen Brahmanen
und einem verachteten, aus niedriger Kaste stammenden Asketen
der Gegensatz zwischen dem Formelkram und Zeremonienwesen
der Priesterreligion und der Selbstzucht und Tugendübung des

---

[1]) VII, 14—16. Matth. 25. 14: Luk. 19, 11. Vgl. Jacobi, SBE 45,
pp. XLII, 29, der darauf aufmerksam macht, daß die Übereinstimmung
mit dem Hebräerevangelium (s. Neutestamentliche Apokryphen, herausgegeben von E. Hennecke, S. 20) noch auffälliger ist: Edmunds,
Buddhist and Christian Gospels, II. 268 ff.; Garbe, Indien und das
Christentum, S. 42 ff.; und Hertel in »Geist des Ostens« 1, 1913, 247 f.

[2]) Adhyāya IX, vgl. oben II, 118 f. Die aus dem Jātaka bekannte
Legende von Citta und Sambhūta findet sich im XIII. Adhyāya.

frommen Mönchs dargetan[1]). Auch in dem prächtigen Dialog
zwischen dem Purohita und seinen Söhnen wird das Asketenideal dem Brahmanenideal als das bessere und höhere gegen-
übergestellt. Daß dieses Gespräch zur allgemein indischen
Asketendichtung gehört, beweist der Umstand, daß es uns zum
Teil wörtlich auch im Mahābhārata, in den Purāṇas und im
Jātaka begegnet[2]). Für die Geschichte des Jinismus von Inter-
esse ist der Dialog des XXIII. Adhyāya, in dem ein Schüler des
Pārśva und ein Schüler des Mahāvīra sich über die Vorzüge und
Unterschiede ihrer beiden einander so nahe stehenden Glaubens-
bekenntnisse unterhalten. Der Dialog wird hier teilweise in der
Form von Rätselfragen, die an die Brahmodyas erinnern, geführt.
In den meisten dieser Balladen sind die Dialoge die Hauptsache.
Nur in dem XXII. Adhyāya ist der erzählende Teil der Ballade
der interessantere, sowohl dadurch, daß die Erzählung durch die
in der Legende vorkommenden Namen zur Kṛṣṇasage in Be-
ziehung steht, als auch durch ihren Inhalt selbst:

In der Stadt Śauryapura lebten zwei mächtige Fürsten. Der eine,
Vasudeva mit Namen, hatte zwei Frauen, Rohiṇī und Devakī, die ihm
je einen Sohn, Rāma und Keśava, gebaren. Der zweite, Samudravijaya
mit Namen, hatte von seiner Frau Śivā einen Sohn Ariṣṭanemi. Keśava
verlangte für Ariṣṭanemi die Rājīmatī, die Tochter eines mächtigen
Königs, zur Frau, und sie wird ihm zugesagt. Ariṣṭanemi zieht mit
großem Pomp aus, um die Braut zu holen; aber auf dem Wege sieht
er viele Tiere in Käfigen und Gehegen eingeschlossen und erfährt auf
seine Frage, daß alle diese Tiere zu seiner Hochzeit geschlachtet werden
sollen. Darüber ist er so erschüttert, daß er den Entschluß faßt, das
Asketengelübde auf sich zu nehmen. Als die Prinzessin Rājīmatī davon
hört, bricht sie zuerst in Wehklagen aus, entschließt sich aber dann,
auch Nonne zu werden. Als solche herumwandernd, flüchtete sie eines
Tages während eines heftigen Regengusses in eine Höhle. Sie glaubt,
daß sie allein sei, und entkleidet sich, um ihr Gewand zu trocknen.
Nun hatte aber vorher der Asket Rathanemi, Ariṣṭanemis älterer Bruder,
in derselben Höhle Zuflucht gesucht. Wie dieser nun Rājīmatī in ihrer
nackten Schönheit erblickt, wird er von Leidenschaft ergriffen und
macht ihr Liebesanträge. Sie aber weist ihn zurecht und ermahnt ihn,
er solle nicht »Ausgespieenes zu trinken« verlangen. Durch ihre kräf-

---

[1]) Adhyāya XII, von Charpentier (ZDMG 63, 1909, 171 ff.) mit
seinem buddhistischen Gegenstück (Jātaka Nr. 497) verglichen.
[2]) Adhyāya XIV; vgl. oben I, 360 ff., 469; Jātaka 509 und Charpentier, ZDMG 62, 1908, 725 ff.

tigen Worte an sein Gelübde erinnert, »kehrte er zur Religion zurück, wie der vom Stachel angetriebene Elefant«.[1])

Im Gegensatz zu diesen poetischen Stücken enthalten die letzten Adhyāyas (XXIV und XXVI—XXXVI) nur trockene Predigten, teils katechismenartige Aufzählungen, teils gelehrte Auseinandersetzungen über verschiedene Punkte der Jainadogmatik, teils Vorschriften über die Lebensweise der Mönche.

Das zweite Mūlasūtra ist das Āvassaya oder Ṣaḍāvaśyakasūtra. Die Āvaśyakas sind die sechs »notwendigen« (āvaśyaka) täglichen Pflichten des Jaina: Das Abstehen von allem Bösen, die Lobpreisung der 24 Jinas, die Verehrung des Lehrers, die Beichte, die Buße und das Zurückweisen alles Bösen. An die Formeln, mit denen diese Pflichten übernommen werden, schließen sich Erzählungen an, die in den Kommentaren überliefert sind[2]).

Das dritte Mūlasūtra, Dasaveyāliya[3]), wird einem Śayyambhava oder Sajjaṃbhava als Verfasser zugeschrieben. Das Sūtra besteht aus Sprüchen über das Mönchsleben, die an das Dhammapada erinnern. Im zweiten Abschnitt wird an die Ballade des Uttarajjhayaṇa von Rājīmatī angeknüpft; es sind nämlich Verse, mit denen diese den Rathanemi, der sie verführen will, zurechtweist. Auch an dieses Sūtra schließt sich eine reiche, in den Kommentaren enthaltene Erzählungslitteratur an.

Von den nicht zu einer Gruppe gehörigen Texten des Kanons sind die Nandī und das Aṇuogadāra enzyklopädische Übersichten über alles Wissenswerte für den Jainamönch. Doch handeln sie nicht nur über die Religion, sondern z. B. auch über die Stimmungen (rasa) und Stilarten in der Dichtkunst, wie sie in der Poetik gelehrt werden. Unter den wissenschaftlichen Werken werden auch das Kauṭilīya-Arthaśāstra und das Kāmaśāstra des Ghoṭakamukha, eines Vorläufers des Vātsyāyana, erwähnt[4]).

---

[1]) Die erweiterte Form dieser Legende im Kommentar des Devendra hat Charpentier (ZDMG 64, 1910, 397 ff.) herausgegeben und übersetzt.

[2]) Vgl. E. Leumann in OC X, Genève 1894, I, 125.

[3]) E. Leumann (ZDMG 46, 1892, 581—663) hat nicht nur das Sūtra übersetzt, sondern auch die Niryukti herausgegeben und deren Erzählungsinhalt untersucht. Über Śayyambhava vgl. Peterson, Report IV, p. CXVIII.

[4]) Auszüge aus Nandī und Aṇuogadāra gibt Weber, HSS.-Verz. II. 672 ff., 692 ff. Eine Probe von Malayagiris Kommentar zur Nandī (die

So viel über den Kanon der Śvetāmbara-Jainas. Über den Siddhānta der Digambaras ist noch wenig bekannt [1]). Auch von ihnen werden die zwölf Aṅgas anerkannt. Der Titel des sechsten Aṅga lautet Jñātṛdharmakathāṅga. Im zwölften Aṅga sind auch bei ihnen die vierzehn Pūrvas eingeschlossen, die eine der fünf Abteilungen dieses Aṅga bilden. Zur ersten Abteilung des Dṛṣṭivāda gehören u. a. Candraprajñapti, Sūryaprajñapti und Jambūdvīpaprajñapti. Die nicht zu den Aṅgas gehörigen Texte werden als die vierzehn Aṅgabāhyas (»außerhalb der Aṅgas stehend«) oder Prakīrṇakas (»Miscellanea«) bezeichnet und sollen »zum Wohle der Einfältigen« verfaßt sein. Die ersten vier Aṅgabāhyas stimmen (nach ihrem Titel) zu Abschnitten des zweiten Mūlasūtra. Außerdem finden wir von Texten, die auch im Kanon der Śvetāmbaras vorkommen, nur noch Daśavaikālika, Uttarādhyayana und Kalpavyavahāra unter den Aṅgabāhyas. Es liegt nahe, anzunehmen, daß diejenigen Texte, welche beiden Sekten gemeinsam sind, die ältesten Teile des heiligen Schrifttums der Jainas darstellen. Doch müßte erst untersucht werden, inwieweit die Texte mit denselben Titeln auch inhaltlich übereinstimmen.

Die nichtkanonische Jainalitteratur.

Die nichtkanonische religiöse Litteratur der Jainas besteht einerseits aus einer Unmasse von Kommentaren, andererseits aus selbständigen Werken. Die letzteren sind teils gelehrte Werke

---

Widerlegung des Theismus) gibt F. O. Schrader, Über den Stand der indischen Philosophie zur Zeit Mahāvīras und Buddhas, S. 62 ff. Nach Malayagiri wäre Devarddhi selbst der Verfasser der Nandī. Dagegen spricht aber, daß die Nandī selbst Angaben über den Kanon enthält, die mit dessen gegenwärtiger Gestalt nicht übereinstimmen. Vgl. auch Charpentier, Uttarajjhayaṇa, Introd. pp. 18, 29 f. und Weber, Ind. Stud. 16, 154 ff.

[1]) Eine vollständige Übersicht über den Kanon der Digambaras gibt Bhandarkar, Report 1883/4, p. 106 ff. nach Sakalakīrtis Tattvārthasāradīpaka. Vgl. auch Weber, HSS.-Verz. II, 3, 823 f. und Guérinot, p. XXX f. Kalpavyavahāra entspricht wahrscheinlich den drei Texten Dasā-kappa-vavahārā der Śvetāmbaras. Außer in Aṅgas und Aṅgabāhyas teilen die Digambaras ihre Litteratur auch in vier »Vedas« ein (s. Bühler, Ind. Ant. 7, 1878, 28 f.) Die Texte sind größtenteils in Sanskrit.

über Dogmatik, Ethik und Mönchsdisziplin, teils dichterische
Erzeugnisse, von denen wieder die einen Hymnen zur Verherrlichung der Jinas sind, während die anderen der bei den Jainas
zu einem ungeheueren Umfang angewachsenen Erzählungslitteratur angehören. In der Mitte zwischen den gelehrten Werken
und den Werken der Dichtkunst stehen die lehrhaften Dichtungen, die Litteratur der Heiligenlegenden und die kirchengeschichtlichen Werke. Die Sprache dieser Litteratur ist teils
Prākrit, und zwar die sogenannte Jaina-Māhārāṣṭrī, teils Sanskrit.

Lange bevor die endgültige Zusammenstellung des Kanons
unter Devarddhi stattfand, müssen die Jainamönche damit begonnen haben, Erklärungen zu den heiligeu Texten zu verfassen.
Denn die ältesten Kommentare, die Nijjuttis oder Niryuktis,
sind in einigen Fällen mit den Sūtras aufs engste verwoben oder
haben diese verdrängt. Piṇḍa- und Oghanijjutti erscheinen im
Kanon selbst, und Oghanijjutti soll sogar aus einem der Pūrvas
entnommen sein[1]). Und die einstimmige Überlieferung nennt
Bhadrabāhu, der 170 Jahre nach dem Tode Mahāvīras gestorben sein soll, als den Verfasser von Niryuktis zu zehn
Werken des Kanons[2]). Diese Niryuktis, von denen uns einige
erhalten sind, bestehen aus äußerst knappen Erklärungen in
Āryā-Versen in Jaina-Māhārāṣṭrī. Wahrscheinlich sind es Memorialverse, die den Lehrern für die mündliche Ausdeutung der
Texte als Gedächtnisstütze dienten. Später wurden diese Niryuktis
zu umfangreicheren Kommentaren in Prākrit, Bhāṣyas und
Cūrṇis, erweitert. Diese bildeten wieder die Grundlage für
die Sanskritkommentare (Ṭīkās, Vṛttis), die zwischen dem
neunten und zwölften Jahrhundert verfaßt worden sind. Diese
verschiedenen Kommentarschichten sind oft so ineinander gearbeitet, daß es schwer ist, sie voneinander zu sondern[3]).

Einer der ältesten Kommentatoren ist der auch sonst als
Dichter und gelehrter Schriftsteller berühmte Haribhadra,
der in der zweiten Hälfte des neunten Jahrhunderts n. Chr.

---

[1]) Über Oghanijjutti vgl. Charpentier, ZDMG 70, 219 f.

[2]) Nämlich zu: Āyāraṃga, Sūyagaḍaṃga, Sūriyapaṇṇatti, Uttarajjhayaṇa, Āvassaya, Dasaveyāliya, Dasāsuyakkhandha, Kalpasūtra, Vavahāra und Ṛṣibhāṣitasūtra. Vgl. Bhandarkar, Report 1883/4, p. 131 f;
Peterson, Report IV. p. LXXXIV

[3]) Vgl. Leumann, ZDMG 46, 586 ff.

lebte[1]). Er war ein Brahmane, der die Grammatik und alle anderen brahmanischen Wissenschaften gründlich beherrschte. Stolz erklärte er — so erzählt die Sage —, er werde Schüler desjenigen werden, dessen Worte er nicht verstehen könne. Einst hörte er eine Jaina-Nonne eine Strophe hersagen, deren Bedeutung er nicht verstand. Nachdem ihm ein Jainalehrer die Strophe erklärt hatte, wurde er dessen Schüler, lernte die heiligen Texte und wurde ein Sūri[2]). Er soll das Wort der Arhats durch seine 1444 Werke, wie eine Mutter ihr Kind, beschützt haben. Seine Kommentare zu den beiden Mūlasūtras Āvassaya und Dasaveyāliya sind uns erhalten.

Ein Zeitgenosse des Haribhadra war Šīlāṅka, der Kommentare zu den beiden ersten Aṅgas schrieb (um 862 oder 872 n. Chr.). Während dieser alle von ihm benutzten älteren Kommentare ins Sanskrit übersetzte, ließ Haribhadra manches, insbesondere Erzählungen, in Prākrit stehen.

Im 11. Jahrhundert schrieben Šāntisūri oder Šāntyācārya und Devendragaṇi ihre inhaltsreichen Kommentare zum Uttarajjhayaṇa[3]), und der berühmte Abhayadeva seine Kommentare zu neun Aṅgas. Sein Kommentar zum sechsten Aṅga ist 1064˙ n. Chr. verfaßt[4]).

Was uns alle diese Kommentare so wertvoll macht, ist der Umstand, daß sie uns einerseits sehr viele alte, historische oder halbhistorische Überlieferungen, andererseits eine große Menge von volkstümlichen Erzählungsstoffen erhalten haben. Gleich den buddhistischen Mönchen haben es nämlich auch die Jainamönche zu allen Zeiten geliebt, ihre Predigten durch Geschichtenerzählen zu beleben, weltliche Geschichten in Heiligenlegenden umzugestalten, jinistische Lehren durch »Beispiele« zu erläutern und so durch Ausnützung der indischen Lust am Fabulieren ihrer Religion möglichst viele Anhänger zu gewinnen und zu

---

[1]) Vgl. Leumann, ZDMG 43, 1889, 348 f. Zu den Legenden über Haribhadra vgl. auch Hertel, Jinakīrtis »Geschichte von Pāla und Gōpāla«, S. 141 ff.

[2]) Sūri, »Herr«, ist ein Ehrentitel gelehrter Jainamönche.

[3]) Über die Kommentare zu diesem Sutta handelt ausführlich Charpentier, Uttarādhyayana, Introd., p. 48 ff.

[4]) Es gibt nicht weniger als sechs Jainaschriftsteller des Namens Abhayadeva; s. Peterson, Report IV, p. III ff.

erhalten. Ein Teil dieser Geschichten hat, wie wir gesehen haben, in Form von Legenden und Balladen schon in manche Texte des Kanons Aufnahme gefunden. Der größere Teil findet sich in großen Mengen verstreut in der durch die Jahrhunderte sich hinziehenden Kommentarenlitteratur. Daß auch die in den späteren Sanskritkommentaren erhaltenen Erzählungen auf ältere Quellen zurückgehen, beweist schon der Umstand, daß die Verfasser sie nicht in dem ihnen geläufigen Sanskrit erzählen, sondern im Prākrit, d. h. in der Sprache, in der sie ihnen von ihren Vorgängern überliefert worden waren [1]). Außer in den Kommentaren, in denen diese Erzählungen (ähnlich wie die buddhistischen Erzählungen in der Jātakaṭṭhavaṇṇanā und im Dhammapadakommentar) eingebettet sind, wurden manche größere Erzählungen (Kathās und Kathānakas) auch selbständig abgeschrieben und überliefert, und endlich haben die Jainas auch eine große Anzahl von Sammlungen solcher Erzählungen veranstaltet.

Mit den buddhistischen Jātakas hat diese umfangreiche jinistische Erzählungslitteratur das gemein, daß sie viele Stoffe enthält, die auch in anderen indischen und außerindischen Litteraturen sich wiederfinden und zum Gemeinbesitz der Weltlitteratur gehören. Schon in den Niryukti-Erzählungen findet sich manches der Art. Ein Beispiel sind die folgenden Zeilen, die Leumann [2]) aus der Niryukti zum Dasaveyāliya übersetzt hat:

»„Ehrwürden, warum ist die Kutte so faltig?"
„Sie dient mir zum Fischen." „Die Fische wozu?"
„Den Kater vertreiben sie." „Was! Du bekneipst dich?"
„Nur wenn ich beim Liebchen." „Ein Liebchen hast du?"
„Um mich zu erholen vom Streit mit den Feinden." „Und diese woher?"
„Ich breche mal ein." „Ein Dieb bist du auch?"
„Ich brauche doch Spielgeld." „Und Spieler?"
„Da müßt' ich kein Hurenkind sein."«

---

[1]) Eine ältere Form der Jaina-Māhārāṣṭrī erscheint in den Cūrṇis, Kathānakas und Āvaśyaka-Erzählungen. Außerdem ist die Sprache der Verse verschieden von der der Prosa. Vgl. H. Jacobi, Über das Prakrit in der Erzählungs-Litteratur der Jainas (RSO, Vol. II, Roma 1909, p. 231 ff.).

[2]) ZDMG 46, 607. Ein ähnlicher singhalesisch-buddhistischer Dialog bei J. E. Seneviratne, The Life of Kalidas, Colombo 1901, p. 20 f. Vgl. die Geschichte »Ein Wort gibt das andere« in J. P. Hebel, Schatzkästlein, Stuttgart 1888, S. 168 f.

Von großem Interesse für die Geschichte des indischen Sektenwesens sind die Berichte über die Schismen in den Kommentaren des Haribhadra zum Avassaya und des Šāntisūri zum Uttarajjhayaṇa[1]). Wenn hier in einem dieser Berichte ein Wandermönch auftritt, der um sein Gewand einen kupfernen Draht gebunden hat und mit dem Ast eines Jambubaumes herumläuft und dies damit begründet, daß ihm infolge der Fülle seines Wissens das Kleid bersten könnte, und daß er in der ganzen Jambuweltinsel (d. h. in ganz Indien) nicht seinesgleichen habe, so erinnert uns das an ähnliche Bilder aus dem Leben indischer Sophisten in den Upaniṣads und in buddhistischen Texten.

Durch außerordentlichen Reichtum an Erzählungsstoffen zeichnen sich die Kommentare zum Uttarajjhayaṇa aus[2]). Der älteste Kommentar ist die aus nahezu 600 Versen bestehende, dem Bhadrabāhu zugeschriebene Nijjutti. Jünger ist die Cūrṇi von einem unbekannten Verfasser. Am wichtigsten sind aber die Kommentare von Šāntisūri und Devendragaṇi. Der ältere von beiden ist der um 1040 n. Chr. verstorbene Šāntisūri. In seinem Kommentar, Šiṣyahitā genannt, sind die Erzählungen nur ganz kurz wiedergegeben. Aber auf ihm fußt die im Jahre 1073 n. Chr. vollendete Sukhabodhā des Devendragaṇi, der die Geschichten mit großer Behaglichkeit und Breite erzählt. Eine Sanskritbearbeitung der Erzählungen dieses Kommentars enthält der Kommentar des Lakṣmīvallabha.

Mehr als die Buddhisten waren die Jainas bemüht, sich aus der brahmanischen und allgemeinindischen Litteratur alles anzueignen, was volkstümlich und beliebt war, um ihren Anhängern auf diese Weise innerhalb ihrer Glaubensgemeinde alles zu

---

[1]) E. Leumann, Ind. Stud. 17, 91 ff. Von den Āvaśyaka-Erzählungen (hauptsächlich nach Haribhadras Kommentar zum Āvassaya) hat Leumann ein Heft herausgegeben in AKM X, 2, Leipzig 1897.

[2]) Die interessantesten Erzählungen aus diesen Kommentaren hat H. Jacobi, Ausgewählte Erzählungen in Māhārāṣṭrī, Leipzig 1886, herausgegeben und J. J. Meyer, Hindu Tales, London 1909, ins Englische übersetzt. S. auch Jacobi, ZDMG 42, 493 ff. und Appendix zu Hemacandras Pariśiṣṭaparvan pp. 1—28; J. Charpentier, ZDMG 64, 397 ff.; 66, 38 ff.; 67, 668 ff. Die Legende des heiligen Pārśva, des 23. Tīrthakara, hat Charpentier aus Devendragaṇis Kommentar herausgegeben und übersetzt in ZDMG 69, 1915, 321—359.

bieten, was sie auch anderswo fanden. Dabei haben sie die alten Stoffe zum Teil nur lose mit der Jainareligion verknüpft, zum Teil aber auch ganz und gar verballhornt, um ihnen ein jinistisches Ansehen zu geben. Jedenfalls ist uns aber in der jinistischen Kommentaren- und Erzählungslitteratur manche Perle altindischer Erzählungskunst erhalten geblieben, die uns sonst verloren gegangen wäre, und von zahlreichen bekannten Sagen, Legenden und Erzählungen haben uns die Jainas interessante Fassungen erhalten.

Schon sehr früh haben die Jainas z. B. den Kṛṣṇakult ihrer Religion einverleibt und daher auch die Kṛṣṇalegende in ihre eigene Legendenlitteratur verwoben. Eine jinistische Form der Legende vom Untergang der Stadt Dvāravatī und vom Tode des Kṛṣṇa begegnete uns schon im achten Aṅga. Ausführlicher wird sie in Devendras Kommentar zum Uttarajjhayaṇa erzählt[1]. In demselben Kommentar finden wir auch die alte, aus den Epen bekannte Sage von der Herabkunft der Gaṅgā und dem Untergang der sechzigtausend Söhne des Sagara[2]. Was den Jaina-erzähler an dieser epischen Sage reizte, war der Umstand, daß sich an den Tod der Söhne Trostreden mit frommen Gedanken über die Vergänglichkeit alles Irdischen knüpfen ließen. Auch wird ihr Tod durch das Karman im jinistischen Sinne gerecht-fertigt. Bei dieser Gelegenheit wird auch eine Trostgeschichte angebracht, die nur eine Variante der buddhistischen Legende von Kisā-Gotamī und dem Senfkorn ist[3]. Berührungen mit der buddhistischen Litteratur zeigen die Paccekabuddhageschichten, die Devendra in seinem Kommentar im Zusammenhang erzählt. In die Geschichte des vierten dieser Königsheiligen, des Königs Naggaï, ist die Geschichte der Kaṇayamañjarī eingefügt, in der man ein Vorbild der Scheherezade gesehen hat[4]. Eine der

---

[1] S. oben II, 305; Jacobi in OC VII, Wien, 1886, Berichte S. 75 ff.; ZDMG 42, 1888, 493 ff. und E. Hardy, ZDMG 53, 1899, 41 ff.

[2] R. Fick, Eine jainistische Bearbeitung der Sagara-Sage. Diss. Kiel 1888. Nach dem Mahābhārata (III, 100—109) hat A. Holtzmann, Indische Sagen (Nr. VI: »Das Meer«), die Sage bearbeitet. Über die-selbe Sage im Rāmāyaṇa s. oben I, S. 408 f.

[3] Oben II, 154.

[4] Vgl. P. E. Pavolini in GSAI 12, 159 ff.; Charpentier, Paccekabuddha-Geschichten, S. 146 ff. und J. J. Meyer, Two Twice-Told Tales, Chicago (Decennial Publications) 1903. Den Text nach

reizendsten Novellen, die uns Devendra aufbewahrt hat, ist die
von Mūladeva, dem Tausendkünstler, und der Hetäre Devadattā[1]).
Mit Mūladeva, der übrigens wirklich gelebt zu haben und der
Verfasser eines Kāmašāstra gewesen zu sein scheint[2]), hängt
auch die interessante Räubergeschichte von Maṇḍiya zusammen,
der bei Tage als Bettler das Mitleid der Leute herausfordert,
während er bei Nacht als Raubmörder und Einbrecher die Stadt
in Schrecken setzt. Eine Räubergeschichte ist auch die Prosaerzählung von Agaladatta, von der uns aber in Devendras Kommentar auch eine viel schönere und zweifellos ältere poetische
Fassung erhalten ist[3]).

Manche interessante Erzählungen finden sich auch in Haribhadras Kommentaren. In den Āvašyaka-Erzählungen begegnet
uns z. B. die hübsche Legende von Vāsudeva, der in allen
Dingen nur das Gute sieht:

Eine Gottheit verwandelt sich in ein auf der Straße liegendes
Hundeaas mit schönen Zähnen. Alle Leute, die vorübergehen, weichen
vor dem Aasgeruch entsetzt zurück. Da kommt Vāsudeva des Weges,
blickt ruhig auf das Aas und ruft aus: »Wie herrlich doch die Zähne
dieses Hundes strahlen!«[4])

Von den selbständig aufgezeichneten Kathānakas verdienen einige erwähnt zu werden. Eine Heiligenlegende in
Prosa und Versen, die von den Mönchen gewöhnlich am

Bhāvavijayas Kommentar zum Uttarajjhayaṇa teilt Charpentier
(JA 1911, s. 10, t. XVIII, 201—255) mit. Die Geschichte der Kaṇaya-
mañjarī ist auch übersetzt von Hertel, Indische Märchen, Jena 1919,
S. 271 ff.

[1]) Übersetzt von Charpentier, Paccekabuddhageschichten, S. 62 ff.

[2]) Vgl. Charpentier, a. a. O., S. 57 ff.; P. E. Pavolini, GSAI 9,
175 ff. und M. Bloomfield, The Character and Adventures of Mūladeva:
Proceedings of the American Philosophical Society, Vol. 52, 1913,
616—650.

[3]) In deutsche Verse übersetzt von J. J. Meyer, Kāvyasaṃgraha,
S. 72 ff. Italienische Übersetzung von A. Ballini, Agaḍadatta,
Firenze 1903.

[4]) J. J. Meyer, Hindu Tales, p. 88 n. 1. Dieselbe Legende, in der
Jesus die Rolle des Vāsudeva übernimmt, hat Goethe nach dem persischen Dichter Nisami übersetzt (in den »Noten und Abhandlungen zum
besseren Verständnis des westöstlichen Diwans«). Die Erzählung von
Šatānīka und Pradyota aus Haribhadras Kommentar zu den Āvašyakas
hat Hertel, Jinakīrtis »Geschichte von Pāla und Gōpāla«, S. 98 ff.
mitgeteilt.

Schlusse der Vorlesung des Kalpasūtra erzählt wird, ist das Kālakācāryakathānaka[1]). Es ist die Geschichte von dem Königssohn Kālaka, der zur Jainareligion bekehrt wird und es bis zum Oberhaupt des Ordens bringt. Seine jüngere Schwester, die Nonne Sarasvatī, wird von Gardabhilla, dem Herrscher von Ujjayinī, ins Serail geschleppt. Kālaka stellt sich wahnsinnig, wiegelt das Volk gegen den Herrscher auf und wandert nach Šakakūla, dessen Herrscher, die Schāhis, er veranlaßt, gegen Gardabhilla zu Felde zu ziehen und Ujjayinī zu erobern. Es ist möglich, daß in dieser Legende ein historischer Kern steckt[2]). Doch ist weder der Verfasser noch die Abfassungszeit des Werkchens bekannt. Während in den erzählenden Teilen die Sprache einfach ist, sind manche Schilderungen in kunstvollem Kāvyastil gehalten.

Ein Märchen voll der wunderbarsten Abenteuer ist das Uttamacaritrakathānaka, »die Geschichte von dem Leben des (Prinzen) Trefflichst«[3]). Der unbekannte Verfasser dieser Erzählung wollte offenbar die Märchenlust seiner Zuhörer befriedigen und sie gleichzeitig durch die an manchen Stellen dick aufgetragene jinistische Tendenz zur Jainareligion erziehen.

Das uns schon bekannte, weltweit verbreitete Märchen von dem Glückskind, das durch einen vertauschten Uriasbrief vom Untergang gerettet wird, begegnet uns bei den Jainas im Campakašreṣṭhikathānaka, der »Geschichte vom Kaufmann Campaka«, von Jinakīrtisūri, der in der Mitte des 15. Jahrhunderts schrieb[4]). Hier bildet sie die Rahmenerzählung

---

[1]) Herausgegeben und übersetzt von H. Jacobi, ZDMG 34, 1880, 247—318; Nachträge dazu ZDMG 35, 675 ff. und Leumann, ZDMG 37 493 ff. Es gibt auch ein Kālakācāryakathānaka von Bhāvadevasūri in 102 Prākritversen. Über dieselbe Legende in Sanskrit vgl. Bhāu Dāji in JBRAS 9, 1867, 139 ff.

[2]) Dies glaubt Sten Konow, SBA 1916, S. 812 f.

[3]) Herausgegeben und übersetzt von A. Weber in SBA 1884, 1, 269—310. Eine epische Bearbeitung des Werkes ist das Uttamakumāracaritra in 686 Šlokas von Cārucandra (Weber, HSS. Verz. II, 3, 1080 f.).

[4]) Zuerst bearbeitet von A. Weber in SBA 1883, S. 567 ff., 885 ff., neuerdings herausgegeben und übersetzt von J. Hertel, ZDMG 65, 1911, S. 1—51, 425—470. Beide geben Parallelen aus der Weltlitteratur. S. oben II, 160, wo in Anm. 2 noch hinzuzufügen ist: Grierson und M. Gaster in JRAS 1910, 292 ff., 449 ff.; Tawney, Ind. Ant. 10

für drei Schalterzählungen. Die erste von diesen ist das Märchen von König Rāvaṇa, der vergebens einer Schicksalsfügung trotzen will. Nicht ohne Humor ist die dritte Geschichte von dem Kaufherrn, der bis dahin alle betrogen hatte, aber schließlich selbst von einer Hetäre betrogen wird[1]. Von demselben Verfasser stammt das Pālagopālakathānaka, die »Geschichte von Pāla und Gopāla«, eine fromme Jainalegende, in die allerlei wohlbekannte Novellen- und Märchenmotive (von den zwei Brüdern, die auf die Wanderung gehen und nach vielen Abenteuern zu Ehre und Ruhm gelangen; von den dankbaren und hilfreichen Tieren; von der Frau, die den keuschen Jüngling verführen will und, da es ihr nicht gelingt, ihn eines Angriffs auf ihre Ehre beschuldigt usw.) hineinverflochten sind[2].

In späterer Zeit haben die Jainas auch Sammlungen von Erzählungen veranstaltet, in denen entweder die Erzählungen nach der beliebten indischen Art in eine Rahmenerzählung eingeschachtelt erscheinen oder einfach nacheinander erzählt werden. Von der ersteren Art ist die Samyaktvakaumudī, »der Mondschein der Vollkommenheit«, von einem unbekannten Verfasser[3]. Zur Jainareligion steht diese Sammlung von Märchen und Erzählungen nur durch den Rahmen in Beziehung, in welchem der Kaufmann Arhaddāsa seinen acht Frauen und diese wieder ihm erzählen, wie sie zur Vollkommenheit (samyaktva) in der Religion gelangten. Diese Erzählungen werden gleichzeitig von einem König, der mit seinem Minister nach Art des Harun al Raschid des Nachts herumstreift, und von einem Dieb

---

190 f.; und Em. Cosquin, La Légende du page de sainte Elisabeth de Portugal et les nouveaux documents orientaux, Paris 1912 (Extrait de la Revue de questions historiques). Über den Verfasser s. Klatt, Specimen of a lit.-bibl. Jaina-Onomasticon, p. 15; Duff, p. 254; Peterson, Report IV, p. XXXIII und Hertel, a. a. O., S. 1 f. — Zur selben Klasse von Texten gehört auch das Pāpabuddhi-Dharmabuddhi-Kathānaka, herausgegeben von E. Lovarini in GSAI 3, 94—127; s. Hertel, Jinakīrtis »Geschichte von Pāla und Gōpāla«, S. 66 ff.

[1] Ähnlich Gesta Romanorum, cap. 118. Vgl. Köhler und Gildemeister bei Weber a. a. O., S. 591 f. und 890 f.

[2] Joh. Hertel, Jinakīrtis »Geschichte von Pāla und Gōpāla«. Leipzig 1917 (BSGW 69. Bd., 1917. 4. Heft).

[3] A. Weber, Über die Samyaktvakaumudī, eine eventualiter mit Tausendundeinenacht auf gleiche Quelle zurückgehende indische Erzählung, SBA 1889, 731 ff.

belauscht. An »Tausend und eine Nacht« und noch mehr an
das Buch Sindbad erinnert auch die Geschichte von dem König
Suyodhana, der, um seinem treuen Stellvertreter eine Falle zu
stellen, in seine eigene Schatzkammer einbricht, von diesem als
Dieb erkannt und durch sieben an aufeinander folgenden Tagen
erzählte Geschichten gewarnt, aber schließlich als Dieb entlarvt
und vom Volke abgesetzt wird[1]).

Eine reiche Fundgrube von Erzählungen, die zum Teil auch
der Weltlitteratur angehören, findet sich im Kathākośa, der
»Schatzkammer der Erzählungen«, von einem unbekannten Kompilator zusammengestellt[2]). Die Sprache der Erzählungen ist
schlechtes Sanskrit mit Versen in Prākrit. Die jinistische Tendenz ist überall stark hervorgehoben. Eine Seefahrergeschichte
voll wunderbarer Abenteuer ist z. B. in eine fromme Legende
umgewandelt. Die letzte Geschichte des Buches von Nala und
Davadantī ist eine seltsame jinistische Verballhornung und Erweiterung der Nala-Episode des Mahābhārata. Manche Geschichten sind durch ihre Tendenz geradezu albern und geschmack-
los. Aber daneben finden sich auch manche reizende Märchen,
wie z. B. das von dem Mädchen Gartenschön:

Diese hat eine böse Stiefmutter, die sie zu allerlei schwerer Arbeit
verwendet. Einst, als sie die Kühe auf die Weide getrieben hat und
eingeschlafen ist, wird sie von einer schwarzen Schlange geweckt, die
sie bittet, sie vor dem Schlangenbeschwörer zu schützen. Das Mädchen
beschützt die Schlange, und diese stellt ihr einen Wunsch frei. Sie sagt:
»Mache einen Schatten über meinem Haupt, damit ich bequem die
Kühe hüten kann.« Da zaubert die Schlange einen schönen Garten
herbei, der Gartenschön überallhin begleitet. In diesem Garten findet
sie einmal der König, verliebt sich in sie und macht sie zu seiner Gemahlin. Die Stiefmutter stellt ihr nach, um ihre eigene Tochter zur
Königin zu machen, aber die Schlange rettet Gartenschön aus allen
Gefahren.

Wie in anderen indischen Erzählungswerken sind auch im
Kathākośa Sprüche eingefügt. Einer von diesen verdient, angeführt zu werden:

---

[1]) Die Ähnlichkeit mit »Tausend und eine Nacht« ist eine sehr entfernte. Sehr ähnlich ist aber Jātaka Nr. 432. Vgl. auch Pullé,
GSAI 4, 161 ff.

[2]) Translated from Sanskrit MSS. by C. H. Tawney, London
OTF 1895. Ein Kathānakakośa von Jineśvara (11. Jahrh.) wird
von Bhandarkar, Report 1883/84, p. 41 ff., verzeichnet.

»Sein Söhnchen soll der Vater herzen, bis es fünf,
Und strafen, bis es fünfzehn Jahre alt geworden;
Doch hat der Sohn des Lebens sechzehnt Jahr erreicht,
Dann soll der Vater ihn wie einen Freund behandeln.«

Verschieden von diesem Werk ist der Kathākoša des
Šubhašīlagaṇi, von dem es auch eine im Jahre 1465 veranstaltete Sammlung von mehr als 500 Erzählungen unter dem
Titel Pañcašatīprabodhasambandha gibt [1]). Nur wenig
bekannt sind zahlreiche andere derartige Sammlungen, wie der
Antarakathāsaṃgraha von Rājašekhara [2]), der 1448
geschriebene Kathāmahodadhi von Somacandra [3]), der
1600/01 zusammengestellte Kathāratnākara von Hema-
vijaya [4]) u. a.

[1]) Vgl. Pavolini, GSAI 13, 89 ff. und A. Ballini, SIFI, vol. VI,
Firenze 1904 (Text und Übersetzung der ersten 50 Erzählungen des
Pañcašatīprabodhasambandha). Trotz des Titels enthält das Werk fast
600 Erzählungen. Vgl. Weber, Ind. Stud. 16, 159 f. und HSS. Verz.
II, 3, 1112 ff.

[2]) Die Erzählungen 7—14 hat F. L. Pullé, Uno progenitore In-
diano del Bartoldo, Venezia 1888, mitgeteilt und übersetzt. Den Text
der 22 ersten Erzählungen hat Pullé herausgegeben in SIFI I, 1 ff.;
II, 1 ff., Firenze 1897/98. Vgl. auch Weber. HSS. Verz. II, 3, 1077 ff.
Die Geschichte vom »Salomonischen Urteil« nach dem Antarakathāsaṃgraha hat L. P. Tessitori, Ind. Ant. 42, 1913. 148 ff., mit einer
anderen jinistischen Fassung (aus Malayagiris Kommentar zum Nandī-
sutta) zusammen übersetzt. Hertel (Geist des Ostens 1, 1913, 189 ff.)
vergleicht die jinistischen Fassungen mit der hebräischen und will beweisen, was sich meiner Ansicht nach unmöglich beweisen läßt, daß
die Jainafassung »inhaltlich die ursprünglichste ist, aus der sich die
anderen Varianten ableiten lassen«. Rājašekhara schrieb im 14. Jahrhundert.

[3]) Teils in Prākrit, teils in Sanskrit mit Prākritversen gemischt;
s. Weber, HSS. Verz. II, 3, 1101 ff.; Peterson, 3 Reports, 18 f., 316 ff.

[4]) Vgl. Weber, HSS. Verz. II, 3, 1104 ff.; Hertel, Ein altindisches Narrenbuch, S. 37 ff.; Das Pañcatantra, S. 140 f., 249; Jinakīrtis »Geschichte von Pāla und Gōpāla«, S. 58 ff. Drei von den 258
Geschichten der Sammlung hat Hertel, Geist des Ostens 1. 1913, 249 ff.,
übersetzt, wo auch einige Erzählungen aus dem Kommentar zu Haribhadras Upadešapada und aus dem Upadešaratnākara des Munisundara
(schrieb 1117/18) übersetzt sind. S. auch Hertel, Indische Märchen,
Jena 1919, S. 90 f., 169 ff., 374 f., 377. Eine deutsche Übersetzung des
Kathāratnākara von Hertel ist im Druck. Viele andere Erzählungen
und Sammlungen von Erzählungen sind angeführt bei Weber. HSS.
Verz. II, 3, 1090—1136. Manche interessante Erzählungen enthält der

Eine besondere Art der erzählenden Dichtung bildet die überaus umfangreiche Litteratur der Caritras und Prabandhas. Die ersteren sind Lebensbeschreibungen der Tīrthakaras oder Jinas, der mythischen Herrscher (Cakravartins) und Heiligen (R̥ṣis) der Vorzeit, während die Prabandhas Erzählungen von Mönchen und Laien der historischen Zeit sind. Der Zweck beider Klassen von Werken ist die Erbauung. Sie sollen die Größe und Herrlichkeit der Jainareligion dartun, den Mönchen Stoff für ihre Predigten bieten und nebenbei die Zuhörer unterhalten. Daher sind die Prabandhas, wenn sie auch von historischen Persönlichkeiten handeln, doch mehr Anekdotensammlungen, als eigentliche Biographien oder geschichtliche Aufzeichnungen [1]). Unter den Caritras gibt es solche, die das Leben einzelner Heiligen beschreiben [2]), und andere, in denen das Leben aller Tīrthakaras oder aller Heiligen überhaupt nacheinander beschrieben wird. Ein Werk der letzteren Art ist das Triṣaṣṭiśalākāpuruṣacarita des berühmten Jainamönches Hemacandra.

Hemacandra [3]) ist einer der vielseitigsten und fruchtbarsten Schriftsteller, der sich ebenso sehr als Gelehrter wie als Dichter vielfach betätigt hat. Ihm ist es zu danken, daß Gujarat ein Hauptsitz der Jainas geworden ist. Er war aber nicht nur der Verfasser jinistischer Werke, sondern er hat seine Glaubensgenossen auch mit wichtigen Textbüchern der weltlichen Wissenschaften (Grammatik, Lexikographie, Poetik und Metrik) versehen, so daß er »der Allwissende des ehernen Zeitalters« (Kalikālasarvajña) genannt wurde. Er ist in Dhundhūka, einer

---

Dharmakalpadruma, »der Wunschbaum der (Jaina-)Religion«, von dem Hertel, ZDMG 65, 1911, 429 ff., 441 ff., und Indische Märchen, S. 111 ff. (vgl. 375 f.), Proben gegeben hat.

[1]) Immerhin sind sie als Geschichtsquellen nicht ganz zu verwerfen, wenn auch nur mit größter Vorsicht zu gebrauchen; s. G. Bühler, Hemachandra, S. 4 ff.

[2]) So behandelt Vardhamāna Sūri im Vāsupūjyacaritra (s. A. Ballini in RSO 1, 41 ff., 1169 ff.; 2, 54 ff.) die Legende des zwölften Tīrthakara.

[3]) Vgl. G. Bühler, Über das Leben des Jaina-Mönches Hemachandra, des Schülers des Devachandra aus der Vajraśākhā: Denkschriften der Kais. Akademie der Wissenschaften in Wien 1889; auch Jacobi, ERE VI, 591.

Stadt in der Nähe von Ahmedabad (Gujarat) im Jahre 1089
n. Chr. als Sohn eines Kaufmanns geboren. Seine Eltern waren
fromme Jainas, und er wurde schon in früher Kindheit dem geistlichen Stande gewidmet. Als Jainalehrer verbrachte er den
größten Teil seines Lebens in der Hauptstadt von Gujarat. Sein
Gönner war zuerst der Caulukyakönig Jayasiṃha Siddharāja
(1094—1143). Dieser König war ein Freund der Litteratur und
Wissenschaft, ein gläubiger Śivaverehrer, aber ein so großer
Freund der Philosophie, daß er Lehrer verschiedener Sekten an
seinen Hof zog. Unter diesen war auch Hemacandra, der durch
seine große Gelehrsamkeit nicht nur die Aufmerksamkeit des
Königs auf sich lenkte, sondern auch dessen Sympathien für die
Jainareligion zu gewinnen suchte, wobei er es sich angelegen sein
ließ, insbesondere die Übereinstimmungen der Jainareligion mit
maßgebenden brahmanischen Werken zu betonen. Jayasiṃhas
Nachfolger war Kumārapāla, der ursprünglich auch ein Śivaverehrer war, aber von Hemacandra zur Jainareligion bekehrt
wurde. Nach seiner Bekehrung war er bemüht, Gujarat zu
einem jinistischen Musterstaat zu machen. Er verzichtete für
seine Person auf die Jagd und verbot in seinem ganzen Reich
die Tötung von Tieren, den Genuß von Fleisch und geistigen
Getränken, das Würfelspiel, Tierkämpfe und Wetten. Außerdem
errichtete er Jainatempel und begünstigte die litterarischen und
wissenschaftlichen Bestrebungen der Jainas. In der Regierungszeit dieses Königs schrieb nun Hemacandra (zwischen 1160 und
1172, in welchem Jahre er starb) sein großes Werk Triṣaṣṭiśalākāpuruṣacarita, »das Leben der dreiundsechzig besten Männer« [1]),
das in zehn Parvans die Legenden über die vierundzwanzig
Jinas, die zwölf Cakravartins, die neun Vāsudevas, die neun
Baladevas und die neun Viṣṇudviṣas (Feinde der neun Inkarnationen
des Viṣṇu) enthält. Die Sprache des Werkes, das Hemacandra
selbst als ein Mahākāvya, »ein großes Kunstepos«, bezeichnet,
und das wenigstens durch seinen Umfang mit dem Mahābhārata
zu wetteifern scheint [2]), ist einfach und ungekünstelt. Aber der

---

[1]) Herausgegeben von der Jainadharmaprasārakasabhā, Bombay,
saṃvat 1961, 2nd Ed. Das erste Buch, Ādīśvaracaritra, behandelt L.
Suali in SIFI VII, 3 ff.

[2]) Auch die Einteilung in Parvans scheint den stolzen Vergleich
mit dem Mahābhārata anzudeuten.

Inhalt des Werkes dürfte kaum außerhalb des Kreises der frommen Jainas großes Interesse erwecken. Wichtig ist jedoch der zehnte Parvan, der auch als selbständiger Text unter dem Titel Mahāvīracaritra in Handschriften erscheint[1]), nicht nur, weil er die Lebensbeschreibung des Mahāvīra enthält, sondern auch wegen der darin enthaltenen Angaben des Verfassers über sein eigenes Leben. Aber vom litterargeschichtlichen Standpunkt viel wichtiger als das große Hauptwerk ist für uns der Nachtrag dazu, Parišiṣṭaparvan oder Sthavirāvali-carita[2]), d. h. »Nachtrags-Abschnitt« oder »Leben der Reihe der Ältesten« betitelt. Dieses Buch behandelt die Geschichte der Dašapūrvins, d. h. der ältesten Lehrer der Jainareligion, die noch Kenner der zehn Pūrvas waren. Während die Persönlichkeiten des Trišaṣṭišalākāpuruṣacarita mit Ausnahme der beiden letzten Tīrthakaras, Pāršvanātha und Mahāvīra, durchweg der Mythologie oder der epischen Dichtung angehören, enthält das Sthavirāvalicarita die Lebensbeschreibungen der Ältesten (Sthaviras, Theras), d. h. der Jünger des Mahāvīra, deren Namen und Reihenfolge nach der einstimmigen Überlieferung der Švetāmbaras wohl als geschichtlich gelten dürfen. Die Erzählungen selbst haben allerdings nur selten irgendeinen geschichtlichen Kern. Hemacandra hat sie älteren Legendenwerken und Kommentaren, namentlich denen des Haribhadra, entnommen. Die Geschichten, häufig durch Sprichwörter und volkstümliche Redensarten belebt, verraten deutlich ihren volkstümlichen Ursprung. Hemacandra hat sie, ohne viel daran zu ändern, aus dem Prākrit übersetzt.

Unter den Erzählungen des Parišiṣṭaparvan finden sich manche interessante Parallelen sowohl zu Erzählungen, die wir aus anderen indischen Werken kennen, als auch zu solchen, die der Weltlitteratur angehören. Eine Art Oedipustragödie ist die Erzählung von den Zwillingsgeschwistern Kuberadatta und Kuberadattā, den Kindern der Hetäre Kuberasenā. Noch mehr als in der christlichen Legende vom heiligen Gregorius ist hier das alte Motiv der unbewußt begangenen Blutschande zu einer frommen Mönchslegende abgeschwächt. Dem indischen Erzähler

---

[1]) Peterson, Report IV, p. 6 f.
[2]) Edited by H. Jacobi, Calcutta, Bibl. Ind. 1891. Auszugsweise ins Deutsche übersetzt von J. Hertel, Erzählungen aus Hēmacandras Parišiṣṭaparvan, Leipzig 1908.

ist es weniger um die Tragik, als um das Raffinement des verwickelten Verwandtschaftsverhältnisses zu tun. Wenn ein Mönch Geschichten schreibt, ist es begreiflich, daß die Schlechtigkeit der Weiber ihm unerschöpflichen Stoff zu den raffiniertesten Ehebruchsgeschichten bietet. Solche Erzählungen finden sich reichlich im Parišiṣṭaparvan, darunter manche, deren einzelne Motive in der Weltlitteratur oft wiederkehren[1]). Eine charakteristische Mönchsgeschichte ist auch die von Sthūlabhadra und der Nonne Košā (VIII, 110—193):

Drei Mönche taten jeder ein Gelübde vor dem Meister. Der erste sagte, er wolle die vier Monate der Regenzeit hindurch vor einer Löwenhöhle sitzen; der zweite, er wolle ebenso lange vor dem Loch einer Schlange, deren bloßer Anblick tötet, verweilen. Der dritte erklärte, er wolle die ganze Regenzeit hindurch auf einem Schöpfrad sitzen. Da kommt der Mönch Sthūlabhadra herbei und erklärt, er wolle die vier Monate im Hause der Hetäre Košā (deren Liebhaber er gewesen war, bevor er Mönch wurde) zubringen, ohne das Keuschheitsgelübde zu verletzen. Dieses gelingt ihm nicht nur, sondern Košā wird auch zum Jainaglauben bekehrt. Nach Verlauf der Regenzeit kehren die vier Mönche zum Meister zurück, und dieser erklärt, daß Sthūlabhadra die größte Leistung vollbracht habe. Darob sind die anderen Mönche eifersüchtig, und der eine, der vor der Löwenhöhle gesessen hatte, gelobt, vor Beginn der nächsten Regenzeit dasselbe Kunststück zu vollbringen wie Sthūlabhadra. Er begibt sich zu Košā, wird von dieser, die ihn durchschaut, leicht verführt, schließlich aber von dieser selbst wieder zur Reue und zum Mönchsleben zurückgeführt. Košā selbst wird Nonne.

Neben solchen Geschichten finden sich auch rein jinistische Legenden, von denen manche sich wie geschichtliche oder biographische Berichte geben. So wird im V. Buch erzählt, wie Šayyambhava das Dašavaikālikasūtra verfaßte, um seinem Sohne, von dem er weiß, daß er in sechs Monaten sterben werde, die Möglichkeit zu bieten, den Kern der Jainalehre in kürzester Frist zu erfassen, ohne die anderen heiligen Texte zu studieren. Auch die im IX. und im XIII. Buch erzählten Sagen beziehen sich auf die Zusammenstellung des Kanons. Von einigem historischen Interesse sind auch die auf das Königsgeschlecht der Nandas bezüglichen Erzählungen im VIII. Buch, wenn auch in den

---

[1]) So das Motiv vom Gottesurteil der Ehebrecherin nebst anderen in der Erzählung II, 446—640, übersetzt von J. J. Meyer, Isoldes Gottesurteil, Berlin 1914, S. 130 ff. Die Ṛṣyašṛṅgasage ist nachgeahmt in der Erzählung von Valkalacīrin, I, 90—258.

Sagen selbst nur wenig Historisches stecken dürfte. Geschichtlich ist jedenfalls die Tatsache, daß der letzte Nandafürst von Candragupta, dem Begründer der Mauryadynastie (326 v. Chr.), gestürzt wurde. Nach der Sage gelang es dem Candragupta, der mütterlicherseits von niedriger Herkunft war, nur dadurch zur Herrschaft zu gelangen und seinen Thron zu befestigen, daß er den schlauen Brahmanen Cāṇakya zu seinem Minister hatte. Von diesem waren viele volkstümliche Erzählungen im Umlauf, die sich auch Hemacandra nicht entgehen ließ, trotzdem gerade dieser Mann so wenig wie möglich zu einem Musterbeispiel für einen frommen Jaina geeignet war. Die Jainas waren aber von jeher bestrebt, jeden Helden volkstümlicher Erzählungen zu einem der Ihren zu machen. Daß sie das auch mit Cāṇakya, diesem durchtriebenen, rücksichtslosen, vor keinem Mittel zurückschreckenden Ränkeschmied und Machtpolitiker, getan haben, ist aber doch so merkwürdig, daß man glauben möchte, daß Candragupta wirklich, wie es die Überlieferung will, den Jainaglauben begünstigte und daß er deshalb von den Jainas samt seinem berühmten Minister gefeiert wurde. Allerdings versteht es Hemacandra, auch diesen Mann zu einem frommen Jaina zu machen. Ja, dieser durchaus weltlichgesinnte Mann, der sich noch vor seinem Tode an seinem Feinde rächt, zieht sich doch am Ende seiner Tage wie ein echter Jainaheiliger in die Nähe eines Düngerhaufens zurück, um sich zu Tode zu hungern. Durch eine Tücke seines Nebenbuhlers, der den Düngerhaufen in Brand steckt, wird er allerdings gegen seinen Willen verbrannt. Nach seinem Tode wird er sonderbarerweise zu einer Göttin.

So sagenhaft alle diese Geschichten von historischen Königsgeschlechtern und Persönlichkeiten sowie von Personen der Kirchengeschichte auch sein mögen, so zeigen sie doch immerhin ein geschichtliches Interesse. Schon in einigen der kanonischen Texte selbst fanden wir die Anfänge einer Biographie des Mahāvīra und seiner ersten Jünger, im Kalpasūtra des Bhadrabāhu auch eine Liste der Sthaviras, ihrer Schulen und deren Abzweigungen. Solche Lehrerlisten (Paṭṭāvalis) gibt es viele aus späteren Jahrhunderten[1]). Halbhistorische Sagen über die Schis-

---

[1]) Paṭṭāvalis sind herausgegeben bzw. ausgezogen von J. Klatt, Ind. Ant. 11, 245 ff.; 293 f.; 23, 169 ff.; Hoernle, Ind. Ant. 19, 233 ff.; 20, 341 ff.; 21, 57 ff.

men werden in den Kommentaren von Haribhadra und Šāntisūri
erzählt [1]). Rein kirchengeschichtlichen Inhalts sind Werke wie
das Gurvāvalīsūtra von Dharmasāgaragaṇi [2]) und die
Therāvalī des Merutuṅga [3]).

Eine Fortsetzung von Hemacandras Pariśiṣṭaparvan ist das
Prabhāvakacaritra, »Leben der Leuchten (des Glaubens)«,
von Prabhācandra und Pradyumnasūri um 1250 n. Chr.
verfaßt. Es enthält Lebensbeschreibungen von 22 Jainalehrern,
darunter auch des Hemacandra [4]).

Nur als quasi-historisch-biographische Werke können der
1306 n. Chr. vollendete Prabandhacintāmaṇi oder »Wunschedelstein der Geschichten« des Merutuṅga [5]) und der 1349
vollendete Prabandhakoša (»Schatz der Geschichten«) des
Rājašekhara [6]) bezeichnet werden. Das Werk des Merutuṅga
enthält unter dem Schein von »Geschichte« eine kunterbunte
Sammlung von Geschichten, Sagen und Anekdoten, die an geschichtliche und litterarische Persönlichkeiten anknüpfen. Die
Könige Bhoja, Vikramāditya und Šīlāditya werden als die Gönner
der hervorragendsten Dichter und Gelehrten gefeiert, wobei der
Verfasser vor keinem Anachronismus zurückschreckt. So wird
z. B. der grosse Astronom des 6. Jahrhunderts n. Chr. Varā-
hamihira ohne weiteres zu einem Zeitgenossen des Königs
Nanda im 4. Jahrhundert v. Chr. gemacht. Neben vielen einfältigen Geschichtchen finden sich doch auch manche geistreiche
und witzige Anekdoten. Das Leben und Treiben an den indischen
Fürstenhöfen, insbesondere die an diesen sich abspielenden litterarischen Wettkämpfe werden sehr anschaulich geschildert. Einigen
geschichtlichen Wert haben auch die Erzählungen über die der

---

[1]) Vgl. oben II, 320, und Leumann, Ind. Stud. 17, 91 ff.; Jacobi,
ZDMG 38, 1 ff. Auch dem Bhadrabāhucarita des Ratnanandin
(15. oder 16. Jahrhundert) schreibt Jacobi historischen Wert zu.

[2]) Weber, HSS. Verz. II, 997 ff.; Klatt a. a. O.; Guérinot,
JA 1912, s. 10, t. XIX, 605 ff.

[3]) Bhâu Dâji, JBRAS 9, 1867, 147 ff.

[4]) Vgl. Bühler, Hemachandra, S. 4, 52 ff. und Shankar Pandit,
Gaüdavaho, Introd. p. CXLVIII ff.

[5]) Translated from Sanskrit by C. H. Tawney, Calcutta, Bibl.
Ind., 1901.

[6]) Vgl. E. Hultzsch, Reports of Sanskrit Manuscripts in Southern
India III. Madras 1905, p. VI f.

Zeit des Verfassers nicht fernen Persönlichkeiten Hemacandra und den König Kumārapāla. Der Prabandhakośa des Rājaśekhara enthält die Lebensbeschreibungen von 24 Personen, nämlich zehn Jainalehrern (darunter Hemacandra), vier Dichtern (Śrīharṣa, Harihara, Amaracandra und dem Digambara Madanakīrti), sieben Königen und drei anderen Persönlichkeiten.

Bei den Digambara-Jainas heißen die Caritras zuweilen auch Purāṇas. So gibt es ein Padmacarita oder Padma-purāṇa von Vimalasūri in Jaina-Māhārāṣṭrī und ein Padma-purāṇa von Raviṣeṇa in Sanskrit[1]). Es gibt auch ein Mahā-purāṇa, dessen erster Teil das Ādipurāṇa des Jinasena ist, dessen Schüler Guṇabhadra den zweiten Teil, das Uttara-purāṇa, schrieb. Jinasena ist auch der Verfasser des 784 n. Chr. vollendeten Harivaṃśapurāṇa. Das Ādipurāṇa erzählt die Geschichte des ersten Tīrthakara Ṛṣabha, enthält aber, ähnlich wie die brahmanischen Purāṇas, auch Abschnitte über allerlei Riten und Zeremonien. Das Uttarapurāṇa gibt die Lebens-beschreibungen der übrigen Tīrthakaras[2]). Ein Werk ganz nach

---

[1]) Nach Haridās Śāstrī, Ind. Ant. 19, 1890, 378 f., wäre der Verfasser des Padmacarita derselbe Vimala, dem die Praśnottararara-tnamālā zugeschrieben wird, und der 532 Jahre nach dem Nirvāṇa des Mahāvīra geschrieben haben soll. »Jedenfalls ist Vimalasūri ein alter Schriftsteller, sicher nicht jünger als Haribhadra. Das Padmacarita ist in reiner Jaina-Māhārāṣṭrī geschrieben« (Jacobi in RSO, vol. 2, Roma 1909, 233 f.). Raviṣeṇa gibt als das Datum der Abfassung des Sanskrit-Padmapurāṇa 1204 Jahre nach dem Nirvāṇa des Mahāvīra an (Bhan-darkar, Report 1883/84, pp. 117 f., 417 ff.).

[2]) Bhandarkar, Report 1883/4, 118 f., 422 ff., 121 f., 430 ff.; Peterson, Report IV, 167 ff; K. B. Pathak, Ind. Ant. 15, 1886, 141 ff. Jinasena wurde von dem südindischen König Amoghavarṣa sehr geehrt. (Bhandarkar, Early History of the Dekkan, 2nd Ed., Bombay 1895, 65, 68 f.) Das Uttarapurāṇa wurde von Lokasena, dem Schüler des Guṇabhadra, 898 n. Chr. fortgesetzt. Vgl. T.-S. Kuppuswāmi Śāstrī, Ind. Ant. 36, 1907, 285 ff. Es gibt auch ein Harivaṃśa von Jinadāsa, einem Schüler des Sakalakīrti (Bhandarkar a. a. O. 123, 433 ff.). Über ein Mahāpurāṇa von Malliṣeṇa, das 1047 n. Chr. verfaßt ist, s. K. B. Pathak, Ind. Ant. 40, 1911, 46 ff. Ein Jainagedicht, das den Titel Uttamaśikharapurāṇa führt und von Siddhasūri ver-faßt ist, findet sich in einer 1176 n. Chr. eingegrabenen Felseninschrift; s. F. Kielhorn, JRAS 1906, 701 f. Über ein Pāṇḍavapurāṇa oder »Jaina-Mahābhārata« von Śubhacandra s. Bhandarkar a. a. O., 117 f., 417 ff.

der Art der zu den Purāṇas gehörigen Māhātmyas ist das
Šatruñjaya-Māhātmya, eine Verherrlichung des heiligen
Berges Šatruñjaya. Zahlreiche jinistische Legenden und brahmanische Sagen, zum Teil sehr entstellt, sind in'die aus 14 Sargas
bestehende epische Dichtung aufgenommen [1]).

Die Grenze zwischen religiösen Erbauungswerken und
anspruchsvolleren Werken der Dichtkunst ist in der Jaina-
litteratur schwer zu ziehen. Hemacandra nannte, wie schon
bemerkt, sein großes Legendenwerk ein Mahākāvya. Und es
gibt eine ganze Anzahl von epischen Gedichten und Romanen,
die der Kunstdichtung und zugleich der Erbauungslitteratur angehören.

Ein religiöser Roman in Prākritprosa mit eingestreuten
Versen (gāthās) ist die Samarāiccakahā des uns schon
bekannten Haribhadra [2]). Nach dem Vorbild der Samarāiccakahā gedichtet ist wahrscheinlich auch die Bhavisatta-
kahā [3]) von Dhaṇavāla (aus dem Geschlecht der Dhar-
kaṭa). Das ist ein romantisches Epos im Apabhraṃšadialekt.
Den Kern der Dichtung bildet ein Märchen, dessen Held
wundersame Abenteuer erlebt, in eine verlassene Stadt kommt
und schließlich eine Prinzessin heimführt. Im zweiten Teil
werden Kämpfe nach Art des Mahābhārata und Rāmāyaṇa
geschildert, während ein dritter Teil die Geschichten der Hauptpersonen in früheren Geburten enthält, wie das in Jaina-Er-
zählungen üblich ist.

Von Haribhadra beeinflußt ist Siddha, gewöhnlich
Siddharṣi genannt, einer der berühmtesten Dichter bei den
Jainas, der 906 n. Chr. seine Upamitibhavaprapañcākathā,
»die Erzählung, in der das Menschenleben im Gleichnis dar-

---

[1]) A. Weber, Über das Çatrunjaya Mâhâtmyam, AKM I, Nr. 4,
Leipzig 1858. Übersetzt mit Zusätzen von J. Burgess, Ind. Ant. 30,
1901, 239 ff., 288 ff.

[2]) Ed. by H. Jacobi in Bibl. Ind. Vgl. auch Jacobi in RSO II,
Roma 1909, 233, 236, und Peterson, 3 Reports 118 ff. Einen Auszug
aus Haribhadras Werk hat Pradyumna im Jahre 1214 n. Chr. in
seinem Samarādityasaṃkṣepa gemacht (Ed. by H. Jacobi, Part I,
Ahmedabad, 1905). Vgl. A. Guérinot, JA 1909, s. 10, t. XIV,
nr. 1078.

[3]) Herausgegeben von H. Jacobi in ABayA, XXIX. Bd., 4. Abt.,
München 1918.

gestellt wird«, verfaßt hat [1]). Von dem Dichter wird im Prabhāvakacaritra folgende Anekdote erzählt:

Siddha war ein Vetter des Dichters Māgha. Eines Tages sah seine
Mutter ihre junge Schwiegertochter weinen und fragte sie um die Ursache ihres Schmerzes. Die junge Frau erzählte, daß ihr Gatte nie vor
Mitternacht nach Hause komme. Die Schwiegermutter tröstete sie und
versprach, ihren Sohn zu ermahnen. Als Siddha das nächste mal spät
in der Nacht heimkehrte, öffnete sie ihm nicht die Tür, sondern sagte
ihm, er möge hingehen, wo man die Türen so spät nachts offen habe.
Da ging Siddha zu den Jainamönchen, deren Türen stets offen sind.
Sie erkannten in ihm den künftigen Prabhāvaka und nahmen ihn feier-
lich auf. Er wurde Jainamönch, und sein Vater bemühte sich vergebens, ihn von seinem Entschluß abzubringen. Nachdem er eine Zeitlang bei den Buddhisten gelernt hatte und ihr Anhänger geworden
war, wurde er nachher wieder von seinem alten Lehrer zum Jainaglauben zurückgeführt.

Das Werk ist eine Erzählung (kathā) in Prosa mit zahlreichen größeren und kleineren Stücken in Versen. In halb
dialogischer, halb erzählender Form stellt der Dichter das ganze
Menschenleben allegorisch vom Standpunkt der Jainareligion
dar und zeigt, wie der durch Sünden verstockte Mensch zur
Annahme der Religion geführt werden kann. Die Erzählung
ist ziemlich weitschweifig. Am Ende der Einleitung (pīṭhā) wird
die Allegorie kurz erklärt (vv. 349—366):

Die Stadt »Ohne Anfang und ohne Ende«, in der die Geschichte sich
abspielt, ist der unendliche Saṃsāra. Der Bettler »Tugendlos«, der von
großer Verblendung geschlagen und von allem möglichen Unglück heimgesucht ist, das ist meine Seele. Die Topfscherbe, in der er seine Almosen sammelt, ist das Behältnis der Tugenden und Fehler des Lebens der
Seele, die Dummköpfe sind die Ketzer, der Schmerz ist die Sündhaftig-
keit des Geistes, die Krankheiten sind die Leidenschaften usw. Der
König »Feststehend« ist der allwissende Herr Jina. Sein Palast ist die
Lehre des Jina. Der Türsteher ist, wie sein Name besagt, »der Auf-
löser des eigenen Karman«. Die Fürsten sind die Lehrer, die Minister
die Nebenlehrer. Der Koch »Religionserkenntniserwecker« ist der ehrwürdige Meister (sūri), der mich zur Erkenntnis erweckt hat usw.

---

[1]) H. Jacobi, Upamitabhavaprapañcae Kathae specimen, Bonnae
1891 (Festschrift der Universität). Ed. by P. Peterson and H. Jacobi,
Bibl. Ind., 1899 ff. Ins Italienische übersetzt von A. Ballini in GSAI,
vol. 17—19 und 21—24. Vgl. auch A. Ballini, Contributo allo studio
della Upamitibhavaprapañcā Kathā di Siddharṣi (Rendiconti della Reale
Accademia dei Lincei, Scienze morali, storiche e filol., s. V, vol 15,
Roma 1906.

Wie beliebt diese Dichtung bei den Jainas war, geht daraus hervor, daß schon hundert Jahre nach ihrem Erscheinen Auszüge und Abkürzungen aus ihr gemacht wurden [1]).

Eine Dichtung, die zur Gattung der Campūs gehört, ist das 959 n. Chr. verfaßte Yaśastilaka des Digambara-Jaina Somadeva [2]). Der Inhalt dieser religiösen Dichtung in Prosa und Versen ist kurz folgender:

Der König Māridatta ist jung auf den Thron gekommen und ist ganz der Sinnenlust ergeben. Auf den Rat seines Hauspriesters schickt er sich an, seiner Hausgöttin Caṇḍamāridevatā ein großes Opfer darzubringen, bestehend aus einem Paar von jedem Lebewesen, einschließlich des Menschen. Māridatta selbst soll das Opfer vollziehen. Da bringen die Diener einen Jüngling und ein Mädchen herbeigeschleppt, ein Asketenpaar, das sie zum Menschenopfer ausersehen haben. Bei deren Anblick kommt eine Wandlung über den König. Es fällt ihm ein, daß diese beiden die Zwillingskinder seiner eigenen Schwester sein könnten, von denen er gehört hatte, daß sie der Welt entsagt und sich der Jainagemeinde angeschlossen hätten. Er läßt sich von den beiden ihre Geschichte erzählen, und es stellt sich heraus, daß sie tatsächlich seine Verwandten sind. Mit ihren Erlebnissen in verschiedenen Wiedergeburten beschäftigt sich der größte Teil der Erzählung, in die aber auch viele Erörterungen über die Lehren der Jainareligion eingeflochten sind. Dabei werden viele bekannte Dichter, wie Bhāravi, Bhavabhūti, Bhartṛhari, Guṇāḍhya, Vyāsa, Bhāsa, Kālidāsa, Bāṇa u. a. angeführt, die alle der Jainareligion Ehre erwiesen haben sollen. Die drei letzten Abschnitte bilden auch ein selbständiges, Upāsakādhyayana (»Lektionen für Laien«) genanntes Buch, das als Erbauungsbuch für Jainalaien dient. Mit der Bekehrung des Māridatta und seiner Hausgöttin zur Jainareligion endet das Werk.

Dem Somadeva diente Bāṇas »Kādambarī« als Vorbild. Nach demselben Muster dichtete der Śvetāmbara-Jaina Dhanapāla (um 970 n. Chr.) seine Tilakamañjarī [3]). Ein anderer Roman nach Art der »Kādambarī«, der auch eine Jainalegende behandelt, ist der Gadyacintāmaṇi, »Wunschedelstein der

---

[1]) Solche gibt es von Vardhamāna (der um 1032 n. Chr. durch freiwilligen Hungertod endete), Devendrasūri und Haṃsaratna. Vgl. Jacobi, JRAS 1909, 421; über Vardhamāna Peterson, Report IV, p. CX.

[2]) Mit einem Kommentar herausgegeben in Km. 70, 1901. Vgl. Peterson, Report II, 33 ff.. 147 ff.

[3]) Herausgegeben in Km. 85, Bombay 1903. Vgl. Jacobi, GGA 1905, 379. Über die Entstehung des Werkes erzählt Merutuṅga (Prabandhacintāmaṇi. Transl. by Tawney, p. 60 f.) eine hübsche Geschichte.

Prosa«, des Oḍayadeva mit dem Beinamen Vādībhasiṃha [1]).
Der Verfasser war ein Digambara-Jaina, ein Schüler des Puṣ-
pasena. Den Inhalt des Romans bildet die Legende von Jīvaka
oder Jīvandhara [2]). Interessanter ist der bei den Jainas beliebte
Märchenroman Malayasundarīkathā, den irgendein Jainamönch aus einem oder mehreren volkstümlichen Märchen in eine
Jainalegende umgearbeitet hat. Eine wahre Flut der phan-
tastischesten Wunder und Zauberstücke läßt hier den Leser kaum
zu Atem kommen. Fast alle in der Märchenlitteratur bekannten Motive werden in den Roman hineinverflochten, der erzählt, wie Prinz Mahābala und Prinzessin Malayasundarī sich
auf wunderbare Weise finden, wie sie immer wieder voneinander
getrennt und immer wieder vereinigt werden. Erst ganz zum
Schluß kommt der jinistische Aufputz, der aus dem volkstümlichen, sich mehr in tantrischen Zauberkulten bewegenden Märchen
eine fromme Jainalegende macht [3]).

Eine Nachahmung von Māghas Śiśupālavadha ist das große
Epos (mahākāvya) Dharmaśarmābhyudaya [4]) des Dichters
Haricandra, das in 21 Gesängen die Geschichte des Dhar-
manātha, des fünfzehnten Tīrthakara, behandelt. Derselbe Digam-
bara-Jainadichter ist wohl auch der Verfasser der Jīvandharacampū, in welcher auf Grund von Guṇabhadras Uttarapurāṇa
die Legende des Jīvandhara behandelt wird [5]). Die Geschichte

---

[1]) Ed. by T. S. Kuppuswami Śāstrī and S. Subrahmaṇya Śāstrī,
Madras 1902 (s. E. Hultzsch, Ind. Ant. 32, 1903, 240); über den Verfasser s. Hultzsch, ZDMG 68, 697 f.

[2]) Haricandras Jīvandharacampū behandelt dieselbe Legende.

[3]) Die Malayasundarīkathā ist eine Prākritdichtung. Ein Auszug
daraus ist der im 14. Jahrhundert von Dharmacandra gemachte Ma-
layasundarīkathoddhāra in Sanskritprosa mit eingestreuten Versen in
Sanskrit und Prākrit, ins Deutsche übersetzt von Hertel, Indische
Märchen, Jena 1919, S. 185—268; vgl. S. 377 f.

[4]) Herausgegeben in Km. 8, 1888. Vgl. Peterson, Report II.
77 f., 141 ff. Die Zeit des Dichters läßt sich nicht bestimmen, da es
mehrere Dichter des Namens Haricandra gegeben hat. Da er aber
außer Māgha auch Vākpatis Gauḍavaha benützt hat (s. Jacobi, WZKM
3. 1889, 136 ff.) und da die Jīvandharacampū auf dem Uttarapurāṇa beruht, muß er später als 900 n. Chr. geschrieben haben (s. E. Hultzsch,
Ind. Ant. 35, 1906, 268).

[5]) Herausgegeben von T. S. Kuppuswāmi Śāstrī, Tanjore 1905.
Vgl. E. Hultzsch, Ind. Ant 35, 268.

eines anderen Heiligen, des Neminātha, behandelt ein Mahākāvya
in 15 Gesängen, das Neminirvāṇa von Vāgbhaṭa[1]). Dieselbe Legende hat Vikrama, der Sohn des Sāṅgaṇa, in seinem
überaus kunstvollen Gedicht Nemidūta[2]) bearbeitet. Den Inhalt bildet die Klage der Rājīmatī, nachdem ihr Bräutigam
Mönch geworden war. Das Werk ist ein Beispiel der »Strophenergänzung«: die letzte Zeile jeder Strophe ist aus Kālidāsas
Meghadūta genommen, während die ersten drei Zeilen vom
Dichter selbst gedichtet sind. Ein älteres Werk derselben
Gattung ist der Pārśvābhyudaya, eine dichterische Lebensbeschreibung des Pārśvanātha, von Jinasena. In dieser Dichtung ist der ganze Meghadūta in der Weise eingeschlossen,
daß in jeder Strophe eine oder zwei Zeilen aus dem Meghadūta
entlehnt sind, während Jinasena selbst das übrige hinzu-
gedichtet hat[3]).

Kunstepen sind das Yaśodharacarita des Kanakasena
Vādirāja (10. Jahrhundert), in welchem das Leben des frommen
Königs Yaśodhara durch eine Reihe von menschlichen und tierischen
Existenzen verfolgt wird; das Mṛgāvatīcaritra des Maladhāri-
Devaprabha (13. Jahrhundert), das eine wertvolle Fassung
der Sage von Udayana und seinen Frauen Vāsavadattā und
Padmāvatī enthält; und das Mahīpālacaritra von Cāri-
trasundara (etwa in der Mitte des 15. Jahrhunderts), in dem

---

[1]) Herausgegeben in Km. 56, 1896. Der Dichter ist wahrscheinlich
derselbe, wie der Verfasser eines bekannten Lehrbuches der Poetik.

[2]) Herausgegeben in Km., Part II, pp. 85—104; vgl. auch P. Pavolini in GSAI 18, 329 ff. Der Verfasser des Nemidūta soll in der ersten
Hälfte des 17. Jahrhunderts gelebt haben. Vgl. E. Hultzsch, Kali-
dasa's Meghaduta (London 1911), Preface p. VI ff. »Strophenergänzung«
(samasyāpūraṇa) ist ein Kunststück, das darin besteht, daß eine oder
zwei Zeilen einer Strophe gegeben sind und der Dichter die übrigen
Zeilen hinzudichten muß.

[3]) Hultzsch a. a. O., p. XV ff. Jinasena, der Beichtvater des Amoghavarṣa I (um 814 n. Chr.), ist derselbe, der 783 n. Chr. das Harivaṃśapurāṇa verfaßte. The Meghadūta as embodied in the Pārśvābhyudaya with the Com. of Mallinātha, with a lit. English Transl. ed.
by K. B. Pathak, Poona 1894. Vgl. Guérinot, JA 1909, s. 10, t. XIV,
pp. 72. 75. Noch ein anderes Gedicht der Art ist der Śīladūta des
Jaina Cāritrasundaragaṇi; s. Hultzsch, JRAS 1912, 734 ff. Ein
Meghadūta von Merutuṅga wird von Peterson, 3 Reports, 249 f.
(Extr.) beschrieben.

eine Anzahl volkstümlicher Märchen und jinistischer Legenden zu einem Kunstepos in 14 Gesängen vereinigt sind[1]).

Nicht nur in der erzählenden Dichtung, sondern auch in der religiösen Lyrik haben die Jainas mit den Dichtern anderer Sekten gewetteifert. Es gibt eine große Anzahl von Hymnen (Stotras) sowohl in Sanskrit als auch in Prākrit, die zum Teil nicht ohne dichterischen Wert sind[2]). Der älteste bekannte Text dieser Art ist das dem Bhadrabāhu zugeschriebene Uvasaggaharastotra[3]), ein Hymnus auf Pārśva in fünf Strophen. Ein altes Werk ist gewiß auch das Ṛṣimaṇḍalastotra[4]), »Loblied auf den Kreis der Ṛṣis«, d. h. der Jainaheiligen, von Dharmaghoṣa oder Dharmakoṣa in altertümlichen Prākritstrophen. Ein 1497 verfaßter Kommentar von Padmamandira zu der Dichtung enthält zahlreiche Legenden über die »Ṛṣis«, zum Teil dieselben, die wir auch bei Hemacandra gefunden haben.

Eines der berühmtesten Stotras ist das Bhaktāmarastotra des Mānatuṅga[5]). Es ist ein Kunstgedicht, aber frei von übertriebenen Künsteleien. Der Jina Ṛṣabha wird als der unvergleichliche Heilige gepriesen, den höchsten Gottheiten aller Sekten gleichgesetzt und sein Name als Schirm in allen Gefahren angerufen. So heißt es von ihm:

»Hunderte von Frau'n gebären zu Hunderten Söhne,
Aber keine Mutter gebar einen Sohn, der dir gliche:

---

[1]) Hertel, Jinakīrtis »Geschichte von Pāla und Gōpāla«, S. 91 ff., 146 ff.; 105 ff., 150 ff.; 72 ff., 138 f. Die Geschichte von Yaśodhara behandelt (nach Haribhadra) auch das Yaśodharacaritra des Māṇikvasūri (Zeit unsicher); s. Hertel ebendas. S. 81 ff., 139 ff.

[2]) Eine große Anzahl von Jaina-Stotras ist gedruckt in Km., Part VII, 1890.

[3]) Jacobi, Kalpasūtra of Bhadrabāhu, Introd., p. 12 f.

[4]) Es wird auch Ṛṣimaṇḍalaprakaraṇa oder Ṛṣimaṇḍalasūtra genannt. Vgl. Bhandarkar. Report 1883/4, pp. 130 ff., 443 ff.; Weber, HSS. Verz. II. 3, 945 A. 2. Die Gāthās 155—218 und ein Stück des Kommentars hat Jacobi in seiner Ausgabe des Sthavirāvalīcarita, Appendix p. 29 ff. und 37 ff., abgedruckt. Peterson, 3 Reports 17, 310 ff., erwähnt eine Yamakastuti von einem Dharmaghoṣa, der 1300 n. Chr. gestorben sein soll. Entweder ist dieses Datum falsch oder es ist ein anderer Dharmaghoṣa.

[5]) Herausgegeben und übersetzt von H. Jacobi, Ind. Stud. 14, S. 359 ff., auch Km., Part VII.

Sterne gibt es in jeder Gegend des Himmels, aber
Nur der Osten bringt die Sonne hervor mit ihrem
Leuchtenden Strahlennetze, die tausendstrahlige Gottheit.« (22)

»Du bist Buddha, weil die Götter deines Geists Erwachen preisen.
Du bist Śaṃkara, weil du der Dreiwelt Heil bewirkest;
Schöpfer bist du,
Weil du durch deine Lehre den Weg zum Heil geschaffen;
Du, o Herr, bist Puruṣottama, höchstes der Wesen.« (25)

»Die wütendste Giftschlange zertritt mit nacktem Fuß, wer deinen
Namen als Schlangenzauber im Herzen trägt; das Feindesheer über-
windet, wer zu deiner Füße Lotushain pilgert; dein gedenkend segelt
der Reisende furchtlos auf dem Ozean dahin« (38—40). »Die Menschen,
deren Leiber von Haupt zu Füßen in mächtige Fesseln geschmiedet
und deren Beine von tausenden gewaltigen Ketten arg geschunden sind,
werden sofort von selbst der Gefängnisnot enthoben, wenn sie stets
deines Namens als Zauberspruch gedenken«.[1] (42)

Es ist wohl dieser Vers 42, der zu der Sage Anlaß gegeben
hat, die von den Kommentatoren erzählt wird. Um sich vom
Aussatz zu reinigen, so erzählen sie, dichtete Mayūra seine
100 Strophen an den Sonnengott (das Sūryaśataka). Der auf
ihn eifersüchtige Bāṇa ließ sich hierauf Hände und Füße abschneiden und dichtete 100 Strophen an die Göttin Caṇḍikā
(das Caṇḍikāśataka), wodurch seine Gliedmaßen wieder angeheilt
wurden. Da ließ sich Mānatuṅga, um zu beweisen, daß auch
die Jainareligion große Wunder zu vollbringen vermag, mit
42 Eisenketten fesseln und in einem Hause einsperren; dann
dichtete er die 44 Verse des Bhaktāmarastotra und wurde aller
seiner Fesseln frei und ledig. Durch dieses Wunder bekehrte
er den König Bhoja zur Jainareligion[2].

Eine Nachahmung des Bhaktāmarastotra ist das Kalyāṇa-

---

[1] Vers 42 nach Jacobis Übersetzung.

[2] Die Geschichte ist chronologisch unmöglich, soweit König Bhoja
in Betracht kommt. Daß Mānatuṅga ein Zeitgenosse von Bāṇa und
Mayūra war, ist wohl möglich, aber es ist wahrscheinlicher, daß er 100
oder 150 Jahre später lebte. Vgl. Bühler, Ind. Ant. 1, 1872, 114 f.;
Klatt, Ind. Ant. 11, 1882, 252; Peterson, Report IV, p. XCII f.;
Duff 300; G. P. Quackenbos, The Sanskrit Poems of Mayūra, New.
York 1917, p. 16 ff., 265 f. Im 14. Jahrhundert wurden Verse des
Mānatuṅga bereits als Zaubersprüche verwendet. Er ist auch der Ver-
fasser eines Bhayaharastotra.

mandirastotra[1]) von Siddhasena Divākara, der auch
Kumudacandra heißt. Es hat ebenfalls 44 Strophen, die
Sprache ist aber viel gekünstelter als die des Mānatuṅga. Durch
sein Gedicht, das ein Loblied auf Pārśvanātha ist, soll der
Dichter das Liṅga des Rudra im Mahākālatempel zu Ujjayinī
zerschmettert und das Erscheinen eines Bildes des Pārśvanātha
bewirkt haben.

Ein Hymnus auf Ṛṣabha ist auch die Ṛṣabhapañcāśikā
von Dhanapāla[2]). Dies ist ein Prākritgedicht in 50 Strophen.
In den ersten 20 Versen wird auf Ereignisse im Leben des
Ṛṣabha angespielt, während die folgenden Verse nur eine Verherrlichung des Ṛṣabha sind. Der Stil ist sehr gekünstelt, doch
fehlt es dem Gedicht nicht an Schwung, und hier und da begegnen
uns schöne Vergleiche. So nennt der Dichter das Leben ein
Meer, auf welchem Ṛṣabha der Kahn ist, oder einen Wald voll
Räubern, den Leidenschaften, gegen die man nur bei Ṛṣabha
Schutz findet, oder eine Nacht des Irrglaubens, in welcher Ṛṣabha
als Sonne aufgeht. Die Welt ist ihm ein Schachbrett[3]) mit
Menschenfiguren oder eine Schaubühne, auf der die Schauspieler
zuletzt alle abtreten. Dhanapāla war Brahmane und schrieb den
Hymnus erst, nachdem er durch seinen Bruder Śobhana zum
Jinismus bekehrt worden war. Śobhana selbst ist der Ver-
fasser eines Hymnus auf die 24 Jinas, Caturviṃśatijinastuti
oder Śobhanastuti genannt[4]), in überaus gekünstelter Sprache
mit reicher Abwechslung in Versmaßen und halsbrecherischen
Kunststücken in bezug auf Redefiguren. Ein solches Kunststück

---

[1]) Herausgegeben und übersetzt von Jacobi, Ind. Stud. 14, 376 ff.,
auch in Km., Part VII. Das Paramajotistotra, eine alte metrische Übersetzung im alten Braj-Dialekt des Kalyāṇamandirastotra, hat L. P.
Tessitori, Ind. Ant. 42, 1913, 42 ff., bekannt gemacht. Über den
Verfasser s. Peterson, Report IV, p. CXXXI f.; Klatt, Ind. Ant.
11, 247.

[2]) Herausgegeben und übersetzt von J. Klatt in ZDMG 33, 1879,
445 ff., auch in Km., Part VII. Dhanapāla ist auch der Verfasser der
Tilakamañjarī und wahrscheinlich auch des Prākrit-Wörterbuches
Pāiyalacchī (973 n. Chr.).

[3]) Dies ist vielleicht die älteste Erwähnung des Schachspiels;
s. Klatt, a. a. O., S. 465 f.

[4]) Herausgegeben und übersetzt von Jacobi, ZDMG 32, 1878,
509 ff., auch in Km., Part VII.

besteht z. B. darin, daß die zweite und vierte Zeile eines jeden Verses Silbe für Silbe identisch lauten und doch einen verschiedenen Sinn geben. Diese Śobhanastutis sind, wie Jacobi sagt, »merkwürdig als Kunststück und interessant als ein vorzügliches Beispiel für die Richtung, welche die Dichtkunst der an Poesie so armen Jainas einschlug, und für die Leistungen, deren sie darin im besten Falle fähig war«. Die beiden Brüder schrieben in der zweiten Hälfte des 10. Jahrhunderts. Im 11. Jahrhundert schrieb der uns schon bekannte Abhayadeva ein Jayatihuyanastotra. Die Sage erzählt, daß der schwerkranke Dichter durch diesen Hymnus wieder gesund geworden sei und eine seit Jahrhunderten verborgene Statue des Pārśvanātha wieder ans Licht gebracht habe [1]). Auch der berühmte Hemacandra ist der Verfasser von Stotras, eines Vītarāgastotra, das in der Form eines Lobliedes auf den Jina eine kurze Darstellung der Jainareligion enthält, und zweier Gedichte mit dem Titel Mahāvīrasvāmistotra [2]).

Den Übergang zu den gelehrten, rein theologischen Werken bildet die lehrhafte Dichtung, die teils Spruchdichtung ist, teils zur Erzählungslitteratur in Beziehung steht, und die schon im Kanon der Jainas stark vertreten ist. Von nichtkanonischen Lehrgedichten ist eines der ältesten die Praśnottararatnamālā, »der Juwelenkranz von Fragen und Antworten«, aus kurzen Fragen und Antworten bestehend und im einfachsten Stil geschrieben. Das Werk wird bald dem Śvetāmbara-Jaina Vimala, bald dem König Amoghavarṣa, dem Freund des Digambara Jinasena, der im 9. Jahrhundert regierte (ungefähr 814—878), zugeschrieben. Wegen seines ethischen Gehaltes wird es aber auch von Buddhisten und Brahmanen ihrem Schrifttum zugerechnet [3]).

---

[1]) Peterson, 3 Reports, 25 f., 245 ff.

[2]) Vgl. Bühler, Hemachandra, S. 36, 85; Weber, HSS. Verz. II, 3, 940 ff. Die beiden Mahāvīrastotras des Hemacandra und ein drittes von Jinavallabhasūri sind gedruckt in Km., Part VII. Eine Ausgabe des Vītarāgastotra mit zwei Kommentaren, Bombay 1911.

[3]) Der Text ist herausgegeben in Km., Part VII, 121 ff., eine Prākritrezension von P. E. Pavolini in GSAI 11, 153—163. Eine tibetische Übersetzung der buddhistischen Fassung findet sich im Tandschur (Vimalapraśnottararatnamālā, von Schiefner 1888 tibetisch und deutsch herausgegeben).

Ein sehr altes Werk ist auch die Uvaēsamālā[1]), eine
Lehrdichtung in 540 Prākritstrophen, moralische Unterweisungen
für Laien und Mönche enthaltend, von Dharmadāsa. Von
der Beliebtheit dieses Textes zeugen die zahlreichen Kommentare,
von denen zwei schon aus dem 9. Jahrhundert stammen.

Hochgeschätzt werden von den Jainas die beiden lehrhaften
Dichtungen des Digambara Amitagati. Das ältere der beiden
Werke ist der 994 n. Chr. abgeschlossene Subhāṣitaratnasaṃdoha, »Die Sammlung schöner Spruchedelsteine«[2]), in
32 Kapiteln, von denen jedes einen besonderen Gegenstand behandelt und in der Regel in einem einheitlichen Versmaß gedichtet ist. Sprache, Stil und Versmaße sind die der Kunstdichtung. In kunstvollen Versen behandelt der Dichter die
ganze Ethik der Digambara-Jainas, gibt Regeln für die Lebensführung sowohl der Mönche als auch der Laien und übt eine
scharfe und beißende Kritik an den Satzungen der brahmanischen
Religion. Nur selten stoßen wir aber auf einen originellen Ausdruck für die aus der Asketendichtung so wohl bekannten Gedanken über die Sinnenwelt und ihre Gefahren, über Irrtum
und Wahrheit, über den rechten Wandel, über Tod und Vergänglichkeit, über die Schlechtigkeit der Weiber, die Sünde
des Genusses von Fleisch, Rauschtrank, Honig usw. Wenige
Proben werden genügen, eine Vorstellung von diesem für die
Kenntnis der jinistischen Ethik jedenfalls wichtigen Werke zu
geben:

Eine brahmanische Fassung wird dem Śaṅkara zugeschrieben. Zwei
Fassungen hat A. Weber herausgegeben und übersetzt (Monatsberichte
der K. Akademie der Wissenschaften zu Berlin 1868, 92 ff.; Indische
Streifen I, 210 ff.). Vgl. auch Weber, HSS. Verz. II, 3, 1118 ff.; Bhandarkar, Early History of the Dekkan, p. 68 f.; J. F. Fleet, Ind. Ant.
33, 1904, 198 ff. Der tibetische Übersetzer hat Amoghavarṣa für den
Verfasser des Werkes gehalten.

[1]) Herausgegeben von L. P. Tessitori in GSAI 25, 1912, 167—297.
Vgl. Jacobi, AR 18, 1915, S. 285 f.. Eine Anzahl Strophen (31) sind
aus dem Mahānisīhasutta entlehnt; s. Schubring. Das Mahānisīha-
sutta, S. 51 ff.

[2]) Herausgegeben in Km. 82; herausgegeben und übersetzt von
R. Schmidt und J. Hertel in ZDMG 59, 1905 und 61, 1907. Vgl.
Hertel, WZKM 17, 1903, 105 ff. und Leumann, ZDMG 59, 578 ff.
Nach Hertel (WZKM 17, 110 ff.) ist Amitagati von Bhartṛhari be-
einflußt.

Das IV. Kapitel enthält Warnungen gegen die H a b g i e r , die mit dem Verse beginnen:

»Es wird die Sonne kalt und heiß der kühle Mond,
Die Wolke fest und satt das Meer vom Wasser der Ströme,
Der Wind steht still und glutlos wird die Feuersglut, —
Doch nimmer hört der Habgier Glut zu brennen auf.«

Unter den Sünden, welche die Habsucht zur Folge hat, wird aufgezählt, daß der Mensch die Erde mit dem Pfluge bearbeitet, daß er Kleider näht, Gemälde verfertigt und anderes, was wir nützliche Berufe nennen würden, ausübt. Das VI. Kapitel beschäftigt sich mit dem Lieblingsthema der Asketendichtung, der »Prüfung der Tugenden und Fehler der Frauen«. Der Frauenleib wird von unserem Dichtermönch als der Inbegriff aller Unreinheit geschildert, die Frau ist ihm »die Schatzkammer aller Leiden«, »der Riegel vor der Himmelsstadt, der Pfad zur Höllenwohnung«, »die Axt für den Lusthain der Frömmigkeit, der Reif für den Lotos der Tugenden, die Wurzel des Sündenbaumes, das Erdreich für das Schlinggewächs Betrug« usw. Der Warnung vor den Schlingen der Hetären ist ein ganzes Kapitel (XXIV) gewidmet. Es heißt hier z. B. (XXIV, 21):

»Als Diebin des alle Wonnen spendenden Reichtums, Buße genannt,
Als menschenmordende Pest, im Bringen aller Leiden gewandt,
Als Falle zum Fangen des brünstigen Elefanten, Mensch genannt,
So ward vom Schicksal die Hure, das käufliche Weib, zur Erde gesandt.«

Über die Āptas, d. h. die sündlosen Wesen, die Leidenschaft, Haß und Verblendung abgeschüttelt haben, handelt das XXVI. Kapitel. Diese »Erlösten« sind die wahren Götter. Und hier ergeht sich der Dichter in den schärfsten Ausdrücken gegen die brahmanischen Götter, die nach Weibern lüstern sind, Rauschtrank genießen und ganz der Sinnenlust ergeben sind und deshalb nicht als Āptas gelten können. Zum Schlusse dieses Kapitels verwahrt sich aber Amitagati dagegen, daß er die Fehler der Götter »aus Beredsamkeit, Haß oder Leidenschaft« so scharf hervorgehoben habe, sondern es sei nur sein Bestreben gewesen, »den allwissenden, fehlerlosen Āpta zu erkennen«. »Und doch kann der Heiland der drei Welten, da er im Jenseits weilt, in dieser Welt nicht erkannt werden. So lange die Sonne nicht aufgeht, so lange ist ja auch noch nicht alles Dunkel verscheucht.« Worin die wahre Religion besteht, wird im XXVIII. Kapitel gezeigt, wo es zum Beispiel (v. 6) heißt:

»Es mag wohl wanken der Berge König
Und kalt das Feuer werden,
Der Fels im Wasser schwimmen
Und Hitze strahlen der Mond,
Die Sonn' im Westen aufgehen —
Doch in der Wesen Tötung
Kann nimmer Religion bestehen.«

Zwanzig Jahre nach dem Subhāṣitaratnasaṃdoha (1014 n. Chr.) ist das zweite große Werk des Amitagati, die Dharmaparīkṣā[1]), »Prüfung der Religion«, vollendet worden. Dies ist ein dogmatisch-polemisches Werk, das aber so sehr mit Erzählungen durchflochten ist, daß es auch der Erzählungslitteratur zugerechnet werden kann. Der Verfasser wollte offenbar durch dieses Buch nicht nur belehren und bekehren, sondern auch auf Kosten der Andersgläubigen unterhalten. Der Plan des Werkes ist nämlich folgender: Ein Jaina bekehrt seinen brahmanischen Freund in der Weise, daß er allerlei absonderliche Dinge tut oder unglaubliche Geschichten erzählt, um den erstaunten Freund darauf hinzuweisen, daß die brahmanischen Legenden noch unglaublichere und absonderlichere Dinge erzählen. Auf diese Weise gelingt es Amitagati, eine große Anzahl von volkstümlichen Anekdoten einzuflechten. Diese sind entweder der mündlichen Überlieferung oder einer Sammlung von Erzählungen in Prākrit entnommen. Spuren der Übertragung aus dem Prākrit zeigen sich auch in der Sprache. Andere Erzählungen sind aus der episch-purāṇischen Überlieferung geschöpft, aber sehr entstellt wiedergegeben. Von den volkstümlichen Erzählungen sind besonders zwei interessante Arten vertreten: Narrengeschichten und Lügenmärchen.

Unter den ersteren ist am interessantesten die Geschichte von den vier Narren, die einem Heiligen begegnen, der sie grüßt. Die Narren geraten in Streit darüber, wem der Gruß gegolten habe. Sie fragen den Heiligen und dieser sagt: »Dem Dümmsten unter euch.« Nun können sie sich nicht darüber einigen, wer der Dümmste von ihnen ist. So gehen sie denn in die Stadt. um die Bürger zu einem Urteil aufzufordern, indem jeder von ihnen eine von ihm begangene Dummheit erzählt. Der erste ließ sich die Augen ausbrennen, um seine beiden Frauen nicht im Schlafe zu stören. Der zweite ließ sich von seinen beiden bösen Frauen die Beine brechen. Der vierte ließ sich aus Furcht vor der Schwiegermutter die Wange durchstechen. Der dritte aber benahm sich ähnlich wie der Mann im Goetheschen Gedicht »Gutmann und Gutweib«. Er lag einmal mit seiner Frau im Bette. »Da beschlossen sie nach seinem Vorschlag, daß derjenige, der zuerst spräche, zehn süße Kuchen dem anderen geben müsse. Als sie so stille lagen, kam ein Dieb ins Haus und nahm alles, was zu stehlen war. Als der Dieb schon auf das Untergewand der Frau seine Hand legte, sprach die Frau den Mann an: »Was? Wirst du auch jetzt ruhig zuschauen?«

---

[1]) N. Mironow, Die Dharmaparīkṣā des Amitagati. Diss. Leipzig 1903. S. auch Bhandarkar, Report 1884—87, p. 13 ff., 134 ff.

Da verlangte der Mann die versprochenen zehn Kuchen, weil sie zuerst das Schweigen gebrochen hatte.«[1]

Von den Lügenmärchen nach Art des Münchhausen sei nur folgendes erwähnt: Ein Mann sieht einen schönen Baum und will von den Früchten genießen. Der Baum ist aber zu hoch. Da schneidet er sich den Kopf ab, wirft ihn auf den Baum, wo er sich an den Früchten satt ißt. Dann befestigt er den Kopf wieder an seinem Hals.

Merkwürdig sind die Sagen und Legenden, die Amitagati aus dem Mahābhārata und Rāmāyaṇa anführt. Nur wenige von diesen werden in der Form erzählt, wie wir sie aus den beiden Epen kennen. Die meisten sind aus Bruchstücken der verschieden-artigsten Überlieferungen so zusammengesetzt, daß sie möglichst absurd erscheinen. Doch dürfte er diese Verunstaltungen der brah-manischen Sagen nicht selbst erfunden haben, sondern sie sind wahrscheinlich schon früher von den Jainas in dieser Weise zu-gerichtet worden[2]. Von der Entstehung des Mahābhārata er-zählt Amitagati folgende satirische Geschichte:

Vyāsa wußte wohl, daß seine Dichtung voller Lügen sei. Aber er wagte es, das widerspruchsvolle und sinnlose Zeug den Menschen vorzutragen, nachdem er deren Dummheit experimentell festgestellt hatte. Er legte nämlich einen Topf am Ufer der Gaṅgā hin und be-gann Sand darüber zu häufen. Sofort kamen die Leute herbei und folgten seinem Beispiel, so daß man nach kurzer Zeit den Ort, wo der erste Topf lag, gar nicht mehr bestimmen konnte.

In der Kritik des Brahmanismus ist Amitagati überhaupt wenig skrupulös. Die brahmanische Götterwelt wird hier ebenso hart mitgenommen wie im Subhāṣitaratnasaṃdoha[3]. Auch

---

[1] Mironow a. a. O., S. 21. Vgl. R. Pischel, ZDMG 58, 1904, 363 ff.; Hertel, Ein altindisches Narrenbuch, S. 37 ff. Die Geschichte kehrt in Indien oft wieder (z. B. Vetālapañcaviṃśati ed. Uhle, 23, 63, und öfter in neuindischen Fassungen). Die älteste bekannte Fassung im chinesischen Tripiṭaka (E. Huber, BEFEO 4, 1091; vgl. Zachariae, ZVV 1906, 136 A.) führt uns bis zum Jahre 492 v. Chr. zurück. Die Verbreitung der Anekdote, die auch in arabischen Fassungen und im Balutschi bekannt ist, in Europa hat R. Köhler (Jahrbuch für ro-manische und englische Litteratur 12, 348 ff.) verfolgt. Goethe ent-nahm den Stoff einer schottischen Ballade.

[2] Nach Mironow a. a. O., S. 49 ff., hat er Raviṣeṇas Padmapurāṇa und Śubhacandras Pāṇḍavapurāṇa (oder »Jaina-Mahābhārata«) benutzt.

[3] Und das ist mit ein Beweis dafür, daß die beiden Werke den-selben Verfasser haben. Nach Mironow a. a. O., S. 41, erscheint in der Dharmaparīkṣā in den letzten beiden Abschnitten der Subhāṣitara-tnasaṃdoha benutzt.

hier verweilt der Erzähler mit Vorliebe bei den Schandtaten der
Götter, insbesondere ihren Liebesabenteuern. Sehr scharf setzt
er auch der brahmanischen Ethik zu und greift namentlich das
Kastenwesen an. Viel kürzer faßt er sich in der Widerlegung
der buddhistischen Lehren, und zwar bekämpft er den Mahāyāna-
Buddhismus. Bei der Darstellung der jinistischen Ethik erzählt er
unter anderem eine Fassung der Parabel vom »Mann im Brunnen«.
Den Standpunkt Amitagatis kennzeichnen aber am besten die
von ihm erzählten Legenden über die Entstehung des Jinismus
und der Irrlehren. Dieser »geschichtliche« Rückblick schließt
mit der Erklärung, daß zwar auch in den Irrlehren manches
Gute enthalten sei. Dieses sei aber immer dem Jinismus entlehnt.

Zu den bedeutendsten Lehrgedichten der Jainas gehört das
Yogaśāstra[1] des Hemacandra. Das Werk besteht aus
einem Text in einfachen Ślokas und einem Kommentar (vṛtti) in
kunstvollem Kāvyastil, der auch kurze Erzählungen enthält[2].
Die ersten vier Kapitel, die über drei Viertel des ganzen Werkes
ausmachen, geben einen kurzen Abriß der Jainalehre, soweit sie
für Laien bestimmt ist, »und der sehr weitläufige Kommentar
erweitert denselben zu der klarsten und faßlichsten Darlegung
des Systems, welche je geschrieben ist«[3]. Oft werden hier
auch die Pflichten eines jinagläubigen Königs besprochen.

---

[1] Es heißt auch Adhyātmopaniṣad. Die ersten vier Kapitel — sie
gehören zur täglichen Lektüre der Jainamönche, finden sich daher oft
besonders abgeschrieben, während Handschriften aller zwölf Kapitel
selten sind (Peterson, 3 Reports, p. 31; Weber, HSS. Verz. II, 3,
913 ff.) — sind herausgegeben und übersetzt von E. Windisch in
ZDMG 28, 1874, 185—262. Ausgabe mit italienischer Übersetzung von
F. Belloni-Filippi, begonnen in GSAI 21, 1908, 123 ff. Eine vollständige Ausgabe von dem Muni Mahārāja Śrī Dharmavijaya erscheint
in Bibl. Ind. 1907 ff.

[2] Diese Erzählungen sehen aus wie kurze Zusammenfassungen
der im Triṣaṣṭiśalākāpuruṣacarita erzählten Legenden, woraus Belloni-
Filippi schließt, daß dieses Werk früher geschrieben ist, während
Bühler (Hemachandra, S. 36, 43) mit der Tradition (s. Peterson,
Report IV, p. 7) das Yogaśāstra für das frühere Werk hält. Über das
Brahmadattakathānaka aus Hemacandras Kommentar s. Pavolini in
GSAI 7, 339 ff.; über das zur Udayanasage in Beziehung stehende
Abhayarājarṣikathānaka aus demselben s. Hertel, Jinakīrtis »Geschichte
von Pāla und Gōpāla«, S. 127 ff.

[3] Bühler a. a. O., S. 36.

Hemacandra hat nämlich dieses Werk auf Wunsch des Königs Kumārapāla verfaßt, und es hat viel dazu beigetragen, den König für die Jainareligion zu gewinnen. Yoga bedeutet aber in diesem »Yogaśāstra« nicht bloß »Meditation« oder »Versenkung«, sondern »religiöse Übung« überhaupt, die ganze »Anstrengung«, die der Fromme zu machen hat. Denn das Werk enthält eine vollständige Pflichtenlehre. Mit dem eigentlichen Yoga, den asketischen Übungen und Versenkungen, die zur Erlösung führen, beschäftigen sich die letzten acht Kapitel, deren Erklärung nur etwa ein Zehntel des ganzen Kommentars einnimmt. »Auffällig ist es, daß dem Jaina-Yoga eine sehr lange Darstellung derjenigen Übungen vorausgeht, welche nach des Verfassers eigenem Ausspruche für die Erlangung der Mukti nutzlos sind, dagegen einen Einblick in die Zukunft gestatten und übernatürliche Kräfte verleihen sollen. Es scheint, daß auch Hemacandra an ihre Wirksamkeit glaubte und sich vielleicht ihnen hingab. Wenn er ihrer Beschreibung ein langes Kapitel einräumt, so wird das mit Rücksicht auf die Liebhaberei des Königs für die Yoga-Übungen geschehen sein, von welcher er im Kommentar zu XII, 55 berichtet.« [1]) Der Inhalt der vier ersten Kapitel stimmt zum großen Teil mit dem von Amitagatis Subhāṣitaratnasaṃdoha überein. Aber wenn sich auch Hemacandra in denselben Gedankenkreisen bewegt, so ist er doch geistvoller und origineller [2]). Es kommen öfter als bei Amitagati Gedanken, Bilder und Vergleiche vor, die nicht gar so abgegriffen sind. Hübsch ist z. B. schon die Anrufung des Mahāvīra (I, 3):

> »Heil den Augen des Jinahelden,
> Deren Sterne starr vor Mitleid
> Und von Tränen feucht sind, aus Mitleid
> Selbst für den, der Sünde begangen.«

Sehr scharf bekämpft er die brahmanische Moral, wie sie insbesondere im Gesetzbuch des Manu gelehrt wird. Er ist ein vorzüglicher Kenner des Brahmanismus und zitiert geradezu Verse von Manu, um zu zeigen, daß sie eine Moral verkünden, die sich mit dem Gebot der Ahiṃsā (Schonung aller Lebewesen) nicht verträgt und daher keine Moral genannt zu werden

---

[1]) Bühler a. a. O., S. 36.
[2]) Es ist daher nicht so wahrscheinlich, daß er von Amitagati beeinflußt ist, wie Hertel (WZKM 17, 106) annimmt.

verdient. Diese Ahiṃsā wird immer wieder eingeschärft, z. B. II, 50 f.:

»Einer liebevollen Mutter aller Wesen gleicht Ahiṃsā,
In der Wüste Saṃsāra ist Ahiṃsā wie ein Strom von Nektar,
Für des Leidens Waldbrand ist Ahiṃsā ein Zug von Regenwolken,
Bestes Heilkraut für die Wesen, die gequält sind von der Krankheit,
Die da heißt des Daseins stete Wiederkehr, ist Ahiṃsā.«[1]

Die Frauen sind natürlich auch für Hemacandra »die Fackel auf dem Weg zum Höllentor, aller Kümmernisse Wurzel und der Zwietracht Urgrund« usw., worin er sich nicht nur mit Amitagati, sondern mit allen mönchischen Dichtern berührt. Anschauliche und treffliche Bilder von der Art, wie sie in der indischen Spruchdichtung so häufig sind, begegnen uns auch bei Hemacandra. So, wenn er sagt, daß »der Baum des Hochmuts durch die Fluten des Stroms der Sanftmut entwurzelt werden müsse« (IV, 14). An die besten Sprüche Bhartṛharis erinnern auch manche der Verse über die Vergänglichkeit und Nichtigkeit des menschlichen Daseins, wie z. B. IV, 58:

»Das Glück ist schwankend wie die Woge,
Dem Traume gleich ist der Freunde Begegnung;
Die Jugend gleicht der Rispe des Grashalms,
Emporgewirbelt von jedem Windstoß.«

Ein Lehrgedicht in vollendetem Kāvyastil ist auch die um 1276 verfaßte Śṛṅgāravairāgyataraṅgiṇī[2] in 46 kunstvollen Strophen, welche die Nichtigkeit der Sinnenlust und besonders der Frauenliebe dartun sollen, von Somaprabha, der

---

[1] Es ist aber für Hemacandra sehr charakteristisch, daß er auf Wunsch desselben Königs Kumārapāla, den er durch das Yogaśāstra für die Asketenmoral zu gewinnen suchte, auch ein Laghvarhannītiśāstra, »kleines Lehrbuch der Regierungskunst für Jainas«, verfaßt hat, das nicht ganz auf dem Boden der Ahiṃsā steht. Vgl. Hertel, Tantrākhyāyika übersetzt I, S. 157 u. 159.

[2] Herausgegeben in Km., Part V, 1888, 124 ff. Als »eine wahre Kapuzinade gegen die Weiber« übersetzt von R. Schmidt, Liebe und Ehe im alten und modernen Indien, Berlin 1904, S. 36 ff. Nach v. 33 (derjenige, dessen Sinn auf Śiva gerichtet ist, soll nicht einmal in der Nähe von Frauen verweilen) und v. 39 (»die Stadt des Śiva« im Sinne von »Erlösung«) scheint es ein ursprünglich śivaitisches Gedicht zu sein, das die Jainas sich angeeignet haben. Der Kommentator erklärt Śiva als Synonym von mukti, »Erlösung

auch ein Lehrgedicht Sindūraprakara[1]) oder Sūktimuk-
tāvalī verfaßt hat.

Auch Anthologien von Sittensprüchen sind von Jainas zusammengestellt worden. So der Gāthākoša von Munican-
drasūri[2]) († 1122), eine Sammlung von Prākritversen, aus der
Peterson einige bemerkenswerte Sprüche ausgezogen hat, z. B.:

> »Hölle und Himmel, den Luftraum und den ganzen Erdkreis
> Kennen die Weisen, — das Tun der Weiber kennen sie nicht.«
> »Fisches Pfad im Wasser, Vogels Flug durch die Luft
> Kennen die Weisen, — das Herz des Weibes kennen sie nicht.«

Eine umfangreichere Anthologie jüngeren Datums (1630) ist
die Gāthāsahasrī von Samayasundara[3]). Diese »tausend
Strophen«, teils in Sanskrit, teils in Prākrit, sind sämtlich aus
älteren Werken von Haribhadra, Devendra u. a. zusammengestellt. Auch Memorialverse kirchengeschichtlichen Inhalts
finden sich darunter. Ein einem Werk des Devendra entnom-
mener Spruch verdient hervorgehoben zu werden:

> »Zwei Wege auf einmal kannst du nicht wandeln,
> Mit zweispitz'ger Nadel kannst du nicht nähen;
> Du kannst nicht auf einmal beides genießen:
> Der Sinne Lust und Erlösung im Jenseits.«

Eine Anthologie von Prākritversen ist auch das Bhava-
vairāgyašataka[4]), eine Sammlung von hundert Versen über
die Nichtigkeit des Daseins, die Unbeständigkeit aller irdischen
Güter, das Elend des Saṃsāra usw., wogegen die Jainareligion
als einziges Heilmittel empfohlen wird.

Groß ist die Zahl der rein gelehrten Werke über die Jainareligion. Nur einige der wichtigsten können hier erwähnt werden.
Einer der ältesten Digambara-Schriftsteller, der von Späteren,
auch von Śvetāmbaras, oft zitiert wird, ist Kundakunda,
der wahrscheinlich schon vor dem 7. Jahrhundert gelebt hat.

---

[1]) Herausgegeben in Km., Part. VII. Ins Italienische übersetzt von
Pavolini (SIFI II, 33—72, Firenze 1898), mit Einleitung von F. L. Pullé.

[2]) Peterson, 3 Reports, 12 ff., 297 ff.

[3]) Peterson, 3 Reports, 3 ff., 284 ff. Samayasundara ist auch der
Verfasser des Visaṃvādašataka, einer Zusammenstellung von hundert
Versen, welche Widersprüche in den heiligen Texten enthalten (eben-
daselbst, p. 10).

[4]) Herausgegeben und übersetzt von L. P. Tessitori in GSAI 22,
179—211; 24, 405 ff.

Sein Pavayanasāra (Pravacanasāra) in Prākrit-Gāthās ist ein angesehenes Werk über jinistische Dogmatik, Psychologie und Ethik [1]). Von seinen vielen anderen Werken seien noch erwähnt der Niyamasāra [2]), ein Werk über die Disziplin, der sich der Sucher nach dem Heil unterziehen muß, und das Saṭprābhṛta, zu welchem Śrutasāgara einen Kommentar schrieb [3]). Dem Kundakunda oder dem Vaṭṭakara wird auch ein dem Āyāraṃga der Śvetāmbaras entsprechendes Sūtra zugeschrieben, zu dem die Ācāravṛtti des Vasunandi ein Kommentar ist [4]).

Als einen Schüler des Kundakunda bezeichnen die Digambaras den Umāsvāti, den sie auch Umāsvāmin nennen. Da er aber Anschauungen vertritt, die mit denen der Digambaras nicht in Einklang stehen, haben sie schwerlich recht, wenn sie ihn als einen der Ihren in Anspruch nehmen. Wahrscheinlich gehört er einer frühen Zeit an, in der die beiden Sekten noch nicht so scharf voneinander getrennt waren. Sicher ist, daß sein Tattvārthādhigamasūtra [5]) sowohl von Śvetāmbaras als auch von Digambaras als Autorität anerkannt wird. Im engsten Anschluß an den Kanon werden in diesen Sūtras und dem von

---

[1]) Der Titel des Werkes ist auch Pañcatthiyasaṃgahasutta oder Pañcāstikāyasamayasāra, »Zusammenfassung der Lehre von den fünf Wesenheiten«. Eine Darstellung der Jainareligion auf Grund dieses Werkes hat Bhandarkar, Report 1883/84, p. 91 ff., gegeben; Auszüge p. 379 ff. Ausgabe von Pavolini, GSAI 14, 1—40. Vgl. auch Barth, RHR 45, 1902, p. 183 f.

[2]) Bhandarkar a. a. O., p. 102 f.

[3]) Peterson, Report II, 80 ff., 158 ff.; Report IV, p. XIX f. Kundakunda, der auch die Beinamen Vakragrīva, Elācārya, Gṛdhrapiccha hat und eigentlich Padmanandin heißt, ist nach einer Digambara-Paṭṭāvalī der fünfte in der Reihe des Lehrerstammbaums, der mit Bhadrabāhu beginnt. Die von ihm gegründete Schule wird in einer Inschrift von 797 n. Chr. zuerst erwähnt (A. Guérinot, Répertoire d'épigraphie Jaina, Paris 1908, p. 42 f.). In derselben Paṭṭāvalī erscheint Umāsvāti als der sechste in der Reihe unmittelbar nach Kundakunda.

[4]) Peterson, Report II, 74 ff., 134 ff.

[5]) Herausgegeben, mit dem Kommentar, von K. P. Mody in Bibl. Ind. 1903—05. (In den Appendices einige kleinere Werke des Umāsvāti.) Text der Sūtras auch bei Bhandarkar, Report 1883/84, p. 405 ff. Übersetzt und erläutert von H. Jacobi in ZDMG 60, 1906, 287 ff., 512 ff. Diese Übersetzung kann als ein guter Abriß der Jaina-Dogmatik dienen. Vgl. auch Peterson, Report II, 78 ff., 156 ff.; Report IV,

Umāsvāti selbst verfaßten Kommentar Psychologie, Kosmographie, Metaphysik und Ethik der Jainas behandelt. Umāsvāti soll nicht weniger als 500 Bücher geschrieben haben. Seine Śrāvakaprajñapti[1]) ist eine Systematik der Jainareligion für Laienanhänger in Prākrit. Daß Haribhadra einen Kommentar zu dem Werke schrieb, beweist dessen hohes Ansehen.

Zu den älteren Schriftstellern und Kirchenlehrern gehören auch Samantabhadra, der in seinem Werke Devāgamastotra oder Āptamīmāṃsā die Allwissenheit des Jaina-Arhat lehrte; Akalaṅka, der einen Kommentar zur Āptamīmāṃsā schrieb, gelegentlich auch als Verfasser des Kommentars zu Umāsvātis Sūtras genannt wird und zahlreiche andere Werke verfaßte; und sein Schüler Prabhācandra, ein Digambaraheiliger, der nach seiner uns noch erhaltenen Grabinschrift durch freiwilligen Hungertod starb, und der als Verfasser der philosophischen Werke Nyāyakumudacandrodaya und Prameyakamalamārtaṇḍa genannt wird. Sie alle müssen im achten Jahrhundert oder früher gelebt haben[2]). Am Ende des achten oder Anfang des neunten Jahrhunderts schrieb der

---

pp. XVIf., XIXf. Über die Zeit des Umāsvāti gehen die Traditionen der Jainas weit auseinander (s. Klatt, Specimen of a lit.-bibl. Jaina-Onomasticon, p. 4f.). Nach Jacobi (a. a. O., S. 289) hat er sicher vor dem 7., vielleicht vor dem 6. Jahrhundert n. Chr. gelebt.

[1]) Ed. by V. K. Premchand, Bombay 1905. Ein anderes Werk des Umāsvāti, das Praśamaratiprakaraṇa, ist mit Kommentar herausgegeben und übersetzt von A. Ballini in GSAI 25, 1912, 117 ff. (nur der Anfang). Ausgabe mit Ṭīkā und Avacūri, Bhavnagar, saṃvat 1966.

[2]) Auf Grund eines Verses in einem Digambara-Kathākośa, einer nichts weniger als verläßlichen Quelle, hat man Akalaṅka in die Zeit des Rāṣṭrakūṭakönigs Kṛṣṇa I (754—782) gesetzt. Vgl. Peterson, Report II, 78 ff., 156 ff., und K. B. Pathak, JBRAS 18, 219 ff. Da ihn aber Prabhācandra seinen Lehrer nennt und die Grabinschrift des Prabhācandra (nach Fleet, Ep. Ind. 4, 22 ff.) aus paläographischen Gründen nicht später als 750 n. Chr. angesetzt werden kann und eher noch dem 7. Jahrhundert angehört, muß auch Akalaṅka älter sein. Sowohl Samantabhadra als auch Akalaṅka werden von dem großen Mīmāṃsā-Philosophen Kumārila bekämpft, während Vidyānanda (in seinem ausführlichen Kommentar zur Āptamīmāṃsā) und Prabhācandra den Samantabhadra gegen Kumārila verteidigen. Prabhācandra zitiert die Dichter Bāṇa und Bhartṛhari und den buddhistischen Logiker Dharmakīrti. Vgl. Pathak, OC IX, London 1892, I, 186 ff.

Digambara Śubhacandra, der Verfasser des Pāṇḍavapurāṇa,
eine philosophische Abhandlung in Sanskritversen unter dem
Titel Jñānārṇava (»Ozean der Erkenntnis«)[1].

Hervorragend als philosophischer Schriftsteller ist auch
Haribhadra, den wir bereits als einen bedeutenden Kommentator der zweiten Hälfte des neunten Jahrhunderts kennen gelernt haben. Von den nicht weniger als 1444 Werken, die er
verfaßt haben soll, gehören manche der allgemein philosophischen
Litteratur an und behandeln die jinistische Lehre nur in kleineren
Abschnitten. Hieher gehört der Ṣaḍdarśanasamuccaya[2],
eine »zusammenfassende Darstellung der sechs philosophischen
Systeme. Haribhadra behandelt hier die Systeme des Buddhismus, des Nyāya, des Sāṃkhya, des Vaiśeṣika, des Jaimini, in
einem kurzen Anhang auch den Materialismus des Cārvāka und
nur ein kurzer Abschnitt, der vierte, ist der jinistischen Metaphysik gewidmet. Auch der Lokatattvanirṇaya (»Auseinandersetzung über das Wesen der Welt«)[3], ein philosophischer
Text in Sanskritversen, ist kein ausschließlich jinistischer Text.
Haribhadra sagt hier geradezu, der Erhabene sei nicht sein
Freund und die anderen nicht seine Feinde; er habe keine Parteilichkeit für Mahāvīra und hege keinen Haß gegen Kapila und
die anderen Philosophen, sondern wessen Lehre die richtige ist,
die wolle er annehmen[4]. Hingegen enthalten andere Werke,
wie Yogabindu[5], Yogadṛṣṭisamuccaya, Dharmabindu
u. a. Darstellungen der Jainalehre. Der Dharmabindu[6] ist ein

---

[1] Der Titel ist auch Yogapradīpādhikāra: s. Guérinot, JA 1912,
s. 10, t. XIX, 373 ff.; Weber, HSS. Verz. III, 3, 907 ff.

[2] Herausgegeben von F. L. Pullé in GSAI 1, 47 ff.; 8, 159 ff.;
9, 1 ff.; herausgegeben mit dem Kommentar des Guṇaratna (oder Guṇākarasūri) von L. Suali in Bibl. Ind. 1905 ff. Einzelne Kapitel des
Kommentars übersetzt von Pullé und Suali in GSAI 8, 159 ff.; 9, 1 ff.:
12, 225 ff.; 17, 243 ff.; 19, 283 ff.; 20, 33 ff.

[3] Herausgegeben und übersetzt von L. Suali in GSAI 18, 263 ff.

[4] Vgl. La Vallée Poussin, JA 1911, s. 10, t. XVII, 323 ff.

[5] Ed. with Comm. by L. Suali, Bhavnagar 1911.

[6] Herausgegeben und übersetzt von L. Suali in GSAI 21, 223 ff.
Der Titel »Tropfen der Religion« ist ein Ausdruck der Bescheidenheit:
Wie der Wassertropfen zum Ozean, so verhält sich dieses Werk zur
Religion des Jina. Eine Abkürzung von Haribhadras Muṇivaicariya ist der
Muṇipaticaritrasāroddhāra; s. F. Belloni-Filippi in GSAI 25, 137 ff.,
26, 163 ff.

Handbuch der praktischen Moral und Asketik in drei Teilen, von denen der erste die Pflichten des Laien, der zweite die Regeln für die Mönche und der dritte die Seligkeit des Heiligen im Nirvāṇa behandelt. Der Verfasser bedient sich hier des Sūtra-stils nach Art der brahmanischen Dharmasūtras. Er hat Umā-svātis Werke benutzt.

Ein Handbuch der Ethik nach dem Glauben der Digambaras ist der 978 n. Chr. verfaßte Cāritrasāra von Cāmuṇḍa-mahārāja[1]). Ein meist aus trockenen Aufzählungen bestehendes Werk ist der Jīvaviyāra, »Auseinandersetzung über die Lebewesen« in 51 Āryāversen von Šāntisūri[2]). Hier werden die Wesen eingeteilt in solche, die im Zustand der Erlösung sind, und solche, die sich noch im Kreislauf der Wiedergeburten befinden, letztere wieder in unbelebte und belebte, von denen wieder Höllenbewohner, Tiere, Menschen und Götter unterschieden werden. Das Werk ist also gleichsam Theologie, Zoologie, Botanik, Anthropologie und Mythologie zugleich. Devasena verfaßte 1068 n. Chr. ein Handbuch des Digambaraglaubens unter dem Titel Daršanasāra[3]). Ein Kommentar zu Hemacandras Vītarāgastuti und zugleich eine selbständige philosophische Abhandlung ist die 1292 n. Chr. von Malliṣeṇa verfaßte Syādvādamañjarī[4]). Ein umfangreiches Werk über die Jainareligion aus dem 13. Jahrhundert ist das Dharmāmṛta (»Nektar der Religion«) des Āšādhara[5]), eines Zeitgenossen des Dichters Bilhaṇa, der von ihm sagte: »Edler Āšādhara, wisse, daß du als ein Sohn der Sarasvatī natürlicherweise mein Bruder und Freund bist«. Erwähnt sei noch Sakalakīrti, ein Schriftsteller des 15. Jahrhunderts, dessen Tattvārthasā-radīpikā eine vollständige Aufzählung der heiligen Bücher des Kanons der Digambaras enthält, und dessen Prašnot-

---

[1]) Peterson, Report II, 76 f.

[2]) Herausgegeben und übersetzt von A. Guérinot in JA 1902, s. 9, t. XIX, 231 ff.

[3]) Peterson, 3 Reports, 22 ff., 374 ff.

[4]) Herausgegeben in Chowkhambā Sanskrit Series, fasc. 32, 33, Nr. 9, Benares 1900. Vgl. Guérinot Nr. 277.

[5]) Er schrieb eine große Anzahl philosophischer und anderer Werke, von denen zwei 1236 und 1244 n. Chr. beendigt worden sind. Am Ende des Dharmāmṛta gibt er seine Biographie. Vgl. Bhandarkar, Report 1883/84, 103 ff., 390 ff., und Kielhorn, Ep. Ind. 9, 107 f.

taropāsakācāra eine Darstellung der Pflichten des Laien in der Form von Fragen und Antworten gibt[1]). Eine Streitschrift gegen die Digambara-Jainas ist das Kupakṣakauśikasahasra-kiraṇa (»die Sonne für die Eulen der Irrlehre«) von dem Śvetāmbara Dharmasāgara. Diese 1573 n. Chr. verfaßte Schrift in Prākrit mit einem Kommentar in Sanskrit von demselben Verfasser bekämpft heftig die Lehren der Digambaras, besonders ihre Ansichten über das Nacktgehen und die Ausschließung der Frauen von der Erlösung[2]).

Für die Geschichte der indischen Philosophie ist das Wirken der Jainas nicht so unbedeutend, wie man gewöhnlich annimmt. Jacobi hat zwar früher einmal[3]) gesagt: »Die Philosophie der Jainas ist wie eine tote Sprache: sie wird gelernt und gebraucht, aber sie kann sich nicht weiter entwickeln.« Das gilt ja in Wirklichkeit von jeder dogmatischen Philosophie. Aber wenn man eine solche Philosophie überhaupt gelten läßt, so muß den Jainas, wie derselbe Jacobi später zeigte[4]), zugestanden werden, daß sie in der Metaphysik eine selbständige Rolle gespielt haben. Die Upaniṣads[5]) lehrten das ewige Sein der Seele, die das einzige Seiende ist; Buddha lehrte, daß es kein Sein, sondern nur ein beständiges Werden und Vergehen gebe; und die Mahāyāna-Buddhisten entwickelten daraus die negativistische Lehre, den Nāstivāda, die »Es-ist-nicht-Lehre«. Eine Vermittlerrolle zwischen beiden nehmen die Jainas ein, wenn sie den Syādvāda, die »Es-kann-sein Lehre« verkünden, indem sie sagen: Es gibt ein ewig Seiendes, die Dinge sind ewig als Materie, aber diese Materie kann alle möglichen Formen und Eigenschaften annehmen. Besondere Verdienste haben sich die Jainas um die Entwicklung und Ausbildung der Nyāya- und Vaiśeṣika-Philosophie erworben.

---

[1]) Bhandarkar, Report 1883/84, 106 ff., 393 ff., 116 f.

[2]) Der Titel der Schrift ist auch Pravacanaparīkṣā. Über sie handelt A. Weber, SBA 1882, S. 793 ff.

[3]) ZDMG 38, 1884, S. 18.

[4]) Transactions of the Third Congress for the History of Religion, Oxford 1908, II, 59 ff.

[5]) Nebenbei sei bemerkt, daß es auch jinistische »Upaniṣads« gibt; s. Peterson, 3 Reports, pp. 19, 329 ff.

Überhaupt haben sich die Jainas als Dichter und wissenschaftliche Schriftsteller auf den verschiedensten Gebieten betätigt, und wir werden ihnen noch öfters begegnen. Hier sollte nur von ihrer r e l i g i ö s e n Litteratur die Rede sein[1]).

---

[1]) Über die Leistungen der Jainas in der weltlichen Litteratur und Wissenschaft sagt B ü h l e r, Über die indische Sekte der Jainas, S. 17 f.: »Zuerst haben die Digambara, später die Śvetāmbara angefangen, sich des Sanskrit zu bedienen. Sie sind nicht bloß dabei stehengeblieben, ihre eigene Lehre in Sanskrit-Werken zu erklären. Sie haben sich auch auf die weltlichen Wissenschaften der Brahmanen geworfen. Sie haben in der Grammatik, in der Astronomie sowie in einigen Zweigen der schönen Litteratur so Bedeutendes geleistet, daß sie Beachtung selbst von seiten ihrer Gegner gefunden haben, und daß einzelne ihrer Werke noch jetzt für die europäische Wissenschaft von Bedeutung sind. Im Süden Indiens, wo sie unter den dravidischen Stämmen wirkten, haben sie auch die Entwicklung dieser Sprachen gefördert. Die kanaresische Litteratursprache, die des Tamil und des Telugu, ruht auf den Grundlagen, die die Jaina-Mönche geschaffen haben. Diese Tätigkeit führte sie zwar von ihren eigentlichen Zielen weit ab, aber sie hat ihnen eine nicht unbedeutende Stellung in der indischen Litteratur- und Kulturgeschichte verschafft.«

Nachträge und Verbesserungen.

Über Buddhas Todesjahr und die Vertrauenswürdigkeit des Pālikanons.

(Zu S. 1 ff.)

Da ich nur eine Darstellung der buddhistischen Litteratur, nicht eine Geschichte des Buddhismus zu geben hatte, hielt ich es nicht für nötig, auf die Streitfrage nach dem Todesjahr des Buddha näher einzugehen, sondern begnügte mich mit der Angabe, daß ich mit der Mehrzahl der maßgebenden Forscher ein Datum, das nicht weit von 480 v. Chr. entfernt sein kann, für wahrscheinlich halte. Nun ist mir von R. O. Franke[1]) der Vorwurf gemacht worden, ich hätte die Abhandlungen von Thomas, Lévi, Fleet und Hultzsch über die Deutung der Zahl 256 in den »neuen Edikten« Ašokas nicht berücksichtigt. Diese Zahl hat man nämlich früher als die Zahl der seit Buddhas Tod verflossenen Jahre aufgefaßt, während die Untersuchungen der genannten Forscher ergaben, daß darunter »256 (Tage und) Nächte« zu verstehen sind, die der König als buddhistischer Mönch zugebracht hat. Diese Erörterungen[2]) waren mir sehr wohl bekannt; ich habe sie nur nicht erwähnt, weil sie, wie Franke selbst sagt, »mit dem Problem der Datierung des Buddha nur indirekt zusammenhängen«. Ich bin auch deshalb nicht darauf eingegangen, weil ich durchaus nicht der Ansicht bin, daß diese Zahl 256 in den Ašoka-Edikten »die einzige ernstlich in Betracht kommende Grundlage für die bisher wahrscheinlichste Datierung« von Buddhas Todesjahr ist, sondern mit einem so ausgezeichneten Historiker Indiens, wie es der mittlerweile verstorbene Fleet[3]) war, darin übereinstimme, daß wir uns für das Todesjahr des Buddha auf die alten buddhistischen Chroniken einigermaßen verlassen dürfen. Ich glaube — mit Fleet und anderen namhaften Gelehrten, von denen ich nur Oldenberg und W. Geiger nennen will —, daß die Chronisten von Ceylon nicht absichtlich Lügen erzählt und sich alles aus den Fingern gesogen haben. Und wer da weiß, wie die Buddhisten in ihren Erzählungen mit Zahlen umgehen und ihnen die Zahlen 500 und 84 000 viel geläufiger sind als irgendwelche kleinere

---

[1]) Theolog. Literaturzeitung 1914, Nr. 6 und wieder DLZ 1919, 451 ff.

[2]) JA 1910 und 1911, s. 10, t. XV, 507 ff. und t. XVII, 119 ff.; JRAS 1909, 727 f. und 1910, 142 ff., 1301 ff.; s. auch D. R. Bhandarkar, Ind. Ant. 41, 1912, 170 ff.

[3]) JRAS 1912, 239 ff.

Zahlen, wird sie um so glaubwürdiger dort finden, wo sie mit so bescheidenen und so wenig abgerundeten Zahlen wie 56 und 218 kommen[1].

Man kann natürlich alles bezweifeln, auch, daß Gotama Buddha überhaupt gelebt hat. Wenn wir aber — nach Abzug alles Märchenhaften und Mythischen — aus den buddhistischen Texten immer noch ein lebendiges und dabei durchaus wahrscheinliches Bild von der Persönlichkeit Gotamas und von seiner Laufbahn als Religionsstifter, Lehrer und Prediger gewinnen, wenn wir sehen, daß die Nachrichten der Buddhisten über Gotama Buddha und seine Zeitgenossen mit denen der Jainas über Mahāvīra auffallend übereinstimmen und die beiden Ströme der Tradition einander gegenseitig ergänzen[2], und wenn wir endlich wissen, daß es bis in die neueste Zeit hinein in Indien wiederholt vorgekommen ist, daß Religionsstifter und Sektengründer noch bei ihren Lebzeiten vergöttert worden sind, so werden wir es nur als übertriebenen, unfruchtbaren Skeptizismus bezeichnen können, wenn man daran zweifelt, daß Gotama Buddha ebenso sicher gelebt hat wie der im Jahre 1884 verstorbene Keshub Chunder Sen, der Begründer des »Brahmo Samaj of India«, der von einzelnen seiner Anhänger schon im Jahre 1868 als Gott verehrt wurde[3].

Wenn man den Buddhismus mit Franke »nur als ein zusammengefaßtes Bündel allgemeiner indischer Lehren« auffassen will, muß man doch erklären, warum dieses »Bündel« trotz aller Wandlungen des Buddhismus doch so individuelle Züge aufweist, wenn nicht eben ein Individuum, eine schöpferische Persönlichkeit dagewesen ist, die dieses »Bündel« zu etwas ganz Neuem und Besonderem zusammengebunden und ihm den Stempel seiner Persönlichkeit aufgedrückt hat. Selbst wenn wir den buddhistischen Chronisten keinen Glauben schenken dürften und das Datum des Buddha nicht näher bestimmen könnten, sondern uns darauf beschränken müßten zu sagen, daß seine Lehre vor der Zeit des Ašoka entstanden ist, so können wir doch an der Persönlichkeit des Stifters[4] ebensowenig zweifeln wie an der des Kālidāsa, dessen Datum wir auch nur annähernd bestimmen können.

---

[1] S. auch die Ausführungen von W. Geiger über das Datum von Buddhas Tod in der Einleitung zu seiner Übersetzung des Mahāvaṃsa, PTS, Introd. p. XXII ff. Synchronismen zwischen Inschriften und dem Mahāvaṃsa teilt Hultzsch, JRAS 1913, p. 517 ff., mit.

[2] Vgl. Oldenberg, Buddha, 5. Aufl., Berlin 1906, S. 95 f. Über die Geschichtlichkeit des Buddha ebendaselbst S. 93 ff.

[3] J. C. Oman, Brahmans, Theists and Muslims of India, London 1907, p. 122 f.

[4] Daß es eine solche Persönlichkeit gegeben hat, gibt Franke in einem späteren Aufsatz (ZDMG 69, 1915, S. 456) selbst zu, wenn er sagt: »Begnügen wir uns mit der Überzeugung, daß es kein kleiner Geist war, der das erdachte, was wir den ältesten Buddhismus nennen, und mit der Tatsache, daß es ein indischer Arier irgendeines der (vor-

Daß unser Pāli Tipiṭaka weder sprachlich noch inhaltlich mit dem zur Zeit des Ašoka im 3. Jahrhundert v. Chr. zusammengestellten Kanon genau übereinstimmen kann, habe ich (S. 9 ff.) deutlich genug auseinandergesetzt. Ich sagte (S. 10): »Zunächst ist die Sprache unseres Tipiṭaka schwerlich dieselbe wie die des Kanons des 3. Jahrhunderts v. Chr.« Dieser Satz war schon gedruckt, als eine wichtige Abhandlung[1]) von S. Lévi erschien, in der die Sprache der Ašoka-Inschriften mit dem Pāli des Kanons verglichen und Schlüsse auf den Māgadhī-Dialekt gezogen werden, in welchem der ursprüngliche Kanon rezitiert und redigiert worden sein muß. Lévi folgert daraus, da Ašoka und die Mönche von Pāṭaliputra und Bharhut den Kanon in der Pālisprache nicht gekannt, daß dadurch die Glaubwürdigkeit des Pālikanons stark beeinträchtigt und seine Entstehungszeit bis zum 2. Jahrhundert v. Chr. und vielleicht noch tiefer hinabgerückt wird. Aus den Nachweisen Lévis folgt aber in Wirklichkeit nichts anderes, als was ich selbst (S. 11) gesagt hatte, daß der Pālikanon dem ursprünglichen Kanon zwar sehr nahekommt, aber nicht mit ihm identisch ist. Mit guten Gründen bekämpft Oldenberg (NGGW 1912, S. 197 ff.) die von Lévi vertretene Ansicht, daß der Kanon kurz vor Christi Geburt in verschiedenen Schulen gleichzeitig zusammengestellt worden sei, und daß daher die Pāli- und die Sanskrittradition als gleichwertig gelten müßten. Daß wir vieles von dem, was in den Sanskrittexten steht, im Pāli in den Kommentaren wiederfinden, gibt »den deutlichen Fingerzeig für ihre Würdigung im Vergleich mit dem alten Inhalt der Texte«. »Es versteht sich von selbst, daß der ursprüngliche Kanon in Māgadhī verfaßt war. Mithin steht ihm dem Dialekt nach der Pālikanon bemerkenswert näher als die Sanskrit- und Halbsanskrittexte.« (Oldenberg a. a. O., S. 206.)

In schärfster Weise hat sich aber R. O. Franke in der Einleitung zu seiner Übersetzung des Dīghanikāya (S. XLII ff.) gegen die Zuverlässigkeit des Pālikanons ausgesprochen. Da er die gesamte buddhistische Überlieferung als geschichtlich wertlos verwirft, gibt es für ihn keinen einzigen festen Anhaltspunkt für die ersten buddhistischen Jahrhunderte. Der Inhalt der kanonischen Litteratur selbst flößt ihm auch gar kein Vertrauen ein. Aber alles, was Franke gegen den Kanon vorbringt, beweist nur, daß wir in den kanonischen Texten nicht die *ipsissima verba* des Buddha suchen dürfen. Das aber behauptet doch niemand, der nicht ein gläubiger Buddhist ist. Franke redet sich in eine Heftigkeit hinein, als ob irgendein europäischer Forscher auf dem Standpunkte stünde, daß jedes Wort des Kanons als ein echtes Buddhawort aufzufassen sei. Um dieser Auffassung entgegenzutreten, bezeichnet er die Texte des Kanons als »Produkte von Schreiberseelen«. Aber

---

läufig gesagt) nicht allerletzten Jahrhunderte v. Chr. gewesen ist.« Warum dieser »indische Arier« nicht Gotama geheißen und den Ehrennamen »Buddha« erhalten haben soll, ist wirklich nicht einzusehen.

[1]) »Observations sur une langue. précanonique du Bouddhisme«, JA 1912, s. 10, t. XX, pp. 495—514.

alle Widersprüche, die er in den Texten nachgewiesen hat, die häufige
Wiederkehr derselben schematischen und stereotypen Wendungen und
Sätze beweist nur, daß wir es mit Kompilationen, mit Sammlungen
von Predigten und religiösen Dichtungen zu tun haben. Und eben
weil es Sammlungen sind, findet sich in ihnen auch Wertvolles und
Wertloses nebeneinander. Aber Franke spricht auf derselben Seite
von »Produkten von Schreiberseelen« und von »vielen wirklichen
Schätzen, die dem Schutte eingelagert sind« (Dīghanikāya, S. L).
»Wirkliche Schätze« kann man wohl in Kompilationen von pedantischen,
nicht immer geschickten Mönchen finden, aber doch nicht in den eigenen
»Produkten von Schreiberseelen«. Franke rennt offene Türen ein, wenn
er mit zornigem Eifer gegen die Ansicht ankämpft, daß jedes Wort
des Kanons echt in dem Sinne sei, daß es auf Buddha selbst zurückgehe. Aber alle seine Beweisgründe gegen die Echtheit des Kanons
beweisen nicht das geringste gegen die Auffassung derjenigen europäischen Gelehrten, die, wie ich es getan habe, mit allen möglichen
Vorbehalten und Einschränkungen von einer Echtheit und Zuverlässigkeit des Kanons sprechen; die in dem Kanon nur eine Masse von
Sammlungen sehen, in denen manches, vielleicht nur weniges, auf
Äußerungen des Buddha und seiner ersten Jünger zurückgehen dürfte,
während anderes den Buddhismus der Zeit des Ašoka widerspiegelt
und manches wohl auch noch nach Ašoka und selbst in nachchristlicher
Zeit eingeschmuggelt worden sein kann.

Allerdings sehe ich (mit der Mehrzahl der Forscher) in den Nikāyas
nicht Werke einzelner Autoren, sondern Sammlungen von Texten, für
die als solche ein Kompilator oder ein Redaktionskomitee, aber nicht
ein »Verfasser« anzunehmen ist. Nun hat Franke zuerst vom Dīghanikāya, dann aber auch vom Majjhimanikāya und vom ersten Buch des
Suttanipāta das Gegenteil zu beweisen gesucht. Er glaubt zeigen zu
können[1]), »daß der Dīghanikāya ein einheitliches Werk irgendeines
Litteraten, nicht aber eine Sammlung von Reden Buddhas aus ganz
verschiedenen Jahren seines fünfzigjährigen Wirkens ist«. Das letztere
ist ohne weiteres zuzugeben. Wir glauben ja nicht, daß der Dīghanikāya »eine Sammlung von Reden Buddhas« ist, sondern daß er eine
Sammlung buddhistischer Texte aus verschiedenen Zeiten und von
verschiedenen Verfassern darstellt, die nur in sehr beschränktem Umfange auch »Worte des Buddha« enthalten[2]).

---

[1]) ZDMG 67, 1913, 409—461; WZKM 27, 1913, 198 ff., 276 ff.;
Dīghanikāya, Einleitung S. X ff.

[2]) Selbst K. E. Neumann, der seinen Übersetzungen den Titel
»Die Reden Gotamo Buddho's« gegeben hat, meint damit nur »die dem
Gotama Buddha zugeschriebenen Reden«. Denn er sagt einmal (Bd. II
der »Reden … aus der mittleren Sammlung«, S. X f.): »Vernehmen
wir also in den Reden oft und oft des Meisters eigene Worte, rein erhalten, wie sie gesprochen, so ist auch Fremdes zu merken und gibt
sich meist unverhohlen kund.«

Was aber Franke dafür anführt, daß der Dīghanikāya das Werk eines einzelnen Schriftstellers sein soll, ist nicht im geringsten überzeugend. »Daß der Dīghanikāya keinem anderen kanonischen Werke so gleicht wie sich selbst« [1]. soll beweisen, daß er nicht eine Sammlung von Reden ist. Mit demselben Recht könnte man sagen, daß die Ṛgvedasaṃhitā keinem anderen Werke so gleicht wie sich selber, und daß sie deshalb keine Sammlung von Hymnen, sondern das Werk eines Schriftstellers sein müsse. Die Gedankenzusammenhänge und textlichen Übereinstimmungen, die Franke zwischen benachbarten Suttas nachweist, erklären sich leicht unter der Annahme, daß der Kompilator oder das Redaktionskomitee die Suttas doch nach irgendeinem Prinzip ordnen wollte und naturgemäß diejenigen, welche entweder durch Gemeinsamkeit der Gedanken oder des Wortlautes irgendwie zusammenzugehören schienen, einander näher rückte [2]. ,

Nach Franke soll aber der Dīghanikāya auch einen einheitlichen Grundgedanken haben, nämlich den: »Gotama Buddha ist ein Tathāgata.« Tathāgata bedeutet nach Franke [3] »der so Gegangene«, d. h. »derjenige, der diesen Weg (den er lehrt, zuerst selbst) zurückgelegt hat«. Und der Grundplan des Verfassers soll es gewesen sein, den Nachweis zu liefern, daß Gotama Buddha ein Tathāgata war, d. h. daß er den Heilsweg zurückgelegt hat, um seine Jünger zum Betreten dieses selben Weges anzueifern. Das »Heilsweg-Schema«, d. h. die Lehre von dem Weg, der zur Erlösung, zum Nirvāṇa führt, bilde daher den Kern des Werkes. Das heißt doch nichts anderes, als daß der »Verfasser« eine Darlegung der Lehrsätze des Buddha über das Ideal und den Lebenslauf eines Tathāgata geben wollte. Das umfaßt aber so ziemlich die ganze Lehre des Buddha. Ich wüßte nicht, was sich nicht unter diesen Hut bringen ließe. Franke selbst bringt auch ohne Schwierigkeit alle legendenhaften und biographischen Berichte in einzelnen Suttas unter seinem »Grundgedanken« unter. Wenn im Mahāparinibbānasutta von den letzten Lebenstagen des Buddha manches Ergreifende erzählt wird — so hat man es wenigstens bisher aufgefaßt —, so sind das in Wirklichkeit nichts als Äußerungen eines armseligen Pedanten, der nur immer wieder sein Thema vom Tathāgata abwandelt. Die liebenswürdige Gestalt des Ānanda ist nicht etwa aus dem Leben genommen oder von einem Dichter geschaut, sondern derselbe Pedant wollte in diesem Ānanda nur im Gegensatz zu dem Tathāgata-Ideal »das abschreckende Beispiel

---

[1]) ZDMG 67, 413.

[2]) Daß in der chinesischen Übersetzung des Dīrghāgama die Reihenfolge der Sūtras von der des Dīghanikāya erheblich abweicht (s. M. Anesaki, Transactions of the Asiatic Society of Japan, Vol. XXXV, Part. 3, 1908, p. 35 ff.), spricht auch gegen die Annahme Frankes, wenngleich dieser daraus nur schließen will, daß der Dīrghāgama sekundären Ursprungs ist.

[3]) Dīghanikāya, S. 287 ff.

des unverbesserlichen Gemütsmenschen« [1]) vor Augen führen. Auf
dieselbe Weise, wie es Franke mit dem Dīghanikāya tut, könnte man
wohl im ganzen Tipiṭaka mit Leichtigkeit einen »einheitlichen Grundgedanken« herausklügeln und auch in diesem das einheitliche Werk
eines Schriftstellers sehen [2]).

Auch wenn F r a n k e als einheitlichen Grundgedanken des
M a j j h i m a n i k ā y a »die Erziehung gemäß der Lehre« zu erweisen
sucht [3]), ist das ein so allgemeiner Gedanke, daß so ziemlich die ganze
buddhistische Lehre in ihm untergebracht werden könnte. Und ich
kann mir in der Tat keine Sammlung von Predigten denken, in der
sich nicht »die Erziehung gemäß der Lehre« als Grundgedanke nachweisen ließe. Zu dieser Erziehung gehört denn auch nach Franke
selbst (a. a. O., S. 158 ff.) das Bestreben, die Menschen vor falscher
Lehre zu bewahren und zu dem einzigen Tathāgata hinzuführen, wobei
dann natürlich der »Grundgedanke« des Majjhimanikāya mit dem des
Dīghanikāya* so ziemlich zusammenfällt. In gleicher Weise wie im
Dīghanikāya sucht Franke auch im Majjhimanikāya Gedankenzusammenhänge zwischen den einzelnen Suttas nachzuweisen [4]), um daraus den
Schluß zu ziehen, daß auch dieses Buch nicht eine Sammlung von
Reden, sondern »mindestens im großen und ganzen das einheitliche, im
Zusammenhang verfaßte Werk eines Schriftstellers ist«. Die Beweisführung ist hier womöglich noch weniger überzeugend, als beim Dīghanikāya. Die Zusammenhänge beweisen durchaus nicht, was bewiesen
werden soll. Ein Schriftsteller, und wäre es auch der einfältigste Mönch,
arbeitet nicht so, wie es uns Franke glauben machen will. Und was
soll es nun gar bedeuten, daß in vielen Suttas der Gedanke des »Auf-
gebens« immer wiederkehrt? Als ob das in einem b u d d h i s t i s c h e n
Text irgendetwas Auffälliges an sich hätte. Wenn wir aber im Majjhimanikāya öfters nebeneinander ein »großes« und ein »kleines« Sutta über
denselben Gegenstand finden (Cūḷa- und Mahā-sīhanādasutta, Cūḷa- und
Mahā-hatthipādopamasutta usw.), so scheint mir das geradezu beweisend
dafür zu sein, daß wir eine Sammlung von Reden und nicht das einheitliche Werk eines Verfassers vor uns haben. Solche Texte haben
ebenso wenig e i n e n Verfasser, wie e i n Dharmaśāstra - Schriftsteller
eine Laghuhārītasmṛti und eine Vṛddhahārītasmṛti verfaßt haben würde [5]).

---

[1]) WZKM 27, 293.

[2]) Auch O l d e n b e r g (AR 17, 1914, 626 f.), C. A. F. R h y s D a v i d s
(JRAS 1914, 459 ff.) und G e i g e r (Pāli Literatur und Sprache, Grundriß I,
7, Straßburg 1916, S. 11 f.) lehnen die Auffassung F r a n k e s vom Dīghanikāya als einem »einheitlich abgefaßten schriftstellerischen Werk« entschieden ab.

[3]) WZKM 29, 1915, 134 ff.

[4]) ZDMG 68, 1914, 473 ff.

[5]) Daß das erste Buch des Suttanipāta einen Verfasser haben
k a n n, soll nicht geleugnet werden. Aber durch die von F r a n k e
(Festschrift Windisch, S. 196 ff.) nachgewiesenen Zusammenhänge wird
kein Beweis dafür erbracht.

Ich sehe also keinen Grund, an den Sätzen (oben S. 4) irgend etwas zu ändern: »Fast die ganze älteste Litteratur der Buddhisten besteht ja aus Sammlungen . und das Tipiṭaka ist nichts anderes als eine große Sammlung solcher Sammlungen.«

Zu S. 2 A. Zur Litteratur wäre jetzt noch hinzuzufügen: W. Geiger, Pāli Literatur und Sprache, Straßburg 1916 (Grundriß I, 7), S. 6 ff.

Zu S. 2 A. 1. Smith, Early History, p. 46 f. setzt das Datum von Buddhas Tod um 487 v. Chr. an und bemerkt (p. 47, note 1): »Everybody now seems to be agreed that the event occurred between 490 and 480 B. C.« Charpentier (Ind. Ant. 43, 1914, 130 ff.) sucht wieder das Jahr 477 v. Chr. als Buddhas Todesjahr zu beweisen, ohne mehr als Hypothesen dafür beizubringen. Auf Grund welcher Berechnungen S. Kuwahara (s. H. Haas in Zeitschr. f. Missionskunde und Religionswissenschaft 28, 1913, S. 113) das Leben des Buddha von 565 bis 486 v. Chr. datiert, ist mir unbekannt.

S. 5 A. 3. Lies »Cullavagga XII« statt »Cullavagga XX«.

Zu S. 8 A. 1. Nach G. Bühler (On the Origin of the Indian Brāhma Alphabet, 2nd Ed., p. 86 ff.) ist piṭaka ein Korb, in welchem Handschriften aufbewahrt wurden, so daß die Einteilung der buddhistischen heiligen Texte in Piṭakas auch ein Beweis dafür wäre, daß sie geschrieben waren.

Zu S. 10. Der Satz (Z. 4 f.): »Dies war der Heimatsdialekt des Buddha, der ohne Zweifel in dieser Sprache zuerst gepredigt hat«, ist zu streichen. T. W. Rhys Davids (JRAS 1913, 481 f.) hat diesen Satz mit Recht beanstandet, da ja Magadha nicht die Heimat des Buddha war. »Daß das Pali aufs genaueste die Sprache Buddhas wiedergebe, ist unbeweisbar und unwahrscheinlich, aber ein altes Prakrit ist es sicherlich, das nicht erst im 5. Jahrhundert n. Chr. entstanden sein kann Wir können nicht erwarten, daß der Palitext von Ceylon in jedem Wort und in jedem Buchstaben identisch sei mit dem alten Prakrittexte, auf den die chinesischen und die tibetischen Übersetzungen zurückgehen, oder mit den letzten Prakritversionen, die sich in Nordindien erhalten hatten. Das Pali von Ceylon ist eine buddhistische Schriftsprache, die sich in fremdsprachigen Ländern unverändert gehalten hat wie das Griechische des Neuen Testaments« (E. Windisch, Geschichte der Sanskritphilologie I, S. 121). Vgl. auch Geiger, Pāli Literatur und Sprache, S. 1 ff. Daß im nördlichen Indien im 2. oder 3. Jahrh. n. Chr. ein Pālikanon bekannt war, beweist ein Zitat aus dem Saccasaṃyutta des Saṃyuttanikāya über die »vier edlen Wahrheiten« in einer aus dieser Zeit stammenden Inschrift in Sarnath; s. Sten Konow, Ep. Ind. 9, p. 291 ff. und Dh. Kosambi, Ind. Ant. 1910, p. 217.

Zu S. 11 A. 2. »Das Pali . blieb stets die Sprache der Mönche.« Rhys Davids (JRAS 1913, p. 482) hat diesen Satz, vielleicht weil ich mich nicht deutlich genug ausdrückte, mißverstanden. Ich meinte nicht, daß Pāli die Umgangssprache der Mönche von Ceylon war, sondern nur, daß es immer von der Mehrzahl der Mönche gelesen und verstanden und von einer kleineren Zahl von Gelehrten, Schriftstellern und Dichtern unter ihnen auch geschrieben wurde.

Zu S. 12 A. 2. Zum Vorkommen derselben Gāthās in verschiedenen Sammlungen vgl. R. O. Franke, Konkordanz der Gāthās des Majjhimanikāya, WZKM 26, 1912. S. 171—221.

Zu S. 13 A. 2. L. A. Waddell (JRAS 1914, p. 138 ff.) sucht zu beweisen, daß die große Mehrzahl der Skulpturen des Stūpa von Bharhut dem 3. Jahrh. v. Chr., ungefähr der Zeit des Ašoka, angehört. Cunningham, Bühler und Senart haben sich aus paläographischen Gründen für dieselbe Datierung entschieden. Dafür, daß manche Forscher die Skulpturen und Inschriften dem 2. oder 1. Jahrh. v. Chr. zuschrieben, war die Inschrift des Ost-Tores maßgebend, wo die Šuṅgas (ca. 184 bis 72 v. Chr.) erwähnt werden. Aber nach Waddell gehört dieses Tor nicht zu dem ursprünglichen Bauwerk, sondern ist erst später hinzugekommen.

Zu S. 16 A. 1. Eine Vergleichung der in Zentralasien gefundenen Bruchstücke des Sanskritkanons führt zu dem Ergebnis, »daß die herangezogenen nördlichen Texte inhaltlich und in ihrer Form den Pālitexten großenteils recht nahestehen, teilweise mit ihnen annähernd zusammenfallen. An anderen Stellen finden sich stärkere Abweichungen. Kann da natürlich eine unter allen Umständen sich bewahrende Unfehlbarkeit der Pālitradition nicht behauptet werden, ist diese doch offenbar im ganzen die wesentlich ältere.« (Oldenberg, NGGW 1912, S. 171 ff.)

Zu S. 17 A. 1. Pavolini (GSAI 25, 1912, p. 323) verweist bezüglich der siamesischen Ausgabe auch auf E. Teza in Atti del R. Istit. veneto 1895—96, p. 212 ff.

Zu S. 19 A. 1. Ob unter pātimokkha in Dhammapada 185 (und auch in Dīghanikāya II, 42, s. Franke, Theolog. Litztg. 1914, S. 165) ein litterarisches Werk und im besonderen unser Text gemeint ist, ist allerdings zweifelhaft.

Zu S. 27 A. 4. Eine Auswahl von Suttas (1—5, 8, 9, 11, 13, 16, 21, 26, 27) des Dīghanikāya hat R. O. Franke (Quellen der Religionsgeschichte, Gr. 8, Bd. 4, Göttingen 1913) übersetzt.

Zu S. 28. Das Sāmaññaphalasutta hat eine gewisse Ähnlichkeit mit dem Yājñavalkyadialog in Bṛhadāraṇyaka-Upaniṣad IV, 1; aber ob man es mit Oldenberg (Zur Geschichte der altindischen Prosa, AGGW, N. F. Bd. 16, 1917, S. 40 Anm.) als eine »direkte Nachbildung« jenes Dialogs bezeichnen kann, ist mir doch zweifelhaft.

Zu S. 29 A. 2. Zum Mahāparinibbānasutta vgl. noch E. Müller, JRAS 1913, 1087 ff.; H. Kern, Ostasiat. Zeitschr. II. 1913/14, 229 f.; P. Oltramare, RHR 66, 1912, 118 ff. und die Übersetzung von Franke, Dīghanikāya, S. 179 ff.

Zu S. 31 A. 2. Über 'die chinesische Übersetzung des Mahāparinirvāṇasūtra s. C. Puini in GSAI, 21, 1908, 59 ff; 22, 1909, pp. 1—52.

Zu S. 32 Z. 11. Nach L. A. Waddell (JRAS 1914, 661 ff.) wäre der Titel Mahāpadhānasutta, »Sutta vom höchsten Wesen«, was aber schwerlich richtig ist. Er glaubt auch beweisen zu können, daß dieses Sutta und der Lalitavistara auf eine gemeinsame Quelle zurückgehen. Daß das Sutta erst nach dem Tode des Buddha entstanden ist und der Überlieferung etwa des 3. bis 1. Jahrhunderts v. Chr. entspricht, damit wird Waddell wohl recht haben.

Zu S. 32 A. 1. Zur Stelle über die Verteilung der Reliquien vgl. J. F. Fleet, JRAS 1906, 657 ff., der ebendas. 667 ff. zu beweisen sucht, daß das Mahāparinibbānasutta nicht vor 375 v. Chr. verfaßt sein kann.

S. 33 Z. 16 lies »Metteyya« statt »Meteyya«.

Zu S. 44. Solche halbdramatische »Balladen« kommen auch in den Therīgāthās, im Jātakabuch und im Petavatthu vor.

Zu S. 45 A. 1. Die Übersetzung des IV. Buches von Nāṇatiloka (i. e. Anton Gueth) ist Breslau 1912 erschienen. Die englische Übersetzung des Aṅguttaranikāya von E. R. J. Gooneratne (London 1914 ff.) kenne ich nicht.

Zu S. 45 A. 2. M. Anesaki (Transactions of the Asiatic Society of Japan, Vol. 35, 1908, Part 2, p. 83) will einen Unterschied zwischen den Ausdrücken »aṅguttara« und »ekottara« herausbringen. »Aṅguttara« ist aber nichts anderes als »ekāṅgottara«, d. i. »ekottara«.

Zu S. 50. Auch M. Anesaki (Transactions of the Asiatic Society of Japan, Vol. 35, 1908, Part 2, p. 83 f.) findet, daß sich sowohl im Aṅguttaranikāya als auch im chinesischen Ekottarāgama Spuren zeigen, die darauf hinweisen, daß diese Sammlung später ist als die drei anderen. Sie enthält auch die meisten als solche bezeichneten Zitate.

Zu S. 50 A. Zu den Zahlenrätseln vgl. auch K. Kohler in Zeitschr. für die Geschichte der Juden in Deutschland 3, 1889, 234 ff., 238 ff. und G. Léjean in Revue Celtique II, p. 58 ff.

Zu S. 51. Wenn auch der Aṅguttaranikāya (s. S. 50) eine spätere Sammlung sein mag als die drei anderen Nikāyas, so geht doch aus den hier angeführten Tatsachen hervor, daß die Nikāyas durch keine allzu großen Zeiträume voneinander getrennt sein können. Eben dieselben Tatsachen sprechen auch gegen die Annahme Frankes (ZDMG 69, 1915, S. 455), daß der Dīghanikāya als Ganzes »die älteste erreichbare Quelle des buddhistischen Schrifttums« ist. Die »ältesten erreichbaren Quellen« für unsere Kenntnis des Buddhismus sind einzelne Suttas, einzelne Gāthās, einzelne Texte, die in verschiedenen Sammlungen vorkommen, und nicht irgend ein Nikāya.

Zu S. 53. Auch in bezug auf Sprache und Stil besteht zwischen den Nikāyas kein wesentlicher Unterschied. Die altbuddhistische Prosa, wie sie Oldenberg (Zur Geschichte der altindischen Prosa, AGGW, N. F. Bd. 16, 1917, S. 39 ff.) gut charakterisiert hat, ist im ganzen dieselbe in allen vier Nikāyas.

Zu S. 58 A. 2. Zum Gleichnis von der Schildkröte s. Winternitz, WZKM 27, 43 ff.

Zu S. 60 Z. 4. Hinzuzufügen wäre, daß die Dialoge der Nikāyas auch vielfach an die Dialoge der Upaniṣads erinnern. Oldenberg

a. a. O., S. 39: »So ist die Prosa der buddhistischen heiligen Texte in wesentlichen Beziehungen Weiterentwicklung der Upaniṣadenprosa.«

Zu S. 61 A. 1. Daß in bezug auf die zum Khuddakanikāya gehörigen Texte nicht Einigkeit herrschte, zeigt die im Dīpavaṃsa 5, 37 erhaltene Nachricht, daß die Mahāsaṃgītika-Bhikkhus einige dieser Texte nicht anerkannten. Die Sammlung als Ganzes kommt in den chinesischen Āgamas nicht vor, aber viele ihrer Texte sind in anderen Sammlungen eingeschlossen; s. M. Anesaki in Transactions of the Asiatic Society of Japan, Vol. 35, Part 3, 1908, p. 9.

Zu S. 63 A. 1. Vgl. auch Geiger, Pāli Literatur und Sprache, S. 16 f. Die Schlangenbeschwörungen in dem (medizinischen) Bower-Manuskript sind aus der parittā des Mora-Jātaka (Nr. 159) entlehnt; s. K. Watanabe in JRAS 1907, 261 ff.

Zu S. 63 A. 2. Mir unbekannt sind die von Pavolini GSAI 25, 1912, p. 324 erwähnten Übersetzungen des Dhammapada ins Russische von N. Gerasimov, ins Italienische von Pavolini (Testi di morale buddhistica, Lanciano 1912, pp. 1—80) und ins Englische von A. J. Edmunds, Hymns of the Faith, Chicago 1902. Eine neue deutsche Übersetzung in Versen ist im Neu-buddhistischen Verlag, Berlin 1919, erschienen. Der Übersetzer ist nicht genannt, scheint aber P. Dahlke zu sein.

Zu S. 66 A. 1. K. Seidenstücker (Das Udāna, 1. Teil, Allgemeine Einleitung, Leipzig 1913, S. 36) führt Gründe an, die ihn bestimmen, »die meisten Udānas für authentische Herrnworte, für uralte, auf guter Tradition beruhende λόγια κυριακά zu halten, wenn auch hie und da der Verdacht gerechtfertigt erscheint, daß dieses oder jenes Udāna ursprünglich eine von der uns vorliegenden Pāli-Rezension abweichende Fassung gehabt hat.« Das dürfte wohl etwas zu sanguinisch sein, wenn man auch zugeben kann, daß es unter den Udānas verhältnismäßig viele Aussprüche des Buddha und seiner ersten Jünger geben mag. Die erste Hälfte, Vagga I bis IV, einer deutschen Übersetzung des Udāna von K. Seidenstücker ist als Sonderabdruck der Zeitschrift für Missionskunde und Religionswissenschaft, Jahrgang 1917, erschienen. Textkritische Bemerkungen zum Udāna macht B. C. Mazumdar, JRAS 1911, 197 ff. Parallelen zur Parabel von den Blinden und dem Elefanten (Ud. VI, 4) gibt Rhys Davids, JRAS 1911, 200 f.

Zu S. 67 Z. 7 v. u. Oldenberg (Zur Geschichte der altindischen Prosa, S. 75, A. 4) findet, daß ich den Erzählungen von Udāna V, 5 und VII, 10 unrecht tue, wenn ich behaupte, daß sie mit den Versen nicht in Einklang stehen. Ich kann aber auch bei wiederholter Prüfung der beiden Udānas keinen Zusammenhang zwischen der Prosa und den Udānaversen entdecken.

Zu S. 68 A. 1. Deutsche Übersetzung des Itivuttaka von K. Seidenstücker in der Monatsschrift »Buddhistischer Weltspiegel« I, 1919/20. Italienische Übersetzung von Pavolini (Testi di morale buddhistica, pp. 97—111).

Zu S. 71 A. 2. Neue Ausgabe des Suttanipāta von D. Andersen und Helmer Smith, London PTS 1913. Ausgewählte Suttas übersetzt von Pavolini (Testi di morale buddhistica, pp. 81—96).

Zu S. 72 A. 1. Hinzuzufügen: Le Muséon, N. S. VII, 1906, p. 33 ff. und Transactions of the Asiatic Society of Japan, 35, 1908, Part 3, p. 8 ff.

Zu S. 72 A. 2. Hinzuzufügen: 66, 1912, 204 ff., 699 ff.

Zu S. 72 A. 4. Über die »Ākhyānas« im Suttanipāta vgl. auch Oldenberg, Zur Geschichte der altindischen Prosa, S. 77 ff.

Zu S. 73 Z. 4. Das Thema vom »wahren Brahmanen« wird ähnlich auch in dem jinistischen Uttarajjhayaṇa XXV behandelt; s. Charpentier, WZKM 24, 1910, 62 ff.

Zu S. 75 A. 2. Die verschiedenen Fassungen der Legende von Asita Devala hat E. Windisch (Festschrift Kuhn, S. 6 ff.) besprochen und den Asita Devala in die brahmanische Litteratur zurückverfolgt. »Daß der Symeon des Lukas dem Asita der buddhistischen Legende sein Dasein verdankt«, erklärt Windisch für »nicht sicher erwiesen«.

Zu S. 77 A. 3. Die Bücher I und II des Petavatthu sind übersetzt von W. Stede, Die Gespenstergeschichten des Peta Vatthu, Leipzig 1914.

Zu S. 78 Z. 5. Nach Kuhn und Garbe (Indien und das Christentum, S. 142) beruht der Palast in der Thomaslegende auf dem Vimānavatthu.

Zu S. 78 Z. 12 ff. Nicht immer ist Nārada der Fragende, oft auch irgendeine andere Person. Es gibt im Petavatthu auch Trostgeschichten, Belehrungen über die Nutzlosigkeit des Wehklagens um Verstorbene, einzelne umfangreiche Dialoge (wie II, 9) und dramatische Balladen von der S. 44 f. geschilderten Art.

Zu S. 79 A. 1. Die Theragāthā sind ins Englische übersetzt von Mrs. Rhys Davids (Psalms of the Early Buddhists II — Psalms of the Brethren) London PTS 1913.

Zu S. 86 A. 1. Vgl. auch Tawney, Kathāsaritsāgara Transl. I, 248 note, und Garbe, Indien und das Christentum, S. 116, der mir zustimmt.

Zu S. 89 Z. 24 ff. Zu meiner Erklärung von »Bodhisatta«, die von der gewöhnlichen (»einer, dessen Wesenheit die Erleuchtung ist«, s. La Vallée Poussin, ERE II, 739) abweicht, äußert sich zustimmend H. Haas, Zeitschr. f. Missionskunde u. Religionswissenschaft 28, 1913 S. 117.

Zu S. 91 A. 5. Jātakas gibt es auch im Dhammapadakommentar, der überhaupt eine Art Fortsetzung des Jātakakommentars bildet; s. E. W. Burlingame, Buddhaghosa's Dhammapada Commentary, Proceedings of the American Academy of Arts and Science, vol. 45, 1910, p. 469. Wahrscheinlich, wenn auch nicht nachgewiesen, ist, »daß ein Korpus der Jātakas, wie es der Pālikanon hat, kein Sonderbesitz dieser einen Schule gewesen ist, sondern altes buddhistisches Gemeingut« (Oldenberg, NGGW 1912, S. 195).

Zu S. 94 A. Zur Litteratur über die Jātakas sind hinzuzufügen die Abhandlungen von Oldenberg, Zur Literaturgeschichte der Jātaka

(NGGW 1912, 183 ff., 214 ff.). Zur Geschichte der altindischen Prosa (AGGW 1917, 79 ff.), Jātakastudien (NGGW 1918, 429 ff.). Zur Geschichte des altindischen Erzählungsstils (NGGW 1919, 61 ff.). ferner Winternitz in ERE, Vol. 7 s. v. Jātaka, und Geiger, Pāli Literatur und Sprache, S. 20 f. Zur englischen Übersetzung von Cowell ist ein VII. Bd. mit Index erschienen. Dutoits Übersetzung reicht schon bis Nr. 543. Nicht zugänglich war mir S. Lévi. Les Jātakas (Conférences du Musée Guimet XIX, 1906, 1—60).

Zu S. 97. Die vielen Hinweise im Jātakabuch von einem Jātaka auf das andere, sowohl auf frühere wie auf spätere, scheinen mir zu bestätigen, daß die einzelnen Jātakas lange als selbständige Texte bestanden, ehe sie zu einer großen Sammlung vereinigt wurden. Insbesondere die langen Jātakas der letzten Bücher, die selbst wieder in Abschnitte eingeteilt sind, und auf welche in früheren kurzen Jātakas öfters verwiesen wird, waren sicher ursprünglich selbständige Dichtungen. Vgl. J. Dutoit, Jātakazitate in den Jātakatexten, in Festschrift Kuhn 345 ff.

Zu S. 98 Z. 3. Wenn z. B. Lüders (Festschrift Windisch 228 ff.) nachweist, daß manche der Gāthās des Setaketujātaka (Nr. 377) und des Uddālakajātaka (Nr. 487), die sich auf den aus den Upaniṣads bekannten Śvetaketu beziehen, bis in die vedische Zeit zurückreichen, so gilt das eben nur für d i e s e Gāthās, und man kann nicht im allgemeinen sagen, daß die Gāthādichtung der Jātakas »d a s Bindeglied zwischen vedischem Ākhyāna und epischer Poesie« darstelle.

Zu S. 98 A. 1. Der Kompilator der Jātakaṭṭhavaṇṇanā hat auch manchmal durch ein Mißverständnis aus Gāthās. die nur zu e i n e r Geschichte gehören, zwei Geschichten gemacht, so bei den Jātakas Nr. 377 und 487; s. Lüders in Festschrift Windisch, S. 228 ff.

Zu S. 98 f. Die höchst dankenswerten Untersuchungen von Oldenberg über den Stil der Jātakas (NGGW 1918, 429 ff.; 1919, 61 ff.) bestätigen nur meine Auffassung, daß in unserem Jātakabuch »alle Arten und Formen erzählender Dichtung« vertreten sind von der einfachen, altertümlichen Ballade in Versen oder in der aus Prosa und Versen gemischten Form und von der schlichten Märchenprosa mit einem oder einigen Märchenversen bis zu förmlichen Kunstgedichten, Epen und Campūs. Wenn Oldenberg zu dem Schlusse kommt, daß die Jātaka‑Gāthās gegenüber dem Epos eine ältere Art der Dichtung darstellen, so muß er doch selbst zugeben, daß sich vollkommene Sicherheit darüber, ob das entwicklungsgeschichtlich Ältere auch chronologisch älter ist, nicht gewinnen läßt. Da aber weder die volkstümlichen Epen noch die Jātaka-Gāthās die Dichtung e i n e s Zeitalters darstellen, kann man überhaupt nicht mehr sagen, als daß die Jātaka-Gāthās z u m T e i l eine ältere Stufe epischer Dichtung darstellen als die für alt und echt geltenden Teile des Mahābhārata und des Rāmāyaṇa.

Zu S. 101 A. 2. Z a c h a r i a e machte mich (brieflich) darauf aufmerksam, daß schon R. K ö h l e r (GGA 1870, S. 1658; Kleine

Schriften I. 515) auf das Vorkommen dieser Fabel bei den Suahelis hingewiesen hat.

S. 102 Z. 11. Lies »ihre« anstatt »seine«.

Zu S. 102 A. 2. Der Papagei als Tugendwächter erscheint auch in dem Jātaka Nr. 145.

Zu S. 102 A. 3. S. J. Warren im »Hermes«, Bd. 29, 1894, S. 476 f., sagt: »Die Einzelheiten der Herodoteischen Erzählung sind so ungewohnt, sie erinnern so sehr an einen indischen svayamvara, wo das Mädchen oder der Vater eine Wahl tut aus zusammengekommenen Freiern, daß man orientalischen Ursprung vermuten möchte, wenn nicht Herodot alles erzählte mit einer Sicherheit, als ob es wirklich geschehen wäre.«

Zu S. 104 A. 1. Vgl. auch Rückerts Gedicht »Von Menschenundank und der Tiere Dankbarkeit« in den »Brahmanischen Erzählungen«. Im Pañcatantra kommt die Geschichte erst in späteren Rezensionen vor, übersetzt von Benfey, Pantschatantra II, 128 ff. Benfey hat auch die buddhistischen Versionen nach Rasavāhinī. Kap. 3. und nach dem tibetischen Karmaśataka mitgeteilt.

Zu S. 106 A. 1. Zum Märchen vom geflügelten Pferd, das die Schiffbrüchigen rettet (Valāhassajātaka, Nr. 196) vgl. auch Divyāvadāna, pp. 120. 524 ff.; Kāraṇḍavyūha, p. 52; Nāyādhammakahāo IX; s. Charpentier, WZKM 27. 1913, S. 93; JA 1910, s. 10, t. XVI, pp. 606, 608.

Zu S. 106 A. 2. Zum Mittavindakajātaka vgl. auch Kathāsaritsāgara 56, 141 ff.

Zu S. 106 A 3. Pavolini, GSAI 25, 324. verweist auch auf Kern. Kalmāṣapāda en Sutasoma (Versl. en Mededeeling. der Kon. Akad. van Wetenschappen, Afd. Letterk. IV, 11, p. 170–208); s. auch Charpentier. WZKM 23, S. 161 A. 3 und 24, S. 396 A. Trotz Garbe, Indien und das Christentum, S. 101 ff.. kann ich an einen Zusammenhang des Jātaka mit der Christophoruslegende nicht glauben; s. Ostas. Zeitschr. 5. 1916/17, S. 164.

Zu S. 109 A. 1. Vgl. auch R. O. Franke. Theolog. Literaturzeitung 1914. S. 166.

Zu S. 111 A. 3. Parallelen aus der Weltlitteratur zu den Rätseln und Aufgaben des Mahā-Ummagga-Jātaka s. auch bei V Jagić und E. Kuhn in Byzantin. Zeitschr. I, 1892, 107 ff., 127 ff.; Zachariae, ZVV 17. 1907, 174 ff. (vgl. 16, 139, 145); WZKM 26, 1912, 418 ff.; 30, 151 ff.: M. Bloomfield, JAOS 36, 1916, 65 ff. Nicht erreichbar war mir: Ummagga Jātaka (The Story of the Tunnel) translated from the Sinhalese by T. B. Yatawara, London 1912.

Zu S. 113 A. 3. Über Räubergeschichten in der indischen Erzählungslitteratur s. J. J. Meyer, Daṇḍins Daçakumâracaritam übersetzt (Lotus-Verlag, Leipzig o. J.), Einleitung, S. 14 ff., 32 ff.

S. 119 Z. 2. Lies »Makhādeva« statt »Makhadeva

Zu S. 120 f. Die Ähnlichkeit zwischen dem Sāma-Jātaka und der Geschichte von Daśaratha, der aus Versehen den Einsiedlerknaben getötet hat (Rāmāyaṇa II, 63 f., s. oben Bd. I, S. 411), ist auffallend genug

und auch schon von Charpentier (WZKM 24, 397 A. 2 und 27, 94)
hervorgehoben worden. Oldenberg (NGGW 1918, 456 ff.) hat die
beiden Dichtungen in bezug auf den Stil verglichen und gezeigt. daß
die Geschichte im Jātaka durchweg schlichter und weniger gekünstelt
erzählt wird als im Rāmāyaṇa.

Zu S. 122 A. 1. Vgl. auch Garbe, Indien und das Christentum,
S. 86 ff.; W. Bousset, Die Geschichte eines Wiedererkennungs-
märchens, NGGW 1916, 469 ff., W. Meyer, ebendas. 762 ff., und
C. Clemen, Theolog. Literaturzeitung 42, 1917. 257 ff.

Zu S. 122 Z. 15. Wie im Jātaka Nr. 316 Gott Sakka (Indra) mit
einem Berg als Stift zum Andenken an diese Aufforderung des Bodhisatta einen Hasen in den Mond zeichnet, so hat sich noch bei den
Kalmücken die Sage von »Sakimuni« als dem »Hasen im Mond« erhalten; s. T. W. Rhys Davids. Buddhism, London 1890, p. 197. Eine
echt buddhistische Legende enthält auch das Jātaka vom »Geduld-
prediger« (Khantivādijātaka. Nr. 313), in welchem der Bodhisatta von
einem erzürnten König gepeitscht und verstümmelt wird, dies alles
aber geduldig erträgt und jeden Rachegedanken abweist. Wie beliebt
diese Legende bei den Buddhisten war, zeigen die zahlreichen Fassungen.
in denen sie in der Litteratur vorkommt; s. A. Attenhofer in Festschrift Kuhn 353 ff.

Zu S. 124 A. 1. »Diese Vessantara-Legende ist der Lieblingsschmuck
buddhistischer Tempel. Ich habe sie dargestellt gesehen von Ceylon
bis Kambodja. In der Wesak-Zeit wird sie . auf den Volksbühnen
dargestellt und verfehlt nicht, immer wieder ihre Wirkung auszuüben«,
P. Dahlke (Zeitschrift für Buddhismus, 1. 1914, S. 9).

Zu S. 125 A. 4. Daß eine Jātaka-Sammlung die Quelle für den
Physiologus gewesen sei. vermutet Charpentier in Festschrift
Kuhn, S. 280 ff., 288 ff.

Zu S. 127 A. 5. Über Inhalt und Charakter des Paṭisambhidāmagga
s. C. A. F. Rhys Davids, JRAS 1906. 238 ff. Sie übersetzt den
Titel durch »The Way of Analysis«.

Zu S. 128 A. 2. Auch die Apadānas haben, wie die Jātakas, eine
»Gegenwartsgeschichte« und eine »Geschichte aus der Vergangenheit«.
Während aber die Jātakas immer von einem früheren Leben des
Buddha handeln, beschäftigen sich die Apadānas gewöhnlich nur mit
dem eines Arhat. Vgl. Rhys Davids. ERE I. 603.

S. 130 Z. 30. Lies »Metteyya« statt »Meteyya«.

Zu S. 130 A. 2. Aus dem Chinesischen ist die Legende von Dīpaṅkara
übersetzt von S. Beal, JRAS 1873, p. 377 ff.

Zu S. 132 A. 1. Die Ansicht Pischels wird widerlegt durch Oldenberg, NGGW 1912, 183 ff.

Zu S. 133 Z. 5. Ich spreche hier nur von den »Erzählungen des
Jātakabuches«, d. h. der Jātakaṭṭhavaṇṇanā. Hier wird in einigen Fällen
(so Nr. 515, 528, 529) ausdrücklich gesagt, daß der Meister die Geschichte mit Bezug auf die »Vollkommenheit (pāramī) der Weisheit«

bzw. »der Weltentsagung« erzählt habe. In anderen Fällen (z.B. Nr. 407. 547 u. a.) wird der Held deutlich als der mit den »Vollkommenheiten« ausgestattete Bodhisatta dargestellt. Aber Rhys Davids (JRAS 1913. p. 482 f.) hat recht, daß in den Jātaka-Gāthās die »Vollkommenheiten« (pārami, pāramitā) der Dogmatik nicht erwähnt werden.

Zu S. 136 Z. 25 f. Lies: »aus der Lehre der vier Nikāyas, wie sie in diesem schwer verständlichen Katechismus mit seinem dürren Gerüste von Aufzählungen klassifiziert und zusammengefaßt ist«; s. Rhys Davids, JRAS 1913, p. 482.

Zu S. 137 A. 3. Vgl. auch La Vallée Poussin, JRAS 1907, 452 ff.

Zu S. 137 A. 4. Der II. Band des Yamaka ist London PTS 1913 erschienen. Sinn und Wert des Werkes sind nach den Mitteilungen der Herausgeberin und der von ihr befragten Gelehrten von Birma sehr zweifelhaft.

Zu S. 138 A. 5. Vgl. auch M. Walleser, Die buddhistische Philosophie in ihrer geschichtlichen Entwicklung, I, Heidelberg 1904, S. 13 ff.

Zu S. 139 A. 4. Vollständig ins Deutsche übersetzt von Nyāṇatiloka, Die Fragen des Milindo, I. Bd., Leipzig 1919.

Zu S. 140 Z. 8. Die Datierung des Menandros ca. 125—95 v. Chr. nach A. v. Gutschmid, Geschichte Irans und seiner Nachbarländer. Tübingen 1888, S. 104. Aber Smith, Early History, p. 225, gibt ca. 155 v. Chr. als Datum des Einfalls des Menandros in Indien und läßt (p. 243) seine Regierungszeit unbestimmt.

Zu S. 147 A. 3. Über die Geschichte der Aṭṭhakathās handeln L. C. Vijasinha und R. C. Childers, JRAS V, 2, 1871, p. 289 ff. Childers sagt richtig, daß wir uns Buddhaghosa nicht als bloßen Übersetzer denken dürfen. In seiner Einleitung zur Vinaya-Aṭṭhakathā sagt er ausdrücklich, daß er es unternommen habe, die singhalesischen Kommentare »zu übersetzen, abzukürzen, zu kollationieren, zu systematisieren usw.«.

Zu S. 152 A. 1. »Die Buddhaghosuppatti ist dem 14. Jahrhundert zuzuweisen, wenn ihr Verfasser Mahāmaṅgala derselbe ist wie der Grammatiker Maṅgala«, Geiger, Pāli Literatur und Sprache. S. 31.

Zu S. 154 A. 2. S. auch E. W. Burlingame, Buddhaghosa's Dhammapada Commentary, and the Titles of its three hundred and ten Stories, together with an Index thereto and an Analysis of Vaggas I—IV (Proceedings of the American Academy of Arts and Sciences. Vol. XLV 1910, pp. 467—550). Nach Geiger (Pāli Literatur und Sprache, S. 22) ist die Dhammapadaṭṭhakathā jünger als der Jātaka-Kommentar und die Autorschaft des Buddhaghosa unwahrscheinlich.

Zu S. 159 A. 1. Vgl. auch W. Bousset, NGGW 1916, 501 ff.; 1917, 703 ff., und W. Meyer ebendas. 1916, 768 ff.; 1917, 80 ff.

Zu S. 161 A. 1. Garbe, Indien und das Christentum. S. 111 ff., nimmt buddhistischen Ursprung der christlichen Legende an.

Zu S. 163 A. 1. Verschiedene andere Kommentare nennt Geiger a. a. O. S. 22 f., 26 f.

Zu S. 170 A. 3. Wenn man mit Fleet (JRAS 1909, p. 5) und Geiger (Mahāvaṃsa Transl. p. XI f. und Pāli Literatur und Sprache, S. 24) den Mahāvaṃsa als »Kommentar« zum Dīpavaṃsa bezeichnet, so gibt das doch eine schiefe Vorstellung von dem Werke. Fleets Erklärung der Stelle im 38. Kapitel des Mahāvaṃsa (ed. G. Turnour, p. 257 f.) halte ich für irrig.

Zu S. 172 A. 1. Geiger nennt die Fortsetzung des Mahāvaṃsa »Cūlavaṃsa«. Das zu diesem gehörige 39. Kapitel hat Rhys Davids (JRAS 1875, p. 191 ff., 201 ff.) herausgegeben und übersetzt. In derselben Anm. lies Z. 5 v. u. »Mahāvaṃsa« statt »Mahāsena« und Z. 4 v. u. »Mahāsena« statt »Mahāvaṃsa«.

Zu S. 173 A. 1. Vgl. auch das Gedicht von F. Rückert, »Die Leidglocke« in den »Brahmanischen Erzählungen«, und E. Hultzsch, JRAS 1913, 529 ff.

S. 174 Z. 18. Lies: »mindestens vom 4. Jahrhundert n. Chr.« statt »vom 4. Jahrhundert v. Chr.«.

Zu S. 174 A. 1. Vgl. auch Lévi, JA s. 9, t. XV, 1900, p. 429; Fleet, JRAS 1910, p. 425; und Geiger, Mahāvaṃsa translated, Introd. pp. XII ff., XV ff., XX ff.

S. 176 Z. 9 v. u. Lies »Verfasserin« statt »Verlasserin«.

Zu S. 177 A. 4. Der Verfasser des Sārasaṃgaha ist Siddhattha, ein Schüler des Buddhappiya, und er gehört wahrscheinlich dem Ausgang des 13. und Anfang des 14. Jahrhunderts an. Etwas jünger ist der Dhammasaṃgaha (oder Saddhammasaṃgaha). Vgl. Geiger, Pāli Literatur und Sprache, S. 30.

Zu S. 178 Z. 23. Nach Geiger, a. a. O., S. 29, ist Buddhappiya ein Zeitgenosse des Thera Vedeha.

Zu S. 178 A. 3. Der Anāgatavaṃsa, der unmittelbar im Anschluß an den Buddhavaṃsa (»die Geschichte der vergangenen Buddhas«) die Geschichte des zukünftigen Buddha Metteyya erzählt, ist, mit erklärenden Anmerkungen versehen, neu herausgegeben von E. Leumann, Maitreya-samiti, das Zukunftsideal der Buddhisten; die nordarische Schilderung in Text und Übersetzung nebst sieben andern Schilderungen in Text oder Übersetzung; mit einer Begründung der indogermanischen Metrik, Straßburg 1919, S. 177 ff. Die frühesten Beschreibungen des Paradieses des künftigen Buddha Maitreya (Metteyya), in welchem die Menschen ein Alter von 80 000 Jahren erreichen und die Mädchen mit 500 Jahren heiratsfähig sein werden, in welchem Indien von Menschen wimmeln wird, wie ein Hühnerhof von Hühnern, usw., finden wir im Dīghanikāya 26 (s. die Übersetzung von Franke, S. 268 f.) und im Divyāvadāna (s. Leumann a. a. O., S. 173 ff.). Eine ausführlichere Prophezeiung über die Geschichte des Maitreya und über das durch ihn herbeigeführte selige Zeitalter hat es in einem Sanskrittext gegeben, der den Titel Maitreyavyākaraṇa, »Prophezeiung über Maitreya«, oder Maitreyasamiti, »Die Gemeinschaft mit Maitreya«, geführt haben muß, und den wir aus mehreren chinesischen Übersetzungen (von Dharmarakṣa zwischen 265 und 316, von Kumārajīva zwischen 384 und 417 und von I-tsing im Jahre 701) kennen. Leumann a. a. O., S. 227 ff. gibt die von K. Watanabe besorgten deutschen Übersetzungen aus dem Chinesischen. Bruchstücke einer Übersetzung in eine früher unbekannte iranische Sprache Zentralasiens — Leumann nennt sie »nordarisch«, Lüders (Die śākischen Mūra, SBA 1919, S. 734 ff, 762 f.; vgl. SBA 1913, 406 ff. und Konow, GGA 1912, S. 551 ff.) wohl richtiger »śakisch« als die Sprache der Śakas — sind in Zentralasien gefunden und von Leumann in dem genannten Buche entziffert, erklärt und übersetzt worden. Eine Synopsis des Inhalts aller Maitreyasamiti-Schriften gibt Leumann, a. a. O., S. 11 ff.

Zu S. 180 Z. 13. Nach J. d'Alwis und Sten Konow (s. Geiger a. O., S. 29) gehört Vedeha dem 13. Jahrhundert an.

Zu S. 180 A. 3. Die Legenden von Aśoka hat Lakṣmaṇa Śāstrī übersetzt, H. C. Norman hat nur eine »Prefatory Note« dazu geschrieben. Die Legenden sind (nach Norman) aus dem Mahāvaṃsa und den Kommentaren des Buddhaghosa geschöpft. Die zweite Dekade der Rasavāhinī ist herausgegeben und übersetzt von Magdalene und Wilhelm Geiger, SBayA 1918, 5. Abh. Pavolini (GSAI 10, 175—198) hat Rasavāhinī I, 8—10 herausgegeben und übersetzt. Derselbe über Inhalt, Quellen und einzelne Abschnitte des Werkes in GSAI 11, 35 ff. Pavolini (GSAI 25, 324 f.) erwähnt die (mir unbekannte) Übersetzung einiger Kapitel von D. Andersen, Rasavāhinī, Buddhistiske Legender paa dansk i udvalg med indledning, Köbenhavn 1891.

Zu S. 182 A. 1. Zu dem Werk von Bunyiu Nanjio erwähnt H. Haas (Zeitschr. f. Missionsk. und Religionswiss. 28. 1913, S. 118) als wichtige Ergänzung das (mir nicht zugängliche) Werk von E. Denison Ross, Alphabetical List of the titles of works in the Chinese Buddhist Tripiṭaka, being an Index to Bunyiu Nanjio's Catalogue and to the 1905 Kioto reprint of the Buddhist Kanon, Calcutta 1910.

Zu S. 185 A. 1. Die tibetische Übersetzung des Udānavarga hat H. Beckh (Berlin 1911) herausgegeben. Der tibetische Text enthält in 423 Versen außer dem Pāli Udāna und 375 Versen des Dhammapada auch andere Verse des Pālikanons, s. L. de la Vallée Poussin, GGA 1912, 191 f. Über den tibetischen Udānavarga s. auch Seidenstücker, Das Udāna I, S. 37, 71 ff. Über die zentralasiatischen Fragmente des Sanskritoriginals des Udānavarga s. Lüders, SBA 1914, 101 f. Das Dutreuil de Rhins-Manuskript ist nach Lüders (a. a. O.) »keineswegs eine für den Privatgebrauch angefertigte Anthologie, sondern der Rest einer besonderen Überlieferung des Buddhawortes, der bisher freilich der einzige seiner Art geblieben ist.« Er schreibt die Handschrift dem 3. Jahrhundert n. Chr. zu. Konow (Festschrift Windisch 85 ff.) glaubt, daß diese Dhammapada-Handschrift zwar in einem aus dem nordwestlichen Indien stammenden Dialekt abgefaßt, aber in der Gegend von Khotan geschrieben sei. Er datiert sie mit Bühler 1. Jahrhundert n. Chr.

Zu S. 186 f. In den letzten Jahren sind immer mehr Reste des buddhistischen Sanskritkanons aus den zentralasiatischen Handschriftenfunden bekannt geworden. Da wir auch nach und nach eine umfassendere Kenntnis der chinesischen Übersetzungen erhalten, dürfen wir hoffen, daß es einmal möglich sein wird, ein genaues Bild von dem Verhältnis zwischen dem Pālikanon und dem Sanskritkanon zu bekommen. Die Funde in Ostturkestan zeigen auch, daß buddhistische Texte nicht nur in Sanskrit und indischer Schrift, sondern auch in zentralasiatischen Sprachen und Schriftgattungen verbreitet waren. Der Sanskrittext des Prātimokṣasūtra der Sarvāstivādins ist nach den in Zentralasien gefundenen Handschriften herausgegeben von L. Finot und mit der chinesischen Version des Kumārajīva ins Französische übersetzt von É. Huber in JA, s. 11, t. II, 1913, 465 ff. Ein Fragment desselben Sūtras aus der Sammlung M. A. Steins hat La Vallée Poussin JRAS 1913, p. 843 veröffentlicht. Ein tocharisches Fragment des Prātimokṣa aus Ostturkestan hat S. Lévi (JRAS 1913, 109 ff.) herausgegeben. Bruchstücke einer Sammlung von Śikṣās (Regeln des Vinaya), eines Kammavācam, das Ende eines Caityacatuṣkasūtra, Teile einer Anthologie und den Anfang eines Mahāyānasūtras hat La Vallée Poussin (JRAS 1913, 843 ff.) aus Steins Sammlung veröffentlicht. Derselbe Gelehrte hat Bruchstücke des Saṃyuktāgama (aus derselben Sammlung) bekannt gemacht (JRAS 1913, 569 ff.). Zu den Überresten des Saṃyuktāgama gehören auch die Śroṇasūtras, s. La Vallée Poussin, JRAS 1907, 375 ff.

Sehr wertvoll ist die genaue Vergleichung der vier chinesischen Āgamas mit den entsprechenden Texten des Pālikanons von M. Anesaki, The Four Buddhist Āgamas in Chinese, Transactions of the Asiatic Society of Japan, Vol. XXXV, Part 3, 1908. Die Vergleichung zeigt, daß die beiden Zweige der Überlieferung deutliche Übereinstimmungen und Abweichungen aufweisen, daß sie also aus denselben Materialien zusammengestellt, aber von verschiedenen Schulen auf verschiedene Weise angeordnet worden sind. Der chinesische Ekottarāgama ist kürzer und gedrängter als der Pāli Aṅguttaranikāya; so stehen bei der Zahl 9 den hundert Abschnitten des Pālitextes im Chinesischen nur 18 gegenüber (s. Leumann, GGA 1899, S. 593 ff.). Übereinstimmung des Titels eines Werkes im Pāli und im chinesischen Tripiṭaka beweist noch nicht Gleichheit des Textes. So ist das chinesische Brahmajālasūtra mit dem gleichnamigen Pālitext nicht identisch, s. H. Haas (Zeitschr. f. Missionsk. und Religionswiss. 28, 1913, 116) nach dem (mir nicht zugänglichen) Werk von J. J. M. de Groot, »Le code du Mahāyāna en Chine«.

Zu S. 187 A. 2. S. auch Oldenberg, Studien zum Mahāvastu. NGGW 1912, 123 ff., Stiluntersuchungen, die für die Unterscheidung alter und junger Bestandteile von Wichtigkeit sind.

Zu S. 189 Z. 2. Oldenberg (NGGW 1912, 152) glaubt, daß auch auf das uns vorliegende Mahāvastu erst der ganze Vinaya der Lokottaravādins folgte.

Zu S. 190 A. 2. Charpentier (WZKM 27, 1913, S. 90) verweist auch auf J. Dutoit, Die duṣkaracaryā des Bodhisattva, Straßburg 1905, und Charpentier. WZKM 23, 33 ff.; Le Monde Oriental III, 34 ff.

Zu S. 190 A. 4. Über die beiden Versionen des Kusajātaka im Mahāvastu s. Charpentier, WZKM 27, 1913, 94 f.

Zu S. 191 A. 2. Die Geschichte von Brahmadatta und den drei Vogeljungen entspricht dem Tesakuṇajātaka (Nr. 521) der Pālisammlung. Charpentier, WZKM 27, 1913, S. 95.

Zu S. 194 A. 1. Zur Textkritik und Sprache des Lalitavistara vgl. F. Weller, Zum Lalitavistara I, Über die Prosa des Lalitavistara, Leipzig 1915. Weller (S. 53) schließt aus der Sprache, »daß die Prosa des Lalitavistara ursprünglich nicht in Sanskrit abgefaßt war, sondern daß sie, wie sie heute vorliegt, das Ergebnis eines Sanskritisierungsprozesses ist«, und daß ihre ursprüngliche Form der Prosa des Mahāvastu nahe gestanden habe.

Zu S. 200 A. 2. Gräkobuddhistische Skulpturen, die aus paläographischen Gründen dem 2. Jahrhundert n. Chr. angehören müssen. weist Bühler (Anzeiger der Akademie der Wissenschaften in Wien, Phil.-hist. Kl., 1896, S. 66 f.) nach. L. A. Waddell (JRAS 1914, p. 140 f.) möchte das Anfangsdatum der Gandhārakunst bis in das 1. Jahrhundert Chr. hinaufrücken.

Zu S. 201 A. 2. Textkritische und exegetische Bemerkungen zum Buddhacarita von O. Böhtlingk, BSGW 1894. 160 ff.; F. Kielhorn. NGGW 1894, 364 ff.: E. Hultzsch, ZDMG 72, 1918, 148 ff.; J. S. Speyer. JRAS 1914, 105 ff.; A. Gawroński. Gleanings from Aśvaghoṣa's Buddhacarita in Rocznik Oryentalistyczny I, Krakau 1914—15, p. 1 ff. Die Übersetzung von C. Formichi, Açvaghoṣa, poeta del Buddhismo, Bari 1912. und »Ashvaghosha's Buddha-Charita, cantos I—V with a scholium by Dattatraya Shastri Nigdukar. and Introduction, Notes and Translation by K. M. Joglekar«, Bombay 1912, kenne ich nur aus den Besprechungen von L. Finot, JA 1913, s. 11, t. I, 685 ff. Über Aśvaghoṣa als Dramatiker s. Bd. III im Kapitel über das Drama.

Zu S. 202 A. 1. Über die Zeit des Kaniṣka s. noch M. A. Stein, Ind. Ant. 34, 1905, 77 f., und Rājataraṅgiṇī Transl., Vol. I, Introd. p. 64: Lüders in SBA 1912, 824 ff.; J. Kennedy, JRAS 1912, 665 ff., 981 ff. und die Diskussion, an der sich außer Kennedy auch Fleet, Thomas. Rapson, V. Smith, Barnett, Waddell, Longworth Dames und Hoey beteiligten, im JRAS 1913; ferner Smith. Early History, p. 255 ff.; Oldenberg. AR 17. 1914, 650 ff.; A. v. Stael-Holstein, SBA 1914, 643 ff.; Konow, ZDMG 68, 1914, S. 97; Thomas, JRAS 1914. 748 ff. Die Mehrzahl der Zeugnisse spricht doch für das 2. Jahrhundert n. Chr. Zur Inschrift des Aśvaghoṣarājā s. auch A. Venis und Fleet. JRAS 1912, 701 ff.

Zu S. 203 A. 6. Über den Charakter der chinesischen Übersetzung und ihr Verhältnis zum Sanskritoriginal s. Else Wohlgemuth, Über die chinesische Version von Aśvaghoṣas Buddhacarita. Diss., Leipzig 1916.

Zu S. 205 A. 2. In dem letzten Vers des I. Aktes der »Śakuntalā« vermutet Formichi eine Nachahmung von Buddhacarita VI, 67; s. Hultzsch, ZDMG 72, 143 f.

Zu S. 206 A. 2. Vgl. Haraprasāda Shāstrī in JASB 1909, p. 165 f. Reichliche Beiträge zur Textkritik und Erklärung des Saundarānanda gibt Hultzsch, ZDMG 72, 1918, 111 ff.; 73, 1919, 229 ff. Am Ende des Saundarānanda sagt Aśvaghoṣa ausdrücklich, er habe sein Werk, das die Erlösung zum Ziele habe, zur Gewinnung von Seelenruhe und nicht zur Ergötzung verfaßt, aber nach Art der Kunstgedichte, um andersdenkende Hörer zu gewinnen, »um es angenehm zu machen, wie eine bittere Arznei, die mit Honig vermischt ist, um sie trinkbar zu machen« (Hultzsch, ZDMG 72, 143). Wie das Buddhacarita, so enthält auch das Saundarānanda zahlreiche Anspielungen auf brahmanische Legenden und epische Sagen, die zum Teil im Mahābhārata oder in der Avadāna-Litteratur nachzuweisen, zum Teil aber auch bisher unbekannt sind.

Zu S. 208 Z. 2. Śūnyavādalehren weist Vidhusekhara Bhattacharya (JRAS 1914, 747 f.) im Saundarānanda nach.

Zu S. 208 Z. 3. Nach Lüders (s. DLZ 1919, S. 474) ist der wirkliche Titel des Sanskritoriginals nicht Sūtrālaṃkāra, sondern Kalpanāmaṇḍinikā.

Zu S. 211 Z. 6. Ein Preislied des Aśvaghoṣa, Gaṇḍīstotragāthā, hat A. v. Staël-Holstein aus der chinesischen Transliteration hergestellt (Bibliotheca Buddhica, No. XV, St. Pétersbourg 1913) zusammen mit zwei anderen buddhistischen Stotras, Saptajinastava und Āryamañjuśrīnāmāṣṭaśataka in Tibetisch, Chinesisch und Sanskrit; vgl. Thomas, JRAS 1914, 752 f.

Zu S. 211 A. 1. Vgl. auch H. Haas in Zeitschr. f. Missionsk. und Religionswiss. 28, 1913, S. 121 und Winternitz, WZKM 27, 1913, S. 34 ff.

Zu S. 211 A. 2. Ein Verzeichnis der dem Aśvaghoṣa, Mātṛceta und Āryaśūra zugeschriebenen Werke gibt F. W. Thomas, Kavīndravacanasamuccayaḥ (Bibl. Ind., Calcutta 1911), pp. 25—29. Über Mātṛceta und Aśvaghoṣa s. auch Winternitz, WZKM 27, S. 43 ff. und Lüders, SBA 1914, S. 103.

Zu S. 212 A. 4. Das Verhältnis zwischen dem Pāli Jātakabuch und der Jātakamālā behandelt Oldenberg, NGGW 1918, 464 ff.

Zu S. 217 A. 1. Über das Parinirvāṇasūtra im Avadānaśataka s. auch Oldenberg, NGGW 1912, S. 168 ff.

Zu S. 221 A. 1. Vgl. Mabel Bode, The Legend of Raṭṭhapāla in the Pali Apadāna and Buddhaghosa's Commentary, Mélanges Lévi 183 ff.

Zu S. 222 Z. 13. Oldenberg, NGGW 1912, S. 156 ff., unterscheidet einen kanonischen und einen jüngeren Stil im Divyāvadāna und vergleicht auch die im Pāli vorkommenden Stücke.

Zu S. 227 A. 3. Über die Sprache des Dvāviṃśatyavadāna s. R. L. Turner, JRAS 1913. 289 ff.

Zu S. 229 Z. 4. Lévi (JA 1885, s. 8. t. VI. 401) gibt als Datum der Avadānakalpalatā 1052 n. Chr.

Zu S. 229 Z. 20. Über das Jīmūtavāhana-Avadāna handelt F. D. K. Bosch, De legende van Jīmūtavāhana in de Sanskrit-Litteratuur, Leiden 1914. S. 115 ff. Nach Bosch hat Somendra als Dichter alle schlechten Eigenschaften seines Vaters, aber nicht dessen wenige gute Eigenschaften geerbt. Er hat außer Bṛhatkathāmañjarī IX, 18—1221 auch Harṣadevas Nāgānanda benützt.

Zu S. 237 A. 3. Nach B. Nanjio (Preface zur Ausgabe, Bibliotheca Buddhica X, 5, 1912, p. II f.) ist das Saddharmapuṇḍarīka sechsmal (255, 270, 286, 335, 400 und 601) ins Chinesische übersetzt worden, aber die Übersetzungen von 255, 270 und 335 waren schon 730 n. Chr. verloren. Von der zentralasiatischen Rezension sind ungefähr zwei Fünftel des Werkes in verschiedenen Bruchstücken erhalten. Diese Rezension ist weitschweifiger und in den metrischen Partien die Reihenfolge der Verse oft eine andere (s. Kern in Preface zur Ausgabe, deren letztes Heft 1912 erschienen ist). Daß das Saddharmapuṇḍarīka um 200 n. Chr. zu datieren sei, wird von Kern (Ostasiat. Zeitschr. II, 1913/14, S. 479 A. 1) bezweifelt. In Zentralasien fanden sich auch Bruchstücke einer uigurischen Übersetzung des Saddharmapuṇḍarīka, s. F. W. K. Müller, Uigurica II. ABA 1911, S. 14 ff.; Lüders, SBA 1914, S. 99.

Zu S. 239 Z. 1 und A. 1. Da es in Asaṅgas Mahāyāna-Sūtrālaṃkāra IX, 77 heißt: »Es gibt keinen Ādibuddha«, muß es um 400 n. Chr. schon Leute gegeben haben, die an den Ādibuddha glaubten (s. La Vallée Poussin bei Garbe, Indien und das Christentum. S. 182). Danach ist das oben Gesagte zu berichtigen.

Zu S. 240 A. 1. Charpentier (WZKM 27. 1913. S. 95) vergleicht die Geschichte vom König Vipaścit im Mārkaṇḍeya-Purāṇa XIII, 5 ff. (s. oben I, 469 ff. und Charpentier, Paccekabuddhageschichten I, S. 118). Nach Garbe, Indien und das Christentum, S. 77 f. sind die Übereinstimmungen zwischen der Höllenfahrt Christi im Nikodemus-Evangelium und der des Avalokiteśvara nicht groß genug, um überhaupt einen Zusammenhang glaubhaft zu machen.

Zu S. 242 Z. 17. Als Schluß des Gaṇḍavyūha, aber auch als selbständiger Text findet sich eine mahāyānistische Strophensammlung Bhadracarīpraṇidhānagāthāḥ, welche das Bekenntnis zu den fünf Pflichten, die zehn frommen Wünsche eines Bodhisattva und den Ausdruck der Amitābha-Hoffnung enthält; s. K. Watanabe, Die Bhadracarī, eine Probe buddhistisch-religiöser Lyrik, untersucht und herausgegeben (mit einer Übersetzung von E. Leumann), Leipzig 1912 (Straßburger Diss.). Die Schrift ist schon im 4. Jahrhundert n. Chr. in buddhistischen Ländern viel rezitiert worden und wurde am Ende des 4. Jahrhunderts ins Chinesische übersetzt. Strophen aus diesem Text wurden mehrere Jahrhunderte hindurch im Kult verwendet.

Zu S. 244 A. 2. Vidyābhūṣaṇa handelt über das Laṅkāvatārasūtra auch JRAS 1905, 831 ff.

S. 245 letzte Zeile. Lies »im   Jahrhundert« statt »im 6. Jahrhundert«.

Zu S. 246 A. Bruchstücke einer uigurischen Übersetzung des Suvarṇaprabhāsa in Zentralasien s. bei F. W. K. Müller, Uigurica, ABA 1908, S. 10ff. In der Unterschrift wird ausdrücklich gesagt, daß das Werk aus dem Indischen ins Chinesische und aus dem Chinesischen ins Türkische übersetzt worden ist. Ins Chinesische wurde der Suvarṇaprabhāsa von Dharmarakṣa zwischen 414 und 421 und von I-tsing zwischen 695 und 712 übersetzt.

Zu S. 247 A. 4. Fa-hien erwähnt, daß zu seiner Zeit die Prajñāpāramitā göttliche Verehrung erhielt; s. Beal, Si-yu-ki, Buddhist Records of the Western World I, p. XXXIX. Zur Zeit des Hiuen-Tsiang gab es in Indien 12 Prajñāpāramitā-Texte; s. M. Walleser, Prajñāpāramitā die Vollkommenheit der Erkenntnis nach indischen, tibetischen und chinesischen Quellen, Göttingen 1914, S. 17ff. Das Buch enthält Übersetzungen der Aṣṭasāhasrikā Prajñāpāramitā und der Vajracchedikā Prajñāpāramitā. Vgl. auch Haraprasād, Report on the Search of Sanskrit MSS (1895—1900), Calcutta 1901. p. 19f.

Zu S. 249 A. 1. In der Vajracchedikā selbst wird die Heiligkeit des Textes in überschwenglichster Weise ausgesprochen. Dem Buddha werden (in Kap. 13) die Worte in den Mund gelegt, daß derjenige, der »hier aus dem Lehrbuch am Ende auch nur eine vierfüßige Liedstrophe herausgriffe und sie anderen darlegte«, größeres religiöses Verdienst erwirbt, als wer durch Äonen hindurch Tag für Tag seine eigene Existenz aufopferte. (Wallesers Übers., S. 147, vgl. S. 146. 149ff.)

Zu S. 251 A. 2. Am Ende der Anmerkung hinzuzufügen: XII, 1911. p. 235 ff. Die chinesische Version des Mādhyamikaśāstra hat M. Walleser übersetzt in: Die buddhistische Philosophie in ihrer geschichtlichen Entwicklung, Bd. 3, Heidelberg 1912.

Zu S. 252 A. 2. S. auch Suhṛllekha, Brief des Nāgārjuna an König Udayana, Übersetzung aus dem Tibetischen von H. Wenzel, Leipzig 1886.

Zu S. 254 A. 6. Haraprasād Shāstrī (JASB, N.S., 6, 1911, p. 431) hat ein Manuskript des Catuḥśataka entdeckt; s. auch J. H. Woods. The Yoga-System of Patañjali, HOS, Vol. 17. Cambridge Mass. 1914. p. 110 n.

Zu S. 255 A. 1. Über Asaṅga s. auch Winternitz. WZKM 27. 1913, S. 33ff.

Zu S. 255 A. 2 Z. 3. Nach »p. 213 ff.« füge hinzu: XII. 1911, p. 155ff.

Zu S. 255f. A. 3. Über seine Entdeckung eines MS. von Asaṅgas Sūtrālaṃkāra s. Lévi in Comptes rendus de l'Académie des inscriptions et belles-lettres, Paris 1899, p. 82f. Ebendaselbst spricht Lévi von einem Abhisamayālaṃkāra, einem Kommentar des Haribhadra (10. Jahrh.) zur Prajñāpāramitā, in welchem er die Ansichten des Asaṅga mit den Lehren des Saṅghabhadra in Einklang zu bringen sucht.

Zu S. 256 A. 2. In Z. 1 lies: JRAS 1905, p. 33 ff.« Smith, Early History 328 ff. schließt sich der Argumentation von N. Péri an und setzt das Leben des Vasubandhu ca. 280—360 n. Chr. (Regierungszeit von Candragupta I. und Samudragupta). Nach K. B. Pathak (Ind. Ant. 41, 1912, 244) lebte Vasubandhu unter Kumāragupta und Skanda-gupta. Der in einer Inschrift erwähnte Mönch Buddhamitra wird von Pathak (ziemlich willkürlich) zum Lehrer des Vasubandhu gemacht.

Zu S. 257 A. 2. Einige Stellen aus der Abhidharmakośavyākhyā hat La Vallée Poussin, JRAS 1906, p. 443 ff., mit entsprechenden Stellen im Pālikanon verglichen.

Zu S. 259 A. 3. Daß Candragomin noch lebte, als I-tsing nach Indien kam, hätte nicht mit solcher Sicherheit behauptet werden dürfen. Denn I-tsing (transl. Takakusu p. 183) spricht nicht von Candragomin, sondern von einem Candradāsa, dessen Identität mit Candragomin sehr zweifel-haft ist; s. B. Liebich, Das Datum Candragomins und Kalidasas, Breslau 1903. Näheres über Candragomin in Bd. III, Kapitel über die Grammatik.

Zu S. 260 A. 1. Vgl. Haraprasād Shāstrī (Ind. Ant. 42, 1913, 49 ff.) über das Leben des Śāntideva nach drei Palmblättern (in Newārī, 14. Jahrh.) Auch hier ist von den drei Werken des Śāntideva die Rede.

Zu S. 262 A. 2. Nach »XIII, 1898« hinzuzufügen: »und XIV, 1899«.

Zu S. 267. Hier hätten die Hymnen des Königs Harṣadeva (606—647 n. Chr.), das Suprabhātastotra (herausgegeben von Minayeff in Sapiski de la Société Archéologique, t. II, fasc. III, 236 f.), ein Morgenpreislied auf Buddha in 24 Versen, und das Aṣṭamahā-śrīcaityastotra erwähnt werden sollen. Letzteres hat S. Lévi (OC X, 1894. Genf, II, 189 ff.) auf Grund einer chinesischen Trans-skription bekannt gemacht. Ein Gedicht, das die reine Bhakti, die hingebungsvolle Liebe und gläubige Verehrung für Buddha, lehrt, ist das Bhaktiśataka des Kunstdichters Rāmacandra, der unter dem König Parākramabāhu II. (um 1245 n. Chr.) nach Ceylon kam. Das nicht ausgesprochen mahāyānistische Gedicht, über das auch Hara-prasād in JASB, Proceedings 1890, 125 ff. handelt, ist ins Deutsche übersetzt von R. Otto im Anhang zu »Texte zur indischen Gottes-mystik« II (Jena 1917), S. 141 ff.

Das Lokeśvaraśataka des Vajradatta, der nach Tāranātha unter König Devapāla im 9. Jahrhundert n. Chr. lebte, ist herausgegeben und ins Französische übersetzt von Suzanne Karpelès in JA s. 11, t. XIV, 1919, 357—465. Es sind sehr künstliche Sragdharāstrophen im Gauḍīstil.

Zu S. 268 Z 6. Über Sarvajñamitra s. auch S. Ch. Vidyābhūṣaṇa, JASB 1, 1905, p. 156 ff.

Zu S. 268 A. 2. Die Göttin Tārā wurde schon im Jahre 778 n. Chr. auf Java verehrt, wo sie ein prächtiges Heiligtum hat; s. Kern, Ostasiat. Zeitschr. II, 481 A. 1.

Zu S. 269 A. 1. Kern a. a. O. II. 481 A. 2 will Dhāraṇī durch

»schützend« übersetzen. L. A. Waddell (Ostasiat. Zeitschr. I, 1912, 155 ff.; Ind. Ant. 43, 1914, 37 ff., 49 ff., 92 ff.) will die Dhāraṇīs bis in die Frühzeit des Buddhismus zurückführen. Man kann aber Waddell nur zugeben, daß Buddha in einer Umgebung aufgewachsen ist und gelehrt hat, wo man an die Kraft von Zaubersprüchen glaubte. Aber daraus folgt nicht, daß Buddha selbst Dhāraṇīs wie die Mahāmāyūrī verkündet habe. Der Ausdruck Dhāraṇī kommt erst im Lalitavistara und im Saddharmapuṇḍarīka vor. Die den Dhāraṇīs im Pālikanon entsprechenden Parittās stehen doch auf etwas höherer Stufe als sinnlose Zauberformeln, und ob sie gerade zu den ältesten Bestandteilen des Pālikanons gehören, ist immerhin zweifelhaft. Große Ähnlichkeit mit den Dhāraṇīs zeigen die syrischen Zaubersprüche der nestorianischen Christen, s. Waddell in Asiat. Quart. Review, N. S. 1, 1913, 293 ff. Wenn aber Waddell meint, daß diese Sprüche auf chaldäische zurückgehen, und daß auch die buddhistischen Zauberformeln von Chaldäa und Iran nach Indien gebracht worden seien, so scheint es mir bei der weltweiten Verbreitung derartiger Zaubersprüche doch etwas gewagt, einen Ursprungsort für sie anzunehmen.

Zu S. 271 Z. 20. Lies »Mahāmāyūrī«. Diese Mahāmāyūrī wurde schon 516 n. Chr. ins Chinesische übersetzt: s. K. Watanabe, JRAS 1907, 261 ff.

Zu S. 272 A. 3. Ein von M. A. Stein aus Zentralasien mitgebrachtes Fragment einer Nīlakaṇṭhadhāraṇī in Brāhmī- und in soghdischer Schrift ist herausgegeben von La Vallée Poussin und R. Gauthiot, JRAS 1912, 629 ff. Diese Dhāraṇī war zwischen 650 und 750 schon in China sehr beliebt; s. Lévi, JRAS 1912, 1063 ff. Dhāraṇīs in uigurischer Sprache (Uṣṇīṣavijayā, Sitātapatrā) sind aus zentralasiatischen Blockdrucken herausgegeben von F. W K. Müller Uigurica II in ABA 1911, S. 27 ff., 50 ff.

Zu S. 279 A. 2. S. auch A. J. Edmunds. Buddhist Texts quoted as Scripture by the Gospel of John. 2nd Ed., Philadelphia-London 1911, und Buddhist Loans to Christianity in The Monist, January 1912, p. 129 ff.

Zu S. 280 A. 1. La Vallée Poussin (Anthropos VIII, 1913, 578 f.) verweist noch auf: La Vallée Poussin. L'Histoire des religions de l'Inde et l'Apologétique, London 1912 und E. Carpenter, Buddhist and Christian Parallels (Mélanges Crawford Howell Toy, pp. 67—94, 1912). Zusammenfassend jetzt R. Garbe, Indien und das Christentum, Tübingen 1914, S. 12—61, 70—79. Vgl. noch G. Faber, Buddhistische und Neutestamentliche Erzählungen, Leipzig 1913, und C. Clemen in DLZ 1917, 668 ff.

Zu S. 281 A. 1. In der Versuchungsgeschichte nimmt Garbe a. a. O. 50 ff. buddhistischen Ursprung an. Vgl. dagegen Charpentier, ZDMG 69, 1915, 441 f. Ich kann mich von einem Zusammenhang nicht überzeugen.

Zu S. 282 A. 3 und 4. Beim Meerwandeln Petri und beim Brotwunder nimmt Garbe a. a. O., S. 56 ff., 59 ff. buddhistischen Ursprung an. Die von Edmunds und Garbe angeführten Gründe machen es allerdings wahrscheinlich, daß das Wandeln auf dem Wasser durch die Kraft der Heiligkeit ein alter indischer Gedanke ist. Nicht so groß ist die Wahrscheinlichkeit beim Brotwunder, obwohl auch hier die angeführten Gründe beachtenswert sind.

Zu S. 283 Z. 10. Wahrscheinlich ist es allerdings nicht, daß schon im 2. Jahrhundert christliche Missionen nach Indien gekommen waren. Vgl. A. Harnack, Die Mission und Ausbreitung des Christentums in den ersten drei Jahrhunderten, Leipzig 1902, S. 444 f., 542.

Zu S. 288 Z. 12. Hier hätte die herrliche Dichtung von Karl Gjellerup, Der Pilger Kamanita, ein Legenden-Roman (7. bis 10. Tausend, Frankfurt a. M. 1917; das dänische Original ist Kopenhagen 1906 erschienen) nicht unerwähnt bleiben sollen. Der »Legenden-Roman« ist zwar ganz des Dichters eigene Erfindung, aber der Geist des Buddhismus erscheint in dieser Dichtung wunderbar verklärt. Außer den »Reden Gotamo Buddhos« von K. E. Neumann hat der Dichter offenbar auch eine Übersetzung des Sukhāvatīvyūha gekannt und benützt. Vgl. auch L. v. Schroeder, Reden und Aufsätze. S. 278 ff. Gjellerup ist auch der Dichter eines Versdramas »Die Gattin des Vollendeten« (»Den fuldendtes Husfru«, Kopenhagen 1907). Eine Prosadichtung, die auf dem Mahāparinibbānasutta (nach Neumanns Übersetzung) beruht, ist »Der letzte Tod des Gautama Buddha« von Fritz Mauthner, München und Leipzig 1913. Eigene Dichtung ist hier mit der indischen Überlieferung stark vermischt, und der Dichter legt dem Buddha manche recht unbuddhistische Gedanken in den Mund. Halb Dichtung, halb Übersetzung ist das in neubuddhistischen Kreisen sehr beliebte und in vielen Sprachen verbreitete Buch von Paul Carus, The Gospel of Buddha, Chicago 1894, jetzt (nach der 13. englischen Auflage) in prächtiger Ausstattung deutsch erschienen: Das Evangelium des Buddha, nach alten Quellen erzählt von P. C., illustriert von O. Kopetzky, autorisierte zweite deutsche Auflage von K. Seidenstücker. Chicago und London, The Open Court Publishing Company, 1919.

Zu S. 347 A. 1. Die Ausgabe der Yogaśāstravṛtti ist fortgesetzt in GSAI 22, 113 ff.; 23, 171 ff. und 26, 97 ff.

Index.

—

Über die Aussprache indischer Namen und Ausdrücke.

Vokale. Man spreche ṛ als vokalischen r-Laut wie das tschechische vokalisierte r oder wie r in »Bäck'r«. Im Sanskrit (nicht im Prakrit) sind e und o immer lang wie in »beten« und »Sohn« zu sprechen.

Palatale. Man spreche c ungefähr wie tsch in »klatschen« oder wie ch im englischen »child«; j wie dsch oder wie englisches j in »just«.

Die Zerebralen ṭ, ṭh, ḍ, ḍh, ṇ werden wie t, th, d, dh, n im Englischen gesprochen, indem die Zungenspitze nach dem Gaumendach auf- und zurückgebogen wird.

Halbvokale. Man spreche y wie deutsches j in »jeder« und v wie w in »wissen«.

Zischlaute. Man spreche ś palatal wie slavisches ž oder wie französisches j in »jeu«, ṣ zerebral wie sch im deutschen »schon«.

Nasale. Man spreche gutturales ṅ wie n in »klingen«, palatales ñ wie das mouillierte n im französischen »montagne« und ṃ wie auslautendes französisches n in »Jean«.

Die Aspiraten kh, gh, ch, jh usw. sind mit nachstürzendem Hauch zu sprechen, z. B. kh wie in »Backhuhn«, ph wie in »Klapphorn«, th wie in »Bethaus« usw.

Der Hauchlaut ḥ ist wie ein deutsches h mit leisem Nachklang des vorausgehenden Vokals zu sprechen, z. B. devaḥ wie devah(a).